諸子學刊

第八輯

《諸子學刊》編委會 編
方勇 主編
華東師範大學先秦諸子研究中心 主辦

上海古籍出版社

諸子學刊(第八輯)

顧　問:
饒宗頤(香港)

名譽主編:
李學勤

主　編:
方　勇

副　主　編:
陳　致(香港)

學術委員會:
方立天　　　　尹振環　　　　王鍾陵　　　　王葆玹
池田知久[日本]　余英時[美國]　李澤厚　　　　李　零
李炳海　　　　周鳳五(臺灣)　周勳初　　　　林其錟
卿希泰　　　　涂光社　　　　孫以昭　　　　徐儒宗
莊錦章(香港)　陸永品　　　　陳鼓應(臺灣)　陳麗桂(臺灣)
陳廣忠　　　　張雙棣　　　　張　覺　　　　許抗生
崔大華　　　　曹礎基　　　　畢來德[J.F.Billeter,瑞士]
湯一介　　　　森秀樹[日本]　裘錫圭　　　　蜂屋邦夫[日本]
廖名春　　　　鄧國光(澳門)　熊鐵基　　　　劉笑敢(香港)
劉楚華(香港)　鍾肇鵬　　　　譚家健　　　　龐　樸
嚴壽澂[新加坡]

編輯委員會:
丁一川　　　　尤　鋭[Yuri Pines,以色列]　　　白　奚
史嘉柏[David Schaberg,美國]　朱淵清　　　　何志華(香港)
李美燕(臺灣)　尚永亮　　　　林啓屏(臺灣)　胡曉明
姜聲調[韓國]　高華平　　　　徐興無　　　　陳少峰
陳引馳　　　　陳繼東[日本]　黃人二　　　　傅　剛
湯漳平　　　　楊國榮　　　　趙平安　　　　橋本秀美[日本]
簡光明(臺灣)　顧史考[Scott Cook,美國]
(以上皆按姓氏首字筆畫排列)

執行編輯:葉蓓卿

封面題簽:集蔡元培字

扉頁題字:饒宗頤

目　錄

先秦諸子與戰國時代的楚國學術 ………………………………… 湯漳平（1）
先秦諸子的山水旅遊美學觀 ……………………………………… 譚家健（13）
儒家中道的現代思考 ……………………………………………… 徐儒宗（21）
《論語》"三歸"考辨 ……………………………………………… 耿振東（37）
先秦儒道生死學三題 ……………………………………………… 刁生虎（51）
道家的自然與"是"、"應該"二分法 …………………… ［英］葛瑞漢　劉思禾 譯（73）
老聃行狀事迹彙考 ………………………………………………… 邵炳軍（93）
略論老莊思想體系的基本差異
　　——圍繞"人"主體性的確立與消解展開 …………………… 玄　華（105）
《莊子》斠議 ……………………………………………………… 蔣門馬（115）
《莊子》中的飛鳥及其哲學理念的呈現 ………………………… 賈學鴻（131）
《莊》、《荀》禮説淵源考辨 …………………………………… 何志華（141）
莊、屈《漁父》中的儒、道生命情調詮釋與比較 ………… （臺灣）王志楣（171）
嚴遵、向秀、郭象"獨化"思想之演進 ……………………………… 袁　朗（181）
宋人對郭象《莊子注》的接受與評論 ……………………… （臺灣）簡光明（191）
《南華通》為孫嘉淦所著考 ……………………………………… 李　波（215）
縱橫家的發展及其在楚國的活動 ………………………………… 高華平（223）
《淮南子》對陰陽家的繼承與創新 ……………………………… 陳廣忠（237）
論《淮南子》與"智伯"其人 …………………………………… 汪春泓（253）
《世説新語》與諸子學 …………………………………………… 劉康德（261）
"雜"：劉勰學術思想考論（一）
　　——《文心》、《劉子》的作者當同為一人 ……………… 涂光社（271）
《劉子》袁孝政注本考辨 ………………………………………… 林其錟（297）
朱熹《中庸章句》論"尊德性而道問學" ……………………… 樂愛國（307）
李贄的兵學思想體系

——以《孫子參同》為主要參照 …………………… 李桂生　郭　偉（327）
論孫德謙的諸子學研究 ………………………………………… 陳志平（343）

"新子學"論壇

"新子學"構想 ……………………………………………………… 方　勇（361）
"新子學"斷想
　　——從意義和特質談起 …………………………… 刁生虎　王喜英（369）
"新子學"芻議
　　——以中國文化為本位 ……………………………………… 張洪興（373）
關於"新子學"的幾點思考 ……………………………………… 徐國源（377）
"新子學"的核心在於新 ………………………………………… 徐志嘯（379）
"新子學"的學術針對性、時代意義思考 ……………………… 李似珍（381）
重返中國傳統文化最佳生態現場
　　——對"新子學"的一點理解 ………………………………… 李有亮（385）
站在子學發展的時代制高點上 ………………………………… 鍾明奇（389）
時代召喚"新子學" ……………………………………………… 孫以昭（391）
《"新子學"構想》體現時代精神 ……………………………… 陸永品（393）
借力諸子　開拓中國學術新途徑 ……………………………… 何美忠（395）
"新子學"對現代文化的意義 …………………………………… 郝　雨（399）
"新子學"筆談 ………………… 卿希泰、譚家健、王鍾陵、（澳門）鄧國光等（403）
"'新子學'學術研討會"綜述 …………………………………… 崔志博（409）

講演與書評

傳承百家薪火　衍續子學慧命:《子藏》與莊學研究
　　——在"東亞莊子國際學術研討會"上的主題演講 ………… 方山子（417）
高屋建瓴　獨具匠心
　　——《中國道教思想史》評介 ………………………………… 孫瑞雪（427）
從老子到魏晉玄佛道
　　——評許抗生教授《老子與道家》 …………………………… 王威威（431）
尋本溯源　撮要擷精
　　——評方勇教授《莊子纂要》 ………………………………… 傅璇琮（439）
搜奇選妙喜空前　"九殘"、"五卷"彙一編
　　——評林其錟先生《劉子集校合編》 ………………………… 明　志（443）

編後語 ……………………………………………… 《諸子學刊》編委會（449）

Contents

Early Chinese Philosophers and Chu Scholarship of the Warring States Era
.... Tang Zhangping (1)

The Landscape and Travel Aesthetics of Early Chinese Philosophers
.... Tan Jiajian (13)

Modern Reflections on the Way of *Zhong* in Confucian Thought ······ Xu Ruzong (21)

Investigation of the Term "Sangui" in the *Analects* ················ Geng Zhendong (37)

Beliefs about Life and Death for the Pre-Qin Confucian and Daoist Thinkers: Three
Topics ··· Diao Shenghu (51)

Taoist Spontaneity and the Dichotomy of "Is" and "Ought"
·· A.C. Graham Tr. Liu Sihe (73)

An Examination of Sources for the Life of Lao Dan ···················· Shao Bingjun (93)

The Fundamental Contrast Between Lao Zi and Zhuang Zi's Thought, Regarding
Human Subjectivity ·· Xuan Hua (105)

On the Editing of *Zhuangzi* ································ Jiang Menma (115)

Flying Birds and their Philosophical Significance in *Zhuangzi* ·········· Jia Xuehong (131)

On the Origins of the Discussions of Ritual in *Zhuangzi* and *Xunzi* ·········· He Zhihua (141)

Intepretive Comparison of Daoist and Confucian Views of Life, Based on the
"Fisherman" Stories of *Zhuangzi* and Qu Yuan ············ Wang Zhimei (Taiwan) (171)

The Development of the Concept of "Solitary Transformation" in Yan Zun, Xiang
Xiu, and Guo Xiang ·· Yuan Lang (181)

The Reception and Evaluation of Guo Xiang's *Zhuangzi* Commentary in the Song
Dynasty ·· Chien Kuang-ming (Taiwan) (191)

On Sun Jiagan's Authorship of the *Nanhua Tong* ···················· Li Bo (215)

The Development of the Strategist (Zongheng) School and Their Activities

in Chu ·· Gao Huaping (223)
The Influence of the Yinyang School on the *Huainan Zi* ········· Chen Guangzhong (237)
On *Huainan Zi* and Zhi Bo ··· Wang Chunhong (253)
Shishuo Xinyu and Studies of Early Chinese Philosophers ··············· Liu Kangde (261)
"Za": Studies in Liu Xie's Scholarship and Thought (Part 1) — The Shared
　Authorship of *Wenxin diaolong* and *Liuzi* ································· Tu Guangshe (271)
On the Yuan Xiaozheng's Edition and Commentary of *Liuzi* ················ Lin Qitan (297)
Zhu Xi's Discussion of "Honoring His Virtuous Nature and Pursuing Inquiry and
　Study" in *Zhongyong Zhangju* ·· Yue Aiguo (307)
The Theoretical Framework of Li Zhi's Military Scholarship, Based on
　Sunzi Cantong ··· Li Guisheng and Guo Wei (327)
On Studies of Early Chinese Philosophers of Sun Deqian ················ Chen Zhiping (343)

Forum on "New Studies of Early Chinese Philosophers"

The Conception of "New Studies of Early Chinese Philosophers" ········· Fang Yong (361)
Thoughts on the Significance and Nature of "New Studies of Early Chinese
　Philosophers" ·· Diao Shenghu and Wang Xiying (369)
Preliminary Thoughts on "New Studies of Early Chinese Philosophers": Chinese
　Culture as Standard ·· Zhang Hongxing (373)
A Few Reflections on "New Studies of Early Chinese Philosophers"
　·· Xu Guoyuan (377)
The Emphasis of "New Studies of Early Chinese Philosophers" Is on the
　"New" ··· Xu Zhixiao (379)
The Academic Orientation and Current Significance of "New Studies of Early
　Chinese Philosophers" ··· Li Sizhen (381)
Returning to the Finest Exemplar of Traditional Chinese Culture: Some
　Understanding of "New Studies of Early Chinese Philosophers" ······ Li Youliang (385)
On the Historical Peak of Development for Studies of Early Chinese
　Philosophers ·· Zhong Mingqi (389)
The Time Is Calling For "New Studies of Early Chinese Philosophers"
　·· Sun Yizhao (391)
The Conception of "New Studies of Early Chinese Philosophers" Demonstrates the
　Zeitgeist ·· Lu Yongpin (393)
Drawing on Early Chinese Philosophers to Carve Out a New Path for

Chinese Scholarship ·· He Meizhong (395)
The Significance of "New Studies of Early Chinese Philosophers" for
   Modern Culture ·· Hao Yu (399)
Conversation on "New Studies of Early Chinese Philosophers"
   ········· Qing Xitai, Tan Jiajian, Wang Zhongling, Deng Guoguang (Macau), etc. (403)
Summary of Conference on "New Studies of Early Chinese Philosophers"
   ·· Cui Zhibo (409)

Lectures and Book Reviews

The *Zizang* and *Zhuangzi* Studies: Keynote Address to the East Asian
   Zhuangzi Conference ·· Fang Shanzi (417)
Evaluation of *Zhongguo Daojiao Sixiang Shi* ····················· Sun Ruixue (427)
From *Laozi* to the Xuanxue, Buddhism, and Daoism of the Wei-Jin Era:
   On Professor Xu Kangsheng's *Laozi yu Daojia* ················ Wang Weiwei (431)
On Fang Yong's *Zhuangzi Zuanyao* ······························ Fu Xuancong (439)
On Lin Qitan's *Liuzi Jijiao Hebian* ····························· Ming Zhi (443)

Postscript ·· Editorial Committee (449)

先秦諸子與戰國時代的楚國學術

湯漳平

從 20 世紀 70 年代開始，隨着大批楚文物與楚簡帛文獻的先後出土，着實引發了我國學術界長達數十年的楚文化熱。這幾十年間，有關楚族的來源、族屬、社會的發展、學術的狀況、文化的傳承等問題，曾激起了一波又一波的討論熱潮。然而，時隔兩千多年，今人要研究清楚古代楚人的狀況，難免都會遇到孔子所感歎的文獻"不足徵"（《論語·八佾》）的困境。因而，雖然有不少學者曾從不同的角度，對上述涉及的楚文化中的相關問題發表過許多有價值的看法和觀點，但由於各自所依據的資料以及對相關資料的解讀和認識的差異，各家的看法依然存在許多分歧。為此，筆者以為，總結這些年的研究狀況，理清其思路，對戰國時代的楚國社會及其學術發展的狀況作一次比較全面和系統的梳理，對於我們認識戰國時代以及比較正確地評價這樣一個時代的社會文化的方方面面的成就，使之不至於產生不必要的誤讀，應當還是很有必要的。

一

我國號稱世界四大文明古國之一，而且有着長達數千年不間斷的歷史文獻記載，然而同樣不可否認的是，經歷過秦火，經歷過兩千多年歲月的大浪沖刷之後，我們目前所能讀到的先秦典籍和文獻資料畢竟相當有限。在這有限的傳世文獻中，究竟哪些是真實可靠的，是當時人親手寫下的作品；哪些是曾經被後人不同程度地修改處理過，需要加以認真鑒別其是非真偽的：這是每位從事先秦學術研究的學者都不能不認真思考的問題。畢竟，差之毫厘，謬之千里。而這些狀況和問題，似乎在有關楚史、楚文化研究中表現得尤為突出。筆者從二十世紀 70 年代末開始進入先秦文學研究領域，參加過多達數十次有關楚文化與楚文學的學術會議，每次參加會議的學者所提交的論文中，對於春秋戰國時代楚國社會和楚國學術狀況的描述，總是出現極大的反差。尤其是討論到產生於戰國時代的楚辭，學者們在論述其楚國社會文化背景時，這種差異就更為明顯。許多學者由於未能準確把握和瞭解處於這一時代的楚國的社會真實狀況和學術思潮,因而在分析研究楚辭作品時,往往膠柱鼓瑟,導致錯解楚辭作品的情況頻發。因此,筆者在上世紀80年代中後期曾先後寫過兩篇文章,批評楚辭研究中的"巫化"和"錯位"問題。當然,這些問題也影響到了國外的一些學者,尤其是日本楚辭學界的一些學者。之所以出現過一場中日學者關於"屈原問題"的論爭,究其原因,也是與此相關的。

不可否認,在傳世數量並不多的先秦文獻中,和中原地區保存下來的文獻相比,楚國的文獻數量更少。真正可以依據的史料,只有《國語·楚語》和《戰國策·楚策》,此外就是《左傳》中涉及楚國與各國關係的相關記載。漢代司馬遷在寫《史記》時,曾經為先秦史書保存下來的材料稀少而深感遺憾,因為先秦時期,許多諸侯國原都著有自己的史書,如魯有《春秋》,晉有《乘》,楚有《檮杌》等。可是到司馬遷時,就只能看到《秦紀》,即秦國的史書,而其他諸侯國的史書,可能因為其中有不利於秦的內容,所以秦始皇一聲令下,付之一炬。因而司馬遷說秦"獨留秦紀",而且記載得又十分簡略。他為此不得不長年周遊天下,收集整理那些流傳於民間的史料,寫成《史記》。我們可以看到,系統寫入《史記·楚世家》中的資料,主要還是來自《國語》、《戰國策》、《左傳》等,其他材料則十分有限。正是基於上述情況,長期以來學術界對楚國的實際情況瞭解有限,因而在論述時見仁見智,也就在情理之中了。

二

陳子展先生生前曾對我說,我們這個時代的人很運氣,有大量的古代文獻資料出土,這樣我們就可以讀到幾千年來古人未曾讀到的古代書籍,這對於我們古代文學的研究,意義重大。陳先生講話是在二十世紀80年代,當時有安徽阜陽雙古堆、山東臨沂銀雀山以及長沙馬王堆等幾座西漢前期墓葬中出土的多批簡帛文獻資料,引起學術界的轟動。可惜的是先生在90年代初過世,沒能看到更加引人震撼的郭店楚簡、上博簡和清華簡等。

從20世紀40年代開始,先秦簡帛陸續大批地在楚地出土。非常有意思的是,迄今我們能夠見到的先秦簡帛,竟然絕大多數都出土於楚國的地域。

20世紀初,當國學大師王國維為甲骨文、西北漢簡和敦煌遺書的出現而歡欣鼓舞的時候,楚地的文物和文獻卻只是零星呈現在人們眼前,那就是歷史上出現過的一些帶有銘文的青銅器,如楚公逆鎛等。直至40年代(1942年)湖南長沙子彈庫戰國楚帛書的出土,才出現了真正意義上的楚帛文字。那是一幅帶彩繪圖像的帛書,四周有12個神像,中間有墨書文字900餘字,據考證應為戰國中期楚國數術家所使用的佚書。

50年代在河南信陽長臺關戰國中期楚墓中出土的一批竹簡,被稱為"最早的戰國楚竹書",其中有28支"遣策"(即記載隨葬品的竹簡)和數十支寫有周公與申徒狄對話的佚文。李學勤先生以為是《墨子》的佚篇,而廖名春認為其中還有屬思孟學派的儒家著作,李零則認為是周公與申徒狄問對中的一種。長臺關一號楚墓出土的竹簡雖數量有限,卻開啟了此後半個世紀大批楚簡出土之先河。

從 50 年代末期迄今,已先後出土了 30 多批先秦竹簡,總字數達 10 萬字以上。它們均屬楚簡,尤以湖北這一原楚國核心區為多,湖南次之,河南又次之。

這些出土楚簡,從其內容來區分,最重要的有以下三類。

(一) 古 代 書 籍

目前竹簡所見先秦古書主要出土三批:

1. 1993 年冬,湖北荊門郭店一號墓出土 804 支竹簡,其中有字簡 730 支,共 13 000 餘字。墓葬時間約為公元前 300 年左右,其中既有道家著作,也有儒家著作。道家著作四篇,為《老子》甲、乙、丙三種摘抄本,字數約為傳世《老子》的五分之二(2 046 字),並有一篇闡釋道家學說的《太一生水》。其餘有儒家著作 11 種 14 篇,分別是《緇衣》、《五行》、《魯穆公問子思》、《窮達以時》、《性自命出》、《成之聞之》、《尊德義》、《六德》、《唐虞之道》、《忠信之道》及《語叢》四篇。

2. 1994 年,上海博物館從香港文物市場先後購入兩批共計 1 700 餘枚竹簡。經研究應為楚簡,可能出自湖北荊州。簡存字數 35 000 餘字。其內容十分豐富,保存有先秦古籍多達 80 餘種。經整理,目前已由上海古籍出版社編輯出版《上海博物館藏戰國楚竹書》(一)至(八),這八輯共有文章 51 篇。涉及文學、史學、哲學、宗教、文字、軍事、音樂等多方面。數量最多的是儒家著作,但也有如《恒先》、《彭祖》、《凡物流形》之類道家著作。其中有一部分記載內容與楚國有關,如《昭王毀室》、《柬大王泊旱》、《莊王既成》、《申公臣靈王》、《平王問鄭壽》、《平王與王子木》、《王居》等。而第四輯的兩首佚詩、《采風曲目》,第八輯的《有皇將起》、《李頌》、《鶹鷅》、《蘭賦》,並皆為楚文學藝術作品。

從上博簡第一輯出版後引起熱議的《孔子詩論》起,十幾年來,每一輯的出版均引起學術界廣泛關注與熱議。

3. 清華簡。2008 年 7 月,清華校友捐贈入藏清華大學,由該校出土文獻研究與保護中心進行保護和整理。該批竹簡總數為 2 388 枚(包括殘斷),時代為戰國中晚期(前 305±30)。據整理者披露,清華簡的簡文大多具有楚文字特點,內容則多為前所未見的經、史類古書。尤其重要的是發現了近 20 篇古文《尚書》,其中既有與傳世本篇題相同的,也有傳世本中所沒有的篇目。但即使有傳世篇章的,其文句也多有不同。《尚書》的出現,意義十分重大。據專家目前研究發現,清華簡中至少有 63 篇著作。除《尚書》外,還有詩、史、樂等方面篇章,尤其是清華簡中還有一部類似《竹書紀年》的編年史,時間從西周初年至戰國時代,其中記載了許多過去古籍中未曾記載的史事,對上古史研究意義重大。

清華簡經專家整理,已於 2011 年 6 月出版第一輯,共收錄《尹至》、《尹誥》、《程寤》、《保訓》、《耆夜》、《金縢》、《皇門》、《祭公》和《楚居》九篇,其中《尹至》、《尹誥》記述夏末商初事;《程寤》、《保訓》、《耆夜》記述商末之事;《金縢》、《皇門》、《祭公》則為周朝史事。《楚居》則是記述楚人從季連至楚悼王(前401—前381)遷徙及國都變化的歷史,已引起這方面專家的極大關注。《清華大學藏戰國竹簡》第二輯收錄史書類的《繫年》,將能填補先秦史空白部分的內容,已於2012年1月出版。全部《清華大學藏戰國竹簡》計劃分十五輯出版。

上述三批書簡,雖然上博簡和清華簡因係回購的竹簡而出處不明,但從簡文的文字風格與相關內容中多有與楚國相關的篇章,不難看出其與楚國的密切關係。

除以上最重要的三批先秦書簡出土外,楚地墓葬中出土先秦書簡的還有以下幾批:1957年河南長臺關楚墓竹簡中《申徒狄》殘簡(前已介紹);1987年湖南慈利石板36號墓出土的《國語·吳語》、《逸周書·大武》、《寧越子》等;1981年至1989年,湖北江陵九店56號墓、621號墓分別出土《日書》、《季子女訓》等。

同時必須注意的是,在兩漢墓葬中出土的古竹書,也有許多與楚地、楚文化相關的內容。例如1977年安徽阜陽雙古堆一號漢墓出土了10多種古書殘片,其中便有《楚辭·離騷》和《涉江》的殘片。有些雖非楚地,也有此類內容,山東臨沂銀雀山漢簡中便出土了《唐勒賦》殘簡。

帛書方面,除上文所提20世紀40年代出土的湖南長沙子彈庫楚國術數家使用的楚帛書外,1973年湖南長沙馬王堆西漢墓中出土的大批帛書有28種,總字數達12萬餘字,主要有《周易》、《春秋事語》、《戰國策》、《老子》、《黃帝書》、《式法》、《五星占》、《天文氣象雜占》、《相馬經》、《五十二病方》、《導引圖》等。阜陽雙古堆漢墓與長沙馬王堆漢墓均在原楚地,且這些墓葬時間皆為西漢早期,自然也可看成是楚文化在這些地域的自然延續。其實,身為楚人的漢朝廷統治者,從劉邦開始便"樂楚聲",楚文化成為漢代的一種風尚,其影響就更加深遠了。以上為戰國及漢代簡帛古書在楚地發現的大致狀況。

(二) 文書方面的資料

這方面包括各種律令、政務文書和獄訟記録、占卜祭祀竹簡。

有關律令的資料,目前出現最多的竟是秦簡,睡虎地秦律與龍崗秦律都是,岳麓簡也是如此。這說明秦國確實實行法家的一套治國方略,諸事一定於法。楚地卻未見法律文書出土,只有包山楚簡有懷王時期左尹邵舵處理獄訟的記録,可以從中瞭解到楚人斷獄的一些情況。

官府的政務與檔案文字資料應是數量最多的,不過楚簡中發現得不多,只有包山楚簡有部分內容。而里耶秦簡、西北漢簡、三國吳簡中,則動輒以萬計。

占卜類竹簡在楚地已發現多批,最重要的有湖北江陵望山一號墓、天星觀一號墓、包山楚墓、河南新蔡葛陵楚墓等四種,記録的是墓主生前因各種事情(如疾病、仕途等)而向各類神祇或其祖先占卜並舉行相關祭祀的情況,是瞭解墓主生前狀況的重要資料,從而也讓我們對楚人的占卜、祭祀對象、儀式、種類、祭品等有了比較真切的認識。

(三) 遣　　册

竹簡中出土批次最多的當屬遣册。遣册是用以記載墓葬中的殉葬品的,它雖和一般文書不同,但其中也有許多可資研究的内容。

除簡帛文字外,金文也是研究古代文化的重要内容。數十年來,楚地出土了數量可觀的兩周青銅器,這些器物上往往刻有銘文,多者一次發現即有數千字。如曾侯乙墓出土的巨型編鐘,鐘上刻有春秋戰國時代各國相互對照的樂律,文字達3 000餘字,而河南淅川下寺王子午墓地出土的編鐘、編鎛也有許多銘文。

目前已知出土的先秦楚地竹簡,估計當在十萬字以上;帛書數方(主要是長沙子彈庫帛書),馬王堆漢墓帛書可視為楚地文化延續,且其中出土的多種反映楚地學術的古書,如《老子》、《黄帝四經》等,這批帛書字數超過了十萬。而金文,據筆者統計目前也已超過萬字。

上述三者合計,我們所看到的先秦楚國文字資料數量在數十萬字。而大量戰國楚國文物的出土,更從方方面面豐富我們的識見,全方位地展示了楚人豐富多彩的生活場景。因此有學者指出,比起以往任何時候,現在都更具備復原古代民衆的生活場景、瞭解他們的思想狀況,從而拉近與祖先在時間與空間上的距離,並進行相互對話的各種條件。

在這樣的文化背景下,我們今天來重新學習和認識楚辭及楚賦作品,毫無疑義,其理解問題的準確性和真實性也就非往常之可比。

三

只有獲得相當數量的新出土文獻資料之後,我們才有可能結合傳世的文獻資料,比較有底氣地對距今兩千多年前的楚國社會的狀況進行描述和復原。事實上,這些年來,學術界已就某一方面的問題作過描述和復原,如江林昌《出土文獻所見楚國的楚官學術與"老莊學派"、"黄老學派"》(《江漢論壇》2006年第9期),鄒時雨《楚國的"反儒"與"兼儒"思潮》(湖北省普通高校人文重點學科研究基地,荆楚文化研究中心2011年12月16日《文章首發》),馬銀琴《戰國楚簡與〈詩〉在楚國的傳播》(《中國社會科學院文學研究所學刊》2008年)等。

按照司馬談在《論六家要指》中對諸子學派所作的區分,我們先來看一下這六家在楚的影響。

(一) 陰　陽　家

司馬談在文中將陰陽家列為六家之首,有學者認為這與司馬談的身份地位有關,或有其道理。《左傳》中凡談及天象及《易》象者,多謂之"史"。而司馬遷也往往將"文史星曆"合為一體,這是太史所司之職。但漢初盛行"天人感應",並將朝代更替以陰陽五行的相生相克理論加以推衍，因此其重視陰陽五行學説也是理所當然的。但司馬談、司馬遷父子重陰陽家，並非是關注如鄒衍所謂"五德始終論"，而是在於其"序四時之大順，不可失也"，因為"夫春生夏長，秋收冬藏，此天道之大經也。弗順則無以為天下綱紀，故曰'四時之大順，不可失也'"，而他批評的則是"陰陽之術，大祥而衆忌諱，使人拘而多畏"，也就是陰陽家那些帶神秘色彩的內容。楚之陰陽家，雖不如鄒衍有名，但在天文曆算方面，也是頗有成就的。《晉書·天文志上》載："魯有梓慎，晉有卜偃，鄭有裨竈，宋有子韋，齊有甘德，楚有唐昧，趙有尹皋，魏有石申夫，皆掌著天文，各論圖驗。"這裏對甘德是齊人楚人，史有爭論，但唐昧卻肯定是楚人，據《史記·楚世家》載，他與屈原同時，生活於戰國中後期，還曾領兵作戰，兵敗被殺。

20世紀40年代出土於湖南長沙子彈庫的帛書，是數術家使用的遺書，其中便涉及天文曆法方面的知識，而屬楚文化系統的隨縣擂鼓墩曾侯乙墓的漆木衣箱蓋上，繪製了二十八宿、北斗、青龍、白虎星象的天文圖等，這表明我國是世界上最早創立二十八宿體系的國家。1972年長沙馬王堆三號西漢早期漢墓出土的帛書，一向被學術界認定為楚國學術之傳承，帛書的篆、隸兩種《陰陽五行》和《五星占》、《天文氣象雜占》等，均為陰陽家的著作，可見楚人對陰陽曆法之重視及其成就之卓著。楚國著名愛國詩人屈原在其《離騷》、《天問》等作品中，也以詩歌的形式，寫下許多與天文曆法相關的內容和知識。

（二）儒　　家

儒家雖以孔子為奠基人，但孔子一向被認作是中原周王朝文化之傳承者，他所教授的科目和內容多來自周王朝。司馬談肯定儒家"序君臣父子之禮，列夫婦長幼之別，不可易也"。有的學者在大談楚人的民族特性與北方文化之不同時，卻不關注傳世文獻中已有許多涉及儒學經典在南楚傳播的情況。早在《國語·楚語》中，已記載楚王族用以教育的一套教材的內容，楚莊王（前613—前591在位）讓大夫子亹當太子的老師，子亹向楚之賢大夫申叔時請教如何進行教育，申叔時對他説：

教之《春秋》，而為之聳善而抑惡焉，以戒勸其心；教之《世》，而為之昭明德而廢幽昏焉，以休懼其動；教之《詩》，而為之導廣顯德，以耀明其志；教之《禮》，使知上下之則；教之《樂》，以疏其穢而鎮其浮；教之《令》，使訪物官；教之《語》，使明其德，而知先王之務用明德於民也；教之《故志》，使知廢興者而戒懼焉；教之《訓典》，使知族類，行比義焉。……且夫誦《詩》以輔相之，威儀以先後之，體貌以左右之，明行以宣翼之，制節義以動行之，恭敬以臨監之，勤勉以勸之，孝順以納之，忠信以發之，德音以揚之，教備而不從者，非人也。其可興乎！夫子踐位則退，自退則敬，否則赧。

這裏所提到的《春秋》、《詩》、《禮》、《樂》，雖未必與晚一百年孔子整理後的教材完全相同，但無疑同屬一種文化類型，即中原周文化的類型。教育的內容，最集中地體現了這個民族的文化傳統和文化認同。儘管楚人西周時僻處荆山，蓽路藍縷以啟山林，卻始終保持對中原文化的認同。文物工作者在對兩周時期楚地文物進行研究後，均認為從西周至春秋中期，楚文物的形制、特徵均與周王朝及中原各國風格一致。這是非常正常的，所謂"溥天之下，莫非王土，率土之濱，莫非王臣"。只是到春秋中後期，楚國開始強大以後，楚文化才逐漸顯露出自身特色來。

從《左傳》敍述春秋時期各諸侯國君臣在不同場合中引《詩》言志的情況看，楚國較之中原的鄭、衛、陳、蔡以及東齊、西秦等國次數都多。而且早在公元前 617 年，楚穆王伐宋，楚左司馬子舟在對話中就引用了《大雅》中《烝民》、《民勞》中的詩句。公元前 597 年發生了著名的晉楚邲之戰，楚令尹孫叔敖在講話時引用《詩·小雅·六月》中的詩句。尤其令人驚訝的是，楚莊王在戰爭獲得勝利後，引了《周頌·時邁》以及《周頌·武》的三段詩文，並從文字學的角度解釋"武"的含義——"止戈為武"，論述了"武"的七德——禁暴、戢兵、保大、定功、安民、和衆、豐財。他對於周文化相關道德倫理的認識，對《詩》的深刻內涵的闡述，令人印象何等深刻！這豈是那些將楚人視為"蠻夷之邦"的學者們可以解釋得清楚的？因此，儒家根基，楚本有之。

孔子創立儒學後，遊歷四方以傳播其思想，他曾南遊於楚，中途受困於陳蔡，是楚昭王派兵為他解了圍，還打算以書社地七百里封給孔子，只是因為其臣下的勸阻而未實行。孔子的學生中雖以北方人為多，但也有一部分是南方人，如七十二賢人中的言偃（子遊）是吳國人，顓孫師（子張）是陳國人。言偃被孔子認為是最優秀的十位弟子之一，而顓孫師在孔子死後為八儒之一的子張之儒；儒分為八時，子張之儒被認為是群儒之首，子遊之儒也是八儒之一。《史記·儒林列傳》還記載，孔子弟子中，"子張居陳，澹臺子羽居楚，子夏居西河，子貢終於齊"。澹臺子羽也是孔門七十二賢人之一，曾有弟子三百餘人，影響甚大。可知孔子之後，其弟子中幾位賢人都在南方傳播儒學（陳、吳後來均屬楚），並且還是儒學中的代表人物。

這些年來，大批儒學著作在楚地出土，如郭店楚簡中，除兩種為道家典籍外，其餘十四種皆為儒家著作，多數為先秦佚書，且產生於孔子之後、孟子之前的二百年間，也就是從春秋末年至戰國中期這段時間。上博簡已出版的八輯中，共整理出文章 51 篇，其中數量最多的也是儒家著作，最為學術界轟動的當屬《孔子詩論》，還有如《子羔》、《魯邦大旱》、《緇衣》、《性情論》、《民之父母》、《從政》、《中弓》、《相邦之道》、《季庚子問於孔子》、《君子為禮》、《弟子問》等。《清華簡》雖只整理出版兩輯，但據整理者介紹，其內容包括《尚書》、《詩》、《禮》、《樂》等重要典籍，僅《古文尚書》內容即有 20 篇左右。雖然整理者沒有直稱為"楚簡"，但卻指出竹簡文字明顯具楚文字風格，而且認為清華簡如出於楚，應當是在"白起拔郢"之前。清華簡計劃出版 15 冊，我們還未能見到全部內容，但其中無疑也有大量儒學著作。

最值得關注的是，作為先秦儒學的三位代表性人物之一的荀子，他雖曾在齊國的稷下學宮"三為祭酒"，但後來卻三下楚國，並擔任楚蘭陵令。晚年則去職，居蘭陵，從事教育與著述，其《荀子》一書應有相當部分是晚年在楚所作。

從上述概述中，我們對於儒學在楚的傳播情況，應當比較清楚了。

(三) 墨　　家

墨家本出於儒，但因不喜儒家宣揚的那套繁文縟禮以及厚葬等主張，於是自立門户，創立墨家學派，批評儒家學説，一度形成很大影響，所謂"天下不歸儒則歸墨"，同為"世之顯學"。有學者提出，子張氏之儒"禹行而舜趨"，與墨家主張接近，在墨家形成中具有影響與地位。墨子曾多次到楚國，宣傳他的"非攻"理論。墨子死後，鉅子孟勝曾至楚國為陽城君（一説魯陽文君）守城，從死之墨家弟子達180餘人。可知其與楚關係頗深。1957年信陽長臺關1號楚墓出土《申徒狄》殘簡，有些學者認為此殘簡為《墨子》佚文。《上博簡》（五）載有一篇《鬼神之明》，根據其内容，學者們多認為其與《墨子·明鬼》篇中的觀點近似，或應屬其中的佚文。可知墨子的學説在楚也有流傳和影響。

(四) 法　　家

法家産生於戰國時代，是一種專制的統治術，其代表人物為申不害、吴起、商鞅、韓非和李斯等。

法家其實與楚國也淵源頗深。當李悝在魏國編寫《法經》時，吴起也在魏進行兵制的改革，後因受讒而於公元前383年離魏南下楚國，楚悼王任用吴起為令尹，實行改革，"明法審令，捐不急之官，廢公族疏遠者，以撫養戰鬥之士，要在強兵，破馳説之言縱横者。於是南平百越，北併陳蔡、卻三晉、西伐秦"（《史記·吴起列傳》）。雖然這次改革因楚悼王死、吴起被殺而告終，但從記載看，其中一些法令還是延傳下來。只是改革不徹底，因而到懷王時，信用屈原造為憲令，希望達到"國富強而法立"（《九章·惜誦》）。然而，由於懷王信讒，疏遠屈原，使得計劃中途夭折。雖然如此，並不意味着楚政壇上就没有了法家的身影。許多研究者指出，戰國中後期之黄老學派為兩支，北為齊之稷下學宫學者所倡導，南則為楚。荀子入楚，其學術思想已兼融儒、法、道諸家，故其弟子韓非、李斯均成為戰國後期法家的代表人物，其中李斯還是楚之上蔡人。荀子還因此為後人所詬病。

(五) 道　　家

道家與楚國有着特殊的淵源，這是學術界大多認同的看法。據傳，楚人先祖鬻熊曾經棄殷而投周，成為周文王之師。因此後來周在分封諸侯時，封楚於丹陽立國，號為子爵。今傳《鬻子》一書，雖然研究者認為非鬻子本人所作，但書中内容應為後人根據舊聞加以收集整理寫成的，其中應保留有鬻熊的治國理念。此書在《漢書·藝文志》中已載録。劉勰在《文心雕龍·諸子》中謂"篇述者，蓋上古遺語，而戰代所記者也"。這種看法頗近事實。《鬻子》書中，討論了以柔克剛與選賢興國等治國之道，頗與後世道家學説相通，故班固在《漢書·藝文志》中將其列為道家，"子目肇始，莫先於此"（同上）。《漢書·藝文志》共列有道家著作37種，其中之《鬻子》、《蜎子》、《長盧子》、《老萊子》、《鶡冠子》、《曹羽》、《楚子》作者均為楚人，老子、莊子雖非楚人,但與楚關係密切,他們的故國陳、宋,在他們的晚年也皆為楚所併。

　　近數十年來的出土文獻也向我們展示了先秦道家著作在楚地的流傳情況。《老子》這部書,曾經被許多學者懷疑是否為先秦著作,然而,1993年湖北荆門郭店楚簡中赫然出現了《老子》甲、乙、丙三組竹簡,雖然其篇幅只及今傳世本的五分之二,但已可充分證明《老子》確為先秦典籍,其產生時間應為戰國中期之前。郭沫若曾認為,今傳世本《老子》,應為春秋時期的道家創始人老子在楚國的傳人所整理寫定,因此書中有一些楚人特有的楚語詞。除郭店楚簡《老子》的出現外,1973年在原故楚的長沙馬王堆西漢早期漢墓中也發現了《老子》帛書甲、乙本,其中甲本不避劉邦諱,顯然應成書於漢代早期或其前。此帛書文字已與今《老子》傳世本大體接近。

　　莊子是道家另一重要傳人。他的著作在楚地也均流傳。《莊子》書中記載了他與楚國的一些關係,楚國國君曾派人請莊子為相,但被莊子推絕了,不過,他還是去過楚國的,這是他在書中直接提到的。證諸屈宋的作品,我們也看到《莊子》這部書從創作手法到作品內容,均對屈宋辭賦有極大影響,筆者曾有專文作過論述(參看《道家文化與楚賦》,《文學評論》1993年第4期)。從出土文獻中,我們也再一次看到莊子在楚地的傳播情況。1977年安徽阜陽雙古堆第二代汝陰侯夏侯灶墓葬中出土了《莊子》中的《外物》、《則陽》、《讓王》篇殘簡。1988年初湖北江陵張家山136號漢墓中又出土了《莊子》中的《盜跖》篇,説明《莊子》書也一直在楚地流傳。

　　黃老道家,過去一直被認為是產生於齊的稷下學派,而出土文獻表明,南楚同樣是黃老學派的發源地,有的學者甚至認為楚地才是黃老道家的正宗,而齊卻是由楚傳過去的。這些年,黃老學派的著作在楚地多次出土。1972年長沙馬王堆漢墓中在出土《老子》甲、乙帛書本的同時,也出土了被認為是久已失傳的《黃帝四經》,即《經法》、《十六經》、《稱》、《道原》;1993年郭店楚簡出土了《太一生水》,而後上博簡(三)有《恒先》,上博簡(五)有《三德》,這一系列佚文,都是與黃老道家相關的文獻。傳世的《鶡冠子》,過去或以為是偽書,現在已得到確認,為先秦楚國的隱者所著,書中的觀點也屬黃老學派的思想與觀點。《蜎子》作者為環淵,其書雖未傳下來,但司馬遷在《孟子荀卿列傳》中已指出,他與慎到、田駢、接子,"皆學黃老道德之術"。西漢時,淮南王劉安招致賓客,撰成《淮南子》,其書也應屬黃老學派之作,傳承的是楚人之學。

　　以上是司馬談在《論六家要指》中提到的五家,至於名家為戰國後期產生的學派,影響並不大。班固在《漢書·藝文志》上所引劉歆的《七略》,則是在六家基礎上將其增為十家,即增加了縱橫家、雜家、農家和小說家。

(六) 縱 橫 家

　　先秦縱橫家以公孫衍(犀首)為首,其後代表人物則為蘇秦、張儀。縱橫之術盛行之時,已是戰國中後期。外交上的縱橫之術,使戰國諸侯國之間不斷洗牌,縱橫家頻繁地在各國間往來穿梭,常為楚王的座上賓。楚國在合縱連橫中自然也是不甘落後的,楚懷王時,關東六國合縱抗秦,懷王還當了總指揮(縱長)。他在位三十年,一直在合縱、連橫的矛盾中左右搖擺,最終讓楚國落到"兵敗地削"的地步。懷王之後的幾位國君,直到滅亡之前,也一直在縱橫的外交上舉旗不定,這固然有其特殊的環境和原因,但不從内部進行改革,達到富國强兵的目的,靠外交的手段是不能維持長久的。

(七) 農　　家

農家經常提到的人物是許行,楚人,他主張依照神農氏的作法"教民農耕",並和他的弟子們一起到滕國去從事農耕的實驗。結果一些儒家學者棄儒而跟從許行,從而引起孟子的批評。但農家對當時政治影響也不大。

(八) 雜　　家

最著名的雜家代表人物爲吕不韋,其代表作是《吕氏春秋》。之所以稱爲雜家,是因爲作者原意是采衆家之長。但由於一書之中,各種觀點均相容而未能形成獨立的思想體系,因而内容就顯得駁雜。其實,《吕氏春秋》總體傾向是以黄老道家爲主的,黄老道家的殿軍之作《淮南子》也被列爲雜家,但它較之《吕氏春秋》傾向更明顯,内容也更有條貫。

四

以上是我根據現有的材料和個人認識,對先秦時期諸子學術在楚國的各種表現所作的粗略梳理。其實,無論是司馬氏父子所概括的六家,還是劉歆所論列的十家,都未窮盡反映戰國學術的總貌(如兵家應當也是很重要的一家)。儘管如此,我們還是可以比較清楚地看到先秦時期的楚國,其實並非像一些學者所認爲的是"蠻夷之邦"。在其立國八百年間,隨着土地的開拓,國力的强盛,楚人充分吸取了南北文化之精華,形成具有鮮明特色的楚文化。尤其到了戰國時代,諸子百家也都在楚國這片廣袤的國度中找到表現自己的機會,因而,此時的楚國不僅没有遊離於時代主流社會思潮之外,而且還是各種學術思想交融且相當活躍的一個大舞臺。

在此還應當特別提出,作爲戰國時代最重要的文學作品,由楚人屈原、宋玉所創造的楚辭賦,不僅以其形式之美和内涵之豐富而被後人稱爲"金相玉質,百世無匹"(劉勰《文心雕龍·辨騷》),而且在作品中,我們也發現有不少涉及當時學術方面的珍貴資料。例如《楚辭·天問》提供了戰國人對宇宙和天地形成的看法和思考;《楚辭·遠遊》讓我們看到了道家對生命的關切,看到黄老道家的"精氣説";從宋玉的《對楚王問》《大言賦》《小言賦》,我們則看到了《莊子》在楚地流傳的影子……

確實,由於時間的久遠,由於從秦始皇以來歷代統治者專制的文化政策,使我們今日能夠讀到的先秦古籍數量十分有限,兼之先秦流傳至今的經典和古籍,多關注的是北方中原地區

的狀況,而較少提及南方的楚國。正如李學勤先生在《再論楚文化的傳流》中所指出:

> 漢興以後,惠帝時除《挾書律》,晚周各地的百家思想得以復興。《史記》、《漢書》所載學術傳流,多側重北方,對南方楚地的文化史涉及較少。七十年代考古發現的幾批珍貴簡帛,在一定程度上彌補了這一缺環。漢初盛行一時的黃老道家,過去的學者多以為源於齊學,有人認為與齊稷下一些學者有關。現在由於馬王堆帛書的發現,知道齊的道家尚非這一流派的主流,黃老道家的淵源實在楚地。

這些年的出土文獻不斷地為我們提供新的材料,開拓了我們的視野,加深了我們的認識,讓我們可以在此基礎上對古代的社會學術思潮有一個重新認識的機會。也只有在這樣的基礎上,我們的認識和見解才能愈來愈接近歷史的真實,並在此基礎上,較為科學地進行研究,從而得出更為合理的結論來。

[作者簡介] 湯漳平(1946—),男,福建雲霄人。曾任河南省社會科學院研究員、《中州學刊》副主編、社長,現為漳州師範學院中文系教授、鄭州大學兼職教授。著作有《楚辭論析》(合著)、《屈原傳》、《出土文獻與〈楚辭·九歌〉》、《楚辭》(译注本)等10餘部,曾在《文學評論》、《文學遺產》、《中州學刊》等刊物發表學術論文數十篇。

先秦諸子的山水旅遊美學觀

譚家健

中國地域遼闊，江山多嬌，山水旅遊早就引起先民的濃厚興趣。據説華夏民族的始祖黄帝，就是一位喜歡登名山，涉大江，觀滄海，足迹遍及東南西北的旅行家（見《史記·五帝本紀》）。西周穆王曾經御八駿而驚六極，不遠萬里，馳駕於異國他鄉，留下了許多動人的神話傳説，最集中的便是《穆天子傳》。東周諸侯如齊景公、晉平公、楚昭王，皆以酷愛遊旅著稱。到戰國中期，除上層貴族外，求官遊學之士、商賈工匠之徒也加入旅遊的行列。於是，對於山水旅遊活動的意義，便逐漸有人從理論上進行探索和闡發，以指導並規範這項活動。這方面的見解，分别見於先秦諸子著作中。概括起來，主要有以下三點。

觀山水以比德

注重道德品性的修養，是先秦諸子的共同特徵。因此，他們對於許多社會活動，往往首先從倫理原則考慮，對山水旅遊即是如此，典型的代表便是孔子。

《論語·雍也》記，孔子説過："知者樂水，仁者樂山。知者動，仁者静。知者樂，仁者壽。"前兩個"樂"字，意思是喜歡。可見孔子這番話是從觀賞山水出發的。

《荀子·宥坐》記："孔子觀於東流之水，子貢問於孔子曰：'君子之所以見大水必觀焉者，是何？'孔子曰：'夫水，大遍與諸生而無為也，似德；其流也卑下裾拘，必備其理，似義；其洸洸乎不淈盡，似道；若有決行之，其應佚若聲響，其赴百仞之谷不懼，似勇；主量必平，似法；盈不求概，似正；淖約微達，似察；以出以入，以就鮮潔，似善化；其萬折也必東，似志。是故君子見大水必觀焉。"這段話裏有一些近乎戰國後期道家和法家的成分，未必出於孔子之口，也許是荀子的發揮。然而卻是比較明確的山水比德美學觀。

西漢初年的韓嬰解釋孔子的話説："夫水者，緣理而行，不遺小間，似有智者；動之而下，似有禮者；蹈深不疑，似有勇者；障防而清，似知命者；歷險致遠，卒成不毁，似有德者。天地以成，群物以生，國家以寧，萬事以平，品物以正，此智者所以樂於水也。""夫山者，萬民之所瞻仰也。草木生焉,萬物植焉,飛鳥集焉,走獸休焉,出雲道風,從(聳)乎天地之間。天地以成,國家以寧:此仁者所以樂於山也。"(《韓詩外傳》卷三)這就是說,山水有君子之德。西漢早期的《尚書大傳》卷六,西漢中期董仲舒的《山川頌》,西漢後期劉向《説苑·雜言》,都對"仁者樂山,智者樂水"作了闡發,後來孔子這兩句話就成了山水審美的重要命題。

《論語·子罕》記:"子曰:歲寒,然後知松柏之後凋也。"據《莊子·讓王》、《吕氏春秋·慎人》記載,孔子這番話是厄於陳蔡時對子路講的。命意顯然不僅是贊賞植物的耐寒本性,而是要歌頌正直之士臨難不苟、堅貞不屈的高尚品德。《荀子·大略》、《淮南子·俶真訓》、《史記·伯夷列傳》、《潛夫論·交際》都曾對其引用並加以發揮。這句話形象高雅,含蘊深邃,耐人尋味。雖然文字簡略,卻培養了幾千年來中國知識分子的道德觀、美學觀,澤及中國文化史的各個領域。文學中的詩、文、詞、賦,藝術中的繪畫、書法、雕塑、音樂,都愛以松柏及具有某種特定意義的動植物作為題材,這已經成為至今盛行的中華民族美學傳統之一,而在旅遊文學中更是比比可見。

先秦其他各家也常以自然物比喻人的道德品質。

成書於戰國初期的《老子》曾提到"上善若水","上德若谷"。成書於戰國中期的《管子·水地》講到水有五德,玉有九德。成書於戰國中期的《晏子春秋》曾以行水、淵澤比喻國君的品德,還說"君子若華山然,松柏多矣,望之盡日不厭"。他們雖然沒有直接聯繫旅遊觀賞來談,但是這種以自然事物與君子比德的美學觀,無疑對後世山水旅遊有一定的啟發。

《管子·小問》記:"桓公放春三月,觀於野。桓公曰:'何物可比於君子之德乎?'隰朋對曰:'夫粟,内甲以處,中有卷城,外有兵刃,未敢自恃,自命曰粺,此其可比於君子之德乎?'管仲曰:'苗,始其少也,昫昫乎何其孺子也;至其壯也,莊莊乎何其士也;至其成也,由由乎何其君子也;天下得之則安,不得則危,故命之曰禾。此其可比於君之德矣。'"觀粟禾而聯想君子之德,在旅遊閒談中也許可能;但這種比擬似乎有些牽強附會,所以在後世不如孔子松柏贊的影響大。但也是先秦自然比德説較為突出的一例。

先秦美學中的自然比德説,其歷史意義在於告示人們,自然美的實質是自然物的屬性與人的某些品德美相類似,人可以從審美客體意會到審美主體的某些品德美。因而,遊山玩水的意義便着重在陶冶人的道德情操,從山水中體認君子之德,從而加強自身的品性修養和意志鍛煉。這種美學觀着眼於自然與人的關係,而不是脱離人類社會去單純地欣賞自然美。它比起古希臘畢達歌拉斯派所謂"美是和諧與比例",以及歐洲中世紀聖·湯瑪斯·阿奎那所謂"事物之所以美,是由於神住在那裏"的觀點都要高明,而和俄國美學家車爾尼雪夫斯基所謂"構成自然界的美的事物,只有作為人的一種暗示,才有美的意義"(《生活與美學》),有某些相通之處。當然,比德説只是注意到自然物的象徵意義,而比較忽視自然美本身的屬性。這個問題到魏晉以後才逐步解決,其標誌便是山水詩的興起。

孔子直接談論山水旅遊活動的只有一次。《論語·先進》篇記,孔子命子路、曾晳、冉有、公西華各言其志,而他最欣賞的是曾晳所說的:"暮春者,春服既成,冠者五六人,童子六七人,浴乎沂,風乎舞雩,詠而歸。"對這段話,朱熹解釋說:"曾點之學,蓋有以見乎人欲盡處,天理流行,隨處充滿,無少欠缺,故其動靜之際,從容如此。而其言志,則又不過即其所居之位,樂其日用之常,初無舍己為人之意,而胸次悠然,直與天地萬物上下同流,各得其所之妙,隱然自現於言外。視三子之規規於事為之末者,其氣象不侔矣,故夫子歎息而深許也。"(《論語集注》)這是理學家的發揮。劉寶楠說:"仲尼祖述堯舜,憲章文武,生值知己時,而君不用。三子志在相時為政,唯曾晳獨能知時,志在澡身浴德,詠懷樂道,故夫子與之也。"(《論語正義》)這種理解比朱熹接近原旨,但仍未得要領。我認為,曾晳所描繪的乃是一次師生春遊圖。在和煦的春風裏,到沂河邊的溫泉(《論語集注》:沂河附近有溫泉)游泳,參觀祭祀場所,並在祭臺上乘涼、吹風,然後大夥唱着歌回來。多麼的自由自在,無拘無束,和諧愉快。春遊至今仍是學校師生們的最大樂趣,怪不得作為教育家的孔子不禁神往,尤其是與子路的治軍、冉有的從政、公西華的相禮相比,孔子覺得從事教育更符合他的本性。而更重要的是,在大自然的懷抱裏,擺脫了社會的束縛和政治的羈絆,人與自然、人與人的關係契合無間,人的情感、興味、愛好都能充分舒展。用現代術語來說,是實現了人性的復歸,因而也是最具有美學意義的。

《論語·先進》所記旅途場面及孔子的態度,雖然並沒有明確說出這種活動的道德意義究竟何在,但是比起當時和後世有關旅遊的道德說教,它更具有潛移默化的感染力。《論語·顏淵》曾記孔子與樊遲遊於舞雩之下,地點正是曾晳所嚮往者;但那次竟沒有一字講到旅遊的情景及從中所獲得的美的享受,只是大談道德修養,給人們的印象就遠不如曾晳之言具體鮮明。

孔子還說過:"父母在,不遠遊,遊必有方。"(《論語·子罕》)他是從盡孝道提出的。這個"遊"字雖然主要是指遊宦、遊學,在後世也每每成為旅遊活動家的信條,即旅遊活動必須受倫理道德約束。

察自然而悟道

主張天人合一,師法自然,是先秦時期的重要思潮。道家學派鼓吹最力,儒家也不乏類似看法。先秦諸子在觀賞自然變化之時,大都注意總結其中的運動規律,探尋客觀世界蘊含的奧秘,用以指導人們的主觀世界和社會實踐活動。這是古人進行山水旅遊活動的基本心態之一。

《老子》論道,常從水得到啟示。七十八章說:"天下莫柔弱於水,而攻堅強者莫之能先。"八章說:"水善利萬物而不爭,處眾人之所惡,故幾於道。"六十章說:"江海所以能為百谷王者,以其善下之。"老子從這些現象中,總結出以弱勝強、以柔克剛,夫唯不爭則天下莫能與之爭的哲理。雖然不是講旅遊,但對後世描寫山水田園隱逸生活的文學作品都有廣泛的滲透,魏晉時期尤為明顯。

《莊子》中借山水而悟道之例甚多。

《秋水》篇記:"莊子與惠子遊於濠梁之上,莊子曰:儵魚出遊從容,是魚之樂也,惠子曰:子非魚,安知魚之樂? 莊子曰:子非我,安知我不知魚之樂?"二人展開了一場關係到認識論和美學觀的辯論,並且引起後人的極大興趣,從哲學上評論者甚衆。在文學上,魏晉詩人寫魚鳥多寄玄音,寓道旨,即其餘緒。明代焦竑説:"莊子善通物情,一體同觀。後來者若茂叔(周敦頤)之觀窗草,子厚(柳宗元)之聽驢鳴,皆得此意。"(《二十九子品匯釋評》)後來各地一些旅遊風景點往往以"濠濮澗"、"魚樂亭"命名,即得意於《莊子》。

《山木》篇記:莊子遊雕陵,見蟬得美蔭而忘其身,螳螂欲捕之,異鵲又將食螳螂,莊子拿着彈弓在窺視異鵲,看園人以爲他要偷果子而追着啐駡。莊子從而深有感慨,認爲它們或"見得而忘其形",或"見利而忘其真",或"守形而忘其身",都相累於物,只圖眼前利益,不顧背後存在危險。文章重點雖不在記遊樂觀蟲鳥,其中卻包含着活生生的辯證法,至今仍有借鑒意義。後世成語"螳螂捕蟬,黃雀在後"即出於此。

《達生》篇記,"孔子觀於吕梁,懸水三十仞,流沫四十里,黿鼉魚鱉之所不能游也。見一丈夫游之,以爲有苦而欲死也,使弟子並游而拯之。數百步而出,被髮行歌而遊於塘下。孔子從而問焉,曰:吾以子爲鬼,察子則人也。請問蹈水有道乎? 曰:亡,吾無道。吾始乎故,長於性,成於命,與齊俱入,與汩偕出,從水之道而不爲私焉,此者所以蹈之也。"作者描寫了瀑布高懸的奇觀和遊者勝過魚鱉的絕技,但其興趣並不在此,而在所謂安於性命從水之道的哲理。雖托之孔子,實際上是在宣傳道家思想。

《天地》篇記,"黄帝遊乎赤水之北,登崑崙之上而南望,還歸,遺其玄珠。"使知(智者)、離朱(明者)、喫詬(善辯者)索之而皆不得,使象罔(無心者)乃得之。通篇全是寓言,玄珠喻道。作者認爲,只有絕去知識,無所用心,才能得道。文章用意雖不在旅遊,但後世山水詩中所謂"無心得意"、"得意忘言"等,與之不無關係。

《知北遊》假托仲尼之言曰:"山林與! 皋壤與! 使我欣欣然而樂與! 樂未必也,哀又斷之。哀樂之來吾不能禦,其去弗能止。悲夫,世人直爲物逆旅耳。"先肯定山水林泉能給人以快樂,馬上又否定。因爲人生哀樂無常,主觀無法掌握。這種觀點發展到東漢末年和魏晉時期便演化爲人生如寄,及時行樂。唐代李白的名句"天地者萬物之逆旅,光陰者百代之過客"即其發揮。

有的學者指出,在《莊子》書中,常以"遊"喻道,用"遊"來比喻追求精神上的自由自在。他用"雲將東遊",見鴻濛"雀躍而遊","不知所求",來論説"無功無名"、"與天同道";用"知北遊"來論説"道無可期","自然皆道";用"逍遥遊"來論説超脱現實,"無不逍遥"。"逍遥遊"既是莊子的哲學宗旨,也是莊子旅遊學的宗旨。莊子和孔子的旅遊認識是大相徑庭的,他們欣賞景物的口味也大異其趣。孔子"比德"説和莊子"逍遥遊"的對立,在先秦前者强,後者弱;從東漢開始,中國旅遊活動的開展和旅遊理論的建設就再也離不開莊子"逍遥遊"的指導了①。

---

① 参看章必功《中國旅遊史》,雲南人民出版社1992年版,第56頁。

由於哲學體系不同,儒道的審美標準各異。孟子以茂盛而有用的森林為美,"牛山之木嘗美矣,以其郊於大國也,旦旦而伐之,可以為美乎?"(《告子上》)以之比喻人必須保持仁義之心的本性。莊子則以無用之木為美:"吾有大樹……其大本擁腫而不中繩墨,其小枝捲曲而不中規矩,立之塗,匠者不顧。"然而可以使人"傍徨乎無為其側,逍遥乎寢卧其下,不夭斧斤,物無害者"(《逍遥遊》)。他闡發的是無用即大用的哲學。

　　同樣是觀察水,與從中悟出的"道"判然有別。《論語‧子罕》記:"子在川上曰:'逝者如斯乎,不舍晝夜。'"程頤解釋説:"此道體也。天運而不已,日往則月來,寒往則暑來,水流而不息,物生而不窮,皆與道為體,運乎晝夜,未嘗已也。是以君子法之,自強不息,及其至也,純亦不已焉。"(《四書集注》引)孔子感慨逝水永遠奔流不息,有如時光一去不返,用意是勉勵人們抓緊時機,自強不息。莊子則欣賞"止水",強調"水静猶明",並從而感歎人生"如白駒之過隙",教人們"無為","無所用心",態度比較消極。

　　《孟子‧離婁下》記:"徐子曰:仲尼亟稱於水曰:水哉水哉!何取於水也? 孟子曰:源泉混混,不舍晝夜,盈科而後進,及於四海。有本者如是,是之取爾。苟為無本,七八月之間而集,溝澮皆盈。其涸也,可立而待也,故聲聞過情,君子恥之。"孟子認為,孔子稱讚有本源的長流水,而不欣賞暴雨成溪頃刻乾涸的橫流。由此推論,對有名無實邀一時之譽的風頭人物,君子是瞧不起的。上述觀點,適用於做學問、辦事業等許多方面,是富於哲理的概括。

　　《孟子‧盡心上》記:"孔子登東山而小魯,登泰山而小天下。故觀於海者難為水,遊於聖人之門者難為言。觀水有術,必觀其瀾,日月有明,容光必照焉。流水之於物也,不盈科不行;君子之志於道也,不成章不達。"前四句主旨就是成語所謂站得高,看得遠。視野開闊,心胸就豁達。形式上是講觀賞山水的感受,實際是關於世界觀和方法論的重要規律。孫奭《孟子正義》説:"楊子雲視日月而知衆星之蔑如,仰天庭而知天下之居卑,亦同此意。"杜甫《望岳》詩句"會當淩絶頂,一覽衆山小",亦得其精義。關於後半段,朱熹認為説明了"聖人之道,大而有本,觀水之瀾,則知其源之有本矣;觀日月於容光必照,則知其明之有本矣"(《孟子集注》)。孫奭説:"流水為物,所流遇於科坎,不盈滿其科坎則不流進而行也。如君子之學,志於道也,不成章則不達而進仕。"(《孟子正義》)這些解釋説明儒家觀水的目的在於尋求正確的生活態度,鼓勵人們立志高遠,努力向上、向前。

　　《莊子‧秋水》曾寫過江河的壯闊,大海的汪洋無際:"秋水時至,百川灌河,經流之大,兩涘諸崖之間,不辨牛馬。"可是與"萬川歸之,不知何時止而不盈;尾閭泄之,不知何時已而不虛,春秋不變,水旱不知"的大海相比,又顯得渺小了。郭象指出:此節"有似乎觀大可以明小,尋其意則不然。夫世之所患者,不夷也。故體大者快然謂小者為無餘,質小者塊然謂大者為至足。是以上下誇跂,俯仰自失,此乃生民之所惑也,惑者求正,正之者莫若先極其差而因其所謂……各知其極,物安其分,逍遥者用其事,步而遊乎自得之場矣"(郭象《莊子注》)。莊子、孟子都把大水和小水作了比較,可是結論不同。

　　如果從道德論和人生觀而言,孔孟的積極意義更明顯,對後世社會生活的影響也更廣泛;

如果從自然哲學尤其是辯證法看，老莊所揭示的往往更精微，對後世理論思維的促進更有力。而對山水旅遊文學來說，儒道兩家的滋潤分別有所側重，作用都是不可估量的。

法家的韓非雖然沒有直接談論山水旅遊，但他在《大體》篇説過："古之全大體者，望天地，觀江海，因山谷，日月所照，四時所行，雲布風動，不以智累心，不以私累已……大人寄形於天地而萬物備，歷心於山海而國家富。"他發揮了老子的"道法自然"，主張"大人"應從觀察天地、江海、山谷、風雲等自然現象中，悟出順應自然的道理來。這種觀點，改造莊周，啓發黄老學派，影響及於魏晉玄學，雖然不是講自然審美，但也波及後世山水旅遊美學觀。

覽四方以知政

先秦時期的山水旅遊活動，首先是在天子、諸侯倡導之下開展起來的。這些人出遊，除賞心悦目之外，往往帶有一定的政治目的。如觀民風、知得失、宣威德、明教化等，總的意圖不外鞏固和加强其統治。先秦思想家對此有不少論述。

《管子·戒》記："桓公將東遊，問於管仲曰：'我遊猶東由轉斛，南至琅邪。司馬曰：亦先王之遊已。何謂也？'管仲對曰：'先王之遊也，春出，原農事之不本者，謂之遊；秋出，補人之不足者，謂之夕。夫師行而糧食其民者，謂之亡；從樂而不返者，謂之荒。先王有遊夕之業於人，無荒亡之行於身。'桓公退，再拜命曰：'寶法也。'"中心思想是統治者旅遊必須有益於民，而不應妨民害政。

同樣觀點又見於《孟子·梁惠王上》："昔者齊景公問於晏子曰：'吾欲觀於轉附、朝舞，遵海而南，放於琅琊，吾何修而可以比於先王之觀也？'晏子對曰：'善哉問也。天子適諸侯曰巡狩。巡狩者，巡所守也。諸侯朝於天子曰述職。述職者，述所職也，無非事者。春省耕而補不足，秋省斂而助不給。夏諺曰：吾王不遊，吾何以休？吾王不豫，吾何以助？一遊一豫，為諸侯度。今也不然，師行而糧食，饑者弗食，勞者弗息，睊睊胥讒，民乃作慝。方命虐民，飲食若流。流連荒亡，為諸侯憂。從流下而忘反謂之流；從流上而忘反謂之連，從獸無厭謂之荒，樂酒無厭謂之亡。先王無流連之樂，荒亡之行。惟君所行也。'"《孟子》、《管子》皆成書於戰國中期，二書見解相同而史實略異，可能各有所本。同樣的話又見於《晏子春秋》之《内篇問下》，文字與《孟子》幾乎一樣。

針對統治者的遊樂無度，孟子提出"與民同樂"的口號。梁惠王在宮廷園林裏欣賞鴻雁麋鹿，問孟子："賢者亦樂此乎？"孟子回答："賢者而後樂此，不賢者雖有此不樂也。"並舉文王築靈臺、靈沼而民歡樂之，跟夏桀時民欲與王偕亡作對比，説明統治者不能"獨樂"。有一次孟子與齊宣王談好樂，極力鼓吹"與百姓同樂"，並把民衆對"獨樂"與"同樂"兩種不同反響作了形象生動的摹擬。另一次在齊國别墅雪宫，他又對齊王説："樂民之樂者，民亦樂其樂；憂民之憂者，民亦憂其憂。樂以天下，憂以天下，然而不王者，未之有也。"《晏子春秋·内篇雜上》也提倡同樂，反對獨樂："夫樂者，上下同之。故天子與天下，諸侯與境內，大夫以下各與其僚，無有獨樂。今上樂其樂，下傷其費，是獨樂者也，不可。"上述所謂"樂"，不限於旅遊，但可以包括旅遊。"與民同樂"的口號，不僅對旅遊，而且對後世許多娛樂活動都有影響。宋代文學家、政治家范仲淹的名作《岳陽樓記》，在描述巴陵山水勝況之後，產生"先天下之憂而憂，後天下之樂而樂"的豪情，就是與孟子一脈相承的。

《晏子春秋》多次論及山水旅遊的觀感。如《內篇諫上》記："景公將觀於淄上，與晏子閒立。公喟然歎曰：'嗚呼！使國可長保，而傳於子孫，豈不樂哉！'晏子對曰：'嬰聞明王不徒立，百姓不虛至。今君以政亂國，以行棄民久矣，而聲欲保之，不亦難乎？'"他認為要想長治久安，必須"任賢而贊德"，使"民樂其政而世高其德"才行。否則災禍"恐及於身"。

《晏子春秋》外篇記：景公遊牛山，三次請晏子祝福。晏子對曰："臣願有君而可畏"，"臣願有君而明"，"臣願有君而可輔"。這種方式與《管子·小稱》中的鮑叔三祝相近，不過那次是聯繫君臣宴飲，這次是結合山水旅遊，都是借機從政治上進行規諫。

《內篇諫上》兩次提到，齊景公遊於牛山及公阜，北望國城而流涕，曰："嗚呼！使古而無死，何如？"樂極生悲，企望長生不老，永遠享樂，然而又不可能，所以痛哭流涕。這就是後來求仙活動的思想契機。《晏子春秋》對此一再提出批評和嘲笑，然而無濟於事。就在戰國中期和秦代，燕昭王、齊宣王、秦始皇都曾派人入海求仙，目的都是尋找不死之藥。到了晉以後，山水旅遊與采藥尋仙的聯繫越來越多，不少士大夫和平民百姓也因而誤入迷途。

一些思想家在隨同統治者遊山玩水時，常常要聯繫和總結歷史經驗，提供以古鑒今的教訓。《戰國策·魏策》記魏武侯與諸大夫浮於西河，稱曰："河山之險，豈不亦信固哉！"（《史記》作"美哉山河之固"。）吳起對曰："河山之險，信不足保也，是伯王之業不從此也。"他接着列舉三苗、夏桀、殷紂皆恃山河之險而為政不善，終於亡國。最後得出結論："從是觀之，地形險阻，奚足以霸王矣。"這個故事又見於《史記·吳起列傳》，司馬遷加了一句"在德不在險"。它從一個側面反映了先秦兵家的山水觀。"在德不在險"這一精闢的概括，成為後人對險要關隘、形勝山河的常用讚語，也是許多旅遊者的共同觀感。

《戰國策·楚策》記：莊辛說楚襄王，先舉春秋時期教訓：蔡靈侯"南遊乎高陂，北陵乎巫山，飲茹溪之流，食湘波之魚，左抱幼妾，右擁嬖女，與之馳騁乎高蔡之中，而不以國家為事。不知夫子發方受命乎靈王，繫己以朱絲而見之也。"接着聯繫襄王，"蔡靈侯之事其小者也，君王之事因是以。左州侯，右夏侯，輦從鄢陵君與壽陵君，飯封祿之粟，而載方府之金，與之馳騁乎雲夢之中，而不以天下國家為事。不知穰侯方受命乎秦王，填黽塞之內，而投己乎黽塞之外。"蔡靈侯因耽愛旅遊而亡國滅身，楚襄王是出名的旅遊家，結果也因秦軍攻破郢都而被迫東遷。莊辛的批評主旨是反對因遊樂而誤國事，以致外敵乘虛而入，反映了戰國縱橫家的旅遊觀。

《尸子·貴言》記："范獻子遊於河，大夫皆存。君曰：'孰知欒氏之子？'大夫莫答。舟人清涓舍楫而答曰：'君奚問欒氏之子為？'君曰：'自吾亡欒氏也，其老者未死，而少者壯矣，吾是以問之。'清涓曰:'君善修晉國之政,内得大夫,而外不失百姓,雖欒氏之子,其若君何?君若不修晉國之政,内不得大夫,而外失百姓,則舟中之人,皆欒氏之子也。'君曰:'善哉言。'明日朝,令賜舟人清涓田萬畝。"故事説明,政治修明,内外同心,即使有少數仇敵,亦不足懼;政治混亂,上下離心,那麼到處都會有敵人。事理淺近,意旨親切,可能是由遊樂中同舟共濟而產生的聯想。

如果全面考察先秦時期的山水旅遊美學觀,還應當研究《詩經》、《左傳》、《楚辭》、《穆天子傳》等書中的有關資料。由於本文以諸子著作爲主,其他只好從略。

總的看來,先秦時期的山水旅遊活動還處在剛剛興起的階段,山水旅遊文學僅僅呈現萌芽狀態,因而先秦諸子對山水旅遊的美學概括和理論總結,也只能是初步的、比較簡單的。後世山水旅遊活動中所流行的一些觀念和心理,如寄托愛國情操,體現隱逸思想,追求神仙方術,發洩身世感慨,抨擊社會不平,結合談玄參禪等,先秦時期都還没有出現。但是,先秦思想家所提出的一些基本問題,都對後世有深遠的影響,有的甚至長期起到指導和規範作用,從而成爲中華民族山水旅遊文化觀念的重要組成部分,是研究中國山水旅遊史以及中國文化思想史所不可忽視的。

[作者簡介]譚家健(1936—   ),男,湖南衡陽人。1960年畢業於北京大學中文系,現爲中國社會科學院文學研究所研究員,曾在新加坡國立大學中文系、馬來西亞新紀元學院中文系任客座教授。2005年被選爲中國古典散文學會會長,1999年被選爲中國墨子學會副會長。著作有《先秦散文藝術新探》、《墨子研究》、《六朝文章新論》、《中國古代散文史稿》等。

儒家中道的現代思考

徐儒宗

"中庸"是中華民族主流文化儒家學説的核心範疇，係以適中、和諧、適得事理之宜為其基本特徵。中庸之道在儒家學説中，既是哲學意義上的認識論和方法論，又是道德倫理上的行為準則，因而成為中華民族傳統文化的主要思維方式①。正是中庸之道，主導着中華民族的傳統文化之所以區別於其他民族的文化而形成了自己獨有的特色。目前，我國正處於和平與發展的建設時期。為了建設具有中國特色的現代化文明，理論界的當務之急在於尋求中國傳統文化與現代文化之間的聯結點，而這種聯結點，正是作為儒家方法論的中庸之道。所以，對於中庸之道重新加以思考，實有其重大的現實意義。

一、中庸的道體

中庸之道作為一種方法論，實可謂具有"彌綸天地之道而與天地準"的規模，故對其道體，很難作出確切的論述。今試將其概括為真善美統一、道德與知識統一、宏觀與微觀統一、高明與平凡統一、內聖與外王統一五個方面來加以探討。

（一）"中庸"是真善美的統一

在儒學中，體現"真"的範疇是"誠"。"誠"作為哲學範疇，是為真實。《中庸》把"誠"看作道之本體，就是真實之意。真實是事物存在的最根本的屬性。故曰："誠者，天之道也；誠之者，人之道也。""誠"即指宇宙萬物之實有而言。宇宙萬物都天然具有"真實"這一本質屬性並有其自身的客觀規律，這是"誠者天之道"；人能遵循宇宙萬物所具有的"真實"這一本質屬性並掌握其客觀規律而加以運用，就是"誠之者人之道"。真實這一根本屬性自始至終貫穿於宇

---

① 關於儒家的"中庸之道"，請參閱拙文《儒家一以貫之的思想體系》，《諸子學刊》第二輯，上海古籍出版社2009年版。

宙萬物之中。宇宙萬物之所以生生不已,就是因爲它"誠",不誠不能有萬物,故曰:"誠者,物之終始,不誠無物。"一切事物,都因"誠"而有而生而長,誠是萬物的根源,也是天道所以自强不息的根本,故又曰:"至誠無息。""誠"作爲道德範疇,是爲誠實。誠實是人性向善的基本素質。故"誠"既是知、仁、勇三"達德"之本,又是治國的"九經"之本。"誠"作爲一切德目之本,主要指内在的德性,即内誠於心;而誠之德性對人而言,則謂之"忠";而最能直接體現"誠"的品德者則是"信"。"信"是内誠的外化,體現爲社會化的道德踐行,亦即取信於人。孔子非常重視"忠"和"信"的品德:"言忠信,行篤敬,雖蠻貊之邦行矣;言不忠信,行不篤敬,雖州里行乎哉?"(《論語·衛靈公》)孟子進而把"信"與仁、義、禮、智並列爲"五常",而"信",就是"誠"的外在的體現。故誠、忠、信三者都含有真實之義。

在"誠"的基礎上求"善",乃是儒家道德學説的本質。凡具有積極的道德意義,符合道德原則和規範的語言、行爲及結果皆稱爲善,反之則稱作不善。若以善與惡對舉而言,實含有好與壞、正與邪、是與非、忠與奸等相反事物之對立意義。孔子曰:"不善不能改,是吾憂也。"(《論語·述而》)在孔子看來,道德修養的過程,就是改正不善而從善的過程。所以他主張"舉善而教不能"(《論語·爲政》),並對"見善如不及,見不善如探湯"(《論語·季氏》)那樣善惡分明並能付諸實踐者表示讚賞。又曰:"善人吾不得而見之矣,得見有恒者,斯可矣。"(《論語·述而》)則對世上善人之難逢表示感歎。《易·繫辭》曰:"一陰一陽之謂道,繼之者善也,成之者性也。"這是從道的高度説明"善"乃由道所發之本質,而人性之善亦即從此而來。《易·乾·文言》曰:"元者,善之長也。"這是説,"元"是生物之始,天地之德,莫先於此,而爲衆善之長。《坤·文言》曰:"積善之家,必有餘慶;積不善之家,必有餘殃。"此言行善之效。《大學》曰:"大學之道,在明明德,在親(新)民,在止於至善。""明明德"是内在的道德修養工夫;"親民"是濟世安民的功業;而"止於至善"則是内聖之修養與外王之功業相統一的合乎中庸之道的最高境界。《中庸》記孔子曰:"回之爲人也,擇乎中庸,得一善,則拳拳服膺而弗失之矣。"這裏把"中庸"與"善"密切地聯繫起來。孟子首創性善論,大力宣傳人必須發揚先天所賦之善性。荀子雖以性惡立論,但其目的則在於教人去惡從善。後儒多以"中"來解釋"善",認爲一切事物,只有合乎適得事理之宜的"中",才是"善",否則即爲不善。如程子曰:"善惡皆天理,謂之惡者,或過或不及。"(《程氏粹言·聖賢》)王陽明也認爲:"至善者,心之本體。本體上才過當些子,便是惡了。"(王陽明《傳習録》)可見"過"與"不及"都是惡,只有符合"中"才是"至善"。

中庸之道在立足於"真"的基礎之上,不僅以求"善"爲目的,而且也以求"美"爲目的。儒家特別重視禮樂教化。"樂"作爲一種藝術,其本身就是以"美"爲特徵的。《左傳》襄公二十九年記載吴公子季札觀周樂時,對各國的音樂盡情加以讚美。孔門一般將"美"作爲美德或美質加以理解,如"先王之道斯爲美"、"君子成人之美"之類。但也有專指美觀之例,如《論語·八佾》載,子夏問曰:"'巧笑倩兮,美目盼兮,素以爲絢兮。'何謂也?"子曰:"繪事後素。"這是孔門師弟間討論美的事例。又《子張》載子貢曰:"夫子之牆數仞,不得其門而入,不見宗廟之美,百官之富。"這是稱讚宗廟的建築之美。《易·乾·文言》所謂"乾始能以美利利天下",係指陽剛之美；《坤·文言》所謂"陰雖有美，含之"，係指陰柔之美。《禮記·檀弓》中的"美哉輪焉，美哉奐焉"，則是讚賞宮室高大而衆多之美。《毛詩序》中的"美教化"，可謂是由詩歌和音樂之美所產生的效果。由是觀之，儒家在先秦各學派中是最重視"美"的。基於中庸之道的原則，儒家又最重視剛柔相濟的中正之美與協調和諧的中和之美。

關於真、善、美三者之間的關係，先秦有的學派將之互相對立起來。如道家的老子認為"信言不美，美言不信"，這是把信即真與美對立起來。老子又認為"善者不辯，辯者不善"，"五色令人目盲，五音令人耳聾"；法家的韓非也說："夫君子取情去貌，好質而惡飾。夫恃貌而論情者，其情惡也；須飾而論質者，其質衰也。""夫物之待飾而後行者，其質不美也。"（《韓非子·解老》）墨子也基本上否定美的價值。這是把善與美互相對立起來。唯獨儒家，以中庸之道將真、善、美三者高度統一起來。

儒家在道德上的"善"，本以哲學上的真實無妄之"誠"作為基礎，其間具有密不可分的聯繫自不必說。即以"善"與"美"的關係而論，一方面認為美必須善，如孔子謂"里仁為美"，有子謂"先王之道，斯為美"，只有善而後才能美；另一方面又認為善必須美，如孔子謂"情欲信，辭欲巧"，"言之不文，行而不遠"，有文采的美的言論、藝術，才能達到使人向善的教化目的。這樣就把善與美辯證統一起來。有人認為儒家的美等同於善，或者只是包含於善之內的。其實這是誤解。《論語·八佾》載："子謂《韶》，'盡美矣，又盡善也'；謂《武》，'盡美矣，未盡善也'。"分明是把善與美當作既有區別又有聯繫的對等關係看的。而且說明孔子志在追求一種"盡善"與"盡美"高度統一的境界。正因為如此，才在觀賞《韶》樂時，竟達到了"三月不知肉味"的入迷狀態。

至於真與美的關係，中庸之道認為美必須建立在真的基礎之上。孔子最討厭"巧言令色"之人，正因為這種"巧言令色"之美是虛假的；又謂"樂云樂云，鐘鼓云乎哉"，若無真情實感作為內容，光靠形式之美是沒有意義的。故《禮記·樂記》曰："和順積中而英華發外，唯樂不可以為偽。"正論證了真與美之間的關係。

首先將真、善、美並提的是孟子。他說："可欲之謂善，有諸己之謂信，充實之謂美。"（《孟子·盡心下》）他把人的善、信（即真）和美三者統一起來。荀子也說："禮樂之統，管乎人心矣。窮本極變，樂之情也；著誠去偽，禮之經也。"（《荀子·樂論》）這裏的"禮"即善，"樂之情"即美的音樂所引起的美感，"誠"也就是真，如果三者具備，音樂就可以"管乎人心"，發揮"移風易俗"而使"天下皆寧"的作用。由此可見，中庸的道體，是真、善、美三者的高度統一；一切事物只有達到真、善、美三方面的高度統一，才達到了中庸之道的最高境界。

（二）"中庸"是道德與知識的統一

《中庸》強調"君子尊德性而道問學"，明確地把道德修養和知識修養兩者加以統一。孔子一生既重道德，也重知識。他說："君子博學於文，約之以禮。"（《論語·雍也》）"文"指文獻和文化，"禮"是道德規範。他還常常將"仁"與"知"並舉而言，也是道德和知識並重之意。他還説:"好仁不好學,其蔽也愚;好知不好學,其蔽也蕩;好信不好學,其蔽也賊;好直不好學,其蔽也絞;好勇不好學,其蔽也亂;好剛不好學,其蔽也狂。"(《論語·陽貨》)本來,好仁、好知、好信、好直、好勇、好剛都是美德,但若不好學,就會出現流弊。《易傳》以"進德"與"修業"並舉,"業"指學業,也兼指事業。《大學》則把格物、致知作為誠意、正心之先務。《中庸》把"誠"作為修德之本,而又強調博學、審問、慎思、明辨,並將尊德與問學統一於"篤行"之中。孟子最重道德,也兼重知識;荀子最重知識,也兼重道德。宋明儒者,陸王有偏重"尊德性"的傾向,而程朱則兩者並重。程子曰:"識道以智為先,入道以敬為本。"(《程氏粹言·論學》)朱子曰:"持敬是窮理之本,窮得理明,又是養心之助。"(《朱子語類》卷九)明確論證了道德與知識之間的辯證統一關係。清代實學進一步強調道德與學問並進之效。這都有力地證明:"中庸"乃道德與知識的統一。

(三)"中庸"是宏觀與微觀的統一

《中庸》謂"致廣大而盡精微",明確地把宏觀和微觀加以統一,並說:"故君子語大,天下莫能載焉;語小,天下莫能破焉。"顯然,"語大"是指探索宏觀之道,"語小"是指探索微觀之道。這一理論,貫穿於儒家的全部學說之中,並以"中"為標準將其辯證統一起來。《尚書》和《論語》記載,帝堯治國以"允執其中"為方法,而在規模上,則從"克明俊德"之精微開始,完成於"協和萬邦"之廣大。孔子治學,從"修己以敬"之精微開始,而以"修己以安百姓"的宏偉理想為最終目標。《周易》以"太極陰陽"的方式揭示事物的運動規律。"陰"和"陽"這對範疇,既可以從宏觀着眼代表整個宇宙的對立統一關係,也可從微觀着眼代表一切細小事物內部的對立統一關係。故《繫辭》曰:"易與天地準,故能彌倫天地之道。"又曰:"範圍天地之化而不過,曲成萬物而不遺。""範圍天地",是就宏觀而言;"曲成萬物",係就微觀而言。《大學》之道,主張以"明明德"之精微為本,以達到"新民"的宏偉目標,亦即從格物、致知、誠意、正心之精微入手來實現治國、平天下的最高理想。《中庸》論道,主張從"未發之中"的精微推而廣之,以達到"天地位,萬物育"的最高境界。孟子則以精微的性善論為理論基礎,來宣揚其以仁義平治天下的遠大抱負。宋儒則以精微的心性、理欲之辨來發揚其宏大的"民胞物與"的精神。以上皆足以説明"中庸"乃宏觀與微觀的統一。

(四)"中庸"是高明與平凡的統一

《中庸》謂"極高明而道中庸"。這裏的"庸"是平凡之意。這是提倡高深和淺顯的統一,高雅與通俗的統一,提高與普及的統一。《中庸》不僅明確地把高明與平凡有機統一起來,而且還作了多番論證。其曰:"夫婦之愚,可以與知焉,及其至也,雖聖人亦有所不知焉;夫婦之不肖,可以能行焉,及其至也,雖聖人亦有所不能焉。"這是説,從中庸之道的平凡淺近處言,普通老百姓都能知能行;而從中庸之道的高明深遠處言,則雖聖人也未必能知能行。這是因為:"君子之道,造端乎夫婦;及其至也,察乎天地。"中庸之道既包含了日常生活中最普通的道理,也包括了宇宙變化規律的最高深的道理。故又引孔子曰："道不遠人。人之為道而遠人,不可以為道。"這是說,人所弘揚的"道",無論高深抑或淺近,都應以"人"為本,都應以切合人生為原則,離開了"人"而言道,就沒有意義了。《中庸》又曰:"君子之道,譬如行遠,必自邇;譬如登高,必自卑。"這是說,實行中庸之道,必須由淺近進入深遠,由平凡達到高明,循序漸進,切不可好高騖遠。這種"極高明而道中庸"的理論,也貫穿於全部《周易》之中。如《文言》所謂"庸言之信,庸行之謹",是就道之凡近者言;《繫辭》所謂"夫易,聖人之所以極深而研幾也",是就道之高深者言。《繫辭》又曰:"是故明於天之道,而察於民之故。""明於天之道"是就道之高深者言,"察於民之故"是就道之凡近者言。所以,就全部儒學而言,係以人的倫常日用的凡近之道為基礎,而以天地位、萬物育的高深之道為追求目標,其間自始至終貫穿了高明與平凡的辯證統一。

(五)"中庸"是內聖與外王的統一

"內聖"是內在的道德修養,"外王"是外在的濟世安民事業。中庸之道強調以內在的道德修養為本,然後將其擴充貫徹於濟世安民的經世事業之中,以達到兩者的高度統一。《中庸》一書,主張以"誠"為修養道德的最根本的素質,在"誠"的基礎上培養起知、仁、勇三種"達德"。然而,"誠者,非自成己而已也,所以成物也"。所以,必須用這三種達德去正確處理君臣、父子、夫婦、昆弟、朋友五類最基本的人倫關係,以達到全社會的協調和諧。若從政治上說,就是運用知、仁、勇三種道德去實行治天下之"九經":"凡為天下國家有九經,曰:修身也,尊賢也,親親也,敬大臣也,體群臣也,子庶民也,來百工也,柔遠人也,懷諸侯也。"作為"誠"和"知、仁、勇"等道德修養,既內在地貫徹於"修身"之中,又外在地貫穿於其他八項治國條目之中,達到了"內聖"與"外王"的統一。故曰:"合外內之道也,故時措之宜也。"故歷代聖賢都主張通過道德修養來實現濟世安民的目標。諸如:帝堯以"克明俊德"為本,最後達到"協和萬邦"之效;孔子主張"修己以安百姓";孟子從"養吾浩然之氣"到以"仁義平治天下";《大學》以誠意、正心為本,而以治國、平天下為目標,等等,無不高度體現了"內聖"與"外王"之統一。宋明諸儒,若光從理論上講,無論程朱抑或陸王,確實都有重"內聖"而輕"外王"的傾向;但從實踐而言,對於兩者又是兼重的。如程子曾多次上書歷陳當時弊政並提議改革之道,朱子在出仕時也多有政績;王陽明的事功則更為顯著。這都說明他們都能以平時所學貫徹於經世致用之中。而盛行於浙東的事功學派,則無論在理論上和實踐上都主張"內聖"與"外王"並重。清代實學更強調必須把"內聖"的道德修養貫徹於"外王"的經世事業之中,宏揚了儒家積極入世的優良傳統。

總而言之,無論是真善美之間的關係、道德與知識的關係、宏觀與微觀的關係、高明與平凡的關係、內聖與外王的關係,都應各方並重,使之相反相成而適得其宜,乃謂之"中",若偏重一端而廢棄另一端則謂之失"中";若能遵循"道不遠人"的原則而把這一理論切切實實地貫徹運用於人生現實之中,乃謂之"庸",假若"人之為道而遠人",將其當作空中樓閣而脫離人生現實,則是違背了"庸"。即此可悟"中庸"之道體。

二、中庸之道的價值取向

中庸之道的價值取向,當以"執其兩端用其中"而適得其宜為原則。凡偏重一端而放棄另一端者,皆有違中庸之旨。今就其要者,如:重人而不輕天、重群而不輕己、重本而不輕末、重義亦重利、重人文亦重科技、重和諧而不取消鬥争等幾個方面,試予簡述。

(一) 重人而不輕天

關於人與自然的關係,儒家體現為"天人合一"思想。這裏的"天",也包括"地",係指自然而言。《孝經》引孔子曰:"天地之性人為貴。"《易·説卦》曰:"立天之道,曰陰與陽;立地之道,曰柔與剛;立人之道,曰仁與義。兼三才而兩之,故易六畫而成卦。"這是把人與天、地并稱為"三才",賦予了人在萬物中的特殊地位。《禮記·禮運》曰:"人者,天地之心也。"《荀子·王制》曰:"水火有氣而無生,草木有生而無知,禽獸有知而無義;人有氣、有生、有知亦且有義,故最為天下貴也。"周子《太極圖説》曰:"惟人得二氣之秀而最靈。"朱子《孟子集注·滕文公下》引范氏曰:"天之所生,地之所養,惟人為大。人之所以為大者,以其有人倫也。"王夫之《周易外傳》曰:"自然者天地,主持者人。"這都在"天人合一"的觀念中確立了人的主體性原理。由此可知,人在天地之間的"中"位,一方面有得於作為自然人所具有的靈秀之氣;另方面有得於作為社會人所具有的倫理道德性。正是後者把人與動物區分開來。張横渠《正蒙》曰:"為天地立心。"天地本無"心",是人把"心"賦予了天地,使天地具有了價值和意義。所以,一方面,天地由於提供了人的需要而獲得了價值和意義;而在另一方面,人在定位天地中定位自身,並在創造天地的價值和意義中獲得了自身的價值和意義。

然而,儒家在天人關係中所確立的人的主體性觀念,並没有導致西方那樣的人類中心主義。在西方以個體為本位的縱欲觀念中,"人"都是追求個體滿足的自然人,因而自然界始終被當作滿足欲望和被征服的對象。那種旨在征服自然、向自然索取財富的戰天鬥地的荒謬觀念,終於導致了生態失衡,造成了自然環境的惡化。然而,儒家的"天人合一"觀念是以中庸作為指導原則的。儘管儒家也充分肯定人之自然欲望是人之所以為人的前提之一,但是,對於人的自然欲望的滿足,儒家所採取的立場並非縱欲,而是"節欲"或"寡欲"。孔子強調"欲而不貪"(《論語·堯曰》),孟子提出"養心莫善於寡欲"(《孟子·盡心下》),都是強調人對於自然欲望的滿足必須理智地限制在適當的範圍之内,不能過度地任情放縱,否則,會有害於個體道德的樹立,從而也會導致人際關係乃至天人關係的失和。儒家這種既非"縱欲"亦非"絶欲"的所謂"節欲"、"寡欲"的立場,乃是中庸原則的體現。而在這種觀念指導下的"天人合一"之説,對自然環境必定會採取一種道德主義態度:一方面,把自然當做人類生存欲望的對象,從自然界充分獲取人類生存所必需的物質生活資料;另一方面,由於人類自身的節欲,有效地控制了對自然滿足欲望的程度。這在客觀上保護了自然環境的正常運轉，抑制了人類"征服自然"觀念的發展。《論語·述而》載，孔子"釣而不綱，弋不射宿"。孟子則從理論的高度提出了"仁民而愛物"(《孟子·盡心上》)的觀點，並提出："數罟不入洿池，魚鱉不可勝食也；斧斤以時入山林，材木不可勝用也。"(《孟子·梁惠王上》)這不僅有效地保護了供人利用的自然資源，而且客觀上也起了維護生態環境的積極作用。荀子亦云："萬物各得其和以生，各得其養以成。"(《荀子·天論》)即使他提出了"制天命而用之"的觀點，也並非征服自然之謂，而在於掌握自然界的客觀規律以期更好地利用自然而已。張橫渠更進而提出了"民吾同胞，物吾與也"的觀點，可謂達到了"天人合一"之極致。當前生態環境日益惡化，儒家在中庸之道指導下所得出的重人而不輕天的"天人合一"思想，確實值得重視。

(二) 重群而不輕己

儒家在處理群己關係方面，一般認為國家、社會、集體、他人和家庭的利益高於個人的利益；個人為了群體利益的實現，在必要時可以拋卻自家性命，殺身成仁，捨生取義。這明顯地表現出一種重群的價值觀。

然而，這種重群的意向並不意味着個體對於群體必須絕對服從，而是以維護"道"和個體的人格為基本條件的。即使以君臣關係而言，孔子曰："君使臣以禮，臣事君以忠。"(《論語·八佾》)若君不能以禮相待，則為臣者可以去之。又曰："所謂大臣者，以道事君，不可則止。"(《論語·先進》)"天下有道則見，無道則隱。"(《論語·泰伯》)進而提出："三軍可奪帥也，匹夫不可奪志也。"(《論語·子罕》)孟子則提出了"窮則獨善其身，達則兼善天下"的處世之道(《孟子·盡心上》)。荀子亦曰："從道不從君。"這些都體現了重視個體人格的思想。

而且，孔子又曰："古之學者為己，今之學者為人。"(《論語·憲問》)朱注引程子曰："為己，欲得之於己也，其終至於成物；為人，欲見知於人也，其終至於喪己。"這是說，"為人"而學，不管是出於何種用心，都有可能流於形式而作表面文章；只有"為己"而學，方能真正自我受用，使主體人格挺立起來，從而也就能實現"修己以安人"乃至"修己以安百姓"的"成物"目標。所以，儒家的"仁"，從來都是從"仁者人也"的前提出發的，因而總是"為仁由己"的。仁之"愛人"，既非理性的制約要求，亦非功利主義的權宜之計，而是出於主體的內在需要和情感的自然流露，也是個體自我價值實現所必然採取的形式。所以，重視群體和重視個體的矛盾關係，在"學以為己"的意義上達到了統一。

總之，儒家在處理個人與社會的關係上，既重視社會群體的價值，又不輕視個體自我的價值。因其前者，儒家的價值未走向自我中心主義；因其後者，儒家的價值避免了走向個體虛無主義。而這種價值取向，正是中庸之道的顯著體現。

(三) 重本而不輕末

儒學素有所謂本末之論。《大學》曰："物有本末，事有終始，知所先後，則近道矣。"這是説,凡事都有本末之分,而且必須先本後末,然後謂之近道。但是,有先後之分並不等於有輕重之分。正如朱子《大學章句》謂"明德爲本,新民爲末",也只是説明"新民"必須先有"明德"作爲基礎而已,並非認爲"新民"不重要,相反的是認爲"明德"的最終目的就是爲了"新民","明德"的價值也只有在"新民"的事業中才得到了有效的體現。在經濟方面,中國古代素有"以農爲本,工商爲末"的説法,而且先秦法家也確有重農輕商的傾向。然而儒家雖也認爲農乃立國之本,但重農並不輕商。孔門高弟子貢善於經商乃衆所共知。《中庸》將"來百工"列爲治天下的"九經"之一,且謂"來百工則財用足",可見對於百工之重視。孟子對於社會分工的重要性曾有較系統的論述,他對各種行業都是並重的,且曰:"尊賢使能,俊傑在位,則天下之士皆悦而願立於其朝矣;市,廛而不征,法而不廛,則天下之商皆悦而願藏於其市矣;關,譏而不征,則天下之旅皆悦而願出於其路矣;耕者,助而不税,則天下之農皆悦而願耕於其野矣;廛,無夫里之布,則天下之民皆悦而願爲之氓矣。"(《孟子·公孫丑上》)可見孟子主張應給各行各業的發展創造有利條件。荀子亦曰:"故仁人在上,則農以力盡田,賈以察盡財,百工以巧盡器械,士大夫以上至於公侯莫不以仁厚知能盡官職,夫是之謂至平。"(《荀子·榮辱》)又曰:"農分田而耕,賈分貨而販,百工分事而勸,士大夫分職而聽,建國諸侯之君分土而守,三公總方而議,則天子共己而已矣。"(《荀子·王霸》)可見荀子也主張百業協調發展,並無重農輕商之意。及至漢儒吸收法家的重農輕商思想納入儒學之後,厚本抑末才成爲歷代專制統治者所奉行的基本國策,導致了許多流弊,不利於經濟的協調發展。對此,歷代有識之儒多曾提出批評。如葉適曰:"《書》'懋遷有無化居',周譏而不征,《春秋》通商惠工,皆以國家之力扶持商賈,流通貨幣,故子産拒韓宣子一環不與,今其詞尚存也。漢高帝始行困辱商人之策,至武帝始有算船、告緡之令,鹽鐵榷酤之入,極於平準,取天下百貨自居之。夫四民交致其用,而後治化興,抑末厚本,非正論也。"(《習學記言》)可見秦漢以後的所謂"厚本抑末"之論是受法家影響所致,而先秦儒家乃是農商並重,雖然重本,但並不輕末。

(四)重義亦重利

儒家重義乃衆所公認,自不必説;而謂儒家重利,也許自我伊始,故略爲申説之。鄙意竊謂,凡是積極入世的學派,立論都不能脱離"利"字,儒學也莫能例外。何況儒學自詡以天下爲己任,並以修身、齊家、治國、平天下乃至贊天地之化育爲目標,其學説按理本就應該有利於身,有利於人,有利於家、於國,有利於社會、全民、全人類,乃至有利於整個宇宙。假若離開"利"字,則其所謂"義",實同虛設,毫無價值可言。當然,衡量一種學説是否重利,倒不在於以此推論,也不在於其書中"利"字出現之多少,而在於實際的內容。試讀儒家經典,方知確實是一種最重實利的學説。

位列儒經之首的《周易》,言利最多。開卷即以"利"列爲"元、亨、利、貞"四德之一;而六十四卦的卦爻辭,悉以就吉遠凶、趨利避害爲宗旨。諸如:利永貞、利用恒、利建侯、利禦寇、利執言、利用獄、無不利、利見大人、利涉大川、利用刑人、利用行師、利君子貞、吉無不利、不習無不利、利用賓於王、利於不息之貞等，都是勉人趨利之辭；而如：無攸利、不利即戎、不利涉大川、不利君子貞等，都是戒人避害之辭。可謂不憚其煩，多不勝書。因而可以說，整部《易經》就是指導人們如何就吉遠凶、趨利避害之書。但是這決不是迷信，因為在《易經》的吉凶利害中貫穿着一條總規律：凡是行動合乎客觀規律、合乎時機、合乎道義的，必定吉而有利；反之，凡是違背客觀規律、違背時機、違背道義的行為，必然凶而有害。這就是易理合乎科學的可貴之處。

而傳為孔子所作，實為孔門後學記述孔子思想的《易傳》，則在解釋《易經》的基礎上更進而對"利"作了系統的論述。首先，其《繫辭》曰："夫易，聖人所以崇德而廣業也。""夫易，開物成務……以定天下之業。""崇德"可謂是重"義"，但"廣業"和"天下之業"指的是什麼呢？《繫辭》明確地說："富有之謂大業！"這是說，能夠使天下富有，就是聖人所推明的易理。又曰："何以聚人？曰：財。理財正辭、禁民為非曰義。"可見"理財"乃是"義"的重要內容。故又曰："變而通之以盡利。""推而行之謂之通，舉而措之天下之民謂之事業。"這是說，能夠把發展經濟、開發利益的易理推廣到全民而使之實行，這就是"事業"。其次，《繫辭》還列舉了不少興利的具體事例。如在交通方面："舟楫之利以濟不通，致遠以利天下"，"服牛乘馬，引重致遠以利天下"；在工業製造方面，則"備物致用，立成器以為天下利"；在狩獵方面，則"公用射隼於高墉之上，獲之，無不利"；在市場交流方面，則"日中為市，致天下之民，聚天下之貨，交易而退，各得其所"。《易傳》的這一描述，即使用來概括現代的市場交易，似乎也未為不妥。以卦義而言，則"《損》以遠害，《益》以興利"。《損》是專論遠害之理的卦，《益》是專論興利之理的卦。又曰："君子藏器於身，待時而動，何不利之有？"這是鼓勵人們要學好本領，一到時機成熟，就可以創造利益。其三，對於《易經》卦爻辭中所言的"利"作出了合理的解釋。如《大畜·彖》曰："利涉大川，應乎天也。""應乎天"就是合乎客觀規律，這是"涉大川"所以有"利"的科學解釋。又如《蹇·彖》曰："利見大人，往有功也。""見大人"之所以有"利"，在乎有利於建立功業。這是把"功"與"利"聯繫起來作出的解釋。其四，《繫辭》還論證了"義"與"利"的關係："精義入神，以致用也；利用安身，以崇德也。"這裏不說以義崇德、以利致用，而是說以義致用、以利崇德，可見"義"與"利"並非對立的，而是你中有我，我中有你，彼此融合在一起幾乎難解難分的統一關係。這在《文言》中說得更為明確："利者，義之和也。""利物足以和義。"所謂"利物足以和義"，確切地說，"義"是必須以"利物"為內容的。由此可知，儒家所提倡的"義"，是在"利物"中實現的。

再讀《尚書》所載，大禹以"正德、利用、厚生"為治國之"三事"。"正德"可謂是重"義"，而"利用、厚生"兩項都是重"利"，大禹將其聯繫起來作為基本國策。《尚書》還記載了自堯、舜、禹、湯乃至文、武、周公的許多興利除害、發展經濟的事跡和政策，多不勝述。《詩經》雖是文學作品，但其中也有不少描寫農業生產、發展經濟、建設福利以及歌詠豐收等方面的作品，如《豳風》的《七月》，《大雅》的《緜》、《皇矣》、《生民》、《公劉》，《周頌》的《載芟》、《良耜》等，都是這方面的詩篇。三《禮》雖是專言"禮"的典籍，但其中也記載了許多有利於發展經濟的政策制度以及措施方法。例如《禮記·月令》就是一篇便於農業生産掌握時令季節的文獻。

孔子從理論的高度提出了"因民之所利而利之"的方針。認爲執政者的職責主要在於能推行有利於發展經濟的政策而加以引導,人民就可以發揮其有利的條件去發展經濟了。這是一項極其高明的見解。故《大學》明確提出了生財和用財之道:"生財有大道,生之者衆,食之者寡,爲之者疾,用之者舒,則財恆足矣。仁者以財發身,不仁者以身發財。"這確實是善於生財和善於用財之道。寥寥數語,竟把財經政策的基本原則説得如此切當中肯。由於"義"與"利"是相通的,所以結論是"國不以利爲利,以義爲利也"。

今人大都認爲孟子是最反對言利的,而實際上,最重視民生實利者莫如孟子。他認爲"民事不可緩也",故提出"夫仁政,必自經界始"、"明君制民之産,必使仰足以事父母,俯足以畜妻子"等觀點,並制訂了一整套發展經濟的具體方案,以作爲推行仁政的基礎。可以説,孟子的"仁政",是完全建立在爲民興"利"的基礎之上的。孟子所反對的,僅僅是統治者爲了滿足私欲而不惜"爭城以戰,殺人盈城;爭地以戰,殺人盈野"那種虐民害民之"利"。這種"利",難道不應該反對嗎?

有人認爲,董仲舒提出"正其誼(義)不謀其利,明其道不計其功"的觀點,是儒家反利之明證。竊謂,董子所言雖有不足處,但與"利"並無矛盾。因爲董子認爲"利"與"義"本是相通的,只要依義而行,一定是利國利民的;若是做了危害國家民生之事,那就必然是不義的。所以,言"義"則"利"在其中。何況,董子也僅僅是説不謀利、不計功而已,並没有説"正其誼不應興利,明其道不能建功",所以,董子所言與"利"並無矛盾,若謂之反"利",實爲苛論。

有人認爲,儒家只提倡公利而反對私利。其實,對於個人的私利,儒家也並不反對。孔子曰:"富與貴,是人之所欲也。""貧與賤,是人之所惡也。"(《論語·里仁》)又曰:"富而可求也,雖執鞭之士,吾亦爲之。"(《論語·述而》)可見孔子自己也坦率承認是欲富欲貴的。但是他認爲:"放於利而行,多怨。"(《論語·里仁》)一個人假若唯利是圖不擇手段,必將導致别人怨恨,所以他主張"見利思義"(《論語·憲問》),而把"利"與"義"統一起來。可見孔子所反對的只是損人利己之私利,而並不反對正當的私利。

有人認爲,宋明理學家最反對"利",其實理學家也同樣只反對損人利己之私利而不反對正當的私利。程子曰:"君子未嘗不欲利。"(《程氏遺書》卷十九)"人無利,直是生不得,安得無利?"(《程氏遺書》卷十八)又曰:"利只有一個利,只爲人用得别。"(《程氏遺書》卷十八)程子認爲,"利"本身是人所必須的,其是非僅在於"只爲人用得别",亦即是否出於正當手段,是否損人而已。所以,葉適曰:"古人以利和義,不以義抑利。"(《習學記言》)顔元曰:"以義爲利,聖賢平正道理也。"(《四書正誤·大學》)認爲"以義爲利"乃是表達義利關係的最正確的説法。

若推本而論,每個人的求利之心乃先天所賦,即使不鼓勵也知道去追求;而"義"則有賴後天培養,故必須加以鼓勵。一般而言,求"利"常"過"而求義常有"不及"。所以,從教化的角度着眼,只有多鼓勵"義",才能擺正"義"與"利"的關係。即此而言,竊謂即使是董子所謂"正誼不謀利"之説,也未可謂有錯。而儒家言"義"較多,也未可謂之不重"利"。

那麼儒家為什麼要重義又重利呢？道理很簡單：根據中庸之道的基本法則是"執其兩端用其中"，而只重"義"與只重"利"乃同一事物之兩端，只有義利並重而處得其宜才是"中"，若偏重一端而放棄另一端則是"失中"，就不成其為中庸之道了。

（五）重人文亦重科技

儒家重人文已屬公論，而重科技則言者不多，故特點明之。《中庸》曰："能盡物之性，則可以贊天地之化育。"所謂"盡物之性"，亦即掌握"物"的客觀規律而加以運用之意。《大學》以格物、致知為八條目之始，"物"既指人文方面的事物，亦指自然之物。後世將自然科學稱為格物之學，當有所本。當然，《大學》和《中庸》都是從人道立論，故在自然方面未能展開。而在兼論人道和天道的《周易》中就有了着重的論述。其《繫辭》曰："備物致用，立成器以為天下利，莫大乎聖人。"這裏肯定了製作器械以利天下的重要性，還把創造發明推崇為聖人之業。在這一觀點的指導下，還進而把人類發明創造的歷史作了簡括：

古者包犧氏之王天下也，仰則觀象於天，俯則觀法於地，觀鳥獸之文，與地之宜，近取諸身，遠取諸物，於是始作八卦，以通神明之德，以類萬物之情。作結繩而為网罟，以佃以漁，蓋取諸《離》。包犧氏沒，神農氏作，斲木為耜，揉木為耒，耒耨之利以教天下，蓋取諸《益》。……神農氏沒，黃帝、堯、舜氏作……刳木為舟，剡木為楫，舟楫之利以濟不通，致遠以利天下，蓋取諸《渙》；服牛乘馬，引重致遠以利天下，蓋取諸《隨》；重門擊柝，以待暴客，蓋取諸《豫》；斷木為杵，掘地為臼，臼杵之利，萬民以濟，蓋取諸《小過》；弦木為弧，剡木為矢，弧矢之利以威天下，蓋取諸《睽》；上古穴居而野處，後世聖人易之以宮室，上棟下宇，以待風雨，蓋取諸《大壯》；……上古結繩而治，後世聖人易之以書契，百官以治，萬民以察，蓋取諸《夬》。

上述發明創造，當然是人類文明長期積累所得，不可能由某位聖人個人所創造。但所謂包犧氏、神農氏作為一個時代的代表，則是符合社會發展的邏輯的。尤其值得稱道的是，作為儒經之首的《周易》能把這些有利於人類日常生活的發明創造，推崇為只有聖王才能創造的神聖事業，這較之後儒誤把製作器械視為雕蟲小技而不屑為，實有天壤之別，足見後儒已從本質上違背了先儒重視發明創造的宗旨。儒家經典之重視科學發明，不僅《周易》為然，其他諸經亦莫不以發明創造為要務。《書·堯典》載，帝堯施政的第一件事就是"乃命羲和，欽若昊天，曆象日月星辰，敬授人時"。他授命羲、和二氏根據天象的運行規律去探索天文科學，創制曆法。《尚書》和三《禮》之中都記載了不少推動科學創造的事跡和制度，《春秋》則詳細記載了許多天文、地震、災情之類的自然現象，都是儒家重視科技的明證。

儒家創始人孔子，雖然將高級教學方面分為德行、言語、政事、文學四科，皆屬人文科學，但作為基礎教學內容而為人人所必修的禮、樂、射、御、書、數等"六藝"，則是兼包自然科學與人文科學的。其中"樂"是音樂知識,"書"是書寫技巧,屬於藝術範圍;"射"是軍事技術,"御"是駕駛技術,屬於技術範圍;"數"是計算技術及其法則,既屬應用技術,亦屬基礎科學。可以說,孔子既重視高級教學中的術業有專攻,又重視基礎教學中的全面發展。這較之後世儒生那種專在書齋內皓首窮經的狹隘治學方法,何啻天淵之別!當然,在實際教學中,孔子一個人不可能包羅萬象事事都教;但作為學説而言,孔子所創的儒學,確實是可以相容人文科學和自然科學的各種專業的。

有人認為孔子反對樊遲學稼、學圃,就是輕視勞動生產,其實這種觀點是不值一駁的。因為孔子所辦的既非農業大學,也未設農技專業,到他那裏求學,無非學習德行、政事、文學、言語之類專業。譬若現代有某位攻讀文獻專業的博士生去向導師請教種田技術,豈非笑話!孔子答以"吾不如老農、老圃",實為最精當委婉的說法。至於孔子責樊遲為小人,這是因為樊遲既然是來向孔子學習治國之道,孔子當然應該以為政者所應盡的基本原則來要求他。孔子認為,治國之道並不在於執政者要親自去種田,而在於推行對民生有利的政策。這是對政治家的基本要求,非常正確。而樊遲不明大體,自貽小人之譏。

實際上,孔子本人對多種科學知識曾作過精深的研究。如《左傳·哀公十二年》載:"冬十二月,螽,季孫問諸仲尼。仲尼曰:'丘聞之,火伏而後蟄者畢。今火猶西流,司曆過也。'"煌災一般發生在秋季,當時已是冬十二月(夏曆十月)而煌災未息,故季孫向孔子請問其故。孔子則認為火星(心宿二)在夏曆十月已不見於天空,而此時猶見於西方天上,所以當是曆法上有了差錯。假若孔子對天文沒有精深的研究,是不可能作這樣的回答的。《論語·鄉黨》載:"康子饋藥,拜而受之。曰:'丘未達,不敢嘗。'"孔子這種對待事物實事求是的態度本身,就是一種科學的態度。古書中載有很多孔子博通物理的事迹,雖有神化之嫌,但孔子在自然科學方面有過較深的研究,當屬事實。

當然,也不容否認,秦漢以後的儒者確實表現了重人文而輕科技的傾向,不利於科學的發展。但這只能説是後人在專制統治和科舉制度影響下所造成的不善繼承之過,而不是儒學本身的過錯。其實,後儒重人文而輕科技本身就是一種違背中道的錯誤傾向,只有兩者兼重而適得其宜,才合乎中庸之道。今天,我們應該糾正後儒偏離先儒中道的錯誤傾向,大力弘揚先儒人文與科技並重的合乎中道的正確觀點。

(六)重和諧而不取消鬥争

有人認為,中庸之道是一種專講協調和諧而取消矛盾鬥争的哲學,這是不對的。其實,孔子就曾明確説過:"有文事者必有武備,有武事者必有文備。"(《史記·孔子世家》)文武兼備而適得其宜,才合乎中道。孔子的仁學以"人"為本,必然重視人的生命價值而反對殘殺,這是"仁"的本旨。但孔子並不一味反戰,對於合乎禮的征伐和防禦,他是積極支持的。在魯定公十年的齊魯夾谷之會中,正因為魯國聽從孔子的建議預先作了武裝準備,才得以挫敗齊國欲劫魯君的陰謀。魯哀公十四年,齊國陳恒弑其君,孔子為了維護禮制,還以離職大夫的身份請

魯出兵討伐。而且孔子還曾自謂："我戰則克。"(《禮記·禮器》)

孟子極力反對諸侯之間那種"爭城以戰,殺人盈城;爭地以戰,殺人盈野"的爭奪戰,但是他極力稱頌湯、武那樣弔民伐罪的仁義之師,而對於"與民守之,效死而民弗去"的衛國防禦戰爭也表示支持。而且他主張以推行仁政來作為籌備統一戰爭的政治基礎,這較之以戰論戰者確有其高明之處。在宋明理學家中,浙東的事功學派兼重文武自不必說,即使是程朱或陸王學派也沒有主張取消鬥爭。例如有人問程子："用兵,掩其不備,出其不意之事,使王者之師,當如此否?"程子答曰："固是。用兵須要勝,不成要敗?既要勝,須求所以勝之道。"而王守仁在戰功上的成就,尤為顯著。可見儒家只反對侵略戰爭和危害民生的爭奪戰爭,然而堅決支持推翻暴政、抵抗侵略和維護統一的正義戰爭。

在思想戰線上,儒者表現為與所謂"異端"展開堅決鬥爭的精神。孟子以闢楊、墨而維護聖道為己任,乃以所謂"好辯"見稱於世。南朝名儒范縝,不畏權勢而與佛教進行長期辯論,留下了不朽的無神論名著《神滅論》。唐代大儒韓昌黎,為闢佛、老而不顧殺身之禍,毅然向皇帝進呈《論佛骨表》。這些,都表現了大無畏的戰鬥精神。在政治上,歷代儒者與腐敗邪惡勢力作堅決鬥爭的事跡,更是史不勝書。因此可以說,儒家學說不愧為是一種富有戰鬥精神的學說。

誠然,善於協調關係的中庸之道認為:人際關係,應以和諧相處、互相合作為正常現象;國際關係,應以和平相處、共同發展為正常現象;而互相鬥爭乃至戰爭,則是反常情況下的應變措施,所以,人與人之間的和諧,較之鬥爭更為根本,更為重要。而且,即使不得已而進行鬥爭,也是為了達到進一步的協調和諧;進行戰爭,也是為了消滅戰爭,維護永久和平。這才是中庸之道處理和諧與鬥爭關係的基本原則。

綜上所論,那種認為中庸之道重人輕天、重群輕己、重本輕末、重義輕利、重人文輕科技、重和諧而取消鬥爭的觀點,其本身就是一種不知"中庸"為何物的不通之論。因為人與天、群與己、本與末、義與利、人文與科技、和諧與鬥爭等關係,都是同一事物之兩端,而根據中庸之道的"執其兩端用其中"的基本法則,必須兩端並重而處得其宜,才合乎中道;而偏重一端放棄另一端,必將失衡致弊而不利於事物的協調發展,這本身就是違反中道原則的錯誤傾向,若把它當作中庸之道,豈不謬哉!

三、中庸之道的進步意義

綜上所論,作為貫穿儒學終始的方法論中庸之道,其根本精神,在於協調平衡各種矛盾關係,以促進事物的正常發展。它對某一事物而言,無論從促進其產生、成長、發展,再使之達到最佳狀態並保持其長期正常運動,乃至盡可能延長其壽命這樣一個完整的歷程中,中庸之道確實可以發揮其巨大的作用。而且,在道體上,以追求真善美高度統一為目標,強調"尊德性而道問學,致廣大而盡精微,極高明而道中庸",並主張"內聖"與"外王"的統一;在價值取向上,強調重人而不輕天,重群而不輕己,重本而不輕末,重義亦重利,重人文亦重科技,重和諧而不取消鬥爭等以"執其兩端用其中"而適得其宜為原則的兩端並重之道。從而體現了一種"彌綸天地之道而與天地準"的宏大氣象。因此,中庸之道確實可以稱之為一種具有進步意義的普遍真理。

誠然,中庸之道曾經因為延長了專制主義時代的壽命,從而推遲了中國現代化的進程。其實,這是由於古代專制主義制度本身無法克服的毛病,在發展到一定程度時必然會導致思想僵化、積重難返而喪失自身的調節功能。在這種情況下,使得中庸之道所固有的適應事物變化、順應時代發展的機制也無從發揮其隨時更新的作用。當是時,中庸之道對於舊制度充其量也只能起到苟延殘喘的作用了。但際此不徹底摧毀過時的舊制度就無從建立適應時代的新制度的時刻,中庸之道能使舊制度延長壽命的功能,適足以幫了歷史發展的倒忙!這使得"五四"時期的批判中庸之道,乃成為歷史發展的必然。不過平心而論,並不能歸罪於中庸之道本身,正如糧食為敵所用而不能歸罪於糧食本身一樣。更何況,中庸之道本身就具有推翻落後制度以順應時代發展的精神,可惜"五四"諸公未加宣傳利用,卻誤當作曾為舊制度所推崇的過時之物,不惜將其拋棄並加以批判,以致造成中國革命的諸多偏失和曲折,還使某些左右搖擺喜趨極端的流弊至今未能匿跡。這些指導思想上的歷史性失誤,自應引起深刻的反思和進行全面的總結。為了今後有利於保證社會永久的正常發展,中庸之道這一正確的思維方法確實有待大力弘揚。今天,進步的社會制度,完全可以從調節自身機制的方式來適應時代的發展,已不存在專制時代喪失自身調節功能的隱患了。因而可以說,在現代進步的社會制度下,中庸之道將會發揮其更廣更深更遠的積極作用,則是無可置疑的。

有人說,作為舊時代指導思想的儒家學說已經不適應於現代了,因而作為儒學方法論的中庸之道也已經過時了。我認為這種看法是完全錯誤的。誠然,儒家學說中某些具體的禮教確實已經過時,但是,作為方法論的中庸之道是永遠不會過時的。因為中庸之道本身就包含有權變、時中等內容,故而使得中庸之道並非是死的教條而是活的靈魂,這就決定了中庸之道本身永遠可以適應時代的發展而隨時調整更新和不斷發展。尤其是在經濟上日趨全球一體化、各民族間的文化交流日益密切的今天,文化上的民族特色日益為人們所重視,世界上各民族文化的多元發展已成為必然趨勢。從世界範圍而言,我們之所以強調中國特色,正在於中華民族的優秀傳統文化乃是世界多元文化中之一元;從國內而言,各少數民族的文化也無不各有其獨具的特色和發展的價值。所以,無論在全世界抑或在國內,都存在着民族文化多元發展的情況。面對這一趨勢,若以儒家的中庸之道作為指導,必將有利於各國各民族的文化協調而健康地發展。這對於振興中華民族文化乃至促進全人類各民族文化的和平發展,必將起着積極的進步作用。

今天,時代在前進,世界在發展,經濟全球化與民族文化多元化的格局日益顯現。在此形勢中,儒家學說具有明顯的優勢。它以民胞物與的"仁"作為人生的最高境界,以天下為公的大同社會作為人類追求的最高理想,以追求真善美高度統一為目標的中庸之道作為制定一切法制禮儀以及處理各種國際人際關係的方法論。而在中庸之道中,又包括了和而不同的中和思想、與時俱進的時中思想和執中達權的權變思想等豐富的內容。據此,我們可以運用具有厚德載物之博大胸懷的中和思想,來協調國際關係以謀求世界的和平;運用具有自強不息之奮鬥精神的時中思想,來調動一切積極因素以開拓經濟的發展;運用原則性與靈活性辯證統一的權變思想,來應付錯綜複雜的風雲變幻。所以,在未來的世界上,儒學必將對全世界的和平與發展發揮其積極的巨大作用,最終必將實現世界大同的最高理想,以達到儒學以民胞物與為懷的"仁"的最高境界。

[作者簡介] 徐儒宗(1946—),男,浙江浦江人。現為浙江省社會科學院哲學研究所研究員。著作有《中庸論》、《人和論——儒家人論思想研究》、《大學中庸評析》、《婺學通論》、《江右王學通論》、《呂祖謙傳》等,曾發表學術論文數十篇。

《論語》"三歸"考辨

耿振東

歷史上的"三歸"問題,是指歷代學者針對《論語·八佾》中孔子所言"管氏有三歸,官事不攝,焉得儉"中的"三歸"所作的種種詮釋。由於在這一問題上,學者們仁智互見,紛紜莫一,致使"三歸"究竟作何解釋,至今仍困擾着衆多的學者。本文擬對有關"三歸"記載的文獻語境加以分析,歸納出"三歸"闡釋所需滿足的必要前提,然後對歷代學者的不同見解進行評析,最後斷以己說,以尋找一種比較接近史實的"三歸"答案。

一、有關"三歸"記載的文獻語境分析

《論語·八佾》中孔子和弟子的對話,拈出了"三歸"一詞。由於它是後世"三歸"詮釋的基礎,這裏擬稍費筆墨加以疏解。

> 子曰:"管仲之器小哉!"或曰:"管仲儉乎?"曰:"管氏有三歸,官事不攝,焉得儉!""然則管仲知禮乎?"曰:"邦君樹塞門,管氏亦樹塞門;邦君為兩君之好,有反坫,管氏亦有反坫。管氏而知禮,孰不知禮!"

這一章主要記載孔子對管仲"不知禮"的批評,但談話的緣起卻是從"管仲之器小"開始。關於"器小",何晏《論語集解》解釋說:"言其器量小也。""器量小"即為氣度、胸襟狹小,這種解釋雖與孔子之意有關,卻没有挖掘出孔子的深意。審《論語》,"器"字共出現六次,除《八佾》出現一次外,還有《為政》一次:"子曰:'君子不器。'"《公冶長》兩次:"子貢問曰:'賜也何如?'子曰:'女,器也。''何器也?'曰:'瑚璉也。'"《子路》一次:"子曰:'君子易事而難說也。說之不以道,不說也;及其使人也,器之……'"《衛靈公》一次:"子曰:'工欲善其事,必先利其器。'"其中,"君子不器","器"取其本義器皿的比喻義,意為"君子不像器皿一樣有固定的用途";"女,器也"和"何器也","器"取其本義器皿之意;"及其使人也,器也","器"同樣取其比喻義,意為

隨其才能而用之";"工欲善其事,必先利其器","器"意為工具。這五次出現的"器"字均與"器量"關係不大。由此,"器小"恐非指氣度、胸襟狹小。孔子用"器"來比附人,應主要出於道德方面的考慮。

　　孔子説"君子不器"。君子,在《論語》中指道德高尚的人。君子不器,是説作為道德高尚的君子,不應像器皿那樣固着於一技一能。反之,如果孔子把一個人比作器,説明這個人僅僅在某一方面才華出衆,在個人修養上卻與君子有差距。子貢是孔門四科十哲之一,他能言善辯,憑藉高超的遊説才能,"存魯、亂齊、破吴、强晉而霸越","好廢舉,與時轉貨貲……常相魯衛,家累千金"(《史記·仲尼弟子列傳》)。對於這樣一位天賦頗高的子貢,孔子卻只許以"女,器也"的評斷。種種原因歸結為一點:子貢身上頗有道德的不足。比如,子貢志向不夠遠大(《史記·孔子世家》),"不能匿人之過"(《史記·仲尼弟子列傳》),常常譏評他人,以至孔子説:"賜也賢乎哉? 夫我則不暇。"(《論語·憲問》)當子貢説"我不欲人之加諸我也,吾亦欲無加諸人"時,即刻遭到孔子"非爾所及"的否定(《論語·公冶長》)。由於子貢器有餘而修養不足,孔子才説他是一瑚璉之器。所以,孔子以器許人,是"醉翁之意不在酒",其着眼點不是讚譽某人的才能,而是對其道德修養有所欠缺表示遺憾。依此,"管仲之器小哉"其義若揭。朱熹説:"器小,言其不知聖賢大學之道,故局量褊淺、規模卑狹,不能正身修德以致主於王道。"(朱熹《論語集注》)其言甚是。

　　但聽話的人不知道管仲在哪一方面修養不足,於是就循着"器量小"的理解,問:"管仲儉乎?"關於儉,很多人以為是節儉之儉,如楊伯峻《論語譯注》把這句話譯作:"他是不是很節儉呢?"①應該説,把"儉"釋為節儉,符合儒家的一貫主張,《論語》中就有"禮,與其奢也,寧儉"(《八佾》)和"儉,吾從衆"(《子罕》)的記載。但我們必須明白,節儉是一種美德,説"管仲儉乎"的人分明是順着孔子批評管仲個人修養不足的話往下説,怎麽會突然接以"管仲具有節儉的美德"這樣的話,以至於和孔子的感歎不相銜接,甚至前後牴牾呢?"儉"字非節儉義甚明。如果我們從上下文藴含的情感考慮,"儉"字與"器小"應具有相同的色彩,即都應暗含着對管仲修養不足的指摘。《詩·魏風·葛屨》序曰:"其君儉嗇褊急,而無德以將之。"孔穎達疏:"儉嗇言愛物。"又《文選·西京賦》曰:"獨儉嗇以齷齪。"這兩處的"儉",均帶有貶意,實為生活中的吝嗇,"管仲儉乎"的"儉"也應是這個意思。只有如是解,方可與孔子言"器小"的批評相呼應。

　　面對學生"管仲是不是很吝嗇呢"的疑問,孔子説:"管氏有三歸,官事不攝,焉得儉!""三歸"是我們討論的主題,此處暫闕疑。關於"官事不攝",何晏《論語集解》解釋説:"禮,國君事大,官各有人,大夫兼併。今管仲家臣備職,非為儉也。"依何氏所論,"管仲家臣備職"違反了"國君事大,官各有人,大夫兼併"的禮制。正因為"家臣備職",手下人員衆多,人事的費用才會遠超出正常開支。所以從這點來看,管仲一點都不吝嗇,即:"焉得儉!"可學生們已把"器小"理解為作吝嗇解的"儉"字,在聽了孔子"焉得儉"的評價後,疑惑不解。儉(吝嗇)既然是修

---

① 楊伯峻《論語譯注》,中華書局1980年版,第31頁。

養上的不足，其反面不儉就是修養完善。那麽，到底管仲在個人修養上怎麽樣呢？於是就有了"管仲到底知不知道禮"的追問。之所以有這樣的追問，在於孔門慣有"克己復禮"爲仁的教導，知禮則仁，有仁則是有道德的君子。所以，"然則管仲知禮乎"這句話，實際是學生想借孔子或是或否的回答來確證管仲的個人修養。但學生們並不知道，孔子說的"官事不攝"已經是管仲不知禮的表現了。所以在聽到"然則管仲知禮乎"的追問時，只好再一次把管仲悖禮的種種表現和盤托出，並以"管氏而知禮，孰不知禮"的強調，申明管仲道德修養上的嚴重不足。這其中未必沒有對學生學問粗疏的不滿。

《禮記》中有兩句評論管仲的話："管仲鏤簋、朱紘、山節、藻梲，君子以爲濫矣！"（《禮器》）"孔子曰：'管仲鏤簋而朱紘，旅樹而反坫，山節而藻梲。賢大夫也，而難爲上也。'"（《雜記》）按先秦禮制，前四種裝飾"鏤簋、朱紘、山節、藻梲"是天子才能用的，後兩種擺設"旅樹"、"反坫"也只有諸侯才能用①。由此可知，《論語·八佾》和《禮記·禮器》、《雜記》中的這幾句話，均是批評管仲僭禮行爲的。而這種僭禮行爲，筆者以爲，又都是建立在"三歸"的基礎之上，即是說，"三歸"是管仲"焉得儉"的經濟基礎，孔子說的"管氏有三歸"，是一個經濟話題。唯有經濟上的富有，才可能"焉得儉"，才可能"鏤簋、朱紘、山節、藻梲"、"旅樹而反坫"。

自《論語》拈出"三歸"，後世文獻不斷重複管氏"三歸"的話題。

《晏子春秋·內篇·雜下》記載說："晏子相景公，老，辭邑……公不許，曰：'昔吾先君桓公，有管仲恤勞齊國，身老，賞之以三歸，澤及子孫。今夫子亦相寡人，欲爲夫子三歸，澤及子孫，豈不可哉？'"這裏的"老辭邑"，是指晏子在年老體邁時，主動辭去舊有的封邑，言外之意，他不想在自己去世後讓他的後代子孫無功而享有國家對他的恩澤。筆者的這一見解，與許多學者認爲的晏子辭去齊景公因他年老功高而賞給他另外的封邑的觀點不同。至於齊景公欲爲晏子"三歸"，是在看到晏子欲辭去舊有封邑時，想以齊桓公賞賜管仲"三歸"的方式，使其既保有舊邑，同時又讓他得到額外的好處。

《韓非子·外儲說左下》記載："管仲相齊，曰：'臣貴矣，然而臣貧。'桓公曰：'使子有三歸之家。'曰：'臣富矣，然而臣卑。'桓公使立於高、國之上。曰：'臣尊矣，然而臣疏。'乃立爲仲父。孔子聞而非之曰：'泰侈逼上。'一曰：管仲父出，朱蓋青衣，置鼓而歸；庭有陳鼎，家有三歸。孔子曰：'良大夫也，其侈逼上。'"又其《難一》記載："桓公解管仲之束縛而相之。管仲曰：'臣有寵矣，然而臣卑。'公曰：'使子立高、國之上。'管仲曰：'臣貴矣，然而臣貧。'公曰：'使子有三歸之家。'管仲曰：'臣富矣，然而臣疏。'於是立以爲仲父。"首先，我們應該注意的是，《韓非子》提到"三歸"的時間，是管仲相齊之始，而《晏子春秋》則是管仲"恤勞齊國，身老"之時。在"三歸"問題上一早一晚的記載，使他們構成了相互否定關係。如何疏通文獻記載的這一矛

---

① "鏤簋"指在器物上雕刻着花紋。"朱紘"指冠冕上的紅色系帶。"山節"指在建築物的斗拱上雕刻山的圖紋。"藻梲"指在建築物的樑柱上雕刻水草的圖紋。"旅樹"即《論語·八佾》中孔子所說的"塞門"，指大門內的照壁。"反坫"前面也已提及，指接待賓客時放置空酒杯的土臺子。

盾,是"三歸"得以解決的必要前提。其次,《論語》中提到的"三歸",在《韓非子》中三次提及,有兩次以"三歸之家"的組合形式出現。"三歸之家"中,"家"是中心詞,"三歸"是定語以修飾"家",按語言運用習慣,"三歸"不宜再解釋為"家"。最後,"家有三歸",從語言表述上看,"三歸"只能是在"家"的範圍之內發生或存在的事或物。

《戰國策·東周》記載:"齊桓公宮中七市,女閭七百,國人非之;管仲故為三歸之家,以掩桓公非,自傷於民也。"齊桓公蓄養"宮中七市,女閭七百",違背了當時的禮儀制度。依此,管仲"為三歸之家",也只有表現為悖禮的行為,才能達到"以掩桓公非"的目的。與《韓非子》中桓公賞賜不同,此處提到的"三歸",是管仲自為之。如何對不同情境下賞賜與自為作出合理的解釋,同樣是"三歸"問題得以解決的必要前提。

《史記·禮書》記載:"周衰,禮廢樂壞,大小相逾,管仲之家,兼備三歸。循法守正者見侮於世,奢溢僭差者謂之顯榮。"此處的"三歸",與"禮廢樂壞,大小相逾"相呼應,顯係違禮之舉。《史記·管晏列傳》記載:"管仲富擬於公室,有三歸、反坫,齊人不以為侈。"此處的"三歸",文中説得很清楚,有富侈之意。《史記》中其他的記載,大都不出這兩種指向。比較而言,屬於後者的為多,如《史記·平津侯主父列傳》:"弘謝曰:'……臣聞管仲相齊,有三歸,侈擬於君,桓公以霸,亦上僭於君。'"《史記·貨殖列傳》:"其後齊中衰,管子修之,設輕重九府,則桓公以霸,九合諸侯,一匡天下;而管氏亦有三歸,位在陪臣,富於列國之君。是以齊富强至於威、宣也。"均係此類。值得注意的是,從"管仲之家,兼備三歸"的表述,我們可以得出與《韓非子》"家有三歸"同樣的啓示:"三歸"是就"家"的範圍之內而言,任何超出"家"的範圍之外的事物,都不能滿足文中的語境要求。

劉向《説苑·善説》記載:"桓公立仲父,致大夫曰:'善吾者,入門而右;不善吾者,入門而左。'有中門而立者。桓公問焉。對曰:'管子之知,可與謀天下;其强,可與取天下。君恃其信乎?內政委焉,外事斷焉。驅民而歸之,是亦可奪也。'桓公曰:'善。'乃謂管仲:'政則卒歸於子矣。政之所不及,唯子是匡。'管仲故築三歸之臺,以自傷於民。"繼《韓非子》中出現"三歸之家"後,這裏又出現了"三歸之臺"。至於"三歸之臺"出現的原因,此處我們暫不討論。先就《説苑》與《戰國策》比較言,他們的相同之處在於,都是强調管仲無奈之下的自為行為。但《戰國策》中,管仲"為三歸之家"的目的是為桓公分擔非議,動機很明確,而《説苑》中管仲"築三歸之臺"的原因交代得很含糊。聯繫《韓非子·外儲説左下》的一則記載[1],管仲此舉大概是為了向桓公説明,他不會犯上作亂,因為他並没有那種驅民而使之歸附自己,"乘公之勢以治齊國"

---

[1] "齊桓公將立管仲,令群臣曰:'寡人將立管仲為仲父。善者入門而左,不善者入門而右。'東郭牙中門而立。公曰:'寡人立管仲為仲父,令曰:"善者左,不善者右。"今子何為中門而立?'牙曰:'以管仲之智,為能謀天下乎?'公曰:'能。''以斷,為敢行大事乎?'公曰:'敢。'牙曰:'君知能謀天下,斷敢行大事,君因專屬之國柄焉。以管仲之能,乘公之勢以治齊國,得無危乎?'公曰:'善。'乃令隰朋治內、管仲治外以相參。"(《韓非子·外儲説左下》)

的企圖。曹之升《四書摭餘説》引《黄氏日抄》云:"《説苑》謂管仲避得民而作三歸,殆於蕭何田宅自污之類。"此外,聯繫文中語境,管仲"築三歸之臺"是在管仲相齊之始。

《漢書》部分内容沿襲《史記》,其相關的"三歸"記載與《史記》大同小異。所見者,有《禮樂志》:"是時,周室大壞,諸侯恣行,設兩觀,乘大路。陪臣管仲、季氏之屬,三歸、《雍》徹,八佾舞廷。制度遂壞,陵夷而不反,桑間、濮上,鄭、衛、宋、趙之聲並出。"《地理志》:"太公以齊地負海舄鹵,少五穀而人民寡,乃勸以女工之業,通魚鹽之利,而人物輻湊。後十四世,桓公用管仲,設輕重以富國,合諸侯成伯功,身在陪臣而取三歸。故其俗彌侈,織作冰紈綺繡純麗之物,號為冠帶衣履天下。"《公孫弘卜式兒寬傳》:"臣聞管仲相齊,有三歸,侈擬於君,桓公以霸,亦上僭於君。"其中,《禮樂志》着重從禮的角度談"三歸",《地理志》、《公孫弘卜式兒寬傳》則着重從侈的角度談"三歸"。

歷史上較早提到"三歸"的文獻還有《論衡·感類》:"夫管仲為反坫,有三歸,孔子譏之,以為不賢。反坫、三歸,諸侯之禮。"這是從違禮的角度談論"三歸"。

綜上所述,"三歸"大概牽涉到管仲的富侈,這富侈明顯具有僭禮的性質。如果不懷疑文獻記載的準確性,我們得出的結論必須同時適合上述有關"三歸"記載的原文語境,而這又必須解決好以下幾個互相掣肘的疑問:一、"三歸"是在管仲相齊之始還是在管仲"身老"之時;二、面對"三歸"出現的幾種不同語境,主動索取、桓公賞賜、管仲自為之,有何不同,該如何解釋;三、"三歸之家"與"三歸之臺"有什麼關係,為什麼會突然出現"三歸之臺"。此外,要使結論更具説服力,我們還要考察其他雖未言"三歸"卻與"三歸"有密切聯繫的文獻,看它們是否相互牴牾。

二、古代學者對"三歸"的詮釋

最早對"三歸"作出解釋的是東漢包咸,其注解《論語》保存於三國魏何晏的《論語集解》中。他説:"三歸者,取三姓女也。婦人謂嫁曰歸。"包咸作如是説,大概是受到了經書的影響,如《易》有"歸妹",《詩》有"言告言歸"、"江有汜,之子歸"、"齊子由歸"等句,皆可作"女嫁"講,特別是《公羊》、《穀梁》對《春秋·隱公二年》"伯姬歸於紀"中"歸"的疏解①,更是包咸釋"歸"的直接來源。此説頗有影響,如《史記》張守節《正義》、《漢書》顏師古注都加以沿襲。後來,學者對此引申發揮。南朝梁皇侃《論語義疏》説:"取三姓女"應為娶三國女,"禮,諸侯一娶三國九女……管仲是齊大夫,而一娶三國九人,故云有三歸也。"清劉履恂《秋槎雜記》謂:"天子、諸侯娶妻班次有三","諸侯娶夫人,二國媵之,並夫人本國為九女","其本國歸女為一次,二國各一次,故曰'三歸'。"(清劉寶楠《論語正義》引)俞正燮《癸巳類稿》又提出"三宫"説:"諸侯三

---

① 《公羊》曰:"婦人謂嫁曰歸。"《穀梁》曰:"禮,婦人謂嫁曰歸,反曰來歸。"

宫……卿、大夫、士一宫……古者夫家餘子受田懸殊,立一妻,則多一室家禮節之費,管子家有三宫之費,故曰'焉得儉'?"以上諸説與我們之前得出的"三歸"具有悖禮性質的結論相吻合。但仔細推敲,他們的立論基礎"婦人謂嫁曰歸"本身有紕漏。俞樾《群經平議》説:"就婦人言之謂之歸,自管仲言之當謂之娶,乃諸書多言三歸,無言三娶者。"而且,《晏子春秋》中,齊景公明言:"昔吾先君桓公有管仲恤勞齊國,身老,賞之以三歸,澤及子孫。"若解"三歸"為"娶三女",是齊桓公賞管仲三國九女,果如此,則又何必待"年老"之時?且此舉也絶非"澤及子孫"之事。《史記·管晏列傳》説:"管仲富擬於公室,有三歸、反坫,齊人不以為侈。""三歸"的結果是帶給管仲經濟上的富裕。若是賞管仲三國九女,"則多一室家禮節之費,管子家有三宫之費",豈不是使管仲越來越窮困?《晏子春秋》晏子辭謝齊景公説,如果接受"三歸"之賞,就是"以其不肖父為不肖子厚受賞",又説"且夫德薄而禄厚,智悟而家富,是彰污而逆教也,不可。""厚受賞"、"禄厚"、"家富",顯然都是以財富上的賞賜立言,這與"娶三女"可能帶來經濟上的緊縮是相互矛盾的。與"娶三女"有些許聯繫的是楊希枚提出的女子"常出常嫁"説①。此處的"出"是離婚,"嫁"是結婚,"三"表示多次。"三歸",就是多次結婚又離婚的女子。根據《管子·小匡》"女三嫁,入於舂穀"及《墨子·天志下》"不格者則繫操而歸……婦人以為舂酋"等文,古者女三嫁,要没入宫中,充為舂穀的女奴。所以,"就管仲而言,身為齊相,除了官家可能配屬他相當數目的奴屬外,或更由於他獲得邦君賞賜或恩準蓄養女奴,而有着更多的奴屬……而這樣的一個家,在著者的解釋之下,也就是所謂'三歸之家'。"此説雖頗有新意,但女子"三嫁""三出"没入宫中充為女奴,顯係作為國家制度存在,這與管仲僭禮毫無關係。

前面提到"三歸之臺","三歸之臺"在諸多文獻中僅《説苑》一現。俞樾《群經平議》認為,這是劉向受《戰國策》影響,"涉子罕事而誤為築臺耳。古事若此者往往有之,未足據也。"我們以為,俞氏之説過於武斷,後文將對此解析。但圍繞"三歸之臺",還是有許多學者作出自己的解釋。如南宋朱熹曾把"三歸"釋為"臺名"。但這臺子用來做什麽,朱熹没有説。其《朱子語類》載曰:"《管子》非管仲所著,仲當時任齊國之政,事甚多,稍閒時又有三歸之溺,決不是閒工夫著書底人。"話裏隱約透露出臺以處三國九女的信息。黃震則直接認為,"臺以處三歸之婦人"(黃式三《論語後案》引)。清孫志祖《讀書脞録》也認為:"三歸之為臺名,是也。然所以名三歸者,亦以娶三姓女之故。如《詩》衛宣公築新臺與河上以要齊女,《左傳》魯莊公築臺臨党氏娶孟任之類。"以上諸説以"臺"釋"三歸",但基點是娶女,前文已證與事實不符。對於"三歸之臺",清武億《群經義證》認為,"臺為府庫之屬,古以藏錢幣"。他列舉四條例證:一、《史記·周本紀》載"散鹿臺之泉",《管子·山至數》載"請散棧臺之錢,散諸城陽;鹿臺之布,散諸濟陰",因此,齊國"舊有二臺,以為貯藏之所";二、《韓非子》載"管仲相齊"之事,"以三歸對貧言,則歸臺即府庫別名";三、《泉布》有"齊歸化"三字,"疑為三歸所斂之貨";四、《晏子春秋》載齊景公言桓公賞管仲"以三歸,澤及子孫"。另一位學者宋翔鳳也認為:"三歸,臺名,古藏貨財之

---

① 楊希枚《從七出談到三歸》,見《先秦文化史論集》,中國社會科學出版社1995年版,第469~500頁。

所。"程樹德《論語集釋》評價此說云："以三歸為藏貨財之所，最為有力，即《論語稽》亦取之。"應該承認，此說與我們之前得出的"三歸"具有富侈性質的結論相吻合。但它有致命的弱點，即只考慮到文獻中管仲受賜"三歸"的語境，卻忽略了《說苑》中管仲曾主動"築三歸之臺"。文獻中"管氏有三歸"存在一早一晚的不同說法，此說卻又避而不談。而且，齊國到底有幾個藏錢幣的府庫，即有幾個"歸臺"，它也沒弄清楚。"歸臺"數目不明確，便匆匆將"三歸"與府庫相聯繫並據以為說，態度實為不謹。根據《管子》所載，這類府庫只有棧臺和鹿臺兩個。如果齊桓公把這兩個府庫都賞給管仲，齊國的錢幣往哪裏儲存？而且，沒有錢幣儲存的兩個空府庫對管仲來說究竟有什麼用處？如何"澤及子孫"？如果把府庫和所藏錢幣都賞給管仲，齊國的政務工作又如何進一步開展？管仲再功高蓋世，恐怕齊桓公也不會傾全國之財富賞給管仲。

說到這裏，不得不提元代學者金履祥的"三歸"築臺法。其《論語集注考證》說："據算家有三歸築臺法，蓋方臺也，其法上方自相乘，凡為若干尺，下方又自相乘，為若干尺；又以上下相乘為若干尺；卻以勾股法三分損二，為中方之數；合上下中方凡幾千尺，以高尺統之，用積冪法得方臺積尺之數凡幾萬尺，謂之三歸法。如此則但言其臺榭之盛，家臣之多為非儉爾。"①這種解釋能滿足"管仲故築三歸之臺"的語境，按其"臺榭之盛，家臣之多"的說法，也能證明管仲富侈。但把"三歸"理解為築臺的演算法，在放入其他文獻的"三歸"語境時，便捉襟見肘、滑稽可笑。因為果真如此，則《韓非子》中桓公解決管仲貧困的"三歸之家"，就成為桓公給管仲一個有用三歸演算法築成的臺子的"家"，《晏子春秋》中桓公賞賜給管仲"澤及子孫"的"三歸"，也將是一個用"三歸"演算法築成的臺子。暫不說當時有沒有"三歸"演算法，單說一個孤零零的臺子，如何生出財富，又如何使管仲由貧轉富。再者，依前文所論，"三歸"明為僭禮之事，而按此說卻無法得出解釋。與此相類的還有俞樾《群經平議》提出的"三歸"為甲第三區說。他舉《晏子春秋》中"賞之以三歸"的事例說："是又以三歸為桓公所賜，蓋猶漢世賜甲第一區之比。賞之以三歸，猶云賞之以甲第三區耳。"甲第，是豪華的住宅。"賞之以三歸"即為賞之甲第三處。這當然可以襯托出管仲的富侈，也能"澤及子孫"。但僅憑三處甲第，就能"富擬於公室"，很難讓人信服。而且，它與金氏"歸臺"說相似，都無法解答"三歸"為什麼會是僭禮行為的疑問。

"三歸"演算法建臺說、甲第說，根本癥結在於無法證明它們是違禮的行為。而有的解釋雖能證明它們是違禮行為，卻又不滿足"澤及子孫"、富侈的文獻語境，這類解釋除上文討論的"三歸"為"娶三女"外，還有清包慎言的"三歸"為"三牲獻"說。包氏《論語溫故錄》云："三歸當為僭侈之事。古歸與饋通。《公羊》注引《逸禮》云：'天子四祭四薦，諸侯三祭三薦，大夫、士再祭再薦。'又云：'天子、諸侯、卿大夫，牛、羊、豕凡三牲，曰大牢；天子元士、諸侯之卿大夫，羊、豕凡二牲，曰少牢；諸侯之士，特豕。'然則三歸云者，其以三牲獻與！……合觀《晏子春秋》內外篇所云，則三歸亦出於桓公所賜。內篇言'以共宗廟之鮮'，而外篇言'賞以三歸'，則三歸

---

① 元許謙的《讀四書叢書》與之相呼應。

為以三牲獻無疑。晏子以三歸為管仲之一惡,亦謂其侈擬於君。"此説之意,桓公允許管仲行諸侯三牲獻的大牢之禮,這當然是僭禮行為。可是,如果説賞臺、賞甲第還可以留給後世子孫一點家產,姑且稱之"澤及子孫",這賜給管仲三牲獻的大牢之禮又如何談得上"澤及子孫"?《晏子春秋》中景公想以桓公賞賜管仲"三歸"的方式賞賜晏子,晏子回答説:"且夫德薄而禄厚,智惛而家富,是彰污而逆教也,不可。""三歸"明是財富上的賞賜,它與三牲獻這種徒具富侈之表而無財富之實的大牢之禮没有關係。

　　清翟灝《四書考異》云:"以管氏本書證之,三歸特一地名,讀《輕重》篇自見。蓋其地以'歸三不歸'而名之也。"所謂"歸三不歸",是指《管子·輕重戊》所記的一個故事:齊桓公問管仲解决民貧的辦法,管仲讓桓公"沐涂樹之枝"。當年,人民由貧轉富。齊桓公問其中的原因,管仲説:"齊者,夷萊之國也。一樹而百乘息其下者,以其不捎也。衆鳥居其上,丁壯者胡丸操彈居其下,終日不歸。父老枎枝而論,終日不歸。歸市亦惰倪,終日不歸。今吾沐涂樹之枝,日中無尺寸之陰,出入者長時,行者疾走,父老歸而治生,丁壯者歸而薄業。彼,臣歸其三不歸,此以鄉不資也。"翟氏認為,由於故事的情節脈絡是"歸三不歸",這個地方遂以之命名①。而它"本公家地,桓公賜以為采邑"(潘維城《論語古注集箋》引)。對此,劉寶楠説:"以'三歸'為地名,則《管子》明言'五衢之民,樹下談語,專務淫遊,終日不歸'。'歸'是民歸其居,豈得為管仲所有,而遂附會為地名耶?"(《論語正義》)劉氏之論有欠妥當。歷史上以事為地名者很多,不見得"五衢"不可以名之"三歸"。而依筆者之見,翟氏此説的實質,在於强調桓公把發生"歸三不歸"的這塊公家之地作為采邑賞給管仲,而不在於以"三歸"命名此地符不符合事實。應該説,"三歸"為管仲采邑説具有一定的合理性。有采邑,便有采邑的收入,如此則可使管仲由貧轉富,也可以"澤及子孫"。此説滿足了"三歸"富侈的文獻語境,但究竟看不出有什麼悖禮的表現。且若"三歸"是邑名,"三歸"與"家"相組合便有礙於語言搭配習慣。俞樾説:"近人或因此謂三歸是邑名,則又不然。若是邑名,不得云'使子有三歸之家',亦不得云'家有三歸'也。"關於這一點,前文已有專門分析。

　　在有關"三歸"的解釋中,郭嵩燾的"三歸"為"市租之常例之歸之公者"説很有影響。其《養知屋文集》云:"此蓋《管子》九府輕重之法,當就《管子》書求之。《山至數》篇曰:'則民之三有歸於上矣。'三歸之名實本於此……《輕重乙》篇云:'與民量其重,計其贏,民得其七,君得其三,盡此而已矣。'……是所謂三歸者,市租之常例之歸之公者也,桓公既霸,遂以賞管仲。《漢書·地理志》《食貨志》並云桓公用管仲,設輕重以富民,身在陪臣而取三歸,其言較然明顯。《韓非子》云'使子有三歸之家',《説苑》作賞之'市租';三歸之為市租,漢世儒者猶能明之,此一證也。《晏子春秋》辭三歸之賞,而云厚受賞以傷國民之義,其取之民無疑也,此又一證也。"此説從經濟上立言,並主動和當時的租税制度相聯繫,很有見地。但此説最大的紕漏在於:如果當時齊國的租税為十取三,而這部分租税又都用來賞賜管仲,國家又從哪裏獲取財政來

---

① 梁玉繩《瞥記》也認為"為地名近之"。

源？如果國家在賞給管仲"三歸"後，還繼續實施"三歸"政策，則人民在賦稅的重壓下又如何生存？這樣一個關鍵性的問題不交代清楚，"三歸"為"市租之常例之歸之公者"終不能使人信服。而且，郭氏對文獻記載互相矛盾之處沒有給出合理說明，這也是其不足之處。

面對歷史上的紛紜衆説，我們暫且放緩評析的步伐。首先要明確，"三歸"是"三歸之家"的簡稱。雖然我們可以單獨説"三歸"，但理解上決不能不考慮"家"。因而，解決"三歸"，必須首先弄清楚什麽是"家"。《禮記·禮運》："天下國家。"孔疏："家謂卿大夫也。"《左傳》桓公二年："天子建國，諸侯立家，卿置側室，大夫有貳宗。"楊伯峻釋曰："諸侯分采邑與卿大夫，卿大夫曰家。"而大夫的采邑，亦以"家"相稱。如《周禮·夏官》："家司馬。"鄭注："家，卿大夫采地。"《周禮·春官》"家宗人"鄭注："家謂卿大夫所食采邑。"《大戴記·文王官人》："使治國家。"鄭注："家，采邑。"明此，則"三歸之家"就是三歸之采邑。

有人説，"歸"通"饋"，"三歸"即"三饋"。饋的本義是贈送食物，後來引申為一般意義上的贈送或賜予。所以，"三歸之家"即"三饋之家"，就是三處被賜予的采邑①。此説並不能滿足歷史文獻中"三歸"的語境。按"諸侯立家"的説法，諸侯在立管仲為卿大夫的同時，就要分給他采邑。據《韓非子·外儲説左下》記載，齊桓公在管仲相齊初始，曾給管仲三處采邑；據《晏子春秋·内篇》記載，管仲身老之時，齊桓公又給他三處采邑；而據《戰國策·東周》記載，管仲為掩桓公"宫中七市，女閭七百"之非，又"故為三歸之家"。前後三次，至少也有九處采邑。一個卿大夫占有九處采邑，這怎麽可能？有人會説，這幾次不同的記載，其实是一次。可究竟哪位學者曾把它作為詮釋"三歸"所必須解決的問題親自證實並合理疏通過？再者，把"三歸"釋為"三饋"，《説苑·善説》記載的"故築三歸之臺"又如何解釋？從文字表述看，它分明是管仲自己築"三歸之臺"，在這種情況下，"歸"字又怎能釋為"饋"字？這些問題不説清楚，又如何能令人信服？

又有人把"三歸"釋為"歸親"、"歸貴"、"歸富"，把"三歸"釋為三處歸老田里的采邑。其實，他們均走進了"三歸"詮釋的歷史誤區，即斷章取義，不能對歷史文獻作整體觀。

那麽，"三歸"究竟應作何解釋？

三、"三歸"解

《管子·山至數》曰："則民之三有歸於上矣。"《輕重乙》曰："君直幣之輕重以決其數，使無券契之責，則積藏囷窌之粟皆歸於君矣。"這裏的"歸"可釋為征、斂。有時，"歸"也可釋為納、繳，如《管子·輕重丁》曰："功臣之家，人民百姓，皆獻其穀菽粟泉金，歸其財物，以佐君之大事。"總之，這裏的"歸"代表了統治者與臣民之間的租稅關係。而所謂的"三歸"，就是統治者

---

① 李衡眉《〈論語〉"三歸"另解》，《孔子研究》，1992年第三期。

向人民征斂或人民向統治者繳納的三種租税。"歸"是作"征斂"講還是作"繳納"講,要看具體的語境。從文獻所載的"使子有三歸之家"、"賞之以三歸"、"故為三歸之家,以掩桓公非,自傷於民"、"故築三歸之臺,以自傷於民"來看,是管仲向人民征斂。那麼,為什麼又説是"三種"呢? 因為國家的租税主要由農、工、商三種人負擔,所以租税主要就是農税、工税和商税三種。關於三種租税,古代文獻中有明確記載:"大農、大工、大商,謂之三寶。農一其鄉則穀足,工一其鄉則器足,商一其鄉則貨足。三寶各安其處,民乃不慮,無亂其鄉,無亂其族……三寶完則國安。"(《六韜·文韜》)不過,在這裏我們還要進一步追問,這租税的直接征斂者是以諸侯為代表的統治者,還是以卿大夫為代表的統治者呢?《左傳·昭公五年》載:"四分公室,季氏擇二,二子各一,皆盡征之,而貢於公。"又《國語·晉語四》載:"公食貢,大夫食邑。"這些記載告訴我們,采邑中的農税、商税和工税,先是由卿大夫征斂,而後再由卿大夫把征斂上來的部分租税上繳國庫、納貢於公。"三歸"的直接征斂者既然是采邑的主人——卿大夫,則"三歸"之實就是卿大夫在自己采邑内征斂上來的農、工、商三種租税。這種租税征斂上來之後,究竟納多少貢,根據文獻的相關記載,恐怕要占租税相當大的一部分。《史記·趙奢傳》載:"(趙奢)收租税而平原君家不肯出租,奢以法治之,殺平原君用事者九人。"此記載説明,如果"租税"數量少的話,趙奢對此不會大動干戈。上面提到,國家租税由農税、工税和商税三種組成,這三種租税對於卿大夫來説,上繳的比例並不一樣。《韓非子·愛臣》説:"大臣之禄雖大,不得籍城市。"説明采邑内的工税和商税,卿大夫不得擅自扣留,要全部上繳國庫。

這樣一來,答案就越來越清晰了。管仲相齊之始,即被桓公立為卿大夫之始,他分得一份采邑,這在《荀子·仲尼》有記載:"(桓公)立(管仲)以為仲父,而貴戚莫之敢妒也;與之高、國之位,而本朝之臣莫之敢惡也;與之書社三百,而富人莫之敢距也。"按古制,二十五家為一社,社内的人口、土地都要登記造册,所以叫做"書社"。這樣,"書社三百"就有民户7 500家。由於這份采邑上的"三歸"並非由管仲獨自占有,要向國庫上繳相當大的比例,所以他常感貧困。而且初相之時,雖被桓公任命為卿大夫且位列三卿,但與當時由周天子任命的齊國的高氏、國氏的上卿地位相比,他還是位列下風,所以他常感低賤。此外,管仲與桓公没有血緣關係,這在周代"親親、尊尊"的社會,對他也是不利的因素。所以,才有了《韓非子》中"臣貴矣,然而臣貧"、"臣富矣,然而臣卑"、"臣尊矣,然而臣疏"的請求,相應的就獲得了"使子有三歸之家"、"使立於高、國之上"、"乃立為仲父"的答復。那麼,桓公所説的"使子有三歸之家",是不是讓管仲自此以後一人獨食采邑内的"三歸"呢? 如果我們不聯繫其他的文獻記載,很容易得出這一結論,而事實上並不是這樣。《説苑·尊賢》中有如下一段記載:"齊桓公使管仲治國,管仲對曰:'賤不能臨貴。'桓公以為上卿,而國不治。桓公曰:'何故?'管仲對曰:'貧不能使富。'桓公賜之齊國市租一年,而國不治。桓公曰:'何故?'對曰:'疏不能制親。'桓公立以為仲父。齊國大安,而遂霸天下。孔子曰:'管仲之賢,而不得此三權者,亦不能使其君南面而霸矣。'"由此得知,初相時的管仲,其"有三歸之家"只不過是"桓公賜之齊國市租一年",他並没長期占有采邑内"三歸"的特權。

由於管仲被桓公賦予"三權",身貴、家富又有"仲父"的尊稱,使某些人心有餘悸,擔心他蓄意作亂,危及齊國的安全,於是就提醒桓公:"管子之知,可與謀天下;其強,可與取天下。君恃其信乎,內政委焉,外事斷焉。驅民而歸之,是亦可奪也。"管仲為避嫌,於是"故築三歸之臺"(《説苑·善説》)。前面提到,清武億認為三歸為齊國藏貨財的府庫,這一説法雖不盡情理,但用藏貨財的府庫來解釋此處的"臺",卻相得益彰。依古代文獻,這種用來藏貨財的臺子大概只有天子和諸侯才能建築並使用,如《史記·周本紀》記載:"(武王)命南宫括散鹿臺之財。"《管子·山至數》記載:"請(桓公)散棧臺之錢,散諸城陽;鹿臺之布,散諸濟陰。"而現在,管仲卻做出了"築三歸之臺"這樣明顯違禮的行為。原因何在?其實,管仲是想憑藉這一舉止來轉移某些人的注意力,以"自傷於民"的方式證明:他目光短淺、胸無大志,不會得到桓公及人民的信任,根本不會對齊國形成威脅。説到底,這是一種韜光養晦的策略。

得到炙手可熱的"三權"的管仲,逐漸幫助桓公確立了在諸侯間的威信,其霸業如日中天。這時,桓公荒淫奢侈的本性逐漸暴露,《戰國策·東周》記載"齊桓公宫中七市,女閭七百",這導致國人對桓公不滿。於是管仲主動向桓公請求占有自己采邑內的"三歸"。此舉有兩個目的,一來可以增加自己的收入,與己不無益處;二來可以以此遮掩桓公的過失,穩定民心。由於此時的管仲已功績卓著,並確立了自己在齊國政壇的地位,故求之必應。又如上文所述,卿大夫在自己采邑內徵斂上來的"三歸"要按照一定的比例上繳國庫,自己完全占有是不合禮制的,它當然也要受到國人的非議。這就是文獻中所説的"管仲故為三歸之家,以掩桓公非,自傷於民"的原委。

管仲幫助齊桓公稱霸天下,一變為齊國元老,於是就有了《晏子春秋·內篇》"昔吾先君桓公,有管仲恤勞齊國,身老,賞之以三歸,澤及子孫"的記載。這次的"三歸"與上次"管仲故為三歸之家"有一最大的不同,就是這次的"三歸"是桓公主動賞賜,上次的"三歸"是管仲為"掩桓公非"有意請求。從表面上看,主動賞賜可使管仲名利兩雙,但實際情況卻很複雜,即是説,管仲接受桓公賞賜並沒有給他帶來聲譽上的提高,因為"三歸"獨占畢竟是違禮行為;因而,他所得到的最終僅是財富上的利益而已。從這點來看,文獻記載的前後兩次"三歸"又都是相同的。這是後人視"管氏有三歸"為僭禮行為的根本所在。

討論還需要繼續進行。

讓我們再次閱讀以下記載:《史記·管晏列傳》曰:"管仲富擬於公室,有三歸、反坫,齊人不以為侈。"《史記·貨殖列傳》曰:"管氏亦有三歸,位在陪臣,富於列國之君。"《晏子春秋·內篇》曰:"昔吾先君桓公有管仲恤勞齊國,身老,賞之以三歸,澤及子孫。"我們引出這樣三個疑問:一、僅憑管仲一處采邑上的"三歸",真的就能"富擬於公室"、"富於列國之君"嗎?二、為什麼"齊人不以為侈"?三、"三歸"如何能"澤及子孫"?

先談第一個問題。先秦文獻經常出現"萬乘之國"、"千乘之君"、"百乘之家"等名詞。《孟子·梁惠王上》記載:"萬乘之國,弑其君者,必千乘之家;千乘之國,弑其君者,必百乘之家。"趙歧注曰:"萬乘,兵車萬乘,謂天子也;千乘,諸侯也。""天子建國,諸侯立家。百乘之家,謂大國之卿食采邑,有兵車百乘之賦者也。"依此,齊國管仲屬於"大國之卿食采邑,有兵車百乘之賦者"。按《管子·乘馬》"方六里為一乘之地",百乘則是方六百里,管仲的封邑約略如此。但我們必須對此作出反思:方六百里的一處封邑,其"三歸"就算是完全為管仲占有,他的財富也無法與千乘之國的諸侯相比。即便後人對管仲的財富有誇大之嫌,其實力也應具有相當規模,至少也應該在與其他卿大夫相比的情況下占有絕對優勢才行。而依文中現有的資料,遠不能回答這個問題。所以,我們還要到其他地方挖掘,找尋遺落的證據,以堅實我們的觀點。

讓我們看以下記載:《左傳》昭公十一年(前531)載申無宇之言:"齊桓公城穀而置管仲焉,至於今賴之。"《論語·憲問》:"問管仲。曰:'人也。奪伯氏駢邑三百,飯疏食,沒齒無怨言。'"《晏子春秋·外篇》:"景公謂晏子曰:'昔吾先君桓公予管仲狐與穀,其縣十七,著之於帛,申之以策,通之諸侯,以為子孫賞邑。'"很明顯,管仲的采邑除了初相時的書社三百,至少又有穀、駢邑、狐三處采邑。其中,穀是桓公較早給予管仲的一處采邑。《左傳》莊公三十二年(前662)記載:"城小穀,為管仲也。"想必管仲得穀為賞邑亦在是年,此時為"齊始霸"(《左傳》)後的魯莊公十五年(前679)。這在齊桓公稱霸三十八年的時間中算是稍早的年份。其他幾處采邑可能是在這之後陸續賞給管仲的。綜上而論,憑藉管仲的四處采邑,再憑藉桓公給予管仲的享有采邑上完全占有"三歸"的特權,他"富擬於公室"、"富於列國之君"的記載,就令人信服無疑了。

再談第二個問題。歷史上的齊國向來富庶。自太公建齊,齊國就一直以工商立國。《鹽鐵論·輕重》載:"昔太公封營丘……通利末之道,極女工之巧,是以鄰國交於齊,財蓄貨殖,世為強國。"到了齊桓公時,齊國更是商業發達。《國語·齊語》說:"通齊國魚鹽於東萊,使關市幾而不征,以為諸侯利。"寬裕的經濟條件造就出齊國人"誇奢朋黨"(《史記·貨殖列傳》)的習俗,最終促成戰國齊國臨淄"甚富而實,其民無不吹竽、鼓瑟、擊築、彈琴、鬥雞、走犬、六博、蹋踘"(《戰國策·齊策一》)的繁榮景象。齊國歷史上還出現過侈靡消費的理論,它保存在《管子》一書中,很可能與管仲治國理念有關。所謂侈靡消費,就是生活中的鋪張、過度消費。侈靡消費究竟達到什麼程度,《侈靡》說:"雕卵然後瀹之,雕橑然後爨之。"它要求把蛋類雕畫了然後煮食,把木柴雕刻了然後焚燒。它認為:"上侈而下靡,而君臣上下相親。""通於侈靡而士可戚。""不侈,本事不得立。"(《侈靡》)侈靡之所以得到人們認可,是因為管仲把它作為調濟貧富、解決下層生計的經濟槓桿,比如通過富人"巨瘞培"、"美壟墓"、"巨棺槨"、"多衣衾"的厚葬行為,使農民、各類工匠、女工借機都有事可做。此外,侈靡理論還可以滿足一部分人的生活欲望,使他們更好地為統治者服務,因為"飲食者也,侈樂者也,民之所願也。足其所欲,贍其所願,則能用之耳。今使衣皮而冠角,食野草,飲野水,孰能用之?"所以,管仲雖"富擬於公室,有三歸、反坫",而"齊人"卻"不以為侈"。

最後談第三個問題。《韓非子·喻老》記載:"楚莊王既勝,狩於河雍,歸而賞孫叔敖。孫叔敖請河間之地、沙石之處。楚邦之法,祿臣再世而收地,唯孫叔敖獨在。此不以其邦為收者,瘠也,故九世而祀不絕。"依"祿臣再世而收地"的說法,管仲的采邑再世而歸公。實則不然，因為文中明言是"楚邦之法"，只是楚國的特例，並不具有普遍性。據《禮記·禮運》："天子有田以處其子孫，諸侯有國以處其子孫，大夫有采以處子孫，是謂制度。"卿大夫采邑世代享用，實則是自西周以來的一個古老的制度。金景芳在解釋"諸侯立家"時說："春秋時魯三家，季孫氏都費，叔孫氏都郚，孟孫氏都成，儼然是魯國的三個獨立小王國。"這"證明采地之制，子孫得世世繼承"①，對於齊國這樣一個與周室有着密切關係的諸侯國來說，自應保留這一傳統禮制。《戰國策·齊策一》載："靖郭君之交，大不善於宣王，辭而之薛。""辭而之薛"就是辭官回到他的采邑薛這個地方。《晏子春秋·內篇》有齊田桓子"請老於劇"的記載，也說明卿大夫身老便回歸自己的采邑。因而，齊桓公賞管仲以"三歸"，其"澤及子孫"就表現在兩個方面：一是為管仲立"家"再加上賞賜給管仲的共四處采邑，可世代享用，"澤及子孫"；另一方面，四處采邑上"三歸"獨占的特權也可世代享用，"澤及子孫"。

[作者簡介] 耿振東(1973—   )，男，山東淄博人。文學博士，現為山西省社會科學院文學所副研究員，主要從事先秦兩漢文學與文化研究，已發表學術論文數十篇。

---

① 金景芳《中國奴隸社會史》，上海人民出版社 1983 年版，第 156～157 頁。

先秦儒道生死學三題

刁生虎

就其現實形態而言，個體生命的存在具體展開為一個生命從開始到終結的過程，這一本體論事實上使生與死成為無法回避的問題。這就決定了旨在尋求解脱人類生存困境、超越生存有限性途徑的哲學，其所關注的核心問題便是個體生命的存在，即生與死的問題。死亡成為一切哲學研究的起源和中心問題，所謂"哲學是死亡的練習"（柏拉圖《斐多篇》）、"從事哲學即是學習死亡"（雅斯貝爾斯《哲學與科學》）、"如果没有死亡的問題，恐怕哲學也就不成其為哲學了"（叔本華《愛與生的煩惱》），甚至德國歷史學家斯賓格勒發出"人類所有高級的思想，正是起源於對死亡所做的沉思、冥索，每一種宗教、每一種哲學與每一種科學，都是從此處出發的"[①]這樣的斷語。

代表中國傳統文化源頭和主干的儒、道兩家，對生與死都進行過極為廣泛而又深入的思考，其生死學是對生命存在進行理性思考的結晶，是儒道諸子通過自身的生命體驗為後人留下的安身立命之道，其中蘊涵着極為豐富而又深邃的生命智慧。因此，探討儒、道生死學的歷史境遇與理論内涵，對於現代人全面瞭解中國傳統生死文化，開展生命教育，建立科學生死觀具有重大而又深遠的意義。

一、歷 史 境 遇

公元前770年，周平王東遷，定都洛邑。自此之後，"周室衰微，諸侯强並弱"（《史記·周本紀》）。"禮樂征伐自天子出"（《論語·季氏》）的共識不復存在，轉而形成"政由方伯"（《史記·周本紀》）的社會現實。在天下共主名存實亡的情況下，各國諸侯相繼稱王尊霸。如魏惠王與齊威王先是互尊為王，秦惠文王又繼而稱王，接着齊湣王與秦昭王又共約稱帝。與此相應的是，兼併戰争也成為這一時代的突出現象。據魯史《春秋》記載，春秋二百四十二年間，發生

[①] 斯賓格勒《西方的没落》，華新出版有限公司1976年版，第113頁。

在各國之間的戰爭有483次,而以強淩弱、以衆暴寡的朝聘盟會有450次,兩者合計933次。司馬遷曰:"《春秋》之中,弑君三十六,亡國五十二,諸侯奔走不得保其社稷者不可勝數。"(《史記·太史公自序》)僅以魯史《春秋》的統計來算,平均每年要發生兩次戰爭,幾乎每年要簽訂兩個不平等條約。與春秋時期相比,戰國時代的兼併戰爭更加頻繁也更爲慘烈。如公元前354年,魏攻趙,圍邯鄲,次年魏攻陷邯鄲,而齊又大勝魏於桂陵;公元前343年,魏攻韓,齊擊魏救韓;公元前333年前後,秦屢次攻魏;公元前318年,魏發起合縱攻秦;公元前316年至公元前315年,秦滅蜀並屢侵趙地;公元前315年,齊取燕;公元前314年,秦敗韓軍;公元前312年秦楚大戰;公元前308年,秦再次侵占韓城;公元前301年,齊率韓、魏攻楚;公元前296年,齊發起合縱攻秦;公元前286年,齊滅宋;公元前284年,燕聯合三晉等國敗齊……而陳漢章《上古史》云:"綜計戰國二百四十八年中,魏趙用兵四十八,魏韓用兵四十九,魏秦七,魏楚二。魏伐宋鄭中山各二,伐翟燕齊各一。韓秦用兵二十一,韓伐齊鄭各三,伐宋二,救魯一。趙秦用兵二十,伐燕一。燕伐齊趙各一。齊伐魏九,伐魯燕各三,伐趙燕各一。楚救趙伐鄭各二,攻魯三,伐燕齊秦各一。秦伐楚九,伐燕伐齊各三,伐蜀三。五國伐秦二,三國擊秦二,五國擊秦一。四國擊楚一,三國擊楚二,三國救趙一。"①由此不難想像,戰國時代是一個戰爭頻仍的時代。頻繁而又規模龐大的戰爭無疑造成了巨大的人員傷亡。僅以戰國末年爲例,公元前317年,秦軍大敗韓、趙、魏、燕、齊五國聯軍,斬殺八萬餘人;公元前293年,秦大敗韓、魏聯軍於伊闕,斬首二十四萬餘人;公元前260年,秦、趙長平之戰,趙軍饑餓46天,殺人而食,秦大將白起大敗趙軍,斬殺趙兵四十餘萬人,從而成爲戰國歷史上最大也是最爲殘忍的一場戰爭。由此可見,這是一個"争地以戰,殺人盈野;争城而戰,殺人盈城"(《孟子·離婁上》)的暴烈時代。

除了諸侯國之間連年征戰,互相兼併,殺人如麻,流血漂櫓之外,諸侯國內部的黑暗統治、權力鬥争和民生涂炭也成爲這一時代的鮮明特徵。暴君爲滿足一己之私,對人民課以重税,"無定時、無定數、無定物"的"最惡的税"②,導致普通百姓雖然"解凍而耕,暴背而耨",卻"無積粟之實"(《戰國策·秦策四》)。孟子對此現象曾有深刻的認識和激烈的批判:"庖有肥肉,廄有肥馬,民有饑色,野有餓莩,此率獸而食人也。"(《孟子·梁惠王上》)不僅如此,濫用刑典,使用酷刑重罰也是統治者的癖好,各種典籍對此多有記載。《左傳》哀公十六年載:"白公奔山而縊,其徒微之。生拘石乞而問白公之死焉,對曰:'余知其死所,而長者使余勿言。'曰:'不言而烹。'乞曰:'此事克則爲卿,不克則烹,固其所也。何害?'乃烹石乞。"《莊子·胠篋》載:"龍逢斬,比干剖,萇弘胣,子胥靡。"《吕氏春秋·至忠》載:"文摯因出辭以重怒王,王叱而起,疾乃遂已。王大怒不説,將生烹文摯。太子與王后急争之而不能得,果以鼎生烹文摯。炊之三日三夜,顏色不變。"《史記·刺客列傳》載:"趙襄子最怨智伯,漆其頭以爲飲器。"《鹽鐵論·非鞅》

---

① 陳漢章《上古史》,民國綫裝鉛印本,第125頁。
② 吕思勉《吕著中國通史》,華東師範大學出版社1992年版,第126頁。

云:"商鞅以重刑峭法為秦國基,故二世而奪。刑既嚴峻矣,又作為相坐之法,造誹謗,增肉刑,百姓齊慄,不知所措手足也。"所有這些都説明那真是一個極為嚴酷的時代。孟子對此多有批判:"今夫天下之人牧,未有不嗜殺人者也。"(《孟子·梁惠王上》)

　　生活在戰火紛飛和嚴酷統治下的這一時代的人們,其生存狀況是極其惡劣的。先秦典籍對此多有記載,如《墨子·尚賢》的描述是:"飢者不得食,寒者不得衣,亂者不得治",百姓"身有陷乎飢寒凍餒之憂"。《管子·治國》的描述是:"凡農者月不足而歲有餘者也,而上征暴急無時,則民倍貸以給上之征矣。耕耨者有時而澤不必足,則民倍貸以取庸矣。秋糴以五,春糴以束,是又倍貸也。關市之租,府庫之征,粟什一,廝輿之事,此四時亦當一倍貸矣。故以上之征,而倍取於民者四。夫以一民養四主,故逃徙者刑,而上不能止者,粟少而民無積也。"《莊子》的描述是:"今世殊死者相枕也,桁楊者相推也,刑戮者相望也。"(《莊子·在宥》)"福輕乎羽,莫之知載;禍重乎地,莫之知避。"(《莊子·人間世》)《戰國策·秦策四》的描述是:"韓、魏父子接踵而死於秦者,百世矣。本國殘,社稷壞,宗廟隳,腹折頤,首身分離,暴骨草澤,頭顱僵仆,相望於境;父子老弱係虜,相隨於路;鬼神狐祥無所食,百姓不聊生,族類離散,流亡為臣妾,滿海內矣。"

　　總之,原始儒道諸子就是生活在這樣一個血與火的年代裏,社會的動盪不安、國家的嚴酷統治以及百姓的艱辛生活,使其深切體會到個體生命的無常與社會現實的無奈。這就促使儒道諸子把對個體生命的自我保全、精神自由的不懈追求和生命價值的理性體認作為自己思考的中心問題。因此,特殊的歷史境遇促使原始儒道兩家不僅均具有極其強烈的生命意識,而且均對生死問題進行了深入而又系統的哲學化思考,從而形成了既有區别又有聯繫的生死學理論體系。可以説,先秦儒道生死學是特定時代的產物,是在動盪變化的社會中進行理性沉思的結果。

二、理論向度

　　中國哲學是生命哲學,尊重生命、敬畏生命是中國哲學的基本出發點。作為六經之首和三玄之冠的《周易》,即已開創了中國哲學的生命傳統。《周易》的基本精神就是生命精神,生命的存在與超越是《周易》的基本問題,其將整個宇宙看成是一個生生不息、大化流行的生命世界,所謂"生生之謂易"(《易·繫辭傳》)、"天地之大德曰生"(同上)。《周易》以生生之理,將宇宙的生命與人類的生命打成一片。人類生命與宇宙生命互相貫通,交感和諧而融為一體。《繫辭傳》云:"易之為書也,廣大悉備:有天道焉,有人道焉,有地道焉。兼三才而兩之,故六;六者,非它也,三才之道也。"這説明"廣大悉備"之《周易》,其全部內容不過是天、地、人三才的統一與和諧而已。

　　就卦位而言,每一卦都有六爻,上兩爻象徵天,下兩爻象徵地,中間兩爻象徵人,構成天、地、人三才。就卦義而言，無論是作爲整體的六十四卦，還是作爲子系統的個體卦，都是從不同方面説明天人合一之道的。《説卦傳》云："是以立天之道曰陰與陽，立地之道曰柔與剛，立人之道曰仁與義。兼三才而兩之，故《易》六畫而成卦。"《周易》正是通過這種符號系統，把一切自然現象和人事吉凶全部納入由陰陽爻所構成的六十四卦卦象系統，卦爻分别代表各種不同的物象及其變化，從而貫穿天人之道在裏邊。在《周易》中，自然與社會、天與人，有一種同構關係，這種關係就是以類相從："本乎天者親上，本乎地者親下，則各從其類也。"(《乾·文言》)正如《繫辭傳》所云："易有太極，是生兩儀，兩儀生四象，四象生八卦，八卦定吉凶，吉凶生大業。"以及《序卦傳》所云："有天地然後萬物生焉……有天地然後有萬物，有萬物然後有男女，有男女然後有夫婦，有夫婦然後有父子，有父子然後有君臣，有君臣然後有上下，有上下然後禮儀有所錯。"《周易》把天地看作生命的來源，認爲萬物產生於天地，人類則產生於萬物，因此，人和天地萬物具有不可分割的内在聯繫。六十四卦作爲象徵性符號，從不同方面體現了這種生命意義，並且構成一個包括人與自然在内的有機整體。而每一卦不過是有機整體中的一個要素，卻同時包含着人和自然這兩個方面，二者不僅是對應的，而且是統一的。如《乾》卦，從初爻到六爻，自下而上是講"龍"由"潛龍勿用"、"見龍在田"、"或躍在淵"、"飛龍在天"到"亢龍有悔"的整個過程，同時都一一對應地包含着人的生命活動所應遵循的規則及意義。客觀上是講"龍"的活動狀態，表現自然界的生命運動；主觀上則指"君子"所應遵循的生命原則，二者表現了同一個生命過程。所以作者自覺地從天地乾坤開始，按照萬物生成交替的規律，從天道到人道，將全部六十四卦有機地排列成一個天人和合的整體。故《乾·文言》云："夫'大人'者，與天地合其德，與日月合其明，與四時合其序，與鬼神合其吉凶。"這是人類生命爲宇宙生命的見證。正如《莊子·天下》所云："易以道陰陽。"陰、陽既是宇宙生命運動中兩種基本要素，同時其相互作用又構成宇宙運動的内在動力。陰、陽不是孤立自存、互不相干的，而是相互依存、相互補充、相互滲透、相互作用的。這種對立與統一促進了事物的發展與變化，也構成了《易經》的基本精神。而《易傳》所確立的"一陰一陽之謂道"，更是把陰、陽提升爲一對可以解釋一切現象的最高哲學範疇，並把陰陽變化規律看作是統率天地萬物及社會人生的一個最爲普遍的規律。在《周易》作者看來，陰陽的相互作用是宇宙萬物生成變化的根源："剛柔相推，變在其中矣"、"剛柔相推而生變化"(《繫辭下傳》)。它們也是化生宇宙萬物生命機體的兩種根本性力量："天地絪緼，萬物化醇；男女構精，萬物化生。"(同上)清戴震云："一陰一陽，蓋言天地之化不已也，道也。一陰一陽，其生生乎！其生生而條理乎！以是見天地之順，故曰：'一陰一陽之謂道。'生生，仁也。未有生生而不條理者，條理之秩然，禮至著也；條理之截然，義至著也，以是見天地之常。三者咸得，天之懿德也，人物之常也，故曰繼之者善也。言乎人物之生，其善則與天地繼承不隔者也。"(《原善》上)這就道出了《周易》生命哲學的關鍵。"生生"體現了陰陽，而未有生生不條理者，這一宇宙及人類生命的大流，總是處於宇宙自然及人類社會的發展規律中，從而決定了自然宇宙與人類社會共同遵循的生命之道。

儒家發展了易學生命哲學，認爲人是天地之傑，萬物之靈。孔子曾明言："天地之性，人爲貴。"(《孝經·聖治章》)荀子對此進行過比較論證:"水火有氣而無性,草木有生而無知,禽獸有生而無義,人有氣有生有知,亦且有義,故最為天下貴。"(《荀子·王制》)漢儒董仲舒更認為人和天地合成宇宙萬物之根本:"天地人,萬物之本也……三者相為手足,合以成體,不可一無也。"(《春秋繁露·立元神》)宋儒周敦頤、朱熹、邵雍等同樣肯定人在宇宙中的崇高地位。由此出發,儒家學者都十分珍重人的生命存在。孔子的"始作俑者,其無後乎"(《孟子·梁惠王上》)和"傷人乎? 不問馬"(《論語·鄉黨》),便足以表明他對人的生命存在的敬重。在生與死之間,孔子重視人生,珍惜生命:"未知生,焉知死?"(《論語·先進》)《孝經·開宗明義章》更明確指出:"身體髮膚,受之父母,不敢毀傷,孝之始也。"可見,生命是最為寶貴的,我們沒有任何理由不珍惜它。因此,孟子憤然指責"庖有肥肉,廄有肥馬,民有饑色,野有餓莩"的現象為"率獸而食人"(《孟子·梁惠王上》)。儒家生命意識和人生態度源於天地宇宙。在儒家看來,人是宇宙家族的一員,而"天地之大德曰生","生生之謂易"(《易·繫辭傳》),宇宙精神就是生命創造精神。又"唯天下之至誠,為能盡其性。能盡其性,則能盡人之性。能盡人之性,則能盡物之性。能盡物之性,則可以贊天地之化育。可以贊天地之化育,則可以與天地參矣。"(《禮記·中庸》)人類理性所設想的"天道",是宇宙萬物、人類生命的本原,亦是一切價值之源。一旦人能充分擁有自己的生命理性,也就能全面發展其本性,從而能回應天地的生命精神,提升人的精神境界,在實際行動中實現人生的意義和價值。

正是基於對人的生命的尊重、關愛和珍惜的理念,儒家注重養生,主張通過修身養性,達到益壽延年之目的。《尚書·洪範》早就把長壽作為人生五大幸福之首,而把不得善終作為人生六大不幸之一。而《周易》認為,宇宙萬事萬物是變化的,而變化的根本原因在於陰陽的相互作用,而最為重要的是陰陽和諧,這就是所謂的"《易》以道陰陽"(《莊子·天下》)、"一陰一陽之謂道"(《易·繫辭傳》)。從養生學的角度看,《周易》的陰陽和諧原理強調陰陽的相合、相交、相推,所謂"天以陰陽而化生萬物,人以陰陽而營養一身"。《周易》的這一養生智慧實際上成為後來整個中國古代養生學的理論基礎。《周禮·保氏》云:"養國子以道,乃教之六藝:一曰五禮,二曰六樂,三曰五射,四曰五馭,五曰六書,六曰九數。"從養生學角度來講,儒家所倡導的六藝大體可以分為兩類:一是強身健體的修身法門,如"禮"、"射"、"御";二是怡心、調神的修性法門,如"樂"、"書"、"數"。"禮"作為六藝之首,有着一套非常嚴格而煩瑣的儀式程式,需要充沛的體力和旺盛的精力,所以履行禮儀的過程也是鍛煉身體的過程。"射"即射箭活動,不僅可以強壯身體,而且能夠延緩衰老、抵禦疾病。"御"即駕馭車馬的技術。它一方面需要過硬的技巧,另一方面也需要強健的體魄,因此"御"是一項很好的健身運動項目。"樂"即音樂,一方面可以通神,另一方面則可以通向每個人的心靈深處,所謂"神人以和"(《尚書·堯典》)。因此,音樂不僅與教育融為一體,而且成為一種重要的養生形式。"書"即書法,其不僅是手指的運動,而且涉及身體的各個部位,包括呼吸韻律、五臟感通等諸多方面。因此,書法練習的過程其實也是人體養生的過程,好的書法可以促進審美素質的提高以及精神境界的升華。"數"即演算法,是一種數學活動,可以提高人的智力水準,同樣能夠起到怡心調神的養生作用。

除"六藝"之外,孔子還提出"三戒"的理論:"少之時,血氣未定,戒之在色;及其壯也,血氣方剛,戒之在鬥;及其老也,血氣既衰,戒之在得。"(《論語·雍也》)這裏,孔子根據不同年齡段人們的不同特點,提出了修身養性的不同要求。它將人生分為三個階段:少之時(少年時代)、及其壯(壯年時代)、及其老(老年時代)。不同的年齡階段有着各自不同的養生戒律,需要以正確的態度面對生活,不可以傷害身體,更不能危及生命,這是人們進行道德修養、達到君子的理想人格所必須要做到的,也是實現這一目標的身體基礎和前提。

除了一般性的養生看法之外,孔子還有關於飲食起居的許多具體論述。如《論語·鄉黨》云:"食不厭精,膾不厭細。食饐而餲,魚餒而肉敗不食;色惡不食;惡臭不食;失飪不食;割不正不食;不得其醬不食;肉雖多,不使勝食氣;唯酒無量,不及亂;沽酒市脯不食,不撤薑食,不多食;祭於公,不宿肉;祭肉,不出三日,出三日,不食之矣。"孔子這段話可歸納為"二不厭,三適度,十不食",涉及日常生活飲食的多個方面:一是在食物的選擇上,拿來烹調的原材料一定要新鮮乾净,魚肉、蔬菜放置時間久了就不能採用。二是在飲食的製作上,烹調不當的食物不能喫,刀法不對的食物不能喫,佐料使用不當或者不加使用的食物不能喫。三是在飲食的規範上,飲食要有規律,不分時間和場合的飲食不利於身體健康。飲酒要盡興,但不可酗酒而亂性。還有買的酒肉不可多喫,超過三天的祭肉亦不能喫。由此可見,孔子在日常飲食方面有着極其嚴格的規定。

繼孔子之後,儒家亞聖孟子提出了"養吾浩然之氣"的理念:"我知言,我善養吾浩然之氣……其為氣也,至大至剛;以直養而無害,則塞於天地之間。其為氣也,配義與道;無是,餒也。是集義所生者,非義襲而取之也。行有不慊於心,則餒矣。"(《孟子·公孫丑上》)這裏孟子秉承"以德增壽"的理念,倡導的是一種重道德、講仁義的儒家養氣法。其所說的"浩然之氣"兼具天地自然和人格精神的雙重意蘊。"養吾浩然之氣"的方法,一是"配義與道,無是,餒也",也就是說一切都要從儒家的所謂道義出發,理直氣壯,從而使個體保持一種旺盛的精神狀況;二是"行有不慊於心,則餒矣",意思是說養"氣"必須培養良好的心理狀態,心地要光明坦蕩,不能邪念存心。

儒家第三代宗師荀子亦有極為豐富而又成熟的養生思想。荀子云:"以治氣養生,則後彭祖;以修身自强,則配堯禹。"(《荀子·修身》)這就是說,若休養身體,則壽命能接近彭祖;若修養道德,則必能和堯舜相比擬。"治氣養生"和"修身自强"是荀子養生理論的核心精神,其主要表現在"養備而動時"以養其身和"美善相樂"以養其心兩個方面。在荀子這裏,"形具而神生"是養生的基礎,"養備而動時"是養生的動力,"制天命而用之"是養生的法則,"宜與時通"是養生的目標,"治氣養心"是養心的根本,"志意得廣"是養心的靈魂,"養善相樂"是養心的境界①。限於篇幅,兹不贅述。

---

① 袁學軍《略論荀子的康樂養生觀》,《山西師大體育學院學報》2008年第4期。

與儒家相比,道家學者有更明確的重生貴生意識。老子云:"寵辱若驚,貴大患若身。吾所以有大患,為吾有身。及吾無身,吾有何患? 故貴以身為天下,若可寄天下;愛以身為天下,若可托天下。"(《老子》十三章)這就是説,以珍貴自身的思想治理天下的人,就可以寄托天下;以愛惜自身的思想治理天下的人,就可以委托天下。由此,老子從"名與身孰親? 身與貨孰多? 得與亡孰病?"(《老子》四十四章)的貴生思想出發,極力主張"見素抱樸"(《老子》十九章)、"去甚、去奢、去泰"(《老子》二十九章),要求"知足不辱,知止不殆"(《老子》四十四章)、"致虚極,守靜篤"(《老子》十六章),以求能夠"長生久視"(《老子》五十九章)。莊子更是認為個體生命本身的價值高於一切:"夫天下至重也,而不以害其身,又況他物乎!"(《莊子·讓王》)由此出發,他極力反對"喪己於物"、"失性於俗"(《莊子·繕性》),反對"以人滅天"、"以故滅命"、"以得殉名"(《莊子·秋水》),而主張"法天貴真,不拘於俗"(《莊子·漁父》)、"為善無近名,為惡無近刑,緣督以為經"(《莊子·養生主》),以求"可以保身,可以全生,可以養親,可以盡年"(同上)。由此可見,在莊子眼裏,作為人自我的"己"應當優先於物的存在;同樣,作為人内在規定性的"性"也應當優先於名利等世俗的價值。這樣説來,一旦將自我消解於外物之中或使人的内在規定性失落於名利之中,便意味着"人"與"物"、"性"與"俗"的顛倒。正因如此,在不同的場合莊子強烈譴責了名利對個體生命的戕害:"伯夷死名於首陽之下,盜跖死利於東陵之上。二人者,所死不同,其於殘生傷性均也。奚必伯夷之是而盜跖之非乎?"(《莊子·駢拇》)"天下盡殉也:彼其所殉仁義也,則俗謂之君子;其所殉貨財也,則俗謂之小人。其殉一也,則有君子焉,有小人焉。若其殘生損性,則盜跖亦伯夷已,又惡取君子小人於其間哉!"(同上)"小人殉財,君子殉名,其所以變其情、易其性則異矣;乃至於棄其所為而殉其所不為則一也。"(《莊子·盜跖》)無論是為名而死還是為利而死,在本質上都是一樣的,其行為本身都是對個體生命的自我戕害,都是莊子所堅決反對的。這裏,"通過反對以外在之物或外在之名取代内在之'我',莊子既突出了自我的不可替代性,也相應地強調了自我或個人獨特的存在價值"[①]。為此,莊子提出了一整套系統的養生理論,即所謂的"衛生之經"(《莊子·庚桑楚》)。道家楊朱學派更是明確提出"貴生"、"重生"(《吕氏春秋·仲春紀》)的口號,認為行動是否以"貴生"為原則,這是評價得失其情的標準,也是生死存亡的根本:"由貴生動則得其情,不由貴生動則失其情矣。此二者,生死存亡之本也。"(《吕氏春秋·仲春紀·情欲》)稷下道家同樣強調"無以物亂官"(《管子·心術下》),認識到"和乃生,不和不生",所以要擁有"察和之道"(《管子·内業》)。所有這些都説明道家諸子極為重生、貴生。

　　道家貴生論的進一步落實,便是其養生論的提出。"東周以降,養生之論日盛,非道家所特有,但超越了卻病延年之説而上升為一種生命哲學的養生論則為道家所獨具。"[②]老子明確説道:"五色令人目盲;五音令人耳聾;五味令人口爽;馳騁畋獵,令人心發狂;難得之貨,令人

────────
① 楊國榮《莊子的思想世界》,北京大學出版社 2006 年版,第 169 頁。
② 朱哲《先秦道家哲學研究》,上海人民出版社 2000 年版,第 176 頁。

行妨。是以聖人為腹不為目,故去彼取此。"這就是說,在老子看來,人的欲望會對人的身體造成傷害,因為欲望多了,人心就無法虛靜,既然無法虛靜,也就難於升華生命境界。這樣一來,悟道養生便是空談了。因此需要去除對於外界的各種欲望,善於"知足":"知足不辱,知止不殆,可以長久。禍莫大於不知足;咎莫大於欲得。故知足之足,常足矣。"保持知足的心態就能避免災禍和過失,從而獲得長生,過上"甘其食,美其服,安其居,樂其俗"的快意人生。

在莊子的價值體系中,最高的價值就是明瞭天人之辨,並在此基礎上盡其天年:"知天之所為,知人之所為者,至矣! 知天之所為者,天而生也;知人之所為者,以其知之所知以養其知之所不知,終其天年而不中道夭者,是知之盛也。"(《莊子·大宗師》)所謂"終其天年而不中道夭者",是指生命的自然延續沒有因為受到外在因素的戕害而夭折。在莊子這裏,最高的"知"不是對自然規律的探索或對萬物之理的剖析,而是在通曉天人關係基礎上的長壽之法,這就不難看出莊子對生命存在的重視。

在此認識的基礎上,莊子提出了一套長生久視之方:"至道之精,窈窈冥冥;至道之極,昏昏默默。無視無聽,抱神以靜,形將自正。必靜必清,無勞女形,無搖女精,乃可以長生。目無所見,耳無所聞,心無所知,女神將守形,形乃長生。慎女內,閉女外,多知為敗……故余將去女,入無窮之門,以遊無極之野。吾與日月參光,吾與天地為常。當我緡乎,遠我昏乎! 人其盡死,而我獨存乎!"(《莊子·在宥》)在此基礎上,莊子對養形和養神的關係也予以深入的討論。具體說來,莊子主張以養神為主,形神兼備。他説:"純素之道,唯神是守,守而勿失,與神為一。"(《莊子·刻意》)而"有生必先無離形"(《莊子·達生》),"養形必先之以物"(同上)。但有物也未必能養形:"物有餘而形不養者有之矣。"(《莊子·達生》)有形也未必有生:"形不離而生亡者有之矣。"(同上)故"養形果不足以存生"(同上),真正的養形應注意物養尺度,因為"人之所畏者,衽席之上,飲食之間"(同上)。這就是莊子所反復強調的道理:"達生之情者,不務生之所無以為;達命之情者,不務知之所無奈何。養形必先之以物,物有餘而形不養者有之矣。有生必先無離形,形不離而生亡者有之矣。生之來不能卻,其去不能止。悲夫! 世之人以為養形足以存生,而養形果不足以存生,則世奚足為哉!"(《莊子·達生》)形體之存在固然有賴於外物之給養,生命之存在固然有賴於形體之存在。但是,如果一味馳逐物境,厚養其形,則必然會導致其形速亡的後果;即使形體暫時能夠存在下去,其生命實際上也已不復存在,只不過是行屍走肉而已。

與養形相比,莊子更注意養神,因為神為形之主,無神則形不活,生命也就不復存在:"執道者德全,德全者形全,形全者神全。神全者,聖人之道也。"(《莊子·天地》)而莊子認為,養神之道就在於虛靜無為:"純粹而不雜,靜一而不變,淡而無為,動而天行,此養神之道也!"(《莊子·刻意》)所以莊子反復強調"抱神以靜",認為養神貴在"虛靜":"虛靜恬淡寂寞無為者,萬物之本也。"(《莊子·天道》)而"靜則無為,無為也則任事者責矣,無為則俞俞,俞俞者憂患不能處,年壽長矣"(同上)。而要做到虛靜無為,最重要的是節欲。《莊子·庚桑楚》云:"富、貴、顯、嚴、名、利六者,勃志也;容、動、色、理、氣、意六者,繆心也;惡、欲、喜、怒、哀、樂六者,累德也;去、就、取、勾、知、能六者,塞道也。此四六者不蕩胸中則正,正則静,静則明,明則虚,虚則無為而無不為也。"莊子這裏列舉了24種不利於人"志"、"心"、"德"、"道"的欲望。在他看來,如果對這些欲望有所節制,就可以使心靈平正寧静,達到虚而無為。《莊子·至樂》云:"夫天下之所尊者,富、貴、壽、善也;所樂者,身安、厚味、美服、好色、音聲也;所下者,貧、賤、夭、惡也;所苦者,身不得安逸,口不得厚味,形不得美服,目不得好色,耳不得音聲。若不得者,則大憂以懼,其為形也亦愚哉!"在莊子看來,人有各種欲望,若是因實現不了而擔憂、害怕,那麼這對於保養身體是不利的,而節制人的内外欲望,達到心境平和,保養身體和精力,便可長壽而不會衰老。由此可見,莊子的養生之道極為重視心、物、形、神俱養,如由"及物"到"外物"就是由"物養"進到"心養";由"保身"、"養形"到"心齋"、"坐忘"就是由"形養"進到"神養"。"心養"並非捨棄"物養",而是不止於"物養",超越"物養";"養神"也並非捨棄"養形","養神"是"養形"的深入和提高。只有心、物、形、神俱養,不偏於一端,才能守住本性之真,合於自然之道,從而"盡其天年"①。

對於這種形神兼養而以神養為主的修養方法,莊子有一段集中的論述:"南榮趎蹴然正坐曰:'若趎之年者已長矣,將惡乎托業以及此言邪?'庚桑子曰:'全汝形,抱汝生,無使汝思慮營營。若此三年,則可以及此言矣!'……老子曰:'衛生之經,能抱一乎!能勿失乎!能無卜筮而知吉凶乎!能止乎!能已乎!能舍諸人而求諸己乎!能翛然乎!能侗然乎!能兒子乎!兒子終日嗥而嗌不嗄,和之至也;終日握而手不掜,共其德也;終日視而目不瞚,偏不在外也。行不知所之,居不知所為,與物委蛇而同其波。是衛生之經已。'"(《莊子·庚桑楚》)由此可以看出,衛護生命的道理就在於順應自然,心性虚静,精神專注,混沌自在,無拘無束。個人若能保持這樣的精神狀態,就能使形體和精神無所不適,免於傷害。

《文子·下德》云:"治身,太上養神,其次養形,神清意平,百節皆寧,養生之本也;肥肌膚,充腹腸,供嗜欲,養生之末也。"養生有本末之分,養生之本在於保養精神,嗜欲之求只是養生之末。養神的最好方法,就是節制嗜欲。《文子·符言》云:"治身養性者,節寢處,適飲食,和喜怒,便動静,内在已者得,而邪氣無由入。""原天命,治心術,理好憎,適情性,即治道通矣。原天命,即不惑禍福;治心術即不妄喜怒;理好憎即不貪無用;適情性即欲不過節;不惑禍福即動静順理;不妄喜怒即賞罰不阿;不貪無用即不以欲害性;欲不過節即養生知足。"對於健康來講,無論是飲食起居等物質享受,還是喜怒哀樂等情感表現,都需要適可而止,如果過分了,都會導致疾病。由此可見,在道家諸子眼裏,節制嗜欲是一項極其重要的養生原則。

儒家認為,人的生命是一個由生到死的必然過程,這既是自然之理,又是必然之路,不可違抗。孔子認為生由"命"定,死亦由"命"定。在他看來,不僅富有德行的伯牛患上惡疾是"命"的作用:"亡之,命矣夫!斯人也,而有斯疾也!"(《論語·雍也》)而且連人有無兄弟和富貴及生死之事,都為"命"所定:"死生由命,富貴在天。君子群而無失,與人恭而有禮。四海之

---

① 朱哲《先秦道家哲學研究》,第176頁。

内皆兄弟也。君子何患乎無兄弟也。"(《論語·顏淵》)"命"為必然性,故不可抗;"天"為自然性,故不可違。因此,生死是自然的,亦是必然的,是不可抗拒、無法違背的。荀子也深刻認識到"生,人之始也;死,人之終也",所以"終始俱善,人道畢矣"。由此出發,而要求"君子敬始而慎終"(《荀子·禮論》)。他説:"生,人之始也;死,人之終也。終始俱善,人道畢矣。故君子敬始而慎終。終始如一,是君子之道,禮義之文也。夫厚其生而薄其死,是敬其有知而慢其無知也,是奸人之道而倍叛之心也……使生死終始若一,一足以為人願,是先王之道,忠臣孝子之極也。""喪禮者,以生者飾死者也,大象其生以送其死也。故如死如生,如亡如存,終始一也……故喪禮者,無它焉,明死生之義,送以哀敬而終周藏也……事生,飾始也;送死,飾終也。終始具而孝子之事畢,聖人之道備矣。"(《荀子·禮論》)生與死都是人的大事,不可或缺,故要同等看待,善始善終,如此終始俱善,才是盡人道、備聖道。這是孝子之事,亦是天地之道。漢代揚雄更是明確指出,生死的終始變化,為"自然之道"、必然之理:"有生者必有死,有始者必有終,自然之道也。"(《法言·君子》)王充也説:"有血脈之類,無有不生,生無不死。以其生,故知其死也。天地不生,故不死;陰陽不生,故不死。死者,生之效;生者,死之驗也。夫有始者必有終,有終者必有始。唯無始無終者,乃長生不死。"(《論衡·道虚》)宋代二程亦認為,生則有死,如同始則有終,為"生生之理自然不息"變化的必然結果:"生生之理自然不息。如復言七日來復,其間元不斷續,陽已復生,物極必反,其理須如此。有生便有死,有始便有終。"(《河南程氏遺書》卷十五)明代劉基同樣肯定有生必有死既是自然的、合理的,又是必然的、不可違抗的:"夫天地之生物也,有生則必有死。自天地開闢以至於今幾千萬年,生生無窮,而六合不加廣也,若使有生而無死,則盡天才之間不足以容人矣。故人不可以不死者,勢也。"(《誠意伯文集》卷四《鬱離子·神仙》)李顒同樣肯定生死一理,生始死終,自然之道,古今同理,其云:"生之必有死,猶晝之必有夜,聖愚同然,古今一揆。"(《二曲集》卷三十四《論語上·泰伯》)又云:"生死一理,知生則知死矣。氣變而有形,形變而有生。生者,造物之所始;死者,造物之所終。故生之必有死,猶晝之必有夜,自古及今,無一獲免。"(《二曲集》卷三十六《論語下·先進》)人明白了生死一理,生始死終的自然之道,即認識到"知終方肯善始,知始方肯善生;知死期不可豫定,則必兢兢思所以自治"(同上)的道理,就可以"善始善生","善終而善死"。正因如此,李贄通過對生與死的必然性的認識,提出可以不必悲傷於死亡,重要的是關注今生,把握今生:"生之必有死也,猶晝之必有夜也。死之不可復生,猶逝之不可復返也。人莫不欲生,然卒不能使之久生;人莫不傷逝,然卒不能止之使勿逝。既不能使之久生,則生可以不欲矣。既不能使之勿逝,則逝可以無傷矣。故吾直謂死不必傷,唯有生乃可傷耳。勿傷逝,願傷生也!"(《焚書》卷四《傷逝》)由此可見,在儒家看來,生之有死,乃自然之道、必然之理,個體的人只有認清這個道理,"原始反終","知死生之説"(《周易·繫辭上傳》),才能深刻體察到"存,吾順事;没,吾寧也"(《正蒙·乾稱》)的必然規律,最終做到"樂天知命,故不憂"(《周易·繫辭上傳》)。

道家同樣深刻認識到生死必然這一現象。老子用天地萬物變化的普遍規律來觀照人生死的必然性:"故飄風不終朝,驟雨不終日……天地尚不能久,而況於人乎?"(《老子》二十三章)由此,生死必然各有定分:"生之徒十有三,死之徒十有三。"(《老子》五十章)莊子更是深刻感受到生命的短暫性和死亡的必然性:"人生天地之間,若白駒之過隙,忽然而已"(《莊子·知北遊》)、"死生為晝夜"(《莊子·至樂》)、"生之來不能卻,其去不能止"(《莊子·達生》)。在他看來,個體的人,作為"號物之數謂之萬,人處一焉"(《莊子·秋水》)的自然萬物的一分子,是始終處於"萬化而未始有極也"(《莊子·大宗師》)的"始卒若環,莫得其倫"(《莊子·寓言》)的客觀規律之中,是"無所逃於天地之間"(《莊子·人間世》)的。而個人的生死現象乃由"命"所定:"死生,命也;其有夜旦之常,天也。人之有所不得與,皆物之情也。"(《莊子·大宗師》)莊子所説的"命",既有命令必須服從之意,又有命運、命中注定之意。對於這種客觀存在能決定個體生死大限的必然性因素,莊子卻並不能深刻把握其存在的内涵和發生的機制:"不知吾所以然而然,命也"(《莊子·達生》),"求其為之者而不得也,然而至此極者,命也夫"(《莊子·大宗師》),"死生存亡,窮達貧富,賢與不肖毀譽,饑渴寒暑,是事之變,命之行也。日夜相代乎前,而不知規乎其始者也"(《莊子·德充符》)。於是,對於莊子來説,這種必然性只能是外在於個體生命的必然性:"吾命其在外者也。"(《莊子·山木》)正因為這樣,個體生命是無法改變它的:"褚小者不可以懷大,綆短者不可以汲深。夫若是者,以為命有所成而形有所適,夫不可損益。"(《莊子·至樂》)既然"命"作為必然性,意味着人生的際遇定然如此而不可改變,既無力抗拒也無法逃避,個人所能做的只能是改變對命運的態度,安於現實,聽任命運安排,隨順事物變化,"知其不可奈何而安之若命"(《莊子·人間世》)。這裏,莊子將生死的必然性叫做"命",並主張對之採取"安時而處順"(《莊子·大宗師》)的態度,表現了莊子的超越精神。

　　儒家哲學是倫理哲學。其以"仁"為立足點,重視的是"禮"和"義",強調的是道德,關注的是個體對群體、對社會的責任和義務。這就導致其亦從倫理道德的角度來討論生死問題,用道德規範來評價生與死的價值。在儒家看來,生命固然是寶貴的,但還有比生命更為寶貴的東西,那就是仁義或道義。"仁"是孔子倫理哲學的基本範疇。在他看來,在君子諸德(如仁、義、禮、智、信)中,"仁"是首德,是基礎,君子之為君子,就在於他首先有仁德,因為"君子去仁,惡乎成名"(《論語·里仁》)、"人而不仁,如禮何?人而不仁,如樂何?"(《論語·八佾》)又因為"仁者,愛人"(《論語·顔淵》),"仁"的原則、愛人的原則是人道的基本原則,也是孔子生死哲學中"一以貫之"的"道",所以孔子説:"士不可以不弘毅,任重而道遠。仁以為己任,不亦重乎?死而後已,不亦遠乎?"(《論語·泰伯》)君子當以"仁"為己任,當為踐"仁"而"死而後已"。因此,孔子強調"志士仁人,無求生以害仁,有殺身以成仁"(《論語·衛靈公》)。認為仁者不僅當"不違仁",不僅當"當仁不讓於師",而且當能"成仁",能夠在"害仁"與"成仁"之間作出生死的抉擇。因此,在孔子看來,只要能夠得"道"、踐"仁",即使死也是值得的:"朝聞道,夕死可矣。"(《論語·里仁》)孟子則進一步將孔子的"仁"發展為"義",強調"捨生取義":"生亦我所欲也,義亦我所欲也。二者不可得兼,捨生而取義者也。"(《孟子·告子上》)荀子則對此進行了深入論證:"人之所欲,生甚矣;人之所惡,死甚矣;然而人有從生成死者,非不欲生而欲死也,不可以生而可以死也。"(《荀子·正名》)可見,儒家完全把個體生死與倫理道理融為一體,要求生時為道義而努力奮鬥,死時為道義而英勇獻身,其生死哲學的倫理色彩極為明顯。

　　道家哲學是自然哲學。其以自然主義的道論為邏輯起點,建立起自己的生死學。他們側重於從人與自然的關係來探討生與死的問題。老子說:"人法地,地法天,天法道,道法自然。"(《老子》二十五章)無論是個體的人,自然的天地,還是玄虛的"道",都應以自然為其基本原則。同樣,生與死的變化也是自然之"道"在個體生命中的體現,非人力所能改變,個人應以順其自然的態度來對待生死,而絕不能人為地求生避死。老子說:"生之徒十有三;死之徒十有三;人之生,動之於死地,亦十有三。夫何故?以其生生之厚。"(《老子》五十章)個體生命中,生死各占三份,但有些人為了求生卻往往步入死地,結果使死的因素又增加了三份。之所以這樣,就因為其求生欲望太強,違背自然之性過分益生,反而害生、損生。因此老子說:"天長地久。天地之所以能長且久者,以其不自生,故能長生。"(《老子》七章)莊子繼承和發展了老子相關思想,在"通天下一氣耳"的自然觀基礎上,建立起自己極富超越精神的生死觀。在他看來,個體生命的一切都來自於天地自然:"舜曰:'吾身非吾有也,孰有之哉?'曰:'是天地之委形也;生非汝有,是天地之委和也;性命非汝有,是天地之委順也;子孫非汝有,是天地之委蛻也。'"(《莊子·知北遊》)而人的生死本質上是"氣"的聚散變化:"人之生,氣之聚也;聚則為生,散則為死。"(同上)生之有死乃自然之道,亦為必然之理:"死生,命也;其有夜旦之常,天也。""死生、存亡、窮達、貧富、賢與不肖、毀譽、飢渴、寒暑,是事之變、命之行也。日夜相代乎前,而知不能規乎其始者也。"(《莊子·德充符》)這是不可改變的:"性不可易,命不可變,時不可止,道不可壅。苟得於道,無自而不可;失焉者,無自而可。"(《莊子·天運》)因此,個人應以安命即順其自然的態度來對待生死:"且夫得者,時也,失者,順也;安時而處順,哀樂不能入也。"(《莊子·大宗師》)有生必有死,這是固然之理,本然之性,不可違抗。人只能對之採取不執即安命態度,順其自然,做到"安時而處順":"浸假而化予之左臂以為雞,予因以求時夜;浸假而化予之右臂以為彈,予因以求鴞炙;浸假而化予之尻以為輪,以神為馬,予因以乘之,豈更駕哉!"(《莊子·大宗師》)只有這樣,才能實現對死亡恐懼的克服,達到"逍遙無待"的精神境界——"歸精神乎無始,而甘冥乎無何有之鄉"(《莊子·列禦寇》)。如果作為自然萬物之一的人不認命,刻意彰顯自我的優先性,那就會被大化認定為不祥之物:"夫大塊載我以形,勞我以生,佚我以老,息我以死。故善吾生者,乃所以善吾死也。今大冶鑄金,金踴躍曰:'我且必為鏌鋣!'大冶必以為不祥之金。今一犯人之形而曰:'人耳!人耳!'夫造化者必以為不祥之人。今一以天地為大爐,以造化為大冶,惡乎往而不可哉!"(《莊子·大宗師》)《德充符》篇,莊子借助與惠子有關人有情無情的一番對話再次表明了生死自然這一思想:"惠子曰:'人而無情,何以謂之人?'莊子曰:'道與之貌,天與之形,惡得不謂之人?'惠子曰:'既謂之人,惡得無情?'莊子曰:'是非吾所謂情也。吾所謂無情者,言人之不以好惡內傷其身,常因自然而不益生也。'惠子曰:'不益生,何以有其身?'莊子曰:'道與之貌,天與之形,無以好惡內傷其身。今子外乎子之神,勞乎子之精,倚樹而吟,據槁梧而瞑,天選子之形,子以堅白鳴。'"人之無情仍是"因自然"，無傷身心，無所用心而順乎天理。這就是說，在莊子看來，生命的產生和存在都是天道自然的產物，自己的一切都源於自然，來自於自然，故對待自然的正確態度就是去順應它而不是違逆它。明白了這個道理，也就能夠對生死抱有平常的心態："生而不悅，死而不禍。"(《莊子·秋水》)由此可見，道家完全把個體生命與自然現象融合為一，認為生死乃自然發生過程，個人應以順其自然的態度來面對之。其生死觀的自然價值色彩極為明顯。"這種理解並不意味着道家要將人性降低為物性，或是將人的本質降低為自然本能，只是表明他們是着重從生命的本源性、本然性以及人的生命與萬物生命的有機聯繫中去考察人的生命本質和本性，表明他們考察人的生命本質和本性的參照系不是社會而是宇宙，其價值尺度不是人文而是自然。因為'自然'在道家那裏是一個既排除了人文也超越了本能、既無善惡屬性也無情欲色彩的範疇，是道家對生命本質和本性做終極意義上的理性觀照的結晶。"①

儒家認為，人和萬物都是由"氣"之聚散變化而生的，生為氣之聚，死為氣之散。荀子首先意識到這一點："天地合而萬物生，陰陽接而變化起。"(《荀子·禮論》)邵雍認為，人的生死變化都是陰陽二氣存在變化的結果："陰對陽為二，然陽來則生，陽去則死，天地萬物生死主於陽，則歸之於一也。"(《觀物外篇》)二程認為"萬物之始皆氣化"(《河南程氏遺書》卷五)，因此，"物生者，氣聚也；物死者，氣散也"(《河南程氏粹言》卷二)。可見，人的生死乃由氣的聚散而定。朱熹亦有"氣聚則生，氣散則死"(《朱子語類》卷三)的思想。王夫之更以理勢合一的思想來說明人的生死是氣之聚散的必然結果："氣之聚散，物之死生，出而來，入而往，皆理勢之自然，不能已止者也。"(《張子正蒙注·太和篇》)

道家對生死氣化的現象更有深刻並獨到的認識。老子認為，人和自然萬物的生死變化都由來自於"道"的陰陽二氣所決定："道生一，一生二，二生三，三生萬物，萬物負陰而抱陽，沖氣以為和。"(《老子》四十二章)莊子更進一步發展了老子的相關思想，認為從本質上說，天地萬物通於一氣，"通天下一氣耳"(《莊子·知北遊》)，人的生死不過是氣在流行變化中的離散聚合罷了："人之生，氣之聚也；聚則為生，散則為死。"(同上)萬物的生滅變化歸根結底都是一"氣"之所為，"氣"的聚散就決定了人的生死變化，因此，生與死在"氣"上得到了統一。《莊子·至樂》中，道家借助"莊子妻死"的寓言更為系統深入地闡述了生命的演化過程："莊子妻死，惠子弔之，莊子則方箕踞鼓盆而歌。惠子曰：'與人居、長子、老、身死，不哭亦足矣，又鼓盆而歌，不亦甚乎！'莊子曰：'不然。是其始死也，我獨何能無概！然察其始而本無生，非徒無生也而本無形，非徒無形也而本無氣。雜乎芒芴之間，變而有氣，氣變而有形，形變而有生，今又變而之死，是相與為春秋冬夏四時行也。人且偃然寢於巨室，而我噭噭然隨而哭之，自以為不通乎命，故止也。'"在這裏，莊子將生死問題放在宇宙萬物形成的宏闊視野中予以考察，詳細描述了生命形態由"無"到"有"再復歸於"無"的循環過程。在他看來，宇宙產生之初是沒有生命、沒有形體也沒有"氣"的，經過演變轉化產生了所謂的"氣"，"氣"再經過演變轉化產生了所

---

① 李霞《生死智慧——道家生命觀研究》，人民出版社 2004 年版，第 62～63 頁。

謂的形體,形體再經過演變轉化產生了生命。生命再經過演變轉化就再次復歸於"氣"。由此可以看出,無論是生命的產生還是死亡,在莊子看來,都是"氣"變化的結果,都是"氣"從一種形態到另一種形態的轉變。"氣"一變而為形體,二變而有生命的產生,三變而使生命走向死亡。因此,生命現象就是氣化現象,人的生死流轉不過是自然之"氣"隨着春夏秋冬四季變化而已。而隨着"氣"的聚散,人的生死也在不斷交替變化:"方生方死,方死方生。"由於生死都根源於"氣",都是一"氣"之所為,所以生死無非是假借的產物:"生者,假借也。假之而生生者,塵垢也。死生為晝夜。"(《莊子·至樂》)"假於異物,託於同體。"(《莊子·大宗師》)死亡也並非是生命絕對意義上的終結。"莊子通過'氣'的聚散變化來揭示人類生命的生死機制,打通了人類生命現象與宇宙萬物萬象之間的關係,認為人類同宇宙萬物一樣,均是一氣所化的產物。從認識的深度來說,這是透過現象看到了生命的本質,去除了先前天命觀念加在生命現象上的種種神秘外衣,對生命現象的把握具有追根究底的深刻性。從認識的廣度來說,這是立足於宇宙看生命,將人類生命置於宇宙的大化流行、萬物的相互對比中來觀照,克服了就生命論生命的狹隘性,具有居高視廣的恢宏性。從認識的系統性來說,莊子的生命氣化論不僅論及了'氣'本身的變化,而且追溯了'氣'得以產生的根源——'道';其論生命與'氣'的關係,不僅論及了生,而且論及了死;他通過一氣之化的機制運行,將'道'、'氣'、生、死這些構成生命最關鍵的幾個環節聯結起來,體現了其生命氣化思想的完整系統性。"①因此,道家生死氣化的有關思想,實質是用自然物質之"氣",來揭示人生與死的本質及其轉化問題,帶有鮮明的唯物論和無神論色彩,具有重大思想解放意義。而隨着"氣"的聚散,人的生死也在不斷交替變化:"方生方死,方死方生。"(《莊子·齊物論》)因此死亡並非是生命絕對意義上的終結。而氣的聚散變化、萬物的生死轉化是通過"物化"過程來實現的。在莊子看來,宇宙中存在的一個最普遍的現象,萬物間存在的一個共同的特性就是變化:"萬物皆化"(《莊子·至樂》)、"天地雖大,其化均也"(《莊子·天地》),而這種變化又是無條件、無界限的自由轉化:"萬物皆種,以不同形相禪。"(《莊子·寓言》)這種物與人、物與物之間無條件的自由轉化,莊子稱之為"物化":"昔者莊周夢為蝴蝶,栩栩然蝴蝶也,自喻適志與,不知周也。俄然覺,則蘧蘧然周也。不知周之夢為蝴蝶與,蝴蝶之夢為周與? 周與蝴蝶,則必有分矣。此之謂物化。"(《莊子·齊物論》)而"號物之數謂之萬,人處一焉"(《莊子·秋水》),人作為自然萬物的一分子,始終處於"萬化而未始有極也"(《莊子·大宗師》)的"始卒若環,莫得其倫"(《莊子·寓言》)的"物化"鏈條之中,這樣人的生死本身就是一個"物化"的過程,"知天樂者,其生也天行,其死也物化"(《莊子·天道》),本身就是自然一氣的不同變化形態。

儒家主張積極入世,對現實的人生抱着極大的樂觀態度。孔子生於"天下無道"的社會,一生為拯世濟民而席不暇暖,但他有着樂觀向上的精神和堅韌不拔的氣概,以極大的熱情投入社會人生之中,所謂"其為人也,發憤忘食,樂以忘憂,不知老之將至"(《論語·述而》)。孔

---

① 李霞《生死智慧——道家生命觀研究》,第108頁。

子一生的最大願望就是"祖述堯舜,憲章文武"(《禮記·中庸》),為此而認為:"仁以為己任,不亦重乎?死而後已,不亦遠乎?"(《論語·泰伯》)為此而認為"飯疏食飲水,曲肱而枕之,樂亦在其中矣。不義而富且貴,於我如浮云。"(《論語·述而》)顯示出他以生為樂的積極樂觀情懷:"子之燕居,申申如也,夭夭如也。""君子坦蕩蕩,小人長戚戚。"(同上)孟子同樣具有強烈的人生使命感,他以"如欲平治天下,當今之世,舍我其誰?"(《孟子·公孫丑下》)的豪邁氣概積極投入社會,推行仁政,反對暴政,四處遊說,從未放棄。荀子則在《荀子·大略》中,借孔子之口表述自己積極的樂生態度:人生前無有可息之時,亦無可息之處,無論是學習、從政、侍奉父母、操持家務、交友,乃至務農,都需要勤勉不懈,更不能有任何喘息觀望的念頭。為此,荀子終生為"禮"而四處奔波。後世眾多儒家學者都為"修身"、"齊家"、"治國"、"平天下"而奔波勞碌終生。所有這些,都説明儒家以生為樂的樂生情懷。

儒家基於樂生情懷,認為死乃是一件可悲可哀之事。孔子作為儒家的創始者,雖然直接論述死亡的地方較少,但他的言與行卻基本上規定了先秦儒家死亡觀的基本內容。作為一個富有悲天憫人之心的學者,當得知自己的得意門生顏回死時,孔子悲痛欲絕:"子哭之慟",禁不住高聲呼叫:"天喪予!天喪予!"(《論語·先進》)伯牛有疾時,孔子亦自牖執其手,歎息曰:"亡之,命矣夫!斯人也,而有斯疾也!"(《論語·雍也》)儒家哀死,所以主張厚葬:"生,事之以禮;死,葬之以禮,祭之以禮。"(《論語·為政》)只有把"禮"貫徹到死,才是盡善、盡孝、盡禮也。而這樣做的目的之一便是表示對死亡的悲哀:"喪致乎哀而止。"(《論語·子張》)荀子作為先秦儒家的總結者,在繼承孔孟生死觀的基礎上,特別注重死亡所體現的禮治文化與人類文明生活的意義。他極為注重在死亡上的葬、祭、銘誄以及等級之別:"明死生之義,送以哀敬而終周藏也。故葬埋敬藏其形也;祭禮敬事其神也;其銘誄繫世敬傳其名也。事生飾始也,送死飾終也。"(《荀子·禮論》)這其中就透射出強烈的哀死之情。

與儒家樂生哀死不同,道家卻以生為苦,以死為樂。在道家學者看來,整個人生就是一個"苦身疾作"、"夜以繼日,思慮善否"(《莊子·至樂》)而又"終身役役而不見其成功;苶然疲役而不知其所歸"(《莊子·齊物論》)的辛苦勞作過程。死亡則是一種解脱、一種休息:"其生其浮,其死若休"(《莊子·刻意》)、"夫大塊載我以形,勞我以生,佚我以老,息我以死"(《莊子·大宗師》)。況且,人生充滿痛苦:"人之生也,與憂俱生。壽者惛惛,久憂不死,何苦也!"(《莊子·至樂》)自然彼"以生為附贅縣疣,以死為決疣潰癰"(《莊子·大宗師》)。因此,在莊子那裏,死亡就意味着對生人之累的解除,死亡因此而獲得了超過生存本身的生命價值。這一點,《至樂》篇借助"莊子見空髑髏"的寓言再次予以申述:在空髑髏看來,莊子是有生人之累的,而自己則擁有最高的自由和快樂。所謂貪生失理、亡國之事、斧鉞之誅、愧遺父母妻子之醜、凍餒之患以及自然春秋等都是生人之累的範疇,而相對而言,沒有君臣上下和四時之事以及以天地為春秋等則要自由快意多了。在《齊物論》篇,莊子又給我們講述了一個類似的故事:樂生惡死者就如同麗姬留戀艾封之地而懼怕晉王之宮一樣,最終會發現事實恰恰相反,生並不可愛,死並不可惡,因此會後悔自己最初的想法。這就是説:"計人之所知,不若其所不知;

其生之時,不若未生之時。"(《莊子·秋水》)因此,"死……雖南面王樂,不能過也"(《莊子·至樂》)。更何況,生為漂泊,死為歸家:"以生為喪,以死為反"(《莊子·庚桑楚》),"生寄也,死歸也"(《吕覽》高誘注引《莊子》佚文)。照此説來,死並不可怕,相反卻是一種休息、一種歸家、一種人生痛苦的解除,是可樂之事。

　　道家以生為苦,以死為樂,並不意味着他們"悦死惡生"。相反,道家是反對自殺的,《盜跖》篇,莊子借盜跖之口,批評了伯夷、叔齊、鮑焦、申徒狄、介子推、尾生等6人"離名輕死",認為他們自殺其生是不珍惜生命根本的行為:"世之所謂賢士:伯夷、叔齊。伯夷、叔齊辭孤竹之君,而餓死於首陽之山,骨肉不葬。鮑焦飾行非世,抱木而死。申徒狄諫而不聽,負石自投於河,為魚鱉所食。介子推至忠也,自割其股以食文公。文公後背之,子推怒而去,抱木而燔死。尾生與女子期於梁下,女子不來,水至不去,抱梁柱而死。此六子者,無異於磔犬流豕、操瓢而乞者,皆離名輕死,不念本養壽命者也。"道家以生為苦以死為樂的做法僅僅是為了告訴人們生並非絶對的好,死也並非絶對的壞,要人們消除對死亡的恐懼心理,改變人們貪生惡死的錯誤態度,從而能夠坦然面對生老病死的一切現象:"明乎坦塗,故生而不説,死而不禍:知終始之不可故也。"(《莊子·秋水》)

　　追求生命的不朽,是儒家生死學的重要内容。生命的特質決定了個人不可能從肉體上達到永生,而只能從精神上對死亡予以超越,從而達到死而不朽:"太上有立德,其次有立功,其次有立言,雖久不廢,此之謂不朽。"(《左傳·襄公二十四年》)所謂"立德",即是要個人具備崇高的道德品質,從而生前受到社會讚頌,死後有人推崇。所謂"立功",即個人生前建功立業,為國家、民族的存在和發展作出不朽的貢獻,從而世代受到人們的敬仰和推崇。所謂"立言",即是人們説出具備社會性、人類性、導向性的言論,可以激勵世人,造福後人,從而獲得世人的頌揚。由此看來,崇高品質、建功立業、精辟言論都具有永恒的價值,三者都可使人躍出個體短暫生命的圍限,趨向永恒與不朽。儒家發揚了這種不朽的觀念。孔子對人生的短暫是深有體會的:"子在川上曰:'逝者如斯夫,不舍晝夜。'"(《論語·子罕》)要解決人生短促與追求人生永恒價值之間的矛盾,只有靠"立德"、"立功"、"立言",這是儒家一脈相承的思想觀念。孔子認為,"君子疾没世而名不稱焉"(《論語·衛靈公》),"君子病無能焉,不病人之不己知也"(同上)。"君子"最為忌諱的便是死時悄無聲息,聲名不能流傳於後世。由此,孔子把"仁"作為他理想人格的一個本質屬性,作為自己一生追求的道德理想而奮鬥終生。而"仁"既體現了孔子對個體生命的尊重,又體現了"以天下為己任"的責任感。正因為如此,他以"修己以安百姓"(《論語·憲問》)和"博施於民而能濟衆"(《論語·雍也》)的人為君子、聖人,畢生為真理、為"仁政"而奮鬥,獲得了"至聖先師"的"不朽"稱號。孟子繼承孔子有關思想,認為"是故君子有終身之憂,無一朝之患也。乃若所憂則有之:舜,人也;我,亦人也。舜為法於天下,可傳於後世,我由未免為鄉人也,是則可憂也。憂之如何?如舜而已矣。"(《孟子·離婁下》)孟子之"憂"在於自己是否能像舜一樣完成道德修養和建功立業,從而達到"不朽"。這裏,孟子把超越"死"的"不朽"提到一個相當的高度,把其當作人們為之終身努力的目標。在他看來,"君子創業垂統,為可繼也,若夫成功則天也。"(《孟子·梁惠王下》)"創業垂統"而"可繼",可謂不朽。因此,孟子説,不朽不待於事業成功,如能有所"創",有所"垂",即只要能作出一定貢獻,人也就是不朽的。明代學者羅倫説:"生而必死,聖賢無異於衆人也。死而不亡,與天地並久,日月並明,其惟聖賢乎!"(《一峰詩文集》)聖賢與俗人一樣有死,但唯道德永存,永放光芒。由此,歷代儒者總積極把有限的生命投入到無限的進取、道德修養之中,實現對死亡的超越。在"三不朽"觀念影響下,儒家都有自覺的道德追求、崇高的人格理想、熱忱的救世情懷和堅定的生活信念。因此,在道德價值與其他價值衝突時,他們往往能"殺身以成仁"(《論語·衛靈公》)、"舍生而取義"(《孟子·告子上》)。由此,生命的價值便轉化為死亡的價值,生命的承擔便轉化為死亡的當擔,從而生命通過死亡得以延續,人生由有限化為無限。因此,《左傳》中所説的"死而不朽"、"死又何求"、"死且不朽",《論語》中所説的"死而後已"、"死而無悔",《孝經》中所説的"死生之義"等,都是儒家追求死而不亡、生命不朽的獨特方式。因此,儒家以一種宇宙家族主義和道德理想主義的情懷,強調生命意識的自覺,以生界定死;同時又直面死亡,借死反觀生;把生命的個體性和有限性與宇宙家族生命的群體性和無限性聯繫起來。在生存與死亡、有限與無限的關係上,儒學克服了二元對峙的局限性,從而把二者統一起來。面對死亡,必須有這一解脱精神。

　　道家生死學的最高目標也是達到死而不亡的境界:"不失其所者久也,死而不亡者壽也。"(《老子》三十三章)而要達到這一目標,在莊子看來,只有通過"體道"(《莊子·知北遊》),進行精神修養,達到"與道相輔而行"(《莊子·山木》)的境界。為此,莊子特意提出了三種具體的"體道"方法:一是"心齋",二是"坐忘",三是"見獨"。所謂"心齋",莊子云:"唯道集虛。虛者,心齋也。"(《莊子·人間世》)郭象注云:"虛其心則至道集於懷也。""虛"即無執無為、空明靈照的心境。要達到空明靈照的心境,就需要"心齋"的方法。"心齋"作為一種精神修養的方法,是一個致虛守靜、去知去欲的過程。只有心志專一,凝神於物,無私無慮,感官停止活動,保持虛靜的心境,才能與"道"為一,獲得精神的解放,心靈的自由。所謂"坐忘",莊子云:"墮肢體,黜聰明,離形去知,同於大通,此謂坐忘。"(《莊子·大宗師》)"同於大通"即"同於大道",是心靈獲得解脱後精神上的一種升華。其實質就是"毀棄四肢百體,屏除聰明心智"(成玄英疏),從而達到"內不覺其一身,外不識有天地"(郭象注),既遺棄了外在之自然與社會,又忘卻了內在之肉體和智慧的混沌狀態。這樣,就能物我兩忘,與大道相通。從而無往不通,無處不順,來去不滯,自由自在。所謂"見獨",莊子云:"吾猶告而守之,三日而後能外天下;已外天下矣,吾又守之,七日而後能外物;已外物矣,吾又守之,九日而後能外生;已外生矣,而後能朝徹;朝徹,而後能見獨;見獨,而後能無古今;無古今,而後能入於不死不生。"(《莊子·大宗師》)在這段話裏,莊子清晰地描述了一個體"道"的過程:外天下—外物—外生—朝徹—見獨—無古今—入於不死不生。其中的"守",從"唯神是守"(《莊子·刻意》)、"我守其一"(《莊子·在宥》)、"能守其本"(《莊子·天道》)、"守其宗也"(《莊子·德充符》)等的用法來看,其義當同於"體性抱神"(《莊子·天地》)、"體盡無窮"(《莊子·應帝王》)、"能體純素"(《莊子·刻意》)、"大方體之"(《莊子·徐無鬼》)中的"體"字,都是對在心目中已經設定的作為體現世界最後根源、最高本質的"道"的那種精神境界的體驗、歸依,是一種精神修養工夫,而非認知活動。其中的"見獨",當指洞見獨立無待的"道","道"為絕對無待,因以"獨"來稱它。這個體"道"的過程,可以"見獨"為界,分為前後兩個內容。前者為達"道"前的準備階段:外天下—外物—外生—朝徹;後者為達"道"後的精神境界:無古今—不死不生。這一境界,恰如"至人神矣……死生無變於己"(《莊子·齊物論》)、"彼遊方之外者……又惡知死生先後之所生"(《莊子·大宗師》),為莊子理想人格的最高精神境界。莊子所談的三種"體道"方法,無論是"心齋"、"坐忘"還是"見獨",都旨在為超越必然性的生命困境提供方法,確定通向心靈自由的途徑。其所顯示的通向"道"的途徑和終點,是對作為某種世界總體、根源的觀念"道通為一"(《莊子·齊物論》)的體驗,最後達到"與道徘徊"(《莊子·盜跖》)、"與道相輔而行"(《莊子·山木》)的精神境界。其所達到的"道"的境界,就表現為對"天地與我並生,而萬物與我為一"(《莊子·齊物論》)的體悟,從而產生一種將自我與自然融合為一的思想意念:"獨與天地精神往來而不傲倪於萬物。"(《莊子·天下》)而這種境界,具體到生死問題上,便成為在經歷了"外天下"、"外物"、"外生"、"朝徹"、"見獨"的精神修養之後而達到"無古今"、"不死不生"(《莊子·大宗師》)的境界。這一境界,恰如"至人神矣……死生無變於己"(《莊子·齊物論》),"彼遊方之外者……又惡知死生先後之所生"(《莊子·大宗師》),為莊子理想人格的最高境界。正是在此意義上,道家在境界層面上超越了生死之困,達到了死而不亡、不死不生的境界。這種境界,毫無疑問,乃是一種永恒的境界。但這種永恒,卻既不同於肉體長生,也不同於靈魂不死。"因為無論是肉體長生還是靈魂不死均還是時間中的事件,而真正的永恒或者同於無時間性,或者至少是一種以無時間性為基礎的狀態。莊子所追求的是能夠提供至福至樂、絕對安全、絕對自由等等的永恒的狀態,而非通常意義上的長生不死、靈魂不死。因為即使一個人通過某種特殊的修煉(道教徒所謂'內丹')或通過服食某種靈丹妙藥(道教徒所謂'外丹')而獲得了長生不死、靈魂不朽(從物理上說這幾乎是不可能的),如果他不能心齋,那麼他仍然會面臨着各種各樣的人生問題,他的人生仍然不能具有意義。"①正是在此意義上,莊子在境界層面上超越了生死之困,達到了死而不亡、不死不生的境界。

觀照以上論述,不難看出:莊子生死哲學透射出他對生命存在的理性執着和對死亡困境的達觀態度。一方面,他熱愛生命,認為天地之間,個體生命是最寶貴的存在,應予以充分重視、珍惜,並提出系統的養生之法,即所謂"衛生之經"(《庚桑楚》);另一方面,他對死亡有深刻的認識,認識到死亡本質上是自然之氣的一種變化形態,既是必然的,又是自然的,因此應從心靈上、精神上予以徹底的超越。

---

① 韓林合《虛己以遊世——〈莊子〉哲學研究》,北京大學出版社 2006 年版,第 208 頁。

三、現代生命教育意義

生命教育是整個教育的元基點。所謂生命教育,即圍繞有關生命和人生問題進行的知識傳授過程。"生命教育"(Life education)一詞,原本是 20 世紀 60 年代在美國作為社會中的吸毒、自殺、他殺、性危機等危害生命的現象的對策而出現的。第一位倡導"Education for Life"的是美國的傑·唐納·華特士(J. Donald Walters),他於 1968 年在美國加州創建阿南達學校(Ananda Schools),開始倡導和踐行生命教育[1]。香港地區於 1995 年起開始推行 LEAP(The Life Education Activity Programme)。臺灣地區把 2001 年定為"生命教育年",隨後生命教育在臺灣開始蓬勃發展[2]。到 20 世紀 90 年代末期,由港臺而來的生命教育才引起大陸學者的注意,並迅速形成一股研究熱潮[3]。長期以來,由於生命教育的缺失,國人對生命本身缺乏最基本的瞭解和思考,從而導致自殺、暴力等極端事件不斷產生。據有關統計顯示,全世界每年自殺的人有 100 多萬,而我國每年就有 28.7 萬人死於自殺,占世界自殺人數的四分之一還多,自殺已成為我國第五大死因。我國衛生部門還透露,青少年自殺現象呈明顯上升趨勢,15 至 34 歲人群中,自殺是非正常死亡的第一根源[4]。據第二屆中美精神病學術會議的一份資料顯示,自殺已成為我國青少年死亡的第一原因,且低齡化嚴重。據調查,我國 15 歲以下未成年人每年意外死亡有 40—50 萬之多,其中相當一部分是輕生自殺[5]。由此可見,在全社會尤其是對青少年進行生命教育是非常重要的。而如何有效汲取儒道傳統生死智慧,正確認識生命的本質和死亡的價值,探索當代人生哲學的生死理念,由對死亡的追問而使自我的生命獲得長足的發展,建構出健康而有意義的人生觀念,從而使我們的生命變得更有價值,這是生命教育的核心課題。

儒道兩家對生命本體的認識大致相同,都是一種樸素、理性的自然哲學生命觀。但是,他們對生命價值卻做出截然不同的判斷。道家認為生命的最高價值在於因循自然地完成其自身的歷程,因此將自然看成生命的最佳狀態和應有的存在方式。儒家則基本上放棄了對生命本身的探討,他們完全從社會倫理道德的角度把握生命的價值,認為只有在個體的倫理道德價值實現之後,個體的生命價值才能得以實現。除此之外,儒道兩家都力圖超越死亡困境,實

---

[1] 肖川《生命教育的三個層次》,《福建論壇》(社科教育版)2006 年第 3 期。
[2] 雷靜、謝光勇《近十年來我國生命教育研究綜述》,《教育探索》2005 年第 5 期。
[3] 蘇海針《生命教育內涵之綜述》,《繼續教育研究》2008 年第 3 期。
[4] 薛子進《今天,首個"世界預防自殺日"》,《法制日報》2003 年 9 月 10 日。
[5] 鄒義狀、楊小昕《第二屆中美精神病學術會議暨第三次中華醫學會精神病學分會學術會議紀要》,《中華精神科雜誌》2000 年第 3 期。

現生命永恒。但儒家從現實的理性主義出發,主張通過生前努力,通過積極的進德修業來超越死亡困境,達到生命的不朽。而道家則從非理性的玄虛之路出發,主張通過體悟玄虛的生命之道,追求與"道"合一來超越生命時限,達到死而不亡、不死不生的境界。因此,處於互補狀態中的儒道傳統生死學可以為現代生命教育提供豐富的思想資源和研究素材。故對其進行理性觀照和現代詮釋,可以為現代人建立系統的生死哲學和科學的生死觀念提供原則與思路,具有重大的理論意義和實踐價值。

長期以來,死亡現象因其本身所具有的消極性而使大多數人對之採取回避的態度,甚至視之為最大禁忌,這就造成有關"生"的哲學極為發達而有關"死"的哲學極為貧乏的不平衡現象,從而導致國人對死亡現象知之甚少。因為對死亡現象缺少認識,所以常常產生對死亡的恐懼。又因為害怕死亡,所以會刻意回避死亡話題。還有一些人常常因為某種激情和冒險而喪失理智,輕率地選擇自戕或者剝奪他人的生命。比起對死亡的恐懼,這是一種對死亡無知的無畏。正如法國思想家蒙田所說:"對死亡的熟思就是對自由的熟思,誰學會了死亡,誰就不再有被奴役的心靈,就能無視一切束縛和強制。誰真正懂得了失去生命不是件壞事,誰就能泰然對待生命中的任何事。"①只有對死亡有了深刻的認識和瞭解,方可以確立人生的意義和生活的目標,並獲得人生發展的動力,這就叫做"向死而生"(海德格爾語)。只有把死亡當成莊嚴人生的一部分,才能充分體認個體自我死亡的獨特性、自然性、尊嚴性和不可替代性,從而認清"生"與"死"的完整意義。只有深知"死"的意義的人,才有足夠的勇氣和智慧來承擔一切人生的苦難和挑戰,才能讓自己活得有價值、有尊嚴。而道家生死學對"生"尤其是"死"的全面系統的論述,與儒家"樂生"的文化互補,構成了全面壯觀的中國傳統生死學,從而有助於彌補中國現代生死學理論的缺陷和不足,為國人深刻認識"生"與"死"的本質,全面瞭解中國生死文化乃至建構現代意義上的系統生死學提供了最佳模本和範式。

生命教育最基礎的目標,就在於培養國人珍愛生命,引導國人生活在當下,使其在整個教育歷程中能夠體悟身為人類的意義與價值,重視生死大事,珍愛自己,保護生命。既瞭解生命來之不易,也體驗生命成長的艱辛與苦難,是以能夠轉化為更為積極向上的行動,認真生活,活得富有尊嚴。而中國傳統儒道生死學呈現出兩大明顯趨向:一方面,它重生貴生並積極尋求養生之道;另一方面,它苦生樂死並坦然面對死亡到來。這就告訴我們,與"生"看似不同的"死",本質上是"氣"的聚散變化之一種,實際上是自然大化演變的一種形式、一個過程,和"生"實際上是貫通為一的,既是必然的、命定的,又是自然的、客觀的,"生"與"死"本質上齊同為一,沒有區別。儘管如此,作為自然造化一員的個人還是應該積極參與到大化流行之中,努力活夠自然所賦予給我們的生命時限,這就是說,要盡力"保身"、"全生"、"養親"、"盡年",以求成為"終其天年而不中道夭者"。不僅如此,還要積極進德修業,通過"立德、立功、立言"來超越肉體存在的有限性,獲得個體生命的無限。由此可見,儒道生死學既是現實的又是深刻

---

① 蒙田《蒙田隨筆集》,陝西師範大學出版社2002年版,第26頁。

的,其既提出了正確衡量生與死的價值標準,又把生與死貫通起來,揭示了人生的意義和人的價值,其對生死的這種智性認識有助於現代人理智清醒地認識生與死的本質,充分珍惜、重視自己寶貴的生命,並積極採取措施讓自己活得更久一些,更有意義一些。這就與現代生命倫理學強調生命品質,力求把生命的神聖性與生命的品質及價值統一起來,理性對待生死的思想十分接近,從而為解決現代生命教育的諸多現實問題提供了極為豐富的思想資源。

[作者簡介] 刁生虎(1975—   ),河南鎮平人。現為中國傳媒大學文學院副教授,主要從事先秦兩漢文學、易學與儒道文化、古代文論與美學研究,曾出版《莊子文學新探》、《莊子的生存哲學》等專著,並發表論文80餘篇。

道家的自然與"是"、"應該"二分法

[英] 葛瑞漢　劉思禾 譯

即使在通常稱之為"神秘主義"哲學家那裏,我們也很難找到比道家更排斥理性分析的了①。道家嘲弄理性,欣賞言不盡意,看起來無法討論或是批評它。當西方讀者把"依照道生活"不得不理解為他們容易把握的道德律令②——比如自發地生活時,毫無疑問他得跟自己說:要不他只是表達了自己對於自發性的感受③,要不他就是做了個邏輯跳躍,從"我自發地做×"跳到"我應該做×",而這是休謨以來的西方哲學家一直反對的"是"與"應該"的混淆。但是,既然所有偉大的道家人物都是詩人兼哲學家,是否可以把道家理解為一種玄思人生得到的見地(view),從而人們只需依據自己體驗的深淺程度來贊同或是反對呢? 不過,本文不打算受這種認識的束縛,而願意在最為老道的道家人物——莊子那裏,尋找拒絕律則背後的模糊律則,以及嘲弄邏輯背後的隱秘邏輯。莊子更像是一個詩人,他只是偶爾對邏輯感興趣。他擅長運用格言、詩句、軼事引導我們接近他。由此,筆者不打算使用莊子自己的術語,而堅

---

① 本文原題:*Taoist Spontaneity and the Dichotomy of "Is" and "Ought"*。作者:A. C. Graham。選自:*Asian Studies at Hawaii*, *No. 29*, *Experimental Essays on Chuang-tzu*, 由 Victor H. Mair 先生編輯, University of Hawaii Press 出版,1983 年,p. 3 – p. 23。該書最新版本是 Three Pines Press 出版的 2010 年增訂本。本文又被收在 Harold David Roth 所編 *A Companion to Angus C. Graham's Chuang Tzu: The Inner Chapters* 一書中,University of Hawaii Press 出版,2003 年。本文中文譯文版權得到 Victor H. Mair 先生授予。

② Living according to the Way,譯作依照道生活。Imperative,一般單獨出現時譯作律令,在指稱作者提出的"領會之回應"時一般譯作律則。道德律令是面臨道德困惑時做出選擇所依據的客觀原則。

③ 葛瑞漢使用 Spontaneity, spontaneous 和 spontaneously 這幾個詞表達莊子"自然"的概念。基本上他是以 Spontaneity 來對譯 *tzu jan* 的。在譯文中,Spontaneity, spontaneous 一般譯作自發性、自發的,有時根據語境譯作自然、自然的。"自發性"、"自發的"和"自然"、"自然的"在本文中是同義的。關於 spontaneity 的詳盡解釋見葛瑞漢 *Chuang-tzŭ: The Inner Chapters* 第二部分,Hackett Publishing Company,2001 年版。以及葛瑞漢《論道者——中國古代哲學論辯》莊子部分,張海晏譯,中國社會科學出版社 2003 年版。作者本文中的很多觀點在此書中得到發展。

持使用西方哲學的術語——也許這有點違反常情——來面對他。這一工作要比看起來更令人興奮,至少對我是如此。讀者會發現,筆者不是得出一個要不贊同、要不反對的律令出來,或是展示一個可疑的邏輯推論,而是觸及一個我們意料之外的邏輯架構,這一架構推動我從一個[西方人]①不熟悉的方向看待道德哲學的基本問題。

莊子生活在梁惠王(前 370—前 319)和齊宣王(前 319—前 301)時代,在以他的名字命名的《莊子》一書中,一般認為内篇以及雜篇中的少量片斷是他寫的。不過,我們討論的是所有道家(或許是大部分東方哲學)共用的架構,因而作者問題不是我們關注的重點。首先要注意的是,《莊子》中的邏輯旨在反對理性(reason)自身,特別是反對在兩種行為選項中做出理性選擇(rational choice)。《莊子》反對公元前 5 世紀晚期以來從墨子開始的日益強化的理性化趨向。孔子根本不必為他的教誨提供理由,他只是把自己視為一個具有成熟判斷力的人,力圖恢復衰弊的周朝往日的道德與文化傳統。但是,墨子的教義,諸如兼愛、非命、非攻、尚賢,都是新穎的見解,需要在公共討論中為之辯護。隨着墨家的出現,以及不久之後儒家其他對手的出現,思想之間的論爭加劇了,人們慢慢習慣了討論命題,定義概念,而且論爭從道德和政治議題引向形而上學問題,諸如道德與人性的關係,最後在詭辯論者惠施和公孫龍那裏,開始深入思考純粹的邏輯問題。莊子自己是惠施的追隨者,或者是惠施的青年朋友,他時不時對精巧的邏輯論辯顯示出興趣,他也成為當時最具邏輯內涵的晚期墨學文獻《墨經》(公元前300)批評的對象②。對中國文化而言,這是第一次也是最後一次獨自面對古希臘人開拓過的領域,而這對它還很陌生。在這一領域之內,所有的意見分歧最終都借助於無可爭議的理性法則而獲得解決。中國文化没有走上這條路——如果說個別思想家的確多多少少影響歷史進程的話,莊子對此要負大部分責任。

在莊子的時代,重要的討論仍然在儒家與墨家之間展開,中心議題是關於道德的。儒家理解的義(yi,正義,義務)是指一般所説的與身份相關的行為"適宜"(與"yi"詞源相近的另一個詞)。這裏所説的身份諸如君臣、父子、兄弟。比如,兒子為父親守孝三年就是適宜的。墨家則以是否在實際中有利於人來檢驗一切傳統信條。對於守孝問題,他們認為守孝這麼長時間對當事人來說有害而無益。《墨經》開篇羅列了 75 個定義,分析了 12 個模糊用語,關於義,它給出一個激進的新定義:義就是有利③。但是,進一步關注定義的話,事情就清楚了:任何判斷都是從該學派獨特的定義出發的。恰好用作術語的漢語詞彙[讓人]注意這一點,因為

---

① [ ]内的内容是譯者為了行文流暢而加上的。( )内説明性的内容是原文就有的。
② 譯文選自 A. C. 葛瑞漢《後期墨學的邏輯、倫理和科學》,香港中文大學出版社 1978 年版。對莊子的批評,在《墨·經》35、48、68、71、72、79 和 82 節。——原注。譯者按:葛文中《墨·經》(canon)指的是《墨子》中"經上"、"經下"、"經說"、"大取"、"小取"這幾部分内容。葛氏對《墨·經》有自己的細緻分析,詳參葛瑞漢《論道者——中國古代哲學論辯》,第 161 頁。
③ 原文:"義,利也。"(《墨子·經上》)本句原文作:To be "righteous" is to benefit。

"辨"(Pien,爭論,辨清選項)的藝術被認為是把名稱賦予給事物,並且用來判斷選項的習慣用語基本是表述性的(demonstrative),"是"(它,"那是某物",牛、馬)和"然"(如此,"那是怎樣的",馬是白色的,人騎在馬上)①。很顯然,不管一個人討論牛、馬或是道德問題,如果沒有對某一名稱所指對象的共識,任何論辯都無法證明某一事物就是它。

莊子有足夠多的理由來反對理性,不過讓我們集中在他的這一觀點:所有的爭論都基於一個事實,即語詞的意義是由論辯者所認定的。

> 說話不是吹氣,說話的人總說些什麼。麻煩的是他說的東西根本不固定。他真的說了什麼嗎?還是根本沒說什麼?如果你覺得爭論和初生小鳥吱吱喳喳的聲音不同,那你能看得出不同來嗎?還是看不出什麼不同呢?②

莊子充分利用了爭論中關鍵字的論述性質,而表明論辯總是依賴於參與者最初選擇的立場(standpoint)。

> 這個也是那個,那個也是這個。他們從某一觀點(point of view)說:"那是對的,那是錯的。"而我們從另一個觀點說:"那是對的,那是錯的。"真的有這個和那個[的差別]嗎?或者真的沒這個和那個[的差別]?③

當我選定一個名稱,是否我就不能隨意稱呼某些東西或是任何東西為"X",因而肯定了或否定了的確是 X 的那些東西?當詭辯論者公孫龍在遇到這個難題而指出"指非指"(the meaning is not the meaning)和"白馬非馬"時,在莊子看來他只是在浪費時間罷了:

> 與其用意指(meaning)來說明意指不是意指,不如用不是意指的東西[來說明意指不是意指];與其用馬來說明馬不是馬,不如用不是馬的東西[來說明馬不是馬]。天和地就是一個意指,萬物就是一匹馬。④

---

① "是"、"然",作者用的是拉丁拼音,shin, jan。在括弧內對應的詞是"it"和"so",這是"是"和"然"在先秦的用法。這裏作者注意到了早期漢語的語法特徵和邏輯思想之間的關係。關於這個問題,可參看葛瑞漢《論道者——中國古代哲學論辯》附錄文章《中國思想與漢語的關係》,第 444 頁。
② 原文:夫言非吹也,言者有言。其所言者特未定也,果有言邪?其未嘗有言邪?其以為異於鷇音,亦有辯乎,其無辯乎?(《齊物論》)
③ 原文:是亦彼也,彼亦是也。彼亦一是非,此亦一是非。果且有彼是乎哉,果且無彼是乎哉?(《齊物論》)
④ 原文:以指喻指之非指,不若以非指喻指之非指也。以馬喻馬之非馬,不若以非馬喻馬之非馬也。天地一指也,萬物一馬也。(《齊物論》)

单就事实性问题而言,庄子式的怀疑主义得到《墨·经》很好的答覆。假使不同的事物分别被标示出来,那么选取哪一个出来作为这个或那个(马或非马)是无所谓的。如果论辩者相互瞭解对方所使用的语词,他们就会承认在说同样的东西①。不过,无论庄子还是墨家首先关注的都是行为问题。在面对道德术语时,论辩者并非仅仅承认差异,而是一定坚持他们的定义才是正确的。要想理解庄子对於争论本身的批评,儒墨两家关於人是否有义务为父亲守孝三年的争论是个有益的例子。论辩双方都知道他们在如何定义道义(righteousness)上难以共存,而必须坚持自己的主张。

> 你和我一起争辩,假如是你胜了,我输了,那你真的知道(on to it),而我真不知道吗?假如是我胜了,你输了,那我真的知道,而你真的不知道吗?是我们中的一个知道而另一个不知道,还是我们都知道或是都不知道?②

除非我们找到一个独立的立场,用它来判断道义是[儒家说的]适宜还是[墨家说的]有利,我们才能摆脱这一僵局,但是并没有这样的立场:

> 我能找谁来评判呢?假使你那一方的人来评判,已是你那一方的,他怎么来评判呢?假使我这一方的人来评判,已经是我这一方的,他怎么来评判呢?③

如果求助於基本观点和我们双方都不同的或是都一致的人,我们也没有找到更切实的支点(ground)。(在前一种情况下,我们双方乾脆拒绝他的原则;在後一种情况下,当他接受了我们双方的原则,那么争论的问题只对我们而言解决了,对其他人而言还是没解决。)

---

① 《墨·经》B. 68。"没有交换这个和那个的话,人们不能把这个当成那个。解说在差异上。"解说:只要正确地使用名称,那么交换这个和那个是允许的。当仅仅把那个作为那个,这个作为这个时,把这个当做那个就是不允许的。当那个要被当做这个,那么同样的把这个当做那个也是允许的。你只能把这个当做这个,或者那个当做那个;如果接受这种情况,你就会把这个当做那个,那个同样会当做这个。——原注。译者按:原文为:循此循此,与彼此同,说在异。(《墨子·经下》)彼:正名者彼此,彼此可。彼彼止於彼,此此止於此,彼此不可。彼且此也,彼此亦可。彼此止於彼此,若是而彼此也,则彼亦且此此也。(《墨子·经说下》)"循此循此"句孙诒让引张说以为循字衍,"则彼亦且此此也"句诸家亦以为有文字错误,孙诒让谓吴抄本"此"不重。
② 原文:既使我与若辩矣,若胜我,我不若胜,若果是也,我果非也邪?我胜若,若不吾胜,我果是也?而果非也邪?其或是也?其或非也?其俱是也,其俱非也邪?(《齐物论》)
③ 原文:吾谁使正之?使同乎若者正之,既与若同矣,恶能正之?使同乎我者正之,既同乎我矣,恶能正之?(《齐物论》)

假使有與雙方都不同的一方來評判,既然是不同於雙方的一方,又怎麼能評判?
假使有接受雙方的一方來評判,既然是接受雙方的一方,又怎麼能評判?①

在別的地方,莊子接着又往前走了令人眩目的幾步。他承認,如同人身攻擊的謬誤一樣②,尋求獨立的評判標準,最後會走到普遍認同(universal agreement)的境地:

"你知道這些吧,一切事物都可以說的確如此(That's it)?"
"我怎麼能知道呢?"
"你知道你所不知道的東西嗎?"
"我怎麼能知道呢?"
"那麼沒有什麼東西可以知道些什麼嗎?"
"我怎麼能知道呢? 不過,讓我試着說說吧。我怎麼知道我知道的不是不知道呢? 我怎麼能知道我說不知道的東西不是知道呢?"③

普遍認同意味着道義是適宜或是有利都無不可,只不過這最終排除了用來評判的獨立視角的可能性。我不知道道義是否真的是有利的,但是至少我知道什麼是我不知道的吧? 這是一個矛盾(莊子的這一想法在柏拉圖的《美諾》篇中也能看到;墨家在《墨·經》中反駁這一觀點)④。但是,無論如何我的確知道在這世上沒什麼東西能知道些什麼吧? 又一個矛盾。除了這一疑問所傳達的困惑:"我怎麼能知道……"任何人都無法更進一步。

像莊子這樣極端的懷疑主義和相對主義,對現代讀者來說完全不陌生。他們可能感到奇怪的是,在這種困惑中莊子沒有迷惘,而在大多數以堅定的信念注視生與死的哲理詩人那裏,迷惘彌漫在他們最為狂熱的篇章之中。但是,道德相對主義會讓人感到憤怒,除非有人願意

---

① 原文: 使異乎我與若者正之,既異乎我與若矣,惡能正之? 使同乎我與若者正之,既同乎我與若矣,惡能正之? (《齊物論》)
② 原文為拉丁語,argumentum ad hominem,指一種邏輯謬誤,討論時依據人格、地位而非論據來駁斥對方。
③ 原文:"子知物之所同是乎?"曰:"吾惡乎知之?""子知子之所不知邪?"曰:"吾惡乎知之?""然則物無知邪?"曰:"吾惡乎知之? 雖然,嘗試言之。庸詎知吾所謂知之非不知邪? 庸詎知吾所謂不知之非知邪?" (《齊物論》)
④ 墨家要求區分知道名稱和知道對象(《墨·經》A80)。人們知道一個名稱指向事物,但不知道指的到底是什麼。《墨·經》B48,"知道一個人不知道的東西。解說在'用名稱選出的意指。'"解說:如果你弄混了他知道的東西和他不知道的東西,然後問他。他一定會回答說:"這個我真的知道,那個我不知道。"能夠選出一個,並且放下另一個,這就是知道二者。——原注。譯者按: 原文為: 知其所以不知,說在以名取。(《墨子·經下》)我有若視曰智,離所智與所不智,而問之,則必曰: 是所智也,是所不智也,取去俱能之,是兩智之也。(《墨子·經說下》)孫詒讓注: 智並與知通。

不顧任何根據(grounds)而斷然選擇。對莊子來說,在選擇之前問:"什麼有利? 什麼有害?"或者:"什麼是對的? 什麼是錯的?"這是人生的根本錯誤。人們完全知道他們正在做什麼,比如廚師、木匠、游水者、操舟者、捕蟬人,他們的教誨總會説給那些用心來聽的哲人和君主:不要深思熟慮,不要做選擇;不要從基本原則來推論。他們甚至不再把過去作弟子時學到的規則放在心上,而把這一切委任給自己也難以説清的訣竅(knack),手上下自如,眼睛全神貫注。

匠人的無思無慮,不是掉以輕心意義上的,恰恰相反,他最大程度地集中注意力,就像捕蟬人對孔夫子描述的一樣:

> 我安置身體就像樹椿立在那兒,我舉起手臂就像舉着枯樹枝;天地廣大,萬物衆多,而我只知道蟬翼。我不憂愁,也不煩躁,不讓任何東西取代蟬翼。①

的確,匠人在行動之前需要深思熟慮。雖説莊子痛恨"辨"(*pien*),即辨清選項,但是書中還有另外一個表示思考的詞,"論"(*lun*,"分類,層次,整理")一直是在贊許的意義上使用的②。當然,匠人確實要不停地問:"下一步我該做什麼?"直到他技藝精熟,就像道家的弟子們所做的一樣。但是,不管在紛繁交錯的境遇之中聖人(sage)用多長時間來疏通(sort out)事物,他的行動總是"自然的"(spontaneous)(*tzu jan*,自己如此),就像回聲之於聲音、影子之於事物那樣直接而迅速。用中國傳統的二分法,"天"(Heaven)和"人"(man)來説——人指人的思考與選擇,天則在人的意志之外爲一切事物負責——聖人的行爲並非出於人,而是出於天,甚至在治國時也一樣,他就像庖丁一樣應付自如。當庖丁碰到骨肉糾結的地方,他就停下來,直到領悟全部機微之處,然後靈巧一刀,解牛於地。

《莊子》中有許多關於匠人的故事(不過只有庖丁的故事出於内篇),這常常啓發西方人準確理解道家。他們發現道家的生命技藝是一種極爲明敏的回應(intelligent responsiveness)能力③,而分析和選擇會損害這一能力。這一點很容易通過身體技能的例子來理解——走索人要是停下來問:"下一步我踩哪?"他一定會掉下去的。西方人也會理解,道家拒絶用語言來規定道,不僅僅是要回避形而上學的真理問題——這一西方人羞於提及的問題或許無論如何都是没有意義的。[依照道家]把握道,就是"知道怎麼"

---

① 原文:吾處身也,若橛株拘;吾執臂也,若槁木之枝。雖天地之大,萬物之多,而唯蜩翼之知。吾不反不側,不以萬物易蜩之翼。(《達生》)
② 關於"論"的意義,請參《後期墨學的邏輯、倫理和科學》P28.——原注。
③ Response, responsiveness,一般譯作回應,只在涉及巴甫洛夫時,stimulus and response 依據習慣譯作刺激和反應。Intelligent,一般譯作明敏的,Intelligent responsiveness 譯作明敏的回應。下文和愚蠢一詞並舉時譯作聰明的。

(knowing how),而不是"知道什麼"(knowing what)。就像外篇中輪扁對桓公所説的"天之道":

> 鑿車輪的時候,動作太慢就會滑開,咬不住;要是太快了,就會阻塞,進不去。不太快,不太慢,你手上感覺着它,心裏做出回應。這種體會用嘴是説不出來的。這其中的訣竅,我没辦法傳給我兒子,我兒子也没辦法從我這兒得到。①

即使對於那些最具理性精神的西方人來説,他們也在某些時候符合道,比如他自如地駕車時。只不過他可能會完全搞混這件事,而只是認為明敏的回應要歸功於別的什麼,他肯定把它視作達到目的的手段,或是作為快樂的來源。莊子會説:絶非如此。這是為數不多的情況中的一個,西方理性主義者可以用近乎聖人治理國家的方式來掌控他的整個生命。他們在境遇之中全神貫注,忘掉自我,他不再去分析,不費心去選擇,而是自如地回應情況變化,以至於不知道怎麼去分析他們。這和[聖人的]一切差別——諸如自我與他者,生與死——都消失了的澄明之境(illumination),只是程度上有所不同罷了,這時不再是"我",而是"天"在活動。不過,我們這裏要關注的不是莊子思想會深入到什麼程度,而是它的邏輯結構。我們完全可以這樣説:儒家和墨家,就像西方人一樣傾向於認為匠人身上體現出來的較低層次的明敏的自然不過是手段罷了,是用來實現人們給出很多理由才選擇出的目的的,而對莊子而言,惟一的目的就是自然(spontaneity)本身。

道家談論自然時所使用的詞彙和行為心理學家們的詞彙相似得令人驚異。"感"(*kan*,觸動,激起)、"應"(*ying*,回應,特別是談話時的回應)這一對關鍵字讓人想起巴甫洛夫的"刺激"和"反應"。

> 他不會為了獲取好處而採取主動;
> 他不會為了躲避禍患而搶先開始;
> 只有被觸及了,他才回應;
> 只有受壓了,他才行動;
> 只有無法避免了,他才起來[應對]。②

這當然不意味着聖人拖延到最後一刻才行動;他等待但不預先謀劃,直到時機成熟。聖人純

---

① 原文:斲輪徐則甘而不固,疾則苦而不入。不徐不疾,得之於手而應於心,口不能言,有數存焉於其間。臣不能以喻臣之子,臣之子亦不能受之於臣。(《天道》)
② 原文:不為福先,不為禍始。感而後應,迫而後動,不得已而後起。(《刻意》)

粹自然的反應就在那一瞬、那一點上①。他留意於周圍境況,直到什麽觸發(move)了他,他發覺行動不可避免(pu te yi,不得已,他在其中沒有別的選擇,只能如此),就像條件反射一樣。但是,只有以完全的明達(clarity)領悟一切時,他才能抓住[這一回應]。"最高明的人運用心靈就像鏡子一樣;事物走了他不陪送,事物來了他不歡迎,他只是回應而不存留(retain)。"②

對古代中國人來説,心靈是思想的器官,而不是大腦。大多數人用心靈謀劃將來,而聖人只是在回應前用它如實地反映外部境況。聖人的心靈就像鏡子一樣,只反映當下,而沒被過去的事情塞滿。那些事情要是"留存"(ts'ang 藏,保存,貯藏)下來,人就會被困在陳陳相因的心態中。聖人領悟一切,回應一切,對他來説,一切境況都是全新的:

> 在他那裹,没有固定的主張(position);
> 事物成形了,就會顯示他們自己。
> 他動起來就像流水,
> 他静下來就像鏡子;
> 他回應外物就像回聲[直接而迅速]。③

前面兩句涉及聖人的内在自由④,即要從固定的立場(fixed standpoint)轉變爲完全客觀的視域(objectivity of his vision);[由於這樣的視域轉換]外部境況在成形時總是真實地顯示自身。聖人就像流水一樣流動不居,而流水所以無所阻礙是因爲順應大地的紋理(contour of ground);他對外物的迅速回應就像回聲之於聲音。這裹提到的鏡子的隱喻在《天道》篇的文字中發揮得更爲徹底:

> 對於聖人的寧静而言,不是説寧静很好聖人才做到寧静。他的寧静是因爲没有任何東西能夠擾亂他的内心。當水平静的時候,清澈得可以照出人的髭子和眉毛,平得如同水平線——最高明的木匠就是從這兒得到標準的。如果水静止時就這麽清澈,那麽聖人精粹、超凡的内心的寧静又會如何呢?他是天地的映射(reflector),

---

① React,譯作反應。文中的 react,reacting,reaction 一般也都譯作"反應"。React 和 Respond 在本文中有不同的含義,作者在使用 Respond 時更强調一種圓熟的回應能力,而在使用 Reaction 時更多是指稱一種對外界反應的經驗事實。
② 原文:至人之用心若鏡,不將不迎,應而不藏。(《應帝王》)
③ 原文:在己無居,形物自著。其動若水,其静若鏡,其應若響。(《天下》)
④ First couplet,譯作前面兩句。本義一般指對句、對聯,此處指上面所引莊子原話的前兩句。

他是萬物的明鏡。①

　　虛空，靜止，平和，寧靜，什麼也不做，這些是天和地均平的狀態，道和德（power）極致的樣子。所以，皇帝、國王和聖人都休身其中。休身其中，他就能夠虛空，在虛空之中，他能夠充實；在充實之中，事物自成條理。在虛空之中，他靜止不動，在靜止之中他能夠活動；當他活動時，他就能夠成功。②

這裏的關鍵問題是，在回應萬物時，聖人的心靈不受思慮（agitation）影響，而對於常人來説，這常常讓他們的明覺（clarity of vision）暗淡無光。在一則秩事中，莊子自己就承認有這種情況（"我一直在混沌的水中觀察世界，一旦到了清澈的深淵就迷失了"③）。聖人的心靈保持虛空，讓外部的境況進入，事物按照客觀的關係自成條理，因而"觸動"（move, tung）他。聖人內心"均平"（evenness, ping），即對所有人的目的都保持中立，這就是天地自身的均平。達到這種心如明鏡的清澈（lucidity）後，聖人不再評價什麼，甚至"寧靜是好的"這種評判也沒有了。顯然，在他的明覺之外，他不再對世界上任何事情做價值判斷（沒什麼"能夠擾亂他的內心"）。聖人對他的境況有終極的領會，他每一瞬間自然的回應都準確地指向目標④，"當他活動時，他就能夠成功"。他的回應完全合乎"道"，他的"德"（te, power，他的能力，他的訣竅）是完滿無缺的。

　　現在一切很清楚了，從西方觀點來看，道家的有些看法非常奇怪。我們已經習慣用二分法來思考：或者作為一個理性者，我讓自己和本性（nature）分離⑤，研究客觀事物，做出自己的選擇，抵制自己像動物一樣按照本能（physical force）行事；或者我讚賞浪漫主義的自發性觀念，按照衝動、激情和主觀性的想像肆意行事。在道家那裏，這一二分法並不適用。他該保持在本性之中，像動物一樣自發地活動。他只是承受，而不去選擇，類似刺激與反應那樣的念頭輕鬆地湧向他，而不需要給我們提供原委（context）的科學。另一方面，道家輕視激情和主觀性，尊重事物客觀的樣子，他們的冷靜與明晰一如科學家。

　　那麼讓我們試着確定道家的終極律則，即在開篇時我們暫時提出來的"自發地生活"。很顯然，莊子不贊同屈從於激情和主觀性想像。匠人絕不允許性情（temperamental）激動，他知

---

① 原文：聖人之靜也，非曰靜也善，故靜也。萬物無足以鐃心者，故靜也。水靜則明燭鬚眉，平中準，大匠取法焉。水靜猶明，而況精神？聖人之心靜乎！天地之鑒也，萬物之鏡也。（《天道》）

② 原文：夫虛靜恬淡寂漠無為者，天地之平而道德之至，故帝王聖人休焉。休則虛，虛則實，實者倫矣。虛則靜，靜則動，動則得矣。（《天道》）

③ 原文：莊周曰："吾守形而忘身，觀於濁水而迷於清淵。"（《山木》）

④ Goal，譯作目標。此處的 goal，指的是行動的具體目標。文中出現的 ends，譯作目的，指的是某一行為的目的。

⑤ Nature，一般譯作本性，有時根據語境譯作原始狀態。

道如果慌張起來就會失去訣竅,而聖人絕不會讓混亂的激情遮蔽明鏡般的內心。道家的理想就是由領會客觀情況而習得的(disciplined)自發性。那麼我們這麼説吧,所謂"取法道"可以翻譯為"領會(客觀情況)之回應"①。這種領會指的不僅是鏡子似的外部境況,而且指如何應對客觀事物(不是基於明智的或是道德的根據而應該去做什麼)②,知道怎麼做,[相關的]訣竅,技能(skill)和技藝(art),至於必須領會多少情況[才能應對自如],這就不能詳知了。大概道家人物能領會與他意圖相關的一切事情。但是他沒有確定不移的目的,他有的只是自然就趨向的不斷變化中的目標。這些目標符合道,以至於道家人物確實領會與之相關的所有要素。他領會得越多,就越可能得到("當他活動時,他就能夠成功")。毫無疑問,説皈向(conversion)道家會幫助我達到目標,這是有説服力的(不過目標會在皈向的過程中發生變化)。但是在道家的邏輯中,領會的價值並不依賴於我所着手的特定目標的價值;情況恐怕是這樣的,回應只是在某種意義上具有目的性。向目標明敏地行動,領會[各種情況],這就是有價值的,而不管接下來的是什麼。

匠人們的故事看起來只是證明了次要的觀點,即在某種情形之下,我們不去思考要比思考做得更好,不過這是個枝節問題。莊子主張中隱含的邏輯有這樣兩個步驟:

1. 人們離開本性之中的自發性,要在各種選項中做選擇,他們所找的理由都必然是沒有根據的(baseless)。

2. 要回歸到自發性,人們要堅持一個獨一無二的律則,即我們所確定的"領會(客觀情況)之回應"。

如果"取法道"相當於"領會(客觀情況)之回應"的話,我們就不必因為莊子説到"取法道"就好像價值是自明的而感到氣惱。"領會之回應"是這樣一個律則,我們都覺得它理所當然,但很少費事去做系統闡述,因為這看起來太平常了。當一整套人生哲學都以此為基礎時,這就很奇怪了。不管我是深思熟慮地行事,還是自發地做出反應,我都清楚地知道我應該瞭解外部環境,瞭解我自己,瞭解怎麼達到我的目標。有些時候,我還不得不被各種律令提醒:"面對事實","認識你自己","考慮你正做的事"。在深思熟慮的行動中,這些律令對我的用處並不大,因為我不停地增加信息,卻根本不知道我應該做什麼(如果我懷疑這點,我就是混淆了"是"和"應該")。但是自發的反應僅僅和它所跟隨的知覺(perception)之間有因果聯繫,因而

---

① Follow the Way,譯作取法道。Respond with awareness of what is objectively so,譯作"領會(客觀情況)之回應"。這是作者對莊子的概括。Robert Eno 把葛瑞漢的原則總結為: Respond to situations with a disciplined awareness of all objective conditions bearing on the attainment of goals spontaneously chosen,這一概括更細緻。Journal of Asian Studies,1985 年版,第 379 頁。

② Prudential,這裏譯作明智的。一般作審慎的、深謀遠慮的。作者這裏依據西方倫理學的習慣分類,區分了明智的行為和道德的行為。在下文中作者分別論述了如何在修正過的莊子原則下實踐這兩種行為。

要對其做出判斷,僅僅考慮到這人是遲鈍還是靈敏,是瞭解事實還是不瞭解事實就可以了①。西方人不習慣用"領會之回應"評價人,認為只有動物才如此(動物依據其靈敏性和適應性來面對周遭環境,而在"存在巨鏈"或是"進化之梯"中分出高下等級②)。然而,如果我們像莊子一樣清除所有道德的和明智的準則,很顯然"領會之回應"仍然是有效的。而這除了要聰明、不要愚蠢,要事實、不要錯覺之外,幾乎沒什麼相干的[準則]了。在西方傳統價值真善美之中,只有第一項涉及了。假如我在路上,一輛駛來的汽車突然轉了個急彎沖向我,我最聰明的反應該像一條狗一樣,在我知道自己在做什麼之前就跳到人行道上去。要是我站在那嚇呆了,沒意識到發生了什麼,或者意識到危險但是太慌亂了不知道怎麼才能立即逃開,那麼這就是愚蠢的反應。值得注意的是,這一判斷和自我保護一類的價值毫無關係。即使我下了決心要自殺,連着幾周琢磨怎麼欺騙保險公司,可是我依照我的意圖[抵制求生的本能]而沒有跳開,這也只是偶然的事。如果我能在瞬間認清處境,並且選擇站在那等着被撞死,那這是極為聰明的,但這已不是[自然的]反應,而是一種深思熟慮的行為。

但是,如果說聽從"領會之回應"這一命令(injunction)有貶低人的地方,那麼這種說法對莊子來說是一個冒犯。假定我坐在一盤水果旁,正要拿一個梨子,這時一隻桃子吸引了我,它們不同的味道在我記憶中重現,互相衝突,然後我的手轉了轉,拿起了桃子。我們可以設想一下,除了想像的感覺和手的動作之間的因果聯繫外,沒有別的什麼了。我對看到的和聞到的東西的回應就像猴子一樣,但是[和猴子不同],我完全領會這兩種味道,服從"領會之回應"這一律則。我真的可以用更配得上理性人的尊嚴的方式拿這個而不是那個嗎?也許有些人會說,我應該用一些行為原則來給味感提出建議。但是,我甚至沒有詞彙去描述梨和桃子的不同氣味。最多我會說:"我更喜歡桃子。"或者:"喫桃子我會更滿足。"但是,在第一種情況下,從心理的陳述推出"選擇桃子"會牽涉到從"是"到"應該"的跳躍。在第二種情況下,依靠對偏好的概括[做出選擇]可能讓我形成習慣,而這弱化了我對各種口味的瞭解,直到無法發覺我已不那麼喜歡桃子了,或是無法發覺我這時很想改變一下,所以這些在理性化(rationalization)過程中失敗的嘗試,讓我的選擇更不明智③。假如我第一次喫法式蝸牛,我沒辦法讓自己忘掉令人生厭的黏糊糊的樣子,感覺那就是花園裏的蝸牛。你會責難我愚蠢到排斥那些絕不敢去充分瞭解的美味。作為一名美食家,你一定會認為自己是高等文明的產物,作為學者或是科學家而遠遠高於動物。也許我本來就不注重美食,在我看來,對食物這件事,理性人不需要深思熟慮去選擇。不過,如果我按你的要求去做一個慎重的選擇的話,我可以否認你的責難的正當性嗎?如果我回答說,是否弄混了眼前的美味和記憶中的印象究竟是

---

① 意謂不需要複雜的理論或標準就可以對行為做出判斷,詳見下文分析。
② 存在巨鏈,vast chain of being,哲學術語,出於 Authur. O. Lovejoy 的 *The Great Chain of Being: A Study of the History of an Idea*,1936。Evolutionary ladder,譯作進化之梯。
③ 原文:*less* intelligent,*less* 用斜體。此謂用理性推導方式做出的選擇比起自發反應,顯得沒那麼明智。

回應了事實還是幻覺,這些根本就不重要,那麽我就陷入了比莊子更嚴重的懷疑論中。不過,既然實際上我的確承認應該注意錯覺,應該按照客觀事實瞭解事物(不管這時什麽形而上學問題突然冒出來),那麽我就有了一個評價自發性行為的一般原則;而如果我是一個道家人物,這將會為我提供所需要的全部倫理學①。說起來可能奇怪,道家雖說是一套人生哲學——即使的確可以批評它不完備——它所設想的和科學所設想的没有什麽區别,都要依賴對事物客觀存有的尊重。

通過把"取法道"解釋為"領會之回應",我們就可以處理道家的相對主義之中明顯的矛盾。外篇《秋水》篇表達了一種看起來極端的道德相對主義:

> 從道的立場看,事物没有尊貴和卑賤之分;從事物的立場來看,他們認為自己尊貴,而别的事物卑賤;從習俗的立場看,尊貴還是卑賤和自身無關。②

接着,作者讓我們接受一種價值中立:"堯(對於儒者來說是個聖人)和桀(對儒者來說是個暴君)都認為自己是正確的,認為對方是錯誤的。"③不過,道家肯定不認為他們自己的評價在這個意義上是相對的。在幾句話之後,作者[敍説了]一些歷史人物或是謙讓王位或是爭奪王位而結果各不相同的事例,然後告訴我們說:"對於爭奪還是謙讓這一禮節(propriety),堯或者桀的不同行為,究竟是高貴的還是卑賤的,這是是否適應時勢的(timeliness)事情,因而不能拿它們作為規範(norms)。"④這是一種比較而言有限的相對主義;没有恒久不變的規則適合堯和桀兩人,因為他們生活在不同的境況之下,雖説道家的確更傾向於前者而不是後者。人們可以確定無疑地宣稱,一個特定的人在特定的情況下符合或不符合道。這没有什麽衝突的地方;堯和桀,作為現成的好的和壞的統治者的例子,道家設想堯領會了他的時代而做出回應,而桀卻没能做到這一點。

既然西方哲學差不多已經放棄了尋找[道德]律令的邏輯根據的希望,那麽一個中國的反理性主義者——他並没有想去解決這一問題——就應該碰巧發現這一堅實的基石以完成他的生命哲學,這[種要求]看起來有些不公平。令人遺憾的是,理性主義的道德觀看起來無法在莊子的方案中得到益處。如果我們認為有必要在不同的選項中做出理性選擇,而對於自發性領域只給一種邊緣的地位,那麽除了表明遙遠文明中的稀奇東西裏,至少有一種哲學避免了我們的那種事實與價值的二分法之外,我們還能做些什麽呢?

但是,也許我們仍舊低估了莊子?没有什麽東西禁止我們接受這一模型,即人是自發性

---

① 這裏所說的評判自發性行為的 principle,指上文所說的以敏感度與覺察能力高下為道德判斷的依據。
② 原文:以道觀之,物無貴賤;以物觀之,自貴而相賤;以俗觀之,貴賤不在己。(《秋水》)
③ 原文:知堯、桀之自然而相非。(《秋水》)
④ 原文:由此觀之,爭讓之禮,堯、桀之行,貴賤有時,未可以為常也。(《秋水》)

的存在(spontaneous being),受制於"領會(客觀情況)之回應"這一律則,但同時仍反對莊子[的反理性主義]而堅持理性在覺知(becoming aware)過程中是一種積極的助力。從這一方向探討道德哲學問題,結果可能是有益的。讓我們考察一下這一可能性。我們將繼續討論領會的問題,同時不在到底什麼程度的領會或是哪種領會適合特定的情況這些細節上耗費心力,因為這會讓我們從討論的要害處分散注意力。

在我生命的最初階段,我的行為就像動物一樣是自發的,[畢竟]人類是從動物那裏進化(descend)來的。我就像一隻小動物,逐漸地意識到周圍環境。我的反應能力相應地也在成長——向更完善的方向轉變,因為我們的律則督促這一轉變。作為一個人,我也學着思考有關事實的問題,然後瞭解得更多,也更準確;但是就這些見聞自身而言,仍舊只是為了讓我的反應更明敏地起作用。我也變得更為理性,選擇方法來實現那些吸引我的目標;但是直到這時為止,我們更願意選擇這個目標而不是那個目標來作為理性目的的惟一根據仍是:這一目標是在我盡可能領會情況後自發地就趨向的那個目標,所以它是由"領會之回應"這一權威(authority)來支持的。

在我的發育過程中,父母、老師和別的孩子教給我各種各樣的律令。當我在律令的指引下學着做選擇時,我的行為和自發的意向(motions)之間沒有關係了嗎?讓我們設想一下,一個孩子晚餐時想再喫一份,但是他知道,如果喫的話他會噁心的。他想起嘔吐時的樣子,於是食欲瞬間被厭惡感壓倒。但是面前的色香味強烈刺激着他,淹沒了他的記憶。他媽媽跟他說,或者他跟自己說:別喫,要不你會嘔吐的。一場選擇的危機出現了,問題就是在這兩個懸而不決的反應中,應該讓哪一個進行下去。在這種情況下,這兩個反應的明敏程度越低,在猶疑之中的律令的選擇力量就越弱。

> 你選擇哪一種回應呢?是在對後果一知半解的情況下喫呢?還是在完全瞭解之後克制呢?
> 完全領會客觀情況如何之後做出回應。
> 所以,克制。

(這絕不同於從事實前提"喫了你會噁心"和"你不願意噁心",令人懷疑地推出"別喫"這一律令出來。)

既然這種情況在自己和別人的經驗中經常發生,他就會把這一禁令(injunction)總結為一個原則;不應該喫得太多。道家的聖人無疑不需要這樣的原則,因為他已修養(trained)到不讓局部反應擾亂對全部境況的明照(mirroring)。但是,我們這些普通人的確需要這些原則,就像莊子所描述的孔夫子說的那樣:"他們是在指導方針(guideline)之外遊蕩的那種人,我是在指導方針之內遊蕩的那種人……我是一個上天判決有罪的人。"①(他承認他決不會成為一

---

① 原文:彼遊方之外者也,而丘遊方之内者也……孔子曰:"丘,天之戮民也。"(《大宗師》)

個道家的聖人,不再依賴規則)對我們來説,如果我們是理性主義者,那麽道家的聖人毋寧是道德觀的理論極限,而"領會之回應"的意義,與其説是要求我們領會得更多,回應得更快,不如説它給出一個[有關道德律令的]推論:領會更多之回應(prefer the response in fuller awareness)。這樣做可以像"不應該喫得太多"的範例那樣,得出明智的律令來。鑒於任何得到遵守的律令體系都必須具備邏輯上的一致性,我們就必須用清晰的序列(code)把它們組織起來。但是,即使是那些最圓熟的標準系統也不過是——如果找不到新的邏輯基礎——用來評判和裁決相互衝突的反應的工具而已,他們最終還得依靠"領會之回應"[這一律則]。

　　我們上面所舉的律令的例子是明智的,那麽道德的標準呢?莊子宣稱聖人"無己",並且總表示聖人精純地明照世上的事務,他的回應是為了所有人。"他的恩惠延伸到無盡時候,但是他並不被認為是熱愛人類。"①乍一看,人們可能會認為莊子忽略了人的自發的自我中心主義。但是,在提出"領會之回應"後,我不得不承認從自己視點(viewpoint)出發的領會没有優先地位。這就引出了有趣的可能性:"領會"的觀念可能會被證明是一座橋樑,通過它,自我和他者的平等性(equal status)在客觀瞭解中會將自身轉為倫理[行為](ethics)②。讓我們考察一下這種可能性。首先要注意的是從個人視點出發的領會和以暫時的視點出發的領會的相似性。

　　假設我退休後一時衝動,想去我出生的鄉村居住。但是,現實情況出現了,我發現最好不要用懷舊的眼光回想它,而要用去城市生活之前實際看到的情形去回想它。要看到期待在那兒生活的不是現在的我,而是一個老了的我,我已經很難再交到朋友,在村民的眼中,已是一個不大受歡迎的陌生人。我的領會客觀情況之回應到了這個程度,以至於我不再受個人的和當下的視點的支配,而是降低它的[優先性]到其他視點的水準上。無論推動我的是明智的思考還是道德的思考,我對人世間的整體理解都要求我思考和想像時在不同的視點間不停地轉換,並且從不同的視點去做出回應,無論這視點是記憶的還是預期的,個人的還是集體的,我自己的還是别人的(最開始是模仿,"我把自己放在他的位置上"),是假設的,虚擬的,或者只是模糊的;只有在行動時,我才必須進入當下的視點,無論是個人的("我"),還是社會的("我們")③。當然,這總有些不對稱,[畢竟]我從其他視點[的回應]不是理解的(perceive),而是想像的。但是我仍舊是對我所猜想的客觀情況做出回應,並且極為重要的是,雖然我是在想像,但是我並不想像回應本身。這種情況在使用個人的視點時和使用暫時的視點時一樣多。當

---

① 引文出於《大宗師》:"澤及萬世而不為仁。"同篇還有類似的説法:利澤施於萬物,不為愛人。
② 作者原文為:The equal status of self and other in objective knowledge transfer itself to ethics. 此句意謂,平視自我和他者,就可以由"知"轉化為道德行為。這是respond with awareness在道德層面上的應用,詳見下文例釋。
③ 作者區分了understanding和action兩種情況。在前者,視點是轉換的,在後者則不是。因為行動要直接面對當下情況做出回應。

我在機場找不到人時，我會猜想他去哪裏，我不會想他自己的想法，而會想像他的處境，像他那樣的人會怎麼看、怎麼想。如果有人告訴我他剛知道自己得了癌症，我在想像中聽到的是醫生的死亡宣判，但是我不會去想像恐懼感，我會感受到死亡的寒氣。如果我看到一個人割了手，我不會把疼痛想像為在我的心靈之眼前的什麼不相干的東西，我或者把它看成好像是刀子切開乳酪，或是因為害怕一下子就躲開了。

這種對於其他時間或是其他人的視點轉移不是一種道德行為，而是一種認識行為。通過它，我探討我是怎樣可能或是將要去感受，或是別人是怎樣感受的。但是，為了實現這一點，我就必須去感受。比如，以我對疼痛的反應這件事來說，我預想自己將來某時遭受疼痛，或是我看到別人遭受疼痛，這些只是在程度上不同於我自己對當下疼痛的反應。我可能讓自己堅強起來不去理它，或是想辦法減輕它，或是躲開它，或者甚至（如果我是一個受虐狂）讓它弄得有了性的興奮。當然，這些程度上的差異還是相當關鍵的，我沒辦法確信對自己的預期，或者湧起對他人的同情——當我最真切地領會到它時，會強烈地推動我採取行動。但是，即使我只有一點觸動，我們的律令也會促使我抵制更強烈的衝動，並且在其敦促之下選擇去行動，來作為我在最充分領會時的回應。一個孩子從預期的視點體驗到一陣噁心，就能那麼回應，做出慎重的明智意義的抉擇。而道德抉擇則出於對他人疼痛的一陣微弱的戰慄——人們承認這個而不讓心靈無益地細想它。這[和明智的抉擇]是極為相似的，都同樣以"領會更多之回應"為基礎。

我們在這兒是否有了一個新的反自我主義者（Egoism）的觀念基礎呢？至少我們可以聲稱道家關於人基本上是自發性的存在這一觀念正顯示出巨大的優勢。哲學家們習慣於從追求自己目的的理性人這一概念出發。[自我主義者的]問題馬上就來了，憑什麼我更願意選擇別人的目的而不是我自己的目的呢？直到回答說自我主義會帶來好處[問題才算得以解決]。道德主義者們——在我們很多人看來很擔心這個問題——或是回避去做這種回答，或是笨拙地去修補它。然而，如果我們着手把人理解為自發但明敏的存在，他不得不去尋求獨立於[固有]視點外的領會，並且認識到如果他足夠智慧，那他所有的行為都起始於由因果聯繫引發的回應——雖然他可以中止回應並且可以在回應之中做選擇，那麼證明的難點就改變了①。自我主義者的問題就變為："憑什麼我不願意選擇從我自己的視點出發的回應？"然後引出這樣的回答："那更像是願意從你自己當下的視點做出的回應。相對於視點來說領會是中立的，在沒有回應的情況下，你從任何視點都不可能領會些什麼。"這時自我主義者會堅持他的立場（stand）："是的，我不能從所有視點出發中立地領會一切，你也不能。我從自己那裏領會更多的就是我的自私反應，那是最強烈的。為什麼我不去選擇做我高興的事，對自己給他人造成的傷害無動於衷，抵制領會的任何一點擴大，以免引起不適宜的同情心而與我當下的欲求（desires）發生衝突呢？"但是，這樣他就公開對抗了"領會之回應"[這一律則]。我們在討論中

---

① 作者便用了法律術語，burden of proof，一般譯作舉證責任，這裏譯作證明的難點。

已經發現,無法憑藉理性根據去選擇當下目的,除非這些目的是他在領會得很充分的情況下自發就傾向的。他有什麼根據——接下來的領會可能損害這些目的——願意選擇這些目的一直下去呢?他在假定通常一定會假定的東西,但是莊子的想法促使我們發問:在空無所憑(void)之中做選擇,用斷然的命令(fiat)去決定這人的目的,這都是可能的;一個人是否能在目標之間根本不做選擇——不管領會得多些還是少些——就朝向那個他早已自發趨向的目的呢?此外,自我主義者已不再堅持連貫的自我主義主張了。剛開始時他更願意[選擇]自己的回應而不是他人的;現在他願意像對待他自己那樣對他人領會更多了。

  在理論極限的意義上,通過領會之回應能夠從任何視點獲取完全的領會,並且反應時的同情和厭惡都公正無私,就如同我看莎士比亞戲劇或是托爾斯泰的小説一樣。道家理想中的聖人據信能做到這一點,所以他不需要道德標準,就像我不需要放在《安娜·卡列尼娜》標題下面的"伸冤在我,我必報應"那句話一樣①。不過我們這些普通人相對而言不能從別人的視點來領會,結果就是我們的利他反應相對較弱。就像孩子在晚餐時琢磨着該不該冒着風險再來一份一樣,當這種反應較弱的時候,我們需要"應該"來使自己回想起充分領會下的反應。但是在道德的以及明智的選擇中,我們主張的基點仍舊是,律令只有在評判自發反應時才適用。的確,責任感會抑制最強烈的[内心]傾向 inclination,但是,沒有感到一些[内心]傾向的話——不管這一傾向多微小——一個人能夠在道德行為中確證道德律令的力量嗎?看起來這樣講還是合理的,即一個人如果不能站在別人的位置上,就不能理解道德訴求(即使他恰好是個從外部權威那接受命令和禁令的守法公民),就如同一個人沒有能力轉換暫時性的視點,就不能理解對他自己將來的利益訴求一樣。按照現在的分析,無論哪一種視點轉換的能力不足都不是道德缺陷而是認識缺陷(cognitive defect)。與之相關的一個心理事實是,對於道德訴求和對將來利益訴求麻木不仁,困在"自我"和"現在"之中,這種情況經常出現在同一個人身上。這種結合被廣泛地作為將此人歸於精神病態最有力的尺度,從而免除對此人的道德判決。

  現在問題出現了:作為理性動物的人——他批評自己依據對客觀情況的領會而來的自發性趨向——在任何時候都能超出他的動物性嗎?或許,我會認為自己被自發性的洪流席捲過去,讓我的理性這一神聖天賦只在最大領會過程中起引導作用,這有損於我的尊嚴。我希望為自己的行為負起全部責任,做自己命運的主人,我應該自己選擇我的目的,讓自己遠離我的反應,並且學着像對待外部事物那樣操控他們。對於那些通過理性提升自己擺脱本性的抱負來説,有些事情是自相矛盾的,因為除非我給理性設下任意的界限,否則我就不能禁止生理學、心理學和社會學把我重新整合回本質形態(nature)——我作為一個現象就像任何別的東

---

① Vengeance is mine, I will repay, 這句話原出於《聖經·新約·羅馬書》中,是保羅引用《舊約·申命記》中上帝的話。本處中文譯文依據的是新標點和合本中文聖經。此句意謂道家聖人不需要道德標準,就像作者不需要上帝來做道德裁決一樣。

西一樣原則上是可解釋和可預測的①。然而,這是西方長久以來的一個理想,[對這一理想]最不妥協的是薩特的《存在與虛無》,它甚至把情感也作為一種選擇的事情,以至於到了明確否認真實性(genuine)和意志感受之間差別的地步②。如果一個自足的律令體系能夠在"領會之回應"之外的基礎上重建起來的話,這一理想的確可能實現。哲學家們當然已經嘗試這麼去做,通過推演先驗絕對律令,或是以由"是"向"應該"跳躍為代價,從神學、心理學或是社會學的前提推出律令來。現在所有這些努力衆所周知都失敗了,然而人們仍舊假定理性的人不知怎的靠他的努力已經把自己從自發性之中撥離出來,這是錯把意願當作行為。如果理性的視野局限於提煉並體系化律令,在律令間相互推演,它怎麼能改變與自發性的關係呢?

我在理性選擇時把自己從自發性中分離出來,並且把它降低到外部事物的地位,這一錯覺通過由原則系統充分掩飾過的穩定生活能夠持續很長一段時間。但是,可能我幾年來一直緊盯的目標失去了全部吸引力,我追求它的勁頭枯竭了,忽然之間,理性的規劃看起來外在於我,[而成了一個]我深陷其中的手段和目的的裝置(mechanism)。回過頭去看一切很清楚,我斷定為正確的那些目標至多是我在充分思考了各種情況之後自發趨向的那個。好了,如果沒有牽涉到別的什麼目或原則的話,那麼一大堆為説"我應該"[準備的]理由會隨着志向的衰退而湮滅掉。或者,我因在相互衝突的原則之間進退兩難,考慮再三是否説出會帶來傷害的真話,或者在愛與責任感這種典型的衝突之中[不知所措]。我想着想着睡着了,第二天早上一醒來就知道我要做什麼,就像羅盤的指針不停地擺動最後終於固定下來一樣。即使假定我在夢中進行了邏輯推演,那也不大可能在諸種可能性中找到平衡點,因為相互衝突的原則是不可通約的(incommensurable)。這也不像是扔硬幣[那樣隨意地選擇了結果],因為最初所做的思考並不是白白浪費時間。我應該尊崇它,把我所做出的選擇稱為源自我存在的深層的生存選擇嗎?但是,説我在考慮到每一個要思考的相關事件之後明敏地回應,把自己安排在自發趨向的方向上,這可能只是一個表層的(rhetorical)説法。進一步的啟發可能是,正是通過這些並非來自於已知律令的選擇,我才能學習並且成長。

我可以試着把自己收縮成一個無限小的會思考的自我之點(point of thinking Ego),對這個自我來説所有自發的過程都是外在的③。但是,自發性總是在我內部的中心湧現出來④,推着我向前或是拉着我向後,只有在無關緊要的地方(periphery)我才能完全控制它。要是期待

---

① 這裏所説的自相矛盾,是指在科學中把人變為客體來做對象性的研究,和運用理性提升自己作為一個理性主體二者間的矛盾。要避免這一矛盾而對理性設定任意的界限來保護作為主體的人事實上是不可能的。
② 讓·薩特《存在與虛無》,Hazel E. Baces 譯(倫敦:Methuen,大學平裝本,1969),p. 462。——原注。
③ 這裏暗指笛卡爾。
④ The spontaneous,譯作自發性。作者在下面的論述中提到的自發性,總用 the spontaneous,而不用 spontaneity。這應該是為了避免把自發性觀念對象化。

它是別的什麽樣,也是不合理的,因爲在狂喜——審美的,性愛的,理智的,神秘的——之中,自發性充湧在整個意識之中,能夠把我們提高到日常生活内容之外的高度去領會。當然,它們也能欺騙我們,發現(revelation)和錯覺之間的模糊界綫是要竭力堅持的區别,而它只能在回顧中用理性去澄清,或者根本就不能澄清什麽①。但是如果我堅持把自發性推向一個早就認定的理性目的,我就仍舊困在舊觀念的圈子裏,理性繼續做着同樣的演算,那麽除了在熟悉的地方發現一些隱微之處(implication)外,不會有什麽新奇的東西。在詩歌中,這樣的帶入(transport)是通過一定程式的語言來唤起的(這些語言大概都是詩人經過認真思索與艱苦努力挑選出來的)。詩的語言把它穩固下來,並使我能在閒暇之中評價它。讀者會發現他以令人驚異的敞開了和提升了的領會來"回應"("回應"這一詞語在一些文學批評用語中極爲熟悉,就如同在行爲心理學中一樣,或者如同莊子所説的中文的"應"*ying*)。讀者[平時]不太懂語言的其他用法,他會發現自己不但注意到説了什麽,而且同時聽到作爲母音和輔音交織物的詞語,注意到節奏、韻律、半諧音②,詞語的意義不再受束縛,而揭示出他從未意識到的(詞語之間的)聯繫和細微差異;他從未留意過的表象(sights)和聲音在想像之中變得那麽準確,那麽生動;情感呈現得那麽清晰,而不再受習慣性的感受或是一直被教育出來的應該如何感受所掩飾;關於生與死的真相,他一直跟隨社會習俗來系統地逃避,這時則凸顯出來,那麽簡單又無可質疑(莊子本身就是那一類詩人,遠遠超過了他是一個西方意義上的哲學家。因而他的寫作是關於回應——隨着不可預知的道的狂歡(bends)圓轉自如(veers)——的實踐性説明)。或者這可能是一首有相反作用的詩,把人麻痹在固有的感覺和體驗習慣上,或者用新奇和吸引人的風尚讓人神魂顛倒,陷在自我欺騙之中,文學批評家用很大篇幅來分析這些作用。也許我們可以提出一個問題——雖説在這兒不能回答:批評家是否需要一些不能當作"領會之回應"涵意的美學標準③?

那些任由自己遊蕩在自發性中的最爲奔放的迷狂者——只有熱戀中的人或是神秘主義者才能與之相比——就是被嶄新的洞見(insight)抓住的那些沉思者。當一個常規的問題出現時,他可能收集信息,推出結論,幾乎精確得就像在紙上工作一樣。但是在另外的情況下,用尼采的話説:"思想出現時,是'它'想要[出現],而不是我想要。"④[思想]爆發,展開得極快,細節太過複雜,以至於無法控制,它用大膽的比擬式的跳躍來挑戰邏輯的嚴苛。思想所關注的問題模糊不清,要在解决過程中去界定它。當沉思者奮力去闡釋它時,思想卻在另一個方向飛馳,而沉思者只好聽任從隱約的徵兆那裏湧現出的激流自己折返回來。最後沉思者努力

---

① "發現和錯覺之間的模糊界綫是要竭力堅持的區别",這一點在《論道者——中國古代哲學論辯》中的莊子部分有細緻的討論,集中於莊子的天人之際問題。
② assonance,半諧音,只壓母音,不壓輔音。
③ 作者意謂,有一種與"領會之回應"無關的或相反的文藝現象,需要用另外一種標準來分析。
④ 弗里德里希·W·尼采《善惡的彼岸》,R. J. Hollingdale 譯(倫敦,Penguin 經典,1973),p. 28。——原注。

要做的就是使論點具有清晰的可以公開評判的形式——這是唯一的保證，哪怕對他自己而言。他是在闡明什麼，而不是在欺騙——他等待，直到時間到了在紙面上完成它。即使對那些人生哲學的創立者而言，人們都會懷疑不是那套哲學而是這些經歷（episodes）給了他們人生意義。讓人難以理解的是，思想家們探討理性行為的邏輯，卻沒有順從這個在他們自己的經驗中最為中心的現象。那些哲學家、數學家或者科學家有創造力的想像和先知或者詩人並無多大差異，這一點早已經變得沒有疑義了，能夠區別的就是在回顧時如何處理他的發現。一項偉大的方程據信在科學家夢中就現成出現了，好像他是西伯利亞的薩滿一樣。但是和薩滿不同，他接受它靠的不是夢的權威，而是因為它符合了後來最嚴格的檢驗。但是，如果在科學之中，理性也不過是評判自發性的能力，那麼我們還能期待它有什麼大用呢？

　　如果在討論中我們是對的，道家思想潛在的邏輯避免了[西方的]事實與價值的二分法，那麼，因為自發性不像唯意志主義（the willed）那樣[虛無]，而是單單在領會方面就能加以評價，所以在西方哲學中為它找到一個位置非常重要。不過，儘管我們能那樣做且不必成為道家，這樣給理性設定了限制卻不是任何人都歡迎的。這意味着不管我變得多麼理性，我只能中止[理性活動]，在自發性進程中做出選擇，而它們不是由我的決定發起的。這一觀點不太容易和人是他自己命運的主人，能夠完全為他自己的未來負責這一信念協調一致，而這一信念激發了從十七世紀到十九世紀西方理性主義的勝利，並且把我們帶到與莊子思想相對的另一極端。關於自發性觀念沒有什麼在本質上是全新的，人類的大多數在大部分歷史中都理所當然地認為，他們被他們之外的神秘力量推動着，這種力量能夠提升或是降低他們所設想的控制力（在莊子那裏，這是"天"來運化（flooding）人，或是由"天刑"造成的莫名其妙的跛足。在基督教神學那裏，不可預知的懲罰[來自於]神的恩賜，能夠幫助意志抵制罪惡的誘惑，否則人會軟弱）。在當前這個世紀，自從佛洛依德把宗教語言翻譯為心理學語言，證明了關於人的[與前人]相同的觀念，我們發現自己已經考慮回到這條路上。理性的人正變得願意承認他的理性功能處在困境之中，承認理性自身並不是它所認定的在人那裏最好的東西的發起者。他可以做出這樣的讓步，同時，不去限制作為重要工具的理性的範圍。這可能是二十世紀惟一可行的理性觀嗎？而那個困在手段和目的系統中的理性主義——其中的目的既與自發性無關又沒有理性的根基，它一無所據，就會召喚出非理性主義作為復仇女神。

　　我們從莊子開始的討論已經離題太遠了，但是除了在他推動之下我們為自己做哲學探索之外，我們還能給他什麼更高的敬意呢？①

　　[作者簡介]葛瑞漢（1919—1991），男，出生於英國威爾士。曾在牛津大學學習神學。二戰中參加英國皇家空軍，在馬來西亞、泰國等地擔任日語翻譯。1946年進入倫敦大學亞非研究院，取得哲學博士學位後留校，後晉升為亞非學院中國古典學教授，並於1981年當選英國

---

① 本文受惠於羅思文（Henry Rosemont Jr.）的細緻批評。——原注。

(文史哲)研究院院士,是著名的漢學家。其著作共 12 部,包括《中國的兩位哲學家——程明道和程伊川》(1958)、《後期墨家的邏輯、倫理和科學》(1978)、《莊子・内七篇和外雜篇選》(1981)、《理性與自發性》(1985)、《論道者——中國古代哲學論辯》(1989)等,並有詩歌翻譯和《列子》翻譯等,發表論文 60 餘篇。

[譯者簡介] 劉思禾(1973—　),男,原名劉兵,遼寧凌源人。文學博士,主要從事先秦思想研究,現為東北師範大學古籍所講師。

老聃行狀事迹彙考*

邵炳軍

李約瑟、陳立夫《中國之科學與文明》："中國如果沒有道家，就像大樹沒有根一樣。"①那麼，如果道家沒有老聃，就像江河沒有源頭一樣。然老聃作為春秋時期道家學派的集大成者，其行狀事略雖有《史記·老子列傳》序列其行狀而傳寫其事迹，然依然有許多問題或闕或歧實屬學界一大憾事。筆者於1997年開始撰寫《春秋文學繫年輯證》的過程中，對春秋時期宋老氏世系、老聃姓氏名字、生卒年歲、居沛地望、去沛卒秦及傳世《老子》成書年代等行狀事略中一些疑難問題進行了逐一考證，偶有所得。現彙輯於下，以求教於方家。

一、春秋時期宋老氏世系考

《左傳》桓二年："宋督攻孔氏，殺孔父而取其妻。公怒，督懼，遂弑殤公。……會于稷，以成宋亂，為賂故，立華氏也。"②《左傳》隱八年、桓元年孔疏並引《世本》："宋督是戴公之孫，好父說之子。華父是督之字。"③《左傳》文十六年孔疏引《世本》："華督生世子家，家生華孫御事，事生華元右師。"④《傳》成十五年孔疏引《世本》："（華父）督生世子家，家生秀（季）老，老生司徒

---

* 本文為教育部哲學社會科學研究後期資助重點項目"春秋文學繫年輯證"（項目批準號：07JHG0009）階段性成果。
① 李約瑟、陳立夫《中國之科學與文明》，臺灣商務印書館1979年版，第255頁。
② 孔穎達《春秋左傳正義》，影印阮刻《十三經注疏》本，中華書局1980年版，第1740頁。
③ 同上，第1734頁。案：此據《左傳》隱八年孔疏引文。《左傳》桓元年孔疏引"宋督"作"華父督"，且無"華父是督之字"句。又，好父說，即唐林寶《元和姓纂》四十《禡》之"宋戴公子考父說"，戴公白第三子，武公司空、公子皇父充石之弟，字好父（一作"考父"），名說，故稱"公子說"。
④ 同上，第1859頁。

鄭,鄭生司徒喜。"①宋鄧名世《古今姓氏書辯證》六《至》、鄭樵《通志·氏族略》四、明淩迪知《萬姓通譜·四置》並引《世本》:"宋華氏有華季老,子孫氏焉。"②《左傳》桓元年杜注:"華父督,宋戴公孫也。"③宋程公説《春秋分記·世譜七》:"戴公為一世。生四子:曰武公,曰皇父充石(後為皇氏),曰好父説(後為華氏),曰樂術(後為樂氏),為二世。……華氏,別祖好父説,《公子譜》之二世也;生督;督生二子:曰家、曰季老……季老生鄭,鄭生喜,喜生吳。"④

謹案:據《傳》成十五年孔疏引《世本》,世子家為季老之父。則程氏"世子家與季老為兄弟"説失考。又,譚戒甫《二老研究》之宋老氏世系為:戴公白→好父説→華父督→世子家→華季老男→老佐……老彭(老聃、老子)⑤。據《傳》成十五年孔疏引《世本》,"華季老男"下闕"華鄭"、"華喜"二世。故筆者此不取。則宋老氏為帝乙元子微子啟弟微仲衍後裔,出於公孫督(華父督、華父、宋督)之孫、華家季子華季老男,華氏之別,春秋時期世系為:戴公白→公子説→公孫督→華家→華季老→華鄭→華喜……老佐……老聃(老子)⑥。

二、老聃姓、氏、名、稱考

《史記·老子列傳》:"老子者,楚苦縣厲鄉曲仁里人也,姓李氏,名耳,字伯陽,謚曰聃,周守藏室之史也。"⑦《禮記·曾子問》孔疏引《史記》:"老聃,陳國苦縣賴鄉曲仁里也。為周柱下史,或為守藏史。"⑧《史記·老子列傳》張守節《正義》引朱韜《玉劄》及晉葛洪《神仙傳》:"姓李,名耳,字伯陽,一名重耳,外字聃。"⑨《水經·渭水注下》:"昔李耳為周柱下史,以世衰入戎,于

---

① 孔穎達《春秋左傳正義》,影印阮刻《十三經注疏》本,中華書局1980年版,第1914頁。案:季老,閩本、監本、毛本《季》並作"秀",則"秀"、"老"形近而訛。故阮校本據宋本改"秀"為"老"。
② 鄭樵《通志·二十略》,王樹民點校乾隆間汪啟淑重刻正德陳宗夔刻本,中華書局1995年版,第136頁。
③ 孔穎達《春秋左傳正義》,第1740頁。
④ 程公説《春秋分記》,上海圖書館藏清抄本。
⑤ 譚戒甫《二老研究》,羅根澤《古史辨》(第6册),上海古籍出版社1982年版,第473~515頁。案:華季老男,即成十五年《傳》孔疏引《世本》之"季老",亦即《潛夫論·志氏姓》、《路史·後紀十》之"季老男氏"。
⑥ 説詳:邵炳軍《老子先祖宋戴公暨老子宋相人説發微》,《諸子學刊》第一輯,上海古籍出版社2007年版,第37~47頁。
⑦ 司馬遷《史記》,郭逸、郭曼點校宋黄善夫刊刻三家注本,上海古籍出版社1997年版,第1650頁。案:此引監本文,局本、武英殿本皆作"姓李氏,名耳,字聃。"又,監本文"字伯陽"三字為衍文,"謚曰聃"三字為後人改竄之文。説詳:王念孫《讀書雜誌·史記四》,《續修四庫全書》影印天津圖書館藏清道光十二年刻本,上海古籍出版社2002年版,第533~534頁。
⑧ 孔穎達《禮記正義》,影印阮刻《十三經注疏》本,中華書局1980年版,第1393頁。
⑨ 司馬遷《史記》,第1650頁。案:朱韜《玉劄》,一作《玉禮》。

此有冢,事非經證。"①《史記·老子列傳》張守節《正義》又引唐張君相《老子集解》:"老子者是號,非名。老,考也。子,孳也。考教眾理,達成聖孳,乃孳生萬物,善化濟物無遺也。"②司馬貞《索隱》引葛玄《老子道德經節解》:"李氏女所生,因母姓也。……生而指李樹,因以為姓。"③

　　謹案:《史記·老子列傳》張守節《正義》引朱韜《玉劄》及晉葛洪《神仙傳》、《水經·渭水注》皆以"老子"即"李耳",説不確;《史記·老子列傳》張守節《正義》又引唐張君相《老子集解》、司馬貞《索隱》引葛玄《老子道德經節解》均為緯書謬説,更不足信;惟《禮記·曾子問》孔疏引《史記》以為"老子"即"老聃",説是。關於《史記·老子列傳》"老子即李耳"説,清人始疑之。清姚鼐《老子章義序》:"《莊子》載孔子、陽子朱皆南之沛見老子。夫宋國有老氏,而沛者宋地。……然則老子其宋人,子姓。"④胡適《老子傳略》:"我以為'老子'之稱,大概不出兩種解說:(一)'老'或即字。……(二)'老'或即姓。古代有姓氏的區別。尋常的小百姓,各依所從來為姓,故稱'百姓'、'萬姓'。貴族於姓之外,還有氏,如以國為氏、以官為氏之類。老子雖不曾做大官,或者源出於大族,故姓老而氏李,後人不懂古代氏族制度,把姓氏兩事混作一事,故説'姓某氏',其實這三字是錯的。老子姓老,故人稱老聃,也稱老子。"⑤唐蘭《老聃的姓名和時代考》:"那末據當時人普通的稱謂,老聃的老字是他的氏族的名稱。因為當時稱子的,像孔子、有子、曾子、陽子、墨子、孟子、莊子、惠子以及其餘,都是在氏族下面加子字的。……那麼,老聃應當是老氏是萬無可疑的。"⑥高亨《〈老子正詁〉前記》:"李、老一聲之轉,老子原姓老,後以音同變為李,非有二也。……古韻老屬幽部,李屬之部,二部音近,古或不分。此事與《老子》本書即足以明之。"⑦《〈史記·老子傳〉箋證》説同⑧。孫以楷、甄長松《莊子通論》:"揚雄《方言》:'虎,陳、魏、宋、楚之間,或謂之李父;江淮南楚之間,謂李耳。'方以智《通雅》卷四十六:虎'或曰貍兒,轉為李耳。'看來,生於陳、宋、楚之交的老聃,可能小名叫小老虎(貍兒),音轉為李耳。……老子生年——西元前571年,那一年正是庚寅年,即虎年。虎年出生,小名為小老虎,這是很自然的事。而小老虎,在老子故鄉又叫做貍兒,於是老聃的小名小老虎就成了貍兒,音轉而為李耳。"⑨筆者以為胡氏、唐氏、高氏、孫氏諸説近是,惟"老"為氏而非姓。

---

① 酈道元注,楊守敬、熊會貞疏《水經注疏》,段熙仲點校、陳橋驛復校,江蘇古籍出版社1989年版,第1550~1551頁。
② 司馬遷《史記》,第1650~1651頁。案:《老子集解》,一名《三十家注老子》,又名《老子道德經三十家注》。
③ 同上,第1651頁。
④ 老聃撰、姚鼐章義《老子章義》,《續修四庫全書》影印清同治九年(1870)桐城吳氏邘上刻本,上海古籍出版社2002年版,第624頁。
⑤ 胡適《老子傳略》,羅根澤《古史辨》(第4冊),第303~305頁。
⑥ 唐蘭《老聃的姓名和時代考》,羅根澤《古史辨》(第4冊),第332~351頁。
⑦ 高亨《〈老子正詁〉前記》,羅根澤《古史辨》(第4冊),第351~353頁。
⑧ 高亨《〈史記·老子傳〉箋證》,羅根澤《古史辨》(第6冊),第441~473頁。
⑨ 孫以楷、甄長松《莊子通論》,東方出版社1995年版,第53~54頁。

又,《漢書·藝文志》班氏自注:"(文子)老子弟子,與孔子並時,而稱周平王問,似依托者也。……(蜎子)名淵,楚人,老子弟子。……(關尹子)名喜,為關吏,老子過關,喜去吏而從之。"①清汪中《述學·老子考異》認為,老子、老聃、老萊子三人"不相蒙"也,《道德經》的作者應是孔子之後的老子②;譚戒甫《二老研究》、《〈史記·老子傳〉考正》認為,老子、老聃、太史儋為一人③。筆者此皆不取。又,譚戒甫《〈史記·老子傳〉考正》認為:老子為"周守藏室之史",即征藏史,實司理官之職。故其以世業理官而氏於李。筆者此亦不取。則老聃,姓子,氏老,名聃,尊稱子,文子、蜎子淵、關尹子喜之師;自北魏以降,老聃也被奉為道教始祖"太上老君"(《魏書·釋老志》)。

三、老聃生卒年歲考

關於老聃之年歲,先哲時賢主要有五説:一為與孔丘同時説,《史記·老子列傳》:"或曰:老萊子亦楚人也,著書十五篇,言道家之用,與孔子同時云。"④二為長於孔丘説,明蔡清《四書蒙引》卷三:"蓋老子是孔子前人,與孔子同時。"⑤三為長於孔丘二十歲左右説,胡適《中國古代哲學史》:"老子比孔子至多不過大二十歲,老子當生於周靈王初年,當西曆前五七〇年左右。"⑥《老子傳略》説同。四為長於孔丘三十四歲説,黃方剛《老子年代之考證》:"大概老子生年在五百九十年至五百八十年間,至多則長孔子三十九歲,至少亦長二十九歲;必欲斷定一年以為折中,則謂之生於前五百八十五年,長孔子三十四歲,似最近是。"⑦五為少於墨翟二十年歲説,張季同《關於老子年代的一假定》:"老子大約生於墨子生後二十年,卒於孟子生前十年。……老子的年代大概在墨子與孟子之間,以西曆紀年表其生卒,大概是:約前460年生,約前380年卒。"⑧羅根澤《關於老子年代的一假定跋》⑨、《老子及〈老子〉書的問題》⑩、《再論老子及老子書的問題》⑪説大同。筆者此從胡氏《老子傳略》、《中國古代哲學史》"長於孔丘二十

---

① 班固撰、顏師古注、傅東華等點校《漢書》,中華書局1962年版,第1729~1730頁。
② 汪中《述學》,據1926年成都志古堂刻板重印本。
③ 譚戒甫《〈史記·老子傳〉考正》,羅根澤《古史辨》(第6冊),第516~526頁。
④ 司馬遷《史記》,第1652頁。
⑤ 蔡清《重刊蔡虚齋先生四書蒙引》,國家圖書館藏明萬曆十五年吳同春刻本。
⑥ 胡適《中國古代哲學史》,安徽教育出版社2006年版,第44頁。
⑦ 黃方剛《老子年代之考證》,羅根澤《古史辨》(第4冊),第353~383頁。
⑧ 張季同《關於老子年代的一假定》,羅根澤《古史辨》(第4冊),第422~448頁。
⑨ 羅根澤《關於老子年代的一假定跋》,羅根澤《古史辨》(第4冊),第446~448頁。
⑩ 羅根澤《老子及〈老子〉書的問題》,羅根澤《古史辨》(第4冊),第449~462頁。
⑪ 羅根澤《再論老子及〈老子〉書的問題》,羅根澤《古史辨》(第6冊),第643~684頁。

歲左右"説，姑將其生年系於宋平公五年(前 571)①。

關於老聃之卒年，先哲主要有三説：一爲闕疑説，《史記·老子列傳》："於是，老子乃著書上下篇，言道德之意五千餘言而去，莫知其所終。"②二爲長生不老説，《史記·老子列傳》張守節《正義》引晉葛洪《葛仙公序》："老子體於自然，生乎大始之先，起乎無因，經歷天地終始，不可稱載。"③三爲漢武帝元光四年(前 131)頃説，宋羅泌《路史·後紀七》："(老萊子)桓、莊世柱下史，簡、靈世守藏史，孔子嘗學禮焉。孔没十九歲而儋入秦，西曆流沙八十餘土，化暨三千九萬品戒，化胡成佛，壽四百有四十。"④筆者以爲，太史公將老聃、老萊子、周太史儋三人合傳，或疑三人爲一人。蓋西漢初年關於老聃卒年既衆説紛紜，莫衷一是。《路史·後紀七》乃因《史記·老子列傳》之説。至於晉葛洪《葛仙公序》所謂"長生不老"之説，乃老子爲仙道説，愈不足信。惜其具體卒年不可詳考，姑系於老聃八十一歲之年，即宋景公二十六年(前 491)。

四、老聃居沛地望考

《列子·黄帝》："楊朱南之沛，老聃西遊於秦，邀於郊。至梁而遇老子。"⑤《莊子·天運》："孔子行年五十有一而不聞道，乃南之沛見老聃。"⑥又《寓言》篇："陽子居南之沛，老聃西遊於秦，邀於郊。至於梁而遇老子。"⑦

謹案：此老聃所居沛之地望，先哲時賢主要有四説：一是在老子故里相邑附近説，即在今河南省鹿邑縣東之太清宮附近。《莊子·天運》郭注："沛，音貝。老子，陳國相人，今屬苦縣，與沛相近。"⑧二是彭城説，即故彭祖國，春秋時爲宋邑，亦即今江蘇省徐州市。《莊子·寓言》

---

① 《史記·魯世家》、《孔子世家》均謂魯襄公二十二年(前 551)孔丘生，而《公羊傳》、《穀梁傳》襄二十一年皆謂孔丘生於魯襄公二十一年(前 552)。此從太史公説。
② 司馬遷《史記》，第 1652~1653 頁。
③ 同上。
④ 羅泌撰、羅蘋注《路史》，《四部備要》據刊本排印本，臺灣中華書局 1968—1972 年版，第 98 頁。
⑤ 舊題列禦寇撰、張湛注、楊伯峻集釋《列子集釋》，《新編諸子集成》，中華書局 1990 年版，第 80 頁。案：楊朱(約前 395—前 335)，即《莊子·寓言》之"陽子居"，亦即陽生，氏楊，名朱，字子居，與商鞅、孟子、許行等人同時而稍早。楊朱不信天命與鬼神，承認事物有發展變化，倡導"堅白"、"同異"、"貴生"、"貴己"、"貴身"、"存我"之説，反對"侵物"、"縱欲"，主張建立一個"人人不損一毫，人人不利天下"的社會。梁，即汴州，亦即今河南省開封市。
⑥ 郭慶藩《莊子集釋》，王孝魚點校長沙思賢講舍刊本，《新編諸子集成》，中華書局 2004 年版，第 516 頁。
⑦ 同上，第 962 頁。
⑧ 郭象注、成玄英疏《南華真經注疏》，《續修四庫全書》影印涵芬樓影印明《正統道藏》本，上海古籍出版社 2002 年版，第 291 頁。

成疏:"沛,彭城,今徐州也。"①三是沛縣説,即古偪陽國地,亦即今江蘇省沛縣東南微山之下沛故城。清顧祖禹《讀史方輿紀要·南直十一》:"沛縣,……古偪陽國地,秦置沛縣,爲泗水郡治。漢高初起於此,改泗水郡爲沛郡,移郡治相,沛縣屬焉,時謂之小沛。"②四是沛澤説,宋地,地跨宋魯兩國。孫以楷、甄長松《莊子通論》:"春秋時的'沛',即'沛澤',因古沛澤而得名。……沛澤是宋地,大約地跨魯宋,'齊侯田於沛',隨即入魯問禮,知沛澤東北境離魯不遠。"③筆者此從《莊子通論》説。兹補證如下:

《左傳》昭二十年:"十二月,齊侯田於沛。招虞人以弓,不進,公使執之。"④《公羊傳》僖四年:"齊人執陳袁濤塗。濤塗之罪何?辟軍之道也。其辟軍之道奈何?濤塗謂桓公曰:'君既服南夷矣,何不還師濱海而東?服東夷,且歸。'桓公曰:'諾。'於是還師濱海而東,大陷於沛澤之中。"⑤《吕氏春秋·求人篇》:"昔者堯朝許由於沛澤之中,曰:'十日出而,焦火不息,不亦勞乎?夫子爲天子,而天下已治矣,請屬天下於夫子。'許由辭曰:'爲天下之不治與?而既已治矣。自爲與?鷦鷯巢於林,不過一枝;偃鼠飲於河,不過滿腹。歸已君乎!惡用天下?'遂之箕山之下,潁水之陽,耕而食,終身無經天下之色。"⑥晉皇甫謐《高士傳》卷上:"許由,字武仲,陽城槐里人也。爲人據義履方,邪席不坐,邪饍不食。後隱於沛澤之中。……"⑦北魏酈道元《水經·泗水注》:"(泗水)又南過沛縣東。昔許由隱於沛澤,即是縣也,縣蓋取澤爲名,宋滅屬楚,在泗水之濱,於秦爲泗水郡治。"⑧又,《孟子·滕文公下》:"堯舜既没,聖人之道衰,暴君代作,壞宫室以爲污池,民無所安息;棄田以爲園囿,使民不得衣食。邪説暴行又作,園囿污池,沛澤多而禽獸至。及紂之身,天下又大亂。"⑨漢應劭《風俗通義·山澤篇》:"沛者,草木之蔽茂,禽獸之所蔽匿也。"⑩可見,《左傳》昭二十年之"沛",即《公羊傳》僖四年、《吕氏春秋·求人篇》、《高士傳》卷上、《水經·泗水注》之"沛澤",爲水草茂盛之域,位於宋、魯之境,距離"箕山之下,

---

① 郭象注、成玄英疏《南華真經注疏》,第526~527頁。
② 顧祖禹《讀史方輿紀要》,影印清江寧何瑞瀛校刊本,上海書店1998年版,第219頁。
③ 孫以楷、甄長松《莊子通論》,東方出版社1995年版,第58~59頁。
④ 杜注《左傳》昭二十年:"沛,澤名。……虞人,掌山澤之官。"孔穎達《春秋左傳正義》,影印阮刻《十三經注疏》本,中華書局1980年版,第2093頁。
⑤ 《公羊傳》僖四年何注:"草棘曰沛,漸洳曰澤。"徐彦《春秋公羊傳注疏》,影印阮刻十三經注疏本,中華書局1980年版,第2249頁。
⑥ 《吕氏春秋·求人篇》高注:"箕山在潁川陽城之西。水北曰陽也。"舊題吕不韋撰、高誘注《吕氏春秋·慎行論》,《四部叢刊初編》本,上海書店1985年版,第8頁。
⑦ 皇甫謐撰《高士傳》卷上,龙谿精舍丛书本,第2頁。
⑧ 酈道元注、楊守敬、熊會貞疏《水經注疏》,第2131頁。
⑨ 《孟子·滕文公下》趙注:"沛,草木之所生也;澤,水也。"孫奭《孟子注疏》,影印阮刻《十三經注疏》本,中華書局1980年版,第2714頁。
⑩ 應劭撰、王利器校注《風俗通義校注》,中華書局1981年版,第479頁。

潁水之陽"不遠。

五、老聃去沛卒秦考

關於老子晚年之居所，先哲時賢主要有七說：一為去周至函谷關說，《史記·老子列傳》："(老子)居周久之，見周之衰，迺遂去。至關，關令尹喜曰：'子將隱矣。彊(勥)為我著書？'"①二為西遊流沙化胡說，舊題劉向《列仙傳·關令尹傳》："老子西遊，喜先見其氣，知有真人當過，物色而遮之，果得見老子。老子亦知其奇，為著書授之。後與老子俱遊流沙化胡，服苣勝實，莫知其所終。"②三為西遊散關說，宋胡三省《通鑒釋文辨誤》卷十、王應麟《玉海》卷二十四並引晉葛洪《抱朴子》："老子西遊，遇關令尹喜於散關，為喜著《道德經》一卷，謂之《老子》。"③《史記·老子列傳》司馬貞《索隱》、宋胡三省《通鑒釋文辨誤》卷十並引北魏崔浩說、唐徐堅《初學記》卷二十八引鬼谷先生《關令尹喜傳》皆同④。四為入蜀說，宋李昉等《太平御覽》卷一百九十一、樂史《太平寰宇記·劍南西道一·益州》並引漢揚雄《蜀本記》："老子為關令尹喜著《道經》，臨別曰：'子行道千日後，於成都青羊肆尋吾。'今為青羊觀是也。"⑤五為去周西遊至函谷關說，《史記·老子列傳》司馬貞《索隱》、歐陽詢《藝文類聚》卷六並引漢李尤《函谷關銘》："尹喜要老子留作二篇。"⑥唐徐堅《初學記》卷七引鬼谷先生《關令尹喜內傳》、宋李昉等《太平御

---

① 司馬遷《史記》，中華書局校點本，第2141頁。案：《史記·老子列傳》張守節《正義》、胡三省《通鑒釋文辨誤》卷十並引李泰《括地志》："函谷關在陝州桃林縣西南十二里。"《史記·老子列傳》張守節《正義》："或以為函谷關。"司馬遷《史記》，第2141頁。則函谷關為東周時期王畿西地之關口，地本在今河南省靈寶市東北二百八十里處的澗河(古稱瓚水，一名谷水)西岸王垛村，位於今河南省三門峽市西南。其東起崤山，西至潼津，關城在谷中，山谷深險如函，故名。漢武帝時將關移至今洛陽市新安縣東，稱函谷新關，原關稱函谷故關。
② 舊題劉向撰、王照元校《列仙傳》，涵芬樓道藏舉要影印道藏本。案：流沙，當在今甘肅省西部。
③ 胡三省《通鑒釋文辨誤》，國家圖書館藏元至元二十六年興文署刻本。案：今本《抱朴子內外篇》佚此文。又，胡三省《通鑒釋文辨誤》卷十引李泰《括地志》："散關在岐州陳倉縣東南五十二里。"司馬遷《史記》，第1652頁。則散關，亦即今之大散關，秦西地入秦嶺之關口，關中通往巴蜀之要道，地在今陝西省寶雞市東南五十二里之大散嶺上。
④ 《舊唐書·經籍志上》、《新唐書·藝文志三》著錄有鬼谷先生撰、四皓注《關令尹喜傳》一卷，而《漢書·藝文志》、《隋書·經籍志》皆不見著錄。恐後人托名之作，必非蘇秦之師鬼谷子所作，或為唐人著作。
⑤ 李昉等《太平御覽》，影印宋刻本，中華書局1960年版，第925頁。案：周之青羊肆，即漢之青羊觀，亦即今之青羊宮，位於今四川省成都市西通惠門外。
⑥ 司馬遷《史記》，第1652頁。案：此據《史記·老子列傳》司馬貞《索隱》引文，《藝文類聚》卷六引作："函谷險要，襟帶喉咽。尹從李老，留作二篇。"歐陽詢《藝文類聚》，唐代四大類書影印南宋紹興刻本，清華大學出版社2003年版，第804頁。

覽》卷十五引《西升記》説大同①。六為周敬王三十四年(前 486)後自沛入秦説,孫以楷、甄長松《莊子通論》:"孔子五十一歲南之沛見老子,是時老子在沛已居住了十四年,大約十五年後,老子便向西跋涉,最後去了秦國。……老子晚年離沛西去,至鄭虎牢關遇關尹,在經晉都新田入秦,於少梁郊遇楊朱,最後定居於陝西扶風一帶,並客死於此。"②七為周敬王三十二年(前 488)自沛入秦説,樊光春《老子入秦年份考》:"老子入秦的史實發生在孔子'南之沛'問禮的次年,也就是第二次'周之衰'後的周敬王三十二年,公元前 488 年。"③筆者以為《莊子通論》"自沛之秦而卒"説可從。兹補證有四:

其一,秦國道家學者秦失曾往弔老聃。《莊子·養生主》:"老聃死,秦失弔之,三號而出。弟子曰:'非夫子之友邪?'曰:'然。''然則弔焉若此,可乎?'曰:'然。始也吾以為其人也,而今非也。向吾入而弔焉,有老者哭之,如哭其子;少者哭之,如哭其母。彼其所以會之,必有不蘄言而言,不蘄哭而哭者。是遁(遯)天倍情,忘其所受,古者謂之遁天之刑。適來,夫子時也;適去,夫子順也。安時而處順,哀樂不能入也,古者謂是帝之縣解。'"④唐釋道宣《廣弘明集·辨惑篇序》:"至於李叟稱道,纔闡二篇;名位周之史臣,門學周之一吏;生於厲鄉,死於槐里。莊生可為實録,秦佚誠非妄論。"⑤秦國之秦失既然為老子之友,又主張"循天倍情"、"安時而處順",則其自然為秦國道家學派中人⑥。那麽,老聃晚年當客死於秦而秦失往弔之。

其二,老聃晚年居於秦而卒後葬於秦。《水經·渭水注下》:"(渭水)又東過槐里縣南……就水注之,水出南山就谷,北逕大陵西,世謂之老子陵。"⑦據明李賢等《明一統志·陝西布政司·西安府上》,清高宗敕撰《大清一統志·西安府二》,槐里故城在今陝西省興平市東南十里,位於武功縣東,即周之東犬丘,本為西戎故地,春秋時屬秦。則北魏時已有老聃晚年"入戎"而卒於槐里之説。唐以後關於老聃死所及墓地向有四説:一為死於扶風而葬於槐里説,

---

① 《隋書·經籍志二》著録有《關令內傳》(《太平御覽》作《關令尹喜內傳》)一卷。又,《宋史·藝文志四》著録《西升記》一卷,作者、年代皆未明。宋以前史書未見著録,或為宋人著作。
② 孫以楷、甄長松《莊子通論》,第 66~68 頁。
③ 樊光春《老子入秦年份考》,《世界宗教研究》2012 年第 1 期,第 72 頁。
④ 郭慶藩《莊子集釋》,第 127~128 頁。案:譚戒甫《二老研究》認為,《莊子·養生主》之"秦失",即《天下》篇之"關尹",亦即《史記·老子列傳》之"關尹喜",亦可備一説。
⑤ 釋道宣《廣弘明集·辨惑篇》,四部叢刊初編影印本,上海書店 1985 年版,第 1 頁。案:殘宋本"失"作"佚"。據陸德明《經典釋文·尚書音義上》、《周禮音義上》,"佚"、"失"音皆"逸"。故可通假。
⑥ 據《史記·秦本紀》、《元和姓纂·十七真》、《通志·秦紀四》、《氏族略二》、《路史·後紀七》、《名賢氏族言行類稿》卷十一、《氏族博考》卷二、卷六,秦之秦氏為伯益後裔,伯益又為少昊之後,周孝王封伯益於秦,其後以國為秦氏,則秦之秦氏為嬴姓。則秦失,姓嬴,氏秦,名失。
⑦ 酈道元注,楊守敬、熊會貞疏《水經注疏》,第 1549~1550 頁。

唐釋道宣《廣弘明集》卷八載釋道安《教論·仙異涅槃》："(老子)死扶風，葬槐里。"①二為葬於鄠縣說，宋羅泌《路史·後紀七》羅蘋注："鄠縣柳谷水西有老子墓。"②三為葬於盩厔說，宋宋敏求《長安志》卷十八："老子墓在(盩厔)縣界。"③樂史《太平寰宇記·關西道一》、《關西道六》說同。四為葬於南山說，《太平御覽》卷一百七十七引《樓觀本紀》："尹喜宅南山阜上先館舍，即大夫觀望之臺也。昔老君於此山騰空，時人因號曰老子陵，蓋非墳墓也。"④以上槐里、扶風、鄠縣(戶縣)、盩厔(周至)、南山(終南山)諸說雖異，然此四地實相鄰，皆位於關中平原西部，春秋晚期皆為秦地。則此四說皆以為老聃卒於秦。

其三，老聃在隱居沛邑期間曾西遊於秦。上引《莊子·寓言》所謂"陽子居南之沛"，則說明時老聃依然居於沛邑；但當"陽子居南之沛"去拜訪老聃時，老聃正好"西遊於秦"而不在沛；故陽子居就在老聃自秦返沛途中去恭迎老聃，一直到梁方見到老聃。這說明他在去沛之秦隱居之前已去過秦地。

其四，老聃去沛之秦隱居當在故孔、老最後一次相會之後，即大約在秦惠公九年至悼公二年(前492—前489)之後。據《左傳》、《國語》、《史記》等文獻記載，宋景公(前516—前453在位)時期，前有華氏、向氏之禍(前522)，後有公子特攻殺太子之亂(前453)，可見宋之國勢日頹而非老聃久居之地；而秦則經過景、哀二公七十五年(前576—前501)努力，西北無戎狄之患，東與晉結盟(前550)，南與楚聯姻(前526)，又發兵救楚(前506)。則秦之國勢漸次強盛而民安居，自然為老聃理想的隱居之地。

六、傳世《老子》成書年代考

據《隋書·經籍志三》、宋晁公武《郡齋讀書志》卷十一、清張之洞《書目答問》卷三，今本《老子》，即《道德經》，《太平廣記》卷六十一等又稱《道德真經》，《太平御覽》卷一百十四等又稱《老子五千文》，傳世有漢嚴遵注《老子》二卷本、漢河上公注《老子道德經》二卷本(實魏晉間人偽注)、晉王弼注《老子》二卷本、唐傅奕注《老子》二卷本等不同版本系統。

此傳世《老子》，舊題春秋時期老子親著。然自北魏崔浩提出《老子》為"矯誣之說，不近人

---

① 釋道宣《廣弘明集·仙異涅槃》，第13頁。案：據李吉甫《元和郡縣誌》卷二，唐槐里屬關內道京兆府興平縣，興平縣本漢右扶風平陵縣，則槐里屬扶風地。
② 羅泌撰、羅蘋注《路史》，第98頁。案：鄠縣，即今陝西省戶縣，本夏之扈國，西周時為豐、鎬王畿之地，春秋時屬秦。
③ 宋敏求《長安志》，清畢沅刻《經訓堂叢書》本。案：盩厔，即今陝西省周至縣，西周時為王畿之地，春秋時屬秦。
④ 李昉等《太平御覽》，影印宋刻本，中華書局1960年版，第863頁。

情,必非老子所作"(《魏書·崔浩傳》)之説後①,宋葉適《習學記言·老子》進一步指出:"然則教孔子者,必非著書之老子;而為此書者,必非禮家所謂老聃。妄人訛而合之爾!"②黄震《黄氏日鈔·讀諸子一》亦指出:"《老子》之書,必隱士疾亂世而思無事者為之。異端之士私相推尊,過為誣誕。"③二十世紀二三十年代"古史辨派"發起的關於《老子》一書的論辯,基本上形成了兩種完全對立的意見:一是以胡適《中國古代哲學史》④、《老子傳略》、《與馮友蘭先生論〈老子〉問題書》⑤、《與錢穆先生論〈老子〉問題書》⑥、《評論近人考據老子年代的方法》⑦為代表的"早出論",即《老子》一書是老聃所親作,作於春秋晚期。一是以梁啟超《論〈老子〉書作於戰國之末》⑧、《〈漢志諸子略〉各書存佚真偽表》⑨、《先秦學術年表》⑩為代表的"晚出論",即《老子》一書非老聃所親作,作於戰國晚期。

　　謹案:1973年11月至1974年年初在湖南省長沙市馬王堆三號墓發掘出土的流行於漢初的甲、乙兩個帛書《老子》抄本(以下簡稱"帛本")⑪。1993年10月又在湖北荆門郭店出土的戰國中期楚墓竹簡中甲、乙、丙三組《老子》抄本(以下簡稱"簡本")⑫。目前研究成果表明,"簡本"為迄今為止所發現的年代最早、手迹最真、最為原始的《老子》傳抄本,當為老聃所親著。"帛本"當為戰國時太史儋在"簡本"基礎上"擴建"、"改建"而成的《老子》抄本⑬。今本《老子》則又是經過從西漢劉向到唐玄宗時代在帛本基礎上進行校訂、統一篇章、統一定名、部分改造後的本子⑭。自漢魏之降,《老子》一書與《周易》、《莊子》並稱"三玄"(《顏氏家訓·勉學篇》),一直被奉為真經。

―――――――――

① 魏收《魏書》,唐長孺點校校點三朝本,中華書局1959年版,第812頁。
② 葉適《習學記言序目》,點校清瑞安黄體芳刻本,中華書局1977年版,第209頁。
③ 黄震《黄氏日鈔》,清乾隆三十二年新安汪佩鍔芸暉館重刻宋本。
④ 胡適《中國古代哲學史》,安徽教育出版社2006年版,第47~50頁。
⑤ 胡適《與馮友蘭先生論〈老子〉問題書》,羅根澤《古史辨》(第4册),第417~420頁。
⑥ 胡適《與錢穆先生論〈老子〉問題書》,羅根澤《古史辨》(第4册),第411~417頁。
⑦ 胡適《評論近人考據老子年代的方法》,羅根澤《古史辨》(第6册),第378~410頁。
⑧ 梁啟超《論〈老子〉書作於戰國之末》,羅根澤《古史辨》(第4册),第305~307頁。
⑨ 梁啟超《〈漢志諸子略〉各書存佚真偽表》,羅根澤《古史辨》(第4册),第69~76頁。
⑩ 梁啟超《先秦學術年表》,羅根澤《古史辨》(第4册),第76頁。
⑪ 説詳:湖南省博物館等《長沙馬王堆一號漢墓》,文物出版社1973年版;《馬王堆二、三號漢墓發掘的主要收穫》,《考古》1975年第1期,第47~57頁、61頁。
⑫ 説詳:尹振環《論〈郭店楚墓竹簡老子〉——簡、帛〈老子〉比較研究》,《文獻》1999年第3期,第4~28頁;徐洪興《疑古與信古——從郭店竹簡本〈老子〉出土回顧本世紀關於老子其人其書的争論》,《復旦學報》1999年第1期,第60~66、73頁。
⑬ 説參張吉良《從老聃〈老子〉到太史儋〈道德經〉》,《江西社會科學》1999年第2期,第7~12頁。
⑭ 郭沂《從郭店楚簡〈老子〉看老子其人其書》(《哲學研究》1998年第7期,第47~55頁)認為,簡本出自老聃而今本則出自太史儋。亦可備一説。

綜上所考,老聃(約前571—前?),即老子,姓子,氏老,學名聃,乳名李耳(狸兒),尊稱子,帝乙元子微子啟弟微仲衍後裔,出於公孫督(華父督、華父、宋督)之孫、華家季子華季老男,華氏之別,老佐之孫(或起碼為老佐之族),宋相邑人,初仕周為柱下史,宋平公四十一年(前535)頃被流放於魯,旋即復職,宋景西元年(前516)頃被免職去周居沛,二十六年(前491)頃去沛適秦,晚年隱居不仕,卒於秦①。其以自隱無名為務,通曉上下古今之變,建立起以"道"為核心的哲學體系,提出"小國寡民"的理想社會,具有社會大同思想元素,為道家學説集大成者,春秋後期著名思想家、文學家,文子、蜎子淵、關尹子喜之師,孔丘亦曾多次向其問學,傳世有《老子》二卷及《喪禮論》(文見《禮記·曾子問》)、《君子盛德論》(文見《史記·老子列傳》)、《道論》、《仁義論》(俱見《莊子·天運》)、《仁義亂人之性論》(文見《莊子·天道》)諸文。

[作者簡介]邵炳軍(1957—　),甘肅通渭縣人,文學博士後。現為上海大學中國古代文學與文化研究中心主任、教授、博士生導師,兼任中國詩經學會副會長、中國楚辭學會理事等。長期致力於經學與先秦兩漢文學研究,已公開發表專業學術論文百餘篇,主持結項課題10餘項,在研國家、省部級基金項目等項目7項。

---

① 相,宋邑,即秦漢時之苦縣,亦即今河南省鹿邑東之太清宫。説詳:邵炳軍《老子先祖宋戴公暨老子宋相人説發微》,《諸子學刊》第一輯,第37~47頁。

略論老莊思想體系的基本差異

——圍繞"人"主體性的確立與消解展開

玄 華

老子與莊子係道家流派主要人物，其思想構成了道家思想的主體。兩相比較，從諸子百家看，老莊同屬一脈，其義大同；而從道家內部看，兩者雖有傳承，然其論異趣。本文試以"人"主體性的確立與消解為核心，略論二者思想體系的基本差異。

一、老子思想體系的基本結構

(一) 老子思想體系以"道"為起點，以"德"為落腳點

"道"作為與萬物生成和運作有關的概念，其歷史相當久遠。《尚書》、《左傳》等典籍多有著錄。老子是在先哲之思的基礎上，又對其做了創造性發展，使其徹底確立為萬物生成與宇宙秩序的唯一本源。

《老子》曰："道生一，一生二，二生三，三生萬物。"(四十二章)[1](經文除注明外，皆引帛書《老子》，標以王弼本《老子》序，下同)虛體之"道"誕生了實有之物。對於"道"生萬物的具體過程，老子當有所據及其理解，但《老子》書只有"天下之物生於有，有生於無"(四十二章)、"道生之而德畜之，物刑之而器成之"與"道生之，畜之，長之，遂之，亭之，毒之，養之，覆之"(五十一章)等二三言，吉光片羽，無法識其詳貌。所幸，湖北郭店出土的戰國楚簡《太一生水》彌補了這一缺憾。

筆者曾撰文指出"太一生水"相關內容具有多重內涵："形而下層面，論述的是星象運行規律和以此為基礎建構的蓋天說曆法知識。形而上層面，闡述的是'道'生萬物的宇宙生成過程。"[2]實則，其形而上的過程正是對老子"道"生萬物的具體解析。其中，"太一生水"環節對應"道生一"；"水反輔太一，是以成天"環節對應"一生二"。"水"反輔"太一"而生"天"，此時除

---

[1] 國家文物局古文獻研究室《馬王堆漢墓帛書(壹)》，文物出版社1980年版，第3頁。
[2] 玄華《論"太一生水"內涵及其圖式——兼論"太極圖"起源》，《中州學刊》2012年第2期，第118~123頁。

"太一"外,已有二物,即一化生二("太一"即"道","無"也,非物,不計數在列);"天反輔太一,是以成地"環節對應"二生三"。"天"反輔"太一"時,"水"亦反輔。"水"與"天"共借"太一"作孕場而生"地",從而獲得"水"、"天"、"地"三物,即二化生三;"天地復相輔"以成"神明"、"陰陽"、"四時"等環節則對應"三生萬物"。"水"再借"太一"為孕場,"天"、"地"返而輔之,三者又化生出"神明"、"陰陽"諸類。每次新生物皆返回母體,輔其本原,再生新物,物數總是增加,其模式固定不變。此亦老子在"三"以後不再詳論的原因之一。

在"道"生萬物過程進行的同時,萬物的運作規律共時確立。《老子》曰:"道沖,而用之又弗盈也。淵呵似萬物之宗"(四章)、"道者,萬物之注也"(六十二章)。在道體虛無的基本構想下,明確"返也者,道之動也"(四十章)、"萬物旁作,吾以觀其復也。夫物云云,各復歸於其根"(十六章)。恰如《太一生水》所言,在"道"生萬物的過程中,萬物一直在返回輔助"道"。且在其後周而復始、生生不息的運作裏,萬物對"道"的歸復輔助一刻也未能停休。此亦即老子所理解與建構的宇宙秩序。

在"道"生萬物過程與宇宙秩序確立之後,老子之思進入了對"道"與萬物關係進一步建構的階段。"道"生發萬物,萬物本應圍繞"道"運動。"道"具有虛靜、好生的本質,由其所生的萬物也本應有相關屬性。如果萬物皆能按照這些屬性運作,則宇宙秩序便和諧。但萬物雖由"道"所生,在一定程度繼承了它的屬性因子,卻畢竟與道不同。物不是完全的存在者,相對於"道"的完滿虛靜,物存在實有和運動。這代表了兩者絕對的差異。也許是因老子所處時代,原始巫術思維依然全面滲透在生活中,故其思想體系不可避免地受到一些影響。在他看來,運作即代表一種"類主觀能動性"或"主觀能動性"的存在,即天地、日月、山川等自然物具備類能動的"靈格",而"人"具備能動的"知格"。在"靈格"與"知格"的能動作用下,它們不一定能默然而完全按照相關屬性運作,由此不可避免地出現紊亂。

如《老子》曰:"昔之得一者,天得一以清,地得一以寧,神得一以靈,浴得一以盈,侯王得一而以為天下正。其致之也。謂天毋已,清將恐裂;謂地毋已,寧將恐發;謂神毋已,靈將恐歇;謂浴毋已,盈將恐竭;謂侯王毋已,貴以高將恐蹶。"(三十九章)此段文字内涵,歷來存有爭議。尤其後半段中"致"和"毋以"所在分句的解讀更是難點。本文試重作句讀,詮釋如下。

"神",日月。"致",河上公注:"致,誠也。謂下六事也。"[1]後人多宗之。不確。致,專心致志,堅守大道也。"謂",帛書甲本各分句皆有"謂",帛書乙本僅首分句有,傳本皆無。謂,通"為",因為也。"毋已",帛書甲乙本皆如此,傳本皆作"無以",帛書近古。因傳本字誤,故前人注解紛雜不通。然帛書出後,亦多不悟。高明先生將"毋已"解作"不止"[2],可謂近義,但將二字與下文連讀,則謬於句讀,解釋自非。毋已,不止,即不靜而妄作,非道之行也。"清"、"寧"、"靈"、"盈"、"正"皆各事物法"道"而行之態,若不道,則不可得。裂,天裂,雷雨也,亦或是古人

---

[1] 河上公著、王卡點校《老子道德經河上公章句》,中華書局1993年版,第155頁。
[2] 高明《帛書〈老子〉校注》,中華書局1996年版,第13頁。

所謂天崩石隕。發,地震,山崩地裂也。歇,休止。日月相爭,四時無序也;竭,帛書甲乙本皆作渴,傳本皆作竭。渴、竭相通,乾涸也。蹶,跌倒,失尊位也。

該段大意為:過去得道者,天得"道"以清,地得"道"以寧,日月得"道"而時序不誤,江河得"道"而獲歸注,侯王得"道"而為天下君長。它們總是堅守"道"。因為天若不好靜而妄動,清澄也將變得陰沉而雷電交加、甚至天崩石隕。地若不好靜而妄動,寧靜將變得山崩地裂。日月若不好靜而相爭,合序的四時也將變得混亂不堪,而不得應驗。江河如果不好靜,不無為處下,而爭高爭流,滿溢的河流也將因水泄不止而變得乾涸。侯王如果不好靜,不無為處下,高且貴的尊位也會喪失。

老子強調一個"昔"字,說明天地、日月、江河、侯王並不總是協和於"道"本來的宇宙秩序,也會有不合於"道"而使宇宙秩序大壞之時。老子此種建構亦可獲證於《老子》他處內容:"希言自然。飄風不終朝,暴雨不終日。孰為此?天地。天地而弗能久,又況於人乎?"(二十三章)這裏再一次指出天地也並不總是全然合乎"道"。此外,考察上古觀念,《左傳》有天崩地解之說,《莊子·德充符》有"天地覆墜"之語,《列子·天瑞》有杞人憂思之載,《山海經》有十日並出、夸父飲河之記。以上故事,或傳說、或寓言,但皆可證時人眼中之自然物並非總是全然合乎大道。至於侯王非道之行,無需贅言。

在老子的思想體系裏,"靈格"與"知格"的確立使物具備違背"道"的屬性而打破宇宙和諧秩序的可能,但同時也開啟了物自覺感應、認知"道"的旅程。在這個體系裏,"道"是可以知、可以教、可以聞、可以行、可以守的。雖然老子稱"道"為"忽恍",謂其"隨而不見其後,迎而不見其首"(十四章),但"道之物,唯望唯汒。汒呵望呵,中有象呵;望呵汒呵,中有物呵;幽呵冥呵,中有精呵。其精甚真,其中有信。自今及古,其名不去"(二十一章)。"道"的存在是有象、有物、有精、有信的。而萬物存在一個"歸復其根"的運作,只要"萬物旁作,吾以觀其復也"(十六章),通過"執今之道,以御今之有,以知古始"(十四章)、"以順衆父"(二十一章),便可明"常"以知"道",知"衆父之然"(二十一章)。且所知之"道"可以傳教於後人。所謂"人之所教,亦議而教人"(四十二章)。且其教"甚易知也,甚易行也"(七十章)。只要"上士聞道,勤能行之"(四十一章)、"既得其母,以知其子。既知其子,復守其母",便可"沒身不殆"(五十二章)。

對"道"的認知獲得實現的情況下,便落實到對"道"的模仿與效法。《老子》曰:"人法地,地法天,天法道,道法自然。"(二十五章)在這裏,"道法自然"的"法"與其他三處不同。"道"作為萬物本源和宇宙秩序的真宰,其本身即"自然"。所謂"道法自然"不是說在"道"之外,有一個更高的所謂"自然",而說"道"呈現自身,"道"的存在狀態即"自然"。至於"人法地"、"地法天"與"天法道"也非是文字表面所呈現的那種簡單、直線而存有等級秩序的效法。雖然從"道"生萬物的過程來看,萬物的生成具有前後之分,但"道"從始至終都滲透在物之中。"道"與物之間並無隔著其他物,而是直接交融的。故所謂效法,是可以直指的。"人"對"道"的效法可以近取諸山川,遠取諸天地,但其中並不隔著山川天地,也可以直指"道"本身。

"人"對"道"自覺的"法",最終形成了老子思想體系的落脚點——"德"。所謂"德"是落實到"人"身上知"道"、法"道"的自覺之行,是認知,又是踐行,是即認知即踐行。《老子》曰:"善建者不拔,善保者不脱,子孫以祭祀不輟。修之身,其德乃真。修之家,其德有餘。修之鄉,其德乃長。修之邦,其德乃豐。修之天下,其德乃博。以身觀身,以家觀家,以鄉觀鄉,以邦觀邦,以天下觀天下。"(五十四章)明確概述修德於"身"、"家"、"鄉"、"邦"、"天下"的修身、齊家、治國、平天下的修德主張,並以"含德之厚者,比於赤子"的嬰孩之喻(五十五章)、和光同塵而使鄉黨不得親疏利害的玄同境界(五十六章)以及"以正之邦,以奇用兵,以無事取天下"的無爲之治(五十七章)詳論了相關理念。

老子對"德"的建構,首先建立了修身、齊家、治國、平天下的秩序,在這個秩序裏涉及了個體與個體、個體與群體、群體與群體等各個層面。它所要建構的,就是通過"人"對"道"的自覺認知與踐行,啓動和運行虚静、守弱、好生的固有屬性,使整個天下上下相交,最終使在"道"的世界裏本有的完滿而和諧的宇宙秩序呈現於人間世。

(二)"人"主體性的確立、"用"理念的形成和人間關係的建構

在老子的思想體系裏,"道"作爲萬物之源,"人"是其派生物。"人"對"道"既有繼承的屬性因子,又有與"道"不全然相同的主觀能動——"知格"。後者使"人"對"道"產生偏離,又使其對"道"存有自覺認知與踐行的可能。而"人"據"知格"出發,"道"與其他自然物(外物)都成爲了認知對象,"人"與它們之間存在着一個認知與被認知的關係。在這種認知行爲下,"人"作爲關係的主體獲得了確立;外物,甚至"道"也將以客體身份呈現。在主客分離的關係下,對於"人"而言,"用"的理念就產生了。

在"人"與"道"的關係中,"道"是"人"的認知對象與效法對象,强調"用道"理念。《老子》曰:"道者,萬物之注也,善人之寶也,不善人之所保也"(六十二章)、"道沖,而用之又弗盈也"(四章)、"大成若缺,其用不敝;大盈若沖,其用不窮"(四十五章)、"用其光,復歸其明,毋遺身殃,是謂襲常"(五十二章)等。"道"是善人之所以成爲善人的寶具,也是不善者賴以保全性命的事物。法"道"而用之,則無不善。匹夫匹婦用之,可全性命,"侯王若能守之,萬物將自賓"(三十二章)。

在"人"與"外物"的關係中,後者依然是認知的對象,作爲客體而存在。老子所倡導的是"用物"理念。《老子》曰:"卅輻同一轂,當其無有,車之用也。然埴爲器,當其無有,埴器之用也。鑿户牖,當其無有,室之用也。故有之以爲利,無之以爲用。"(十一章)碗瓶因中體虚無而可盛物,得其功用。但碗瓶所以爲碗瓶,因其能盛物利人也,若不可盛物,不可謂之碗瓶也;屋室因中體虚無而可納人,得其功用。但屋室所以爲屋室,因其能納人以避風雨也,若不可納人,不可謂之屋室也。故虚無爲功用之源,而功用爲事物成其自身之依據。失虚無,則失功用;失功用,則失本性;失其性,則物非是物,事非是事。

在"人"的主體性獲得確立後,外物是圍繞"人"這個主體而獲得認知與接受的。車舟、瓦

罐、房屋之所以是車舟、瓦罐、房屋，是對於"人"而言，它們是之。當該理念延伸開來，不僅人工造物如此，自然物也如此。牛馬之所以是牛馬，就是對於"人"而言，它們才是牛馬。對於"人"而言，它們的存在首先源於"人"對它們的認知，而它們各自的區分和由此而來的本質在於"人"對它們的利用不同。也就是說，對於"人"而言，各個事物自身的利用功能成為了各事物的屬性和本質。而且以"人"為主體的這種利用，必然是有利於"人"的。如果害"人"，則說明這個事物的屬性被扭曲了，也就不是本來的事物，而成了怪物、非道之物。如車舟之所以為車舟，是有運載使人便利，從而利於"人"的"生"的功用。刀斧之所為刀斧，是有伐木使人便利以利"人"之"生"的功用。而牛馬之所以是牛馬，也是因為它們具有耕種使人便利以利"人"之"生"的功用。但如果這些事物被投入戰場以害"人"的"生"，即這些事物的功用未獲實現，反而被扭曲，那麼它們就不是本來的事物，而是非道的怪物。此即《老子》所謂"小邦寡民，使什佰人之器毋用，使民重死而遠徙。有車舟無所乘之，有甲兵無所陳之，使民復結繩而用之"（八十章）與"天下有道，卻走馬以糞；天下無道，戎馬生於郊"（四十六章）的異化理念。

　　老子"用"理念不停留在"人"與"道"、"外物"的關係上，也深入到了"人"與"人"，尤其是君與民的關係上。在老子的思想體系裏，"道"與物的關係是君與民的關係的唯一"合法"依據。在"道"與物的關係中，"道"虛靜好生、"道生一，一生二，二生三，三生萬物"（四十二章）、"道生之，畜之，長之，遂之，亭之，毒之，養之，覆之。生而弗有也，為而弗恃也，長而弗宰也"（五十一章）。君與民的關係，亦當如是。君王應虛靜無我，"聖人恒無心，以百姓之心為心"（四十九章）；應守弱處下，"聖人之在民前也，以身後之；其在民上也，以言下之。其在民上也，民弗厚也；其在民前也，民弗害也"（六十六章）①；應無為好生，"我無事而民自富；我無為而民自化；我好靜而民自正；我欲不欲而民自樸"（五十七章）、"樸，散則為器，聖人用則為官長。夫大制無割"（二十八章），即以"慈"、"儉"、"不敢為天下先"（六十七章）三寶生養百姓，即使是散木、散人，也可得其用、盡其材，從而無棄物無棄人。除此之外，在天地、日月、山川因"靈格"而不合大道，導致宇宙秩序崩壞時，君王當主動為民承受災禍。即所謂"受邦之詬，是謂社稷之主；受邦之不祥，是謂天下之王"（七十八章）。在老子的思想體系裏，君王之所以是君王，就在於他對百姓生養而弗有、成功而弗居的作用。如果君王不起到這個作用，而縱私欲、好殺伐，以致"朝甚除，田甚蕪，倉甚虛"，而自身卻"服文采，帶利劍，饜食而齎財有餘"，則君王即扭曲，非君王，即非道之"盜"也（五十三章）！如此，百姓不畏死而群起攻之，非弒君也，是誅殺一盜賊耳。盜匪身死國滅社稷絕，也就是自然之事。

---

① 荊門市博物館《郭店楚墓竹簡》，文物出版社1998年版，第111頁。

二、莊子思想體系的基本結構

(一) 莊子思想體系以"道"爲起點，指向"逍遥"

莊子的思想體系對老子"道"生萬物的生發過程與宇宙秩序有所繼承，亦有所發展。其將"道"生萬物分爲"未始有夫未始有始"、"未始有始"、"始"等三階段，具體化爲"未始有夫未始有無"、"未始有無"、"無"、"有"等四過程（《齊物論》）。即《天地》所謂"泰初有無，無有無名。一之所起，有一而未形。物得以生謂之德；未形者有分，且然無間謂之命；留動而生物，物成生理謂之形；形體保神，各有儀則謂之性"。"道"自本自根，虛無無名，自古固存。化成太極，生天生地。以作兩儀，生發六極，成萬物之父母（《大宗師》）。在"道"生萬物之後，本然的宇宙秩序是"性修反德，德至同於初。同乃虛，虛乃大。合喙鳴。喙鳴合，與天地爲合。其合緡緡，若愚若昏，是謂玄德，同乎大順"（《天地》）。

應該説，莊子對老子"道"生萬物及其宇宙秩序的觀念進行了許多簡化，使之更加形而上。在對"道"生萬物的宇宙本質與秩序建構之後，莊子之思便進入"道"與萬物關係及兩者間秩序諧和的層面。在其思想體系中，"道"生發了萬物，但萬物各有不同。

在天地、日月、山川、自然生物等層面，莊子創造性地發展了老子"吹"的理念。《老子》曰："吹者不立。自視不彰，自見者不明；自伐者無功，自矜者不長。其在道，曰：餘食贅行。物或惡之，故有欲者弗居。"（二十四章）此章極爲重要，但前人解讀多未得其實。

此處"吹者不立"，帛書甲乙本皆作"炊者不立"；傳本多作"企者不立"，且後多衍"跨者不行"四字。從句子上看，帛書保存原貌。而傳本的訛誤，先是因後人誤讀"吹"爲"開口"，便錯誤地易字爲"企"。接着，再後來者又將"企"解讀爲"舉趾而望"，以致最後又以追求對偶的句式和諧，竄入"跨者不行"四字。

帛書整理組將"炊"作"吹"，是恰當的。但解爲古導引術，則又落錯解"立"字的窠臼①。實則，"吹者不立"句與下文四個帶有主觀性"自如何如何"的句子並非並列句，它們所針對的對象分屬不同層面。所謂"吹"，指自然而然的發生，沒有任何在動作發生之前就存在的先於動作的主觀意圖。自然而然產生動作，是純粹動作的（發聲的、言語的等），它在動作（發聲、言語等）之前，並沒有存在主觀的人爲認定，且在這個動作正發生及其以後的過程中，也不存在任何源於主觀的意圖。一切都是順着"道"來動作。而那些"自如何如何"的行爲，則是在"動作"之前就存在一個主觀的意圖，在這個主觀意圖的作用下，產生了人爲的"動作"，這些"動作"不是純粹的動作，而是行爲。對於"道"而言，它們都是多餘而無法真正確立的非道之行。

莊子繼承了"吹"的理念，並將其發展爲"自然物"的運作。大到天地，是所謂"天籟"、"地

---

① 馬王堆漢墓帛書整理小組《馬王堆漢墓帛書〈老子〉》，文物出版社1976年版，第32頁。

籟"(《齊物論》);小到塵埃,是所謂"野馬也,塵埃也,生物之以息相吹也"(《逍遥遊》)。自然物之行無不是"吹"。且莊子指出"夫吹萬不同,而使其自己也。咸其自取,怒者其誰邪"(《齊物論》)。萬物之"吹"的形態雖各有不同,但皆無機心、不造作,都是順"道"而發,自然而然的動作。

莊子升華了"吹"的理念,也因此而徹底摒棄了老子受萬物有靈思維影響的"靈格"理念。老子的"靈格"理念是其時代的印記,而到了莊子時代,對自然界的認知已經到了可以清除這一印記的階段。當然,也正是由於對自然物"吹"的升華和"靈格"的摒棄,在後者的思想體系裏,自然物總是無我而虛無、靜默地與"道"相合。

在"人"的層面,與"吹"相對,莊子提出了"言"的概念。"弗言非吹也。言者有言,其所言者特未定也。"(《齊物論》)莊子認為,"言"的人在"言"之前就已經先驗地存在了所要"言"的意圖和他要通過"言"來表達的觀念。即"言"不是一個純粹的動作,而是帶有主觀性的行為。它從始至終都存在而且徘徊於主觀性的鐵屋子,無法逃離這個封閉的回路。也正因此,它會"言"其所"言"。且在這個過程中,是非早已在"動作"發生之前已先驗的確立,"言"發動後的"動作"皆只是對既定是非的彼此同質的"論證"。這種"論證"是偽論證,不是純粹的動作,只是一種行為,無法真正的體現和把握"真宰"。

"言"不是莊子的終極目標,他所指向的是其背後的"知格"。莊子曰:"夫知有所待而後當,其所待者特未定也。庸詎知吾所謂天之非人乎？所謂人之非天乎？"(《大宗師》)這裏對"知"的批判與對"言"的批判如出一轍。在莊子的思想體系裏,"知"是"言"的源頭,"言"是"知"的呈現,兩者同質一體。而這個"知"便是老子思想體系裏的"知格"。莊子對"知格"及以"知格"來追尋"道"皆持徹底否定的態度。

首先,他對老子的"知格"進行了追問,置疑其完滿性,指出"瞽者無以與乎文章之觀,聾者無以與乎鐘鼓之聲。豈唯形骸有聾盲哉！夫知亦有之。"(《逍遥遊》)"知"存在"知"的障礙,無法全然知曉"道"的真實,甚至冰山一角。甚至它與"道"本是分屬於兩個世界的事物,沒有交集。其次,他對"知格"下"知"的運作進行了批判。"知"相對"道"而言,本是塵埃之於泰山,粟粒之於滄海,更何況僅僅所知的,甚至也是人之所知。是人知道了自己知道的而已。只能知其所能知,是其所能是,非其所能非。只能知其所知,是其所是,非其所非。知我所能知,不知我所不能知。能認知的,就是你所要認知的。你在認知的過程之前,其實已存有一個認知對象。你之所以能注意到那個對象,就是因為那個對象就是你所注意的。至於你本不知的,無法注意,也就永不知你所不知。這種先驗的"知"只是一個封閉的回路。

以此出發,他進一步通過"實"與"名"的關係徹底消解"知格"的作用。莊子曰:"名者,實之賓也。"(《逍遥遊》)人對事物的認知與區分所形成的"名"也只是人的認知,它只能局限在人的世界裏。而對於被認知的事物本身而言,它並沒有因此而被人所占有,它們依然保持着自我的獨立,擁有着自我。

到此,"知格"對"道"的認知把握能力已被消解。繼而,莊子提出了屬於他自己的把握

"道"的理論。莊子也認為"道"是可以被把握的,"夫道,有情有信,無為無形;可傳而不可受,可得而不可見。"(《大宗師》)但非人人都能得之,所謂"且有真人而後有真知",只有兼備聖人之道與聖人之才的真人才能行之(《大宗師》)。所要做的是"不以心捐道,不以人助天"、"天與人不相勝"化而為一(《大宗師》)。具體法門是以物我兩忘、直悟"疑始"的坐忘(《大宗師》),與聽之以氣、尊道集虚的心齋(《人間世》),直達"吾喪我"之境(《齊物論》),最終與"道"消融。

與"道"消融者,雖是同種,但花開千萬,各有不同。有白日飛升者,"夫道……狶韋氏得之,以挈天地;伏戲氏得之,以襲氣母……堪壞得之,以襲崑崙;馮夷得之,以遊大川;肩吾得之,以處大山;黄帝得之,以登雲天;顓頊得之,以處玄官;禺强得之,立乎北極;西王母得之,坐乎少廣,莫知其始,莫知其終;彭祖得之,上及有虞,下及五伯;傅説得之,以相武丁,奄有天下,乘東維,騎箕尾,而比於列星。"(《大宗師》)有帝之縣解者,如老聃(《養生主》)、子來、子桑户等(《大宗師》)。與"道"而言,斯人皆入無何有之鄉,逍遥於廣莫之野,同食一果。

(二)"人"主體性的消解、"無用"理念的形成和人間關係的建構

在莊子的思想體系裏,通過升華"吹",否定自然物的"靈格",使自然物天生獲得了合乎"道"的境界。通過否定"言",摒棄人的"知格",指出坐忘、心齋才是得"道"的途徑。前者,使萬物獲得了自我獨立的自身依據;而後者的影響則更為重大。否定了"知格",就打破了從"知格"出發所形成的"人"與"道"、"自然物"之間的認知與被認知的主客關係,使"道"與"自然物"都從"人"的認知體系解放出來,從而確立並實現了各自的主體性。在兩方面的共同作用下,泛主體理念誕生。認知體系下建構的主客關係被打破後,"人"的主體性消解,那麽主體性理論下的"用"的理念就無處附存。而泛主體之下,"無用"理念應運而生,使一切從"人"的世界裏解放出來,最終完全走向逍遥。

在"人"與"道"的關係中,已不是法"道"、用"道"。"道"不在"人"之外,而在一切中,又即一切本身。"道"不再是人效法的對象,"人"所要做的不再是對"道"的宇宙秩序的模仿,使它從"道"的世界再現到"人間世"。因為"道"不是外在的世界,"人"就在"道"中,社會就在"道"中。"人"要做的就是消融於其中,無所謂我,無所謂物,無所謂"道",一切復歸混沌。

在"人"與"外物"的關係中,後者也具有主體性,成為自在物。應該説,在《莊子》裏,這個思想存在一個變化發展的動態過程。《逍遥遊》篇,惠子與莊子分別圍繞"大瓠"與"大樗"產生兩段對話。惠子始終從"人"的主體性出發,以"用"的理念對待他物。莊子在"大瓠"對話中,認為惠子的思維着眼淺近,指出"大瓠"可以浮於江湖。但關鍵是"浮"並非"大瓠"自浮於江湖,而是"大瓠"浮人於江湖。即莊子所採用的是與惠子一樣的、從"人"的主體性出發的思維,最後也落入了"用"理念的陷阱。也正因此,惠子抓住了莊子此時的思想體系的不徹底性,有了"大樗"的進一步追問。"大樗"較之"大瓠"可謂徹底無用。本對話中,依然存在一個關鍵字"樹"——移植。莊子認為"大樗"若立於塗,妨害行人又無所用,則人可以選擇將其移植於廣莫之野。如此,人可逍遥乎寢卧其下,而"大樗"又可脱離"用"的困苦,避開斧斤之禍。在這

裏，莊子還是從"人"的能動性出發，主張擴大能動性。所謂"用"與"無用"只在於"人"的選擇，對於事物本身而言，並非其實質。而強調人的能動性的背後，隱藏着主體性思維的根據。從結局來看，"大樗"等物也僅限於避禍，未得逍遥。雖從最後的文字來看，主體性已隱約露出一角，但尚未徹底確立，是可以肯定的。此階段，莊子對"人"主體性的革除尚不徹底，但已經踏上了追本溯源，從根本上改變思維理念的道路。到了《齊物論》篇，通過"人"與自然物之間，孰知正處、孰知正味、孰知正色的詰問，自然物才被徹底解放出來。在自然物被解放之後，泛主體的"無用"理念才真正地貫穿於整個思想體系。故到《馬蹄》篇，便對人為獲得馬、陶、木之"用"而戕害、泯滅三者自然本性的行為大加鞭撻。最終在《人間世》中，以不材木、散木等寓言，徹底確立自然物"無用"是其本性，最終將自然物從人的"用"的理念中解放出來，指向逍遥。

莊子"無用"理念亦引申到君與民的關係上。在君與民之間，君王獲得了與民一致的主體性。民可以為"無用"者，君王亦可以為"無用"者。君王也開始回歸本源，以天下為外物，視民為物累，志消融於"道"。《應帝王》篇的無名氏答天根之問，《逍遥遊》篇的許由辭帝堯之讓，俱是此義。故黄帝之流，皆以自我縣解，白日飛升，逍遥於無何有之鄉為貴。

小　　結

老子與莊子的思想大同而大異。在思維上，便各具特色。老子身居王庭史官，職涉天文曆法。其"道"及宇宙發生論脱胎於上古天文體系與蓋天説曆法知識的推演，而人間世的德行之論則多依傍《坟》、《典》、《索》、《丘》之戒。其思考極具空間疊層感與史理秩序性，是分析性哲學。莊子一介漆園小吏，雖常天問，但終無觀星之利，所比常為彭祖、朝菌，所聞多為老叟野談，其思多得於細微之見與爛漫狂想。關於"道"及世界的建構，已無原始天文曆法痕跡，更傾向於時間上的追溯與迷蹤。而人間世的論述也多依托於耽想。大體而言，是一種時間迷亂的、詩意的描述型哲學。有此不同，具體思想體系大異，也就是自然之事。

在"道"與萬物的關係上，老子認為"道"生物，物繼承其屬性，又有差異。自然物具"靈格"，擁有一定的類能動性。因此，從"道"到萬物這一層次之間，天然存在着亂常現象。"人"與自然物相比，具備了更高等級的能動力——"知格"。"人"在因此具備主觀違道以亂常可能的同時，也具備了認知"道"、效法"道"以襲常的可能。莊子則不然。他認為"道"生萬物後，萬物狀態各有不同。自然物不具備"靈格"，它們的一切運作皆是無心而動作的"吹"，始終全然靜默而合於"道"。只是人存有機心，誕生了欲、知等，從而背道而行，使世界在玄寂中喧囂起來，並紛亂不止。而機心之下的知，並不是所謂的"知格"，只是"成心"之知，無法對"道"形成正確而完整的認知。在它的作用下，只會局限在自我意志裏，述説着自認之理，在失道之路上越走越遠。

對人認知能力的不同看法直接影響了他們對人與萬物關係的建構。老子從"知格"出發，使"人"與"道"、"外物"之間形成一種認知與被認知的關係。在此體系下，"人"的主體性獲得了確立，"外物"、"道"等以客體身份呈現，"用"理念便以此產生。對於主體而言，客體的本質源於主體對其功用的判斷。對於"人"而言，各個事物自身的利用功能成為了各事物的屬性和本質。且該判斷以利於人的"生"為準則。如果妨害人的"生"，則説明事物已異化，成非道之物，其存在的合理性與合法性就被取締。莊子則否定了人的"知格"，認為在機心之下，它只是一個無盡循環的死路。由其所建構的"人"與"道"、"自然物"之間的認知與被認知的主客關係只是夢幻泡影。客觀情況是，"道"不在"人"之外，而在即一切中。人所要做的是撕下人為"用"世界的鐵幕，使萬物全然地呈現自我、占有自我，成為自在物。在無主體而致泛主體的世界下，徹底確立自然物"無用"本真，消融於"道"，復還逍遥面貌。

　　在各自建立的"用"與"無用"體系之下，"德"的具體内容便相去甚遠。老子的"德"，就是在"用"的體系下，主張"體"（性）"用"為一，以合乎其"用"，實現合乎其"體"，從而合於"道"。比較集中的，則是表現在君民關係上。"君"之所以是"君"，在於他對"民"的生養作用。否則，君非"君"，是為"盗"。老子的希望是使君王認清"民"在天下之中具有主體性，而"君"當明確自身利民的功用，從而以百姓之心為心，實現無為而利民的太上之治，最終使"道"的宇宙秩序呈現於人間世。而莊子則否定了知格，使泛主體理念誕生，以"人"為主體的"用"理念便無處附存，"無用"理念應運而生。在莊子那裏，一切人為的，不論是受者還是施者都在束縛之中，只有全部回歸無用，才會全然解放。體現在君民關係上，則是"君"獲得了與"民"一致的主體性，回歸"無用"。故君王也視民為累，以坐忘、心齋得逍遥為貴。莊子希以此解放一切，使萬物歸復逍遥，而世界自平。

[作者簡介] 玄華（1986— ），男，浙江蒼南人。華東師範大學中文系博士研究生，主要從事先秦諸子研究，已發表學術論文若干篇。

《莊子》斠議

蔣門馬

　　近世流傳的《莊子》文本，主要依據源於宋《纂圖互注》本的明嘉靖十二年(1533)吳郡顧春世德堂刊《六子全書》之《南華真經》、清光緒十年甲申(1884)黎庶昌輯《古逸叢書》覆宋本《南華真經注疏》及清光緒二十年(1894)郭慶藩輯《莊子集釋》。

　　《四庫提要》謂宋龔士卨編《五子纂圖互注》："核其紙色板式，乃宋末建陽麻沙本，蓋無知書賈苟且射利者所為。因其宋人舊刻，姑存其目，以備考耳。"(《欽定四庫全書總目》卷一百三十四)清陸心源《宋槧南華真經跋》謂："《纂圖互注南華真經》十卷……世德堂本雖從此出，已多別風淮雨之訛。書貴舊本，良有以也。"[1]日本狩野直喜《舊鈔卷子本莊子殘卷校勘記序》説："世德堂本，明世德堂刻本《六子全書》之一。或謂全書即從宋《纂圖互注》本出，比他本尤劣。"[2]王叔岷《南宋蜀本南華真經校記》曰："所惜者，卷九《讓王篇》缺十四至十七四葉，不知何人鈔世德堂本以補之，最為無識。"[3]其貶視厭惡之情溢於言表。清沈寶硯曾據南宋蜀刻趙諫議本校勘明世德堂，孫毓修鈔録為《莊子札記》三卷，可見此本之劣。明世德堂本刻印精美，流傳廣泛，光緒二年(1876)浙江書局輯刊《二十二子》之《莊子》即"據明世德堂本校刻"，1936年上海中華書局輯刊《四部備要·子部》之《莊子》亦是"據明世德堂本校刊"，王孝魚亦以此為主校本而整理郭慶藩輯《莊子集釋》。

　　清光緒十年甲申(1884)黎庶昌於日本東京使署刊行的《古逸叢書》覆宋本《南華真經注疏》，並非宋本的影印本，而是據日本賜蘆文庫所藏殘存十分之六的南宋刻本及日本萬治四年(1661)京都中野小左衛門刻本覆刻的重刻本，訛誤甚多，然因《叢書》所據為宋、元舊本，且刻印精美，當時震驚朝野，影響深遠，後世多以此為準研讀《莊子》，如馬敍倫《莊子義證》就是"取黎本為主"。光緒二十年(1894)郭慶藩輯刊《莊子集釋》，王孝魚在《點校後記》中説："本書的

---

[1] 清陸心源《儀顧堂續跋》卷十一《宋槧南華真經跋》，《續修四庫全書》，上海古籍出版社1995年版，第930册，第320頁。
[2] 日本狩野直喜《舊鈔卷子本莊子殘卷校勘記》，東方文化學院排印本，昭和七年(1932)版，第4頁。
[3] 王叔岷《南宋蜀本南華真經校記》，《中央研究院歷史語言研究所集刊》第20本，1948年版，第249頁。

《莊子》本文，原根據黎庶昌《古逸叢書》覆宋本，但校刻不精，錯誤很多。"因此1961年中華書局出版的王孝魚整理本，即取而代之為當代《莊子》的通行本，然而仍不免校勘不精，錯誤不少①。

一、現今流行《莊子》文本的尷尬

現今流行的《莊子》三十三篇文本，訛誤甚多，而一些注解者不追究《莊子》原文到底怎樣，只管隨意校改，結果變本加厲，弄得今天的《莊子》千瘡百孔，真不知何等模樣纔是《莊子》的本來面目！

現今流行《莊子》文本的訛誤，如《庚桑楚》："是乃所謂冰解凍釋者，能乎？"此"能乎"兩字為衍文。《則陽》："此名實之可紀，精微之可志也。"此"微"字亦為衍文。《天運》："夫至樂者，先應之以人事，順之以天理，行之以五德，應之以自然，然後調理四時，太和萬物。"此三十五字為成玄英疏屡入正文。《盜跖》："繚意體而爭此。""體"上脱"絕"字。《説劍》："中和民意，以安四鄉。""和"字為"知"字之誤。《天地》："乃使罔象。罔象得之。"此"罔象"兩字為"象罔"之誤倒。諸如誤脱衍倒之類的訛誤，不一而足，有些尚易於辨明是非正誤，有些則幾乎以假掩真。

《馬蹄》："而馬知介倪、闉扼、鷙曼、詭銜、竊轡，故馬之知而態至盜者，伯樂之罪也。"此"態"字，只有日本萬治坊刻本、《古逸叢書》覆宋本如此，包括明《正統道藏》本、明世德堂本在内的宋、元、明、清刻本皆作"能"。但郭象注："馬性不同，而齊求其用，故有力竭而態作者。"陸德明《經典釋文》："態作：吐代反。"成玄英疏："態，姦詐也。夫馬之真知，適於原野，馳驟過分，即矯詐心生。詭竊之態，罪歸伯樂也。"王叔岷以為："案：郭注'力竭而態作'，是正文'能'作'態'，《釋文》本、覆宋本並作'態'，成疏'態，姦詐也'。'能'亦借為'態'。"此處之"能"是否可以解釋作"態"，讀者自有判斷，但《莊子》原文到底是作"能"，還是作"態"，須有一個確定不移的結論。仔細體會陸德明《釋文》"態作：吐代反"，顯然是對郭象注文的釋文，要不然，《莊子》原文得是"態作"，而不是"態至"。如果《莊子》原文作"態至"，陸德明釋文應該作"態至：吐代反"，纔合情合理，因為"吐代反"是對"態"字的注音，舍《莊子》原文不用而用郭象注文作音，這是沒有任何道理的。反過來亦可證明陸德明所見《莊子》原文是沒有"態"字的。成玄英疏"態，姦詐也"，顯然亦是對郭象注文"態作"的解釋，因為"疏"本來就是用來闡釋經文及其舊注的。注疏文字都不是直接針對原文"能至盜"的解釋，因此不能就憑注疏有"態"字而斷定《莊子》原文就作"態"。從版本上説，僅日本萬治坊刻本及據之以重刻的《古逸叢書》覆宋本作"態"，何足憑信。

《至樂》記載莊子見髑髏，髑髏見夢曰："子之談者，似辯士。視子所言，皆生人之累也，死

---

① 蔣門馬《王孝魚整理本莊子集釋缺陷舉隅》，《寧波廣播電視大學學報》2012年第2期。

則無此矣。"劉文典説:"'視',《御覽》三百七十四、五百四十八引竝作'諸'。"①王叔岷説:"案：覆宋本'諸'作'視'(成疏"覩於此子所言",以覩釋視),亦通。《秋水篇》:'且夫知不知是非之竟,而猶欲觀於莊子之言',觀猶視也,與此同例。"②俗語亦有"看你説的",作"視"字當然"亦通"。但《莊子》原文不可能既作"視",又作"諸",不可能兩者並存或"亦通",必有一正一誤。那麼《莊子》原文到底作哪一個字呢？從版本上考證,作"視"字的,只有日本萬治坊刻本《莊子注疏》及據之以重刻的《古逸叢書》覆宋本《南華真經注疏》,其餘包括明《正統道藏》本、明世德堂本在內的宋、元、明、清(光緒前,下同)刻本皆作"諸"。查《説文解字》:"諸,辯也。"清段玉裁注:"辯,當作辨,判也。"版本及字義都證明作"諸"字完全正確無誤。舊文古字經後人"以意刊改"而"彌更淺俗",於此可見一斑。

《列御寇》:"賊莫大乎德有心而心有睫,及其有睫也而内視,内視而敗矣。"劉文典説:"典案:'睫',《道藏》注疏本、白文本竝作'眼'。郭注'役心於眉睫之間,則僞已甚矣',是所見本字正作'睫'。《道藏》本作'眼'者,形近而誤,或淺人妄改之耳。"王叔岷説:"案:《釋文》本'眼'作'睫',覆宋本、元《纂圖互注》本、世德堂本亦皆作'睫',下同。郭注'役心於眉睫之間',雖未得其義,而所據正文蓋本作'睫'也。《淮南子》作'目',與此文作'眼'合。《文子·下德》亦云:'德有心則險,心有眼則眩',則與此文作'眼'同。作眼(或目)較長。"無論如何,《莊子》原文不是作"睫",就是作"眼",不可能兩個都正確。郭象注作"眉睫之間",雖無"眼"字,但"眉睫之間"非指"眼"而何？《釋文》於"睫:音接"之後,緊接着是"探射:食力反",正是釋郭象注文,憑何確定"睫:音接"就一定是釋《莊子》原文而不是釋郭象注文？成玄英疏的最大特點是增字解經,因此疏文中往往包含了正文文字,此處成玄英疏作"用心神於眼睫",何以見得正文不可作"眼"字？從版本上講,衆宋刻本皆作"眼",只有清刻《古逸叢書》覆宋本(覆刻所據之賜蘆文庫本萬治本皆作"眼")、明刻世德堂本、元刻《纂圖互注》本三種版本作"睫",又何足憑信？正如版本目錄學家葉德輝在《藏書十約》中説的:"書不校勘,不如不讀。"

二、《莊子》原文的探究：《經典釋文·莊子音義》

《莊子》原文到底是怎樣的？司馬遷所謂"其著書十餘萬言",班固《漢書·藝文志》記載的"《莊子》五十二篇",至今不可得見,但唐代陸德明顯然見過五十二篇本,他在《經典釋文·序錄》中説:"《漢書·藝文志》'《莊子》五十二篇',即司馬彪、孟氏所注是也。"然而《經典釋文·

---

① 劉文典《莊子補正》,趙鋒、諸偉奇點校,安徽大學出版社、雲南大學出版社1999年版,第499頁。以下引文出處相同,不再出注。
② 王叔岷《莊子校詮》,中華書局2007年版,第648頁。

莊子音義》不採用五十二篇本，而偏偏採用經西晉郭象整理的三十三篇本，還把郭象注收入其中，影響所及，從此後世所流傳的《莊子》文本，就是經郭象整理的三十三篇本。以陸德明的才學，六朝、隋、唐尊崇《老子》、《莊子》道家道教文化的時代背景，相信陸德明的選擇是經過深思熟慮，是審慎明智的。此外的《莊子》佚文①，應該有之不為多，無之不為少。司馬遷謂"空語無事實"，陸德明謂"言多詭誕"，郭象謂"辭氣鄙背，竟無深奧，而徒難知，以困後蒙"，則無之又何足遺憾？司馬遷謂莊子："其學無所不窺，然其要本，歸於老子之言，故其著書十餘萬言，大抵率寓言也。"莊子亦説："言者所以在意，得意而忘言。吾安得夫忘言之人而與之言哉？"（《外物》）則又何必在乎言多言少？

莊子為戰國時人，生活於公元前300年前後，《莊子》一書傳抄至陸德明撰《經典釋文·莊子音義》，已經有近九百年的歷史。顔師古《漢書敍例》曰："《漢書》舊文，多有古字，解説之後，累經遷易，後人習讀，以意刊改，傳寫既多，彌更淺俗……古今異言，方俗殊語，末學膚受，或未能通，意有所疑，輒就增損，流遯忘返，穢濫實多。"《莊子》一書比《漢書》更古老，其中的"穢濫"恐怕有過之而無不及。

陸德明的《莊子音義》，除了《莊子》正文和郭象注文的音義之外，還包含了《莊子》文本的校勘記。《莊子音義》正文的《莊子》原文，應該是陸德明校勘當時世傳《莊子》衆本的結果，注文中對各版本的不同文字作有校勘記，如"蚤：音早，司馬本作蚤，音文，今郭本亦有作蚤者"，"魏瑩：郭本作瑩，音瑩磨之瑩，今本多作罃，乙耕反"，"真僞：一本作真詭，崔本作真然"，"而水飲：元嘉本作飲水"，還有他自己的校勘意見，如"陸：跳也，字書作駼"，"无欲清：七性反，字宜從氵。從氵者，假借也。清，涼也。"陸德明的《莊子音義》中保存了六朝、隋、初唐所流傳的《莊子》舊文，這對於探究《莊子》原文的真相，具有非常重大的價值。

《在宥》："其居也淵而静，其動也縣而天。"此處作"縣而天"，着實讓人費解。陸德明《經典釋文·莊子音義》曰："縣而天：音玄，向本無'而'字，云：希高慕遠，故曰縣天。"由此可知天下尚有向秀注本作"縣天"，無"而"字！再看敦煌古鈔本《莊子音義》："其動也縣：郭音懸。天：李頤曰：懸，著也；司馬曰：希高慕遠，故曰懸天。"郭象注："静之可使如淵，動之則係天而踊躍也。"《寓言》"无所縣其罪乎"之《釋文》曰："縣，係也"，可知除了向秀注本之外，還有郭象注本和司馬彪注本亦作"縣天"。縣天，語同"懸空"，懸挂於天空，猶如日月之經天，萬目共睹，衆所周知也。細味前文言"尸居而龍見，淵默而雷聲"，此言"其居也淵而静，其動也縣天"，其義完全相符，於此可明《莊子》原文必作"縣天"。正是因為上文作"淵而静"，故增"而"字作"縣而天"，以與上文的句法一律，因而致誤。陸德明之《莊子音義》正文雖不可全信，但注文校勘記中保存的舊文，確實是難能可貴的資料。

---

① 南宋王應麟撰《困學紀聞》卷十《莊子佚篇》39條，清孫馮翼、茆泮林撰《莊子逸語》（司馬彪注）15條，王叔岷撰《茆泮林莊子司馬彪注考逸補》，清馬其昶《莊子故》卷八逸篇64條，民國馬敍倫撰《莊子義證》附錄《莊子佚文》128條，王叔岷撰《莊子校詮》附錄《莊子佚文》176條，合計三千餘字。

《山木》:"此比干之見剖心,徵也夫!"《經典釋文·莊子音義》曰:"見心:賢遍反。"王叔岷說:"吳汝綸曰:'剖字蓋衍。釋文出"見心"兩字。'案:世德堂本《釋文》作'見,賢遍反',無'心'字,則心字蓋涉正文而衍,恐非正文衍剖字也。"需要說明的是,世德堂本無"心"字,這是可以理解的,《續古逸叢書》影印南宋刻本《南華真經》之《釋文》亦只出直接注音之字,不重出正文已明的上下文字。《釋文》衆本皆作"見心",無一例外。成玄英疏曰:"昔殷紂無道,比干忠諫,剖心而死,豈非徵驗?"又《胠篋》之《釋文》曰:"比干剖:普口反,謂割心也。"成玄英疏:"比干,王子也,諫紂,紂剖其心而視之。"則《莊子》原文當作"見剖心"。查《史記·殷本紀》:"紂怒曰:'吾聞聖人心有七竅。'剖比干,觀其心。"可知比干並非"剖心"而死,陸德明注及成玄英疏皆誤。雖然《盜跖》亦有作"比干剖心",但此處文字,據《釋文》"見:賢遍反",可知陸德明所見衆本必作"見心",而非"見剖心",因為"見剖心"之"見"字不讀"賢遍反"(音現)。"見"用在動詞前表示被動,讀"如字",即其本音。

《達生》:"工倕旋而蓋規矩,指與物化,而不以心稽,故其靈台一而不桎。"郭象注:"雖工倕之巧,猶任規矩,此言因物之易也。"郭象注與《莊子》原意不合,既然"指與物化",就不可能"猶任規矩",以工倕之巧,根本無需借助規矩之類的工具,就能做出方圓完全合乎規矩的器物。還有一個問題,這裏"旋"解釋作圓轉,則"蓋規"可以理解,如《達生》:"東野稷以御見莊公,進退中繩,左右旋中規。"但"矩"字就顯得多餘,如《馬蹄》所言:"圓者中規,方者中矩。"《經典釋文·莊子音義》記載的《莊子》原文沒有"規"字,作"蓋矩":"工倕旋而蓋矩,指與物化而不以心稽:司馬本矩作瞿,云:工倕,堯工巧人也。旋,圓也;瞿,句也。倕工巧,任規以見為圓,覆蓋其句指,不以施度也,是與化之物,不以心稽留也。"敦煌古鈔本亦作"蓋矩",無"規"字,則《莊子》原文作"蓋矩"當無疑義。《爾雅·釋詁》:"矩,法也。"則"蓋矩"義為"合法"也。郭象注是"增字解經",司馬彪注是"曲為之說"。王引之謂:"經典之文,自有本訓,得其本訓,則文義適相符合,不煩言而已解;失其本訓而強為之說,則阢陧不安,乃於文句之間增字以足之,多方遷就而後得申其說,此強經以就我,而究非經之本義也。"①

三、《莊子》原文的探究:《莊子闕誤》

自《經典釋文·莊子音義》以來,《莊子》文本又經過三百多年的流傳,至北宋,碧虛子陳景元在完成《南華真經章句音義》後,"復將中太一宮《寶文統錄》內有《莊子》數本及笈中手鈔諸家同異,校得國子監景德四年(1007)印本不同共三百四十九字,仍按所出,別疏《闕誤》一卷,以辯疑謬。"這一彙校當時世傳九種版本所作的校勘記,保存了流傳至北宋時期的《莊子》舊文古字,對於探究《莊子》原文的真相,亦具有重大價值。

---

① 王引之《經義述聞》,世界書局 1975 年版,第 775 頁。

宋真宗崇信道教,曾牒中書門下:"《莊子》並《釋文》,牒奉敕:莊周云玄理,歸於沖寬,郭象為注義,造於精微,既廣玄風,實資至治。朕仰崇古道,俯勸蒸民,言念此書,盛行於世,尚多蹐跂,已命校讎,將永焕於縑緗,宜特滋於雕鏤。牒至準敕故牒。景德三年八月五日牒。"①因此景德四年國子監本實際上是官方校定本,陳景元以之為底本,則闕誤正文為官方校定之文,未必是可信的《莊子》原文;《闕誤》所載的異文亦只是少數版本的情況,而且大多有竄改原文的痕迹,反倒是校勘記中申明的"舊闕""舊作",恰恰是最可靠的《莊子》原文。

如《人間世》:"仲尼曰:齋,吾將語若。有而為,其易邪?易之者,皞天不宜。"《闕誤》載:"有心而為之,其易邪:見張本,舊闕。"劉文典說:"典案:張本'有'下有'心'字,是也。郭注'夫有其心而為之者,誠未易也',疏'必有其心為作,便乖心齊之妙,故有心而索玄道,誠未易者也',是郭成所見本並有'心'字。今據張本補。"王叔岷說:"郭注:'夫有其心而為之者,誠未易也。'案陳碧虚《闕誤》引張君房本'有'下有'心'字,郭注云云,郭本蓋原作'有心而為之'。其猶豈也,其易猶豈易。"需要說明的是,劉文典和王叔岷所引的《闕誤》文字,其實是明代楊慎的《莊子闕誤》:"有而為之,其易邪:張本'有'下有'心'字。"這是沿襲王孝魚整理本郭慶藩輯《莊子集釋》的錯誤而致,以下所引皆同此例。楊慎《莊子闕誤》係據陳景元《闕誤》改寫,根本不可信,詳見拙文《王孝魚整理本莊子集釋缺陷舉隅》。現今所見的宋刻本中,蜀刻趙諫議本、《俄藏黑水城文獻》影印宋刻本《吕觀文進莊子義》本、《古逸叢書三編》影印南宋精刻本皆作"有而為";《續古逸叢書》影印南宋本、吕惠卿撰《壬辰重改證吕太尉經進莊子全解》金大定十二年(1172)刻本、林希逸撰《莊子鬳齋口義》南宋咸淳五年重刻本皆作"有而為之";以上各本皆無"心"字。陳景元《闕誤》只說"舊闕",因此可以斷定陳景元所見舊文必闕"心"字,但不能斷定是否闕"之"字。《闕誤》所載九種版本,只有張君房校本三種和底本正德四年國子監本作"有心而為之",則還有其他五種版本並非如此。郭象注和成玄英疏都有"心"字,這是他們的理解,並不等於《莊子》原文一定有"心"字,"增字解經"本是他們慣常使用的方法,本不足為訓。今據不足為訓的注疏文字以證明並竄改正文,可謂本末倒置。陳景元《闕誤》記載《人間世》景德四年國子監本與舊文不同共有"二十字",推斷起來,此處當有兩字不同,即舊闕"心"字和"之"字。其實,最能説明《莊子》原文真相的是"易之者,皞天不宜"的注疏。郭象注:"以有為為易,未見其宜也。"可知原文既無"心"字,亦無"之"字。成玄英疏:"以有為之心而行道為易者,皞天之下,不見其宜,言不宜以有為心齋也。"既然是"以有為心齋",可知原文必無"心"字。此可證陳景元所說的"舊闕"確為最可靠的《莊子》原文。

《外物》:"中民之行進焉耳。"《闕誤》載:"中民之行易進焉耳:張、成本同,舊闕。"馬敍倫《莊子義證》:"郭象注曰:'言其易進',成玄英疏曰:'中庸之人,易為進退',是郭、成本'進'上皆有'易'字。"劉文典引馬敍倫語後説:"典案:有'易'字義較長,張、成本是。"王叔岷亦謂:

---

① 〔日〕島田翰《古文舊書考》,東京民友社聚珍排印本,明治三十七年(1904),北京圖書館出版社據以影印時更名為《漢籍善本考》,2002年版,第232頁。

"蓋郭本原有'易'字。"衆口一辭,似無可置疑。查《釋文》:"之行:下孟反。其易:以豉反。"若"其易"兩字是對《莊子》原文的釋文,則此句當作"中民之行,其易進焉耳",這顯然與所有版本不合,可見《釋文》"其易"兩字是對郭象注文的釋文。再進一步説,《釋文》"其易:以豉反",是對"易"字的注音,若《莊子》原文有"易"字,陸德明舍正文不用而用郭象注文,於情於理都是説不通的,因此反過來亦可證明陸德明所見《莊子》原文是没有"易"字的。敦煌古鈔本、高山寺古鈔本都没有"易"字,可證《闕誤》所載之國子監本、張、成本實不足憑信。

《至樂》:"天无為以之清,地无為以之寧,故兩无為相合,萬物皆化。"《闕誤》載:"萬物皆化生:見江南古藏本,舊闕。"劉文典謂:"江南古藏本是也。此以清寧生為韻。疏'升降災福,而萬物化生',是成氏所見本亦有'生'字。今據江南古藏本補。"王叔岷亦附和其説,以"生"字"當據補",且謂:"《田子方篇》'肅肅出乎天,赫赫發乎地,兩者交通成和,而物生焉。'《列子·天瑞篇》'天地合精,萬物化生。'文義並相符。"《莊子》此處所説"兩无為相合,萬物皆化",與《天道》所説:"无為而萬物化",以及《道德經》三十七章:"道常無為而無不為,侯王若能守,萬物皆自化",皆述"無為而化"之旨,與王叔岷引文之義實相差甚遠。據《闕誤》,亦只有國子監本和江南古藏本作"化生",則尚有其他七種版本是没有"生"字的,此外各種宋、元、明、清刻本亦無"生"字,而且郭象注作"不為而自合,故皆化",此注文各種版本皆無"生"字,則《莊子》原文作"萬物皆化",又有何疑乎? 成玄英把"化"解釋作"化生",這是"增字解經",不足為據。

《達生》:"忘足,履之適也。忘要,帶之適也。知忘是非,心之適也。"《闕誤》載:"□忘是非:張、文本同,舊作:知忘是非。"王叔岷謂:"案《闕誤》引張君房本文如海本並無'知'字,是也。'知忘是非',僅知而已,是尚未能忘也。'忘是非'與上文'忘足'、'忘要'一律。"然而成玄英疏:"亦猶心懷憂戚,為有是非。今則知忘是非,故心常適樂也。"則成玄英所見《莊子》原文必有"知"字。《闕誤》所載其他版本、敦煌古鈔本亦皆有"知"字,則國子監本和張、文本又何足為憑? 如果還是有人懷疑"知"字不當有,那麼試想:"去個性化"(deindividuation)之後的"忘是非"行為,亦是莊子所説"心之適也"的表現嗎? 忘足忘腰是大家共有的經驗,"忘是非"而"心之適也"的境界,體驗過嗎? 那時知不知自己"忘是非"了呢? 如果不知,那與喪失"自知力"的精神病人又有何差異?

《繕性》:"生而无以知為也,謂之以知養恬。"《闕誤》載:"古之治道者,以恬養智。智生而无以智為也,謂之以智養恬:見張本,舊闕。"陶鴻慶説:"愚案:《古逸叢書》本'生'上有'知'字,是也。《盗跖篇》云:'古者民不知衣服,夏多積薪,冬則煬之,故命之曰知生之民',即此'知生'之義。郭注云:'夫無以知為而任其自知,則雖知周萬物,而恬然自得也。''任其自知',正釋'知生'之義,蓋郭所見本未誤。"①王叔岷説:"成疏:'率性而照,知生者也。'案:覆宋本'生'上有'知'字,與成疏合。《文選》嵇叔夜《養生論》注引此亦有'知'字。《闕誤》引張君房本'生'上有'智'字,'知'並作'智',下同。《雲笈七籤》九四、《説文繫傳》三三引'生'上亦並有

---

① 陶鴻慶《讀諸子札記》,中華書局1959年版,第26頁。

'智'字。"

　　那麼《莊子》原文到底有没有這個"智(或知)"字呢？這得先查核各種古本。據宋陳景元《闕誤》記載，宋景德四年國子監本和宋張君房本作"智生"，他所見的其餘版本皆無"智(或知)"字。張君房本之所以有"智"字，是因為他校勘過成玄英疏(中太一宫本)，成疏作："率性而照，知生者也。"(據《道藏》本)他即據以校補"智"字。張君房曾受宋真宗徵召，編纂道經總集《大宋天宫寶藏》四千五百六十五卷，繼而綴其精華而成《雲笈七籤》一百二十卷，因此《雲笈七籤》引作"智生"完全正常。國子監本為宋真宗欽命之官方校定本，必當參考過張君房校本，因此作"智生"亦在情理之中。唐李善和南唐徐鍇，都在成玄英後，未必不據成玄英疏文而引入《文選》注和《説文繫傳》，更何況"古人引書，率多臆改，未必全可憑信"①。除了以上古本之外，尚有近世日本萬治本和《古逸叢書》覆宋本作"知生"。這兩個版本的最大特點是都含成玄英疏，且《古逸叢書》覆宋本據萬治本覆刻，因此實際上是同一版本系統。總而言之，作"智(知)生"的，僅限於成玄英疏本，但正統《道藏》本《南華真經注疏》正文没有這個"智(知)"字。此外如褚伯秀《南華真經義海纂微》及林希逸《莊子鬳齋口義》等，注文都如成玄英疏解作"智生"，但《莊子》正文仍作"生而无以知為也"，亦未説正文當作"知生"。《孔子家語·曲禮·子貢問》："傷哉貧也！生而無以供養，死則無以為禮也！"可為理解本句"生而"的最好旁證。對於《莊子》原文的理解，後人各持其説，此處陶鴻慶與成玄英的理解就完全不同。今以後人注解文字來竄改《莊子》正文，豈非削足適履？國子監官方校定本和張君房校本大多如此，則陳景元所説的"舊闕"、"舊作"就是最可靠的《莊子》原文。元吴師道《戰國策補注序》謂："事莫大於存古，學莫善於闕疑。"允為校勘古籍之圭臬。

四、類書古注諸子所引未可輕信

　　白居易《白氏六帖》、虞世南《北堂書鈔》、徐堅《初學記》、歐陽詢《藝文類聚》、李昉《太平御覽》等類書②，《文選》李善注、《後漢書》李賢注、《世説新語》劉孝標注等古注，其中有不少徵引《莊子》的文字，《吕氏春秋》、《淮南子》、《列子》、《文子》等諸子中有與《莊子》相關的文字，有人即據以校勘《莊子》原文。向宗魯説："類書、古注，其所引用，恒多節省，且同經刊寫，豈獨無誤？改難就易，又所不免。自非確有據依，未容輕以改竄。"③管錫華説："我們通過對他書引文與原文的細緻比較考察發現，不僅類書的引文不可盡信，一般書籍的引文和注解的引文同樣

---

① 楊伯峻《列子集釋》，中華書局1979年版，《例略》第2頁。
② 可參閱何志華、朱國藩編《唐宋類書徵引莊子資料彙編》，香港中文大學出版社2006年版；董治安主編《唐代四大類書》，清華大學出版社2003年版。
③ 向宗魯《説苑校證》，中華書局1987年版，《敍例》第4頁。

都不可盡信,因為這些引文同樣都不完全忠實於原文。"①

如《刻意》:"夫有干、越之劍者,柙而藏之,不敢用也,寶之至也。"《北堂書鈔》及《太平御覽》皆引作"不敢輕用",郭象注"況敢輕用其神乎",成玄英疏"自非敵國大事,不敢輕用",皆作"輕用",劉文典疑今本脫"輕"字。然而敦煌古鈔本及宋、元、明、清刻本皆無"輕"字,且以理而論,"不敢輕用"何足以達到"寶之至也"的程度?唯有"不敢用也",纔是"寶之至也"。

《徐无鬼》:"上忘而下畔。"清宣穎謂:"《列子》作'下不叛',此處漏一'不'字也。"章太炎說:"畔,即今伴字。"奚侗說:"校者因誤叛為背叛,遂增一'不'字以成其義,失古書之真矣。所幸本書未衍'不'字,猶可研索得其故也。"王叔岷說:"《列子》'不'字,乃淺人所加。"

《達生》:"達生之情者,不務生之所无以為;達命之情者,不務知之所无奈何。"此句中之"知"字,諸書皆引作"命"字。《淮南子·泰族訓》作:"故知性之情者,不務性之所無以為;知命之情者,不憂命之所無奈何。"《淮南子·詮言訓》作:"故通性之情者,不務性之所無以為;通命之情者,不憂命之所無奈何。"僧祐《弘明集·正誣論》亦引作:"莊周有云:達命之情者,不務命之所無奈何。"武延緒、馬敍倫、劉文典、王叔岷皆謂"知"當作"命"。然而郭象注作:"知之所無奈何者,命表事也。"王叔岷解釋說:"知'蓋本作'命',由於正文'命'字已誤作'知',後人遂據正文而改注文,而恰好《養生主》'公文軒'一段郭象注正作:'達命之情者,不務命之所無奈何也。'"即本此文,"知"正作"命",足證此文當作"命"字無疑。查核《續古逸叢書》影印南宋本、宋刻趙諫議本、静嘉堂文庫所藏南宋本、正統《道藏》成玄英疏本,此句注文確實皆作"命"字。但是《古逸叢書三編》影印南宋精刻本此"命"字仍作"知"字;湊巧的是,此段上文還有郭象注文,各本無一例外地作:"知之所無奈何,天也","夫師一家之知而不能兩存其足,則是知之無所奈何",則又該如何解釋?《莊子》正文注文作"知"字讓人難以接受,因此"知"字被竄改為"命"字,向宗魯所謂"改難就易",纔是合情合理的;今倒過來說"命"字訛誤作"知"字,則這種訛誤產生的可能性到底有多大?如果說郭象注尚可存疑,成玄英疏作:"一生命之所鍾者,皆智慮之所無奈何也。"則成玄英見到的本子一定是作"知"的。敦煌古鈔本作"不務知之所無奈何",宋刻本亦無一例外地作"知"字。《莊子》原文到底怎樣,可以不言而喻矣。

話雖如此,但恐仍有人懷疑版本是否可靠,因為心裹還是覺得原文當作"命"字。如果《莊子》原文作"達命之情者,不務命之所無奈何",那麼要問:命是一種我們所能掌控的力量嗎?換句話說,我們能利用命去做一些事,只是我們不用命去做力所不能及的事而已。命,到底是在我們掌控之内呢,還是在我們掌控之外?《莊子》書中明確說:"不知吾所以然而然,命也。"(《達生》)"吾命有在外者也。"(《山木》)"我諱窮,久矣,而不免,命也……由,處矣,吾命有所制矣!"(《秋水》)"然而至此極者,命也夫!"(《大宗師》)"知其不可奈何而安之若命,德之至也。"(《人間世》)可見"命"非人力所能及,而"知"確實是我們所能掌控的力量。我們正是運用知識和智慧做我們想做的事,但人的知識和智慧終究是有局限的,有它無能為力的地方。"命",正

---

① 管錫華《漢語古籍校勘學》,巴蜀書社2003年版,第218頁。

是"知之所無奈何"。我們對命無可奈何,聖人亦不過"樂天知命故不憂"(《周易·繫辭》),因此説:"達命之情者,不務知之所無奈何。"

《徐无鬼》:"仲父之病病矣,可不謂云至於大病,則寡人惡乎屬國而可?"此"謂"字,衆口一辭當作"諱"。宋陳景元《闕誤》載:"可不諱云:見江南李氏本,舊作謂。"宋褚伯秀曰:"從《列子》'謂'作'諱'爲當。"奚侗云:"'謂'當作'諱'。《管子·戒篇》:'仲父之疾甚矣,若不可諱也',《小稱篇》:'仲父之病病矣,若不可諱而不起此病也',《列子·力命》:'仲父之病疾矣,可不諱云',張湛注:'言病之甚,不可復諱而不言也',《吕覽·貴公篇》:'仲父之病矣漬甚,國人弗諱',文各小異而義則同,皆可爲'謂'當作'諱'之證。"劉文典曰:"典案:奚校是也。"王叔岷曰:"奚氏謂'謂當作諱',是也。"言之鑿鑿,似無可置疑。但是牽一髮則動全身,引出連帶的問題。王引之謂:"家大人曰:'云',猶'如'也,'如'與'或'義相近。《列子·力命》曰:'管夷吾有病,小白問之曰:仲父之病疾矣,不可諱',今本'不可'誤作'可不',《莊子·徐無鬼》亦誤,今據張湛注乙正。'云至於大病,則寡人惡乎屬國而可',言'如至於大病'也。"①句讀亦有問題,或至"可不謂"絶句,或至"可不謂云"絶句。然而據《説文解字》:"謂,報也。"段玉裁注:"蓋刑與罪相當謂之報,引申之,凡論人論事得其實謂之報。謂者,論人論事得其實也。亦有借爲曰字者。"《禮記·表記》:"瑕不謂矣。"鄭玄注:"謂,猶告也。"《漢書·江都易王非傳》:"歸以吾言謂而王。"顔師古注:"謂,告也。"以上衆論皆以"謂"作"曰"解,因"未能通,意有所疑"而竄改原文,遂引發連鎖反應。以"謂"字本義解,"可不"改作"不可"顯然不通,"云"訓作"如"亦爲辯言強詞。舊文古字,信乎不可妄改也!

五、前人校勘意見僅供參考②

其實《莊子》書中句法不一律的情況非常普遍。如《庚桑楚》"備物以將形,藏不虞以生心,敬中以達彼",中間一句多一"不"字,句法就很不一律。郭象注:"心自生耳,非虞而出之。虞,億度之謂。"則顯然原文有此"不"字。又如"夫尋常之溝,巨魚无所還其體,而鯢鰌爲之制;步仞之丘陵,巨獸无所隱其軀,而孽狐爲之祥"。以句法而論,"陵"字爲多餘,然而《釋文》就作"步仞之丘陵",諸宋刻本亦然。

再如《讓王》:"中山公子牟謂瞻子曰:'身在江海之上,心居乎魏闕之下,奈何?'瞻子曰:'重生。重生則利輕。'"馬敍倫謂:"'利輕',《吕氏春秋·審爲篇》、《淮南子·道應訓》並作'輕利',當從之。成玄英疏曰:'重於生道,則輕於榮利',是成本亦作'輕利'。"王叔岷亦謂:"案:成本'利輕'蓋本作'輕利','重生'與'輕利'對言。《吕氏春秋·審爲篇》、《淮南子·道應訓》

---

① 清王引之《經傳釋詞》,嶽麓書社1982年版,第59頁。
② 可參閱方勇《莊子纂要》,學苑出版社2012年版。王叔岷《莊子校詮》,中華書局2007年版。

並作'輕利',《文子·下德篇》同。今本誤倒。"然而陸德明《釋文》"重生"注:"李云:重存生之道者,則名利輕,輕則易絶矣。"成玄英疏文被斷章取義,完整作:"重於生道,則輕於榮利;榮利既輕,則不思魏闕。"高山寺古鈔本及衆宋刻本皆作"利輕"。《莊子》原文到底作"利輕"還是"輕利",不言而喻矣。

《大宗師》:"不以心捐道,不以人助天。"清俞樾説:"捐字誤。"武延緒説:"捐乃損字之訛,與下句'助'字反對。"朱桂曜説:"捐蓋損之壞字。《則陽篇》郭注:'損其名也',《釋文》:'損,本亦作捐。'盧文弨曰:'今書捐作損。'不以心損道,猶言不以心害道也。"王叔岷説:"朱以捐為損之壞字,《史記·賈誼列傳·索隱》引此文正作損。'不以心損道,不以人助天',一損一助,相對而言。捐與損義亦相近。"似可成定論。此處恰好陸德明有《釋文》:"捐:徐以全反。郭作揖,一入反。崔云:或作楫,所以行舟也。"據《説文解字》:"捐,棄也,與專切。損,減也,穌本切。"《玉篇》:"捐,余專切,弃也。"《廣韻》:"捐,與專切,弃也。"字或可能傳寫有誤,音則確為"捐"字之音,則唐陸德明所見必作"捐"字無疑。成玄英疏作:"捐,棄也。捐棄虚通之道。"郭象注作:"用心則背道。"《字彙》:"背,違也,棄也。"可知"背"與"捐棄"義完全相合,與"損害"義毫不相關,則郭象和成玄英當時所見《莊子》原文必作"捐"字,又何疑乎?

《大宗師》:"其心志,其容寂。"宋趙以夫謂:"志當作忘。"宋褚伯秀説:"志字,諸解多牽强不通,趙氏正為'忘'字,與'容寂'義協,其論甚當。元本應是如此,傳寫小差耳。"王叔岷亦以為"志為忘之形誤"。以理而論,"形誤"之説確有可能,但郭象注作"所居而安為志",則郭象所見必不可能作"忘"字。陸德明《釋文》無"心志",但有"容寂"的校記,説明陸德明所見衆本與郭象注本並無不同,則陸德明所見亦必不可能作"忘"字。成玄英疏作:"若如以前不捐道等心,是心懷志操能致然也,故老經云:强行者有志。"則成玄英所見必作"志"字無疑。據褚伯秀《南華真經義海纂微》所引宋代吕惠卿、陳詳道、林疑獨、林希逸、陳景元皆以"志"字作解,説明衆注家於"志"字毫無異議;如陳景元注:"心志,一之而已。"且其《闕誤》中亦没有相關的校勘記,正説明陳景元所見衆本皆毫無例外地作"志"字。鍾泰説:"'其心志',所謂'用志不分,乃疑於神'也。志謂之志,用志不分亦謂之志,實字虛用,《莊子》一書中屢見之。或疑其不辭,而欲改作'忘',非也。此言'其心志',正如《消摇游》言'其神凝'也。"①

《達生》:"用志不分,乃凝於神,其痀僂丈人之謂乎!"褚伯秀《南華真經義海纂微》節引《莊子盧齋口義》,末句云:"'凝'當是'疑',後'削鐻'章可照。"清俞樾《諸子平議》卷十八謂:"樾謹按:'凝'當作'疑'。下文'梓慶削木為鐻,鐻成,見者驚猶鬼神',即此所謂'乃疑於神'也。《列子·黃帝》正作'疑',張湛注:'意專則與神相似者也。'可據以訂正。"北宋蘇軾《東坡題跋》卷之二《書諸集改字》:"近世人輕以意改書,鄙淺之人好惡多同,故從而和之者衆,遂使古書日就訛舛,深可忿疾。孔子曰:'吾猶及史之闕文也。'自余少時及前輩皆不敢改書,故蜀本大字書皆善本。《莊子》云:'用志不分,乃疑於神',此與《易》'陰疑於陽'、《禮》'使人疑汝於夫子'同,

---

① 鍾泰《莊子發微》,上海古籍出版社2002年版,第133頁。

今四方本皆作'凝'。"馬敍倫引蘇軾語後,接着説:"尋下文'器之所以疑神者',字正作'疑','疑'即'擬度'之'擬'初文。"劉文典、王叔岷皆附和其説,敦煌古鈔本正作"疑",似可成定論。然而《續古逸叢書》影印北宋本,蜀刻趙諫議本,以及其他衆宋刻本皆作"凝"字。據南宋刻本林希逸《莊子鬳齋口義》:"累丸於竿首,自二至五而不墜,則其凝定入神矣……凝於神,凝定而神妙也。"可見林希逸於"凝"字並無疑議,有疑議的當是褚伯秀。仍據褚伯秀《南華真經義海纂微》所引碧虛子陳景元注:"由是知一志凝神,則道無不得。"陳景元與蘇軾為同時代人,且較蘇軾年長十餘歲,其所著《南華真經章句音義》及《闕誤》,皆無相關記載,可見他於"凝"字並無異議;且所見衆本亦無有作"疑"字者。成玄英疏:"夫運心用志,凝静不離,故累丸承蜩,妙疑神鬼,而尼父勉勗門人,故云:痀僂丈人之謂也。"可謂"凝""疑"兩義兼具,想來成玄英當時所見的本子已有"凝"和"疑"的分歧。成玄英對異文往往持"亦通論"、"並存論"①。但《莊子》原文必有一是,必有一非。《逍遥遊》説藐姑射山之神人,"其神凝,使物不疵癘而年穀熟",可為此處之證:必用志不分,其神乃凝,而後纔有疑神之能事。若徑云:用志不分,故妙疑神鬼,則結論下得過快,不合情理。孔子亦必以其可為者勉勗門人;若疑神之事,又從何處下手,豈非虛語?

《寓言》:"是為耆艾,年先矣,而无經緯本末以期年耆者,是非先也。"于省吾説:"郭注:'期,待也。'按:'以期年耆者',文不成義。高山寺卷子本無'者'字,'年耆'二字右側各有二點,並注'來者'二字。年來、耆者,形似,耆字又涉上文耆字而訛。楊守敬云:'按:注"無以待人",則作"來者"是。'按:楊説允矣。上言'年先矣,而無經緯本末',此言'以待來者,是非先也',於上下文義最相符恰。"②王叔岷説:"于氏讀'而無經緯本末'為句,文意屬上,未審。"即謂于省吾斷句不當,理解有偏,然而王叔岷亦説:"'以期年耆者',當作'以期來者',《孟子·滕文公篇》:'於此有人焉,入則孝,出則悌,守先王之道以待後之學者。''以期來者',即'以待後之學者'之意。"又説:"'經緯本末',似就可以不朽者言。此謂年雖先矣,如無可以不朽以待後之學者,此不足為先也。"

從版本上考證,所有宋、元、明、清的《莊子》刻本都作"以期年耆者",尤其是高山寺鈔本就作"以期年耆",脱"者"字,而僅一個旁注作"來者",又無任何版本上的依據,只有郭象注與之相合,則此句文字之正誤可以不辯而明矣。王叔岷《跋日本高山寺舊鈔卷子本莊子殘卷》説:

---

① 管錫華《漢語古籍校勘學》:"王力説:'最糟糕的是亦通論,這等於説兩種解釋都是正確的,隨便選擇哪一種解釋都講得通,這就引起這麼一個問題:到底我們所要求知道的是古人應該説什麼呢,還是古人實際上説了什麼呢?如果是前者,那末不但可以並存,而且可以亦通,因為兩種解釋可能並不矛盾,在思想内容上都説得過去;如果是後者,那末亦通論就是絶對荒謬的,因為古人實際上説出了的話不可能有兩可的意義。真理只有一個;甲説是則乙説必非,乙説是則甲説必非。'王氏這兒雖然是針對訓詁説的,我們覺得對校勘也完全適用。真理只有一條,文字只有一是。"第 294 頁。

② 于省吾《雙劍誃諸子新證》,中華書局 2009 年版,第 631 頁。

"鈔本來源甚早,鈔者無識,每據後出之本妄加改竄,原本之真遂失矣。此極當留意者。"前言猶在,不知此處何以卻相信"鈔者無識"而"妄加改竄"的文字?于省吾謂"'以期年耆者',文不成義",真可謂一語道破天機! 此處問題就出在郭象注上:"年在物先耳,其餘本末无以待人,則非所以先也。期,待也。"這條注文與《莊子》文義不合,大概"來者"兩字就是根據此注而竄改正文的,正如顏師古所説:"或未能通,意有所疑,輒就增損。"據注文竄改正文,本身就是一大問題。據《玉篇》:"期,當也。"全句大意謂:這就是説,長者,在年齡上是長了,但如果自身沒有讓年輕人值得尊重的品質,以當得起一個長者,這個年齡算是白長了。如此而言,有何"文不成義"?

《寓言》:"不言則齊,齊與言不齊。言與齊不齊也,故曰无言。言无言,終身言,未嘗不言;終身不言,未嘗不言。"這裏有兩個問題:一是"故曰无言",高山寺古鈔本作"故曰言无言",成玄英疏正作"故曰言无言也",劉文典、王叔岷等以高山寺古鈔本為是;一是"終身言,未嘗不言",高山寺本無"不"字,馬敍倫、高亨、鍾泰、劉文典、王叔岷等皆以高山寺古鈔本為是。

"不言則齊,齊與言不齊,言與齊不齊也,故曰言无言。"今本都是如此標點的。如果這就是《莊子》原文,那麼第二句與第三句完全是同義重複,且第三句末還有"也"字,到底想表達甚麼意思?着實讓人莫名其妙。高山寺本無"也"字,可惜没人在意。仔細體會前兩句,可謂句意完整,應當絶句。後兩句連讀,承上文之意,這個"也"字不能少,否則語氣不足。"故曰言无言",王叔岷解釋説:"言則離道,不言不足以明道,故當言如無言耳。"既然"言則離道",那麼無論怎麼言,都是離道,都不能明道;然而"不言不足以明道",道終究非言或不言所能明也。言不能明道,不言亦不能明道,則"言如無言"又怎能明道?若果真"言則離道",則凡《道德經》之類的傳統文化經典,都是"離道"之書矣!《莊子》原文"言無言",解釋作"言如無言",這是"增字解經",實不足為訓。從版本上説,只有高山寺古鈔本作"故曰言无言",成玄英疏作"故曰言无言也",此外再無其他版本及旁證。另外,《漁父》:"孔子愀然",高山寺鈔本作"孔子愀然自竦也",成玄英疏作"自竦也";又"見賢不尊",高山寺鈔本"賢"作"貴",成玄英疏作"見可貴不尊";《説劍》:"以幣從者",高山寺鈔本"者"作"車",成玄英疏作"以充從車之幣帛也";《庚桑楚》:"解心之謬……六者謬心也",高山寺本"謬"作"繆",成玄英疏:"繆,繫縛也。……六者綢繆繫縛心靈者也。"以上五處,只有高山寺鈔本與成玄英疏合,再無其他成玄英疏本及郭象注本與之相合,因此可推斷高山寺鈔本係據成玄英疏文而竄改《莊子》正文,不足為據。

"言无言,終身言,未嘗不言;終身不言,未嘗不言。"《續古逸叢書》影印北宋本、南宋蜀刻趙諫議本、吕惠卿《莊子全解》金刻本、《分章標題南華真經》南宋本、《古逸叢書三編》影印南宋精刻本,都無一例外地作"終身言,未嘗不言"。劉文典説:"典案:各本'未嘗'下有'不'字,蓋涉下文'終身不言,未嘗不言'而衍。此以'終身言,未嘗言',與下'終身不言,未嘗不言',相對成義。若作'未嘗不言',則非其指,且與下文重複矣。注'雖出吾口,皆彼言耳',正釋'未嘗言'之義,是郭所見本作'未嘗言'。《道藏》白文本、《注疏》本、高山寺古鈔本,並無'不'字,今據删。"王叔岷亦表達了相同的意見,並説:"《古鈔卷子》本、《道藏·注疏》本、林希逸《口義》

本、褚伯秀《義海纂微》本、羅勉道《循本》本,皆無'不'字。《文選》孫興公《遊天臺山賦》注引同("臺"當作"台")……《徐无鬼篇》注:'則雖終身言,故為未嘗言耳。'即本此文,尤其明證。焦竑《翼》本以下,多删'不'字。"這裏有一個難題:既然這個"不"字讓人如此難以接受,為甚麼衆多古本還是偏偏有這個"不"字?"蓋涉下文而衍",大概鈔寫者是先抄下句,後鈔上句,纔致"涉下文而衍",否則如何理解這種倒行逆施的現象?為使前後兩語可以"相對成義",以適合自己的理解力,便硬要删改原有的文字,這豈不是"削足適履"?莊子説:"言而足,則終日言而盡道。"(《則陽》)怎麼可能"終身言,未嘗言"?"无為為之之謂天,无為言之之謂德"(《天地》),何以見得"終身言,未嘗言"?"丘也聞不言之言矣,未之嘗言,於此乎言之"(《徐无鬼》),又何得謂"言无言,終身言,未嘗言"?

　　細思上述校勘事例,都是緣於對原文"或未能通,意有所疑",因而提出各種增删改易的意見,以期"能通"原文之意。校勘意見,存疑則可。若不能通達原作的大理深義,既不相信古人,又不尊重古書,僅憑一點小學知識,以個人的主觀臆見,去判斷原文的正誤,決定異文的優劣,自以為是而深信不疑,不知不覺地"以意刊寫",則聰明才智之士鮮有不淪為妄改古書之"淺人"!究其實,《莊子》不能夠完全被理解是正常的,其中既有種種客觀的因素,如古書在傳抄過程中有誤脱衍倒等各種訛誤,又有"古今異言,方俗殊語",以及名物典章制度禮儀風俗等相關背景的缺乏或差異;更重要的還在於主觀因素,如"瞽者无以與乎文章之觀,聾者无以與乎鐘鼓之聲。豈惟形骸有聾盲哉?夫知亦有之。"(《逍遥遊》)"井蛙不可以語於海者,拘於墟也。夏蟲不可以語於冰者,篤於時也。曲士不可以語於道者,束於教也。"(《秋水》)如果《莊子》人人能懂,莊子的境界水平就跟大衆差不多,《莊子》怎麼可能傳誦千古,我們又何必費心費力地去研讀《莊子》?

六、古籍校勘實非容易

　　古籍校對就像少兒遊戲"找不同",然後再做小學生的"抄寫"作業,就這麼簡單的事,結果總是難以令人滿意。在校對過程中,形近的字,甚至上下文義亦通順的,最易忽略過去。如《應帝王》:"且也虎豹之文來田,猨狙之便、執斄之狗來藉",《續古逸叢書》影印南宋本、《古逸叢書三編》影印南宋本"狗"字作"狗",形似"徇"字。成玄英疏:"狗以執捉狐狸,每遭係頸。"顯然以為是"狗"字,然而"斄"解釋作"狐狸",總屬牽强,蓋沿襲《天地》"執狸之狗成思,猨狙之便自山林來",疏正作:"執捉狐狸之狗,多遭係頸而獵,既不自在,故成愁思。"但《逍遥遊》"今夫斄牛",疏作:"斄牛,猶旄牛也,出西南夷。"何以前後不同如此?此兩處陸德明均有《釋文》:"斄牛:郭吕之反,徐、李音來,又音離,司馬云:旄牛。""斄:音來,李音狸,崔云:旄牛也。"查《説文》:"斄,彊曲毛也,可以箸起衣。斄,西南夷長髦牛也。"段玉裁注:"此牛名斄牛,音如貍。《中山經》'荆山多斄牛',郭曰:'旄牛屬。'"《集韻》:"斄,或作斄。"由上可知,正是因為作"斄牛"解,顯然與後文的"狗"字說不通,成玄英便把"犛"解釋作"狐狸"。《字彙》、《正字通》、《俗書刊誤》皆謂:"徇,俗作狗",則"徇"作"狗"亦屬同例。《集韻》:"跔,或作徇。"《說文》:"跔,天寒足跔也。从足,句聲。其俱切。"段玉裁注:"跔者,句曲不伸之意。"《四聲篇海》:"徇,其俱切,天寒足徇,一曰不伸皃。"細察上下文義,作"猨狙之便執,犛之徇來藉",顯然更合情合理。

又如《人間世》"夫以陽為充孔揚,采色不定",《續古逸叢書》影印南宋本"采"就作"釆",竟無前人指出來;然而下文"五采,設采色,采真"作"采",而"文采"仍作"釆",顯然兩字混用。趙諫議本全書皆作"釆",無"采"字,顯然以為是同一字。明焦竑《俗書刊誤》謂:"采,從爪,俗作釆,非。釆音辨。"而《古逸叢書三編》影印南宋本則僅此一字作"釆"。據《說文解字》:"釆,辨別也,象獸指爪分別也,讀若辨。"結合上下文義,"釆"字實更恰當。清末四大藏書家之一的陸心源謂:"書貴舊本,良有以也。"

又如《徐无鬼》:"嗟乎哉,悲人之自喪者! 吾又悲夫悲人者! 吾又悲夫悲人之悲者! 其後而日遠矣!"《古逸叢書三編》影印南宋本如此,而眾校本"哉"作"我",屬下句。"哉"字訛作"我",在古籍中亦屬常見,如《天道》:"世雖貴之哉,猶不足貴也。"《古逸叢書》覆宋本"哉"就作"我"。《論語·八佾》:"郁郁乎文哉。"就被訛讀作"都都平丈我"[①]。仔細體會上下文,此句作"哉"字並無不妥之處,而作"我"字恐怕有誤。

七、句讀標點不容忽視

陸德明謂:"夫荃蹄所寄,唯在文言;差若毫厘,謬便千里。"(《經典釋文·序録·序》)文字是如此,句讀又何嘗不是如此? 古書原無句讀,不同的理解導致對文本的不同句讀,不同的句讀和標點亦導致對文本的不同理解。

如《應帝王》:"列子自以為未始學而歸。"這就讓人糊塗了:既然自以為未始學,知道自己的無知,就應該留下來跟師傅好好學習,怎麼就回家去了呢? 於情於理都是不妥當的,因此必須在"而歸"前加一逗號或句號,表明這是兩件事:認識到自己的無知是一件事,學成後回家又是另外一件事。

《在宥》:"人大喜邪? 毗於陽。大怒邪? 毗於陰。"這裏讀"邪"為語助詞,十分彆扭。敦煌鈔本《莊子音義》出"耶毗於陽"("耶"即"邪"之俗字),注:"司馬曰:毗,助也。"顯然讀"邪"為實詞。喜屬陽,怒屬陰,《淮南子·原道訓》謂"人大怒破陰,大喜墜陽",大喜大怒皆為過度,失

[①] 明田汝成《西湖遊覽志餘》卷二十五:"曹元寵題《村學堂圖》云:'此老方捫蝨,眾雛爭附火。想當訓誨間,都都平丈我。'語雖調笑,而曲盡社師之狀。杭諺言:社師讀《論語》'郁郁乎文哉'訛為'都都平丈我',委巷之童,習而不悟。一日,宿儒到社中,為正其訛,學童皆駭散。時人為之語云:'都都平丈我,學生滿堂坐。郁郁乎文哉,學生都不來。'曹詩蓋取此也。"上海古籍出版社1980年版,第450頁。

陰陽之正，非正則邪，邪則有傷和氣，"人大喜，邪毗於陽；大怒，邪毗於陰。陰陽並毗，四時不至，寒暑之和不成，其反傷人之形乎！"上下文順理成章。

《徐无鬼》："君自此為之，則殆不成。凡成美，惡器也。"郭象注："美成於前，則偽生於後，故成美者，乃惡器也。"錢穆《莊子纂箋》引馬其昶曰："《老子》云：天下皆知美之為美，則惡矣（"則"當作"斯"）。"按照這個說法，大家都不要去做成甚麼美事了，免得美成於前，則偽生於後而成惡器。如果莊子真是這個意思，《莊子》又何足道哉！仔細體會上下文，上句"則殆不成"，下文"成固有伐"，此句自然當讀作："凡成，美惡器也。"凡事物之成，或美或惡，《人間世》所謂："美成在久，惡成不及改，可不慎與？"此處"成美"連讀，毫無根據。至於引《老子》語以作證，更是風馬牛不相及。

《繕性》："繕性於俗，俗學以求復其初，滑欲於俗，思以求致其明，謂之蔽蒙之民。"宋以來注家多刪一"俗"字，句讀作："繕性於俗學，以求復其初，滑欲於俗思，以求致其明，謂之蔽蒙之民。"明焦竑《莊子翼》謂："'繕性於俗學''滑欲於俗思'為句。舊解失之。性非學不復，而俗學不可以復性；明非思不致，而俗思不可以求明。謂之俗者，對真而言，蓋動念即乖，況於繕？擬心即差，況於思？非惟無以徹其覆，而祇益之蔽耳。"焦竑的説法非常怪異，既説"性非學不復，而俗學不可以復性；明非思不致，而俗思不可以求明"，則正文自然當讀作"繕性於，俗學以求復其初，滑欲於，俗思以求致其明，謂之蔽蒙之民。"這顯然是不通的。前既言"'繕性於俗學''滑欲於俗思'為句"，怎麼還可以把屬於上句的"俗學"和"俗思"拿來與下句連讀？王先謙《莊子集解》引蘇輿説："案：當衍一'俗'字，'學'與'思'對文。言性與欲皆已為俗所污，雖學思交致，只益其蒙。宣以'俗學''俗思'句斷，似失之。"句讀雖已指正，但其謂"言性與欲皆已為俗所污，雖學思交致，只益其蒙"，如斯而論，學亦無用，思亦不行，那到底該怎麼辦呢？難道這就是莊子想要表達的意思？以上論句讀，皆不離其義，且只為求文句對耦而刪一"俗"字，獨不思：自古以來，至陳景元《闕誤》所載北宋張君房始刪一"俗"字，難道先前的古人，包括郭象和陸德明在内，都不懂"耦語"，不識"贅字"？莊子於《天下》中明確説："其辭雖參差，而諔詭可觀。"奈何既不信莊子，又不尊重《莊子》！

[作者簡介] 蔣門馬(1970—)，男，浙江省寧波市鄞縣人。現為寧波廣播電視大學外語系教師，業餘時間從事道家文化研究，創辦專業道家電子文獻網站白雲深處人家(http：//www.byscrj.cn/jmm)，整理校注道家典籍《道德經注釋》(中華書局2012年版)、《南華真經副墨》(中華書局2010年版)、《樂育堂語錄》(宗教文化出版社2012年版)等。

《莊子》中的飛鳥及其
哲學理念的呈現

賈學鴻

　　《莊子》書中出現種類繁多的飛鳥，構成一道亮麗的風景線。對於《莊子》書中的飛鳥，不能只就其本身加以觀照，而是需要透過表象去挖掘它們的深層意蘊。《莊子》書中的飛鳥有的可以在現實生活中找到原型，有的則是出於虛擬，並且所用的名稱也比較怪誕。因此，從用詞、字形等方面對鳥名進行考辨就成為解讀《莊子》鳥意象的重要方式。同時，《莊子》中的飛鳥有的可以與其他先秦文獻的相關記載進行印證，需要從大文化的視野進行解讀。

一、物物相生、生命一體化理念的載體

　　物物相生、生命一體，是原始哲學的重要理念，也是《莊子》一書重要的理論依據。《寓言》篇寫道："萬物皆種也，以不同形相禪，始卒若環，莫得其倫，是謂天均。"這是把整個物質世界看成是由各種生命構成的圓環，生命體之間可以通過變形的方式相轉化。《知北遊》提出兩個與此相關的命題，一是"萬物以形相生"，二是"通天下一氣耳"。萬物通過變形而相生，生命之氣貫通各種有生之屬。《莊子》書中出現的禽鳥，有時就是作為物物相生、生命一體化理念的載體而存在，賦予它們以生命哲學的內涵。

　　鳥類是從哪裏來的？《至樂》篇作了如下回答：

　　　　烏足之根為蠐螬，其葉為蝴蝶。蝴蝶胥也化而為蟲，生於灶下，其狀若脫。其名為鴝掇。鴝掇千日為鳥，其名為乾餘骨。

這段話的大意如下，烏足草根變成金龜子的幼蟲蠐螬，蠐螬身體的鱗片化為蝴蝶。蝴蝶的卵變為蟲，這種蟲生於灶下，它的形態好像剛剛蛻皮（脫），其名為鴝掇。鴝掇經過千日化為鳥，

其名叫乾餘骨。這裏所勾勒出的物物相生的鏈條是由烏足根到蟻蟟幼蟲,再到蝴蝶、鴝掇,又由鴝掇嬗變爲乾餘骨鳥。是由植物生出飛蟲,再由飛蟲生出爬蟲,最後由爬蟲而嬗變爲鳥。在這個嬗變系列中,體現出多種生命理念,所用的名稱也富有象徵意義。

蝴蝶是飛蟲,鳥也能飛,因此把它們置於嬗變鏈條的相距甚近環節。蝴蝶是飛蟲,其形體帶有蟲類特徵,所以衍生出蝴蝶生鴝掇蟲的環節。在現實生活中,鳥類捕蟲爲食,以蟲類維持生命,而在上面的演變鏈條中,被改造成蟲生出鳥,鳥生於蟲。蟲名鴝掇,鴝,字形從鳥,八哥鳥就被稱爲鴝鵒。《説文》:"鴝,鴝鵒也。"段玉裁注:"今之八哥也。《左氏春秋》昭公二十年:'有鴝鵒來巢。'"①掇,拾取、掠取之義。顧名思義,鴝掇,就是爲鳥所取之義,這正是現實世界蟲類的命運。所以,由鴝掇變爲鳥,實際是鳥食蟲而生的藝術顯現,但文中把鳥説成是由蟲而生。鴝掇生於灶下而千日爲鳥,灶指鍋灶、爐灶,是供火焰燃燒的設施。蟲化爲鳥要借助於灶的熱量才能實現,這個嬗變環節是虛擬的,滲入了當時的陰陽學説理念。《周易·説卦》稱:"離爲火、爲日","離爲雉"。按照這種劃分,鳥與火、與日屬於同類。與離相配的方位是南方,因此,南方七宿稱爲朱雀。陰陽學説把鳥與火劃爲同類,《至樂》篇所説的灶下之蟲生出鳥,體現的就是這種理念。鴝掇所化成的鳥其名爲乾餘骨,它同樣是顯示陰陽學説理念的符號。《周易·説卦》稱"離爲雉",又稱"離爲乾餘",這樣一來,鳥就和乾建立起對應關係,當然可以用乾字相稱。乾是陽剛之性,餘、骨都是堅硬之物。餘,字形從余,"《廣雅·釋詁四》:'捈,鋭也。'余正是捈的初文。用爲名詞,余就是鑽子、錐子一類的器具。"②這樣看來,鳥名乾餘骨,是取象於鳥有鋭利而堅硬的喙,是以其器官屬性命名,同時凸顯它的陽剛之性。

《至樂》篇所出示的萬物以形相嬗鏈條,是從物的生成角度出發,追問各種現實存在物的由來。《逍遥遊》篇所展現的鯤鵬以形相嬗,則是着眼於現實存在物形態的變化:

> 北冥有魚。其名爲鯤。鯤之大,不知幾千里也。化而爲鳥,其名爲鵬。鵬之背,不知其幾千里也。

這裏展示的是由魚到鳥的以形相嬗,即由水族動物到飛禽的演變。下文在敘述南徙時寫道:"搏扶搖而上者九萬里,去以六月息者也。"大鵬南徙是在夏季六月,由此推斷,文中所述的鯤化爲鵬是在六月之前,是以春夏之際爲時間背景。關於飛禽與水族動物之間的以形相嬗,先秦典籍確實有記載。《禮記·月令》稱:"季秋之月……爵入大水爲蛤。""孟冬之月……雉入水爲蜃。"這是説鳥在秋冬之季入水化爲水族動物,以度過寒冬,是飛鳥和水族動物之間以形相嬗。《大戴禮記·夏小正》、《吕氏春秋》十二紀也有類似的記載。這裏講述的是秋冬之際鳥與

---

① 段玉裁《説文解字注》,浙江古籍出版社 1999 年版,第 155 頁。
② 尹黎雲《漢字字源系統研究》,中國人民大學出版社 1998 年版,第 317 頁。

水族動物的以形相禪，依此類推，春夏之際應該是由水族動物禪變為飛鳥，因為這種季節性的以形相禪都是雙向的。《大戴禮記·夏小正》寫道：正月，"鷹則為鳩"；六月，"鳩為鷹"；三月，"田鼠化為鴽"；八月，"鴽為鼠"。鳩，指布穀鳥，鴽指鵪鶉。這是認為布穀鳥與鷹、田鼠和鵪鶉都有季節性的以形相禪。春天，鷹化為布穀鳥，田鼠化為鵪鶉。夏季，布穀鳥化為鷹；秋季，鵪鶉化為田鼠。布穀鳥和鷹、田鼠和鵪鶉，它們之間的以形相禪是季節性的、雙向的。既然如此，秋冬之際飛鳥化為水族動物，依此類推，水族動物就應該在春夏之際化為飛鳥。《逍遙遊》中的鯤化為鵬，正是以春夏之際為時間背景，可以補充《禮記·月令》的相關記載。《禮記·月令》只提到秋冬之際飛鳥化為水族動物，而沒有水族動物在春夏之際化為飛鳥的條目，《逍遙遊》的記載使得飛鳥和水族動物依季節雙向禪變的環節得以全面展現。

　　《逍遙遊》所展示的水族動物和飛鳥的以形相禪，反映的也是生命一體化的理念，是飛鳥和水族動物生命相通的理念。無獨有偶，《周易·說卦》也把飛鳥和水族動物整理在同一系統之中，把它們劃為同類，"離為雉"，"離為鱉、為蟹、為蠃、為蚌、為龜"。作為飛鳥的雉和多種水中甲殼動物都屬於"離"的系列，鳥和水族動物具有親緣關係，這種劃分可與鳥和水族動物以形相禪的理念彼此印證，在理論形態上是殊途同歸。

　　《逍遙遊》鯤化為鵬的寓言反映的是萬物以形相禪、生命一體化理念。在進行藝術加工過程中，作者對已有的飛鳥和水族動物以形相禪的描述作了加工和改造。在《禮記·月令》等文獻中，秋冬季節飛鳥入於水變成甲殼動物，依此類推，春夏之際應是水族中的甲殼動物化而為鳥。可是，《逍遙遊》中化為鳥的不是甲殼類水族動物，而是屬於魚類的鯤，這是莊子對已有飛鳥與水族動物以形相禪模式的改造。不過，這種改造並沒有削弱其中所承載的生命哲學理念。而在古人看來，魚類和甲殼類水族動物在生命屬性和外在形態上並沒有根本的差異，它們都生活在水中，蛤蜃有殼，魚則有鱗，蛤殼魚鱗都使人聯想到甲冑。《周易·說卦》就把水中甲殼類動物與甲冑都劃入"離"卦系列，《逸周書·時訓解》則由魚鱗聯想到鎧甲。

二、守柔不爭、免患遠害處世哲學的顯現

　　《莊子》中的飛鳥，有時作為道家處世哲學的象徵出現，或採用正面象徵的方式，或者從反面加以暗示。

　　通過鳥類的活動方式從正面表現道家的處世哲學，集中見於《山木》篇，其中寫道：

> 東海有鳥焉，其名曰意怠。其為鳥也，翂翂翐翐，而似無能。引援而飛，迫脅而棲。進不敢為前，退不敢為後。食不敢先嘗，必取其緒。是故其行列不斥，而外人卒不得害，是以免於患。

鳥名意怠,林希逸稱:"意怠,今人燕也。"①林希逸把意怠説成是燕子,後代注家基本沿用此説,罕有異議。其實,這種鳥是《山木》篇作者虛擬的,不能據實求之,所謂的意怠,指的是處世哲學。後面對於意怠鳥所作的描寫,都是突出表現它善處下的生存智慧。

對此,成玄英作了如下解釋:

> 盻盻狄狄,是舒遲不能高飛之貌也。飛必援引徒侣,不敢先起。棲必戢其脅翼,迫引於羣。夫進退處中,遠害之至。所啄隨行,必依次序。②

成玄英吸取前代注家的相關解説,所作的詮釋基本符合原文本意。《山木》篇對意怠鳥所作的描寫,突出的是"直木先伐,甘井先竭"的主題。意怠鳥不爭先而居後,不居上而處下,因此免於患害,得以安全地生存。怠,本指懈怠,這裏賦予新的内涵,指的是柔弱不爭,甘居於後。具有這種守柔守謙的意念,故以意怠為名。

《山木》篇還寫道:

> 鳥莫知於鷾鴯。目之所不宜處,不給視,雖落其實,棄之而走。其畏人也,而襲諸人間,社稷存焉爾。

關於鷾鴯所指的鳥,古人已有解説。陸德明《經典釋文》稱:"或云:鷾鴯,燕也。"説得還是不夠肯定。成玄英則確認:"鷾鴯,燕也。"從文中的敘述看,這種解釋是正確的,鷾鴯確實是指燕子。但是,《山木》篇不直接稱為燕,而稱為鷾鴯,其中有寓意和寄托。燕,有時也稱為鳦。《詩經·邶風·燕燕》:"燕燕於飛,差池其羽。"毛傳:"燕燕,鳦也。"燕子或稱為鳦,鳦、鷾音同,故燕名首字又作鷾。《山木》篇根據鳦、鷾音同,遂以鷾為燕子的首字。這種同音假借的方式賦予鷾字以象徵意義,即指代意念、想法。鴯,字形從而、從鳥。《說文》:"而,須也。"而字本指人的胡須。古代男子蓄長須,胡須長則柔軟,故字形從而者往往有柔軟之義。胹,指煮。《左傳》宣公二年:"宰夫胹熊蹯不熟,殺之。"《楚辭·招魂》:"胹鱉炮羔,有柘漿些。"肉食經過水煮之後變得柔軟,故稱煮為胹。栭,枯木上長出的菌類植物,即木耳,因其柔軟,故稱栭,見於《禮記·內則》,《莊子·天下》:"語心之容,命之曰心之行,以聏合歡,以調海內。"聏,指調合,是由柔軟之義引申而來。由此看來,鳥稱為鷾鴯,乃是意念柔軟之義,和意怠鳥的含義基本一致,取其守柔不爭之義。區別在於意怠鳥是虛擬的,鷾鴯鳥則有現實根據,以燕子為原型;意怠的象徵比較明顯,單從字面就可以看得出來,而鷾鴯的象徵意義比較隱晦,字的構形對其象徵意義起遮蔽作用。意怠、鷾鴯兩種鳥相繼出現在《山木》篇,它們都是免患遠害處世哲學的象徵

---

① 林希逸著、周啟成校注《莊子鬳齋口義校注》,中華書局1997年版,第376頁。
② 本文所引成玄英疏,皆據郭慶藩《莊子集解》,中華書局2004年版。

物,是表述這種理念的鳥類形象,也是有相同內涵的文字符號。

《莊子‧山木》中的鳥類,還有的作為負面形象出現,從反面對道家的處世哲學加以展示。文中有如下一段:

> 莊周遊於雕陵之樊,覩一異鵲自南方來者,翼廣七尺,目大運寸,感周之顙而集於栗林。莊周曰:"此何鳥哉?翼殷不逝,目大不睹。"蹇裳躩步,執彈而留之。覩一蟬,方得美蔭而忘其身;螳螂執翳而搏之,見得而忘其形。異鵲從而利之,見利而忘其真。

文中所出現的異鵲是個負面形象,它見利而忘其真,即失掉自己的本然天性。作者稱它為"異鵲",意在突出它的反常,正如成玄英所稱,它是"翅大不能遠飛,目大不能遠逝",之所以如此,是因為它急於到樹林中捕食。而在發現所要捕捉的螳螂之後,根本覺察不到有人手執彈弓要把它作為射擊目標。文中的異鵲受到利益誘惑而忘掉本性,從而使自己處於危險境地。《山木》篇作者以此說明,沉溺於物欲者,必定要受到外物的傷害,即所謂的"物固相累,二類相召"。

《山木》篇在很大程度上是為《人間世》篇作傳,闡述道家的處世哲學。由此,把飛鳥作為道家處世哲學載體的三則寓言,都收錄在這篇作品中。前兩則寓言是從正面加以表現,意怠、鵷鶵鳥作為正面形象出現,鳥的名稱具有象徵意義。第三則寓言中的異鵲則是負面角色,從反面暗示人應該堅持的處世之道。

《戰國策‧楚策四》也提到黃雀、黃鵠因為沒有憂患意識而遭到傷害的教訓,用以提醒楚王不要高枕無憂,盡情享樂,但其立意與《山木》篇的宗旨不完全一致。儘管如此,從中可以看出,以飛鳥作比喻來闡述處世哲學,是戰國時期楚文學的一個重要特徵。

三、自由逍遙人生境界的象徵

《莊子》書中有的鳥還象徵自由逍遙的人生境界,充當這種角色的鳥通常是大鳥、俊鳥,而不是普通的凡鳥。這類大鳥、俊鳥往往不存在於現實世界,而是藝術想象的產物,甚至是虛擬的。

《逍遙遊》篇中的鵬鳥就是象徵人生自由境界的典型:

> 北冥有魚,其名為鯤,鯤之大,不知其幾千里也。化而為鳥,其名為鵬,鵬之背,不知其幾千里也。怒而飛,其翼若垂天之雲。是鳥也,海運則將徙於南冥。南冥者,天池也。

鵬鳥是由鯤魚變形而來，莊子極力渲染二者形體之大，采用的是襯托的手法。渲染鵬鳥的形體碩大，不是通過展示它整個形體的長和寬，而是取其背言之。對於鳥類而言，兩翅之間的背部在全身所占比例極小，可是，鵬鳥僅背部就不知幾千里，由此可以推斷，它的整個形體該有多麼巨大，此即以局部襯托整體的手法。《逍遥遊》篇中的大瓠、大樹都是作為自由逍遥境界的象徵物出現，莊子極力突出它們形體的巨大，從而與對鵬鳥的描寫前後輝映，造成以大為奇、為神、為美的效果，也是以宏闊境界比喻自由逍遥的天地。鵬，字形從朋、從鳥。朋，甲骨文、金文字形相近，"均象兩貝之形。這個形體古文有二用：一、表示貨幣，則為朋字。二、表示頸飾，則為賏字。"①十貝為朋，數量衆多之義，巨鳥為鵬，其偏旁朋字的意義由數量衆多引申為空間的闊大。

《莊子》中作為自由逍遥象徵的鳥還有鵷雛，見於《秋水》篇：

　　南方有鳥，其名為鵷雛。子知之乎？夫鵷雛，發於南海而飛於北海，非梧桐不止，非練食不食，非醴泉不飲。

鵷雛，陸德明《經典釋文》引李頤注："鵷雛乃鸞鳳之屬也。"②這種解釋是正確的，古今注家已經達成共識。《莊子》書中的鳳凰是自由鳥、逍遥鳥，《藝文類聚》卷九十、《太平御覽》卷九一五所載《莊子》佚文也有相關記載：

　　吾聞南方有鳥，其名為鳳，所居積石千里。天為生食，其樹名瓊枝，高百仞，以璆琳琅玕為實。天又為生離朱，一人三頭，遞卧遞起，以伺琅玕。

《莊子》中的鳳鳥是自由鳥，或稱以竹子的果實為食，或稱以玉樹瓊枝為食，是一種高潔的鳥。作為自由逍遥的象徵，《莊子》書中的鳳鳥與神話傳說中有關鸞鳳的記載可以相互印證。《山海經·海外西經》寫道：

　　此諸天之野，鸞鳥自歌，鳳鳥自舞。鳳皇卵，民食之。甘露，民飲之，所欲自從也。百獸相與群居。

《山海經·大荒西經》亦有類似記載，"諸天之野"作"有沃之國"。這裏出現的是人間樂土的景象，鸞鳳在此歌舞，這是它們家園所在。當地居民則食鳳卵、飲甘露，過着神仙般的生活，應有盡有，無所不適。由此看來，把鸞鳳作為自由逍遥的象徵，《莊子》和《山海經》一脈相通，可以

---

① 尹黎雲《漢字字源系統研究》，第183頁。
② 見郭慶藩《莊子集解》，第606頁。

彼此印證。

《秋水》篇的鵷鶵是南方之鳥，從南海向北海自由飛翔。《莊子》佚文中的鳳鳥也是居於南方，以南方為家園。《山海經·南山經》也有關於鳳凰的記載：

> 丹穴之山……有鳥焉，其狀如雞，五采而文，名曰鳳皇……是鳥也，飲食自然，自歌自舞，見則天下安寧。

丹穴之山位於南方，鳳凰生活在那裏，它自由自在，快樂幸福。鳳凰是逍遙鳥，又是吉祥鳥，是天下安寧的象徵。

《莊子》及《山海經·南山經》中的鳳凰都處於南方，是南方之鳥，這種設置與當時的陰陽五行學說密切相關。《周易·說卦》寫道："離也者，明也，萬物皆相見，南方之卦也。""離為雉。"與離卦相配的方位是南，動物是鳥，鳥和南方屬於同一系列，由此而來，作為百鳥之王的鳳凰，《莊子》和《山海經》把它說成是南方之鳥。當然，《山海經》有關鳳凰的記載不限於南方，還出現在其他地域，陰陽五行說把鳥與南方相配的理念在《山海經》中未能一以貫之。《莊子》則把鳳凰的故鄉鎖定在南方，陰陽五行觀念滲透在相關的記載中。

因為受陰陽五行觀念的統轄而把一些神鳥置於南方，《山海經》還有其他例證。袁珂先生在為《山海經·海外南經》的離朱作注時寫道：

> 《書·堯典》："日中星鳥，以殷仲春。"傳："鳥，南方朱鳥七宿。"離為火、為日，故神話中此原屬於日，後又象徵化為南方星宿之朱鳥，或又稱為離朱。①

這裏對離朱所作的認定未必十分確切，但是，把鳥類與南方相溝通的思路是可取的，是解讀某些鳥意象的一把鑰匙。

《莊子》中的巨鳥、俊鳥是自由逍遙境界的象徵，《逍遙遊》篇和《山木》篇中的大鵬、鵷鶵就是這類形象，它們本身的生存狀態直接體現出自由逍遙。《莊子》中的巨鳥、俊鳥有時還以間接的方式象徵自由逍遙的人生境界，作為自由逍遙者的乘駕對象出現，為自由逍遙者服務。這種情況見於《應帝王》：

> 予方將與造物者為人，厭，則又乘夫莽眇之鳥，以出六極之外，而遊無何有之鄉，以處壙垠之野。

這段話假托出自無名人之口，《老子》稱"道常無名"，無名人是體悟道性者，處於自由逍遙的狀

---

① 袁珂《山海經校注》，巴蜀書社 1996 年版，第 247 頁。

態,他所要前往的無何有之鄉、壙埌之野指的是道境。無名人前往道境乘的是"莽眇之鳥",鳥名是虛擬的,帶有象徵意義。《說文》:"莽,南昌謂犬善逐兔草中為莽。從犬茻,茻亦聲。"①這是許慎根據字形對莽所作的解釋。對此,尹黎雲又有如下看法:

> 《莊子·應帝王》:"莽眇之鳥。"《釋文》:"莽,莫蕩反,崔本作猛。"《說文·十上·犬部》:"猛,健犬也。"猛從孟聲,莽從茻聲。《管子·任法》:"莫敢高言猛行。"尹知章注云:"孟,大也。"茻為莽野,自有大義。可見從孟從茻同意,莽不過是猛的異體。②

莽,字形從茻、從犬,是獵犬在草叢中追逐野兔之象,故有廣大、強健有力兩層含義。

再看"眇"字。眇有多種含義,有時指高、遠。《荀子·儒效》:"仁眇天下,故天下莫不親也。"這裏的眇指的是高。《楚辭·九章·哀郢》:"心嬋媛而傷懷兮,眇不知其所蹠。"眇,指遠。這種含義見於屈原和荀子的作品中,他們都是楚地文人,《應帝王》篇中莽眇之鳥,其眇字也當是高遠之義。

由此看來,《應帝王》篇中無名人所要駕御的莽眇之鳥,指的是巨大有力而又能高飛遠行的鳥,正因為如此,他才有可能"以出六極之外,而遊無何有之鄉,以處壙埌之野"。在這篇作品中,莽眇之鳥是通向自由逍遙境界的使者,是進入自由逍遙境界所借助的力量,它本身也是自由逍遙的。

《莊子》一書把巨鳥、俊鳥作為自由逍遙生存狀態的象徵,創造出兩種原型:一類是鳥自身處於自由逍遙的狀態,另一類是鳥作為進入自由逍遙境界的媒介出現,這兩類原型在戰國後期的楚地文學中都得到繼承。宋玉《對楚王問》寫道:

> 鳳皇上擊九千里,絕雲霓,負蒼天,翱翔乎杳冥之上。夫蕃籬之鷃,豈能與之料天地之高哉!③

這裏的鳳凰用以比喻瑰意琦行、超然獨處之士。所用詞語明顯化用《莊子·逍遙遊》對大鵬鳥的描繪,鳳凰作為自由逍遙的象徵呈現出來。《遠遊》中的至樂之境"鸞鳥軒翥而翔飛",鸞鳥是自由歡樂的形象。《離騷》抒情主人公的神遊,或是"令鳳鳥飛騰兮,繼之以日夜",或是"鳳皇翼其承旂兮,高翱翔之翼翼"。鳳凰充當抒情主人公前往神境的先導和隨從,從中可以看出《莊子》書中巨鳥充當進入自由逍遙境界媒介的痕跡。《莊子》書中的巨鳥、俊鳥作

---

① 段玉裁《說文解字注》,浙江古籍出版社 1999 年版,第 48 頁。
② 尹黎雲《漢字字源系統研究》,第 320 頁。
③ 蕭統《文選》,嶽麓書社 2002 年版,第 1375 頁。

為自由逍遙境界的象徵,無論是以直接方式還是以間接方式所作的顯現,都成為楚文學的重要原型。

[**作者簡介**] 賈學鴻(1969—),女,河北涿州人。華東師範大學博士,復旦大學博士後,香港中文大學哲學與文化研究中心訪問學者。研究方向:先秦兩漢文學與文化。現為揚州大學新聞與傳媒學院副教授,碩士生導師。在《學術研究》等核心期刊發表論文20餘篇。此文是國家人文社會科學基金青年項目《〈莊子〉名物考辨及其意蘊的文學闡釋》的階段性成果。

《莊》、《荀》禮說淵源考辨*

何志華

一、前　言

　　《荀子·解蔽》曾謂莊子"蔽於天而不知人"①，前賢學者論及荀況辯莊者，亦多就《解蔽》篇此語加以發揮，而集中於莊、荀"天人之分"相關論說。荀況提出"天人之分"，強調"人有其治"②，能與天地相參，而莊周則主張順應天道，"無以人滅天"③，兩家思想既有不同，則荀況相關天論，或即為辯莊而發，當中荀況縱然未有言明批判對象，學者亦嘗推論其說所指。馮友蘭《中國哲學史新編》云：

> 荀況這裏所提出的批判，是確有所指的。"大天而思之"和"從天而頌之"，都是指莊周一派說的……"思物而物之"也是指莊周一派說的。莊周常說所謂"物物而不物於物"。就是說，所謂"聖人"自以為超越於萬物之上，能役使"物"而不為"物"所役使。可是，這裏所謂役使，都是想像或思維中的東西，就是所謂"思物而物之"。荀況指出，與其"思物而物之"，不如對於"物"加以實際的管理，而確實有所收獲。④

由此可見，前輩學者早已察覺荀子部分理論，雖未有言明批判對象，實則確有所指，《天論》篇部分理論即為辯莊而發。再考《荀子》一書雖僅有"蔽於天而不知人"一語明言指涉莊周，然部分學者已然發現《荀子》書中內容多有與《莊子》相仿者，似亦曾熟讀莊周義理。王叔岷《先秦

---

* 本論文為香港研究資助局資助"先秦兩漢詞彙綜合研究"部分研究成果，謹向該局致謝。
① 王先謙《荀子集解》，北京中華書局1988年版，第393頁。
② 同上，第308頁。
③ 見《莊子·秋水》，郭慶藩《莊子集釋》，北京中華書局1982年版，第590頁。
④ 馮友蘭《中國哲學史新編》，人民出版社1983年版，第373頁。

道法思想講稿》云：

> 荀子雖然評"老子有見於詘，無見於信"（《天論篇》）、評"莊子蔽於天而不知人"（《解蔽篇》），但其思想之最高境界，亦頗受老、莊影響……四十九年前，岷曾撰《莊子與荀子》一文，舉證荀子之文出於莊子者頗多。未發表。①

王氏明言"荀子之文出於莊子者頗多"，可見亦以為《莊子》、《荀子》兩書內容相互關涉，惜乎所撰《莊子與荀子》一文最終未有發表，讀者向隅，未知王氏當年所得書證為何？近年西方學者David S. Nivison 所著 *Hsun Tzu and Chuang Tzu*，亦持相近觀點，其文謂：

> 我們看似得見相關概念，即在荀子的《解蔽》篇中有明顯的道家思想色彩，因此，荀子以為人心譬如槃水（道家則以"鏡子"譬喻心靈的形象，見《莊子·應帝王》），以求毫無失真地反映現實……我在本文中描述的荀子，顯而易見，在於建議採取一種討論立場，即為荀子其實曾經參照莊子，卻拒絕了道家的一些前設。②

明確提出荀子曾經參照莊子，惟修訂其部分論說之道家思想前設理念。另 Aaron Stalnaker 撰作 *Aspects of Xunzi's Engagement with Early Daoism*，指出荀況曾借用莊周用語，其文謂：

> 當代學者已然注意到荀子學說蘊涵道家思想，而集中於莊荀論辯相關內容。荀子確曾借用莊子，惜乎學者對此等借用之性質及相關用詞，一直欠缺完整之理解。③

---

① 王叔岷《先秦道法思想講稿》，中研院中國文哲研究所1992年版，第130頁。
② "One seems to see this concept of the mind most clearly in Hsun Tzu's essay 'Dispelling Obsession' in which there are obvious Taoist overtones. Thus the enlightened man's mind is like a still pan of water (compare the Taoist image of the mind as a mirror, Chuang Tzu 7), reflecting reality without distortion. [……]Here I describe a Hsun Tzu that is readily found. It is now tempting to suggest that in taking this stance Hsun Tzu does follow Chuang Tzu, but rejects the Taoist assumption." David S. Nivison, "Hsun Tzu and Chuang Tzu", *Chinese Texts and Philosophical Contexts: Essays Dedicated To Angus C. Graham*, edited by Henry Rosemont, Jr. 1991, pp. 129 – 142, published by Open Court Publishing Company.
③ "To the extent that contemporary work on Xunzi's account of the mind has recognized his engagement with Daoism, it has focused on his debt to Zhuangzi. While Xunzi did borrow from Zhuangzi, the character and nature of this borrowing have not yet been completely understood." Aaron Stalnaker "Aspects of Xunzi's Engagement with Early Daoism", *Philosophy East & West*, Volume 53, Number 1, January 2003, pp. 87 –129, published by University of Hawaii Press.

Aaron Stalnaker 所言皆是，其文討論荀子部分用語諸如"精"、"性"、"神"、"神明"等，均與《莊子》內篇及《管子·內業》義理相關，以見荀況確曾借用道家文獻思想。惜乎 Aaron Stalnaker 與 David S. Nivison 皆僅就哲學觀念進行宏觀比對，而重在闡明荀子與道家思想之傳承關係，而非《莊》、《荀》二書具體段落、用語之重合對應現象，故所言雖具創見，然猶有未盡，未能確指《莊》、《荀》二書相合之處。另崔大華《莊學研究》又云：

> 從荀子對莊子思想的準確的批評中可以推斷，荀子對莊子的著作是非常熟悉的。①

案崔說是也，其所著《莊學研究》曾列舉"井蛙"、"至人"及"彭祖"三詞，以為並見《莊》、《荀》二書，推論荀況熟讀莊子。另拙文《荀卿論說源出莊周證》則嘗試列舉書證多則，以見部分《荀子》用語其實沿出《莊子》，包括"偃然"、"逢衣淺帶"、"延頸舉踵"、"聖人不愛己、殺盜非殺人"、"填填"、"盡盡"、"盱盱"、"瞞瞞"、"一曲"、"大理"等，並據此推論荀況部分論說源出莊子②。

本文將就諸家所言，進一步探究《莊》、《荀》二書之關係，考證荀況部分論說其實亦與莊周相涉，其中尤以禮論相關學說淵源尤深。至於二書措詞片語相合者，其例尚多，拙文《荀卿論說源出莊周證》所檢猶有未盡，今列舉新近蒐集所得書證，以見《莊》、《荀》用語確然存在對應關係。

二、《荀子》沿襲《莊子》用詞片語補證

王應麟《困學紀聞》嘗云：

> 《楚辭·漁父》："吾聞之，新沐者必彈冠，新浴者必振衣，安能以身之察察，受物之汶汶者乎！"《荀子·不苟篇》曰："新浴者振其衣，新沐者彈其冠，人之情也。其誰能以己之僬僬，受人之埱埱者哉！"荀卿適楚，在屈原後，豈用《楚辭》語歟，抑二子皆述古語也？③

按荀況引用他書未有言明，亦古人習用方法，未足為奇。觀乎荀書運用《莊子》詞彙片語者，亦不一而足，今嘗試就 Aaron Stalnaker's *Aspects of Xunzi's Engagement with Early Daoism*、

---

① 崔大華《莊學研究》，人民出版社 1992 年版，第 365 頁。
② 何志華《荀卿論說源出莊周證》，第 263～282 頁。
③ 王應麟撰、翁元圻注《翁注困學紀聞》，臺灣商務印書館 1978 年版，第四冊，第 847 頁。

崔大華《莊學研究》及拙著《荀卿論説源出莊周證》三文所舉《莊》、《荀》相合用語例證所未及者，補苴如下：

（一）短 綆 汲 深

《莊子·至樂》："孔子曰：'善哉女問！昔者管子有言，丘甚善之，曰："褚小者不可以懷大，綆短者不可以汲深。"夫若是者，以為命有所成而形有所適也，夫不可損益。'"①成玄英疏云：

> 綆，汲索也。夫容小之器，不可以藏大物；短促之繩，不可以引深井。②

此莊周托為孔子語，借重孔子以廣其説，所謂"重言"者也，固孔子相關言説未見於儒家典籍。莊周借助孔子以言己説，乃其慣用方法，莊書習見③。《至樂》此文托為孔子語又引用管子之言，亦不見今本《管子》，讀者固不必信以為源出管仲④。莊周以"綆短汲深"説明短繩不可以引深井之泉，比喻能力有所不逮，從而申明"命有所成而形有所適"，以言萬物"不可損益"之理。西漢《淮南子·説林訓》即據《莊子》云："短綆不可以汲深，器小不可以盛大，非其任也。"⑤今考《荀子·榮辱》云："故曰：短綆不可以汲深井之泉，知不幾者不可與及聖人之言。"楊倞注云："綆，索也。幾，近也。"⑥訓解亦同成疏，荀況旨在譬喻知不近者不可及於聖人之言，然其用詞、取義皆與《莊子·至樂》相同，可見《荀子》此文實出《莊子》。陸建華《荀子禮學研究》未知荀況此文源出《莊子》，因謂：

> 有意思的是，荀子還用短繩比喻庸人、小人認知禮的能力的不足，用深井之泉比喻禮高深莫測，非常人可知。那麽，為甚麽庸人的認識水平比聖人君子低下，淺知者為甚麽天生就是淺陋無知？荀子没有隻言片語的解説。⑦

---

① 郭慶藩《莊子集釋》，第620頁。
② 同上。
③ 莊子借重孔子語以推言己説，其實揚孔。王叔岷云："《莊子》書中對於孔子有揚有抑，寓意深遠，非庸儒所能了解……莊子之意，蓋（一）使孔子不為儒家思想所限。（二）將孔子莊子化，借重孔子，來談自己之修養功夫。"《先秦道法思想講稿》，第77頁。
④ 王叔岷云："今本《管子》書，出於戰國晚期，然此所謂管子語，不見於今本，其來源當甚早。"《莊子校詮》，第653頁。按此語既不見今本《管子》，則亦莊周托為管子言而已，未必真有更早之出處來源，此實與莊周托為孔子語者並無分別，亦旨在借助管仲推言己志而已。
⑤ 劉文典《淮南鴻烈集解》，《新編諸子集成》，北京中華書局1989年版，第556頁。
⑥ 王先謙《荀子集解》，第69頁。
⑦ 陸建華《荀子禮學研究》，安徽大學出版社2004年版，第100頁。

今既知荀況此喻其實出自《莊子》，蓋亦用以表述"命有所成而形有所適"之理，以見"淺知者"不能與聖人相比。荀況既用《莊子》成語概括己意，自當無庸深化解說，其理自明。及後西漢劉向《說苑・政理》謂"夫短綆不可以汲深井，知鮮不可以與聖人之言"，則又本諸《荀子》而言，推本溯源，其實皆出《莊子》。

(二) 主要臣詳

《莊子・天道》論及主道與臣道有別，不容相混。《莊子》云：

> 故古之人貴夫無為也。上無為也，下亦無為也，是下與上同德，下與上同德則不臣；下有為也，上亦有為也，是上與下同道，上與下同道則不主。上必無為而用天下，下必有為為天下用，此不易之道也。故古之王天下者，知雖落天地，不自慮也；辯雖彫萬物，不自說也；能雖窮海內，不自為也。天不產而萬物化，地不長而萬物育，帝王無為而天下功。故曰莫神於天，莫富於地，莫大於帝王。故曰帝王之德配天地。此乘天地，馳萬物，而用人群之道也。本在於上，末在於下；要在於主，詳在於臣。①

可見《莊子》以為"主"當好"簡要"，則群臣自當"詳審"。成玄英疏云：

> 要，簡省也。詳，繁多也。主道逸而簡要，臣道勞而繁冗。繁冗，故有為而奉上；簡要，故無為而御下也。②

成疏申明莊子之意，旨在說明主道簡要而臣道繁冗，主道簡要，故能御下；臣道繁冗，因而奉上，以見莊子"用人群之道"。考《荀子・王霸》云：

> 故明主好要而闇主好詳。主好要則百事詳，主好詳則百事荒。③

荀況顯然依據《莊子・天道》"要在於主，詳在於臣"一語立說，荀況以為主道"要"、"詳"之別，其於治道之效驗，實有天壤之別；倘君主好要則委臣以重任，臣得其用，百事詳審；君主好詳則自治百事，百事反而荒廢。楊倞注云：

---

① 郭慶藩《莊子集釋》，第467頁。
② 同上，第468頁。
③ 王先謙《荀子集解》，第224頁。

> 任一相而委之,是好要;不委人而自治百事,是好詳也。①

因之,君主當好"簡要",委臣治事,臣自能"詳",而治世可期。主道、臣道二者,當有要、詳之別,不宜相混。荀況此論,推本溯源,其實源出《莊子》。

(三) 天　　府

考《莊子·齊物論》云:"若有能知,此之謂天府。注焉而不滿,酌焉而不竭,而不知其所由來。"②成玄英疏訓解"天府"之義云:

> 天,自然也……可謂合於自然之府藏也。③

又徐復觀《中國人性論史·先秦篇》曾論述《莊子》"天府"一詞意蘊云:

> 莊子以"靈"字形容心……所以它的涵攝量是"注焉而不滿,酌焉而不竭"的"天府"(《齊物論》)。因為它是靈,所以它是照物而不殉於物……因為是天府,則極天地之所變,極萬物之所異,皆繫天府之所涵。因此,無窮之變,無窮之多,在天府的地方,只是一個"一"。④

可見"天府"之義,乃為涵蓋無窮、體悟萬變之心靈府藏,此本出於莊周之主觀想像,而不宜落實以為具體地方之名。今考《荀子·大略》云:"六貳之博,則天府已。"⑤楊倞注解"天府"之義云:"六貳之博,得之不窮,故曰'天府'。'天府',天之府藏。"其義與《莊子·齊物論》相同,其源實出莊周。再考盧文弨云:"貳,當作藝,聲之誤也。即六經也。"王天海《荀子校釋》未明乎此,因謂:

> 六貳,六典之副本也……博者,簿之假字……六典副本之典簿,本當藏於天子之府。⑥

---

① 王先謙《荀子集解》,第224頁。
② 郭慶藩《莊子集釋》,第83頁。
③ 同上,第88頁。
④ 徐復觀《中國人性論史·先秦篇》,上海三聯書店2001年版,第352頁。
⑤ 王先謙《荀子集解》,第504頁。
⑥ 王天海《荀子校釋》,上海古籍出版社2005年版,第1076頁。

王氏以為"六貳"即指"六典之副本",而"天府"當訓為"天子之府",意指朝廷文檔,則迂而不確,未可入信。北大注釋小組《荀子新注》謂:"天府,這裏指成就很大,收穫很多。"① 雖未有言明出於《莊子》,惟其訓解與成疏"自然府藏"之義相合,因亦近是矣。

(四) 心　容

《莊子·天下》云:"語心之容,命之曰心之行。"② 其謂"心之容"者,實指"心容",成玄英疏云:

> 發語吐辭,每令心容萬物,即名此容受而為心行。③

可見成疏以為"心容"者,專指"心"之"容受";再考《莊子》"心之容"者,可約而為"心容"一詞,先秦文獻僅見《荀子·解蔽》云:

> 故口可劫而使墨云,形可劫而使詘申,心不可劫而使易意,是之則受,非之則辭。
> 故曰:心容其擇也,無禁必自見。④

楊倞注云:"容者,受也。言心能容受萬物,若其選擇無所禁止。"取義幾與成疏全同,亦可見荀況用語實本《莊子·天下》。過去,論者曾以為《天下》篇非莊周自著,其成書年代可疑。有關《莊子》諸篇之成書年代,學界衆說紛紜,莫衷一是;至於諸篇之成書年代是否有可能後於荀子? 而為荀況所未及見者,此說雖稱詭奇,卻不無可能,誠難論斷。本文從宏觀論證,以為荀況生年既在莊周之後,又曾於《解蔽》篇批評莊周,則除外、雜篇個別篇章以外,《莊子》成書當在《荀子》編撰以前。近年學者王葆玹據新出土郭店楚簡重考《莊子》外、雜篇之撰作年代。王氏據郭店楚簡《語叢四》其中内容與《莊子·胠篋》相近,推論楚簡抄者曾摘録《莊子·胠篋》,從而推知"《莊子》的撰集和郭店楚簡的抄寫都在白起拔郢之後,約在齊襄王末年以前"⑤,又推斷"《莊子》外雜篇的絶大多數,時代應與《胠篋》接近"⑥。其後,王氏於其專著《老莊學新探》又云:

---

① 北京大學哲學系注《荀子新注》,臺北里仁書局1983年版,第550頁。
② 郭慶藩《莊子集釋》,第1082頁。
③ 同上,第1083頁。
④ 王先謙《荀子集解》,第398頁。
⑤ 王葆玹《試論郭店楚簡的抄寫時間與莊子的撰作時代——兼論郭店與包山楚墓的時代問題》,《哲學研究》1999年第4期,第18頁。
⑥ 同上,第29頁。

《莊子·胠篋》指稱田成子"十二世有齊國",顯然是以齊襄王的時代為背景,因為從田成子到齊襄王,正好是十二世……《莊子·胠篋》不用問答體,從體裁上看在《莊子》書中不應早出,這一篇既是撰於齊襄王時期,其餘多數篇章便也不應遲於齊襄王末年(公元前265年)。在這裏,有一件事是可以肯定的,即《莊子》的成書早於《呂氏春秋》的撰作。王叔岷先生曾撰《〈呂氏春秋〉引用〈莊子〉舉正》一文(見《道家文化研究》第十輯),詳舉《呂氏春秋》引用《莊子》之例,共三十七條……《荀子·解蔽》評論諸子,依次指斥墨子、宋子、慎子、申子、惠子、莊子,稱"莊子蔽於天而不知人",顯示出《解蔽》完成於《莊子》流行之時。湊巧的是,《史記·呂不韋列傳》正好提到了《荀子》和《呂氏春秋》的關係:"是時諸侯多辯士,如荀卿之徒,著書布天下。呂不韋乃使其客人人著所聞,集論以為八覽、六論、十二紀,二十餘萬言。以為備天地萬物古今之事,號曰《呂氏春秋》。"可見呂不韋發憤編書的背景,乃是"荀卿之徒著書布天下",《荀子》在《呂氏春秋》始編之時已是極為流行的著作,而《莊子》則流行於《荀子》編撰以前。由《呂氏春秋》開始編撰的時間上推到齊襄王末年,不過十七年,則《莊子》的早期傳本產生於齊襄王去世、齊王建即位以前,是在情理之中的。①

按王葆玹言之有據,本文探究《莊》、《荀》二書用詞片語重合互見時,即據王氏"《莊子》流行於《荀子》編撰以前"之說,從而推論《莊子》之成書年代,亦在《荀子》編撰成書以前。至於學者質疑《莊子》外雜篇個別篇章成書年代較遲,容或晚於荀況生年,自亦不無道理。惟該等外、雜篇章仍可能早於《荀子》之編成年代者,則當中既有與《荀子》相應之例證,本文仍予收錄,俾便讀者查考。至於《莊子·天下》之作者及其成書年代,近世以來,確然爭議甚多,劉坤生《〈莊子〉九章》嘗言:

> 關於《天下》篇的作者和時代,在"五四"以來"疑古"的風氣中,一般都認為是戰國末期之莊子末學所著,此說為馮友蘭所取,影響深遠。馮氏《中國哲學史新編》中不止一次地說:"《莊子·天下》篇是戰國末年一個道家的人所寫先秦哲學發展史。"但此說卻經不起對原文的仔細推敲。《天下》篇囊括了先秦各家學說和理論,其氣度和規模只能是出自大哲之手,從常理上說,應是莊子本人所作。②

劉說所言皆是,此一爭議,尚可參考徐復觀《中國人性論史》,徐氏云:

> 從《天下篇》的文體看,它與《莊子》內七篇最為接近;從內容看,《天下篇》所述各

---

① 王葆玹《老莊學新探》,上海文化出版社2002年版,第187頁。
② 劉坤生《〈莊子〉九章》,上海古籍出版社2009年版,第124頁。

家思想及各家生活情形，言簡而能委曲盡致；尤其是説到莊子本人的，已多爲戰國末期的道家所不能了解。所以通觀《天下》全篇，不能認爲出現太晚……凡主張《天下篇》非出於莊子自著的論證，經我的檢驗後，皆不能成立；甚至是可笑的。①

本文引用《莊子·天下》相關用詞，以爲荀況措詞所本，即以《天下》篇成書年代早於《荀子》爲立論依據②。

(五) 長 子 老 身

"長子"、"老身"二詞固爲常語，古籍習見，惟四字並置連用，則屬罕見。《莊子·至樂》記惠子曰："與人居，長子老身，死不哭亦足矣，又鼓盆而歌，不亦甚乎！"其所謂"長子老身"者，成玄英疏云："長養子孫，妻老死亡。"③

考《荀子·儒效》云："老身長子，不知惡也。"④又《解蔽》云："學，老身長子而與愚者若一，猶不知錯，夫是之謂妄人。"⑤長子老身、老身長子二語，其義無別，先秦兩漢文獻僅有上引三例，全見《莊》、《荀》二書，可見荀子蓋本《莊子》爲説。

(六) 圓者中規，方者中矩

《莊子·徐無鬼》云："直者中繩，曲者中鉤，方者中矩，圓者中規，是國馬也，而未若天下馬也。"⑥又《馬蹄》云："陶者曰：'我善治埴，圓者中規，方者中矩。'匠人曰：'我善治木，曲者中鉤，直者應繩。'"成玄英疏云："埴，黏也，亦土也。"⑦

按《荀子·賦》云："圓者中規，方者中矩。"⑧又《性惡》篇云："陶人埏埴而生器。"楊倞注："埴，埴黏土也。"⑨又《勸學》篇："木直中繩，輮以爲輪，其曲中規。"⑩用辭皆與《莊子·徐無鬼》及《馬蹄》相合。

---

① 徐復觀《中國人性論史》，第318頁。
② 學界主張《天下》篇爲莊周自著者，爲數甚多，舉其要者，尚可參張默生《莊子新釋》，齊魯書社1993年版，第728頁；張松輝《莊子考辨》，岳麓書社1997年版，第19頁；其餘等等，今且不贅。
③ 郭慶藩《莊子集釋》，第614頁。
④ 王先謙《荀子集解》，第124頁。
⑤ 同上，第406頁。
⑥ 郭慶藩《莊子集釋》，第819頁。
⑦ 同上，第330頁。
⑧ 王先謙《荀子集解》，第474頁。
⑨ 同上，第437頁。
⑩ 同上，第1頁。

（七）墨子衣褐

考《荀子·富國》云："墨子雖為之衣褐帶索，嚽菽飲水，惡能足之乎？"①王天海云："衣褐帶索，穿粗衣束草索。"②案墨翟"衣褐"，史傳無載，荀況所據為何？今考《莊子·天下》云："後世之墨者，多以裘褐為衣。"成玄英疏云："裘褐，粗衣也。"③可見莊周以墨者"裘褐為衣"，正是荀況以為墨子"衣褐帶索"之所本。

再考《荀子·富國》又云："我以墨子之'非樂'也則使天下亂，墨子之'節用'也則使天下貧。"④案墨翟一書論說衆多，荀況何以獨舉《非樂》、《節用》二篇而標明之？今考《莊子·天下》云："墨翟、禽滑釐聞其風而悅之，為之太過，已之大循。作為《非樂》，命之曰《節用》；生不歌，死無服。"⑤是為荀況《富國》篇此文論說之所本。

依據以上七則用詞片語相合用例，再結合崔大華《莊學研究》所得"井蛙"、"至人"、"彭祖"三詞，以及拙文《荀卿論說源出莊周證》所舉"偃然"、"逢衣淺帶"、"延頸舉踵"、"聖人不愛己"、"殺盜非殺人"、"填填"、"盡盡"、"盱盱"、"瞞瞞"、"一曲"、"大理"等語，可證荀況用詞片語多與《莊子》相關。王叔岷所謂"荀子之文出於莊子者頗多"，或即專指此一重合現象。《莊》、《荀》兩書出現大量相合用詞片語，可見荀況確曾熟讀《莊子》，當無異議。

三、荀況論禮與《莊子》用語片語、思想義理相合例證輯錄

莊周專任天道，詆訕仁義，批判禮治，其《知北遊》發揮《老子》義理云：

> 夫知者不言，言者不知，故聖人行不言之教。道不可致，德不可至。仁可為也，義可虧也，禮相偽也。故曰："失道而後德，失德而後仁，失仁而後義，失義而後禮。禮者，道之華而亂之首也。"⑥

可見莊周以為聖人行不言之教，以道治天下；儒家禮論，舍本逐末，實為禍亂之首。荀子尊儒，

---

① 王先謙《荀子集解》，第186頁。
② 王天海《荀子校釋》，第444頁。
③ 郭慶藩《莊子集釋》，第1077頁。
④ 王先謙《荀子集解》，第185頁。
⑤ 郭慶藩《莊子集釋》，第1072頁。
⑥ 同上，第731頁。

推言禮義，不以任天為事，其《議兵》篇云："禮者、治辨之極也，強國之本也，威行之道也，功名之總也。"①顯然不以莊周之說為然；又於《儒效》篇云：

> 先王之道，仁之隆也，比中而行之。曷謂中？曰：禮義是也。道者、非天之道，非地之道，人之所以道也。②

荀況以為"禮義"乃先王之道，順中而行，乃人之所以道。可見荀況偏重人事，不以天道獨尊，與莊周相異，後世學者因以為莊、荀二者禮論，必定截然不同。然細考荀況論禮，其所用措辭片語，又每與莊周相若，今試舉其顯例言之如下：

(一) 俗儒禮服

荀況隆禮義而重儒士，其《儒效》篇推明大儒之功而貶抑俗儒，嘗云："逢衣淺帶，解果其冠，略法先王而足亂世，術繆學雜……是俗儒者也。"楊倞注云："逢，大也。淺帶，博帶也……言帶博則約束衣服者淺，故曰'淺帶'。"③

按荀況此文其實與莊周相關，考《莊子·盜跖》記盜跖羞辱孔子云：

> 丘來前！……今子修文、武之道，掌天下之辯，以教後世，縫衣淺帶，矯言偽行，以迷惑天下之主，而欲求富貴焉，盜莫大於子。天下何故不謂子為盜丘，而乃謂我為盜跖？④

考成玄英疏云："制縫掖之衣，淺薄之帶，矯飾言行，誑惑諸侯，甚為賊害。"郭慶藩注又引向秀云："儒服寬而長大。"⑤可見《莊子》以"縫衣淺帶"醜化儒生。考"逢衣淺帶"一語，先秦兩漢文獻僅有二見，除《莊子·盜跖》外，僅見《荀子·儒效》，由此可知荀況以"逢衣淺帶"描繪俗儒，其實沿襲《莊子》用詞片語。莊、荀皆以"俗儒"亂世，因加痛詆；二者未因儒、道家派不同而有所分歧。

(二) 三年之喪若駟之過隙

荀子重禮，以為子女為父母服"三年之喪"，稱情立文，以示至痛之極。關於"三年之喪"，

---

① 王先謙《荀子集解》，第281頁。
② 同上，第121頁。
③ 同上，第138頁。
④ 郭慶藩《莊子集釋》，第996頁。
⑤ 同上。按拙文《荀卿論說源出莊周證》於此曾加析述，今據之再行深化，以見荀卿禮說用詞片語亦出《莊子》。

《荀子·禮論》云：

> 將由夫愚陋淫邪之人與？則彼朝死而夕忘之，然而縱之，則是曾鳥獸之不若也，彼安能相與群居而無亂乎？將由夫脩飾之君子與？則三年之喪，二十五月而畢，若駟之過隙，然而遂之，則是無窮也。①

考荀況所謂"駟之過隙"者，楊倞注云："隙，壁孔也。"推本溯源，荀況措辭用語當本《莊子》。《莊子·知北遊》："人生天地之間，若白駒之過郤，忽然而已。"②成玄英疏云："隙，孔也。夫人處世，俄頃之間，其為迫促，如馳駿駒之過孔隙，欻忽而已，何曾足云也。"③可見《莊子》此文措辭為後世荀子取用，而《莊子》成疏與《荀子》楊注訓解相同。

又《莊子·盜跖》亦云："天與地無窮，人死者有時，操有時之具而托於無窮之間，忽然無異騏驥之馳過隙也。"④成疏又云："以有限之身，寄無窮之境，何異乎騏驥馳走過隙穴也。"可見莊周以"騏驥過隙"以喻人生短促，死者有時。按《墨子·兼愛下》嘗云："人之生乎地上之，無幾何也，譬之猶駟馳而過隙也。"⑤墨子年代早於莊周，此或為莊周言說所本，尚難論斷。若然，則謂《荀子》直接襲取《墨子》，亦無不可。惟本文既證《荀子》多次習用《莊子》用詞片語，則於書證之蒐羅不宜有所遺漏，既然兩可，姑存此例以供讀者參照。《荀子》據此用詞片語以明人死以後，三年之喪其實短促，而旨在以禮節哀而已。

再考《禮記·三年問》本諸荀況《禮論》，又云：

> 將由夫患邪淫之人與？則彼朝死而夕忘之，然而從之，則是曾鳥獸之不若也，夫焉能相與群居而不亂乎？將由夫脩飾之君子與？則三年之喪，二十五月而畢，若駟之過隙，然而遂之，則是無窮也。⑥

考鄭玄注云："駟之過隙，喻疾也。"孔穎達疏申明鄭義，又云："此一經明賢人君子於三年之喪若駟之過隙，若不以禮制節之，則哀痛何時窮已。駟之過隙者，駟，謂駟馬。隙，謂空隙。駟馬駿疾，空隙狹小，以駿疾而過狹小，言急速之甚。"⑦兩說均與上引《莊子》成疏相合，並無二致。

---

① 王先謙《荀子集解》，第373頁。
② 郭慶藩《莊子集釋》，第746頁。
③ 同上，第747頁。
④ 同上，第1000頁。
⑤ 吳毓江《墨子校注》，北京中華書局1993年版，第177頁。
⑥ 鄭玄注、孔穎達疏、呂友仁整理《禮記正義》，《十三經注疏》本，上海古籍出版社2008年版，第2187頁。
⑦ 同上。

推本溯源,其實《禮記·三年問》襲用《荀子·禮論》①,而荀況曾襲取《莊子》用詞片語而已。

(三) 天子棺槨之制

《荀子·禮論》:"天子棺槨十重,諸侯五重,大夫三重,士再重。"②再考《禮記·檀弓》"天子之棺四重"句下鄭玄云:

> 尚深邃也。諸公三重,諸侯再重,大夫一重,士不重。③

顯與《荀子·禮論》所言牴牾,是荀況所據為何?今考《莊子·天下》云:"天子棺槨十重④,諸侯五重,大夫三重,士再重。"可見荀況全本《莊子》為説。考《禮記·檀弓》成書年代甚早,孔穎達疏云:

> 鄭[玄]《目錄》云:"名曰《檀弓》者,以其記人善於禮,故著姓名以顯之……此檀弓在六國之時,知者,以仲梁子是六國時人,此篇載仲梁子,故知也。"⑤

孔穎達以《檀弓》成書於六國之時,則亦荀況所及見,然荀況言及古代禮制,竟有不採《檀弓》而依乎《莊子》者,可見荀況確曾熟讀《莊子》,並採信其説以為一己禮論依據。

(四) 積習禮義,聖人不助天

《荀子·禮論》云:"故厚者、禮之積也。"楊倞注云:"聖人所以能厚重者,由積禮也。"⑥再考《荀子·儒效》又云:"積禮義而為君子。"楊倞注云:"順其積習,故能然。"⑦由此可見,"積"當

---

① 前賢於《荀子》、《禮記》相合内容,早有論説。汪中《荀卿子通論》云:"荀卿所學本長於《禮》,《儒林傳》云:'東海蘭陵孟卿善為《禮》、《春秋》,授后蒼、疏廣。'劉向《敍》云:'蘭陵多善為學,蓋以荀卿也,長老至今稱之,曰:蘭陵人。喜字為"卿",蓋以法荀卿。'又《二戴禮》並傳自孟卿,《大戴·曾子立事篇》,載《修身》、《大略》二篇文;《小戴·樂記》、《三年問》、《鄉飲酒義篇》,載《禮論》、《樂論》篇文。由是言之,《曲臺》之禮,荀卿之支與餘裔也。"汪中著,林慶彰、蔣秋華編審,王清君、葉純芳點校《汪中集》,中研院文哲所籌備處2000年版,第118頁。
② 王先謙《荀子集解》,第359頁。
③ 鄭玄注、孔穎達疏、吕友仁整理《禮記正義》,第335頁。
④ 今本《莊子》"十"誤為"七",據王引之説改。見王念孫《讀書雜志》,江蘇古籍出版社1985年版,第754頁。
⑤ 鄭玄注、孔穎達疏、吕友仁整理《禮記正義》,第223頁。
⑥ 王先謙《荀子集解》,第358頁。
⑦ 同上,第144頁。

訓為"積習"。又《王霸》篇:"與積禮義之君子為之則王。"①可見荀況以為積習禮義可以為君子。

今考《莊子·在宥》云:"節而不可不積者,禮也……聖人觀於天而不助。"②亦以為禮者不可不積,而天道無需聖人之助。成玄英疏云:"積,厚也。"王叔岷《莊子校詮》云:

> 案"積"不當訓"厚",積猶習也。《荀子·解蔽篇》:"私其所積。"楊《注》:"積,習。"③

可見《莊子·在宥》此文以為禮者不可不積習,與《荀子》書中所言"積禮",而"積"亦訓"習"者,多有類近之處。至於《在宥》論及"聖人觀於天而不助",亦與《荀子·天論》以為天道"雖深,其人不加慮焉;雖大,不加能焉;雖精,不加察焉。"④義理相合。楊倞注云:

> 其人,至人也。言天道雖深,至人曾不措意測度焉……《莊子》曰:"六合之外,聖人存而不論"也。⑤

是亦以為《荀子·天論》此文與《莊子》義理多有相合之處,並其證。

(五) 喪 禮 求 簡

《荀子·禮論》:"凡禮,始乎梲,成乎文,終乎悦校。"楊倞注云:

> 《史記》作"始乎脱,成乎文,終乎梲。"言禮始於脱略,成於文飾,終於梲減。《禮記》曰:"禮主其減。"⑥

又王天海《荀子校釋》於"凡禮,始乎梲"句下注云:

> "梲",諸本並作"梲";《史記》作"脱",《索隱》曰:"脱,猶疏略也。""梲"、"脱",上古皆屬透母月部,聲韻並同,故可通。"梲"字亦屬月部,一聲之轉,亦當借為"脱"。

---

① 王先謙《荀子集解》,第209頁。
② 郭慶藩《莊子集釋》,第398頁。
③ 王叔岷《莊子校詮》,中研院歷史語言研究所1988年版,第408頁。
④ 王先謙《荀子集解》,第308頁。
⑤ 同上。
⑥ 同上,第355頁。

禮始於疏略,正為禮之初起實況,故《索隱》之訓可從。①

可見荀況以為禮始於簡略,終於稅減,是亦禮儀求簡之意。考《莊子·大宗師》記孟孫才之母死,居喪不哀,莊子托為仲尼之言曰:

> 夫孟孫氏盡之矣,進於知矣。唯簡之而不得,夫已有所簡矣。②

劉武《莊子集解內篇補正》引宣穎云:"簡者,略於事。世俗相因,不得獨簡,故未免哭泣居喪之事。"③是其義,此正與《荀子·禮論》"凡禮,始乎稅"者義理相合,或即為荀況此文所據④。

(六) 終 始 俱 善

荀況思想以禮義為核心,縱然論及人之生死,亦以為終始皆當由禮。《荀子·禮論》云:

> 禮者、謹於治生死者也。生、人之始也,死、人之終也:終始俱善,人道畢矣。故君子敬始而慎終。終始如一,是君子之道、禮義之文也。⑤

按荀況所謂"終始俱善",其實亦出《莊子》。考《莊子·大宗師》云:

> 善吾生者,乃所以善吾死也……善妖,善老,善始善終。⑥

另同篇又云:"善吾生者,乃所以善吾死也。"又云:"善吾生者,乃所以善吾死也。"⑦一篇之中,重複表述,其實亦為"終始俱善"之意而已。

---

① 王天海《荀子校釋》,第766頁。
② 郭慶藩《莊子集釋》,第274頁。
③ 劉武《莊子集解內篇補正》,北京中華書局1987年,第173頁。
④ 按《莊子·大宗師》"簡之而不得"句下,郭象注云:"簡擇死生而不得其異。"是讀"簡"為"簡擇"之義,復增字為釋,因以為"簡之"者,謂"簡擇死生";又以為"不得"者,謂"不得其異",與《莊子》原文相較多有增飾,二者文義懸隔。且《莊子》原文作"簡之而不得,夫已有所簡矣。"倘依郭注讀"簡"為"簡擇"之義,則原文大意乃謂"孟孫氏簡擇而不得,但亦已有所簡擇。"文義扞格複重,於理難通,當未及宣穎讀"簡"為"簡略"之義,更見穩妥。
⑤ 王先謙《荀子集解》,第358頁。
⑥ 郭慶藩《莊子集釋》,第242頁。
⑦ 同上,第262頁。

四、荀況禮論意在辯《莊》例證舉隅

　　誠如上文所論，荀況部分言説或出《莊子》，此可從上文歸納所得《莊》、《荀》二書相合措詞得見端倪。推而論之，荀況既尊崇孔子之言，則於莊周道家學説實難以全然採納，其中矛盾，荀況時有詆之，文辭雖未有言明，其實意在辯《莊》。此於《莊子》學説既採納又排斥之現象，《荀子》屢見不鮮，徐復觀《中國人性論史·先秦篇》嘗論及荀子治心之道"虛壹而静"云：

　　　　［荀子］虛壹而静的觀念，從老、莊來。他對老、莊的批評，較對子思、孟子的批評爲恰當，可見他是很了解道家，而且受了道家的影響。這種話，已有不少的人説過。但所謂受影響，乃是學術上廣泛吸收，各自消化的影響。道家講"虛"，講"静"，是要把心知的活動消納下去，使其不致影響、擾亂作爲人的生命根源的自然。荀子則在於用虛静來保障心知的活動，發揮心知的活動。所以荀子在不承認心是道德（以仁義爲内容的道德）之心的這一點上，與道家相同；但在發揮心的知性活動的這一點上，與道家反知的傾向，是完全相反的。①

由此可見，荀況雖襲用《莊子》思想，然又竭力辯正其説，看似矛盾不一，其實相反相成，不過取他人之長以補己之短而已，未足稱奇。陳飛龍《荀子禮學之研究》亦云：

　　　　惟有道家之任天，而荀子明儒，亦遂謂"唯聖人爲不求知天"、"從天而頌之，孰與制天命而用之"（《天論篇》），"道者，非天之道，非地之道，人之所以道也"（《儒效篇》），此所謂相反相成者也。其於諸子，雖或目爲有見於此，無見於彼，蔽於一曲，究未嘗不許爲道之一隅，物之一偏；特亦莊子所謂"不該不徧"之意云爾。②

可見荀況之用《莊》辯《莊》，實亦"相反相成"，既有採信，亦有辯難者也。今試舉荀況論禮而意在辯《莊》者如下：

（一）儒服未可非

　　《莊子》一書崇尚自然，以爲儒服標榜禮義，實質約束形軀，有違自然情性，多可非議，其於

---

① 徐復觀《中國人性論史·先秦篇》，第218頁。
② 陳飛龍《荀子禮學之研究》，文史哲出版社1979年版，第143頁。

《天地》篇云：

> 且夫趣舍聲色以柴其內，皮弁、鷸冠、搢笏、紳修以約其外，內支盈於柴柵，外重纆繳，睆睆然在纆繳之中而自以為得，則是罪人交臂歷指而虎豹在於囊檻，亦可以為得矣。①

考成玄英疏云：

> 皮弁者，以皮為冠也。鷸者，鳥名也，似鷺，紺色，出鬱林；取其翠羽飾冠，故謂之鷸冠。此鳥，知天文者為之冠也。搢，插也。笏，猶珪，謂插笏也。紳，大帶也。脩，長裾也。此皆以飾朝服也。夫浮偽之徒，以取捨為業，故聲色諸塵柴塞其內府，衣冠搢笏約束其外形，背無為之道，乖自然之性，以此為得，何異鳩鴞也……約束於外形，取譬繳繩。既外內困弊如斯，而自以為得者，則何異有罪之人，交臂歷指，以繩反縛也！又類乎虎豹遭陷，困於囊檻之中。②

成疏闡釋詳明，由此可見，《莊子》反對儒服，以為"鷸冠"、"搢笏"、"紳帶"皆約束外形，有似繳繩。身被儒服，無異於有罪之人。又於《天下》篇云：

> 其在於《詩》、《書》、《禮》、《樂》者，鄒魯之士搢紳先生多能明之。③

所謂"縉紳"者，猶言"搢笏"、"紳帶"也，實則專指"儒服"。單晏一《莊子天下篇薈釋》引蔣錫昌云："搢紳蓋即儒服之一種……儒者以某物插於帶中為儒服特有之標記，故世人遂以'搢紳先生'稱儒家也。"④《田子方》又云：

> 莊子見魯哀公，哀公曰："魯多儒士，少為先生方者。"莊子曰："魯少儒。"哀公曰："舉魯國而儒服，何謂少乎？"莊子曰："周聞之，儒者冠圜冠者，知天時；履句屨者，知地形；緩佩玦者，事至而斷。君子有其道者，未必為其服也；為其服者，未必知其道也。"⑤

---

① 郭慶藩《莊子集釋》，第453頁。
② 同上，第455頁。
③ 同上，第1067頁。
④ 單晏一《莊子天下篇薈釋》，臺北空庭書苑2007年版，第33頁。
⑤ 郭慶藩《莊子集釋》，第718頁。

是又以儒服為非,詆訕"圜冠"①、"句屨",以為有道君子未必皆以此為服。凡此莊子與魯哀公暢論儒服之言,荀況皆不以為然,因於《哀公》篇特意借助魯哀公與孔子之對答,闡明身被儒服者雖未必皆賢,然亦鮮有為非作歹者,其實意在辯正《莊子》反儒服之論。《荀子·哀公》云:

> 魯哀公問於孔子曰:"吾欲論吾國之士,與之治國,敢問何如取之邪?"孔子對曰:"生今之世,志古之道,居今之俗,服古之服,舍此而為非者,不亦鮮乎!"哀公曰:"然則夫章甫、絢屨、紳〔帶〕而搢笏者②,此〔皆〕賢乎③?"孔子對曰:"不必然。夫端衣、玄裳、絻而乘路者,志不在於食葷;斬衰、菅屨、杖而啜粥者,志不在於酒肉。生今之世,志古之道,居今之俗,服古之服,舍此而為非者④,雖有、不亦鮮乎!"哀公曰:"善。"⑤

荀況所述殷時冠冕、"絢屨"、"紳帶"、"搢笏",皆見於上引《莊子·天地》及《田子方》,可見言論或有專指,其謂"居今之俗,服古之服,舍此而為非者,雖有,不亦鮮乎!"乃專就《莊子》"君子有其道者,未必為其服"之說加以辯難。

再考《荀子·哀公》後文又云:

> 魯哀公問於孔子曰:"紳、委、章甫,有益於仁乎?"孔子蹴然曰:"君號然也!資衰、苴杖者不聽樂,非耳不能聞也,服使然也。黼衣、黻裳者不茹葷,非口不能味也,服使然也。且丘聞之,好肆不守折,長者不為市。竊其有益與其無益,君其知之矣。"⑥

此又荀況再藉魯哀公與孔子之對答,重申儒服之於喪祭禮義,其效益顯然。凡此荀況設為哀公、孔子對答之言,而重申儒服之效用者,推本溯源,其實意在辯《莊》。由此深思,則《禮記·儒行》云:

---

① 按"圜冠",猶《天地》所謂"鷸冠"也。章炳麟《原儒》:"鷸冠者,亦曰術氏冠(《漢書·五行志》注引《禮圖》),又曰圜冠。莊周言儒者冠圜冠者知天時,履句屨者知地形,緩佩玦者事至而斷。(《田子方》篇文,《五行志》注引《逸周書》,文同《莊子》,'圜'字作'鷸'。《續漢書·輿服志》云:'鷸冠前圜。')"見章太炎《國故論衡》,上海古籍出版社2003年版,第105頁。
② 《荀子》原文脫"帶"字,今據王念孫說補。見王念孫《讀書雜志》,總第747頁。
③ 《荀子》原文脫"皆"字,今據王念孫說補。同上。
④ 北大哲學系注釋小組《荀子新注》云:"舍:處、居。此:代詞。……'舍此而為非者,不亦鮮乎':意思是,處於上述行為而去做壞事的,這樣的人不是太少了嗎?"第593頁。
⑤ 王先謙《荀子集解》,第537頁。
⑥ 同上,第544頁。

> 魯哀公問於孔子曰："夫子之服，其儒服與？"孔子對曰："丘少居魯，衣逢掖之衣，長居宋，冠章甫之冠。丘聞之也：君子之學也博，其服也鄉；丘不知儒服。"①

鄭玄注謂："衣少所居之服，冠長所居之冠，是之謂鄉。言不知儒服，非哀公意不在於儒，乃今問其服。"②是亦以為儒服不必一致，而君子儒行，較之儒服更為重要。由此可見，《禮記·儒行》似亦有融和《莊》、《荀》論辯之意。

（二）方外之民

考《莊子·大宗師》云：

> 子貢趨而進曰："敢問臨屍而歌，禮乎？"二人相視而笑曰："是惡知禮意！"
> 子貢反，以告孔子，曰："彼何人者邪？修行無有，而外其形骸，臨屍而歌，顏色不變，無以命之。彼何人者邪？"孔子曰："彼，遊方之外者也；而丘，遊方之內者也。外內不相及，而丘使女往弔之，丘則陋矣。彼方且與造物者為人，而遊乎天地之一氣。彼以生為附贅縣疣，以死為決𤴯潰癰，夫若然者，又惡知死生先後之所在！假於異物，託於同體；忘其肝膽，遺其耳目；反覆終始，不知端倪；芒然彷徨乎塵垢之外，逍遙乎無為之業。彼又惡能憒憒然為世俗之禮，以觀衆人之耳目哉！"子貢曰："然則夫子何方之依？"孔子曰："丘，天之戮民也。雖然，吾與汝共之。"③

此記子桑戶死，而友人孟子反、子琴張不為悲哀，臨屍而歌。莊子記述孔子以為二人"遊方之外"，而與孔門"遊方之內"者取徑不同，"外內不相及"，因以為二人皆為方外之民，未為"世俗之禮"。成玄英疏云：

> 方內之體，貴在節文，隣里有喪，舂猶不相。況臨朋友之屍，曾無哀哭，琴歌自若，豈是禮乎……子貢方內儒生，性猶偏執，唯貴麤迹，未契妙本。如是之人，於何知禮之深乎！為方外所嗤，固其宜矣……方，區域也。彼之二人，齊一死生，不為教迹所拘，故遊心寰宇之外。而仲尼、子貢，命世大儒，行裁非之義，服節文之禮，銳意哀樂之中，遊心區域之內，所以為異也……方內方外，淺深不同……夫聖迹禮儀，乃桎梏形性。仲尼既依方內，則是自然之理，刑戮之人也。故《德充符》篇云：天刑之安可解乎？④

---

① 鄭玄注、孔穎達疏、呂友仁整理《禮記正義》，第 2215 頁。
② 同上。
③ 郭慶藩《莊子集釋》，第 266 頁。
④ 同上，第 267 頁。

成疏以為"方"當訓為"區域",孟子反、子琴張遊心寰宇之外,齊同生死,是為遊方之外;至於仲尼、子貢鋭意哀樂,是為遊方之內。依據成疏,莊子此文意蘊在於闡明無方之民逍遥物外,而有方之士恪守禮教,因而桎梏形性。郭象注云:"以方內為桎梏,明所貴在方外也。"①正其義也。王叔岷《莊學管闚》闡釋《莊子》"遊方之內"之義云:

> 至人放懷乎六合之外,歸精神乎無始,而甘冥乎無何有之鄉(《列禦寇篇》),固以方內為塵垢也,為桎梏也。然與人群者不得離人(《人間世篇》郭注),故至人之遊於方內者,不得已也。此莊子《人間世》之所由作乎?②

由此可見,莊子蓋以"遊方之外"為得道,至人不得已方始遊於方內;因之,莊子《大宗師》謂孔子、子貢"遊方之內"者,蓋旨在貶抑儒生,以為恪守世俗禮儀,以至桎梏形性,未及方外之民逍遥無為,豁然自適。成玄英疏因謂子貢"方內儒生,性猶偏執",而"貴在節文"。荀況既熟讀《莊子》,於莊周詆訕儒生禮義之論,自當不以為然,因於《禮論》篇云:

> 禮之理誠深矣。"堅白""同異"之察入焉而溺;其理誠大矣,擅作典制辟陋之説入焉而喪;其理誠高矣,暴慢、恣睢、輕俗以為高之屬入焉而隊。故繩墨誠陳矣,則不可欺以曲直;衡誠縣矣,則不可欺以輕重;規矩誠設矣,則不可欺以方圓;君子審於禮,則不可欺以詐偽。故繩者、直之至,衡者、平之至,規矩者、方圓之至,禮者、人道之極也。然而不法禮、不(足)〔是〕③禮,謂之無方之民;法禮、(足)〔是〕禮,謂之有方之士。禮之中焉能思索,謂之能慮;禮之中焉能勿易,謂之能固。能慮能固,加好〔之〕④者焉,斯聖人矣。故天者,高之極也;地者,下之極也;無窮者,廣之極也;聖人者,道之極也。故學者固學為聖人也,非特學為無方之民也。⑤

學者皆知荀況此文段首所謂"堅白、同異之察入焉而溺"者,旨在評驚公孫龍子、惠施之説⑥,卻未知其所謂"不法禮、不是禮,謂之無方之民;法禮、是禮,謂之有方之士"者,其實亦有針貶,其所欲申辯者即為上引莊子《大宗師》之論。荀況意謂孟子反、子琴張臨屍而歌,是不法禮是禮

---

① 郭慶藩《莊子集釋》,第271頁。
② 王叔岷《莊學管闚》,北京中華書局2007年版,第187頁。
③ 今本《荀子》原作"足",今據王念孫説改作"是",《爾雅》:"是,則也。"下同。見王念孫《讀書雜志》,總第754頁。
④ 今本《荀子》脱"之"字,今據王先謙説補,見王先謙《荀子集解》,第357頁。
⑤ 同上,第356頁。
⑥ 王天海《荀子校釋》云:"堅白,公孫龍有'離堅白'之説。同異,惠施有'合同異'之説。"第769頁。

者也。又二者皆為平民百姓，荀況因謂之"無方之民"；仲尼、子貢恪守禮義，是法禮是禮者也；二人皆儒生士人，荀況因稱"有方之士"。禮者，本為人道之極致，而聖人乃為"道之極"，故勸勉學者當學為聖人，而切勿學為"無方之民"。

荀況此論意在辯莊，惜乎後世學者未嘗厝意，未知荀況所謂"無方之民"，其實專指道家孟子反、子琴張一類遊方之外者，而"有方之士"則專指仲尼、子貢等遊於方內之士，因於相關文詞訓詁或有失其解者，諸如："無方"、"有方"二詞，"方"字當依成玄英疏訓為"區域"，楊倞不明荀況所指，因以為"方，猶道也"。郝懿行又謂：

> 方，猶隅也。廉隅，謂有棱角。士知砥厲，故德有隅；民無廉恥，故喪其隅者也。①

荀況所謂無方之民，倘依郝說，乃成民無廉恥而喪其棱角者，此解於《荀子·禮論》上下文義扞格不入，實可商榷。及至《禮記·經解》又襲用《荀子·禮論》之文而略加改易云：

> 禮之於正國也：猶衡之於輕重也，繩墨之於曲直也，規矩之於方圓也。故衡誠縣，不可欺以輕重；繩墨誠陳，不可欺以曲直；規矩誠設，不可欺以方圓；君子審禮，不可誣以奸詐。是故隆禮、由禮，謂之有方之士；不隆禮、不由禮，謂之無方之民。②

其所謂"有方之士"、"無方之民"者，推本溯源，其實皆出《莊子》。孔穎達《正義》於此未嘗明晰，因於"是故隆禮、由禮，謂之有方之士"下疏云：

> 方，道也。若君子能隆盛行禮，則可謂有道之士也。反此則為無知之民，民是無知之稱故也。③

《禮記》孔疏既訓"方"為"道"，乃與《荀子》楊倞注同，孔氏因以為"有方之士"，即"有道之士"；惟"無方之民"倘依此訓，解作"無道之民"，則又覺貶抑過甚，因又改易己說以為"無知之民"，同一"方"字，前後異解，終覺牴牾難通。孔疏、楊注倘知此文原出莊周，當明《莊子》所謂"方內"、"方外"者，"方"並非解作"道"，而當如成疏訓為"區域"之義。王叔岷《莊子校詮》解"遊方之外"，曾引奚侗云："'敢問其方？''方'應訓'道'。"王叔岷隨即辯正奚說云：

> 案"遊方之外"，謂出(也)[世]。"遊方之內"，謂入世。奚氏釋"方"為"禮法"，與

---

① 王先謙《荀子集解》，第357頁。
② 鄭玄注、孔穎達疏、呂友仁整理《禮記正義》，第1907頁。
③ 同上，第1908頁。

司馬言"常教"義近，惟下文"然則夫子何方之依？"即就此"方外"、"方內"而言，"方"不當訓"道"。①

可見王叔岷訓解《莊子》此文亦明確論斷"方"不當訓"道"。又李中生《荀子校詁叢稿》云：

《荀書》"方"、"法"義同。"無方之民"，即沒有法度之民。"有方之士"，即有法度之士。此"方"承上文"人道之極"的"極"（義為"準則"，與法度義同）而言，並非承"道"而言。②

可見李氏亦以為《荀子》此文"方"不宜訓"道"，大抵亦以為"無方之民"倘訓為"無道之民"，終覺難安，因又推言"無方之民"並非上承"道"而言，乃上承"人道之極"之"極"字而言，而專指"準則"之意，"無方之民"因而實指"沒有法度之民"。按"方"古無訓"極"者，李氏雖知《荀子》此文"方"不宜訓"道"，惟所採釋讀方法仍有未安。此實未知荀況所謂"無方之民"實有專指，而意在辯莊，因而曲為之解，猶可商榷。

荀況由"方"而推言之，予以具體形象，則曰"壇宇宮廷"。《荀子·禮論》謂："是君子之壇宇、宮廷也。人有是，士君子也；外是，民也；於是其中焉，方皇周挾，曲得其次序，是聖人也。"楊倞注云："是，猶此也。民，民氓無所知者。"③按楊説是也，"人有是"即"人有此"之義，王念孫云：

"是"，謂禮也。"有"讀為"域"。《孟子·公孫丑篇》注曰："域，居也。"人域是，人居是也，故與"外是"對文。④

按王説讀"有"為"域"，實見卓識，此文既指莊周所謂"遊方之外"與"遊方之內"，"方"實專指"區域"而言，荀況因謂之"人有是，士君子也"，"有"亦"區域"之意而用為動詞，實指"居禮儀區域之內"，專指《莊子》所言"遊方之內"之孔子、子貢，荀子因稱"士君子"。荀況譬喻"禮義區域"為"壇宇宮廷"，以為倘能居於其內，盡得其中次序，可以為聖人矣。"聖人"一詞，實質專指日後修德有序而終為至聖之孔子，而非一般泛稱。

荀況所謂"外是，民也"者，謂"居禮義區域之外"，實指莊周所言"遊方之外"之孟子反、子琴張，故稱"民"也；荀況以為凡此皆為一般民衆百姓而已，未足與方內聖人相比，用以辯難莊

---

① 王叔岷《莊子校詮》，第253頁。
② 李中生《荀子校詁叢稿》，廣東高等教育出版社2001年版，第209頁。
③ 王先謙《荀子集解》，第358頁。
④ 王念孫《讀書雜志》，總第713頁。

周詆訕孔子、子貢之言。

（三）臨喪痛哭非禮儀節文

《莊子·外物》云："演門有親死者，以善毀爵為官師，其黨人毀而死者半。"成玄英疏云：

> 演門，東門也……東門之孝，出自內心，形容外毀，惟宋君嘉其至孝，遂加爵而命為卿。鄉黨之人，聞其因孝而貴，於是強哭詐毀，矯性偽情，因而死者，其數半矣。①

《莊子》蓋以演門孝子因喪親而形容外毀，鄉黨之人隨而矯情強哭，以求富貴，甚至"形容外毀而死"，以見儒家禮儀居喪而哭，其實有違情性。荀子不以為然，因於《禮論》篇云：

> 故情貌之變足以別吉凶、明貴賤親疏之節，期止矣；外是，奸也，雖難，君子賤之。故量食而食之，量要而帶之。相高以毀瘠，是奸人之道也，非禮義之文也，非孝子之情也，將以有為者也。②

楊倞注云："非禮義之節文，孝子之真情，將有作為，以邀名求利，若演門也。"盧文弨云："注'演門'，未詳。"③按盧氏未詳"演門"所指，蓋未明荀況此文其實針對《莊子·外物》"演門有親死者"而言。荀況謂："相高以毀瘠"者，其實專指演門孝子及其鄉黨，彼以"善毀"得名，終至"毀而死者半"，其實不合儒家禮義，故曰："相高以毀瘠，是奸人之道也，非禮義之文也。"荀子所謂"毀瘠"，猶莊周所謂"善毀"、"毀而死"也。荀況謂演門鄉黨"將以有為者也"，即指《莊子》所謂"因孝而貴"，兩文對應關係明顯。荀子旨在言明古人居喪過哀，以致形容外毀，並競相以羸弱自誇，不過"奸人之道"而已，並非儒家宗尚。《莊子》所言演門鄉黨舉措，實未足以詆訕儒家喪禮節文。至於臨喪以哀，亦儒家禮儀所重，《論語·八佾》記孔子謂："臨喪不哀，吾何以觀之哉？"④荀況尊儒，不能不就《莊子》所言深入辯難，可以明矣。

再考《莊子·漁父》亦云：

> 真者，精誠之至也。不精不誠，不能動人……處喪以哀，無問其禮矣。禮者，世俗之所為也；真者，所以受於天也，自然不可易也。故聖人法天貴真，不拘於俗。愚

---

① 郭慶藩《莊子集釋》，第945頁。
② 王先謙《荀子集解》，第364頁。
③ 同上。
④ 劉寶楠撰、高流水點校《論語正義》，北京中華書局1990年版，第137頁。

者反此。①

此謂"處喪以哀",不必以世俗之禮加以約束;成玄英疏謂:"節文之禮,世俗為之,真實之性,稟乎太素,自然而然,故不可改易也。"②是其義。又《大宗師》云:

> 子桑戶、孟子反、子琴張三人相與友,曰:"孰能相與於無相與,相為於無相為?孰能登天遊霧,撓挑無極;相忘以生,無所終窮?"三人相視而笑,莫逆於心,遂相與友。莫然有間而子桑戶死,未葬。孔子聞之,使子貢往(侍)[待]③事焉。或編曲,或鼓琴,相和而歌曰:"嗟來桑戶乎!嗟來桑戶乎!而已反其真,而我猶為人猗!"子貢趨而進曰:"敢問臨屍而歌,禮乎?"二人相視而笑曰:"是惡知禮意!"④

可見莊周以為居喪不必以哀,即使臨屍而歌,亦無不可。子貢堅執於儒家禮儀節文,莊周以為其實未知"禮意"。成玄英疏云:

> 方內之禮,貴在節文,隣里有喪,舂猶不相。況臨朋友之屍,曾無哀哭,琴歌自若,豈是禮乎?子貢怪其如此,故趨走進問也。夫知禮意者,必遊外以經內,守母以存子,稱情而直往也。若乃矜乎名聲,牽乎形制,則孝不任誠,慈不任實,父子兄弟,懷情相欺,豈禮之大意哉!⑤

可知莊周此文與上文所言"方外"、"方內"相互關涉,蓋亦用以詆訕儒家堅守喪禮節文,不過遊方之內而已。荀子於此不為苟同,因亦於《禮論》篇直斥其非,《禮論》篇云:

> 喪禮之凡:變而飾,動而遠,久而平。故死之為道也,不飾則惡,惡則不哀;尒則翫,翫則厭,厭則忘,忘則不敬。一朝而喪其嚴親,而所以送葬之者不哀不敬,則嫌於禽獸矣;君子恥之。故變而飾,所以滅惡也;動而遠,所以遂敬也;久而平,所以優生也。⑥

---

① 郭慶藩《莊子集釋》,第1032頁。
② 同上,第1032頁。
③ 郭慶藩《莊子集釋》引世德堂本"侍"作"待",今據改。
④ 郭慶藩《莊子集釋》,第264頁。
⑤ 同上,第267頁。
⑥ 王先謙《荀子集解》,第363頁。

荀況此文重在説明喪其嚴親而不哀不敬者，則"嫌於禽獸"。梁啓雄引《吕氏春秋·貴直》高誘注以爲"嫌猶近也。"①可見荀況以爲喪親不哀，近於禽獸，是以君子恥之。荀子措辭嚴明，於舍棄儒家禮儀節文者，痛加抨擊，歸根究柢，其實意在辯莊而已。

（四）"水行"表深，"禮義法度"百王不易

《莊子》倡言無爲而治，以爲依循天道，自然而然，治世可期，並能應變無窮，因亦反對一切人爲政治干預。《莊子·應帝王》所謂"盡其所受乎天，而無見得，亦虛而已"②。

又《天地》篇云："君原於德而成於天，故曰，玄古之君天下，無爲也，天德而已矣。"③所謂"天德"者，亦一任自然之謂也。成疏云："古之君，謂三皇以前帝王也。言玄古聖君，無爲而治天下也，蓋何爲哉！"④由此可見《莊子》以爲古代帝王，無爲而天下治，因而反對孔門遵從周魯遺風，堅持禮義治國，其於《莊子·天運》云：

今而夫子，亦取先王已陳芻狗，取弟子遊居寢卧其下。故伐樹於宋，削迹於衛，窮於商周，是非其夢邪？圍於陳蔡之間，七日不火食，死生相與鄰，是非其眯邪？夫水行莫如用舟，而陸行莫如用車。以舟之可行於水也而求推之於陸，則没世不行尋常。古今非水陸與？周魯非舟車與？今蘄行周於魯，是猶推舟於陸也，勞而无功，身必有殃。彼未知夫无方之傳，應物而不窮者也。⑤

此《莊子》藉孔子遵行禮義而遭逢困厄，以見先王之道未必皆可行於當世，譬猶水行用舟，陸行用車，周、魯相異，以喻三代社會狀況有别，未可堅執先王之道以求治世。成玄英疏云：

先王，謂堯舜禹湯，先代之帝王也。憲章文武，祖述堯舜，而爲教迹。故集聚弟子，遨遊於仁義之城，卧寢於禮信之鄉。古法不可執留，事同已陳芻狗……今古代殊，豈異乎水陸！周魯地異，何異乎舟車……夫子執先王之迹，行衰周之世，徒勞心力，卒不成功。⑥

成疏所言皆是，《莊子》意在批判孔子堅執先王禮義，未能因時制宜，以應無窮。鍾泰《莊子發

---

① 梁啓雄《荀子簡釋》，《新編諸子集成》，北京中華書局1983年版，第264頁。
② 郭慶藩《莊子集釋》，第307頁。
③ 同上，第403頁。
④ 同上，第404頁。
⑤ 同上，第512頁。
⑥ 同上，第513頁。

微》發揮其中意旨亦云:"此藉孔子以發其古今不同而禮法必變之論。"①可見《莊子》貶抑儒家所尚先王禮義法度。荀況尊孔,自不待言,其《解蔽》篇嘗謂:"孔子仁知且不蔽,故學亂術,足以為先王者也。一家得周道,舉而用之,不蔽於成積也。"②以為孔子盡得周道,遠勝諸子,因於《莊子》之詰難不以為然,其於《天論》篇就莊子"水行"用舟、"陸行"用車之喻加以辯詰云:

> 百王之無變,足以為道貫。一廢一起,應之以貫,理貫不亂。不知貫,不知應變,貫之大體未嘗亡也。亂生其差,治盡其詳。故道之所善,中則可從,畸則不可為,匿則大惑。水行者表深,表不明則陷;治民者表道,表不明則亂。禮者,表也;非禮,昏世也;昏世,大亂也。③

荀況所謂"百王之無變"者,楊倞注云:"無變,不易也。百王不易者,謂禮也。言禮可以為道之條貫也。"④蓋用以辯駁《莊子》所詆先王禮義之道不可用於今世之論,荀況以為禮義之道歷久不變,實可用於今世。荀況此文尤可注意者,蓋所謂"水行者表深",實與《莊子·天運》"水行用舟"一語相關,相互對照。《荀子》此文楊倞注云:"表,標準也。"⑤荀況意在辯《莊》,因此同以"水行者"為喻,說明"禮者,表也",以見"水行"成敗,關鍵不在舟、車之別,而在以禮為標準,此實百世不易之治國良方。倘如《莊子》所言詆諆禮義之道,則必陷於昏世而致大亂。荀況於《莊子·天運》相關論說加以辯證,尚可從《天運》篇下文一節得見端倪:

> 故夫三皇五帝之禮義法度,不矜於同而矜於治。故譬三皇五帝之禮義法度,其猶柤棃橘柚邪!其味相反而皆可於口。故禮義法度者,應時而變者也。今取猨狙而衣以周公之服,彼必齕齧挽裂,盡去而後慊。觀古今之異,猶猨狙之異乎周公也……惜乎,而夫子其窮哉!⑥

此莊周承上文申論遠古帝王禮義法度不一,而孔子堅執先王之道,未能應變,是所痛惜。成玄英疏云:"夫三皇五帝,步驟殊時,禮樂威儀,不相沿襲……帝王之迹,蓋無常準,應時而變,不可執留。"⑦說明禮義法度,古今不同,未可等量齊觀。荀況於此未為苟同,其於《性惡》篇云:

---

① 鍾泰《莊子發微》,上海古籍出版社2002年版,第323頁。
② 王先謙《荀子集解》,第393頁。
③ 同上,第318頁。
④ 同上。
⑤ 同上。
⑥ 郭慶藩《莊子集釋》,第514頁。
⑦ 同上。

聖人積思慮、習偽故以生禮義而起法度,然則禮義法度者,是生於聖人之偽,非故生於人之性也。若夫目好色,耳好聲,口好味,心好利,骨體膚理好愉佚,是皆生於人之情性者也;感而自然、不待事而後生之者也。夫感而不能然、必且待事而後然者,謂之生於偽。是性、偽之所生,其不同之徵也。故聖人化性而起偽,偽起而生禮義,禮義生而制法度。然則禮義法度者,是聖人之所生也。①

王天海《荀子校釋》以為"此節言性、偽產生之不同驗證。"②王說固是,惟此節其實亦有辯《莊》之意,蓋用以申明"禮義法度"皆為聖人"積思慮"、"習偽故"而制定者,聖人所處年代容或有別,然其制定"禮義法度"之方,其實相同。由此推知,則三皇五帝之"禮義法度",既皆出自聖人之偽,當中自必有其共通之處,未必如《莊子》所言"不矜於同"也。"禮義法度"四字成詞,《莊子·天運》兩見;除此以外,先秦兩漢典籍僅見上引《荀子·性惡》而已,尤可證荀況此段禮說,實有所指,蓋為辯《莊》而發。

(五) 人道表揚禮義,未可為非

《莊子》哲學之核心精神,意在推尊天道而輕視人道,其《在宥》篇云:

　　不通於道者,無自而可;不明於道者,悲夫!何謂道?有天道,有人道。無為而尊者,天道也;有為而累者,人道也。主者,天道也;臣者,人道也。天道之與人道也,相去遠矣,不可不察也。③

《莊子》言之甚明,天道無為而尊,人道有為而累,因而遠遜天道,不能並論。成疏云:"司職有為,事累繁擾者,人倫之道。"④是於人道大肆貶抑。荀況於莊子獨尊天道之說不以為然,其於《解蔽》篇謂莊周"蔽於天而不知人",是為辯莊任天之說之明證,學者於此早有論述。然而《解蔽》篇尚有針貶莊周上述貶抑人道之言,而為學者所忽略者,其云:

　　若夫非分是非,非治曲直,非辨治亂,非治人道,雖能之無益於人,不能無損於人。案直將治怪說,玩奇辭,以相撓滑也;案彊鉗而利口,厚顏而忍詬,無正而恣睢,妄辨而幾利;不好辭讓,不敬禮節,而好相推擠:此亂世奸人之說也,則天下之治說者方多然矣。《傳》曰:"析辭而為察,言物而為辨,君子賤之;博聞彊志,不合王制,君

---

① 王先謙《荀子集解》,第437頁。
② 王天海《荀子校釋》,第944頁。
③ 郭慶藩《莊子集釋》,第398頁。
④ 同上,第402頁。

子賤之。"此之謂也。①

楊倞注以為荀況所辯,乃為"慎、墨、宋、惠之屬"②,後世學者多從楊説,因以為荀子此段論議實與莊周無涉。然《解蔽》篇既曾明言針貶莊周,則此文啟首一節或可從辯莊角度重新思考,其謂"非分是非"者,或指《莊子·齊物論》云:

  因是因非,因非因是。是以聖人不由,而照之於天,亦因是也。是亦彼也,彼亦是也。彼亦一是非,此亦一是非。果且有彼是乎哉? 果且無彼是乎哉?③

莊子以為"是非"、"彼此",皆為相對觀念,"是""非"相待而生,相對而言,真理無從得見。成疏云:

  是者以是為是,而非者以是為非。故知因是而非,因非而是。因非而是,則無是矣;因是而非,則無非矣。是以無是無非。④

據此可知,《荀子·解蔽》所譏諸子"非分是非"者,或即指莊周而言。至於下文謂"非治人道",實亦有所針貶,蓋亦就《莊子·在宥》所言"人道"有為而累,因與天道相去甚遠而言。荀況以為《莊子》此等論説,"雖能之無益於人,不能無損於人。"意在強調人道有為,可與天、地相參,而未可貶抑。此《荀子·天論》所謂:"天有其時,地有其財,人有其治,夫是之謂能參。舍其所以參而願其所參,則惑矣。"⑤是其義矣。荀子以為"人治",可與"天時"、"地財"相參,是則"人道"可與"天道"並論,以見《莊子》貶抑"人道"之説,其實未足取信。

結　　語

荀況論禮,或意在辯《莊》,其中尤以《禮論》、《解蔽》兩篇為甚。廖名春《荀子新探》以為

---

① 王先謙《荀子集解》,第408頁。
② 同上,第409頁。王天海《荀子校釋》(第878頁)以為"宋"本作"季",盧、謝本改易此文楊注作"宋",《成相篇》亦作"慎、墨、季、惠",是其證。
③ 郭慶藩《莊子集釋》,第66頁。
④ 同上,第67頁。
⑤ 王先謙《荀子集解》,第308頁。

《禮論》、《解蔽》兩篇皆成書於"前279年以後至前255年以前荀子在稷下的作品"①。可見荀況論禮而意在辯莊者,主要集中於稷下時期,其時諸家學派稷下論學,荀況既稱"三為祭酒",又"最為老師"②,於稷下自由論辯之學術環境下,自有評騭各家學說之構想③,復於《莊子》一書深有體悟,因就莊周禮說一再反駁,意在匡其未及,糾謬正誤,以為此後儒道禮論立說依據。學者研習荀子禮學思想者,於此宜加厝意,則於分析荀子禮學立論動機,或能有所啟發。

前人研習《荀》書,多以為荀況既主性惡,則該書核心思想乃為與孟軻性善之說相互頡頏。又或以為荀子《非十二子》篇批評它囂、魏牟、陳仲、史鰌、墨翟、宋鈃、慎到、田駢、惠施、鄧析、子思、孟子,而置莊周不論;又《解蔽》篇所刺譏者,不過"慎、墨、宋、惠之屬",從而推論荀況之論評莊周者,僅有"蔽於天而不知人"一語而已,因以為《莊》、《荀》二書關係懸隔。細意思之,司馬遷稱許莊周以為"其學無所不闚"④,而荀況勸學倡言全盡,不容苟且,因謂"全之盡之,然後學者也"⑤。可見莊、荀好學,如出一轍。今據本文蒐集書證觀之,荀況部分用詞片語源出莊周,其中禮論亦有專為辯難莊周而發者,可見荀況敬重莊周。研習荀學思想,或可再三反思,重考《莊》、《荀》二書關係。

《莊子》內、外、雜諸篇成書年代嚮有爭議,三篇成書先後次序迄今未有定論。本文蒐集《荀子》與《莊子》相涉諸證所得,《荀子》與《莊子》相關者兼及內、外、雜三篇,其中涉及內篇《大宗師》、《齊物論》,外篇《天地》、《天道》、《天運》、《至樂》、《知北遊》、《在宥》,雜篇《天下》、《外物》、《盜跖》、《徐无鬼》。據此推知,諸篇成書年代容或皆在《荀子》成書之前。本文僅就《莊》、《荀》二書用詞片語相合者進行考察,固不足以深化論斷《莊子》諸篇之成書年代,以免以偏概全;惟學者可以循此考察,結合不同書證,再論《莊子》內、外、雜三篇成書年代,亦不無裨益。

《荀子》全書三十一篇合共七萬五千多字,其中明言提及莊周者,僅有《解蔽》篇"蔽於天而不知人"一語而已。過往學者論述《莊》、《荀》關係,援引書證時,僅能憑此單一具體例證,前輩學者諸如馮友蘭、王叔岷、徐復觀等,雖知荀況其實熟讀《莊子》,其相關論說或與《莊子》義理相涉,惟缺乏具體書證,讀者未盡理解。本文蒐集所得書證,固非荀況明言論及莊周者,然從措辭用語觀之,諸例確有相仿之處,並能相互對應,或能為前輩學者所述莊、荀比對研究工作,

---

① 廖名春《荀子新探》,文津出版社1994年版,第87頁。
② 司馬遷《史記》,北京中華書局1959年版,第2348頁。
③ 有關稷下學宮各派學者相互辯難的具體情況,可參陳鼓應《管子四篇詮釋:稷下道家代表作》云:"劉向《別錄》中還載及'談說之士期會於稷下',可知稷下學宮有定期的學術聚會。而所'談說'的內容,不外是各家提出自己學說,以及彼此間的論辯。如《韓非子·外儲說》左上中言及'兒說,宋人,善辯者也。持白馬非馬也服齊稷下之辯者';以及《史記》中亦載及'齊辯士田巴,服狙丘,議稷下,毀五帝,罪三王,服五伯,離堅白,合同異,一日服千人'(《魯仲連鄒陽列傳》正義引《魯仲連子》)。由此可看出,在稷下開放的學術環境下,各家得以盡情宣揚自己的論點,並相互交流彼此影響。"三民書局2003年版,第10頁。
④ 司馬遷《史記》,第2143頁。
⑤ 王先謙《荀子集解》,第18頁。

提供新證。本文依據《莊》、《荀》二書相同詞彙切入，探求二者禮説淵源關係，如有偶得之處，學者或可推而廣之，為先秦諸子學術思想之研究，提供嶄新途徑，或能補苴前人論説之未備。

[作者簡介] 何志華（1962— ），男，廣東省南海縣人。現為香港中文大學中文系教授、博士生導師、中國文化研究所榮譽研究員、系主任、劉殿爵中國古籍研究中心主任。著述有《〈文子〉著作年代新證》、《經史考據：從〈詩〉、〈書〉到〈史記〉》、《高誘注解發微：從〈呂氏春秋〉到〈淮南子〉》等，另主編《漢達古籍研究叢書》，編纂出版古文獻專著超過 25 種，新近出版者包括《先秦兩漢典籍引〈禮記〉資料彙編》(合編)、《〈論衡〉詞彙資料彙編》(合編)、《〈荀子〉詞彙資料彙編》(合編)等。

莊、屈《漁父》中的儒、道生命情調詮釋與比較

（臺灣）王志楣

一、前　言

　　《莊子·漁父》與《楚辭·漁父》皆為中國思想史與文學史上的魅力之作，兩篇亦有諸多巧合之處，簡言之，兩篇均屬代表先秦時代範圍之文獻，並用了相同的篇名，且通篇幾乎都是漁父與另一主人翁的對話[①]，文中充滿儒、道之辨的色彩。

　　《莊子·漁父》中，漁父對代表儒家的孔子陳言；孔子身為"仁義禮智"的倡導者，欲仕不得仕的窘況，使其理想抱負無法伸展。而在漁父眼中，儒家的人文道德教條與出仕的使命，不僅成為其個人生命的框限與拖累，甚至會危及其真性，故文中順勢借漁父之口對儒家的忠孝仁義觀念和禮樂制度做了不留情面的批判，並闡發了法天貴真的思想，實際上即是道家學說的展示。與此相對應的《楚辭·漁父》中，屈原耿介忠直事君報國，然而義臣卻不遇明君，當他在放逐途中踽踽獨行於水畔時，心中體味着最深重的痛苦，此時漁父踏浪而來，仕者與隱者平等對視，針鋒問答，在兩種截然不同的生命情調對比下，凸顯出屈原的高潔與漁父的超越。

　　兩篇《漁父》似異實同，同中又有異。代言儒家的孔子、屈原及道家莊子的漁夫，象徵着兩種不同的價值系統，反映出完全不同的人生態度，也留給後人無盡的思索。歷來對兩篇《漁父》的研究者不乏其人，但大多是對各自篇章或漁父形象的討論，間有針對兩篇進行比較者，不過視角也多偏向於作者、創作時間、語言風格與人物角色等，罕有從儒、道生命情調內涵投以詮釋分析與比較，是以本文欲通過對此主題之研究，進而探索自古以來影響人生處世哲學最重要的兩種文化形態之意義。

　　至於前賢着墨甚多的兩篇《漁父》作者真偽、先後問題，本文以為，若把《楚辭·漁父》當作

[①] 《莊子·漁父》是漁父與孔子及其弟子的對話，《楚辭·漁父》是漁父與屈原的對話。

屈原行迹的實録，或有拘泥之嫌，但即使是虛擬假托之詞，也應與屈原所處之情境相符①，或進一步而言，《楚辭·漁父》乃虛實結合的作品②。而《莊子·漁父》雖屬莊書雜篇，當爲莊子後學之作，然《莊子》全書内容殆不出莊子之意，已是學界共識，故本文不再對作者問題作相關之考證。在詮釋莊子、屈原時，悉以《莊子》、《楚辭》文本爲主要範圍。

復次，有關莊子與屈原之時代先後問題，歷來説法莫衷一是，二人本來就屬同一時代，而本文採莊先屈後之理，主要是依據《史記·老莊韓非列傳》與《史記·屈原賈生列傳》所載，莊子約在戰國中期，與齊宣王、楚威王同時；屈原則爲戰國中晚期，與楚懷王、楚頃襄王同時，屈原較莊子時間稍晚而地域相近（均屬南方楚地）。

二、莊、屈《漁父》之寫作背景

歷來偉大的哲學家與文學家，莫不以强烈的現實關懷作爲其創作背景，莊、屈亦不例外；面對人生的關卡，必然受到外在環境與内在思考的制約，本文首先從其寫作背景切入，較能理解並把握作品產生的意藴基礎與時代進程的展現，以下分外在宏觀與内在微觀兩方面考察：

（一）外在宏觀方面

歷史的演化在不同的時空背景中會呈現出不同的態勢和趨向，莊子稱此爲"時勢"（《秋水》）③。人的生存往往受制於特定的時勢，也就造成影響生命的客觀性力量。"時勢"隱含着某種歷史的必然，相對於人們主觀的認識能力，時勢往往更表現出關鍵性的制約力量，個人的成敗、禍福、得失，有時幾乎全受到外界的時勢支配，非個人主觀意願所能把握④。

比起"自三代以下者，天下何其囂囂也"（《人間世》）的莊、屈之前，放眼戰國之現實，狀況已更爲慘烈。"福輕乎羽，莫之知載；禍重乎地，莫之知避"（《人間世》），殺戮戰場、惡刑重典、賦斂繁苛、倫常崩解以及在此背後的統治者貪欲，構成混亂社會的基本内容。對於此一苦難時代的憂傷痛苦，許多載籍中皆有所反映。如《楚辭·九歌·國殤》描寫殘酷戰爭，總是吞噬了多少男兒的熱血；與莊、屈同時代的孟子也提到"爭地以戰，殺人盈野；爭城以戰，殺人盈城"

---

① 從《漁父》所抒情感及其中"寧赴江湘"之語，再按屈原縱身汨羅之史實，《漁父》應作於絶筆篇《懷沙》前不久。
② 所謂虛實結合是指其表現形式是借鑒虛擬，其思想内涵則是真心表露。參見徐志嘯《〈莊子·漁父〉與〈楚辭·漁父〉》一文，收於《文學遺產》，2009年第4期，第138～139頁。
③ 本文引《莊子》與《楚辭》文本，分別依據郭慶藩《莊子集釋》，河洛圖書出版社1974年版；洪興祖《楚辭補注》，大安出版社1995年版。
④ 刁生虎《莊子的生存哲學》，中國傳媒大學出版社2007年版，第7～8頁。

(《孟子·離婁上》)。高壓政治再加上橫征暴斂,遂了貪主之欲,卻成為百姓無法承受之重,《戰國策·楚策三》即説楚懷王之大臣父兄"厚斂諸百姓",使全國陷入"食貴於玉,薪貴於桂"、"盜賊公行而弗能禁"的地步①。

與前述現象相應的則是社會倫常秩序的崩壞。先秦越往後期發展,詩書禮樂的正面作用都已日漸式微,顧炎武説戰國時"絶不言禮與信矣"(《日知録》卷十三),仁義道德已淪為有勢者的工具,《胠篋》因而諷刺"竊國者為諸侯,諸侯之門,仁義存焉"。在此年代,一切倫理道德、關係秩序都在當權者手中瓦解,或成為獲利工具。種種境遇所形成的生存艱難,更加劇人們精神上的痛苦與茫然。莊、屈應充分意識到人處於存在意義上的渺小、孤獨與無奈。有限的人生價值究竟何在?"人根本上是怕死的,凡一切不怕死的曠達思想,其實都是以死亡恐懼的先在為前提。"②莊、屈的思想應也不例外。

(二) 内在微觀方面

楚國頃襄王之時,屈原遭逐江南,這次放逐給詩人帶來的打擊遠甚於懷王時的流放漢北。流放漢北時的詩作,尚流露出回郢的意念,而遷逐江南之後,如《涉江》、《懷沙》等卻流露對現實與君王的絶望態度,作於此時的《漁父》,其所表達的主要情感,也是對現實的決絶與對己志的固守。

屈原身為與楚同姓大族,比起一般人,不僅已無無可無不可仕的豁然開闊,自然會選擇"正道直行,竭忠盡智以事其君"之途,但又為"讒人間之",卒遭"信而見疑,忠而被謗"③的無奈與怨嘆,是以當漁父問"子非三閭大夫否?何故至於斯"時,屈原便以"舉世皆濁我獨清,衆人皆醉我獨醒,是以見放"為答,其怨悱之情溢於言表。其與世推移的範圍尺度,不能像漁父般寬闊,進退的時機、方式,甚至對國家的責任以及在政治立場上所遭遇的困頓情境,也無法與一般人相提並論。

至於莊子,雖無屈原面對家國的矛盾抉擇,但面對艱難背景下的世人心靈層面,要如何從苦厄中求得解脱,則是莊子哲學產生的内在情感之源④。

莊子對人生的憂患,不僅認為其會受到環境制度、道德規範、風俗習慣等具體性的社會壓迫與制約,還上升到對人的存在意義問題有更進一步的思考,這些思考内容包括天人、生死、

---

① 王守謙等《戰國策全譯》,貴州人民出版社 1996 年版,第 432~446 頁。
② 徐克謙《莊子哲學新探》,北京中華書局 2005 年版,第 139 頁。
③ 以上三則引文皆出自《史記·屈原列傳》。
④ 清人胡文英曾比較莊子與屈原二人,他説:"三閭之哀怨在一國,而漆園之哀怨在天下;三閭之哀怨在一時,而漆園之哀怨在萬世。"據此言可知,產生於戰國時期的莊子思想,並未局限於一時一地,而是延及人類生命所面臨的共同情感問題。參見胡文英《莊子論略》,收於謝祥皓、李思樂輯校《莊子序跋評論輯要》,湖北教育出版社 2001 年版,第 337 頁。

物我等許多方面。通過這些問題的討論,莊子凸顯出人在思想與價值認知層面上的内在因素的困境。

莊子最感憂慮悲傷之事莫過於人為對自然性的破壞。衆所周知,"道"是莊子所稱最具完整自足性者,所以萬物應具"道"所賦予之自然性,可惜天下人都迷惑了,找不到人生的意義歸宿,因而他感歎"不明於道者,悲夫"(《在宥》)。

先秦影響力較大的儒、墨、名、法等學派,其共同特點即是想用自己的理論來挽救當時日趨紛亂崩潰的社會,重建新的文化體系,但道家莊子認為這些學說對人類大衆之生命生活不僅徒勞無益,反可能使人喪失自然之性,陷入不可拔救的危難中。

莊子反對諸子的理由之一,是因看到現實中的執政者都如同"大盗",他們巧妙利用道德、制度或諸子學說,行巧取剥削之實,並認為人為式的政策與觀念正是對人之天然情性的壓抑與束縛,未必發揮正面作用,還可能撥亂傷害淳樸民心,所以莊子將這些加諸於人們身上的理論觀念,比之為"黥"與"劓"(《大宗師》)之刑苦。他對百家發出千年慨歎,並要弟子謹記,歸向無為天道才是斧底抽薪之策:"悲夫!弟子志之,其唯道德之鄉乎!"(《山木》)

三、對屈、孔與漁父代言之儒、道 生命情調的文本詮釋

"堅持人生操守,關懷國家命運"大約是歷來建構出的儒家屈原形象。當整個社會貪圖利禄權勢,瀰漫着一片污濁之氛圍時,只有屈原顯示其品性高潔;當世人都昏憒無知時,只有屈原願為國家人民考量;他所堅持的理想意念,不管處於怎樣的困境,都堅定不移、始終不渝。由於執守人生美德,所以他才會説:"新沐者必彈冠,新浴者必振衣。"(《漁父》)此外,屈原是以整個生命的犧牲奉獻精神作為付出,故又言"安能以身之察察,受物之汶汶者乎?寧赴湘流,葬於江魚之腹中。安能以皓皓之白,而蒙世俗之塵埃乎?"(《漁父》)。屈原因缺乏"退一步海闊天空"的想法,所以其處處顯發激情,故有學者説,屈原性格可以"癡"來形容,"癡"是執着的人生,以生命為投注,這種激烈的表現,也成為屈原自我思想最突出的部分,他寧以生命為代價,守護真理而不做任何的讓渡①。

在《莊子·漁父》中,作者一開始即呈現出孔子的儒家君子形象,再由孔子的好學態度、受教的姿態向漁父請益。此篇作者是如何詮釋代表儒家的思想體系呢?漁父調侃孔子:"不泰多事乎?"諷刺意味濃厚。孔子多事者何指?乃是子貢對曰之内容:

孔氏者,性服忠信,身行仁義,飾禮樂,選人倫,上以忠於世主,下以化於齊民,將

---

① 蕭自皓《癡與摘——論屈原與〈楚辭·漁父〉》,收於《中國語文》第595期,2007年1月,第70~71頁。

以利天下。此孔氏之所治也。(《漁父》)

這些仁義忠信之道與禮樂人倫之理，與屈原相同，都是儒家學者所奉行的宗旨，而漁父卻稱孔子"仁則仁矣，恐不免其身；苦心勞形以危其真。嗚呼，遠哉其分於道也"(《漁父》)。若對照《楚辭》、《莊子》兩篇漁父中的屈原與孔子，其中，"苦心勞形"可謂是儒者"多事"的代價，但漁父認為危害最大的，則是"危其真"，即儒家君子所為，已遠離人之真性，離道遠矣。

由於儒家強調的是人的社會性，故文中漁父繼而針對儒家所重視的"人事"議題進行論述；以天子、諸侯、大夫、庶人四者，指出"此四者自正，治之美也，四者離位而亂莫大焉"，暗示孔子不僅"危其真"且"離位"而治，是亂之源也。漁父並提出"人有八疵，事有四患，不可不察也"。八疵四患係指"摠、佞、諂、諛、讒、賊、慝、險"與"叨、貪、狠、矜"，意在認為出於仁義禮智的八疵四患，終會導致"外以亂人，內以傷身"。結果，這是因漁父同情孔子"審仁義之間，察同異之際，觀動靜之變，適受與之度，理好惡之情，和喜怒之節，而幾於不免矣"，而提出"能去八疵，無行四患"的忠告，希望孔子勿再耽於以儒家之德王天下的理想，勿將人為的造作教化當作匡天下之正道。

由於孔子是以仁義禮智、三代之教作為自身行事準則，是以看不見自己反因奉行之圭臬，而招致四謗之災的困窘之態，本可謂無辜至極，但當孔子聽聞漁父之建言後，依然執迷不解，故當孔子繼續追問自己究竟做錯何事"丘不知所失"以致遭受"逐於魯，削迹於衛，伐樹於宋，圍於陳蔡"的際遇時，漁父只能慨嘆"子之難悟也"了！

至於在《楚辭》中明顯具有道家色彩的漁父，則認為屈原的忠貞信實與邪辟虛假無異，都只是面對仕宦的取捨態度，而不是適應此世間的生命態度，因此在漁父回答屈原時，才會建議：

聖人不凝滯於物，而能與世推移。世人皆濁，何不淈其泥而揚其波？眾人皆醉，何不餔其糟而歠其醨？何故深思高舉，自令放為？

"不凝滯於物"是企圖開啟屈原由"仕"到"世"的覺醒。既身為人，在天地間就是自由自在的，可以悃悃款款朴以忠貞，也可以送往勞來斯無窮途，可以誅鋤草茅致以力耕，也可以從俗富貴以娛平生，可以喔咿儒兒以事婦人，也可以超然隱居以保其真①。何苦因己身一時之執，而將原本開闊寬廣的生命窄化成醉醒清濁的執念，最後還落得被排斥放逐？

相對《楚辭》中的漁父，《莊子》中的漁父更進一步超越了世俗的局限，而以"道"的態度來對應生命，把人的本體提升到自然規律的層次來論人，認為人只有擺脫外在的社會物役，才能倘佯於道之"真"的境界，進而達到真正的逍遙自適。

---

① 引用《楚辭‧卜居》內文。

代言莊子的漁父顯然認為世間政治或教化頂多只是"道"的一部分,所以"道"才是人要把握的,故漁父建議孔子:

> 謹修而身,慎守其真,還以物與人,則無所累矣。聖人法天貴真,不拘於俗,愚者反此。

"真"是指人最初的天性,人生而有從真性發出的喜怒哀樂情感。有時,情感需藉助外在之"禮"來流露或節制,但後來所謂的聖賢或統治者卻以仁義禮智來匡正人心,並提供依循的規範,因此消弭了真性,豈非矯枉過正?故漁父強調真(精、誠)的重要,因為"真者,精誠之至也,不精不誠,不能動人"。所謂禮義制度,會因時空的不同而有所變異或流失遺忘,"真"則是"生而有之",不假外求,此先天自然之真,相對於後天所教,彼此的差異昭然若揭:

> 強哭者雖悲不哀⟷真悲無聲而哀,
> 強怒者雖嚴不威⟷真怒未發而威,
> 強親者雖笑不和⟷真親未笑而和。

"強"與"真"的不同,在於一是外在加予的,只重形式不重本質;一是內在性情油然而生,不拘形式。外在雖然表現出哭泣、憤怒、嘻笑,卻是不哀、不威、不和的虛假樣貌,就無法撼動人心①。

由於"真在內者,神動於外",因而即便在實踐層面上稍有不足,但在事君、事親、飲酒、處喪等世事上,卻因由衷而生,故較世俗所為之禮,更能達至精誠,深入至忠貞、慈孝、歡樂、悲哀的層次:

> 功成之美,無一其迹矣⟶事君則忠貞,
> 事親以適,不論所以矣⟶事親則慈孝,
> 飲酒以樂,不選其具矣⟶飲酒則歡樂,
> 處喪以哀,無問其禮矣⟶處喪則悲哀。

在儒家思想中,修身、齊家、治國、平天下,是一個欲明明德於天下的君子所必須具備的修養條件,然而這種為天下而命的價值觀,往往也因社會性的思考而斲傷了人所具有的天真本性,故代表道家莊子的漁父不單是要教導代表儒家的孔子如何法天貴真,同時也說明了,身為一個有生命的人,在此世間,不單要成為一個有修齊治平器量的君子,也應有超越社會家國之

---

① 參閱顧正萍《〈楚辭〉與〈莊子〉中的"漁父"管窺》,《輔仁國文學報》2006年1月,第213~214頁。

限的認知視野。

四、儒、道生命情調的理論比較

如何看待個人生命價值意義？儒、道不同調，以本文提及的儒家孔子、屈原而言，二人承襲五經之教，鑄就對家國社會抱持"知其不可而為"的悲劇情操，給予後人人性上崇高的啟示。這種十足的入世情懷，使得規避人世的退隱意念根本進入不了他們的內心；相對而言，象徵道家的隱者漁父，大體因深造有得，嚮往心靈與廣大的宇宙結合，故活在一個紛爭消盡的和諧天地中，以下即從兩篇《漁父》延伸至儒、道二家不同之理論基礎加以分析：

（一）儒家：舍生取義

屈原對漁父的答詞令人聯想起《孟子‧告子上》以魚與熊掌不可兼得的捨生取義譬喻。屈原將信奉的志義尺標看得高於生命，讀者從"舉世皆濁我獨清，衆人皆醉我獨醒"的清濁與醉醒分判中、從"寧赴湘流，葬於江魚之腹中，安能以浩浩之白，而蒙世俗之塵埃乎"的抉擇中，可以看出屈原強烈的捨生守志的固持。若非如此，屈原就非屈原，只有屈原才能徹底展現不同於道家保性全真的精神氣質。遁世的道家漁父，自然不能理解屈原舍生取義的選擇意義，所以只有莞爾笑之，唱着《滄浪歌》搖船而去。歌曰：

滄浪之水清兮，可以濯吾纓；滄浪之水濁兮，可以濯吾足。

《滄浪歌》是在先秦即已廣為流傳的民歌，又名《孺子歌》，儒、道二家對這首歌卻有不同的詮釋。《孟子‧離婁上》亦記載："孺子歌曰：滄浪之水清兮，可以濯我纓；滄浪之水濁兮，可以濯我足。孔子曰：小子聽之！清斯濯纓，濁斯濯足矣，自取之也。"清斯濁斯譬喻人之善惡禍福，皆由自取，所以孟子才會接着說："人必自侮，而後人侮之；家必自毀，而後人毀之；國必自伐，而後人伐之。"可見儒家從《滄浪歌》中體會到的是人立身修養的重要性，道家的詮釋則在於強調和光同塵的無執。

屈原雖聽了漁父的"不凝滯於物"和"與世推移"的建言，但屈原最後仍選擇在濁世中堅定地恪守人生信仰，直至用生命為代價去踐守自己的諾言。

《莊子‧漁父》中的孔子最終雖有重道抑儒的傾向，然而真正的儒家孔子對隱者還是持排拒的態度。孔子一生除在《莊子》中遇隱者漁父外，若加上存真性較高的《論語》內容看來，還曾遇見有道家形象背景的長沮、桀溺、荷蓧丈人等，而孔子對隱者的態度是：

鳥獸不可與同群，吾非斯人之徒而誰與？天下有道丘不與易也。（《微子》）

弟子子路則説過：

> 不仕無義，長幼之節不可廢也，君臣之義，如之何其廢之？欲潔其身，而亂大倫。君子之仕也，行其義也，道之不行，已知之矣。（《微子》）

從孔子、子路言論中，可明顯感受到儒家以社會人倫之道來批判道家，使二家顯現出不同生命情調的文化意味。若將孔子、屈原放入整個歷史中加以考察，可以發現推崇者遠勝於貶抑者，而褒、貶的不同觀點，也恰恰將儒、道的不同精神給區別開來①。

（二）道家：從與世回避到與世浮沉

兩篇中的隱者漁父，象徵着道家人生思維。因為在一個"僅免於刑"（《人間世》）的時代，如果像孔、屈般昭昭若揭的露才揚己，道家會認為除了招來禍患外恐別無所獲，最好能像《山木》中的意怠鳥那樣，總把自己在群鳥中隱藏起來②。但道家並未就此停頓在避世的退縮中。老、莊認為，人若能學習"道"之韜光匿耀，才是徹底的自覺表現，而效法"道"的行為③，若非具有極高境界的"至知厚德"（《外物》）者，是難以做到的。道家之所以有這樣的思考，是認為在立足世間方面，首先要維護的就是作為人最基本的存在價值。

不過，從漁父對孔、屈困境下指導的內容來看，並未如佛家遁世般要求脫離人群，故知"與世回避"並不是莊子所主張追求的終極目的，而是要讓人能因棄世而復性，揚棄一己生命的纏縛，去擁抱宇宙觀的大生命，將目光從現世事物的割裂對立性向上移開，投往高遠玄妙的道性。在道家看來，人和宇宙屬於一完整同構體，人向自然超越便是在意識上向宇宙大生命的認同，當認識到人與宇宙同源同構渾然一體時，也就得道了，得道之後生命狀態才能自得逍遥④。

以道為最高的追求，使人具有了存在的終極價值，也使道家顯得超然世外。其面對社會時，就如同在昏暗裏看見光明，"冥冥之中，獨見曉焉"（《天地》）；就能超越種種現實中的對立

---

① 王德華《卜居、漁父：屈原精神困境的揭示和對自我與社會的雙重固持》，《中國文學研究》2002 年第 3 期，第 7~8 頁。

② 《山木》："東海有鳥焉，其名曰意怠，其為鳥也，翂翂翐翐，而似無能；引援而飛，迫脅而棲，進不敢為前，退不敢為後；食不敢先嘗，必取其緒，是故其行列不斥，而外人卒不得害，是以免於患。"

③ 老子首先提出"道"的自然宇宙觀，《二十五章》有言："人法地，地法天，天法道，道法自然。"老莊道家的人生思維都是以宇宙自然觀為出發點，徐復觀先生即説過"道家的宇宙論，可以説是他人生哲學的副產物，他不僅是要在宇宙根源的地方來發現人的根源，而且是要在宇宙根源的地方決定人生與自己根源相應的生活態度，以取得人生的安全立足點。"徐復觀《中國人性論史》先秦篇，臺灣商務印書館 1990 年版，第 358 頁。

④ 郭象注《莊子》以"自得"釋"逍遥"；《讓王》亦有"逍遥於天地之間而心意自得"之句，故知逍遥之人必自得。

與界限,如生死、是非、貴賤、情欲、時命等所構成的人生苦難矛盾。

潛隱於底層的低調及超越世俗現實,這兩種態度都以個人與社會保持距離為前提。然而在實際上,無論物質生活或精神生活,人都不可能完全存在於"無人之野"(《山木》),故莊子又主張"不譴是非,與世俗處"(《天下》),從日常生活出發,未忽視其所包含的現實性特徵,然而得道之人,在理論上,其道行境界已可以不拘泥任何形式,也不會被世俗所框限,所以不需走避人群,甚至不一定要避開政治,只要與道徘徊,就可"物物而不役於物"(《山木》),這是比隱者遺世更高明的存身之道。

那麼,得道者的應世態度為何?面對無法逃卻的人倫世情,如何將理想的形上之道落實於現實層面?莊子對此主張採取的是安命任命、與世周旋的順應方式:

> 適來,夫子時也;適去,夫子順也;安時而處順,哀樂不能入也,古者謂是帝之懸解。(《養生主》)
> 唯至人乃能遊於世而不僻,順人而不失己。(《外物》)

可知順人不失己的與世浮沉,是極有修養的人才能做到的("唯有德者能之")。在這裏,似把由命、時、人組成的現世視為一種外在必然性力量的總合體,而莊子應世的態度,本質上反映的就是被這種外在必然性壓抑而無力反抗時的應變狀態①。

這種應世方法有其客觀消極面與主觀積極面作用。從消極面而言,和順於人,與時偕行,可免害避禍。自積極面觀之,與世浮沉順人不失己,也可謂達到道境後所表現出的心靈超越境界,這時也就可"得其環中"(《齊物論》)或"以無厚入有間"(《養生主》)般遊刃有餘了。綜言之,莊子的處世之道就是堅持要在被壓縮的人間縫隙裏尋覓出自適自得。

五、結　語

先秦百家爭鳴時代,各種思潮風起雲湧,人生價值取向並無唯一標準,無論是孔子、屈原的儒家也好,漁父、莊子的道家也罷,都是把品格操守與人生追求結合在一起。從所處的生命情境來看儒、道的應世態度,屈原因難以擺脫對自身楚國貴族身份的期許,無可奈何地將個人性命與政治結合為一,乃至使漁父的勸導無法發揮作用;而身為中國歷史上主流文化倡導者的孔子,其明知不可而為、舍生取義式的抱負始終難以伸展,反成為不可承受之重累;而兩篇道家形象的漁父,對人之存有,則以自然超越性的"道"為最高依歸,這是儒家貴族的屈原與知識分子的孔子難以理解的。

---

① 崔大華《莊學研究》,文史哲出版社 1999 年版,第 193~195 頁。

若謂儒家强調入世的投注，道家則在感受到現實虛無之際，也牽掛着怎樣調適而上遂的提升，這就使得儒、道學説都没有成為真正的悲觀論者，並能走出自己的路徑，在歷史上樹立各自的生命典範。

[作者簡介]王志楣(1955—)，女，出生於臺灣，祖籍河北省。臺灣政治大學博士，現任政大中文系教授。研究領域以中國佛學、道家思想為主要範疇，主要著作有《從〈弘明集〉看佛教中國化》、《〈維摩詰經〉之研究》、《緣情而綺靡——豔詞綺句的禪詩認識分析》、《試論智顗"佛不斷性惡"説之思維方式》、《從有身到無身——論老子的身體觀》、《莊子逍遥義辨析》、《從物理學到形上學——導引術與莊子思想》、《莊子論愛探析》、《論莊子之"用"》、《其嗜欲深者其天機淺——論莊子之"欲"》、《人之生也與憂俱生——論莊子之"悲"》、《天下有至樂——論莊子之"樂"》、《術以載道——論莊子的道、術關係》、《孟、莊論"德"比較》等。

嚴遵、向秀、郭象"獨化"思想之演進

袁 朗

世界如何起源,是一個經久不衰的話題,古今中外歷代哲人對之作出了眾多解釋。中國的道家學派也提出了自己的見解,認為萬物皆起源於"道"這一無形無象、不可捉摸又無處不在、無所不包的本體,萬物皆體現道又包含於道。在道家學派兩部最重要的著作——《老子》和《莊子》中,都表達了"道"是世界生成與演化的絕對本體這一觀點。相對於道家以"道"作為世界萬物的本體,另一種關於世界起源的解釋則截然不同,認為世間萬物自性自足、自生自化,並没有一個外在於或高於此物的本體來推動。此即為"獨化"思想。

雖然在東漢王充《論衡》的《物勢篇》、《自然篇》①及西晉裴頠的《崇有論》②中,我們也可以約略窺見萬物自生自化思想的痕迹,但有趣的是,獨化思想的具體發揮,卻主要依附於對道家著作的闡釋。現在可見較早的以獨化思想闡述道家宗旨的著作,一是西漢末嚴遵闡釋《老子》的著作——《老子指歸》,一是魏晉時期向秀、郭象闡釋《莊子》的《莊子注》。向秀的《莊子注》本身已散佚,除大部分被郭象吸收進其《莊子注》外,其餘原始資料散見於張湛《列子注》、劉孝標注《世說新語》、陶弘景《養性延命錄》、陸德明《經典釋文》和李善《文選注》等書中。本文擬就嚴、向、郭三人著作中所體現出的獨化思想進行探討,以期厘清獨化思想從肇始於嚴遵到向秀系統地對之加以繼承,再到郭象最終將之發揚光大的發展過程。

探究宇宙生成的演化過程,是漢代哲學的重要特點。許多哲學家都把宇宙生成論作為自

---

① 王充曰:"天地合氣,萬物自生,猶夫婦合氣,子自生矣。"認為气為世界本源,生成萬物,但這個生的過程自然而然,不帶任何主觀意志。生成之後也只能順應其自然之性,否則反失其所宜。見王充《論衡·自然篇》,《諸子集成》第七册,北京中華書局2006年版,第177頁。
② 裴頠曰:"夫至無者無以能生,故始生者自生也。"他主要從有和無的問題上來談,認為無不能生有,故有只能自生。需要注意的是他認為有得"宗極之道"之偏,不能自足,需資於外物。見房玄齡《晉書》卷三十五,北京中華書局1974年版,第1046頁。

己哲學思想的基礎,《老子指歸》所體現的思想也是如此。儘管其書散佚近半,我們仍可以從尚存的七卷及一些佚文中窺其大貌。

在《老子指歸》中,關於世界的生成與演化,嚴遵大致秉承了老子道生萬物的思想。《君平說二經目》中開宗明義:"莊子曰①:昔者《老子》之作也,變化所由,道德為母,劾經列首,天地為象。……冥冥混沌,道為中主。重符列驗,以見端緒。下經為門,上經為户。智者見其經劾,則通乎天地之數、陰陽之紀、夫婦之配、父子之親、君臣之儀,萬物敷矣。"②嚴遵認為《老子》一書所闡釋的就是"道德"為天地萬物之母,即天地萬物都是由道演化生成的。嚴遵借此闡釋了順承此理而治天下的道理。在《道生篇》中他對"道"進行了具體的闡述,進一步明確了道的地位:"故道之為物,窺之無户,察之無門,揩之無體,象之無容,意不能盡而言不能通。萬物以生,不為之損;物皆歸之,不為之盈。上下不窮,廣大無涯,消息贏詘,不可度訾。遊於秋毫,不以為少;包裹萬天,不以為多。青紫光耀,不為易志;幽冥枯槁,不為變化。運行並施,無所愛好;禀授性命,無所不為。德流萬物而不可復,恩結澤締而不可歸。瞻足天下而不費,成功遂事而不衰。其於萬物也,豈直生之而已哉!……陰陽所不能及,日月所不能明,皆以之始,皆以之終。……恩愛所加,雌雄所化,無所不導,無所不為。"③顯然,在嚴遵的宇宙生成演化體系裹,道具有絕對本體的性質,不可體認但無處不在,是萬物的起源,生化的根本。

從道到萬物產生,嚴遵認為是一個從虛無到實有的過程,有生於無。在《道生一篇》中他說:

> 有虛之虛者開導禀受,無然然者而然不能然也;有虛者陶冶變化,始生生者而生不能生也;有無之無者而神明不能改,造存存者而存不能存也;有無者纖微玄妙,動成成者而成不能成也。故,虛之虛者生虛者,無之無者生無者,無者生有形者。故諸有形之徒皆屬於物類……由此觀之,有生於無,實生於虛,亦以明矣。④

從這段話不難看出,在嚴遵的體系中,萬物生成演化的過程是:虛之虛(無之無)→虛(無)→有形(物類)。那麼這個極度的虛無是什麼呢?嚴遵接著解釋:"是故,無無無始,不可存在,無形無聲,不可視聽,禀無授有,不可言道,無無無之無,始未始之始,萬物所由,性命所以,無有所名者謂之道。"⑤他認為世界萬物的產生是一個從無到有的過程,這個過程玄妙非常,"不可

---

① 《老子指歸》作者嚴君平,西漢末時人,蜀郡成都人,原姓莊,名遵,字君平。班固作《漢書》,避明帝劉莊諱,更莊為嚴。故《指歸》中君平常自稱"莊子"。
② 嚴遵著、王德有點校《老子指歸》,北京中華書局1994年版,第1頁。
③ 同上,第46~47頁。
④ 同上,第17頁。
⑤ 同上,第17~18頁。

言道"。但是並没有一個固定的"無"作為世界的起點,"無"之前有"無無",而"無無"之前還有"無無無之無",不斷地自我否定,將其推向極致。這個"無無無之無","無有所名者",不可言説,姑且稱之為道。可見嚴遵的宇宙生成演化體系,可以簡要地概括為:道(無)→萬物(有)。

但是這個過程,必須遵守一個規則:"道德無為而神明然矣,神明無為而太和自起,[太和]無為而萬物自理。……萬物青青,春生夏長,秋成冬熟,皆歸於土。非有政教,物自然也。"①嚴遵將之稱之為"無為"或者"自然"。他認為道生萬物是自然而然,決非有意為之。那麽何為"無為"? 嚴遵在《天地不仁篇》中闡釋道:"天高而清明,地厚而順寧,陰陽交通,和氣流行,泊然無為,萬物自生焉。天地非傾心移意,勞精神,務有事,悽悽惻惻,流愛加利,布恩施厚,成遂萬物而有以為也。"②也即是説,陰陽二氣自然流轉,和氣流行,萬物自會生成,並非天地有意識地造物。萬物自生自化,並没有一個道來有意識地支配,也没有任何目的取向,當然更不會體現出什麼天命、神意來。正是在這個意義上,他提出了具有明顯獨化論傾向的觀點:

  道德不生萬物,而萬物自生焉;天地不含群類,而群類自托焉;自然之物不求為王,而物自王焉。故天地億萬,而道王之;衆陽赫赫,而天王之;陰氣漻漻,而地王之;倮者穴處,而聖人王之;羽者翔虛,而神鳳王之;毛者蹠實,而麒麟王之;鱗者水居,而神龍王之;介者澤處,而靈龜王之;百川並流,而江海王之。凡此九王,不為物主,而物自歸焉;無有法式,而物自治焉;不為仁義,而物自附焉;不任知力,而物自畏焉。何故哉? 體道合和,無以物為,而物自為之化。③

在這些論述中,嚴遵不斷用"自生"、"自托"、"自王"、"自歸"、"自治"、"自附"、"自畏"這樣的提法,強調"自"這個概念,也即強調萬物本身自我演化的作用而否定外在因素的規則和影響,即使是造物的"道德",其作用也是限制於"無為"即順應自然的範圍之内。萬物的生化並非道德意志的體現,故"道德不生萬物","無以物為,而物自為之化"。

可以看出,關於萬物"自生"的論述,嚴遵仍然是從道與物的關係上來闡釋的。以上面的引文為例,嚴氏在對於"道德"與"萬物"、"天地"與"群類"、"自然"與"物"這三組概念,以及所列的"九王"總共十二組相對的概念的討論中,每組概念中兩者之間的關係,嚴遵都有詳細的闡釋,比如:"江海之王也,非積德政、累仁愛、流神明、加恩惠以懷之,又非崇禮義、廣辭讓、飾知故、設巧能以悦之也,又非出奇行變、起權立勢、奮武揚威、重生累、息百事以制之也,清静處下,虛以待之,無為無求而百川自為來也。百川非聞海之美、被其德化歸慕之也,又非拘禁束教、有界道、畫東西而趨之也,然而水之所以貫金觸石、鑽崖潰山、馳騁丘阜以赴隨江海無有還

---

① 嚴遵著、王德有點校《老子指歸》,第 26 頁。
② 同上,第 127 頁。
③ 同上,第 85 頁。

者,形偶性合,事物自然也。"①從江海的角度講,它並非是有意為善為奇"以懷之"、"以悦之"、"以制之",來吸引百川;從百川的角度講,它也並不是知道了江海的美好而"歸慕之"、"趨之",刻意地要奔江海。兩者之間的關係是"形偶性合,事物自然",也即是嚴遵所説的"無為"、"自然"。

在《指歸》中,嚴遵對獨化的闡釋,還提供了另一個獨特的闡釋視角,即萬物之"性"。他説:"所禀於道,而成形體,萬方殊類,人物男女,聖智勇怯,小大脩短,仁廉貪酷,强弱輕重,聲色狀貌,精粗高下,謂之性。"②他認為萬物禀受於道而能成就其本身並區別於其他同類的形體的即是"性",正是"性"的不同,造成了萬物的不同。《莊子·齊物論》認為道是萬物生成的本源,萬物是道的體現,故而在道的層面上講,萬物齊一。嚴遵認為萬物之"性",具有"而成形體,萬方殊類"的作用,即"性"是此物之所以為此物的依據,其實也就是將"性"作為萬物演化時的某種具有規定性的東西,間接地代替了道的規定作用。性既規定了萬物的異同,"道德之化,天地之數,一陰一陽,分為四時,離為五行,綸為羅網,設為無間,萬物之性,各有分度,不得相干"③,則物只能在"性"的規定内運轉,但同時又自足於物之本身;而物與物之間也是"各有分度,不得相干",此物與彼物不能有絲毫僭越,各安其自有之性,則外在於物之"道"的規定性,其實在此已被消除,因而嚴遵能將"道生萬物"與"獨化"之論相統一。在《上士聞道篇》中,嚴遵説:"故鶉鷃高飛,終日馳騖,而志在乎蒿苗;鴻鵠高舉,逕歷東西,通千達萬,而志在乎陂池;鸞鳳翱翔萬仞之上,優遊太清之中,而常以為卑。延頸舒翼,凌蒼雲,薄日月,高翔遠逝,曠時不食,往來九州,棲息八極,乃得其宜。三者殊便,皆以為娱。"④在嚴遵看來,鶉鷃、鴻鵠與鸞鳳受性不一,故所好不同,但三者皆樂其性,自適於性,故"皆以為娱",其中的精神後來被郭象"適性逍遥"之説所繼承。

儘管在嚴遵的宇宙生成演化論中,"萬物自生"這樣有獨化傾向的觀點已經被明確提出,認為萬物在無為自然的規則下自化自化,具有自足之性,但是,道之絶對本體地位仍然未被取消,獨化思想仍只是潛藏於道家思想中的一個萌芽。而相對於嚴遵,向秀的獨化思想在其基礎上又向前邁進了一大步。

首先,在本體論上,向秀雖然仍保留了"道"或"自然"作為本體的名稱,卻在闡釋過程中實際取消了其地位。向秀認為:"同是形色之物耳,未足以相先也。以相先者,唯自然也。"⑤他認為我們日常所見形形色色的萬物,並没有生成先後之别,只有"自然",是先萬物而生,或者説,自然即是生成萬物的本體。在這裏,向秀仍然保留了"自然"的本體地位。但在張湛注《列子》

---

① 嚴遵著、王德有點校《老子指歸》,第85~86頁。
② 同上,第45頁。
③ 同上,第24頁。
④ 同上,第13頁。
⑤ 楊伯峻《列子集釋》,北京中華書局1979年版,第49頁。

中所引向秀《莊子注》的另一段話中，他又取消了其本體的意義：

> 吾之生也，非吾之所生，則生自生耳。生生者豈有物哉？故不生也。吾之化也，非物之所化，則化自化耳。化化者豈有物哉？無物也，故不化焉。若使生物者亦生，化物者亦化，則與物俱化，亦奚異於物？明夫不生不化者，然後能為生化之本也。①

這段話的意思可分為兩層來理解。第一層是從萬物的角度來講，萬物的生成變化，既不是萬物內在的意志，也不是物外在的意志（造物主，即本體），萬物自生自化，故也就不生不化。第二層從本體的角度來講，如若生物化物的本體也有生有化，那麼它與萬物就沒有差別了，只有不生不化，這個"生化之本"才具有本體的意義。如此，向秀雖然保留了"生化之本"這個詞，但這個"生化之本"區別於萬物，具有"不生不化"的本質。因此，在看似矛盾的論述中，向秀在實質上又消解了"生化之本"的本體意義。萬物與本體已經合一，並沒有一個存於萬物之外的高高在上的本體來支配世界。

其次，在物性的討論上，向秀也強調物各有性，不得僭越自身所稟之性。他說："生之所稟，各有極也。"②這個"極"當是是邊界之意，對內來說是自足於自己的本性，對外來說則是不可逾越的界限。劉孝標注《世說新語》曰："向子期、郭子玄《逍遥義》曰：'夫大鵬之上九萬，尺鷃之起榆枋，小大雖差，各任其性。苟當其分，逍遥一也。'"③在這裏，向秀用性之自足來闡釋逍遥義，認為大鵬和尺鷃稟性不同，它們各順其性，皆得逍遥，妙析奇致，一時玄風大暢。對性之界限，莊子說："達生之情者，不務生之所無以為。"（《莊子·達生》）向秀釋曰："生之所無以為者，性表之事也。"④換言之，即向秀謂：達生之情者，不務性表之事。這個"性"是與產生萬物的本體相區別的，在萬物的演化中是與萬物同生同在的，是萬物內在的，不可捉摸的，具有規定性的抽象概念。

在此理論基礎上，向秀強調面對萬事萬物要"無心"，才能夠順應自己之"性"而不強求於外物。只要順應其性，無心而為，出、處皆可。他說：

> 萌然不動，亦不自止，與枯木同其不華，死灰均其寂魄，此至人無感之時也。夫至人其動也天，其静也地，其行也水流，其湛也淵嘿。淵嘿之與水流，天行之與地止，其於不為而自然一也。今季咸見其尸居而坐忘，即謂之將死；見其神動而天隨，便謂之有生。苟無心而應感，則與變升降，以世為量，然後足為物主而順時無極耳，豈相

---
① 楊伯峻《列子集釋》，第4頁。
② 陶弘景《養性延命錄》，《道藏》，文物出版社、上海書店、天津古籍出版社1988年版，第18册，第475頁。
③ 余嘉錫箋疏《世說新語箋疏》，北京中華書局2007年第2版，第260頁。
④ 陶弘景《養性延命錄》，第475頁。

者之所覺哉?①

在向秀看來,至人之動與静,從外表上看雖然不同,而其内心的"無心"是一致的,因而能與"自然"(萬物的本體)為一,其與變升降,順時無極,都可以為萬物之主。這是只看外表的"相者"不能窺測的。向秀後來被迫出仕,其《莊子注》在逝世前尚未完成,他的這個注解,亦可看作他對自己出仕行為的自白。當司馬昭嘲其出仕時,他稱"常謂彼人不達堯意"②,他所説的"堯意",也即是至人出處無心,與群俯仰而適性逍遥之意了。這一點被郭象大加發揚,成為其哲學思想的重要内容。

郭象對嚴遵尤其是向秀多有繼承,相對於二者,他的《莊子注》中所體現出來的獨化思想,相對來説更為完全而徹底。

首先,道的本體地位已經被完全取消。郭象在《莊子序》中明言:"上知造物無物,下知有物之自造也……故曰不知義之所適,猖狂妄行而蹈其大方;含哺而熙乎澹泊,鼓腹而遊乎混芒。至[仁]極乎無親,孝慈終於兼忘,禮樂復乎已能,忠信發乎天光。用其光則其朴自成,是以神器獨化於玄冥之境而源流深長也。"③他認為並不存在一個可以統攝萬物的高高在上的"造物者",萬物都是自生自化,"自造"而成,並没有一個意志要有"義"、"仁"、"孝慈"、"禮樂"、"忠信"等,這一切都是萬物自有。物之演化流行"獨化於玄冥",不依賴外在的任何力量。他注解《大宗師》篇時對之進一步進行了闡釋:

道,無能也。此言得之於道,乃所以明其自得耳。自得耳,道不能使之得也;我之未得,又不能為得也。然則凡得之者,外不資於道,内不由於己,掘然自得而獨化也。夫生之難也,猶獨化而自得之矣,既得其生,又何患於生之不得而為之哉!④

郭象認為《大宗師》篇中所説的狶韋氏、伏戲氏、堪坏、馮夷、肩吾、黄帝、顓頊、禹强、西王母、彭祖、傅説等之所"得之",乃是自然而然得到的,既不是主觀上能求得的,也不是道能"使之得"的。值得注意的是,郭象説"外不資於道,内不由於己",在這裏他已經把道放在物外,與物明確劃清了界限,物有内外之分,道處於物之外,不再可能是萬物之本原。在道與物的關係上,與嚴遵仍然保留道本體地位不同,郭象明確取消了道的本體作用,在獨化思想的演進上跨出了一大步。

同時,在有與無的關係上,郭象認為無不能生有,而有自生。他在注解《齊物論》篇時説:

---

① 楊伯峻《列子集釋》,第72頁。
② 余嘉錫《世説新語箋疏》,第93頁。
③ 郭慶藩撰、王孝魚點校《莊子集釋》,北京中華書局2004年第2版,第3頁。
④ 同上,第251頁。

夫天籟者，豈復別有一物哉？即衆竅比竹之屬，接乎有生之類，會而共成一天耳。無既無矣，則不能生有；有之未生，又不能為生。然則生生者誰哉？塊然而自生耳。自生耳，非我生也。我既不能生物，物亦不能生我，則我自然矣。自己而然，則謂之天然。天然耳，非為也，故以天言之。[以天言之]所以明其自然也，豈蒼蒼之謂哉！而或者謂天籟役物使從己也。夫天且不能自有，況能有物哉！故天者，萬物之總名也，莫適為天，誰主役物乎？故物各自生而無所出焉，此天道也。①

郭象認為無不能生有，有無之間有一條判然的鴻溝，不可強求而"為生"。天只是萬物的一個總稱，並不高於萬物而具有"役物使從己"的功能；萬物自生，不由於彼，故也推導不出一個生萬物的天來。物生之始不可思議，沒有一個可以言說的起點，"物各自生而無所出"，就是對起點的斷然否定。萬物只是按照"自然"的法則而自生自化，即獨化。對此觀點郭象進一步闡釋道：

請問：夫造物者，有耶無耶？無也？則胡能造物哉？有也？則不足以物衆形。故明衆形之自物而後始可與言造物耳。是以涉有物之域，雖復罔兩，未有不獨化於玄冥者也。故造物者無主，而物各自造，物各自造而無所待焉，此天地之正也……故罔兩非景之所制，而景非形之所使，形非無之所化也，則化與不化，然與不然，從人之與由己，莫不自爾，吾安識其所以哉！②

郭象認為，如果說造物者是無，那麼無不能生有，不能造物；如果說造物者是有，則它只是物中之一，又如何能生衆物？故而造物者的問題並不是一個真實的問題，而只是我們在看到已經生成的萬物之後，才由之而提出的一個假設。如果我們撇開這個假設，從真實的"有物之域"出發，則萬物互不相待，"獨化於玄冥"，自然而生，並不需要一個起點，"安識其所以哉"！可見在有無問題上，郭象切斷了有無之間的聯繫，其討論範圍囿於有，在有的範圍內討論宇宙之生成與演化。這與嚴遵有生於無的論斷截然不同，亦拋棄了向秀徒存其名的"生化之本"，從而形成了徹底的獨化論。

郭象認為萬物"獨化"、"自生"，但是這個過程要遵循"無為"、"自然"的法則。在《逍遙遊》篇注中他說："天地者，萬物之總名也。天地以萬物為體，而萬物必以自然為正，自然者，不為而自然者也。故大鵬之能高，斥鴳之能下，椿木之能長，朝菌之能短，凡此皆自然之所能，非為之所能也。不為而自能，所以為正也。故乘天地之正者，即是順萬物之性也；御六氣之辯者，

---

① 郭慶藩撰、王孝魚點校《莊子集釋》，第50頁。
② 同上，第111～112頁。

即是遊變化之塗也;如斯以往,則何往而有窮哉!"①"自然"即是"不為",而所謂的"自然""不為",具體來講即是"順萬物之性"。

注解《人間世》篇時郭象再次强調:"足能行而放之,手能執而任之,聽耳之所聞,視目之所見,知止其所不知,能止其所不能,用其自用,為其自為,恣其性内而無纖芥於分外,此無為之至易也。"②"無為"的具體内涵,即"恣其性内而無纖芥於分外"。在注解《齊物論》"非彼無我,非我無所取,是亦近矣"一句時,他亦稱:"彼,自然也。自然生我,我自然生。故自然者,即我之自然,豈遠之哉!"③自然不能於我之外求,我按照自然的規則而生化,自然的規則也只體現於我生化的過程中,兩者不可割裂開來。可見郭象認為"獨化"要遵循"自然""無為"的法則,但此規則是從物之"性"的角度展開,"自然"即是順應物性,離開物"性",也就無所謂"自然"。嚴遵也討論"無為""自然",認為這是道生萬物的方式,其獨化思想正是從此生發開來。但是整體來講,他是從道與物的關係上來談"無為""自然",與郭象立足於物之"性"的角度來談是不一樣的。

嚴遵和向秀都對"性"作了一些討論,認為稟性不同造成了物類的差異,並且物性之間各有分度,不得相干,不能跨越,這些論斷被郭象繼承並進一步發揚光大。

郭象對物之"性"作了充分的討論。首先,他認為"性"是自足的。"不知其然而自然者,非性如何!"④性自然而然地産生,不需要任何憑借,不依賴於任何外物。對於"性"的這個特點郭象的直接論述不多,但在《莊子注》中郭象經常"性"、"理"互用,其含義相等⑤。而對於"理",郭象多次稱:"幾,盡也。至理盡於自得也"⑥,"生之自生,理之自足"⑦,"生理已自足於形貌之中,但任之則身存。"⑧可見在郭象的闡釋體系中,"性"、"理"不得於外而"自得",存在於萬物本身,"自足於形貌之中"。正因為"性"有自足之用,不待於外,故而只要適性,"用其自用,為其自為,恣其性内而無纖芥於分外,此無為之至易也。無為而性命不全者,未之有也;性命全而非福者,理未聞也。"⑨"性"之自足,保證了人人只要順應自我之性,就可以逍遥。

---

① 郭慶藩撰、王孝魚點校《莊子集釋》,第 20 頁。
② 同上,第 184 頁。
③ 同上,第 56 頁。
④ 同上,第 881 頁。
⑤ 以《逍遥遊》篇注為例,在論述適性逍遥時,郭象説:"此皆明鵬之所以高飛者,翼大故耳。夫質小者所資不待大,則質大者所用不得小矣。故理有至分,物有定極,各足稱事,其濟一也。"(郭慶藩《莊子集釋》第 7 頁)其後又説:"苟足於其性,則雖大鵬無以自貴於小鳥,小鳥無羨於天池,而榮願有餘矣。故小大雖殊,逍遥一也。"(郭慶藩《莊子集釋》第 9 頁)可見,在郭象注中,"性"與"理"是兩個可以互通的概念。
⑥ 郭慶藩撰、王孝魚點校《莊子集釋》,第 72 頁。
⑦ 同上,第 222 頁。
⑧ 同上,第 222 頁。
⑨ 同上,第 184 頁。

同時，"性"又有極限不可强求。"天性所受，各有本分，不可逃，亦不可加"①，"性各有分，故知者守知以待終，而愚者抱愚以至死，豈有能中易其性者也！"②一方面萬物所受之"性"有局限，另一方面"性"又不可變易，故而萬物在性的規定範圍内運化，則"物暢其性，各安其所安，無遠邇幽深，付之自若，皆得其極，則彼無不當而我無不怡也"③，若有一分越性之求，"外不可求而求之，譬猶以圓學方，以魚慕鳥耳。雖希翼鸞鳳，擬規日月，此愈近，彼愈遠，寶學彌得，而性彌失。"④則性之極限與不易，又要求萬物必須順應自我之性，否則失性傷生，所求不得而反遭其咎。

在郭象的闡釋體系裏，"自然無為"基本等同於"適性"，而此處他又從物"性"本身來論證了適性的必然性，也即自然無為的必然性，則獨化之論，自然而成，其體系可謂嚴密。

郭象的闡釋不只停留於理論層面，他將其還致力於應用。首先，他繼向秀之後運用獨化論為當時玄學之"逍遥義"提供了"適性逍遥"這一解説途徑，"《莊子·逍遥篇》，舊是難處，諸名賢所可鑽味，而不能拔理於郭、向之外"⑤，其説獨領風騷於一時。他認為大鵬與小鳥"小大雖殊，而放於自得之場，則物任其性，事稱其能，各當其分，逍遥一也，豈容勝負於其間哉！"⑥意即大鵬小鳥雖然體型懸殊，但是順應了其本性而不逾分，那就是逍遥的，兩者並没有差別勝負。接着他進一步發明："苟有待焉，則雖列子之輕妙，猶不能以無風而行，故必得其所待，然後逍遥耳，而況大鵬乎！夫唯與物冥而循大變者，為能無待而常通，豈［獨］自通而已哉！又順有待者，使不失其所待，所待不失，則同於大通矣。故有待無待，吾所不能齊也；至於各安其性，天機自張，受而不知，則吾所不能殊也。夫無待猶不足以殊有待，況有待者之巨細乎！"⑦郭象認為，有待無待的差別即使存在，有待者只要不失其所待，"各安其性，天機自張"，則與無待不異，更何況同為有待者之大鵬與小鳥。同樣，在論述"罔兩問景"問題時他説："故造物者無主，而物各自造，物各自造而無所待焉，此天地之正也。故彼我相因，形景俱生，雖復玄合，而非待也。明斯理也，將使萬物各反所宗於體中而不待乎外，外無所謝而内無所矜，是以誘然皆生而不知所以生，同焉皆得而不知所以得也。今罔兩之因景，猶云俱生而非待也，則萬物雖聚而共成乎天，而皆歷然莫不獨見矣。"⑧在此，他進一步連"待"這個概念也從根本上予以否決，認為萬物獨化於玄冥，各不相關，互不相待，風自化於風，鵬自化於鵬，鵬之飛因於鵬之性，風

---

① 郭慶藩撰、王孝魚點校《莊子集釋》，第128頁。
② 同上，第59頁。
③ 同上，第90頁。
④ 同上，第88頁。
⑤ 余嘉錫箋疏《世説新語箋疏》，第260頁。
⑥ 郭慶藩撰、王孝魚點校《莊子集釋》，第1頁。
⑦ 同上，第20頁。
⑧ 同上，第112頁。

之動因於風之性,鵬與風之説只是一種偶然的"聚",而非必然的相待。萬物獨化無待,自足於性,則自然萬物逍遥。

對於出、處問題,郭象亦在向秀的基礎上進一步運用獨化論給出了解答。他認爲:"庖人尸祝,各安其所司;鳥獸萬物,各足於所受;帝堯許由,各静其所遇;此乃天下之至實也。各得其實,又何所爲乎哉? 自得而已矣。故堯許之行雖異,其於逍遥一也。"①堯許稟性不同,堯之性適於治天下,而許由之性樂處山林,各自"足於所受",則堯之出與許由之處各得其性,同於逍遥,並無高下之分。若堯强處山林,則反失其性,必不逍遥。"天下若無明王,則莫能自得。令之自得,實明王之功也。然功在無爲而還任天下。天下皆得自任,故似非明王之功。"②如堯之聖人明王治天下功在於無爲,無爲即順性,一方面順己之性,"雖在廟堂之上,然其心無異於山林之中,世豈識之哉! 徒見其戴黄屋,佩玉璽,便謂足以纓紱其心矣;見其歷山川,同民事,便謂足以憔悴其神矣;豈知至至者之不虧哉……處子者,不以外傷内"③。故堯順己之性而治天下,但是不以天下爲意,心常寧静,足於自性,不以天下而傷其性。另一方面,明王之治天下並非以己意治天下,"皆就足物性,故人人皆云我自爾,而莫知恃賴於明王。"④内順己性,外順物性,堯之治天下實爲順性之舉,不治而治,自然無爲,與許由之處於山林同爲逍遥。如此,出與處就是一個没有高下之分的選擇,出是順應自己的本性,處也不過是順應自己的本性,出處皆可。

"獨化"思想的明確提出肇始於嚴遵《老子指歸》,向秀承其緒餘,而郭象終於在《莊子注》中將其發揚光大。在嚴遵的闡釋裏,"自爲之化"的説法和"性"的概念已經被明確提出,但這仍然是在道與物的關係的框架下進行論述。向秀仍保留了本體的地位,但已經通過萬物的自生自化説使其名存實亡,並且繼承了嚴氏"性"的概念並與出、處等實際問題聯繫起來。而郭象則完全取消了道的本體地位,從物之"性"的層面討論"獨化"之思想及相關的"逍遥"與出、處問題,使"獨化"思想臻於完善。

[作者簡介] 袁朗(1983—   ),女,四川廣元人。華東師範大學中文系博士研究生,主要從事先秦諸子研究。

---

① 郭慶藩撰、王孝魚點校《莊子集釋》,第 26 頁。
② 同上,第 296 頁。
③ 同上,第 28 頁。
④ 同上,第 297 頁。

宋人對郭象《莊子注》的
接受與評論

(臺灣)簡光明

一、前　　言

郭象《莊子注》是中國莊學史的權威之作,《世說新語·文學》說:"初,注《莊子》者數十家,莫能究其旨要。向秀於舊注外為解義,妙析奇致,大暢玄風。"①相對於"莫能究其旨要"的諸家注解,向秀《莊子注》顯然是較能"究其旨要"。郭象《莊子注》多有繼承向秀之處,因此,魏晉以降的學者常通過郭象的詮釋來了解莊子思想的宏旨。唐代陸德明《經典釋文》說:"其內篇衆家並同,自餘或有外而無雜。惟子玄所注,特會莊生之旨,故為世所貴。徐仙民、李弘範作音,皆依郭本。今以郭為主。"②成玄英《莊子序》說:"玄英不揆庸昧,少而習焉,研精覃思三十矣,依子玄所注三十篇,輒為疏解。"③其注解以郭注為本,而進行補充說明。郭象《莊子注》不但為當世所貴,因陸德明之"釋文"與成玄英之"義疏",其權威地位益形鞏固④,在唐代成為最重要的注本。宋代以來,學者對郭象《莊子注》的評價較為多元,有讚譽者,亦不乏批評者,豐富的内涵頗值得探究。

當代有關郭象《莊子注》的研究已取得相當豐碩的成果,牟宗三《才性與玄理·向郭之注

---

① 劉義慶《世說新語》,卷上之下,《四庫全書》本,第16頁。
② 陸德明《經典釋文·序錄》,卷一,《四庫全書》本,第39~40頁。陸德明又說:"子玄之注,論其大體,真可謂得莊生之旨矣。郭生前歎膏粱之塗説,余亦晚覩貴遊之妄談,斯所謂異代同風,何可復言也。"《經典釋文》卷二十八,第42頁。
③ 郭象注、成玄英疏《莊子注疏》,北京中華書局2011年版,第1頁。
④ 王淮《郭象之莊學》,臺北印刻出版社2012年版,第1頁。該書原名《郭象注莊之檢討》,國科委論文,1972年。

莊》對於"逍遙義"、"迹冥義"、"天籟義"、"養生義"、"天刑義"與"四門示相義"有精彩的詮釋①。蘇新鋈《郭象莊學平議》從"本體—宇宙"論、認識論、政治論與人生論説明郭象對於莊義的發明,多有可以參考之處②。湯一介《郭象與魏晉玄學》,則探討《莊子注》與《莊子》,郭象的生平與著作,郭象與王弼、向秀、裴頠,郭象的哲學方法,郭象哲學中的理論問題等③。莊耀郎《郭象玄學》是目前研究郭象思想最完整的專著,該書探討的主題有:逍遙觀、自然論、性分論、有為論與無為論、聖人論、名教論、生死觀、自生論、獨化論與玄冥論④。

惟就郭象《莊子注》影響的研究而言,則略嫌不足,主要集中在成玄英《莊子疏》對於郭象《莊子注》的繼承⑤。許多重要的課題,例如歷代思想家與文學家對於郭象《莊子注》的接受等,未見深入的探究。本論文通過考察宋人對郭象《莊子注》的接受與評論,嘗試探究郭象莊學在宋代莊學史及宋代文學史的影響,略補當代對郭象《莊子注》影響的研究之不足,期使郭象在莊學史的地位能夠呈現較為清晰的圖像⑥。

當代學者在提到《莊子注》的作者時,多有以"向郭"稱之者⑦,這當然是比較完整的方式,惟本論文處理宋人對郭象《莊子注》的接受與評論,宋人即使認為郭象注解竊自向秀,在行文中並未以"向郭"稱之,故本論文在稱謂上仍用"郭象《莊子注》"。

二、讚譽郭象《莊子注》

宋人對於郭象《莊子注》的讚譽,主要有三:一、郭象知莊子之深,二、《莊子注》"簡要切當",三、郭象注《莊子》有助於養生。

(一) 郭象知莊子之深

陸德明《經典釋文》認為郭象所注特會莊生之旨,宋人多承其説。王雱《南華真經拾遺》説:

---

① 牟宗三《才性與玄理》,臺灣學生書局1989年版。
② 蘇新鋈《郭象莊學平議》,臺灣學生書局1980年版。
③ 湯一介《郭象與魏晉玄學》,北京大學出版社2000年版。
④ 莊耀郎《郭象玄學》,里仁書局1998年版。
⑤ 蘇新鋈《郭象莊學平議》,第五章《郭象注對成玄英疏之影響》有詳細的論述。
⑥ 本論文為筆者執行國科會專題研究計畫"郭象《莊子注》的接受與評論"(NSC 99-2410-H-153-013)的成果,初稿曾在臺灣嘉義大學中文系主辦第三屆"宋代學術國際研討會"上宣講(2011年6月3—4日),會後復經相當幅度之修訂,特此説明。
⑦ 例如湯用彤《魏晉玄學論稿》(上海古籍出版社2005年版)、牟宗三《才性與玄理》、林聰舜《向郭莊學研究》(文史哲出版社1981年版)等。

天倪,自然之妙本也。言其有本則應變而無極,故曰"因以曼衍";言應變無極,則古今之年有時而窮盡,而吾之所言無時而窮也,故曰"所以窮年"。此周之為言雖放縱不一,而未嘗離於道本也。故郭象以周為知本者,所謂知莊子之深也。

郭象《莊子序》說:"夫莊子者,可謂知本矣,故未始藏其狂言,言雖無會而獨應者也。"王雱所謂"為言雖放縱不一"即"未始藏其狂言",所謂"未嘗離於道本"即"知本",郭象以莊子為"知本者",王雱認為郭象確能理解莊生宏旨,故以"知莊子之深"譽之。

宋代樓鑰《跋張正字莊子講義》提到景德三年(1006)宋真宗所頒"莊子牒":

> 景德三年敕:莊周立言,理歸於沖寞;郭象為注,義造於淵微。①

清代顧炎武《求古錄·宋頒於莊子牒》對於景德三年八月五日的敕文有更清楚的說明:

> 莊叟玄言,理歸於沖漠;郭象為注,義造於精微。既廣玄風,實資至治。朕仰崇大道,俯勸烝民,言念此書,盛行於世,尚多踳駁,已命校讎,將永煥於縑緗,宜特滋於雕篆。

郭象《莊子注》"義造於精微",對於"理歸於沖漠"的《莊子》有精微的詮解,不但能推廣玄風,而且有助於治國,故北宋真宗頒布莊子牒稱讚之。

程俱《麟臺故事》則提到宋真宗推動莊學的另一件事:

> (大中祥符)二年二月,諸王府侍講兼國子監直講孫奭言:"《莊子》注本前後甚多,唯郭象所注特會莊生之旨,請依《道德經》例,差館閣眾官校定,與陸德明所撰《莊子釋文》三卷雕印。"詔奭與龍圖閣待制杜鎬等同校定以聞……大中祥符四年,又命李宗諤、楊億、陳彭年等讎校《莊子序》,模印而行之。蓋先是崇文院校《莊子》本,以其《序》非郭象之文而去之。至是,上謂其文理可尚,故有是命。②

孫奭,字宗古,北宋經學家,其所以希望《莊子注》要依《道德經》例校定,是因為"郭象所注特會莊生之旨"。

魏晉以來的《莊子》注疏甚多,孫奭認為"唯郭象所注特會莊生之旨",可見宋人視郭象為

---

① 樓鑰《攻媿集》卷七十五,第26頁。
② 程俱《麟臺故事》卷二,《四庫全書》本,第12頁。《宋史·孫奭傳》與《宋會要》都有相關的記載,惟並未提及校定的理由。

《莊子》的最佳詮釋者。既然要校定《莊子注》,就必須面對《莊子序》是否為郭象所撰的問題。原有崇文院校定《莊子》注本時,認為《莊子序》不是郭象所撰,因此將之除去。宋真宗認為《莊子序》"文理可尚",大中祥符四年(1011),命李宗諤、楊億、陳彭年等讎校《莊子序》,模印而行之。郭象《莊子注·序》說:"莊生雖未體之,言則至矣。通天地之統,序萬物之性,達死生之變,而明內聖外王之道,上知造物無物,下知有物之自造也。"其中強調莊子思想在於"明內聖外王之道",符合宋人用儒家觀點詮釋《莊子》的作法,故宋真宗以為"文理可尚"。

《天下》"圖傲乎救世之士哉"句,郭象注:"揮斥高大之貌。"褚伯秀說:"'圖傲乎'一句頗難釋,諸解唯郭注近之。此乃南華歎息之辭,圖傲猶謀□也,言其莽廣不切事情。"①褚伯秀考察宋代以前的注解,認為對於"圖傲乎救世之士哉"的解釋,郭象的注解最接近莊子本意。

《逍遥遊》"神人無功"句,郭象以"理至則迹滅"來解說②,褚伯秀認為合於莊子思想:"太上云:'功成弗居,名遂身退',良有以也。儻致知力行,動與理合,則善窮善達,樂生樂死,無往而不逍遥。所謂至神聖者,物被其德而歸美之稱,何足以極天遊之妙? 郭氏注'理至則迹滅',其說盡之。"③郭象認為:神人順理而為,與理為一,可以達到"理至則迹滅"的境界,亦即能夠"功成弗居",所以說"神人無功"。褚伯秀稱讚郭象之說能完整地說明莊子"神人無功"的思想。

郭象注解《莊子》,有時整段文本都沒有注文,只有一段說明,褚伯秀認為在這些沒有注解的地方,可以看到郭象對莊子思想的掌握。《天下》末段:"惠施多方,其書五車,其道舛駁,其言也不中……辯者以此與惠施相應,終身無窮。"郭象沒有針對文本作注,卻說:

  昔吾未覽莊子,嘗聞論者爭夫尺棰連環之意,而皆云莊生之言,遂以莊生為辯者之流。案此篇較評諸子,至於此章,則曰其道舛駁,其言不中,乃知道聽途說之傷實也。吾意亦謂無經國體致,真所謂無用之談也。然膏粱之子,均之戲豫,或倦於典言,而能辯名析理,以宣其氣,以係其思,流於後世,使性不邪淫,不猶賢於博弈者乎! 故存而不論,以貽好事也。④

《天下》篇中,惠施的學說像"天與地卑,山與澤平"、"今日適越而昔來"、"飛鳥之景未嘗動"、"卵有毛"、"龜長於蛇"之類,郭象"存而不論",因為惠施的學說並非莊子的思想,而是莊子所要批判的對象;既為莊子所闢,實可不必注解;不但不必注解,簡直可以不必了解。褚伯秀的

---

① 褚伯秀《南華真經義海纂微》卷一○四,《四庫全書》本,第 15 頁。
② 郭象說:"夫物未嘗有謝生於自然者,而必欣賴於針石,故理至則迹滅矣。今順而不助,與至理為一,故無功。"郭象注、成玄英疏《莊子注疏》,第 12 頁。
③ 褚伯秀《南華真經義海纂微》卷一,第 13 頁。
④ 郭象注、成玄英疏《莊子注疏》,第 575 頁。

老師范應元顯然支持這樣的做法，褚伯秀說：

> 淳祐丙午歲，幸遇西蜀無隱范先生遊京，獲侍講席幾二載，將徹章，竊謂同學曰："是經疑難頗多，此為最後一關，未審師意，若為發明，度有出尋常見聞之表者。"暨舉經文，眾皆凝神以聽。師乃見問諸友以此論為何如，眾謝不敏，願開迷雲。師曰："本經有云：'恢奇譎怪，道通為一。'存而無論可也。"眾皆愕然，再請明訓。師默然良久，曰："若猶未悟耶！此非南華語，是其所闢以為舛駁不中之言，焉用解為？自'至大無外'至'天地一體'，皆惠子之言；'雞三足'至'萬世而不竭'，乃從辯者相應之辭，時習佽給，務以譎怪相詫，肆言無軌，一至於此。或者不察，認為莊子語，愈增疑議，皆不究其本源故也。郭氏知此而不明言，使觀者自得。世有好奇之士，為彼怪語所惑，遂苦心焦思，生異見以求合，其說雖勤，何補於是。"眾心豁然如發重覆而覩天日也。①

范應元所謂"存而無論"其實是繼承郭象"存而不論"之說。學生們對於惠施的學說本來就有疑惑，"若為發明，度有出尋常見聞之表者"，可見對於老師的解說期望頗高，一聽到"存而勿論"，雖然可以算是"出乎尋常聞見之表"，然不免期望落空，眾皆愕然，故而再請明示。范應元認為，惠施的學說舛駁不中，本為莊子所闢；既為莊子所闢，則就算未了解惠施的思想，當不至於妨礙到對莊子思想的掌握。反過來說，了解莊子當然必須究其本源，若不究本源卻將惠施的學說當成莊子思想，勤於研究辯者之言，始則疑議愈增，繼而為彼怪所惑，終於死在惠施句裏，豈止是無益，根本就有害。范應元所謂"郭氏知此而不明言，使觀者自得"，可見郭象不注解惠施的學說，是因為其對《莊子》有恰當的了解。所有學生聽完范應元的說明，"心豁然如發重覆而睹天日"，可見大家都同意郭象的做法②。

郭象完全沒有注解而要使讀者自得之的，有《說劍》一篇，褚伯秀認為這顯示郭象對莊子思想有確切的掌握：

> 蓋南華痛憫世人耽於物欲，失性而不自知，故創為是論，以明復性者在乎中有所主，防欲如讐心，纔有覺即推理以勝之，不待乎劍士夾門，日夜相擊，然後求夫善說者以止之也。此寓道於技以立言，而解者往往以外象求合，使正大之理為之久湮，併陷至言於辯者之圍，可為太息。茲因鑽研至極，遂悟反流歸源，庶符立言本意云。子玄於是經，得其心體，雄文奧論，與之並駕爭驅，獨此篇不著一語，使人深造而自得之

---

① 褚伯秀《南華真經義海纂微》卷一〇六，第 18～20 頁。
② 簡光明《范應元及其莊子學》，《屏東教育大學學報》第 24 期，2006 年 3 月，第 351～372 頁。

也。恐或者於此乎致疑，故不得不辯。①

《説劍》就像《養生主》"庖丁解牛"寓言一樣"寓道於技以立言"，注解者若不能了解莊子"立言本意"，將之視爲縱横家言，"以外象求合，使正大之理爲之久湮，併陷至言於辯者之囿"。郭象能夠了解莊子本意，故對於《説劍》，"不著一語，使人深造而自得之"。可見褚伯秀以郭象知《莊子》之深，不但能得莊子心髓，《莊子注》的雄辯之文與深奥之論，可與《莊子》並駕齊驅②。相關論述，都説明褚伯秀對郭象之推崇讚譽。

（二）《莊子注》"簡要切當"

宋人對於《莊子注》的評價頗不一致，惟對於郭象注文的"簡要"，則多所讚譽。吕本中《童蒙訓》説："任淳夫説：'《莊子》儵忽混沌之説，郭象只以"爲者敗之"解之，則解經者何用多言。'"③吕本中，字居仁，號東萊先生，北宋儒者，《童蒙訓》一書"所記多正論格言，大抵皆根本經訓，務切實用，於立身從政之道深有所裨"④，其引用任淳夫之説，用以説明解經不必多言。儵忽混沌之説見《莊子·應帝王》："南海之帝爲儵，北海之帝爲忽，中央之帝爲渾沌。儵與忽時相與遇於渾沌之地，渾沌待之甚善。儵與忽謀報渾沌之德，曰：'人皆有七竅以視聽食息，此獨無有，嘗試鑿之。'日鑿一竅，七日而渾沌死。"郭象注解此一寓言只用"爲者敗之"四個字，頗能掌握儵忽混沌之説的要旨，確實能夠説明解經不必多言。

《南華真經義海纂微》爲宋代莊學的集大成之作⑤，在"儵忽混沌"寓言一段，褚伯秀引用郭象與宋代注家吕惠卿、林疑獨、陳祥道、陳碧虚、吴儔、趙以夫、林希逸之説，最後總結説："右章計七十四字，郭氏引《道德經》一言以蔽之，簡要切當，莫越於此。"⑥《老子》二十九章説："天下神器，不可爲也，爲者敗之，執者失之。"又説："爲者敗之，執者失之。是以聖人無爲故無敗，無

---

① 褚伯秀《南華真經義海纂微》卷九十七，第10頁。
② 蘇軾《莊子祠堂記》説："余嘗疑《盜跖》、《漁父》則若真詆孔子者，《讓王》、《説劍》皆淺陋而不入於道"，乃"昧者勸之以入其言"，將《説劍》視爲僞作。若依蘇軾的觀點，郭象之所以不注《説劍》，應該是郭象將之視爲僞作而不注。褚伯秀顯然不認同這樣的觀點，他説："四篇遭黜，無乃太甚。意其所病者，《讓王》條列繁而義重複，《盜跖》訾孔子若太過，《説劍》類從横之談，《漁父》幾詆聖之語，此所以不爲坡翁所取也。然《祠堂記》中嘗謂：'莊子之文皆實予而文不予，陽擠而陰助之。'則亦燭其立言救弊之本心矣，又何以齷迹爲嫌？竊考《讓王》等四篇，較之内外部，若有間然，其指歸不失大本。蓋立言者不無精粗之分、抑揚之異，或門人補續，不得其淳，所以置諸雜部之末，自可意會，無煩多議，以啟後疑。"《南華真經義海纂微》卷九十二，第16~17頁。
③ 吕本中《童蒙訓》卷下，《四庫全書》本，第20頁。
④ 紀昀等《四庫全書總目》卷七十九，第24頁。
⑤ 紀昀等説："蓋宋以前解莊子者梗槩畧具於是。"《四庫全書總目》卷一百四十六，第26頁。
⑥ 褚伯秀《南華真經義海纂微》卷二十二，第6頁。

執故無失。"郭象引用《老子》"為者敗之"一語說明"儵忽混沌"寓言,褚伯秀認為既"簡要"又"切當",為宋代的注解所不及①。

《盜跖》記孔子往見盜跖,談論之後,"孔子再拜趨走,出門上車,執轡三失,目芒然無見,色若死灰,據軾低頭,不能出氣。"郭象將《盜跖》分為三章,只在章末加注:"此篇寄明因衆之所欲亡而亡之,雖王紂可去也;不因衆而獨用己,雖盜跖不可御也。""此章言尚行則行矯,貴士則士偽,故蔑行賤士以全其內,然後行高而士貴耳。""此章言知足者常足。"褚伯秀認為相當得體:"夫子首陳三德,以其最下者箴之,與說趙文王三劍義同。詳跖之所言,雖出於強辯,其間亦自有理,不可盡以人廢言。然皆覩其迹而未得其心,所以有是不齊之論。此章辭雄氣逸,如洪源疾注,不可壅遏,使人難以著語,故郭氏於三章之下略述大意而義自明,觀者毋以辭害意。"②一般注解者"覩其迹而未得其心",以人廢言,以盜跖之言為強辯,不去留意其中有理之處,注解當然不適切。郭象不詳細注解,只有"三章之下略述大意而義自明,觀者毋以辭害意",自然能夠領略郭象對莊子大意掌握的精當。

當然,郭象"簡要"的注解體例,也成為宋人注解道家經典所模仿的對象,四庫館臣認為,王雱《南華真經新傳》體例模仿郭象《莊子注》:"是書體例略仿郭象之注,而更約其詞;標舉大意,不屑屑詮釋文句。"③所謂"約其詞"、"標舉大意"是一種正面的評價。江遹《沖虛至德真經解》一書,四庫館臣同樣以注解《莊子》應該簡要的觀點進行評論④。

(三) 郭象注《莊子》有助於養生

郭象注《莊子》,強調"無心",呂本中認為有助於養生,《紫微雜說》說:

> 郭象解《莊子》,實有助於養生。蓋默識心通出於言語之表,如"雲將曰:吾遇天難,願聞一言。鴻蒙曰:心養。"郭象注云:"夫心以用傷,則養心者,其惟不用心乎!"《達生篇》"一其性",注云:"篩則二矣。""養其氣",云:"不以心使之。"又《在

---

① 劉壎《莊子注》說:"郭象注《莊子》,議論高簡,殊有義味。凡莊生千百言不能了者,象以一語了之。余嘗愛其注混沌鑿七竅一段,惟以一語斷之,曰'為者敗之',止用四字,辭簡意足,一段章旨,無復遺論。蓋其妙若此,世謂《莊子》注郭象,亦是一說。"《隱居通議》卷十九,第1頁。可見這類觀點頗為後世學者所繼承,李調元《郭子翼莊序》說:"晉郭象注《莊子》,人言郭注得莊妙處,果然。若文如海之疏,尹吉甫、王元澤之注,遠不逮矣……然要足以羽翼莊子,故高允叔擇其元之又元者,為八十一章,名曰《翼莊》。"明代郭允叔《郭子翼莊》,嚴靈峯編《無求備齋莊子集成初編》,臺北藝文印書館1972年版。
② 褚伯秀《南華真經義海纂微》卷九十五,第8頁。
③ 紀昀等《四庫全書總目》卷一百四十六,第24頁。
④ 紀昀等《四庫全書總目》認為宋代江遹《沖虛至德真經解》一書"全仿郭象注《莊》之體,擺落訓詁,自抒會心,領要標新,往往得言外之旨。"卷一百四十六,第21頁。亦可見郭象注《莊子》的體例對宋人注解方式的影響,也可以看出四庫館臣對於此類體例的稱讚。

宥篇》"目無所見,耳無所聞,心無所知,汝神將守形,形乃長生。"云:"此皆率性而動,故長生也。""天地有官,陰陽有藏。"云:"但當任之。""吾與日月參光,吾與天地為常。"云:"都任之也。"凡此之類,皆極於養生者,非得於言語之表,不能知也。①

《在宥》"心養",《達生》"一其性"、"養其氣",《在宥》"神將守形,形乃長生"、"天地有官,陰陽有藏"等段落,郭象以"不用心"、"不以心使之"、"率性而動"、"任之"注之。郭象論"心"與莊子不同②,其無心觀、自然觀與自生自化的理論有內在的聯繫,內涵豐富,反映出魏晉思想之特色③。呂本中認為,郭象的注解強調無心無為,有助於養生。

三、援用《莊子注》的注文

宋人援引運用郭象《莊子注》,主要有三種方式:一是宋代《莊子》注疏徵引《莊子注》,二是宋人論《莊子注》對後代文學的影響,三是宋代書籍徵引《莊子注》。

(一) 宋代《莊子》注疏徵引郭象之注

郭象的注解是魏晉以來詮釋《莊子》的權威,宋人注解《莊子》,不論是援引還是批判,往往都會對郭象的注解表示看法。批判者以郭象為對象,打倒權威正可以確立自家權威;援引者徵用權威說法,正可以增加注文的說服力。就算是不批判不援引,先說明郭象與其他注家的解釋,再提出自家的觀點,也正足以表示自己的獨闢蹊徑。

宋龔士卨編《五子纂圖互注》,《四庫全書總目》認為"是書於《老子》用河上公注,凡二卷;

---

① 呂祖謙《紫微雜說》,第12頁。《四庫全書總目》說:"《紫微雜說》一卷,舊題宋呂祖謙撰,又有別本,則但題'東萊呂紫微雜說'而不著其名,今考趙希弁《讀書志》載:《東萊呂紫微雜說》一卷,《師友雜志》一卷,《詩話》一卷,皆呂本中居仁之說,鄭寅刻之廬陵云云,據此則當為呂本中所撰。蓋呂氏祖孫當時皆稱為東萊先生,傳寫是書者遂誤以為出祖謙之手,不知本中嘗官中書舍人,故稱曰紫微,若祖謙僅終於著作郎,不得有紫微之稱。又書中有自嶺外歸之語,而本中東萊集有避地過嶺詩於事迹適相合,其為本中所撰無疑也。"卷一百二十一,第12~13頁。
② 周翊雯認為,《莊子》是"用心若鏡"的模式,心與物乃直接的相映關係,"心"呈現出全幅朗現、全幅包容萬事萬物的特徵;《莊子注》則是"無心玄應"的模式,心與外物的關係,偏向一種"澄之不清、擾之不濁"的關係,"心"是沉潛在最深廣難側的淵深處。詳見周翊雯《從〈莊子〉到〈莊子注〉的身體觀研究——以"身體工夫"為研究核心》,成功大學中文所博士論文,2009年。
③ 鄧克銘《禪宗與道家之"無心"說的比較》,《清華學報》新34卷第2期,2004年12月,第271~298頁。

於《莊子》用郭象注,附以陸德明《音義》。"①褚伯秀《南華真經義海纂微》一書,《四庫全書總目》說:"其書纂郭象、呂惠卿、林疑獨、陳祥道、陳景元、王雱、劉概、吳儔、趙以夫、林希逸、李士表、王旦、范元應十三家之說而斷以己意,謂之管見。"②可見宋人徵引郭象《莊子注》的概況。

《達生》"仲尼適楚,出於林中,見痀僂者承蜩,猶掇之也"段,郭象注:"累二丸於竿頭,是用手之停審也。故其承蜩,所失者不過錙銖之間也……停審之至,故乃無所復失。"林希逸說:"郭象下兩箇'停審'字,亦自好。"③

劉辰翁對郭象的態度基本上是肯定的,在肯定之外,亦能提出不同的意見,如注《逍遥遊》說:

舊見郭解以《逍遥遊》為大小各適其分,意亦是之。今見林解又以為形容胸中廣大之樂,近之而非也。此篇文意專主至大,正不以二蟲小知為然,郭解乃篇外意,林則知逍遥之名篇矣,不知《莊子》一部專說"遊"意,其所謂遊非縱觀宇宙之大而已,則其所謂"樂"者,亦非勝於鵬鳩斥鷃與為人所羡而已,其必有所得也。④

"林解"指林希逸《莊子口義》,劉辰翁稱引林希逸的注解,往往加以批判,目的在"因林顯劉"。劉辰翁認為"郭解以《逍遥遊》為大小各適其分,意亦是之","郭解乃篇外意",可以其以為郭象的注解較林希逸為恰當。

劉辰翁徵引郭象的注解,雖無貶辭,目的似乎不在於推崇郭象,而在於通過郭象來突顯己注的特色,我們可以說是"因郭顯劉"。劉辰翁說:

不逆寡,郭象以為寡且不逆,則所順者眾,其意美矣。愚意以為逆者惡也,逆寡猶嫌少也。此謂養其所不知,最是親切。⑤

郭解以為偃溲,亦通。當其急時,寢廟無用而偃溲為是,善矣,喻已明矣,然非本意也,故又取本意言。⑥

---

① 《四庫全書總目》。又,除《莊子》注疏外,宋代劉敞《極没要緊》一書,"其文皆採掇郭象《莊子注》語,似出依托。"《四庫全書總目》又說:"公是先生《弟子記》載晁公武《讀書志》,曾所述,即公武之語。然其書尚有傳本,今別著録此書,皆採郭象《莊子》注語,聯綴成文,與《弟子記》迥别。不知曾何以合為一書。豈曾所見別一本、而此為好事者所依托歟?《弟子記》本屬儒家,此書既剽《莊子》注,則道家言矣。故附存其目於道家,而辨其偽妄焉。"
② 紀昀等《四庫全書總目》卷一百四十六,第26頁。
③ 林希逸《莊子口義》卷六,第37頁。
④ 劉辰翁《南華真經點校》,《逍遥遊點校》,第7~8頁。
⑤ 同上,《德充符點校》,第143頁。
⑥ 同上,《庚桑楚點校》,第440頁。

謂此書十有九,最是。郭解由有九見信,固好,然語無信意。①

用"其意美矣"、"亦通"、"固好"來表示郭象的注文確有見地,接着再説其非莊子本意。郭注既可取,劉辰翁又要表示新的意見,言外之意,當然是劉辰翁的注解更爲接近莊子原意,至少更能自圓其説。

《庚桑楚》"請常言移是",褚伯秀注:"經文'請常言移是'五字,詳文義合在上五句前'不可知者也'之下,觀郭注可證。"②所謂"觀郭注可證",就是以郭象的注文證明自己的觀點。《秋水》"於是惠子恐,搜於國中三日三夜",褚伯秀注:"'搜'應作'獀',郭注可證。成疏謂搜索國中尋訪莊子,疑獨因之,義頗淺近,蓋本於偏旁之誤。"③所謂"郭注可證",也是以郭象所注爲是。成玄英的注解雖然獲得林疑獨的繼承,惟因部首偏旁之誤,導致所注之義理淺近,不如郭象之適切。

(二) 宋人論《莊子注》對後代文學的影響

當代學者在探討宋代文學時,多有提及蘇軾、王安石、辛棄疾作品中的《莊子》成分者,而罕提及宋代文學中的《莊子注》接受,其實,南宋王應麟已注意到《莊子注》對於唐宋文學的影響,《困學紀聞》説:"郭象注曰:'聖人之在天下,煖然若陽春之自和,故澤榮者不謝;淒乎若秋霜之自降,故凋落者不怨。'李太白云:'草不謝榮於春風,木不怨落於秋天',其語本此。"④李白《日出入行》的詩句,與郭象注《大宗師》"聖人之用兵也,亡國而不失人心,利澤施乎萬世,不爲愛人"的文字,確實可以作意涵上的聯結。

郭象注解《莊子》有關夢的寓言,啟發後世文學,《困學紀聞》説:"又曰:'世有假寐而夢經百年者,則無以明今之百年非假寐之夢者也。'邯鄲枕、南柯守之説,皆原於此意。"⑤南柯守之説即南柯一夢,李公佐《南柯太守傳》中,淳于棼來到大槐安國,成爲駙馬,後來又擔任南柯太守,榮耀一時,當其被遣發回家,才從夢中驚醒。原來在古槐樹下醉倒,"槐安國"和"檀蘿國"竟然都是蟻穴,於是有"夢中儵忽,若度一世矣"的感歎。邯鄲枕即《枕中記》,小説主角盧生認爲人生應該"建功樹名,出將入相,列鼎而食,選聲而聽"才算適意的生活,呂翁授以青瓷枕,果然"榮適如志":娶河崔氏女,中進士,做官步步高升,直至宰相,極受恩寵。其間雖曾遭受同

---

① 劉辰翁《南華真經點校》,《寓言點校》,第 519 頁。
② 褚伯秀《南華真經義海纂微》卷七十三,第 15 頁。
③ 同上,卷五十五,第 3 頁。
④ 王應麟《困學紀聞》卷十,第 29 頁。
⑤ 同上。王應麟又説:"《幽求子》曰:當其夢時,睹山念木,或志在舟楫,因舟念水,因水念魚。東坡《夢齋銘》本此。"《夢齋銘》:"人有牧羊而寢者,因羊而念馬,因馬而念車,因車而念蓋,遂夢曲蓋鼓吹,身爲王公。夫牧羊之與王公亦遠矣,想之所因,豈足怪乎!"確實有其類似之處。

僚陷害、入獄、流放,畢竟能夠平反,終能享盡榮華富貴,老死家中。當盧生從夢中醒來,感歎"人生之適、亦如夢寐",才終於了解"寵辱之道、窮達之運、得喪之理、死生之情"。《齊物論》"莊周夢蝶"寓言,"不知周之夢為胡蝶與,胡蝶之夢為周與"句,郭象注:"世有假寐而夢經百年者,則無以明今之百年非假寐之夢者也。"從《南柯太守傳》與《枕中記》的故事情節看來,確實與郭象的注文較為接近。

　　韓愈在《進學解》自述散文風格及創作取法的對象,其所以能夠"作為文章,其書滿家",並形成"閎其中而肆其外"的風格,其中有"下逮《莊》、《騷》,太史所錄"①,王應麟《困學紀聞》更進一步指出韓愈也有取於《莊子注》:"郭象注云:'喜懼戰於胸中,固以結冰炭於五臟矣。'韓文公《聽穎師琴》詩'無以冰炭置我腸',本於此。"②《人間世》"事若成,則必有陰陽之患"句,郭象注云:"人患雖去,喜懼戰於胸中,固以結冰炭於五臟矣。"③韓愈《聽穎師彈琴》有"無以冰炭置我腸",唐代李漢編、宋代廖瑩中集注《東雅堂昌黎集注》一書,標示該句出於郭象《莊子注》,其觀點可與王應麟相印證。

　　歷代文士有取於《莊子注》,宋代文學家當然也不例外。《莊子·田子方》有"宋元君畫圖"寓言:"宋元君將畫圖,眾史皆至,受揖而立;舐筆和墨,在外者半。有一史後至者,儃儃然不趨,受揖不立,因之舍。公使人視之,則解衣般礴臝。君曰:可矣,是真畫者也。"郭象注:"內足者神閒而意定。"胡仔《漁隱叢話》認為王安石詩有取於該注文:

> 《藝苑雌黃》云:"予頃與荊南同官江朝宗論文,江云:前輩為文,皆有所本,如介甫《虎圖》詩語極遒健,其間有'神閒意定始一掃'之句,為此只是平常語,無出處。後讀《莊子》'宋元君畫圖……',郭象注:'內足者神閒而意定。'乃知介甫實用此語也。"④

王安石《虎圖》:"固知畫者巧為此,此物安肯來庭除。想當槃礴欲畫時,睥睨眾史如庸奴,神閒意定始一掃,功與造化論錙銖。"從內容上看,詩句引用《田子方》的典故,而"神閒意定"一句確

---

① 韓愈著、馬其昶注《韓昌黎文集校注》,漢京文化公司1983年版,第26頁。
② 王應麟《困學紀聞》。楊慎《郭象注莊子》説:"昔人謂郭象注《莊子》,乃《莊子》注郭象耳。蓋其襟懷筆力略不相下,今觀其注,時出俊語,與鄭玄之注《檀弓》亦同而異也。"《升菴集》卷四十六,第7~8頁。楊慎《郭象注莊多俊語》説:"郭象莊子注多俊語,如云:'煖焉若春陽之自和故澤榮者不謝,淒乎如秋霜之自降,故彫落者不怨。'李白用其語為詩'草不謝榮於春風,木不怨落於秋天。'又云:'舍之悲者,操之不能不慄。'又云:'寄去不樂者,寄來則荒矣。'蘇東坡用其意為詩曰:'君看厭事人,無事乃更悲。'晉人語本自拔俗,況子元之韻致乎! 宜為李蘇兩公之欣賞也。"(《莊子解》)楊慎的説法有取自王應麟者,都指出郭象《莊子注》的影響。
③ 郭象《莊子注》卷二,第11頁。
④ 胡仔《漁隱叢話》前集卷二十五,第3~4頁。

實出於郭象《莊子注》。

蘇軾《次荊公韻四絕》"紅者造物初無物,春到江南花自開。"王十朋《東坡詩集注》說:"郭象《南華真經序》云:上知造物無物,下知有物之自造。"①黃庭堅《次韻黃斌老晚遊池亭二首(之二)》:"雨後月前天欲冷,身閒心遠地常幽。杜門謝客恐生謗,且作人間鵬鷃遊。"任淵《山谷內集詩注》說:"向子期郭子玄逍遙議曰:夫大鵬之上九萬尺,鷃之起枋榆,小大雖殊,各順其性,苟當其分,逍遙一也。而山谷作《莊子內篇解》則曰:鵾鵬之大,鳩鷃之細,均為有累於物而不能逍遙,惟體道者乃能逍遥耳!然此詩用向郭意。"②都可以看出宋代文人對於《莊子注》的援用③。

(三) 宋代書籍徵引《莊子注》

郭象《莊子注》除了對宋代《莊子》注疏時常徵引外,解釋文字時對宋代字書亦有參考。宋代馬永卿《嬾真子》說:

> 荊公《字解》"妙"字云:"為少為女,為無妄少女,即不以外傷內者也。"人多以此言為質殊,不知此乃郭象語也。《莊子》云:"綽約若處子。"《注》云:"處子不以外傷內。"公之言蓋出於此。④

《莊子·逍遙遊》"藐姑射之山,有神人居焉,肌膚若冰雪,淖約若處子",郭象用"不以外傷內"說"處子"。王安石《字說》⑤,解釋文字雖多穿鑿附會,然有時亦有所本,如用"不以外傷內"解"無妄少女",即本於郭象。

錢曾《讀書敏求記》說:"《極沒要緊》一卷,即劉原父《弟子記》也。"劉原父即宋代的劉敞,別號公是先生。《極沒要緊》與《弟子記》應該不是同一本書,《四庫全書總目提要》說:"今別著錄此書,皆採掇郭象《莊子》注語,聯綴成文,與《弟子記》迥別。不知曾何以合為一書。豈曾所見別一本,而此為好事者所依托歟?《弟子記》本屬儒家,此書既剽《莊子》注,則道家言矣。"⑥

---

① 王十朋《東坡詩集注》卷十一,第43頁。
② 任淵《山谷內集詩注》卷十三,第4頁。
③ 楊慎《柳文蘇文》說:"郭象《莊子注》曰:'工人無為於刻木而有為於運矩,主上無為於親事而有為於用臣。'柳子厚演之為《梓人傳》一篇,凡數百言……得奪胎換骨之三昧也。"《丹鉛總錄》卷十二,第32頁。
④ 馬永卿《嬾真子》卷五,《四庫全書》本,第7頁。
⑤ 《字解》即《字說》,《宋史》說:"初,安石訓釋《詩》、《書》、《周禮》,既成,頒之學官,天下號曰'新義'。晚居金陵,又作《字說》,多穿鑿附會,其流入於佛、老。一時學者,無敢不傳習,主司純以取士,士莫得自名一說,先儒傳注,一切廢而不用。"卷三百二十六,《列傳》第六十八,《王安石傳》。
⑥ 《四庫全書總目提要》子部卷一百四十七,子部五十七,《道家類存目》。

宋人採掇郭象《莊子》注語而聯綴成文，可見郭象《莊子注》受到學者的歡迎。

四、評論郭象《莊子注》

宋人對於郭象的評論主要有三：一、評郭象"莊子不經而為百家之冠"之說；二、評郭象"舍經而自作文"；三、評郭象注文不適切。

（一）評郭象"莊子不經而為百家之冠"之說

郭象雖然注解《莊子》，卻未許莊子為聖人，而"尊孔抑莊"①，《莊子序》說：

> 夫莊子者，可謂知本矣，故未始藏其狂言，言雖無會而獨應者也。夫應而非會，則雖當無用；言非物事，則雖高不行；與夫寂然不動，不得已而後起者，固有間矣，斯可謂知無心者也。夫心無為，則隨感而應，應隨其時，言唯謹爾。故與化為體，流萬代而冥物，豈曾設對獨遘而遊談乎方外哉！此其所以不經而為百家之冠也。

《莊子注》強調"內聖外王"，以孔子為聖人而老莊不及聖，因而，僅許莊子為知言而未稱莊子為聖人，並且以為其"不經而為百家之冠"。

郭象此一說法，引起宋人的討論，林希逸認為郭象的觀點相當公允，《莊子口義·原序》說：

> 陳同甫嘗曰：天下不可以無此人，亦不可以無此書，而後足以當君子之論。若莊子者，其書雖為不經，實天下所不可無者，郭子玄謂其"不經而為百家之冠"，此語甚公。

《莊子》中有不少批評儒家的言論，林希逸雖然認為莊子的用心與儒家並無不同，但是對於寓言還是以"不經"視之，故以郭象之說為然。

韓愈《送王塤秀才序》說："子夏之學，其後有田子方，子方之後，流為莊子。故周之書，喜稱子方之為人。"②宋代學者多承其說，主張莊子出於孔門，或者認為莊子用心與聖人不異，當然也就不認同郭象的觀點，宋代劉震孫《南華真經義海纂微原序》說：

---

① 湯用彤《向郭義之莊周與孔子》，收入《魏晉玄學論稿》，上海古籍出版社 2005 年版，第 86～93 頁。
② 韓愈說："吾常以為孔子之道大而能博，門弟子不能遍觀而盡識也，故學焉而皆得其性之所近。其後離散，分處諸侯之國，又各以所能授弟原遠而益分。"見韓愈撰、馬其昶校注《韓昌黎文集校注》，第 153 頁。

> 莊子與孟子同時，使其言而悖道，無補於世教，則孟子固亦距之矣。讀者泥其辭
> 而不求其意，往往例以不經目之，如郭象所云者，是豈真知莊子哉？①

莊子的時代與孟子相同，《莊子》之言不悖道，而且有補於世教，因此孟子沒有批判莊子②。從孟子不批判莊子，推斷莊子思想有益於世教，而郭象以莊子為"不經"，劉震孫認為是"泥其辭而不求其意"，故其以郭象未能真知莊子。孟子是否批判莊子與《莊子》是否有補世教之間，其實沒有必然的關係，劉震孫的論述顯然是預設立場，再下判斷，難以服人。

明代孫應鰲繼承劉震孫的觀點，理由則有所不同，其《南華真經序》説：

> 世評莊子"不經而為百家之冠"，夫不經何足冠百家？蓋徒見絕聖智棄仁義諸語
> 為悖堯、舜、周、孔，皆泥其辭，不達其意……此本堯、舜、周、孔之宗緒，莊子窺見之，
> 遂以陶鑄《南華》，因鼓舞縱橫其辨博，以自成曠古之奇談，正言若反，何謂不經？苟
> 但襲堯、舜、周、孔為名高，而小大是非成毀生死得喪禍福，日樊籠膠漆其中，何謂經？
> 是莊子所姍笑也。③

莊子能夠窺見堯舜周孔的宗緒，其用心與儒者相同，不悖堯舜周孔之道，《莊子》中"絕聖智棄仁義"的言論，實為莊子"鼓舞縱橫其辨博，以自成曠古之奇談"，郭象以莊子為"不經"，在明代孫應鰲看來，是"泥其辭，不達其意"，故"莊子不經而為百家之冠"非為的論。

（二）評郭象"舍經而自作文"

注解本來是用以解釋經書，但是郭象《莊子注》並未扣緊《莊子》的文本，常有發揮自己觀點之處，朱熹説："自晉以來解經者却改變得不同，如王弼、郭象輩是也。漢儒解經依經演繹，晋人則不然，舍經而自作文。"④所謂"舍經"説明郭象不像漢儒一樣以依經演繹注解《南華真經》，"自作文"更點出郭象的注解已脱離《莊子》而成為郭象的思想。

朱熹不認同"舍經而自作文"的注解方式，宋代魏了翁《鶴山集》説：

> 晦翁謂：釋解文字不可令注腳成文，則注與經各為一事，惟看注而忘經。漢儒
> 毛孔之流略釋訓語名物及文義理致尤難明，而其易明處更不説，此最得體。後來見

---

① 褚伯秀《南華真經義海纂微序》，第1頁。
② 關於孟子謂批判莊子的原因，可參考簡光明《孟子何以未嘗批判莊子》，《孔孟月刊》第45卷第3、4期（531—532期），2006年12月，第30～35頁。
③ 孫應鰲《南華真經序》，收入王雱《南華真經新傳》，第1頁。
④ 黎靖德編《朱子語類》，卷六十七，方子條。

輔嗣注《易》，不但爲玄虛語，又間出己意一段，《易》反晦而難明，故世謂"郭象注《莊子》，反似《莊子》注郭象"。①

"舍經而自作文"就會使得"注脚成文"，注脚獨立之後，注與經各爲一事，各説各話，讀者本來要閲讀經典，後來變成"看注而忘經"，無法達到原來的目的。"爲玄虛語"與"間出己意"造成"晦而難明"的結果，當然難以通過注解明瞭《易》的主旨。郭象注《莊子》，同樣是語出玄虛，更多是間出己意，讀者難以明瞭《莊子》而比較了解郭象的思想，所以"反似《莊子》注郭象"，就注解經典而言，顯然未必恰當。

從"世謂"二字可以了解"《莊子》注郭象"的講法在宋代頗爲流行，釋普濟《資壽尼妙總禪師》説："師曰：'曾見郭象注《莊子》，識者曰：却是《莊子》注郭象。'"②《莊子》注郭象於是成爲"注語難曉"與注文"宣説己意"而使經典義理"晦而難明"的代名詞。

宋代韓淲《澗泉日記》的評價則有所不同：

> 景迂云："王弼之於《老子》，張湛之於《列子》，郭象之於《莊子》，杜預之於《左氏》，范甯之於《穀梁》，毛萇之於《詩》，郭璞之於《爾雅》，宛然成一家之學，後世雖有作者，未易加也。"此語甚公。③

景迂即北宋學者晁以道，他認爲郭象注解《莊子》，宛然已經脱離《莊子》而自成一家之學，並以"後世雖有作者，未易加也"譽之，而韓淲又認爲"此語甚公"，可見二人對《莊子注》評價不低。這樣的評價不以講明經典爲標準，而肯定注家能自成一家④。

---

① 魏了翁《鶴山集》卷一〇八。明代陳治安《南華真經本義》説："莊語玄虛，人得意解……郭子玄與莊意不相合，而自昔至今，無不尊信，徒以其文之工如意之謬何也？"亦點出郭象的注解並不是依經解文，而是各爲一事。《附録》卷六，第135頁。
② 釋普濟《五燈會元》卷二十，第56頁。
③ 熊朋來《經説》卷四，第32頁。宋代以後用此説法者不少，如元代陳天祥《四書辨疑》説："觀聖人天地所不能盡之一句，且論聖人不能盡，若以亦有所不知亦有所不能之經文爲解，猶有可説，然已幾於《莊子》注郭象矣。"明代唐元竑《杜詩攟》説："《兜率寺詩》：'江山有巴蜀'謂於江山中乃有巴蜀，須溪注：'妙！所謂莊子注郭象也'。"
④ 蘇東坡《莊子祠堂記》説："凡分章名篇，皆出於世俗，非莊子本意。"學者多認爲內外雜篇之分，成於郭象之手。褚伯秀《南華真經義海纂微·原序》説："南華自謂上下不敢爲而安於性命之自得，斯爲道德之正也欤！本經內篇命題本於漆園，各有深意，外雜篇則爲郭象所刪脩，但摘篇首字名之而大義亦存焉。"可見宋人對於郭象將《莊子》分篇的作法，仍有不同的評價，此不作細論。

(三) 評郭象注文不適切

郭象對於《莊子》的詮釋"舍經而自作文",導致其詮釋往往無當於《莊子》,其中《逍遙遊》的解釋尤為明顯,王雱《南華真經新傳》説:"郭象謂'物任其性,事稱其能,各當其任,逍遙一也',是知物之外守,而未為知莊子之言逍遙之趣也。"《逍遙遊》為《莊子》中第一篇,《莊子》一書的主題思想便在於此。莊子以"鯤化鵬徙"的寓言,暗示"逍遙乘化"的人生境界。郭象對於"逍遙"一觀念不能真切的把握,而以"任性"(此就主觀講)與"適性"(此就客觀方面講)兩觀念來規定莊子"逍遙"的意義,故王雱認為郭象不了解莊子談逍遙的義趣①。

《天地》"不拘一世之利以為己私分,不以王天下為己處顯。顯則明,萬物一府,死生同狀。"褚伯秀説:"郭氏從顯則明為句,後來諸解多因之,似與下文不貫。無隱范先生連下文為句,義長,今從之。"②郭象從"顯則明"為句,雖然影響很大,後來諸解多承襲其看法,惟褚伯秀以為與下文不連貫,故以范應元連下文為句的説法為宜。

《天道》"老子曰:而容崖然,而目衝然,而顙頯然,而口闞然,而狀義然,似繫馬而止也。動而持,發也機,察而審,知巧而睹於泰,凡以為不信。邊竟有人焉,其名為竊。"褚伯秀説:"'而容崖然'至'知巧而睹於泰',此教成綺修身之道也。經曰:'真人其容寂,其顙頯','其狀義而不朋',則'崖然'、'頯然'、'義然'非郭氏所謂'進趨'、'高露'、'蹑跂'者也。《老子》曰:'安平泰',經曰:'宇泰定',則'睹於泰'非郭氏所謂'多於本性'也。"③

《大宗師》説:"若然者,其心志,其容寂,其顙頯。"又説:"古之真人,其狀義而不朋,若不足而不承。"郭象則以"進趨不安之貌"釋"崖然",以"高露發美之貌"釋"頯然",以"蹑跂自持之貌"釋"義然";《老子》三十五章説:"執大象,天下往。往而不害,安平太。"《莊子·庚桑楚》説:"宇泰定者,發乎天光。"郭象則以"泰者,多於本性之謂也。巧於見泰,則拙於抱朴"釋"知巧而睹於泰"。褚伯秀説"'崖然'、'頯然'、'義然'非郭氏所謂'進趨'、'高露'、'蹑跂'者也","'睹於泰'非郭氏所謂'多於本性'也",可見其認為郭象的注解不符合《莊子》文本的意涵。

五、批判《莊子注》

宋人對郭象《莊子注》的批判主要在三方面:一、郭象使莊子本義陷於雲霧之中;二、《莊

---

① 樓鑰《跋張正字莊子講義》説:"自莊子之書盛行於晉,而清談名理莫不以象為稱首。其序首曰:莊子者可謂知本也矣。莊子固為知本,而象所謂本,恐非莊子之本也。南郭子綦隱几而坐仰天而噓嗒焉似喪其耦顏成子游曰今之隱几非昔之隱几者,此莊生之妙旨,而象乃曰:子游嘗見隱几者而未有若子綦也。嗚呼!謂之知莊子可乎?"樓鑰《攻媿集》卷七十五,第26～27頁。

② 褚伯秀《南華真經義海纂微》卷三十四,第14頁。

③ 同上卷四十二,第15頁。

子注》注語難曉又未能分章析句；三、郭象《莊子注》是抄襲的代表。

（一）郭象使莊子本義陷於雲霧之中

　　黃庭堅不滿意郭象的注解，《莊子內篇論》說："莊周內書七篇，法度甚嚴……二十六篇者，解剝斯文，爾由莊周以來，未見賞音者，晚得向秀、郭象，陷莊周為齊物之書，滔滔以至今，悲夫！"①郭象注《逍遙遊》說："夫小大雖殊，而放於自得之場，則物任其性，事稱其能，各當其分，逍遙一也。豈容勝負於其間哉！"又說："苟足於其性，則雖大鵬無以自貴於小鳥，小鳥無羨於天地，而榮願有餘矣。故小大雖殊，逍遙一也。"一再強調，物形雖有大小，逍遙則無分別，因此黃山谷認為郭象"陷莊周為齊物之書"。歷代注解《莊子》之書不少，但是"爾由莊周以來，未見賞音者"，向秀與郭象雖然是莊學權威，卻未能了解內七篇所論各有不同，而以"齊物"的觀點詮釋全書，"陷莊周為齊物之書"，而又因為郭象的影響既深且廣，使後人嚴重"誤解"了莊子的思想。黃庭堅對郭象的批判，不可謂不重，宋明學者多有繼承其說以批判郭象者②。

　　《莊子·外物》"利害相摩，生火甚多，眾人焚和，月固不勝火，於是乎有僓然而道盡。"其中"月固不勝火"句，郭象注："大而闇則多累，小而明則知分。"蘇軾對於郭象的注文頗不以為然，他說："莊子云：'月固不勝火。'郭象曰：'大而暗不若小而明。'陋哉斯言也，余為更之曰：明於大者必晦於小，月能燭天地而不能燭毫釐，此其所以不勝火也。然卒之，火勝？月勝耶？"③月亮大而暗，燭火小而明，故郭象以"大而暗不若小而明"解釋《外物》"月固不勝火"。蘇軾既以郭象的注文為淺陋，不能不提出新的觀點："明於大者必晦於小。"月亮能燭天地，乃明於大者，不能燭毫釐，故晦於小。但是，從結果來看，或從整體而言，月亮能照見的光度還是超過燭火。

　　郭象與蘇軾之外，呂惠卿有第三種說法，洪邁《月不勝火》云："予記朱元成《萍洲可談》所載：'王荊公在修撰經義局，因見舉燭，言："佛書有日月燈、光明佛，燈光豈足以配日月乎？"呂惠卿曰："日煜乎畫，月煜乎夜，燈煜乎日月所不及，其用無差別也。"公大以為然，蓋發言中理，出人意表云。'"④白天有太陽照明，夜晚有月亮照明，在太陽月亮照不到的地方（如山洞裏）則

---

① 黃庭堅《山谷集》卷二十，第11~12頁。
② 劉克莊《趙虛齋注莊子內篇序》說："一日於親友家得公所作《逍遙遊》解，盡黜舊注，自成一家，以數明理，以理斷疑，如日曆然起一筭子而千歲之日可知，如國棋然，下一冷着而滿盤之子皆活，訥而辨，簡而盡心，竊歎服，遂從公求得內篇本旨而傳錄焉。余少亦嗜此書，至是悟而笑曰：許多年在郭象雲霧中，乃今彷彿見蒙叟户庭矣。"《後村集》卷二十四，第1~2頁。明代陳治安說："郭子玄與莊意不相合，自昔至今，無不尊信……今見山谷《內篇論》曰：'二十六篇解剝斯文爾。'又曰：'向秀郭象陷莊子為齊物之書，滔滔以至於今'，可謂見天日。"《南華真經本義》卷六，第135頁。
③ 蘇軾《和歸田園居》（六首之五）："坐倚朱藤杖，行歌紫芝曲。不逢商山翁，見此野老足。願同荔枝社，長作雞黍局。教我同光塵，月固不勝燭。霜颩散氛祲，廓然似朝旭。"蘇軾《東坡全集》卷三十一，第7頁。其中"月固不勝燭"句蘇軾自注。
④ 洪邁《容齋續筆》卷七，第9頁。

用燈火照明,從照明的角度來看,功能是没有差别的,故王安石以"發言中理,出人意表"稱讚吕惠卿①。

洪邁提出第四種看法,《月不勝火》云:"予妄意《莊子》之旨,謂人心如月,湛然虚静,而為利害所薄,生火熾然,以焚其和,則月不能勝之矣,非論其明暗也。"②所謂"月",所謂"火",都是就人心而言,不是指外在的物體,故"非論其明暗"。蘇軾、吕惠卿、洪邁的觀點不同,雖然只有蘇軾用"陋哉斯言"評論郭象的解釋,其他各家其實也不以郭象為然。

宋人在注解《莊子》時,常常點出郭象注解不適切之處,褚伯秀《南華真經義海纂微》説:"郭氏乃云:'物各有極,任之則條暢',非莊子本意。"③"無隱范先生講宗吕注,兼證郭氏小失。"④"郭氏以中釋督而不明。"⑤這類例子相當多,兹不贅述。

(二)《莊子注》注語難曉又未能分章析句

郭象注解《莊子》採用"隱解"的方式,發明奇趣,大暢玄風,宋代林希逸對於這種注解形式有所批評,《莊子口義·原序》説:

> 自謂於此書稍有所得實,前人所未盡究者。最後乃得吕吉甫、王元澤諸家解説,雖比郭象稍為分章析句,而大旨不明,因王吕之言愈使人有疑於《莊子》。

《四庫全書總目》將林希逸序文的意思分為兩個部分來看:"序文謂郭象之注,未能分章析句;王雱、吕惠卿之説,大旨不明,愈使人有疑於《莊子》。"林希逸面對前人的缺失,他所採取的注解方式為"著其篇焉,分其章焉,析其句焉,明其字焉,使篇無不解之章,章無不解之句,句無不解之字"⑥,並且嘗試説明莊子思想的宗旨與儒家不異。

林希逸批評郭象、王雱、吕惠卿的注解,那麼林希逸的注解是否就比較完善呢?在四庫館臣看來,顯然未必,《四庫全書總目》説:"今按郭象之注,標意旨於町畦之外,希逸乃以章句求

---

① 朱元成《萍洲可談》的記載不是專為解釋《莊子》而説。吕惠卿注《外物》"月不勝火"説:"或出於所異,或害於所同,以至生火焚和而月不足以勝之也。蓋大患有身,安能無憂,或係於所同、係於所異,是為兩陷鹽蜳不能成其所欲,為心若縣於天地之間,慰暋沈屯而不得解,猶陰陽錯行、天地大絃之時,利害相摩,水火甚多,猶有雷有霆。水火焚槐之時,雖清明之性如月,不足以勝焚槐之火,此皆出於有心,儻然則縱心,而至於無心道盡於此矣。"不就照明的功用論,而是從有心無心論。見褚伯秀《南華真經義海纂微》卷八十七,第2~3頁。
② 洪邁《容齋續筆》卷七,第9頁。
③ 褚伯秀《南華真經義海纂微》卷一,第11頁。
④ 同上卷六十五,第8頁。范先生即范應元,褚伯秀之師。
⑤ 同上卷五,第7頁。
⑥ 林同《莊子口義跋》,收入林希逸《莊子口義》。

之,所見頗陋。即王呂二注,亦非希逸之所及,遽相詆斥,殊不自量。"①林希逸以"章句"求《莊子》,即使"循文衍義,不務為艱深之語,剖析尚為明暢",但是在義理的掌握上,不如郭象"標意旨於町畦之外";林希逸的注解"屑屑詮釋文句",而王雱《南華真經新傳》"略仿郭象之注,而更約其詞,標舉大意,不屑屑詮釋文句",故林希逸批評王雱與呂惠卿,在四庫館臣看來,是"遽相詆斥,殊不自量"。

郭象注解玄妙簡要,宋人閱讀《莊子注》,往往未必能了解郭象的意思,黃㽦錄《朱子五經語類》說:"然舊看郭象解《莊子》,有不可曉處,後得呂吉甫解看,却有說得文義的當者。"②郭象《莊子注》不能分章析句,故有不可曉處;呂惠卿《莊子義》能夠分章析句,文意較易掌握,黃㽦錄並認為呂惠卿的解釋較為得當。熊朋來《漢儒以漢法解經》說:"漢儒以漢法解經,如《周禮》中五齊二酒皆以東漢時地名酒名言之,更代易世,但見經文易通而注語難曉,使人有《莊子》注郭象之歎。"③郭象受到魏晉清談的時代風氣與社會背景的影響,強調"談言微中",精美的注文,顯然語焉不詳,義有未伸;必然鬱而不發,闇而不明④。注解的意義本來是要將艱深的古書說明清楚,郭象注語難曉,使人難於領會《莊子》要旨,因而受到批評⑤。

(三) 郭象《莊子注》是抄襲的代表

郭象《莊子注》雖是中國莊學史的重要著作,但是據劉義慶《世說新語》所載,郭象《莊子注》乃竊自向秀:

---

① 紀昀等《四庫全書總目》卷一百四十六,第 26 頁。又,紀昀等《莊子口義‧提要》的論述雖然替王雱辯護,惟理由不同:"王、呂二注,就《莊子》以解《莊子》,而不附合於儒理,亦為以道家之言還之道家,不至混二氏於孔門。希逸以托身於道家之門而注《莊子》,恐儒者用以為譏,遂以為合於聖人,亦牽合回護之。"第 2 頁。
② 黃㽦錄《朱子五經語類》卷四十二。
③ 熊朋來《經說》卷二十,第 32 頁。
④ 王淮說:"談玄的文辭,重在要言不繁,貴能點到為止,所謂'談言微中',即此義也。蓋必如此'不露',乃有'雅致'。因其潔淨精微,然後義趣深遠也。郭注文辭之精美,凡讀過郭注者,莫不稱贊。只可惜'盡美'未必'盡善'。"王淮《郭象注莊之檢討》,國科會論文,1972 年,第 5~6 頁。
⑤ 胡楚生說:"在閱讀古籍時,我們往往會有這種經驗,只看正文,還多少看得懂,越看注文,卻越發覺得迷糊,甚至連原先懂得一點的正文,都不敢確認於心了。這種情形,在一般經書與子書的注解中,比較容易見到,像《莊子‧養生主》:'吾生也有涯,而知也無涯'。郭象注:'所稟之分,各有極也。'又:'夫舉重攜輕而神氣自若,此力之所限也。而尚名好勝者,雖復絕瞖,猶未足以愜其願,此知之無涯也。故知之為名,生於失當而滅於冥極。冥極者,任其至分而無毫銖之加,是故雖負萬鈞,苟當其所能,則忽然不知重之在身;雖應萬機,泯然不覺事之在己。此養生之主也。'郭象雖然是在闡述此篇的哲理,但是,在本篇一開始的這兩句並不過艱深的文句下,郭氏便急不及待地注釋了一大篇較之正文更為難懂的注文,真可能將讀者嚇得望之却步呢!"《訓詁學大綱》,蘭臺書局 1985 年版,第 149~150 頁。

初，注《莊子》者數十家，莫能究其旨要。向秀於舊注外為解義，妙析奇致，大暢玄風。唯《秋水》、《至樂》二篇未竟而秀卒。秀子幼，義遂零落，然猶有別本。郭象者，為人薄行，有儁才。見秀義不傳於世，遂竊以為己注。乃自注《秋水》、《至樂》二篇，又易《馬蹄》一篇，其餘衆篇，或定點文句而已。後秀義別本出，故今有向、郭二莊，其義一也。①

依《世説新語》的説法，郭象注《莊子》，實際上只注《秋水》、《至樂》兩篇，更易《馬蹄》一篇，其餘各篇，只做"點定文句"的工作，結果是"向、郭二莊，其義一也"，則郭象顯然剽竊向秀《莊子注》②。

宋人多接受《世説新語》的説法，王應麟《困學紀聞》説："向秀注《莊子》而郭象竊之，何紹作《晉中興書》而何法盛竊之，二事相類。"③宋楊萬里《答張季長少卿書》説："魯論明微，闡神之機；春秋述義，泄聖之秘。濟河焚舟，如子荆之於康伯，僕病未能也；奪攘盜竊，如郭象之於向秀，僕又不敢也。"④可見二人把郭象《莊子注》當作是剽竊的代表，頗為不屑。

六、宋人繼承郭象注解《莊子》的方法

關於郭象注解《莊子》的方法，應留意"寄言出意"與"得意忘言"兩個術語。"寄言出意"一詞出於郭象注解《莊子·山木》"栗林虞人以吾為戮，吾所以不庭也"的注文："夫莊子推平於天下，故每寄言以出意，乃毀仲尼，賤老聃，上掊擊乎三皇，下痛病其一身也。"莊子採用"寄言出意"的論事方式，將"意"寄於"言"，對於注家而言，他只能看到"寄言"，必須超越"寄言"才能了解莊子的"意"，而後能在注文中指出莊子的"意"。在郭象看來，《莊子》中有關"毀仲尼，賤老聃，上掊擊乎三皇，下痛病其一身"的敍述，都屬於"寄言"，莊子真正想要表達的思想在於"推平於天下"。

《逍遥遊》"鯤化鵬徙"寓言，郭象注："達觀之士，宜要其會歸而遺其所寄，不足事事曲與生説。自不害其弘旨，皆可略之耳。"《逍遥遊》"堯讓天下於許由"寓言，郭象注："今許由方明既

---

① 劉義慶著、劉孝標注《世説新語》卷上之下，《文學第四》，第16～17頁。
② 其實，若依《晉書》的説法，郭象是"述而廣之"，則郭象雖然大量參考向秀《莊子注》，然在詮釋上亦有發展。房玄齡等《晉書》，鼎文書局1976年版，卷四十九，《列傳》第十九，《向秀》。
③ 王應麟《困學紀聞》卷十，第29頁。胡應麟《少室山房筆叢》説："何法盛盜之魁也，許敬宗奸之首也。世知郭象之剽莊，而不知法盛之剽晉；世知魏收之穢魏，而不知敬宗之穢唐。"所論與王應麟相同。《少室山房筆叢·正集》卷五，第14～15頁。
④ 楊萬里《誠齋集》卷六十八。

治則無所待之,而治實由堯,故有'子治'之言,宜忘言以尋其所況。"《大宗師》"彼,遊方之外者也;而丘,遊方之內者也,外內不相及,而丘使女往弔之,丘則陋矣"句,郭象注曰:"宜忘其所寄以尋述作之大意,則夫遊外冥內之道坦然自明,而莊子之書,故是涉俗蓋世之談矣。""遺其所寄",即"忘其所寄",寓言是讀者了解莊子思想的工具,通過寄言了解莊子思想之後,就應該遺忘莊子所寄之言,也就是"忘言"的意思;"要其會歸",即"尋其所況",亦即"尋述作之大意",尋找莊子所比擬譬喻的大意,"尋意"而後能"得意",也就是"得意"的意思。有此可見,郭象注解《莊子》的方法是"得意忘言"。

郭象"得意忘言"的注解方法,往往用以"會通儒道",宋代學術以儒家為主流,宋人如蘇軾、王安石、林希逸等論莊子思想往往"援莊入儒",雖未明言繼承郭象的注解方法,惟在論述架構上頗為類似,可以看出其間發展的脈絡。

(一) 蘇軾:莊子對孔子"陽擠而陰助"

司馬遷《莊子傳》論莊子思想定位,以為"要本歸於老子之言","作《漁父》、《盜跖》、《胠篋》以詆訾孔子之徒,以明老子之術。"蘇軾《莊子祠堂記》對於司馬遷的莊子思想定位頗為不滿,提出新的觀點:

> 此知莊子之粗者,予以為莊子蓋助孔子者,要不可以為法耳。楚公子微服出亡而門者難之,其僕操箠而罵曰:隸也不力,門者出之。事固有倒行而逆施者,以僕為不愛公子則不可。故莊子之言皆實予而文不予,陽擠而陰助之,其正言蓋無幾也。至於詆訾孔子,未嘗不微見其意。其論天下道術,自墨翟、禽滑釐、彭蒙、慎到、田駢、關尹、老聃之徒,以至於其身,皆以為一家,而孔子不與,其尊之也至矣。予嘗疑《盜跖》、《漁父》則若真詆孔子者,至於《讓王》、《說劍》皆淺陋而不入於道,反復觀之,得其寓言之意。①

蘇軾沒有否認《莊子》中有詆訾孔子的寓言,因此通過辨偽,刪除《盜跖》、《漁父》、《讓王》、《說劍》四篇,其他篇章則"詆訾孔子,未嘗不微見其意"。

蘇軾的詮釋方式還是將《莊子》寓言的"言"與"意"作分別觀,寓言故事是"言",雖然有"詆訾孔子"的情節,若能穿透寓言表面的情節而了解寓言背後的"意",就可以"微見其意",所謂"其意"就是"尊之也至矣"。

換句話說,"詆訾孔子"是"陽擠",也就是"文不予";"尊崇孔子"才是"陰助",也就是"實予"。如此一來,除了偽作的四篇之外,所有詆訾孔子的寓言,都可以解讀成為尊崇孔子的結果。

---

① 蘇軾《東坡全集》卷三十六,第15頁。

（二）王安石：善莊子為書之心，非莊子為書之説

王安石與蘇軾在政治理念上雖不相同，二人對於《莊子》的看法，則多有異曲同工之妙，《莊周上》説：

> 伯夷之清，柳下惠之和，皆有矯於天下者，莊子之用心，亦二聖人之徒也。然而莊子之言不得不為邪説比者，蓋其矯之過也。夫矯枉者欲其直也，矯之過則歸於枉矣。莊子亦曰：墨子之心則是，墨子之行則非也。推莊子之心以求其行，則獨何異於墨子哉！後之讀《莊子》者，善其為書之心，非其為書之説，則可謂善讀《莊子》矣。此亦莊子之所願於後世之讀其書者也。今之讀者，挾莊以謾吾儒曰：莊子之道大哉！非儒之所能及知也。不知求其意而以異於儒者為貴，悲夫！①

莊子對墨子的評論被王安石用以評論莊子，《莊子》説：“墨子之心則是，墨子之行則非也。”王安石認為“推莊子之心以求其行，則獨何異於墨子哉”，換句話説，“莊子之心則是，莊子之行則非也”。

王安石的詮釋方式是將《莊子》寓言分為“為書之説”與“為書之心”。莊子因為矯枉過正而歸於枉，所以“莊子之行”為“非”，“為書之説”（言）被比為“邪説”；莊子的用心與伯夷、柳下惠相同，所以“莊子之心”為“是”，“為書之心”（意）亦二聖人之徒。所謂“善其為書之心，非其為書之説”顯然否定寓言表面的情節，而肯定寓言背後的意涵。如此一來，所有詆毀孔子的寓言，也都可以解讀成為尊崇孔子的結果。

王雱著《南華真經新傳》，承其父王安石的觀點，他在《天下》篇的注文中，大量引用《莊周上》的論述②，在《雜説》中也提出相同的閱讀與詮釋的方法：

> 莊周之書，載道之妙也。蓋其言救性命未散之初，而所以覺天下之世俗也，豈非不本於道乎。夫道，海也；聖人，百川也。道，歲也；聖人，時也。百川雖不同而所同者海，四時雖不同而所同者歲。孔孟老莊之道雖適時不同，而要其歸，則豈離乎此哉！讀莊子之書求其意而忘其言，可謂善讀者矣。③

《莊子》載道之妙，覺天下之世俗，“其意”值得肯定，而“其言”則多有批評孔子之處，故不必執着在故事表面，王雱所謂“讀莊子之書求其意而忘其言”其實就是郭象“要其會歸而遺其所寄”，也就是王安石“善其為書之心，非其為書之説”。

---

① 王安石《臨川文集》卷六十八，第12頁。
② 王雱《南華真經新傳》卷十九，第3~4頁。
③ 王雱《南華真經新傳·拾遺》，第6頁。

(三) 林希逸：《莊子》未嘗不跌蕩戲劇，而大綱領未嘗異於聖人

南宋林希逸認爲讀《莊子》有五難，主要還是在於"言"與"意"的問題，他説：

> 伊川曰："佛書如淫聲美色，易以惑人。"蓋以其語震動而見易摇也，况此書所言仁義性命之類字義皆與吾書不同，一難也；其意欲與吾夫子争衡，故其言多過當，二難也；鄙略中下之人，如佛書所謂"爲最上乘者説"，故其言每每過高，三難也；又其筆端鼓舞變化，皆不可以尋常文字蹊徑求之，四難也；况語脈機鋒多如禪家頓宗所謂"劍刃上事"，吾儒中未嘗有此，五難也。是必精於《語》、《孟》、《中庸》、《大學》等書，見理素定，識文字血脈，知禪宗解數，而後知其言意一一有所歸着，未嘗不跌蕩，未嘗不戲劇，而大綱領大宗旨未嘗於聖人異也。若此眼未明，强生意見，非以異端邪説鄙之，必爲其所恐動，或資以誕放，或流而空虚，則伊川淫聲美色之喻，誠不可不懼……若以管見推之，則此書自可獨行天地之間，初無得罪於聖門者，使莊子復生，謂之千載而下子雲可也。①

《莊子》一書，所言仁義性命之類字義皆與儒家不同，筆端鼓舞變化，未嘗不跌蕩，未嘗不戲劇，因此一般人看到《莊子》寓言"以詆訾孔子之徒，以明老子之術"，好儒學者"以異端邪説鄙之"，好莊子者則"爲其所恐動，或資以誕放，或流而空虚"，這都是不善於讀《莊子》者②。善於讀《莊子》者能夠"知其言意一一有所歸着"：《莊子》一書，"其言"雖然鼓舞變化而詆訾孔子，"其意"（大綱領大宗旨）則未嘗異於聖人③。

---

① 林希逸《莊子口義序》，第 2 頁。
② 王安石《莊周上》説："世之論莊子者不一，而學儒者曰：莊子之書務詆孔子，信其邪説，要焚其書廢其徒而後可，其曲直固不足論也。學儒者之言如此，而好莊子之道者曰：莊子之德不以萬物干其慮，而能信其道者也，彼非不知仁義也，以爲仁義小而不足行已，彼非不知禮樂也，以爲禮樂薄而不足化天下，故老子曰：道失後德，德失後仁，仁失後義，義失後禮，是知莊子非不達於仁義禮樂之意也。彼以爲仁義禮樂者道之末也，故薄之云耳。夫儒者之言善也，然未嘗求莊子之意也；好莊子之言者固知讀莊子之書也，然亦未嘗求莊子之意也。"《臨川文集》卷六十八，第 10～11 頁。林希逸所謂"此眼未明，强生意見"者，就是王安石"學儒學者"與"好莊子者"，"學儒學者"以異端邪説鄙《莊子》，"好莊子者"則被《莊子》所影響，或資以誕放，或流而空虚。
③ 林希逸認爲：佛學（禪宗）思想源於莊子，讀《莊子》的方法也適用於讀佛經，他説："死生亦大矣，此五字乃莊子中一大條貫，釋氏一大藏經只從此五字中出。所謂死生事大，如救頭然是也。不得與之變者，言死生之變雖大，而此心不動，亦不能使我與之變也。不得，不能也。與之變者，隨之而變也。此語謂出於孔子，乃莊子之寓言，儒家闢以爲異端者，謂其於他事皆不講明，而終身只學此一件，其説甚正，然釋氏之學正以下愚之人貪著昏沈而不可化，故以此恐懼之，而使之爲善耳。其教雖非，其救世之心亦切，爲吾儒者不容不闢其説而，亦不可不知其心也。彼以人無貴賤，所畏者死耳，故欲以此脅持之，使入於道，或謂釋氏畏死而爲此學，失其心矣。"《德充符》"仲尼曰死生亦大矣而不得與之變"注文，林希逸《莊子口義》卷二，第 44 頁。

郭象以"要其會歸而遺其所寄"的注解方法,進行"儒道會通",將莊子批判孔子的寓言解讀為莊子尊崇孔子。蘇軾"實予而文不予"、"陽擠陰助"之説,王安石"善為為書之心,非其其書之説",林希逸以為莊子"未嘗不跌蕩,未嘗不戲劇,而大綱領大宗旨未嘗於聖人異",都將《莊子》對孔子的詆訾視為表面的説法,唯有不執着在寓言的表層故事,才能得到寓言的深意,而他們所得到的深意都是莊子的用心或宗旨與孔子是一樣的。由此可見,宋人表面上雖然批判郭象,實際上則繼承郭象詮釋《莊子》的方法,郭象的注解方法也因此在宋代得到發揚光大。

七、結　　語

宋代學術以儒家為主流,力闢佛學與老子,惟對於莊子,雖有所批評,亦多所讚譽,並主張莊子思想與儒家不異。郭象《莊子注》是魏晉時期的莊學名著,宋人相關評論不少,可分為五項説明：一、讚譽：主要在於郭象知莊子之深,其《莊子注》簡要切當,有助於養生；二、援用：宋代《莊子》注疏以及字書多有徵引郭象注者,學者並且論述《莊子注》對後代文學的影響；三、評論：評"莊子不經而為百家之冠"以及論"舍經而自作文",也評論郭象注解不適切之處；四、批判：宋人批判集中在郭象對《莊子》了解不深,使莊子本義陷於雲霧之中,《莊子注》注語難曉又未能分章析句,郭象《莊子注》成為抄襲的代名詞。五、繼承："忘言而存意"是郭象注解《莊子》的方法,而宋人繼承其方法者有：蘇軾"(莊子)陽擠而陰助(孔子)"之説、王安石"善其(莊子)為書之心,非其(莊子)為書之説"之論、林希逸"(《莊子》)未嘗不跌蕩,未嘗不戲劇,而大綱領大宗旨未嘗於聖人異"之説,擺脱《莊子》對儒家之批判,用以"援莊入儒"或"以儒解莊"。明代以後,學者"援莊入儒"或"以儒解莊",在詮釋方法上,還是繼承郭象的"忘言而存意"。

宋人對郭象《莊子注》的接受與評論,内涵豐富,而評論多元,可以看出郭象莊學對於宋代莊學史與宋代文學史的影響,並能作為考察郭象在中國莊學史的地位之參考。

[作者簡介] 簡光明(1965—　),男,臺灣高雄人。臺灣師範大學國文研究所博士,現為屏東教育大學中文系教授。著有《宋代莊學研究》、《蘇軾〈莊子祠堂記〉的接受與評論》。目前主要探討的課題有二：一是郭象《莊子注》在中國莊學史上的影響,二是宋代莊學在東亞地區的影響。

《南華通》為孫嘉淦所著考*

李 波

《四庫全書總目·子部·道家類存目》云："《南華通》七卷，國朝孫嘉淦撰。嘉淦有《春秋義》，已著録。是編取《莊子》内篇，以時文之法評之，使起承轉合，提掇呼應，一一易曉，中亦頗以儒理文其説。"孫嘉淦(1683—1753)，字錫公，一字懿齋，山西太原興縣臨河里人(山西興縣隋時稱臨泉縣)，康熙五十二年(1704)進士，改庶吉士，後授翰林院檢討，歷仕康熙、雍正、乾隆三朝，官至光禄大夫、吏部尚書、協辦大學士，謚文定。其生平事蹟見《清史稿》列傳九十①，著有《春秋義》十五卷、《成均講義》不分卷、《孫文定公奏疏》十卷等。孫嘉淦是清初著名理學名臣，四庫館臣對於其撰有《南華通》一書未有異議，同時編纂於乾隆年間的《清文獻通考》卷二百三、《清通志》卷一百一等亦並著録云："《南華通》七卷，孫嘉淦撰。"現國家圖書館藏有清乾隆間刻本《南華通》七卷(以下簡稱孫本)，此本正文9行24字，注文小字雙行，行24字，白口，左右雙邊，單魚尾。書前有序言一篇，署名"臨泉孫嘉淦著"，全書内容與四庫提要非常吻合。

然而，清道光十五年(1835)陝西朝邑人李元春輯刊《青照堂叢書》，收録了署名屈復的《南華通》一書(以下簡稱屈本)。是本正文9行20字，注文小字雙行，行20字，白口，左右雙邊，單魚尾，眉欄内偶有李元春批語，書前有《屈注莊子引》小序一篇，每篇前標注："《青照堂叢書》，屈復《南華通》，朝邑劉際清聖衢匯梓、李元春又育評閲，男文翰藝圃校録、莊浪門人崔家敬修參訂。"屈復(1668—1745)，字見心，一字征君，號悔翁，晚稱金粟老人，今陝西蒲城人，年輕時舉童子試第一，後放棄功名，四處遊歷。乾隆元年舉博學鴻詞科，不赴試。一生著述頗

---

* 基金項目：國家社會科學基金項目"《莊子》評點史"(12BZW063)，教育部人文社會科學研究基金項目"清代莊子散文評點研究"(09YJC751005)，中國博士後科研基金項目"《莊子》評點史"(2012M511346)和浙江省博士後科研基金項目"明清《莊子》散文評點研究"的階段性成果。

① 關於孫嘉淦生平事蹟，亦可參看孫嘉淦《孫文定公奏疏》卷十二、盧文昭《抱經堂文集》卷第二十七《孫文定公家傳(辛丑)》、袁枚《小倉山房集》文集卷三《協辦大學士吏部尚書孫文定公神道碑》，以及清彭紹升《二林居集》卷十七事狀六《故光禄大夫吏部尚書協辦大學士孫文定公事狀》等。

豐，有《弱水集》二十二卷、《楚辭新注》八卷、《杜工部詩評》十八卷、《唐詩成法》八卷、《玉溪生詩意》八卷等①。屈復比孫嘉淦生年略早，但清朝中前期的公私家藏書目錄皆未有其著《南華通》一書的記載。屈本《南華通》的出現顯得頗爲突兀，然而並未引起時人注意，也無人對其質疑，故與孫本一直共存下來。《清史稿·藝文志·道家類》對兩本皆作了著錄，既載"《南華通》七卷，孫家（嘉）淦撰"，又載"《南華通》七卷，屈復撰"。臺灣嚴靈峰先生所著《周秦漢魏諸子知見書目》中《莊子知見書目》部分，亦對二本作了敘錄。1922年，京華印書局印製了一部《南華通》七卷鉛印本，題爲"蒲城屈悔翁（復）先生遺著"。嚴靈峰先生在《無求備齋莊子集成初編》中亦只影印了《青照堂叢書》所收屈復《南華通》七卷本。1989年王德毅等主編的《叢書集成續編》同樣只影印了屈本。顯然，長期以來學者們大都忽視了孫本的存在，而誤以爲《南華通》只有屈本，《南華通》的作者就是屈復。

其實只要將孫、屈二本加以比對，不難發現二者除了版式略有差異、序言不同以及全書一些細微地方不同外，內容基本一致，二者實爲同一部書。那麼誰是《南華通》的真正作者？近年來，學界開始注意到《南華通》一書的著作權問題，並展開了一些研究和討論，大致形成了三種意見。

其一，主張《南華通》的作者爲屈復。代表人物爲熊鐵基、劉固盛等先生。他們在2003年出版的《中國莊學史》一書專設"屈復的《南華通》"一節②。從書中內容看，熊鐵基等先生並沒有注意到孫嘉淦《南華通》一書的存在，因而也沒有意識到《南華通》的作者問題，故理所當然認爲《南華通》的作者就是屈復。

其二，主張《南華通》的作者爲孫嘉淦。代表人物是方勇等先生。1999年，臺灣龔鵬程、陳廖安兩先生出版了《中華續道藏》一書，書中同時收錄孫、屈《南華通》。編者於《解題》中說："實則所謂屈復《南華通》者，當爲孫嘉淦《南華通》之誤。據李氏《屈注莊子引》所云，原本出處交代雖明，但知其所據者爲手鈔本，然原本或係屈氏據孫本手鈔，或是孫本被誤題爲屈注，抑或如向、郭注《莊》之前例，涉及剽竊侵權，是仍有待研議也。""編者按：……作者常以清孫嘉淦爲是。"③叢書編者認爲《南華通》作者爲孫嘉淦，但未加以深入考證，缺乏有力證據。2008年，吾師方勇先生出版《莊子學史》一書，其中專闢"孫嘉淦的《南華通》"一章。方師第一次對此書的作者問題進行了考證，認爲《南華通》的著作權當歸孫嘉淦。書中引證了一條重要材料，即清錢儀吉編《碑傳集》卷二十六所收盧文弨撰《孫文定公家傳》中的一段文字："在翰林日讀《春秋》，患四傳互異，於是專精思經文，著《春秋義》一書，已版行。及蒙世宗憲皇帝訓飭，翻

---

① 其生平參看清平步青《霞外攟屑》卷八下《眠雲舸釀説下》之《屈悔翁》，民國六年刻香雪崦叢書本。亦見《清史列傳》卷七十一。
② 熊鐵基《中國莊學史》，湖南人民出版社2003年版。
③ 龔鵬程、陳廖安主編《中華續道藏》第15冊，新文豐出版公司1999年版，第3頁。

然悔曰:'吾學無真得,奈何妄測聖經?'遂並所著詩,刪《南華通》,一切毀之,後遂不復著書。"①基於這條堅實的材料,方師認為孫嘉淦為《南華通》的真正作者,"現在無疑應該是歸還著作權於孫嘉淦的時候了。"

其三,主張《南華通》的作者因文獻資料不足,故仍是一樁疑案。代表人物是熊鐵基、劉韶軍、錢奕華、湯君等人。2009年,熊鐵基等學者合著出版了《中國莊學史》的修訂版,書中專辟"《南華通》的莊子觀"一節,顯然對其初版觀點作了修正,不再把著作權歸於屈復,但亦沒有歸於孫嘉淦。撰者說:"據現有的資料來看,《南華通》的作者是誰,仍然不能斷然無疑地斷定是孫,當然也不能斷定是屈,故仍是一樁疑案,有待於更多的相關資料來解開此書作者之謎。基於這種情況,我們對《南華通》的評述,只就書的內容而言,避開作者是誰的問題。"②在此書中,熊先生等出於某種原因,沒有采信方勇等先生的意見,也沒有進行深入考證,而是保留了闕疑態度,顯然不太合適。

事實表明,《南華通》七卷本的真正作者為孫嘉淦,屈本《南華通》為偽作。茲從以下方面證之:

一、國家圖書館所藏清乾隆間刻《南華通》七卷本前有一篇署名"臨泉孫嘉淦著"的序言,茲錄如下:

人之言曰:南華之文,天下之至奇也,來不知所自來,去不知所自去,忽而如此,倏而如彼,使人迷而不得其指歸。我則竊謂不然。夫文,猶言也。言,心聲也。言以明志,文以達言。……故文而不妙則已,文而果妙也者,其來無定而皆可定也,其去無定而皆可定也。其來也於其去處來,其去也於其來處去,此自然之定理,不易之定法也。來去既定,大勢已得,把柄在手,縱橫自如,由是於其中間,起之、伏之、頓之、挫之、分之、合之、斷之、續之,離奇出沒,而其脈不亂,旁搜遠引,而其意不雜。來去既定,於其中間復不亂雜,夫而後其所作之書,一部如一篇也,一篇如一章也。不寧惟是,夫且一篇如一句也。一部如一篇者,凡其所作,皆確有原委,又確有次第,增之損之而不能,顛之倒之而不可,指馬之百體非馬,而馬立乎前者,骨雖各具而筋實相連,一氣貫注,無歉無餘也。一篇如一章者,來確有其自來,去確有其自去,前瞻後顧,起呼末應,有如循環,首尾無端也。一篇如一句者,彼雖洋洋灑灑,有此數百千言以至萬言,實止為其胸中鬱結不能自秘之一語,如龍戲珠,一時江翻海湧,霧集雲興,而阿堵中物,乃止徑寸也。吾嘗執此法,以遍觀古今之妙文,莫不皆然,何獨於南華而疑。孔子曰:"辭達而已矣。"達之為言通也,一意貫注之謂通,一氣呼吸之謂通,若使來去無端,而亂雜無倫,則南華之書豈惟不妙,乃直不通,天下而有不通之妙文

---

① 方勇《莊子學史》第3冊,人民出版社2008年版,第131頁。
② 熊铁基主编《中国庄学史》(下),福建人民出版社2009年版,第251页。

也者,斯可任其以盲語盲而吾無所辨,若天下之妙文而必無不通,則夫南華之書,其亦必部如篇,篇如章,且如句焉,可意斷也。是故北冥有魚,南郭喪我,忽然而來者,皆確有其自來者也。樗櫟全生,混沌鑿死,忽然而去者,皆確有其自去者也。至於中間不可枚舉,要其所以如此如彼,必真有其不亂而不雜若是者何也,凡以云通也,文章之體,變化萬千,一言以蔽,曰通而已,此書之作,雖無當於大道之傳,要使天下後世不敢執詭奇之說,以自文其不通,則於文章之道,不無小補云爾。

從内容來看,這應是作者的一篇自序。序言中不僅交代了閱讀研究《莊子》的態度與方法,而且闡釋了書名《南華通》中"通"字的具體含義,具有重要的理論指導意義。再聯繫全書内容來看,著者自始至終圍繞序言中的理論,對全文進行了深入細緻的剖析。試看《應帝王》篇末的一段評論文字:"此七篇者,所謂《内篇》者也,是莊子所手訂也。《逍遙遊》者,言其志也;《齊物論》者,知之明;《養生主》者,行之力;《人間世》則處世之方;《德充符》則自修之實;《大宗師》者,内聖之極功;《應帝王》者,外王之能事也。所謂部如一篇,增之損之而不能,顛之倒之而不可者也。……此則所謂篇如一章,首尾呼應,一氣貫注者也。……由此觀之,一部且如一章矣。'至人無己',性體之虛也,'喪我'、'物化'則虛公之至矣,'緣督'遊於虛也,'心齋'虛其内,'無用'虛其外也,'德充'近於實矣。然内保而外不蕩,不以滑和,不以入於靈府,猶之虛也;'坐忘'、'攖寧'則虛之所以立體,'不測'、'無有'則虛之所以致用也。七篇之意,一言蔽之曰:'遊心於虛而已。'由此觀之,則一部且如一句矣。若是者何也? 曰凡以云通也,天下之文,其離奇變化而不可驟通,至《南華》而止矣。然熟讀而細玩之,則見其部如一篇,篇如一章,且如一句,如是其通也。又見其部如一章,且如一句,如是其通之甚也。然則天下之妙文而必無不通,其信然矣。學者得是術也以往,將能盡通天下之文,而其所自作亦無不通,是則吾所以注《南華》之意也。"注者的最後這段評論文字是對本書内容的全面總結,與書前序言首尾照應,融為一體。可見,這篇序言是整部書的有機組成部分,不可或缺。而考李元春輯《青照堂叢書》所收屈本《南華通》,並不載此篇序言,取而代之的是李元春的一篇小序《屈注莊子引》,云:

屈征君《莊子注》,以孔孟程朱之理通之,向郭外特識也,可以傳矣。原本得之莊浪門人崔生家修,家修得之三原王君衷,聞王君好古籍,見遺編輒購之,此則其手鈔云。時齋。

從李元春這篇簡短的小序來看,所謂的屈復手鈔本來路並不可靠,而篇首這篇重要序言的闕失,更說明屈本並非完整的本子,其真實性值得商榷。

二、筆者以國圖藏清乾隆間所刻《南華通》七卷本與李元春輯《青照堂叢書》所收屈本《南華通》全文仔細相比對,發現屈本問題不少,紕漏很多。

首先，屈本存在大量文字抄誤現象。由於屈本是以手鈔本為底本刊刻，故抄錄的痕迹比較明顯，文字錯誤比比皆是。這既表現在《莊子》正文部分，亦表現在注文部分。試看屈本《莊子》正文。如《逍遙遊》篇"且舉世而譽之而不加勸，舉世而非之而不加沮"句，屈本將句中"加"字誤寫成"知"字；"名者，實之賓也。吾將為賓乎"句，"賓"字誤寫成"實"字；"吾驚怖其言，猶河漢而無極也"句，"漢"字誤寫成"洋"字；"大旱金石流，土山焦而不熱"句，"土"字誤寫成"士"字。再如《齊物論》篇"南郭子綦隱幾而坐"句，屈本將"坐"字誤寫成"卧"字；"顏成子遊立侍乎前"句，"前"字誤寫成"側"字；"若有真宰而特不得其朕"句，"若"字誤寫成"吾"字；"通也者，得也"句，"通"字誤寫成"道"字；"惟其好之也，以異於彼"句，"異"字前誤增一"為"字；"至於王所，與王同筐床"句，"筐"字誤寫成"住"字。又如《養生主》篇"可以保身，可以全生，可以養親，可以盡年"句，"生"字誤寫成"家"字；"為之四顧，為之躊躇滿志"句，"志"字誤寫成"意"字等。屈本中這些異文顯然沒有版本依據，當為誤抄或私改。而孫本中除個別地方與世所傳通行本有出入外，顯然沒有屈本這樣的錯誤。

再看全書注文部分，將孫、屈二本相校，屈本訛誤亦較突出。如《逍遙遊》篇"且夫水之積也不厚，則其負大舟也無力。……水淺而舟大也"一段，屈本解云："此本承上文，以為乘時野馬、塵埃之息，上而至於天之蒼蒼之高者。……鳶飛戾天不啻以天為水而躍之，魚躍於淵不啻以水為天而飛之也。"而考孫本，"乘時野馬"中"時"字作"此"字，"以水為天"中"水"字作"淵"字；"而宋榮子猶然笑之。……定乎內外之分，辨乎榮辱之境，斯已矣"一段，屈本解云："不狥毀譽，是忘乎名也。"而孫本"狥"字作"徇"字；"夫列子御風而行"一段，屈本解云："此有巳者也。"孫本"巳"字作"己"字。再如《齊物論》篇"顏成子遊立侍乎前……今之隱幾者非昔之隱機者也"一段，屈本解云："其仰天喪耦，是一眴眼時，補底忽脫也。"孫本"補"字作"桶"字；"其厭也如緘，以言其老洫也"句，屈本解云："消沮閑藏，老愈深也。"孫本"閑"字作"閉"字。"若有真宰而特不得其朕"句，屈本"真宰"下注"生也"，孫本作"主也"；屈本"朕"下注"作也"，孫本為"兆也"等。屈本中的上述文字或使句意不通，或字詞訓詁不當。二本相比，屈本的錯誤是顯而易見的。

其次，屈本存在不少文字脫漏現象。先看《莊子》正文部分，有的地方漏字漏詞，有的地方甚至脫漏幾句。如《逍遙遊》篇"夫子立而天下治，而我猶尸之"句，屈本脫漏了"我"字；"肌膚若冰雪"句，脫漏了"膚"字；"惠子謂莊子曰：'吾有大樹，人謂之樗。'"句，脫漏了"謂莊子"三字；"若夫乘天地之正而御六氣之辨，以遊無窮者，彼且惡（孫本與屈本皆誤為"烏"字）乎待哉！故曰至人無己，神人無功，聖人無名"一段中，竟將"故曰至人無己，神人無功，聖人無名"三句（包括注文）脫漏了，等等。而考孫本則非常完整。

屈本注文部分脫漏更加嚴重。縱觀全書，有的地方脫漏一字或幾字。如《逍遙遊》篇"去以六月息者也"句，孫本解云："息，風也。下以息相吹，即解此也。"而屈本將"下以息相吹"一句中"下"字、"息"字脫漏了；"湯之問棘也是矣"一段，孫本解云："看其與前段參差詳略處，離奇錯落，極似無心，又如有意，若朝暮之雲，氣味原同，而態致各別也。"屈本脫漏了"味"字；"此小大之辨也"句,孫本解云:"總束一句,回視前文,如群山萬壑赴荆門矣。"屈本脱漏了"回視"二字;"夫列子御風而行,泠然善也"一段,孫本解云:"待者,對待之意。言尚以我御風,以風載我,有己與物相對待,而未通於大同也。"屈本脱漏了"意"字、"尚"字、"同"字;"若夫乘天地之正而御六氣之辨,以遊無窮者,彼且烏乎待哉"幾句,孫本解云:"此則無己而大之至矣。"屈本脱漏了"己"字。又如《齊物論》篇題解,孫本解云:"此暢發前篇至人無己之義……喪我則物論齊,天則所以喪我之故也。"而屈本將"天則所以喪我之故也"句中的"我"脱漏了;同篇"大知閑閑,小知間間"一段,孫本解云:"知言形心,一齊總出,有提綱挈領之勢。……通篇以知字、言字、形字、心字、天字、因字,縱横蕭錯,變化之中,條理井然。"而屈本脱漏"天"字、"之"字等。這些字的脱漏,或造成了文意的不通,或影響了意思的完整,都是較嚴重的錯誤。

　　有的地方甚至某些句子脱漏了。如《齊物論》篇"古之人,其知有所至矣。……而其子又以文之綸終,終身無成"一段,孫本解云:"此段文頗紆曲,言道虧而愛成。……人謂有成虧之迹者,昭文鼓琴之類是也;無成虧之迹者,昭文不鼓琴之類是也,而其實昭文鼓琴亦無成虧。"而屈本脱漏了"無成虧之迹者,昭文不鼓琴之類是也"一句;又如《應帝王》篇,孫本解末段"南海之帝為鯈"一則寓言時,其中有一段文字云:"有大物者,不可以物物,物而不物於物,乃可以勝物,是故以智測之而不勝,以勇刼之而不勝,以法繩之而不勝,以術誘之而不勝。"而屈本脱漏了"以法繩之而不勝"一句等。這些句子的脱漏,可能是抄録者的失誤造成的,也可能是抄録者有意為之。

　　此外,屈本有時於夾注中脱漏了某些名物訓詁或句子注釋。如孫本於《逍遥遊》篇"日月出矣而爝火不息"句"爝"字下注云"炬也";於《齊物論》篇"人籟則比竹是已"句"比竹"下注云"簫笙之屬","河漢沍而不能寒"句"沍"字下注云"凍也";於《養生主》篇"良庖,歲更刀,割也"句下注云"用以割肉,故歲以易"等。而屈本都將它們脱漏了。

　　除以上問題外,屈本内容與孫本完全一致。可見,孫、屈二本實為同一部書,孫本是較完整的本子,而屈本當是以孫本為底本抄録的一個頗為粗糙的本子,校刊不精,紕漏很多,不足為據。

　　三、方勇師所引清錢儀吉編《碑傳集》卷二十六所收盧文弨撰《孫文定公家傳》一文中的文字,對於證明孫嘉淦撰有《南華通》一書是極好的旁證,很有説服力。筆者檢盧文弨《抱經堂文集》卷二十七《孫文定公家傳(辛丑)》一文,發現與《碑傳集》文字完全一致。盧文弨為孫嘉淦門生,其文可信。此外,孫嘉淦之孫在《孫文定公奏疏》卷十二中為其作傳,亦云:"著《春秋義》一書已刊行,及蒙世宗憲皇帝訓飭後翻然悔,曰:'吾學於聖人無真得,而妄測聖經,是誣往而欺來也。'隨將刊板並所著詩、删《南華通》等書盡削毁,嗣後不復著書。"①文字雖與盧文略有出入,但足可證明孫嘉淦著有《南華通》一書。而遍檢屈復著作及其相關生平文獻資料,找不到其本人撰《南華通》的一點蛛絲馬迹,再聯繫清代中前期公私家藏書目録從未有屈復《南華

---

① 孫嘉淦《孫文定公奏疏》卷十二,清敦和堂刻本。

通》七卷本的記載,屈本的真實性是非常令人懷疑的。

四、筆者在查閱有關資料時,檢得一條材料,無可置疑地證明孫嘉淦是《南華通》的真正作者。清人楊鸞《邀雲樓集六種》文集卷一中載《〈南華通〉後序(代)》一文,云:

> 注《莊子》者自向、郭外,無慮數十百家,大都言人人殊,甚或指為二氏所托,始逐流揚波,靡所底止。夫莊子學出子夏,何至顯與聖道抵牾?若此,惟外篇頗多踏駁,識者疑為贗鼎,理或然歟?若内篇云《人間世》首稱孔子顏淵,則知所謂主持世道者,固非至人莫與屬已。《南華通》一書為興縣相國孫文定公所著,余於友人案頭得其抄本,雖誦數四,喟然有望洋之歎,其披卻導窾、分條析理,使七篇之精神脈絡流通淹貫,可謂發前人所未發,盡文章之能事已而。至於吾道離合處,辨晰尤精,益足補莊子之滲漏,而非二氏之所得藉口也。文定公為本朝理學名臣,諸經著述與安溪李文貞公相埒。惜遐方僻壤,末由遍睹,《南華通》特其餘緒,然亦足見公維持聖道,嘉惠後學之至意。謹與友人校定而刻之青門,憶往昔侍家徵君於京邸,側聞立朝風采,私心嚮往,惝惝焉不得於大賢之門下,是懼矧秦晉接壤,誼均桑梓,則兹書之刻,庶幾掃門執鞭之微意云爾。①

楊鸞(?—1778),陝西潼關人,字子安,號迂谷,乾隆四年進士,歷官四川鍵為、湖南醴陵、長沙邵陽知縣等。《清史列傳》云:"學詩於屈復,初仿西崑,晚益瑰麗蒼堅,極中晚之勝,兼工古文詞,著有《邀雲樓詩文集》。"②《清史列傳》載楊鸞是屈復的學生是可信的。一方面,上文中楊鸞說"憶往昔侍家徵君(即屈復)於京邸",說明他曾親侍過屈復。另一方面,從二人的有關詩文集中亦可以找到相關證據。楊鸞《邀雲樓集六種》之《邀雲草》中載有《奉別屈悔翁夫子》一詩,又《陳吾亭詩》序記云:"蒲城悔翁師之門,余得二友焉。"③另屈復《弱水集》卷十八《方鏡次韻八首》詩後有一段評論文字,落款署"受業楊鸞謹跋"④,可見楊鸞不僅是屈復的學生,且二人關係頗為密切,對於其師的著作,他應再熟悉不過。

楊鸞雖未與孫嘉淦有過交往,但從上文《〈南華通〉後序》可知,楊鸞對作為"本朝理學名臣"的孫嘉淦很是仰慕,"往昔侍家徵君於京邸,側聞立朝風采,私心嚮往,惝惝焉不得於大賢之門下",甚至有"庶幾掃門執鞭"的想法,崇拜之情溢於言表。自然,他對孫嘉淦的著作是瞭解的,"諸經著述與安溪李文貞公(即李光地)相埒",雖然因"遐方僻壤",其書"未由遍睹",卻意外地得到了孫嘉淦的《南華通》抄本,並與友人進行了校定刊刻。因此,作為與孫、屈二人生

---

① 楊鸞《邀雲樓集六種》文集卷一,清乾隆道光間刻本。
② 王鍾翰點校《清史列傳》卷七一,第18册,中華書局1987年版,第5875頁。
③ 楊鸞《邀雲樓集六種》文集卷一。
④ 屈復《弱水集》卷十八,清乾隆七年賀克章刻本。

活於同時代且與二人頗有淵源關係的楊鸞,他的這篇序文無疑是斷定《南華通》作者歸屬問題的最有力的證據。

據楊鸞的這篇《〈南華通〉後序》,我們可以十分肯定地作出結論,孫嘉淦是《南華通》的真正作者。首先,楊鸞在序言中明確地説:"《南華通》一書為興縣相國孫文定公所著。"其次,楊鸞總結了他所看到的《南華通》抄本的兩個主要特徵:一是"批卻導窾、分條析理,使七篇之精神脈絡流通淹貫,可謂發前人所未發,盡文章之能事。"二是"與吾道離合處,辨晰尤精,益足補莊子之滲漏,而非二氏之所得藉口也。"上述特點與四庫提要的觀點非常一致,亦與國圖所藏孫本《南華通》的特徵完全吻合。

綜合以上,事實真相大白於天下,《南華通》的作者是孫嘉淦,足成定論。

需要説明的是,屈本《南華通》的始作俑者當然不是屈復,而應是李元春。李元春(1769—1854),字又育,號時齋,陝西朝邑人,嘉慶戊午舉人,大理寺評事,學者稱桐閣先生,是清代中後期頗有影響的關中理學學者,一生著述頗豐,有《諸經緒説》、《青照堂叢書》等83種[1]。李元春非書坊射利之輩,故意作偽的可能性似不大。那麼推測起來,屈本出現的原因可能有二:其一,李元春所看到的所謂《南華通》抄本幾經流傳,署有孫嘉淦名字的自序部分在傳抄過程中可能散佚了,後來此書被人錯誤地冠以屈復的名字,因而李元春為其所誤。其二,從清代私家藏書目錄來看,幾乎沒有哪一家著録過孫嘉淦的《南華通》七卷本,筆者檢索當今全國各大圖書館藏書,僅發現國圖藏有此書,可見此書在民間流傳十分稀少。究其原因,不外孫嘉淦將《南華通》一書銷毀後,使得此書流傳甚少,而楊鸞所刊刻的本子也未能在社會上廣泛流傳。這就使得李元春他們沒有本子進行比對,從而無法做出正確判斷,因此才誤認為《南華通》的作者是屈復,而後人也就一錯再錯了。幸好,歷史真相得以澄清,現在我們必須把《南華通》的著作權交給孫嘉淦了。

[作者簡介] 李波(1971—　),男,文學博士,浙江大學人文學院博士後。現為安慶師範學院文學院副教授,主要從事先秦諸子學研究,已發表學術論文若干篇。

---

[1] 平步青《霞外攟屑》卷一《辥汈山房睉記》,民國六年刻香雪崦叢書本。

縱橫家的發展及其在楚國的活動*

高華平

縱橫家是先秦諸子中的一個重要派別。縱橫家分為合縱、連橫兩派。合縱簡稱為"縱"（古作"從"）、連橫簡稱為"橫"，二者合稱則為"縱（從）橫"。《韓非子·五蠹》對合縱與連橫的解釋是："從（縱）者，合衆弱以攻一强也；而衡者，事一强而攻衆弱也。"這是説，合縱就是"許多弱國聯合起來抵抗一個强國，以防止强國的兼併"；"連衡則是指由强國拉攏一些弱國來進攻另外一些弱國，以達到兼併土地的目的。"①由於縱橫家學説的興盛主要在戰國中後期，而在此時的"戰國七雄"中，以經過商鞅變法的秦國最爲强盛，大有吞併天下之勢；秦國之外，則又以楚國最爲强大。故當時縱橫家遂有"故從（縱）合則楚王，衡成則秦帝"之説。因此可以説，要研究戰國縱橫家學説及其活動，就必須深入探討這一學派與楚國的關係；或者説，研究縱橫家與楚國的關係，乃是深入探討先秦縱橫家學説發展演變所必需的。故本文擬通過考察此時縱橫家思想的興起、傳播及發生在當時楚國的合縱、連橫活動，對戰國縱橫家學説的形成、傳播、主要成員、學派特點及其地域文化特色作一系統的探討，以爲深入研究戰國楚國的思想文化提供參考。

一、鬼谷子的籍貫及縱橫家的出現

《漢書·藝文志》云："縱橫家者流，蓋出於行人之官。"這和《漢志》論其他諸子學派一樣，其實都只是對"諸子出於王官説"的演繹，而並没有説明縱橫家的具體緣起。《漢志》中所録縱橫家著作也與述其他諸子遠溯前代不同，而只是始於《蘇子》三十一篇（班固自注："名秦，有列傳。"）、《張子》十篇（班固自注："名儀，有列傳。"），似乎縱橫家及其學説並無遠源，而只是起於蘇秦、張儀。那麽縱橫家學説真的起始於蘇秦、張儀嗎？或者説蘇秦、張儀是否還有所師

---

* 本文係作者承擔的國家社科基金項目"楚國諸子學研究"（BZX049）的階段性成果之一。
① 楊寬《戰國史》，上海人民出版社 2003 年版，第 351 頁。

承呢？《史記·蘇秦列傳》曰："蘇秦者，東周雒陽人也。東事師於齊，而習之於鬼谷先生。"而《史記·張儀列傳》曰："張儀者，魏人也。始嘗與蘇秦俱事鬼谷先生，學術。蘇秦自以為不及張儀。"同時，西漢楊雄的《法言·淵騫》説："（張）儀、（蘇）秦學乎鬼谷術，而習乎縱橫言。"東漢王充的《論衡·答佞》也説："傳曰蘇秦、張儀從橫，習之鬼谷先生。掘地為坑，曰：'下説令我泣出，則耐分人君之地。'蘇秦下説，鬼谷先生泣下沾襟，張儀不若。"由這些記載來看，可以肯定地説，縱橫家説並不始於蘇秦、張儀，因為蘇秦、張儀都曾學於同一人，即所謂"鬼谷先生"。裴駰《史記集解》引《風俗通義》曾明確説："鬼谷先生，六國時從（縱）橫家。"即肯定鬼谷先生是蘇秦、張儀之前的"縱橫家"。

那麽，此"鬼谷先生"又是何許人呢？他是否真的就是戰國縱橫家的先驅？這些問題，看起來好像僅是對鬼谷子生平事迹的追問，但在我看來，這其實就是對縱橫家產生的時代與地域文化背景的思考。

從現有文獻來看，史書中最早言及"鬼谷先生"其人的，自然要數《史記·蘇秦列傳》和《張儀列傳》，然後則是西漢楊雄和東漢王充，以及應劭《風俗通義》。但以上諸書，其實並未明確涉及鬼谷先生的生平籍里。班固《漢書·藝文志》中既未著録《鬼谷子》其書，傳記中亦未涉及"鬼谷先生"其人。《鬼谷子》其書，直到《隋書·經籍志》始見著録，原注："皇甫謐注。鬼谷子，周世隱於鬼谷。"因此可以説，關於鬼谷子生平事迹的記載甚是渺茫。現有文獻中最早與鬼谷子籍里相關的材料，大概出自東晉的徐廣。《史記·蘇秦列傳》裴駰《集解》引徐廣曰："潁川陽城有鬼谷，蓋是其人所居，因為號。"徐廣雖然没有明確説鬼谷子是"潁川陽城人"，但由於他把鬼谷先生的得名與潁川陽城"有鬼谷"之地相聯，認為"鬼谷子"乃因所居之地以為"號"，這似乎就含有以"潁川陽城"為鬼谷子籍里的可能性，而後世有人也藉此而將潁川陽城理解為鬼谷子的籍里了。

"潁川陽城"，確切説，是指"潁川郡之陽城縣"。根據《晉書·地理志》，在徐廣生活的晉代，並没有置潁川郡，陽城縣屬當時司州的河南郡。陽城縣屬潁川郡，乃是東漢的建置。《後漢書·郡國志二》"潁川郡"下有"陽城（縣）"，原注："有嵩高山，洧水、潁水出。有鐵，有負黍聚。"而根據《漢書·地理志》，西漢也無陽城縣。西漢時，陽城為侯國，行政區劃屬汝南郡。可見，徐廣的説法，應該是依據東漢的行政區劃而言的。陽城在何時為楚國所有，史書乏載，不得而知。但至少在楚悼王時期已為楚所有，則是可以肯定的。《吕氏春秋·上德》曰："墨者鉅子孟勝，善荆之陽城君。"楊寬《戰國史》認為此"陽城君"即"楚悼王時封君"①。但當時楚國似又並未占有東漢時陽城縣全境，因為據《史記·楚世家》記載，陽城縣有名的負黍聚，直到楚悼王九年"伐韓，取負黍"，才為楚國所有；而大概到楚懷王十七年（前312），秦敗楚於藍田，"韓、魏聞楚之困，乃南襲楚，至於鄧。"陽城就不應再為楚有了。也可能就因為陽城曾是楚地，因而"潁川陽城有鬼谷"，鬼谷先生居焉，"因為號"一説就被人順理成章地理解為鬼谷先生的籍貫

---

① 楊寬《戰國史》，第690頁。

是楚了。長孫無忌《鬼谷子序》曰:"《隋書·經籍志》:'《鬼谷子》三卷,皇甫謐注。'楚人也,'周世隱於鬼谷。梁陶弘景注三卷。又有樂壹注三卷。'"①鄭樵《通志·藝文略》亦曰:"《鬼谷子》三卷,皇甫謐注。鬼谷先生,楚人也。生於周世,隱居鬼谷。又三卷,樂壹注。又三卷,唐尹知章注。又三卷,梁陶弘景注。"②

當然,以鬼谷的籍里在潁川陽城,當時"陽城"屬楚地,故"鬼谷先生"即"楚人"這一看法,即使是在裴駰《史記》時,也沒有得到普遍認可。裴駰本人既以潁川陽城之鬼谷,"蓋是其人所居",一個"蓋"字表示了他的揣測之意;在裴氏之後,司馬貞作《史記索隱》又指出:"按:鬼谷,地名也。扶風池陽、潁川陽城並有鬼谷墟,蓋是其人所居,因為號。""潁川陽城",春秋戰國時楚人曾一度占有其地,並為其"封君封邑"。故史有鬼谷子為"楚人"之說。而司馬貞在此處則進一步指出,"鬼谷先生"得名的所謂"鬼谷",其實並不止"潁川陽城"一處,在"扶風池陽"(戰國時屬秦地,在今陝西涇陽的雲陽鎮),也有一"鬼谷"。換言之,如果說鬼谷先生因其所居的"潁川鬼谷"曾屬楚而可稱之為"楚人"的話,那麼他可能又曾居屬於秦地的扶風池陽,他似乎也就可稱為"秦人"。且《史記·楚世家》楚懷王十七年(前312),秦敗楚於藍田,"韓、魏聞楚之困,乃南襲楚","潁川陽城"應在此時屬韓魏地了,他是否因此就應該是韓人呢?故唐宋以來的許多學者皆不再辨其鄉里姓名,如《文選》卷二十一郭璞《遊仙詩》李善注引《鬼谷子序》曰:"周時有豪士,隱於鬼谷者,自號鬼谷子,言其自遠也。然鬼谷之名,隱者通號也。"馬總《意林》及《中興書目》亦皆稱鬼谷子為"周時高士,無鄉里族姓名字"。即都不想再在鬼谷子的生平籍里上糾纏。

我們認為,依現有史料來看,我們不可能對鬼谷子的生平籍里作出一個明確的結論。歷代學者之所以會對鬼谷子籍里形成諸多歧見,除其中有某種依傍名人的心理,強說鬼谷子出於自己故里之外,同時也很可能與鬼谷子和縱橫家形成的複雜性有關。因此,我們在考察縱橫家學說的產生源頭時,就必須看到該學派的特殊性。司馬遷在《史記·張儀列傳》中曾說:"三晉多權變之士,夫言從(縱)橫強秦者大抵皆三晉之人也。"徐廣說鬼谷子蓋因居潁川陽城鬼谷墟而得名,前人則或以潁川陽城為韓地,屬之三晉的韓國,或以潁川陽城嘗屬楚——鬼谷先生當為楚人。那麼,我們就可說,潁川陽城,屬之韓地,抑或與司馬遷所謂"三晉多權變之士"有關;而司馬貞《史記索隱》另舉出"扶風池陽"(戰國時屬秦地,在今陝西涇陽的雲陽鎮),則或許是因為"言縱橫者必與強秦"相聯繫的緣故?要之,如果我們要從哲學思想史的角度來研究鬼谷子和縱橫家的話,探究為什麼會形成關於鬼谷子籍貫生平的眾多歧說的問題,應該

---

① 許富宏《鬼谷子集校集注》,中華書局2008年版,第272頁。
② 因長孫無忌、鄭樵等在《隋志》"皇甫謐注"之後,有"楚人也"三字,明人謝鏞《鬼谷子序》遂直謂"皇甫謐以為楚人"。這顯然是把長孫無忌、鄭樵文中的"鬼谷先生,楚人也"云云,當成了皇甫謐的注文,殊謬。又,王應麟有"鬼谷,谷名,在洛州陽城縣"一說,據《舊唐書·地理志》云,唐貞觀三年"以陽城、嵩陽屬洛州"。可見,洛州陽城,亦即潁川陽城。

比有關鬼谷子具體生平籍里的問題更有意義——歷代學術界之所以會形成關於鬼谷子籍里的多種不同説法,實際是在告訴我們,應該從多視角多方面來考察縱橫家學説的興起與形成。

(一)鬼谷先生的著作《漢志》雖未見著録,但自《隋志》起,即著録有屬縱橫家的"《鬼谷子》三卷"。根據專家的研究結論,今本《鬼谷子》中的《捭闔》、《反應》、《内揵》、《抵巇》、《飛箝》、《忤合》、《符言》、《本經陰符七術》都是"鬼谷先生"所作①,而這些作品的内容"實際上是繼承了部分《老子》、《莊子》的思想"②。這也就是説,鬼谷子得名的"潁川陽城"之所以被人們論證爲楚地,鬼谷子其人之所以被認定爲"楚人",從哲學思想角度來説,與其説這是以鬼谷其地真的就是楚地,鬼谷其人真的就是"楚人",毋寧説這是以論者爲了説明鬼谷子的思想與楚國道家思想的内在關聯爲前提的,此即如高似孫《子略》和王應麟《漢書藝文志考證》所説:"《老》之翕張,《易》之闔闢,其與《鬼谷》,往來如環。"

(二)戰國中期以後,隨着兼併戰争的日益激烈,要求富國强兵的法家學説甚至比儒、墨顯學還要受到各國君主的青睞。而從文化地理上來看,那些著名的法家學者,如李悝、吴起、商鞅、申不害、韓非等,差不多皆出於"三晉"故地,或雖出於"三晉"而走向了嬴秦,僅吴起最後至楚。法家思想文化固然有不少自身的特點,但講求因事制宜,重"權"、重"變",不能不説是其最顯著特點之一。故商鞅勸秦孝公"變法"時説:"聖人苟可以强國,不法其故③;苟可以利民,不循於禮。"(《商君書·更法》)《韓非子·五蠹》認爲:"世異則事異,事異則備變";"故事因於世,而備適於事。"所以他表示,爲堅持變法,不懼怕"死亡之害",故《韓非子·説難》篇末提出:"凡説之務,在知飾所説之所矜而滅其所恥。"認爲若能如伊尹爲廚師、百里奚爲奴隸而取得進説的成功,"非能仕之所恥也"。這些都可見法家"權變"的策略。所以司馬遷得出結論説:"三晉多權變之士。"而我們再回過頭來看看關於"陽城"屬韓或鬼谷墟在"扶風池陽"的推測,應不難見出這些推論産生的原因,與"三晉多權變之士"一説實具有或多或少的聯繫。因此可以説,鬼谷子的生平和縱橫家學説的興起,同時也是與法家及"三晉"的權變思想密切相關的。

(三)《史記·蘇秦列傳》説:蘇秦"東事師於齊,而習之鬼谷先生。"司馬遷雖然没有説明鬼谷先生的出生籍里與齊國有何種關係,但有一點是很明確的——即使鬼谷先生原來"所居"並不在齊地,而他"教"蘇秦、張儀縱橫之術或者説蘇秦、張儀師從他"習縱橫之術"的地點卻是在齊地。有研究者認爲,由於蘇秦最初説燕是在燕易王二年(前331),若以蘇秦此時年三十計,則蘇秦應生於公元前360年,如果以鬼谷先生大蘇秦二十歲推算,則鬼谷先生約生於公元

---

① 許富宏《鬼谷子集校集注·前言》,《鬼谷子集校集注》,第12~13頁。
② 趙逵夫《鬼谷子集校集注·序》,《鬼谷子集校集注》,第7頁。
③ 案:原文爲"不變其故",但原文是論述"變法"的必要性,故以意改。

前380年。而"鬼谷先生的活動年代約為前390—前310之間,大約與孟子、商鞅同時"①。我認為,這一點應該引起我們特別的注意。因為此時的齊地可以説乃是中國學術思想的中心,自孟軻、荀卿以及騶衍、淳于髡、慎到、環淵、接子、田駢、騶奭等人,先後至齊之稷下,"各著書言治亂之事,以干世主,豈可勝道哉!"(《史記·孟子荀卿列傳》)司馬遷在《史記·孟子荀卿列傳》中稱稷下學士們為"齊之稷下先生"。巧合的是,在齊教授"縱横術"之鬼谷子其人,在《蘇秦列傳》中也被司馬遷稱為"鬼谷先生",那麼鬼谷子是否也是一位"齊之稷下先生"呢?這應該是很有可能的。這不僅因為他在時代上也處於戰國中期,根據司馬遷之父司馬談的概括,齊之稷下黄老道家學術的最大特點乃是"因陰陽之大順,采儒墨之善,撮名法之要,與時遷移,應物變化"(司馬談《論六家之要指》),而《鬼谷子》一書中那些被認為是"鬼谷先生所作"的《捭闔》、《反應》、《内揵》、《抵巇》、《飛箝》、《忤合》、《符言》、《本經陰陽七術》諸篇,也既"繼承了部分老子、莊子的思想,又總結了包括孔子、子貢、墨子在内一些知識分子遊説從政的經驗教訓";"也講德,也講善,也講美,也並不排斥道德、仁義、忠信(《内揵》)。"②二者在學術思徑上是十分吻合的。故司馬遷在評價道家時,即引《鬼谷子》"聖人不朽,時變是守,虚者道之常也,因者君之綱也"諸言,"以成其章"③。由此看來,鬼谷子的籍貫和縱横家的產生與齊國、特別是稷下之學也是有着相當密切的關係的。

綜合以上所述,我們似乎可以説,雖然鬼谷子的具體籍里並不能完全清楚,但歷代對鬼谷子籍貫的種種傳説,實際在昭示我們應該充分注意鬼谷子籍里問題所包含的思想文化意義,充分認識到縱横家學説產生的多源性與複雜性。稷下先生中環淵本是楚人,慎到、荀卿是趙人,而孟軻為鄒人,皆先後聚於稷下。同樣,鬼谷子先生也可能本為楚人或秦晉之士,在稷下學術興盛之日來到齊國,綜合諸子百家,創立縱横學説,並以授蘇秦、張儀諸徒。至於今本《鬼谷子》之書,是《漢志》之《蘇子》三十一篇之殘,亦或後人偽造,《四庫全書總目》已辨之甚詳,頗為中允,可以為據。其言曰:

> 案:《鬼谷子》,《漢志》不著録,《隋志》"縱横家"有《鬼谷子》三卷,注曰:"周世隱於鬼谷。"《玉海》引《中興書目》曰:"周時高士,無鄉里族姓名字,以其所隱,自號鬼谷先生。蘇秦、張儀事之,授以《捭闔》至《符言》等十有二篇,及《轉丸》、《本經》、《持樞》、《中經》等篇。"因《隋志》之説也。《唐志》卷數相同,而注曰"蘇秦"。張守節《史記正義》曰:"鬼谷在雒州陽城縣北五里。《七略》有蘇秦書,樂壹注云:'秦欲神秘其道,故假名鬼谷'。"此又《唐志》之所本也。胡應麟《筆叢》則謂"《隋志》有《蘇秦》三十一篇,《張儀》十篇,必東漢人本二書之言,薈粹為此,而託於鬼谷,若子虚、亡是之

---

① 許富宏《鬼谷子集校集注·前言》,《鬼谷子集校集注》,第6頁。
② 趙逵夫《鬼谷子集校集注·序》,《鬼谷子集校集注》,第7頁。
③ 《史記·太史公自序》張守節《正義》引。《史記》第10册,中華書局1959年版,第3292頁。

屬。"其言頗為近理,然亦終無確證。《隋志》稱皇甫謐注,則為魏晉以來書,固無疑也。《説苑》引《鬼谷子》"有人之不善而能矯之者難矣"一語,今本不載;又惠洪《冷齋夜話》引《鬼谷子》曰:"崖蜜,櫻桃也。"今本亦不載。疑非其舊。然今本已佚其《轉丸》、《胠篋》二篇,惟存《捭闔》至《符言》十二篇。劉向所引或在佚篇之内,惠洪所引,據《王直方詩話》,乃《金樓子》之文,惠洪誤以為《鬼谷子》耳,均不足以致疑也。高似孫《子略》稱其"一闔一闢,為《易》之神,一翕一張,為老氏之術,出於戰國諸人之表。"誠為過當。宋濂、潛溪集詆為"蛇鼠之智,又謂其文淺近,不類戰國時人。"又抑之太甚。柳宗《辨鬼谷子》,以為"言益奇而道益隘",差得其真。蓋其術不足道,其文奇變詭偉,要非後世所能為此。

二、縱横家的學説及行為特點

由於鬼谷子的生平籍貫歧説衆多,因此縱横家的產生從地域上説,應和楚、韓、齊都有一定關係;而從哲學思想的發展來看,則與道家思想、三晉法家"權變"思想、以及齊國稷下學派的黄老思想都密切相關。當然,我們並不能因此就可以將縱横家與先秦諸子中的儒、道、法、墨,特別是稷下黄老之學混同起來。事實上,縱横家作為先秦諸子中一個獨立的學派,一定有其作為一個獨立學派存在的理由,有其區别於其他諸子學派的理論與實踐特點。而在我看來,縱横家的學術及行為特點可以用一個字來概括,即"術"。《史記·蘇秦列傳》説:"蘇秦兄弟三人皆遊説諸侯以顯名,其術長於權變。而蘇秦被反間而死,天下共笑之,諱學其術。"《張儀列傳》説:"張儀者,魏人也。始嘗與蘇秦、張儀俱事於鬼谷先生,學術。"全都用一個"術"字來指稱從鬼谷子,到蘇秦、張儀的縱横家學説。吕思勉曾説:"蓋縱横家所言之理,亦人人之所知,惟言之之術,則縱横家之所獨耳。"①所以我認為,可用"術"字來概括縱横家的思想及行為特點。

"術"是什麼?《説文解字·彳部》:"術,邑中道也。"後來逐步引申為技藝和方術等。在先秦諸子中,法家重視"術"的作用與意義。《商君書·算地》説:"故萬乘失數而不危、臣主失術而不亂者,未之有也。"這裏的"術"與"數"相對:"數者,臣主之術,而國之要也";"主操名利之柄,而能致功名者,數也。"因此,商鞅所説的"術",就是君主控制臣下而治國的方法。故商鞅又説:"君子操權一正以立術,立官爵以稱之,論榮舉功以任之者,則上下之稱平。上下之稱平,則臣得盡其力,而主得執其柄。"而申不害等人則明確將刑名家思想内容加入這一治國方法中,形成了一套所謂"所以治治民之人者也"的權術②。《韓非子·定法》曰:"術者,因任而授

---

① 吕思勉《先秦學術概論》,嶽麓書社2010年版,第84頁。
② 同上,第118頁。

官,循名而責實;操生殺之柄,課群臣之能者也。"應該説縱横家的"術"與法家的"術",既有聯繫,又有區别。其相同點在於它們都是處理政治事務的方法,可以説都是政治權術;只不過,法家的"法術"多用於處理朝廷或國家内部事務,而縱横家的"術"則多用於處理諸侯國之間的外交事務而已,故《漢書·藝文志》以縱横家為"出於行人之官"。但即使是這樣的"術",縱横家也是從法家那裏學來,或至少是由於受到過法家的啓發。《韓非子·内儲説上·七術》記申不害之事,就曾有其行"術"於外交事務之例:

> 趙令人因申子於韓請兵,將以攻魏。申子欲言之君,而恐君之疑己外市也,不則恐惡於趙,乃令趙紹、韓遝嘗試君之動貌而後言之。内則知昭侯之意,外則有得趙之功。

《韓非子·内儲説下六微》載:

> 大成牛從趙謂申不害於韓:"以韓重我於趙,請以趙重子於韓,是子有兩韓,我有兩趙。"

在此,申不害所作的既不是"合縱"、"連横",也不是法家的"因能授官"、"循名而責實",而是通過借外國勢力在國内為自己謀利("外市")。這種行為雖不屬於嚴格意義上的"合縱"、"連横",但也可以看成是合縱連横之"術"的濫觴,而《戰國策·韓策一》因此將這兩則故事皆收入書中,視為戰國策士們的"縱横"之"策"。可見,申不害所作所為是可以視為"縱横之術"的。《戰國策》是專門記載縱横家縱横活動的書,其書記"繼春秋以後,迄楚、漢之起,二百四十五年間之事";劉向"以為戰國時遊士輔所用之國,為之策謀,宜為《戰國策》"①。如果我們要對縱横家的學術及行為特點進行總結,現在可依據的主要文獻,除了《戰國策》之外,主要就是《史記》中記載蘇秦、張儀等縱横家活動的相關篇章。結合二書的記載來看,戰國縱横家們所謂"術",似主要可概括為三種手段,即威脅、利誘和詐騙。

(一) 威　脅

威脅的方法為縱横家所常用,特别是主張連衡的一派更是將這一手法運用到了極致。《戰國策·楚策二》"張儀為秦破縱連衡説楚王"章即是一個突出的例子,其言略曰:

> 張儀為秦破縱連衡,説楚王曰:"秦地半天下,兵敵四國,被山帶河,四塞以為固。

---

① 劉向《敍録》,劉向集録、范祥雍箋證、范邦瑾協校《戰國策箋證》(上册),上海古籍出版社2006年版,第1~2頁。

虎賁之士百餘萬,車千乘,騎萬疋,粟如丘山。法令既明,士卒安難樂死,主嚴以明,將知以武。雖無出兵甲,席捲常山之險,折天下之脊,天下後服者先亡。且夫為從(縱)者,無以異於驅群羊而攻猛虎也。夫虎之與羊,不格明矣。今大王不與猛虎,而與群羊,竊以為大王之計過矣。"

"凡天下強國,非秦而楚,非楚而秦。兩國敵牟交爭,其勢不兩立。而大王不與秦,秦下甲兵,據宜陽,韓之上地不通。下河東,取成皋,韓必入臣於秦。韓入臣,魏則從風而動。秦攻楚之西,韓、魏攻其北,社稷豈得無危哉?……秦西有巴、蜀,方船積粟,起於汶山,循江而下,至郢三千餘里。舫船載卒,一舫載五十人,與三月之糧,下水而浮,一日行三百餘里,里數雖多,不費汗馬之勞。不至十日而距扞關。扞關驚,則從竟陵已東盡城守矣。黔中、巫郡,非王之有已。秦舉甲出,之武關,南面而攻則北地絕。秦兵之攻楚也,危難在三月之內,而楚恃諸侯之救,在半歲之外,此其勢不相及也。夫恃弱國之救而忘強秦之禍,此臣之所以為大王之患也。且大王嘗與吳人五戰,三勝而亡之,陳卒盡矣。有偏守新城,而居民苦矣。臣聞之,攻大者易危,而民弊者怨於上。夫守易危之功,而逆強秦之心,臣為大王危之。"

"且夫秦之所以不出甲於函谷關十五年以攻諸侯者,陰謀有吞天下之心也。楚嘗與秦構難,戰於漢中,楚人不勝,通侯執珪死者七十餘人,遂亡漢中。楚王大怒,興師襲秦,戰於藍田,又卻。此所謂兩虎相搏者也。夫秦楚相弊,而韓、魏以全制其後,計無過此者矣。是故願大王熟計之也……"

張儀對楚王的這番説辭,雖然也不能説全是虛辭妄説,其中也包含一些實事求是的分析,甚至有的地方還似故意在為楚諱飾。如《史記·楚世家》説:"(楚懷王)十七年春,與秦戰丹陽,秦大敗我軍,斬甲士八萬,虜我大將軍屈匄、裨將軍逢侯丑等七十餘人,遂取漢中之郡。楚懷王大怒,乃悉國兵復襲秦,戰於藍田,大敗楚軍。"但張儀此處只説楚與秦"戰於漢中,楚人不勝";"戰於藍田,又卻",似乎並沒有把秦國説得如何強大,楚國如何不堪一擊。但進一步分析就會發現,張儀有意提到楚國兩次"大敗",本身就是對楚國的威脅,讓楚王明白楚國根本就不是秦國的對手;再加之張儀強調秦軍如何西起汶山,循江而下,"下水而距扞關",又"之武關,南面攻則北地絕",這樣楚國就離滅亡不遠了。在張儀這番威脅的言辭之下,楚王自然是心驚肉跳,對張儀言聽計從,説:"寡人聞之,敬以國從。"根據《史記·張儀列傳》與《戰國策·魏策》、《趙策》、《韓策》等處的記載,張儀又以同樣的手法威脅韓、趙、魏、燕等國的國君,使這些國家離"縱"獻地,聽命於秦國。

(二) 利　　誘

縱橫家要諸侯國君聽從他們的合縱、連橫之計,除了要對各諸侯國曉之以危害之外,還要餌之以利益。如果説曉之以危害是威脅的話,餌之以利益則是利誘;言連橫者多用威脅手段,利誘手法則更為合縱一派所喜愛。《史記·蘇秦列傳》載秦説趙、魏、韓、齊、楚,無不極力誇耀這些諸侯國的優勢,滿足這些諸侯國君的虚榮,再誘之以利益,使他們陶醉在成為合縱盟主的夢幻中。如蘇秦説趙肅侯之言有曰:

> 君誠能聽臣,燕必致旃裘狗馬之地,齊必致魚鹽之海,楚必致橘柚之園,韓、魏、中山可使致湯沐之奉,而貴戚父兄皆可以受封侯,夫割地包利,五伯之所以覆軍禽將而求也;封侯貴戚,湯武之所以放弑而爭也。今君高拱而兩有之,此臣所以為君願也。

經過蘇秦這番吹噓,不用説趙肅侯這樣少不更事的幼主仿佛進入了海上仙境,早已不知所以,好像自己真的已經就是那超湯武和五伯的霸主,諸侯都會"敬以國從";就是像楚威王這樣的強國"從(縱)長",恐怕也會有些雲裏霧裏的味道①。《史記·蘇秦列傳》又載蘇秦説楚威王曰:

> 大王誠能聽臣,臣請令山東之國奉四時之獻,以承大王之明詔,委社稷,奉宗廟,練士厲兵,在大王之所用之。大王誠能用臣之愚計,則韓、魏、齊、燕、趙、衛之妙音美人必充後宫,燕、代橐駝良馬必實外廄。

如果按照蘇秦所説,則楚威王已不是一般因事臨時結盟的盟主,而是一位號令天下的君主,而天下諸侯則事之若嚴父。這樣的地位,正是當時的君主們所夢寐以求的。而這些在蘇秦的説辭中卻輕易地實現了,哪個君主能經得起這樣的誘惑? 所以儘管當時"合縱"的"從(縱)長"事實上指揮不動任何一個盟國,但各諸侯國君聽了蘇秦的説辭後,仍是個個樂於從命的。

(三) 詐　騙

在威脅和利誘都並不能湊效的情況下,縱横遊士們剩下的就只有一個辦法了,那就是欺騙或詐騙。如張儀要楚懷王取消與齊國的合縱而轉向與秦國連横,就採用了這樣的手法。他先是許與楚商於之地六百里,誘其背叛與齊國的"從(縱)約",等楚國"閉關絶約於齊,使一將軍到秦索地時,則又斷然否認"。《史記·張儀列傳》曰:

> 張儀至秦,詳(佯)失綏墮車,不朝三月……齊、秦之交合,張儀乃朝,謂楚使者曰:"臣有奉邑六里,願以獻大王左右。"楚使者曰:"臣受令於王,以商於之地六百,不聞六里。"還報楚王,楚王大怒,發兵而攻秦。

---

① 案:《史記·楚世家》説"(懷王)十一年,蘇秦約山東六國共攻秦,楚懷王為從長。"與《史記·蘇秦列傳》所記不合。

如果説張儀在誘使楚國背棄與齊國的縱約而與秦連横時使用了所謂"術"的話,那麽這種"術"就是赤裸裸的詐騙。劉向《戰國策·敍録》説此時"棄仁義而用詐譎"、"杖於謀詐之弊"等,都是指此而言。戰國縱横家張儀、蘇秦如此,其他策士亦然。《戰國策·韓策一》記載,秦國與韓國戰於濁澤,弱小的韓國準備用賂城割地的方式與秦講和,並與之一同伐楚。楚國謀臣陳軫設計讓楚國答應救韓,並製造種種楚國出兵救韓的假相,使韓國相信楚、韓的縱約而堅決對秦作戰,結果韓國大敗失地,楚國並未發一兵一卒。而陳軫在此使用的同樣也是欺騙的手段。

由此我們可以得出結論,戰國時期作為諸子學派之一的縱横家,其實是没有多少學術可言的,他們的思想和行為的最大特點就是用"術"。而這種"術"雖然在言辭上也不乏傳統學術史所稱的"巧妙"或"巧辯"等特點,但就其實質而言,則不外威脅、利誘與欺詐。

三、縱横家在楚國的活動及楚國的縱横家

中國古代文獻記載戰國時期縱横家在楚國的活動的,除了《史記》中的《蘇秦列傳》和《張儀列傳》等篇外,最集中的莫過於《戰國策·楚策》①。

雖然《戰國策》記楚國之事起於楚宣王時代,但那時策士的行為應該還不是縱横家的活動。因為宣王時代的秦國雖已用商鞅開始變法,但秦國一時還未成為諸侯聯合抗擊的强國,故縱横家在楚國的活動也尚未真正開始。《史記·蘇秦列傳》説,蘇秦首次到楚國宣傳其合縱之策的遊説對象是楚威王,《索隱》:"威王名商,宣王之子。"《戰國策·楚策一》"蘇秦為趙合縱説楚威王"章,鮑彪注:"此在連横(張)儀入秦後,當為(威王)七或八年。"吴師道云:"《大事記》在威王七年。"也都説是在楚威王時期,更具體到威王七年(或八年)。從"戰國七雄"力量的消長來看,此説是有道理的。《史記·蘇秦列傳》記載,楚威王聽了蘇秦的遊説之後,接受了蘇秦的合縱主張,説:"寡人謹奉社稷以從。"而由《史記》和《戰國策》的記載來看,楚威王雖然接受了蘇秦的合縱主張,但當時楚國似乎並没有任何真正參與到合縱的舉動。大概秦國此時的戰略重點在於向中原開拓,與"三晉"發生正面衝突。故《蘇秦列傳》也只是説:"其後(即"蘇秦既約六國從親"之後——引者)秦使犀首欺齊、魏,與共伐趙,欲敗從約。"與楚國没有太大的關係。直到楚懷王時代,縱横家在楚國的活動才趨於活躍。

楚懷王(前328年—前299年在位)時期,秦國逐漸成為七國中最强大的國家,展現出吞併天下的野心。楚國雖然吴起變法的時間較短,成效不大,但它原來是個强國,疆域廣大,故

---

① 案:1972年湖南長沙馬王堆出土的漢墓帛書《戰國縱横家書》中有"蘇秦謂陳軫章"、"虞卿謂春申君章"、"公仲朋謂韓王章"、"李園謂韓王章"等數章涉及楚國之縱横家,但其内容無出《史記》、《戰國策》之外者,故此不論及。

仍具有較强的實力。所以它既是强秦吞滅的對象,也是强秦與中原諸侯争鬥中需要争取的力量。

楚懷王時代既是戰國紛争最為激烈的時期,也是戰國縱橫家在楚國充分施展政治手腕的時期。戰國時期著名的縱橫家蘇秦、張儀頻繁出入楚國,進行穿梭外交。《史記·楚世家》曰:

> 懷王元年,張儀始相秦惠王……十一年,蘇秦約從(縱)山東六國共攻秦,楚懷王為從(縱)長。至函谷關,秦出兵擊六國,六國兵皆引而歸,齊獨後……十六年,秦欲伐齊,而楚與齊從(縱)親,秦惠王患之,乃宣言張儀免相,使張儀南見楚王……懷王大悦,乃置相璽於張儀,日與置酒,宣言"吾復得吾商於之地"……十八年,秦使使約復與楚親,分漢中之半和楚。楚王曰:"願得張儀,不願得地。"張儀聞之,請之楚……儀遂使楚。至,懷王不見,因而囚張儀,欲殺之……鄭袖卒言張儀於王而出之。儀出,懷王因善遇儀,儀因説楚王以叛從約而與秦合親,約婚姻。

正是在楚懷王元年(前328),張儀這位戰國時期最著名的連橫派代表人物擔任秦惠王之相。歷史的這一巧合,使楚國及楚懷王本人將不可避免地成為張儀"連衡"的目標。據《史記·張儀列傳》記載,張儀本是魏國人,早年曾"與蘇秦俱事鬼谷先生學術","張儀已學而遊説諸侯,嘗從楚相飲,已而楚相亡璧",楚相手下的人懷疑是張儀偷了玉璧,"共執張儀,掠笞數百"。張儀感到莫大的恥辱,"怒,念諸侯莫可事","乃遂入秦"。因此,縱橫家張儀屢次選擇以欺騙手段損害楚國,可以説既有其客觀的歷史原因,也可能因為其個人存在明顯的報復心理。《史記·張儀列傳》説:"張儀既相秦,為文檄告楚相曰:'始吾從若飲,我不盜而璧,若笞我。若善守汝國,我顧且盜而城!'"正表明了其報怨之心。

關於《史記·楚世家》所載楚懷王"十一年,蘇秦約從(縱)山東六國攻秦,楚懷王為從(縱)長"一事,梁玉繩《史記志疑》云:"是時蘇秦已死四年,約六國者李兑也,《國策》甚明,此誤。"自此之後,"近代學者考證皆對之懷疑",但已有學者指出,"李兑約伐秦當周赧王二十九年(前286,從《大事記》)",與懷王十一年之時事並不相當,"而《策》文中又無可取證者,亦可疑也"①。我認為,《戰國策·楚策三》等處既有"五國伐秦,魏欲和,使惠施之楚"的記載,並有楚懷王早年之楚相昭陽與大臣杜赫討論對策的明文,故而《史記·楚世家》的記載應該是可信的。大概蘇秦在楚懷王初年曾再次到楚國來約縱,並在六國間達成初步協定;蘇秦死後,再由他的弟弟蘇代或其他合縱家完成其功,終於在楚懷王十一年達成以楚懷王為"從(縱)長",六國出兵伐秦之事。但事情因魏國的欲與秦"和",而導致"六國皆引而歸"。又由於這次行動中楚懷王是"從(縱)長",而齊國在此次"合縱攻秦"的行動中態度最堅決,撤退行動中"齊獨後"。秦國認識到要解散合縱聯盟、打擊六國,首先必須從解散楚國和齊國的"約縱"入手。這就有了秦惠

---

① 劉向集録、范祥雍箋證、范邦瑾協校《戰國策箋證》(上册),第856～857頁。

王讓張儀使楚,用欺騙手段離間齊楚"從(縱)親",使楚國因"背齊"而四面受敵並失地辱國的結果。由《戰國策》五國伐秦失利,"魏欲和",先派"惠施之楚"通報此事,可見楚懷王的確是此次合縱的"從(縱)長"。而所謂李兑約六國伐秦事,發生在周赧王二十九年(前286),趙惠文王十三年,楚頃襄王十三年。此事《史記·楚世家》及《趙世家》皆無載,但"李兑約從伐秦之事見於《策》文多篇①,《戰國縱橫家書》亦載之,此事當不虚"。據吴師道考證:"李兑伐秦時,當頃襄王十二年。十年楚迎婦於秦,十四年與秦昭王好會於宛,中間未嘗構兵……(此時)秦、楚方睦,必無伐秦之事。"②而此後,楚國先是"東北保於陳城",然再"東徙都壽春",以至最後滅國,惶惶不可終日,自顧不暇,更不用説去合縱抗秦了。在楚國中後期歷史上,參與合縱連橫鬥争的大臣雖然代不乏人,如昭雎、昭陽、屈原、杜赫、唐且、春申君(黄歇)、李園等,但他們都很難説是縱橫家。戰國時期為了楚國的利益,而在諸侯間開展縱橫外交活動的最有影響的人物(縱橫家),當推陳軫其人。

陳軫,《史記·張儀列傳》篇末附載有他的事迹。《史記》説他是"遊説之士",與"張儀俱事秦惠王,皆貴重",但陳軫在與張儀的争寵中落敗,曾遊宦於楚國。但正如他自己對秦惠王所説:"今臣雖棄逐之楚,豈能無秦聲哉!"(《史記·張儀列傳》)可見他對秦國仍然是一往情深的。陳軫在楚國期間,雖然"楚未之重也",但他仍然發揮所長,為楚國縱橫外交活動出計畫策。《戰國策·楚策一》載時人評論陳軫在楚國曰:

  陳軫,夏人也。(鮑彪注:"夏,中國也。"文廷式云:"稱中原為夏,蓋猶沿春秋諸國之稱。")習於三晉之事,故逐之,則楚無謀臣矣。

由此可見,陳軫在當時楚國外交縱橫謀劃方面的地位和作用。據《戰國策》和《史記》記載,當"張儀為秦破縱連衡説楚王"時,楚懷王準備採用張儀之説,與齊絶交而與秦連衡,陳軫挺身而出,予以阻攔,揭露張儀的陰謀,指出齊、楚聯盟對於楚國至關重要;而在楚懷王發現受張儀之騙而大怒,"發兵攻秦"時,又主張"割地以賂秦,與之並兵而攻齊,是我出地於秦而取償於齊也,王國尚可存"。

應該説,陳軫的縱橫術雖然明顯缺乏正義感,完全是實用主義的,但他能考慮到楚國的實際利益,其分析是比較客觀可行的。當然,由於他和張儀一直是争寵的對手,故他為楚國的這番出謀劃策也未必没有針對張儀的用意。

---

① 《戰國策·趙策四》"齊欲攻宋令起賈章"、"五國伐秦無功章"、《韓策一》"五國約攻秦章"等多篇皆記"李兑約伐秦無功"一事。
② 劉向集録、范祥雍箋證、范邦瑾協校《戰國策箋證》(下册),第1173頁。

餘　　論

　　由以上論述來看，戰國縱橫家的發生、發展及縱橫家們縱橫捭闔的外交活動，都與楚國有着極其密切的關係。很難設想，没有楚國的戰國縱橫家者流是什麽樣？但同時，我們也不得不承認，人們熟知的那些著名的戰國縱橫家都不是楚國人——楚國基本上没有學術界公認的縱橫家。這的確是一個比較特殊的現象，而這又是什麽原因導致的呢？

　　我認為，這其中的原因主要應從地域文化方面來加以考察。從地域上來看，《漢書·地理志下》說：三晉"趙與秦同祖，韓、魏姬姓也"。又說："（三晉）公族子孫以詐力相傾，誇功名。"這與司馬遷在《史記·張儀列傳》末尾對縱橫術士的評論相同。司馬遷說："三晉多權變之士，夫言縱衡强秦者大抵三晉之人也。"縱橫家中著名人士惠施、公孫衍、張儀都是魏人或久居魏地之人，陳軫是"夏人"，蘇秦、蘇代、蘇厲兄弟則為東周洛陽人。而《史記·周本紀》司馬貞《正義》引郭緣生《述征記》說，東周惠公"子武公，為秦所滅"。《古本竹書紀年》云東周惠公卒於周顯王九年（前360），則東周在戰國中期已為秦所滅，故亦可歸入秦晉的範圍。故可以說，縱橫家基本都是"三晉術士"，這與他們的地域文化背景是密切相關的。而與此不同，先秦時楚國是道家思想的大本營。道家學說，一是反對智巧、詐偽；二是反對主動有為和"爭"，而提倡清静無為與抱樸守拙。在道家思想的影響下，人們必然會形成一種傾向於保守、被動、内斂的思維方式和性格特徵，而持這種思維方式的性格特徵的楚人對以奸詐之心、巧言善辯著稱的縱橫家必有一種本能的反感，怎麽會去學習這種惑亂之"術"而去做一位縱橫術士呢？這或許是戰國時楚國出現過儒、道、墨、名、農、雜等許多諸子學派的著名學者，卻没有一位以縱橫術著稱的"縱橫家"的原因吧。

　　[作者簡介] 高華平（1962—　），男，湖北監利人。文學碩士，哲學博士，現為華中師範大學文學院教授、博士生導師。曾在《中國社會科學》、《哲學研究》、《文學評論》、《文學遺產》、《文獻》等刊物發表論文近百篇，出版學術著作10多部。

《淮南子》對陰陽家的繼承與創新

陳廣忠

《淮南子》為淮南王劉安(前179—前122)及門客所著,二十餘萬言,成書於漢武帝建元二年(前139)之前。被胡適稱為"絕代奇書"。東漢學者高誘《淮南子敍》歸之於"道家",認為"其旨近《老子》,淡泊無為,蹈虛守靜,出入經道……然其大較歸之於道"。班固《漢書·藝文志》列其為"雜家":"雜家者流,蓋出於議官。兼儒、墨,合名、法,知國體之有此,見王治之無不貫,此其所長也。"其實這與《史記·太史公自序》司馬談論"道家"觀點相似:"道家……其為術也,因陰陽之大順,采儒、墨之善,撮名、法之要。"根據《淮南子》成書的時代背景、社會環境和思想傾向,可以這樣認為:《淮南子》為西漢黃老道家思想的代表作,對道家的自然天道觀、儒家的仁政學説、法家的進步歷史觀、陰陽家的陰陽變化理論以及兵家的戰略戰術等思想,進行了全面的改造和吸收,創造了以"道"為主、融合百家的思想體系,為漢朝的長治久安提供理論依據。而《淮南子》對陰陽家思想的繼承和創新,在中國哲學史、思想史、科技史上,影響至為深遠。

一、陰陽家興衰與《淮南子》

陰陽家是興盛於戰國、秦代和西漢初期的學術流派。它的指導思想來源於《周易》的陰陽變化理論。它的祖師是《尚書·堯典》中堯時的"羲和"之官,也就是古代最早從事陰陽、天文、曆法研究的科學家。陰陽學説研究在我國有非常悠久的傳統,曾經在天文、曆法、陰陽五行等方面創造出了輝煌的業績。西漢前期,陰陽家學派仍然十分活躍。漢武帝"獨尊儒術"以後,這個學派正式壽終正寢。如果從燕昭王元年(前311)開始,到漢武帝建元五年(前136),這個學派流行了將近270年。而《淮南子》則是先秦、西漢陰陽家學派殿後的唯一的不朽的著作。

對於陰陽家的價值、宗旨和得失,西漢司馬談(?—前110)在《論六家要指》中,這樣評價:

嘗竊觀陰陽之術,大祥而衆忌諱,使人拘而多所畏;然其序四時之大順,不可失也。

夫陰陽、四時、八位、十二度、二十四節,各有教令,順之者昌,逆之者不死則亡,未必然也。故曰"使人拘而多畏"。夫春生夏長,秋收冬藏,此天道之大經也,弗順則無以為天下綱紀,故曰"四時之大順,不可失也"。

司馬談認為,陰陽家揭示了自然變化的根本規律,如果背離了自然法則,那麽整個天下就失去了秩序。而其中的陰陽、四時、八位、十二度、二十四節氣等,就是依據天象變化而制訂出的具體規定,人類是不能夠違背的。但是,這些規定特別瑣細,而且忌諱(如祥瑞、災異、占星、占卜、夢異、鬼神等)衆多,使人受到拘束而害怕。

班固《漢書·藝文志》"陰陽家"小序云:"陰陽家者流,蓋出於羲和之官,敬順昊天,曆象日月星辰,敬授民時,此其所長也。及拘者為之,則牽於禁忌,泥於小數,舍人事而任鬼神。"班固指出,天文、曆法是陰陽家主要執掌的内容,他們肩負着"敬授民時"的重要職責。而司馬談、班固所概括的内容,在《淮南子》的《天文訓》《時則訓》中則有詳盡的記載。

春秋之前為陰陽家思想的萌芽階段。陰陽觀念來源於古人對天地萬物最直接和樸素的認識,而後上升成為認識和解讀宇宙變化的最重要規律,其最早出自《周易》。《易·繫辭上》:"一陰一陽之謂道。""陰陽之義配日月。""《易》有大極。是生兩儀,兩儀生四象,四象生八卦。"《淮南子》對《周易》的陰陽變化理論也有繼承和研究。《漢書·藝文志》"六藝略"中"易"類有《淮南道訓》二篇。班固注:"淮南王安聘明《易》者九人,號九師説。"《淮南子》中引《易》13條。《泰族訓》:"鳴鶴在陰,其子和之。"出自《易·中孚》卦九二爻辭。吸收了《易》同聲相應、以類相和的感應思想。《老子》是陰陽思想的繼承者,《老子》四十二章:"萬物負陰而抱陽,沖氣以為和。"《淮南子》吸取了《老子》的自然天道觀,明引《老子》78條。本條見於《精神訓》。

五行學説在戰國之前已經流行。"五行"的最早記載見於《尚書·洪範》:"五行:一曰水,二曰火,三曰木,四曰金,五曰土。"《國語·鄭語》則作了闡釋:"先王以土與金、木、水、火雜,以成百物。"春秋時期產生了五行相生相剋的思想,如《孫子·虛實》:"五行無常勝。"

戰國時期至漢武帝建元五年,是陰陽家學派的興盛階段。其代表人物有鄒衍、吕不韋、張蒼、劉安、司馬談,主要著作有《管子》、《黄帝内經》、《吕氏春秋》、《淮南子》、《論六家要指》等。這一時期的思想特點是:陰陽與五行相結合,形成了獨特的陰陽家的宇宙觀;對天學、地學進行了研究,成就卓著;陰陽家的天人感應和"五德終始"説成為政治思想的主流。

戰國時期的齊國學者鄒衍是陰陽學說的開創者。《史記·孟子荀卿列傳》中,記載了鄒衍三個方面的學術觀點:

陰陽——"天文"觀。"鄒衍睹有國者益淫侈,不能尚德,若大雅整之於身,施及黎庶矣。乃深觀陰陽消息,而作怪迂之變,《終始》、《大聖》之篇十餘萬言。"這裏指出,陰陽家治政的主導思想是力圖糾正當時諸侯國君驕佚淫佚、道德墮落的現狀,而提出用純正的王道來進行治理,進而普及到百姓。鄒衍深入研究了陰陽盛衰的變化,寫成《終始》、《大聖》、《主運》等十多萬字論著。《漢書·藝文志》"陰陽家"收有"《鄒子》四十九篇",班固自注:"名衍,齊人,為燕昭王師,居稷下,號談天衍。"《史記·集解》引劉向《別錄》:"騶衍之所言,五德終始,天地廣大,盡言天事,故曰'談天'。"《文心雕龍·諸子》:"鄒子養政於天文。"可以知道,騶衍的陰陽觀中,"天事"為其核心內容。

"五德轉移"的循環史觀。"稱引天地剖判以來,五德轉移,治各有宜,而符應若茲。"騶衍從自然界五種物質金、木、水、火、土的相生相剋之性,引申到朝代興替、制度改變等政治領域。《漢書·藝文志》"陰陽家"有騶衍"《鄒子終始》五十六篇"。"五德轉移"論對於中國古代政權更替影響極大,對改變"君權神授"的觀念有積極意義。《史記·封禪書》記載:"自齊宣王之時,騶子之徒,論著終始五德之運,及秦帝而齊人奏之,故始皇採用之。"《史記·秦始皇本紀》:"始皇推終始五德之傳,以為周得火德,秦代周德,從所不勝。方今水德之始,改年始,朝賀皆自十月朔。"《淮南子·齊俗訓》高誘注:"五德之次,從所不勝,故虞土,夏木,殷金,周火。"此說秦、漢間尤為盛行。

"大九州"的地理觀。"以為儒者所謂中國者,於天下乃八十一分居其一分耳。中國名曰赤縣神州。中國外如赤縣神州者九,乃所謂九州也。"騶衍提出了認識大地的新模式,即"大九州"的觀念。這種觀念突破了《尚書·禹貢》"九州"的傳統模式,對於探索大地的結構和方域,開闊人們的視野,具有重大的意義。

可以知道,陰陽家騶衍設計了新的宇宙模式,確立了新的天人合一關係,創立了"五德轉移"的新的歷史觀。他的創新學說,得到了當時梁惠王、燕昭王、趙國平原君、齊國國君以及後來秦始皇的歡迎,成為"顯學"之一,產生了極大的影響和轟動。

《淮南子》深受先秦陰陽五行思想的影響。它從具有濃重陰陽家色彩的《管子》、《呂氏春秋》和《黃帝內經》中,吸收了有價值的成分。

管子,《史記·管晏列傳》:"穎上人也。"《漢書·藝文志》"道家"列"《筦子》八十六篇"。其書成於春秋末期與戰國之時。其中《五行》、《水地》、《四時》、《幼官》等篇,皆為陰陽五行思想相融合之作。《管子》中以"五"相配的術語有:五音、五行、五位、五祀、五聲、五味、五量、五色、五藏、五政、五鐘等。《四時》中說:"是故陰陽者,天地之大理也。四時者,陰陽之大經也。"並組成"東方—木、南方—火、中央—土、西方—金、北方—水"的模式。而《淮南子·天文訓》之"五星"相配:東方—木—春—蒼龍、南方—火—夏—朱鳥、中央—土—四方—鎮星、西方—金—秋—白虎、北方—水—冬—玄武,直接採納了《管子》五方與五行相結合的宇宙結構模式。

《黃帝內經》成書於戰國、秦漢之際。《漢書·藝文志》"數術略"之"醫經"中收有"《黃帝內經》十八卷。《外經》三十九卷"。陰陽五行學說成為《黃帝內經》的理論核心。《陰陽應象大論》中說:"陰陽者,天地之道也,萬物之綱紀,變化之父母,生殺之本始,神明之府也。"其中有五臟配五官。《陰陽應象大論》:"肝主目,心主舌,脾主口,肺主鼻,腎主耳。"《淮南子·精神訓》:"是故肺主目,腎主鼻,膽主口,肝主耳,(脾主舌)。"雖然醫家與道家所主並不相同,但其陰陽家的思維方式,則是相同的。

秦代呂不韋受陰陽家思想影響很深。《史記·呂不韋列傳》:"呂不韋乃使其客人人著所聞,集論以為八覽、六論、十二紀,二十餘萬言,以為備天地萬物、古今之事,號曰《呂氏春秋》。"《呂氏春秋》的創作思想是:"上揆之天,下驗之地,中審之人。"(《序意》)其中的"天",就是《呂氏春秋》的主體"十二紀",以陰陽家所執掌天文、曆法為核心來統領全書,並以"五行"為骨架,構築世界圖式。他接受了騶衍"大九州"觀念,用"四極"描繪大地形狀。他也引進了騶衍的"五德轉移"說,來解釋歷代帝王興廢。《應同》記載:"黃帝曰:土氣勝。禹曰:木氣盛。湯曰:金氣勝。文王曰:火氣盛。"這就是騶衍"五德轉移"的歷史觀。《淮南子》的《時則訓》就化自《呂氏春秋》十二紀。

秦、漢之際,陰陽家學派人物縱橫政壇。對淮南王劉安和《淮南子》創作影響至深的當數漢初名臣張蒼。當時早於劉安的有董仲舒、賈誼,稍晚於劉安的有司馬談。這些著名的思想家和學者可以稱為漢代陰陽家學派。其特點是:陰陽家學說與黃老道家思想和儒家思想緊密地結合在一起,成為西漢治國理論的重要組成部分。

劉安二十八歲時,張蒼逝世。這位漢初陰陽家領袖曾在秦朝擔任柱下史,漢初擔任淮南王劉長相十四年,又在漢文帝時代擔任丞相十五年。《史記·張丞相列傳》:"蒼又善用算律曆。""張蒼為計相時,緒正律曆。推五德之運,以為漢當水德之時,尚黑如故。故漢家言律曆者,本之張蒼。蒼本好書,無所不觀,無所不通,而尤善律曆。"《史記·十二諸侯年表》載漢相張蒼著《終始五德傳》。《漢書·藝文志》"陰陽家"有"《張蒼》十六篇"。《四庫全書·九章算術提要》云:"張蒼刪補殘缺,校其條目,頗與古術不同。"《漢書·律曆志上》:"漢興,方綱紀大基,庶事草創,襲秦正朔。以北平侯張蒼言,用《顓頊曆》,比於六曆,疏闊中最為微近。"可知張蒼是著名的陰陽學家和算學家,管理國家財務;善治律學和曆法,制定十二月之法規;採用"五德終始"之理論,確定漢朝為"水德",以黑色為尚。所以,漢家的諸多法令制度,皆由張蒼制定。可以推斷,張蒼擔任淮南王相、漢朝丞相、免相的四十年間,身邊從事天文、律曆、算學研究的弟子中,可能就有劉安。淮南王的陰陽學理論,應該師承於張蒼。

劉安十歲時,賈誼去世。賈誼受儒家、道家、陰陽家等多家思想影響。《漢書·藝文志》"儒家"有"《賈誼》五十八篇"。"陰陽家"有"《五曹官制》五篇"。班固注:"漢制,似賈誼所條。"賈誼的陰陽家活動有:"改正朔,易服色,法制度,定官名,興禮樂。"他主張"色尚黃,數用五,為官名,悉更秦之法"(《史記·屈原賈生列傳》),但當時並沒有得到漢文帝的支持,周勃、灌嬰、張相如、馮敬等重臣皆表示反對。而他的老師張蒼也予以斥退。《史記·張丞相列傳》:"張蒼文學律曆,為漢名相,而絀賈生、公孫臣等言正朔服色事而不遵,明用秦之《顓頊曆》,何哉?"可知正朔、服色、制度、官名等,牽涉到漢朝的根本大制,不是賈誼等青年才俊所能輕易改變的。而賈誼死時,劉安尚年幼,顯然未受賈誼"改制"的影響。但是賈誼奉行的陰陽家的"五德轉移"論,《淮南子》也受其影響。

淮南王劉安比司馬談年事稍長,談晚於劉安十三年去世。劉安過世時,司馬遷十四歲。談、遷祖先世代"典周史","典天官",二人先後擔任"太史令"。司馬談"學天官於唐都,受《易》

於楊何,習道論於黃子"。掌管國家圖書,觀測天象,制定曆法。談、遷承襲了陰陽家的執掌和理念,並將其貫穿在《史記》之中。司馬談作《論六家要指》,首次爲陰陽家命名,並將其列爲六家之首。其開創之功,影響深遠。當然由於政治的原因,《史記》正文中隻字未提《淮南子》。但是在《史記》三家注中,明引《淮南子》就有七十餘處。《史記》對《淮南子》的繼承,除了陰陽家思想之外,應該是多方面的。

戰國、秦、漢,陰陽家興盛之標誌,就是留下大批的學術著作。除了具有陰陽家傾向的《管子》、《黃帝内經》、《山海經》、《吕氏春秋》、《春秋繁露》、《淮南子》、《論六家要指》外,據《漢書·藝文志》記載,"陰陽家"就有二十一家,三百六十九篇。除去秦、漢時的六家,戰國時期有十五家,可知陰陽家思想影響之大。漢武帝建元五年實行"獨尊儒術"的政策以後,作爲學派的陰陽家已經消亡。但是,陰陽家思想已經滲透到儒家、黄老道家、道教等思想體系之中,並且分別進入到天文、律曆、地理、醫學等科學領域,不斷散發出燦爛的光彩。

二、《淮南子》"談天"

《淮南子》對陰陽家的學説進行了多方面的繼承,但是其對陰陽家的理論和實踐也進行了全面的改造和創新,開創了黄老道家和陰陽家相結合的新領域,在學術思想和科學研究等方面取得了前所未有的成就。

《淮南子》對於"天文"的繼承和創新影響深遠。《淮南子·要略》中説:"天文者,所以和陰陽之氣,理日月之光,節開塞之時,列星辰之行,知逆順之變,避忌諱之殃,順時運之應,法五神之常,使人有以仰天承順,而不亂其常者也。"《淮南子》把研究"天文"作爲順應天道變化、掌握自然規律、創造人文環境、實現國家治理的重要途徑,認爲這是實現人類文明的理想境界。《淮南子》繼承了古代重視天人關係的悠久傳統。《周易·繫辭上》:"仰以觀於天文,俯以察於地理。"《周易·象傳·賁卦》:"觀乎天文,以察時變;觀乎人文,以化成天下。"觀察天文現象,覺察四季、陰陽、寒暑變化。觀察人文現象,教化天下萬民。司馬遷《史記·天官書》中採納了《淮南子》的觀點:"自初生民以來,世主曷嘗不曆日月星辰?及至五家、三代,紹而明之,内冠帶,外夷狄,分中國爲十有二州,仰則觀象於天,俯則法類於地。天則有日月,地則有陰陽。天有五星,地有五行。天則有列宿,地則有州域。"班固《漢書·藝文志》將"天文"歸於"數術略",其内容有:天文、曆譜、五行、蓍龜、雜占、形法等六類。其中"天文"小序云:"天文者,序二十八宿,步五星日月,以紀吉凶之象,聖王所以參政也。"

其一,《淮南子》中對於二十八宿的記載,體系完整而且具有很强的科學性。所謂二十八宿,就是把天球赤道一帶的天空,劃分出二十八個不等的部分。二十八宿除了標示日、月、五星、彗星及恒星所在的位置,還可以規定一年四季,劃分二十四節氣,編寫曆書,指導農業生産,具有特别重要的作用。

《天文訓》中將天空分為九個區域，二十八宿的分佈是："何謂九野？中央曰鈞天，其星角、亢、氐。東方曰蒼天，其星房、心、尾。東北曰變天，其星箕、斗、牽牛。北方曰玄天，其星須女、虛、危、營室。西北曰幽天，其星東壁、奎、婁。西方曰昊天，其星胃、昴、畢。西南方曰朱天，其星觜嶲、參、東井。南方曰炎天，其星輿鬼、柳、七星。東南方曰陽天，其星張、翼、軫。"二十八宿與四方相配，即東方蒼龍，南方朱雀，西方白虎，北方玄武，代表春、夏、秋、冬四季。二十八宿與四象相配，《天文訓》中是最完整的。

對於二十八宿的度數，《天文訓》也有詳細記載："星分度：角十二，亢九，氐十五，房五，心五，尾十八，箕十一四分一，斗二十六，牽牛八，須女十二，虛十，危十七，營室十六，東壁九，奎十六，婁十二，胃十四，昴十一，畢十六，觜嶲二，參九，東井三十三，輿鬼四，柳十五，星七，張、翼各十八，軫十七，凡二十八宿也。"《天文訓》中記載了以赤道為標準的二十八宿每宿的距度，也就是沿赤道上所測得的其初點之距離。二十八宿各宿的距度總和為三百六十五度四分度之一。《天文訓》中的"赤道宿度"，為《漢書》、《後漢書》等十一部正史所收錄，可知其科學性已達到很高的程度。

二十八宿與國家治理、農業生產關係密切。《史記·律書》："在璇璣玉衡，以齊七政，即天地二十八宿。"這裏引用《尚書·堯典》的記載，觀察北斗七星，列出了七項政事，也就是要考察二十八宿的運行情況，制定相應的政策和措施。《主術訓》中記載："昏張中，則務種穀。大火中，則種黍菽。虛中，則種宿麥。昴中，則收斂畜積，伐薪木。"南方朱雀七宿之一的"張"星黃昏出現在中天，時值春三月，要種植粟子、小米等穀類。東方蒼龍七宿之一的"大火"（即"心"宿）出現在中天，正值四月，要種植黍類和豆類。北方玄武七宿之一的"虛"星出現在中天，時為八月，要種植越冬小麥。西方白虎七宿之一的"昴"星正中南天，時值季秋之月，要收穫、貯藏、砍伐薪木。可知研究二十八宿的運行規律，對於人類生存和社會發展起到了重要的作用。

二十八宿的起源可能遠在周代。《尚書·堯典》中有"四中星"，即火（心）、虛、昴、鳥四宿。《夏小正》有大火（心）等六個宿名。《詩經》中有箕、斗等八個星名。1978年在湖北隨縣出土的戰國早期曾侯乙墓中，有二十八宿箱蓋。蓋面用紅漆繪青龍、白虎、卷雲紋，中心用粗筆寫一個篆文"斗"字，"斗"字四周用篆文寫有二十八宿名稱。《淮南子》繼承了先秦二十八宿研究的成果，在方向、位置、距度、功用等方面，加以深入探測、研究、總結和規範，構建了二十八宿的科學體系，在天文學研究史上，具有很高的價值。

其二，《淮南子》對五星運行規律進行了全面的研究。五星是圍繞太陽運行的主要行星，我國古代在三千年前就已經發現。1973年長沙馬王堆三號漢墓出土《五星占》，記載了五星的運行規律。《五星占》成書約在公元前170年，距《淮南子》成書約三十年。《淮南子》從中吸取了有價值的成分，並加以擴充，成為其天文模式的主要組成部分。

《天文訓》："何謂五星？東方木也，其帝太皞，其左句芒，執規而治春，其神為歲星，其獸蒼龍，其音角，其日甲乙。"這裏組成了五星（木、火、土、金、水）、五方之帝（太皞、炎帝、黃帝、少昊、顓頊）、五帝之佐（句芒、朱明、後土、蓐收、玄冥）、五器（規、衡、繩、矩、權）、四季（春、夏、秋、冬)、五神(歲星、熒惑、鎮星、太白、辰星)、五獸(蒼龍、朱鳥、黃龍、白虎、玄武)、五音(角、徵、宮、商、羽)、五日(甲乙、丙丁、戊己、庚辛、壬癸)等以陰陽家"五行"為核心的"五星"體系。而《五星占》中僅有五帝、五佐和五神。

《天文訓》中測定了五星行度：

(木)太陰在四仲，則歲星行三宿；太陰在四鉤，則歲星行二宿。二八十六，三四十二，故十二歲而行二十八宿。日行十二分度之一，歲行三十度十六分度之七，十二歲而周。

(火)熒惑常以十月入太微。

(土)鎮星以甲寅原始建斗，歲鎮行一宿。日行二十八分度之一，歲行十三度百一十二分度之五，二十八歲而周。

(金)太白原始，以正月建寅，與熒惑(當為營室)晨出東方，二百四十日而入，入百二十日而夕出西方；二百四十日而入，入三十五日而復出東方。

(水)辰星正四時，常以二月春分效奎、婁，以五月夏至效東井、輿鬼，以八月秋分效角、亢，以十一月冬至效斗、牽牛。出以辰戌，入以丑未，出二旬而入。晨候之東方，夕候之西方。

木星，先秦叫"歲星"。其恒星運行周期是 12 年，今測得是 11.86 年。根據木星 12 年的運行周期，將天空分為 12 次，每年運行一次。從春秋時代起，便用歲星來紀年。秦代及漢初(前 246—前 177)使用的就是歲星紀年法。以後發展為"太歲(歲陰)紀年"，進而發展為干支紀年。《天文訓》中有完整的太歲紀年法和干支紀年法，形成了科學的紀年系統。土星，其運行周期為 28 年。《五星占》是 30 年，今測得值是 29.46 年。金星，其運行周期 635 日，《史記》是 625 日，《五星占》是 584 日，今測得值是 583.92 日。水星，在二月春分之時，出現在奎、婁二宿；五月夏至之時，出現在井、鬼二宿；八月秋分之時，出現在角、亢二宿；十一月冬至之時，出現在斗、牽牛二宿。觀測水星的位置，可以確定二分、二至的時節。

其三，《淮南子》中完整建立了二十四節氣的科學體系。《左傳》昭公十七年有"司分"、"司至"、"司啟"、"司閉"，即春分、夏至、秋分、冬至的記載。《夏小正》中有啟蟄、雨水等節氣。《呂氏春秋》記載了立春、日夜分(春分、秋分)等十個節氣。從春秋經秦代，到了實現大一統的漢朝，淮南王劉安和他的門客最終完成了二十節氣的研制。

《天文訓》中記載："兩維之間九十度十六分度之五，而斗日行一度，十五日為一節，以生二十四時之變。斗指子，則冬至，音比黃鐘……加十五日指壬，則大雪，音比應鐘。加十五日指子。"

《淮南子》中用北斗斗柄運行的方向來確定二十四節氣。二十四節氣構成了天象、節令、氣溫、降雨、降雪、物候、農事、政事、音律、干支等相結合的科學體系，成為古代人民掌握自然規律,發展農業生産,振興國家經濟的重要指導原則。施行二千多年,至今仍然熠熠生輝。

其四,《淮南子》對天地起源和宇宙模式也進行了探索。騶衍所說的"天地未生"、"天地剖判",就是研究天地起源的問題。

對宇宙起源首先進行研究的是道家,騶衍應該吸收了道家的觀點。《老子》、《文子》、《列子》、《莊子》等著作中,都涉及了天地的起源問題。《老子》四十章:"天下萬物生於有,有生於無。"《老子》二十五章:"有物混成,先天地生……可以爲天下母。"《老子》四十二章:"道生一,一生二,二生三,三生萬物。"這裏的"無"、"混成"、"道",就是宇宙未形成時的最原始景象。《莊子·齊物論》中進一步做了發揮:"有始也者,有未始有始也者,有未始夫未始有始也者。有有也者,有無也者,有未始有無也者,有未始夫未始有無也者。"這裏對天地萬物從"無"生"有"的演化,分爲七個階段。

《淮南子》對道家和陰陽家的宇宙起源論有所繼承。《天文訓》中說:"天地未形,馮馮翼翼,洞洞灟灟,故曰太昭。道始於虚霩,虚霩生宇宙,宇宙生氣,氣有漢垠。""氣"的相互作用,進而生出天地、陰陽、四季、萬物、日、月。《精神訓》中指出:"古未有天地之時,惟象無形。窈窈冥冥,芒芠漠閔,澒濛鴻洞,莫知其門。有二神混生……於是乃别爲陰陽,離爲八極;剛柔相成,萬物乃形;煩氣爲蟲,精氣爲人。"這裏指出,從"無形"中生出陰陽、八極、萬物、蟲類和人類。《俶真訓》中對《莊子·齊物論》的觀點進行了闡釋:把從天地開闢到萬物形成由近及遠分成三個階段,又把現實世界從"無"到"有"四個發展階段進行了橫的剖析,也解答了鄒衍天地"未生"和"剖判"的問題。當然,這種宇宙生成論雖然不符合科學實際,但是它把宇宙的發展歸結爲物質世界的發展變化,這就從上帝造物說的傳統觀念中徹底解放了出來。

其五,對於天、地的結構,《淮南子》中由"天圓地方"說轉化爲"蓋天說"。天圓地方說較早見於《吕氏春秋》、《楚辭》等著作。《吕氏春秋·季春紀》中有"天道圓,地道方"的記載。《天問》中問道:"圜則九重,孰營度之?斡維焉繫,天極焉加?八柱何當,東南何虧?"圜天有九重,方州有九個,四邊有四極。《淮南子·天文訓》:"昔者共工與顓頊争爲帝,怒而觸不周之山,天柱折,地維絶。天傾西北,故日月星辰移焉;地不滿東南,故水潦塵埃歸焉。"這裏的"天柱"、"地維",便是"天圓地方"的構架設計。《覽冥訓》:"往古之時,四極廢,九州裂,天不兼覆,地不周載……於是女媧煉五色石以補蒼天,斷鼇足以立四極……背方州,抱員天。"這二則神話的背景,就是"天圓地方"說。

《淮南子》中對"蓋天說"也有記載。對於"蓋天說"的天體運行,《天文訓》中說:"紫宫執斗而左旋。""北斗之神有雌雄,十一月始建於子,月徙一辰,雄左行,雌右行。""月從右行四仲。"這裏記載的是以北極爲中心,以北斗斗柄旋轉爲標準的天體周日、周年視運動,即左旋。而歲星和日、月、五星的周年視運動,即右旋。在蓋天說的宇宙模式中,組成了九野、五星、八風、二十八宿等完整的天象系統。而這個系統中,有的可以用儀表測量而得到科學的資料。《天文訓》中就有測量天高的記載:"欲知天之高,樹表高一丈,正南北相去千里,同日度其陰,北表二尺,南表尺九寸,是南千里陰短寸,南二萬里則無景,是直日下也。陰二尺而得高一丈者,南一而高五也，則置從此南至日下里數，因而五之，為十萬里，則天高也。若使景與表等，則高與遠等也。"這是古代第一次利用相似三角形和畢氏定理，來測量天高的方法。並得出了天高"十萬里"，"千里影差一寸"的結果。當然，這種測量的結果是錯誤的。因為大地是一個球形，而不是一個平面。但是《淮南子》開創了利用數學測量方法研究天、地關係的先例，對於其後成書的數學名著《周髀算經》等產生了一定的影響。

三、《淮南子》説"地"

騶衍"大九州"的大地模式，認為"中國名曰赤縣神州"，而"中國外如赤縣神州者九，乃所謂九州也"，這就是所謂"大九州"。騶衍的大地模式的價值在於：首先，在戰國中期，陰陽家就建立了類似今世界圖式的概念，認為"赤縣神州內自有九州"，這就是《禹貢》中的"九州"，也稱為小九州，"中國"本土僅為世界的九分之一。這就徹底突破了儒家小九州的狹隘、封閉的地理觀念，從而樹立了全新的、宏觀的大地觀。其次，確立了大地是由陸地和海洋（裨海、大瀛海）交錯而組成的結構，這已經與今世界大洲、大洋的結構相當接近。

騶衍的大地模式影響深遠，得到了戰國、秦、漢學者的回應，而《山海經》、《楚辭·天問》、呂不韋和《呂氏春秋》、劉安和《淮南子》等，就是這一學說的追隨和弘揚者。《淮南子·地形訓》："地（形）之所載，六合之間，四極之內，昭之以日月，經之以星辰，紀之以四時，要之以太歲。天地之間，九州八極。"這裏的記載，與《山海經·海外南經》相同。這裏的"九州"就是騶衍的大九州。

小九州的記載很多。《尚書·禹貢》中分為冀州、兗州、青州、徐州、揚州、荊州、豫州、梁州、雍州。《周禮·夏官·職方氏》、《左傳》昭公四年、《墨子·尚賢上》、《莊子·秋水》、《爾雅·釋地》、《逸周書·成開解》等皆有記録，只是具體地名稍有不同。

騶衍的"大九州"名稱已佚。完整的記載見於《淮南子·地形訓》：

何謂九州？東南神州曰農土，正南次州曰沃土，西南戎州曰滔土，正西弇州曰並土，正中冀州曰中土，西北台州曰肥土，正北濟州曰成土，東北薄州曰隱土，正東陽州曰申土。

九州之大，純方千里。九州之外，乃有八殥，亦方千里。

八殥之外，而有八紘，亦方千里。

八紘之外，乃有八極。

《地形訓》中的"九州"，同延伸的八殥、八紘、八極等組合在一起，包括陸地——海洋——陸地——山脈等，共同構成了"大九州"的完整大地模式。

"大九州"模式設計的理論依據,是同"天文"相對應,進而構成了天、地相結合的統一模式。它同九個方位、九個地支、九個月曆法以及農事、氣象、物候等緊密融合在一起。可以知道,它不是小九州轄區範圍的簡單擴大。"大九州"的具體內容有:神州:東南方,方位為辰,對應三月。次州:正南方,方位為午,對應五月。戎州:西南方,方位為申,對應七月。弇州:正西方,方位為酉,對應八月。冀州:中央區域。台州:西北方,方位為亥,對應十月。濟州:北方,方位為子,對應十一月。薄州:東北方,方位為寅,對應正月。陽州:正東方,方位為卯,對應二月。

對於大地的長度,《淮南子》中也作了記載。《天問》中曾問:"南北順橢,其衍幾何?"《地形訓》中回答:"闔四海之內,東西二萬八千里,南北二萬六千里。"其説當來源於《山海經·中山經》:"天地之東西二萬八千里,南北二萬六千里。"《海外東經》相同。可知大地東西長,南北短,就是説,經短緯長,略呈橢圓形。這就同騶衍的"八十一分之一"、"九分之一"的"地方"説,略有不同。

《淮南子》對天地四極的距離也有記載。《天問》中問:"東西南北,其修孰多?"《地形訓》中回答:"禹乃使太章步自東極,至於西極,二億三萬三千五百里七十五步;使豎亥步自北極,至於南極,二億三萬三千五百里七十五步。"劉昭注《後漢書·郡國志》引《山海經·海外東經》作"西垂"、"北垂"。《吕氏春秋·有始》作:"凡四極之內,東西五億有九萬七千里,南北亦五億有九萬七千里。"《廣雅·釋天》作:"天圓廣南北二億三萬三千五百里七十五步。東西短,減四步。"其記載略有不同。這裏説,大禹讓太章、豎亥測量了天地四極之間的距離,《淮南子》、《吕氏春秋》的結論是:東、西、南、北方向的距離相等。這就符合古代"蓋天"説的規定。但是,由於騶衍、《山海經》、《楚辭》、《吕氏春秋》、《淮南子》等尚未發展到"渾天説",所以其"大九州"模式是有缺陷的,其中不乏荒誕的成分。

《淮南子》認為,昆侖山為天地之中,可以溝通天地、神靈和人類。《天問》中問:"昆侖縣圃,其凥安在?增城九重,其高幾里?"《地形訓》中回答:"掘昆侖虛以下地。中有增城九重,其高萬一千里百一十四步二尺六寸。""昆侖之丘,或上倍之,是謂涼風之山,登之而不死;或上倍之,是謂懸圃,登之乃靈,能使風雨;或上倍之,乃維上天,登之乃神,是謂太帝之居。"《水經注·河水》:"昆侖墟在西北,去嵩高五萬里,地之中也。其高萬一千里。"與《淮南子》記載相似。而《山海經·海內西經》中説:"昆侖之墟,方八百里,高萬仞。"則與《淮南子》略有不同。

在"大九州"思想指導下,《淮南子》採納了《山海經》的觀點,對海外異國也做了記載。《地形訓》:"凡海外三十六國:自西北至西南方,有白民、女子民……自西南至東南方,裸國民、三苗民……自東南至東北方,有玄股民、勞民……自東北至西北方,有深目民、一目民……"這些奇怪的人類,比如黑人"勞民"、白人"白民",很顯然不是中國九州之民族。

可以知道,《淮南子》在吸收騶衍、《山海經》、《楚辭》、《吕氏春秋》關於大地理論研究的基礎上,在"大九州"的構成、大地經緯的長度、天地四極與天之距離、昆侖山天地中心之定位等方面進行了有益的探索,遠遠超出了騶衍中國居天下"八十一分之一"的局限。但是,由於"天圓地方"説和"蓋天説"理論的缺陷,其測量結果自然存在着很大的錯誤。應該肯定的是,《淮南子》學派對天、地奥秘的探索精神,確實是不同流俗的。

四、《淮南子》的陰陽、五行觀

鄒衍"深觀陰陽消息",《淮南子》推而廣之,把陰陽的變化規律運用到研究天地和自然萬物的一切演變之中。

陰陽的對立和統一,成為宇宙萬物變化的根源。《天文訓》:"天地以設,分而為陰陽。陽生於陰,陰生於陽。陰陽相錯,四維乃通。或生或死,萬物乃成。"天地分為陰陽,陰陽進而產生春、夏、秋、冬"四維",有了"四維",才有了春生、夏長、秋收、冬藏,才有了萬物的生長和收穫。

自然天象的形成和變化,陰陽起到了關鍵的作用。《天文訓》:"日者,陽之主也。月者,陰之宗也。""陰陽相薄,感而為雷。陽氣盛,則散而為雨露;陰氣盛,則凝而為霜雪。"太陽、月亮、雷電、雨露、霜雪,都與陰陽關係密切。

陰陽是二十四節氣變化的理論依據。《天文訓》:"日冬至,則斗北中繩,陰氣極,陽氣萌,故曰冬至為德。""日夏至,則斗南中繩,陽氣盛,陰氣萌,故曰夏至為刑。""八月、二月陰陽氣均,日夜分平。"冬至,陰氣最盛;夏至,陽氣最盛。春分、秋分,陰陽二氣,勢均力敵。

陰陽與曆法緊密相連。《天文訓》:"太陰在寅,歲名曰攝提格,其雄為歲星,舍斗、牽牛,以十一月與之晨出東方,東井、輿鬼為對。"這裏記載的是歲星紀年法。木星(歲星)為雄,即為陽。太陰(歲陰、太歲)為雌,為陰。太陰有"攝提格—赤奮若"等十二個歲名,分別與"丑—寅"等十二支、"星紀—析木"等十二次、"斗、牛—尾、箕"等二十八宿、"十一月—十月"等十二月、"閼逢—昭陽"等十個歲陽相結合,組成了"歲星紀年法"。十二個"太陰"歲名,與十個"歲陽"之名,用來紀月和紀年。並且同干支紀年相結合,六十年一循環,周而復始。

鄒衍倡導"五德轉移",《漢書·藝文志》稱為"五德終始"。"五德轉移"學説,對秦、漢時代《呂氏春秋》、《淮南子》、《史記》等著作,以及秦始皇、漢高祖、張蒼、賈誼、漢武帝、董仲舒等人,都產生了很深的影響。

《淮南子》繼承了鄒衍"五德轉移"的思想。《齊俗訓》:"有虞氏之祀,其社用土,其服尚黄。夏後氏其社用松,其服尚青。殷人之禮,其社用石,其服尚白。周人之禮,其社用栗,其服尚赤。"許慎注:"鄒子曰:'五德之次,從所不勝。'故虞土、夏木、殷金、周火。"這樣就形成:舜(土、黄)→夏(木、青)→殷(金、白)→周(火、赤)的"五德轉移"。至於秦代、漢朝應該歸為何"德",《淮南子》中則沒有涉及,也並沒有參與當時漢代屬於"水德"或"土德"的討論。

《淮南子》記載了太陽曆紀年與五行之關係。《時則訓》:"孟春之月,盛德在木。天子衣青衣。"仲春、季春也屬"木"。孟夏、仲夏歸"火"。季夏歸"土"。孟秋、仲秋、季秋歸"金"。孟冬、仲冬、季冬歸"水"。終而復始,生生不息。

《淮南子》記載了五行與五臟之關係。《時則訓》:"孟春之月,盛德在木,祭先脾。"孟春、仲春、季春—脾(木)。孟夏、仲夏—肺(火)。季夏—心(土)。孟秋、仲秋、季秋—肝(金)。孟冬、仲冬、季冬—腎(水)。《時則訓》的記載與《古尚書》說相同。《說文》中說:"腎,水藏也。肺,金藏也。脾,土藏也。肝,木藏也。""心,人心,土藏。博士說以為火藏。"《黃帝內經·素問·藏氣法時論》:"肝主春(木),心主夏(火),脾主長夏(土),肺主秋(金),腎主冬(水)。"三家之說稍異。五行與五臟關係理論,成為中醫臟腑學說的重要內容。

《淮南子》中比較早的建立了五行相生相剋的理論。

對於五行相克,《地形訓》中說:"木勝土,土勝水,水勝火,火勝金,金勝木。故禾春生秋死,菽夏生冬死,麥秋生夏死,薺冬生中夏死。"高誘注:"麥,金也。金王而生,火王而死也。"這裏指越冬小麥,深秋種植(金),冬季生長,夏季(火)死亡(收穫)。可以知道,這是總結了自然萬物的盛衰變化而提煉出來的具有指導意義的客觀規律。

對於五行相生,可以同四季和五方的時空變化相結合。用天干、地支表示五行、五方、四季。《天文訓》:"甲乙寅卯,木也;丙丁巳午,火也;戊己四季,土也;庚辛申酉,金也;壬癸亥子,水也。水生木,木生火,火生土,土生金,金生水。"這樣,就形成木(東方、春)—火(南方、夏)—土(中央、四季)—金(西方、秋)—水(北方、冬)的相生順序,在時間和空間上周行不殆,循環往復。

《淮南子》認為,五行中的每一"行",都經過生長、壯大、死亡的過程,跨越三個季節。《天文訓》:"木生於亥,壯於卯,死於未,三辰皆木也。火生於寅,壯於午,死於戌,三辰皆火也。土生於午,壯於戌,死於寅,三辰皆土也。金生於巳,壯於酉,死於丑,三辰皆金也。水生於申,壯於子,死於辰,三辰皆水也。"比如"木",生於亥(冬,十月中),壯於卯(春,二月中),死於未(夏,六月中)。就是說,每一"行"完成一個週期,實際上經過了八個月,而不僅僅指強壯的春季"卯"月。這就深刻的揭示了萬物的盛衰規律。這裏的季節,中醫學上解讀為每天十二個時辰的人體臟腑的週期性強弱變化,對於防病治病,具有指導意義。

《淮南子》中首次確立了五行休王的觀點。《地形訓》:"木壯,水老,火生,金囚,土死;火壯,木老,土生,水囚,金死;土壯,火老,金生,木囚,水死;金壯,土老,水生,火囚,木死;水壯,金老,木生,土囚,火死。"就是說,每一"行",都要經過生、壯(王)、老(休)、囚、死的演化階段。《太平御覽·經史圖書綱目》載有《五行休王論》,如:"立秋,坤王,兌相,乾胎,坎沒,艮死,震囚,巽廢,離休。"五行休王理論,對古代中醫學產生了極大的影響,眾多醫籍都記載了這個理論。《黃帝內經·刺腰痛篇》王冰注:"肝王於春,木衰於夏。"《痹論篇》王冰注:"肝王春,心王夏,肺王秋,腎王冬,脾王四季之月。"

《淮南子》認為,以五行為代表的自然萬物,都是相反相成的,形成了一個互相制約的關係鏈。《地形訓》:"是故以水和土,以土和火,以火化金,以金治木,木復反土,五行相治,所以成器用。"這裏指出,五行相互依存,缺一不可,才能成為用具。在五行中,"土"是關鍵,五方中列於中央之位。《天文訓》："位有五材,土其主也。是故煉土生木,煉木生火,煉火生雲,煉雲生水,煉水反土。"

五、《淮南子》陰陽家理論的價值和缺陷

《淮南子》在漢武帝建元二年(前139)前成書,距離騶衍過世已經百年。陰陽家思想經過戰國、秦、漢的興盛和發展,已經成為影響極大的顯學。《淮南子》繼承了陰陽家"天"論、陰陽五行思想和"大九州"的理論,同道家的自然天道觀相結合,在宇宙論、天文、曆法、五行、地學等研究方面取得了突出的成就,當然,也帶有鮮明的時代印跡。

在天文研究方面,《淮南子》對北斗的運行規律,做了精確的觀測,確定北斗"日行一度"。對太微、紫宮、軒轅、咸池、天阿等天官系統的劃分,特別對"太微"與朱雀、北斗的運行,作了準確的記載。對太陽運行與二十八宿的位置、二十八宿與天球赤道的度數,進行了測定;確定了五星運行的軌跡與度數;同時對於彗星、太陽黑子(蹲烏)等,都有描述。特別在天文觀測方面,達到了當時的最高水準。當然,對於"天高"的測量,因為"蓋天說"理論的缺陷,而得出了錯誤的結論。

在曆法研究上,《天文訓》中制定了二十四節氣的完整運行體系;《時則訓》中以"孟春"為起點的十二月陽曆系統;《天文訓》中對十二"太陰"和十"歲陽"運行的歲星紀年法進行了總結;《天文訓》中依據太陽運行而規定了朝、昏十六時制;對月亮運行和"十九年七閏"的記載等,都具有很高的科學價值。

對於大地的探討,《淮南子》中既有中國的九州系統。《地形訓》:"土有九山,山有九塞,澤有九藪,風有八等,水有六品。"又有對"大九州"的探索。《地形訓》:"天地之間,九州八極。"《淮南子》中較早使用地球南北東西經緯座標的測量方法。《地形訓》:"凡地形,東西為緯,南北為經。"東漢高誘《呂氏春秋·有始》注中說:"子午為經,卯酉為緯。四海之內,經短緯長。"可以說,地球經緯線測量方法的確立,是劉安對地學研究的重要貢獻,也是對騶衍地學思想的重大發展。

《淮南子》運用幾何原理,對大地東西南北的長度進行了探測。《天文訓》:"欲知東西、南北廣袤之數者,立四表,以為方一里岠。"這樣可以測得大地東西、南北極的距離。當然這是立足於"蓋天說"地球是平面的理論,來進行測量的,資料是不準確的。但是開創了測量地球四極的先河,這個貢獻是巨大的。

《淮南子》建立了完整的"分野"說。把天區十二次、二十八宿同地上的國家聯繫在一起的,就是分野。"分野"的較早記載見於《國語·周語下》:"歲之所在,則我有周之分野也。"(吳)韋昭注:"歲星在鶉火。鶉火,周之分野。"《呂氏春秋·制樂》也有:"心者,宋之分野。"《天文訓》的"分野"說特別完整:"星部地名:角、亢,鄭;氐、房、心,宋;尾、箕,燕;斗、牽牛,越;須

女,吴;虚、危,齊;營室、東壁,衛;奎、婁,魯;胃、昂、畢,魏;觜嶲、參,趙;東井、輿鬼,秦;柳、七星、張,周;翼、軫,楚。""分野"說為《史記·天官書》《漢書·天文志》等歷代正史所繼承,成為古代研究天人關係的組成部分。"分野"說初期具有紀念意義。比如《國語·周語下》:"武王伐紂,歲在鶉火。""周"在"柳、七星、張",十二次中屬"鶉火"。《道應訓》:"武王伐紂,東面而迎歲。"就是說,歲星出現,對周人不利。周武王衝破危險,終於滅亡商朝,奪取了天下。但是,"分野"說後來被賦予了濃厚的"天人感應"色彩,距離本義越來越遠了。

在自然和人類關係上,《淮南子》強調"天人合一"。就是說,人類和自然之"天"是緊密的結合在一起的,這種觀點成為《淮南子》自然哲學的基礎。《精神訓》中說:"天地運而相通,萬物總而為一。"人類也包含在"萬物"之內。《泰族訓》:"天之於人,有以相通也。"就是說,人類和上天,是互相感應的。《本經訓》:"天地宇宙,一人之身也。"這裏指出,人體是小宇宙,天地是大宇宙。《淮南子》認為,人類生活在天地的"和氣"之中:"夫天之所覆,地之所載,六合所包,陰陽所呴,雨露所濡,道德所扶,此皆生一父母而閱一和也。"也就是說,"和氣"是構成"天人合一"的紐帶。

在天象與人體構形關係上,《淮南子》繼承了《黃帝內經·靈樞·邪客》的觀點,也進行了類比。《天文訓》:"孔竅肢體,皆通於天。天有九重,人亦有九竅;天有四時以制十二月,人亦有四肢以使十二節;天有十二月以制三百六十日,人亦有十二肢以使三百六十節。故舉事而不順天者,逆其生者也。"當然,探索人類的形體構成與自然之間的關係,強調順應天道,這是有意義的。但是把九重天、四時、十二月、三百六十日,與人體九竅、四肢、十二節、三百六十節聯繫起來,則缺乏一定的科學性。

"天人感應"的思想,源於《尚書·洪範》和《春秋》。秦、漢時代天人感應的思想特別盛行,並且成為漢代統治思想的重要組成部分。在《淮南子》中,自然之"天"和神靈之"天"並存。

作為自然之"天",《淮南子》中認為,世間萬物同"天"之間,皆有"物類相應","同氣相動"之關係。如《覽冥訓》:"東風至而酒湛溢,蠶咡絲而商弦絕,或感之也。"《天文訓》:"日冬至,井水盛,盆水溢,羊脫毛,麋角解,鵲始巢。"《要略》:"《精神》者,所以原本人之所由生,而曉悟:其形骸九竅取象,與天合同;其血氣,與雷霆風雨比類;其喜怒,與晝宵寒暑並明。"這些現象告訴人們,"物類之感,同氣之應"是普遍存在的。

對於神靈之"天",《淮南子》中認為,"天"對人類可以顯示出吉兆和凶兆,而人類的行為也可以影響到"天"。"天"顯示凶兆的,如統治者"失政",上天會降下災禍:"故正月失政,七月涼風不至;二月失政,八月雷不藏;三月失政,九月不下霜。"當然,遵循天道規律來進行施政,無疑是正確的。但是將異常天象,與"失政"聯繫在一起,顯然依據不足。《泰族訓》也有"逆天暴物,則日月薄蝕,五星失行,四時干乘,晝冥宵光,山崩川涸,冬雷夏霜"。關於顯示吉兆的,《泰族訓》中說:"精誠感於內,形氣動於天,則景星見,黃龍下,祥鳳至,醴泉出,嘉穀生,河不滿溢,海不溶波。"很顯然,這些說法缺乏依據。《淮南子》認為,人的善惡、冤屈、精誠等可以"上通於天","天"也同樣會作出反應。如《覽冥訓》中"庶女叫天,海水大出";魯陽公援戈揮日;"君臣乖心,則背譎見於天"。《道應訓》中"宋景公之時,熒惑在心","心"為宋分野,禍當在君。宋景公三個舉措感動上天,"天必有三賞君"。《天文訓》中:"人主之情,上通於天。故誅暴則多飄風,枉法令則多蟲螟;殺不辜則國赤地,令不收則多淫雨。"應該指出的是,神靈之"天"顯示吉凶的目的,就是藉以制約統治者。正如《要略》中所說:"使人有以仰天承順,而不亂其常者也。"就是說,天道是統治者的治政準則,凶兆是對執政者的譴責,吉兆是對執政者的褒揚。

《淮南子》在五行學說上確立了五行相生、相克的次序,被歷代各家和不同學派所遵循。《淮南子》同時保留了兩種不同的生、克記錄,反映了戰國至漢初流行的不同的生、克觀。相"生"的次序有二:其一,《天文訓》:"水生木,木生火,火生土,土生金,金生水。"董仲舒《春秋繁露·為人者天》、《漢書律·曆志下》等與之相同。此說成為主流。其二,《地形訓》:"煉土生木,煉木生火,煉火生雲,煉雲生水,煉水反土。"《天文訓》:"虎嘯而谷風至,龍舉而景雲屬。"高誘注:"虎,土物也。風,木風也。木生於土,故虎嘯而谷風至。龍,水物也。雲生水,故龍舉而景雲屬。"高誘之注,似覺牽強。相"克"的次序也有二:其一,《地形訓》:"木勝土,土勝水,水勝火,火勝金,金勝木。"葛洪《抱朴子·內篇》、張君房《雲笈七籤》卷十二等從之。此說亦為主流。其二,《地形訓》:"以水和土,以土和火,以火化金,以金治木,木復反土。"其中"以土和火"的記載不同。

可以知道,以鄒衍為代表的陰陽家學說,經過戰國、秦、漢的長期發展,已經在陰陽五行學說、天學、地學、歷史觀等方面產生了深遠的影響,並且成為秦、漢統治思想的組成部分。兩千多年來,已經融入中國的傳統思想、文化和科學之中。被近代學者梁啟超在《中國近三百年學術史》中稱為"漢人著述中第一流也"的《淮南子》,在黃老道家的自然天道觀中,也充分吸收了鄒衍陰陽家學說的思想精華,在《俶真》、《天文》、《地形》、《時則》、《精神》、《泰族》等篇章中,全面繼承和發展了陰陽學說,在中國諸子中獨樹一幟,留下了精彩的篇章。

[作者簡介] 陳廣忠(1949—),男,安徽淮南人。現為安徽大學文學院教授,主要從事古典文獻學、古代文學、漢語史等研究,著作有《全本全注全譯淮南子》、《劉安評傳》、《淮南子科技思想》、《淮南子斠詮》、《淮南子研究書目》等,並發表論文數十篇。

論《淮南子》與"智伯"其人

汪春泓

章學誠以為"六經皆史",若按之於子部,古人撰寫子書,亦不外乎借人、事以闡述己見,所以子部書與"史"同樣關係密切。馮友蘭《中國哲學史》說:"自孔子至淮南王為'子學時代',自董仲舒至康有為則'經學時代'也。"①《淮南子》代表着"子學時代"終結,可見武帝一朝,處在戰國自由和一統禁錮的決戰之際,劉安若將不平置於肚中,不過屬腹誹耳,然書於竹簡,那就等於在政壇、思想界,公然挑戰武帝,其意義非凡。關於其書所涉及歷史人物和事件,實際上尚未作出仔細梳理,而就此一角度探索,對深化淮南王劉安及《淮南子》的研究,亦可帶來新動力。

《淮南子》談及歷史人物,林林總總,不勝枚舉,韓、趙、魏三家分晉,標誌戰國時代開端,所以有關"晉六卿",尤其其中之一智伯(或作知伯),劉安或《淮南子》特別注意,頻密談及其人其事。而為何對智伯情有獨鍾,想必其人的作為、命運等激起了劉安的聯想和共鳴。此種聯繫往往在當朝政治與智伯之間展開,因此,此人被列為判斷世事重要參照,智伯亦成為當代的一面鏡子,所謂殷鑒不遠也。

一、智伯驕橫和武帝貪婪

高祖劉邦分封子弟,其身後朝廷啟動削藩,兩者之間潛藏必然的因果關係,實在不可避免。在武帝之前,《漢書·諸侯王表》記載:"而藩國大者跨州兼郡,連城數十,宮室百官同制京師,可謂撟枉過其正矣。"此種國中之國局面難以長久維繫,景、武之時,削藩行動緊鑼密鼓,景帝時平定七國之亂;至武帝時,殘存諸侯大國,像淮南王國等,就成為待宰羔羊。得勢者,會乘勢追逼,而失勢者,則稽顙乞求而不得,此乃王權政治必然屬性。

---

① 馮友蘭《中國哲學史》,華東師範大學出版社 2000 年版,上册第 296 頁。最近李學勤先生根據清華竹簡,得出結論,認為戰國中期偏晚,連楚地都有儒家經典廣泛流傳,所以,認為戰國就是一個"子學時代",有失偏頗。事實上,當時"子學"和"經學"幾乎同樣興盛。

《淮南子》各篇，誠如高誘《敍目》所謂，具有"出入經道"的特點，然其中一篇《人間訓》，卻一改說"世間詭異瓌奇之事"的風格，顯得既平實又尖銳，論史與現實相掛鈎，雖然隱晦，卻顯然集矢今上，抨擊武帝貪欲無道。此篇反映淮南王處境微妙，其憂患、憤懣及幻想，在其間暴露無遺，猶如絕望之時，發出最後抗爭的聲音。而述說這一切，反映淮南王複雜多面的內心世界，亦幾乎可以在此篇中得到求證。在《人間訓》中，智伯成為其借古諷今的關鍵人物。《漢書·陸賈傳》記載陸賈說："昔者吳王夫差、智伯極武而亡；秦任刑法不變，卒滅趙氏。"可見不止淮南王，當時士人對智伯都比較熟悉。智伯（或知伯）（？—前453），即知伯瑶（智伯瑶），由於智氏出自荀氏，故在《左傳》中，又稱之為荀瑶，智伯的"伯"字，可能是排行，也可能是謚號或爵稱①，他本是晉六卿中最強大的，最終因過於強橫而失敗，最後形成三家分晉局面，可是智伯卻出局了。《人間訓》通過智伯這一符號，令讀者看到"今上"之行徑，換言之，當代人物在重蹈智伯之覆轍，這種隱喻或暗示在此篇中可謂無處不在。

　　淮南王和中央朝廷矛盾焦點在於封邑領土，經歷景帝朝削藩勝利，武帝朝侵犯諸侯權益、褫奪諸侯郡戶，已視諸侯為刀俎上之魚肉矣。淮南王比武帝高一輩，是高祖之孫，雖然在政治上不敵武帝勢大，然在其內心卻依然以漢朝嫡系繼承者自居，自然對武帝其人深不以為然。

　　《淮南子·人間訓》說："張武教智伯奪韓、魏之地而擒於晉陽。"《淮南子·氾論訓》說："趙襄子以晉陽之城霸，智伯以三晉之地擒。"②擒或禽，在古漢語中經常用指在戰爭中被殺死，文、景、武三帝，其身邊總有一些遊說建言帝王削藩的謀士，譬如賈誼、晁錯之輩，諸侯對此輩有食肉寢皮之恨，他們不正是慫恿智伯侵奪韓、魏之地的張武嗎？而最後的結局是令智伯死於非命，智伯亦罪該萬死！

　　《淮南子·人間訓》記載智伯招致禍害的緣由："智伯求地於魏宣子，宣子弗欲與之。任登曰：'智伯之強，威行天下，求地而弗與，是為諸侯先受禍也。不若與之。'宣子曰：'求地不已，為之奈何？'任登曰：'與之，使喜，必將復求地於諸侯，諸侯必植耳。與天下同心而圖之，一心所得者，非直吾所亡也。'魏宣子裂地而授之。又求地於韓康子，韓康子不敢不予。諸侯皆恐。又求地於趙襄子，襄子弗與。於是智伯乃從韓、魏圍襄子於晉陽。三國通謀，禽智伯而三分其國。此所謂奪人而反為人所奪者也。"面對七王的悲慘下場，淮南王感同身受，其兔死狐悲之感至為強烈。武帝所繼承的，恰好是景帝削藩勢如破竹的大好形勢，所等待淮南王者，無非與七王一樣，任其宰割，自己行將一無所有，此種焦慮非他人所能體會。因此，淮南王視景、武二帝高舉削藩之利劍，乃多行不義，一如智伯得寸進尺，欲壑難填。《淮南子·齊俗訓》說："智伯有三晉而欲不澹，林類、榮啟期衣若縣衰而意不慊。"上天不會永遠眷顧得意者，武帝最後也會

---

① 參見李學勤《先秦人名的幾個問題》，收於李學勤《古文獻叢論》一書中，中國人民大學出版社2010年版。
② 何寧《淮南子集釋》，北京中華書局1998年版，分別在第1237頁和911頁。關於智伯事蹟，也可參見《戰國策》之《趙策》，而劉向編撰所根據文獻，除了戰國縱橫家書一類材料外，《淮南子》等劉安著述當也在其視野之內。

遇到剋星，然後，受壓迫的諸侯王團結一致，同仇敵愾，推翻武帝寶座，武帝亦如智伯一樣，慘死敵手，諸侯王得以一泄胸中積壓已久之忿恨。此節文字，淮南王對"奪人而反為人所奪者也"，寄寓不可告人之幻想。

而《淮南子·人間訓》又云："秦亡趙政兼吞天下而亡，智伯侵地而滅。"這看似將智伯慘劇等同秦王朝的覆滅，而實質上所指，乃暗喻武帝也會像秦始皇與智伯一樣，飽嘗貪得無厭的惡果。《淮南子·兵略訓》說："智伯有千里之地而亡者，窮武也。"與之相類，窮兵黷武的武帝也會自取滅亡。

《淮南子·人間訓》敘述："張武為智伯謀曰：'晉六將軍，中行文子最弱，而上下離心，可伐以廣地。'於是伐范、中行，滅之矣。又教智伯求地於韓、魏、趙。韓、魏裂地而授之，趙氏不與，乃率韓、魏而伐趙，圍晉陽三年。三國陰謀同計，以擊智氏，遂滅之。此務為君廣地者也。夫為君崇德者霸，為君廣地者滅。故千乘之國，行文德者王，湯、武是也；萬乘之國，好廣地者亡，智伯是也。"此處《人間訓》不憚煩地復述智伯走向不歸路的過程，警告朝廷，要行仁政，大臣切莫一味引誘武帝占據土地，逼迫諸侯，以至藩國無立錐之地，屆時武帝會像智伯一樣，陷於孤立和滅亡。

《漢書·荊燕吳傳》借吳王劉濞之口說："楚元王子、淮南三王或不沐洗十餘年，怨入骨髓。"不管此言之真假，總之淮南王與朝廷存在着不可解的矛盾，這是毋庸置疑的。《淮南子·人間訓》說："昔者智伯驕，伐范、中行而克之，又劫韓、魏之君而割其地。尚以為未足，遂興兵伐趙。韓、魏反之，軍敗晉陽之下，身死高梁之東，頭為飲器，國分為三，為天下笑。此不知足之禍也。老子曰：'自足不辱，知止不殆，可以修久。'此之謂也。"《淮南子·道應訓》說："異日，知伯與襄子飲而批襄子之首，大夫請殺之，襄子曰：'先君之立我也，曰能為社稷忍羞，豈曰能刺人哉！'處十月，知伯圍襄子於晉陽，襄子疏隊而擊之，大敗知伯，破其首以為飲器。故老子曰：'知其雄，守其雌，其為天下谿。'"而智伯如何斃命？《人間訓》、《道應訓》特為提供細節，智伯陳屍於高梁之東，而且其頭顱被其死敵趙襄子製成飲器，可謂死得很慘，死得屈辱，卻純屬咎由自取，對於劉安而言，安慰自己，先忍耐心頭的怒火，等待仇人身敗名裂，此真大快人心啊！

《淮南子·齊俗訓》說："故鼇負羈之壺餐，愈於晉獻公之垂棘；趙宣孟之束脯，賢於智伯之大鐘。故禮豐不足以效愛，而誠心可以懷遠。"武帝崇儒，不過緣飾耳，實際上，所推行的乃儒表法裏的酷吏之政；《淮南子·道應訓》說："昔趙文子問於叔向曰：'晉六將軍，其孰先亡乎？'對曰：'中行、知氏。'文子曰：'何乎？'對曰：'其為政也，以苛為察，以切為明，以刻下為忠，以計多為功。譬之猶廓革者也，廓之，大則大矣，裂之道也。'故老子曰：'其政悶悶，其民純純；其政察察，其民缺缺。'"暗指武帝暴政苛刻，其行不遠。

此種敘述無疑借智伯之酒杯，以澆自家之塊壘。所抒發者，乃失敗者劉安之幻想，同時也告誡當權者，不要欺人太甚！

二、借豫讓效忠智伯捍衛君、臣之尊嚴

　　淮南王雖然不是漢家天子,但起碼也是諸侯國國君,所以他很關注君臣之相與。楊樹達《春秋大義述》寫作在1940年,當時日寇肆虐,自有其特殊時代背景痕迹。陳立夫為之作序說:"……故春王正月,協時月正日,為一法度之始。大一統以奉法度為先,專命者固聖人所深惡痛絶者也。是以救諸夏必攘夷狄,攘夷狄必大一統,二者相因而成,此旨明則大義昭然於天下,披髮左袵之危,乃可得而免耳。"①陳氏在國家主義立場上來談《春秋》大義,比較接近漢武帝崇儒之初衷;而此書作者楊樹達在卷首所撰寫的《凡例》中則能兼顧到君臣之間平衡,其《凡例》六指出:"漢代大儒,首推董子……蓋漢代尤重《春秋》之學,董仲舒以之折獄……知通經本所以致用,經義大可以治事。"其《凡例》十五強調:"古之設君,所以為民也。"此點最能得董氏《春秋學》之精髓,君應尊天,而天其實正是民心民意代名詞,如此方能成為一代明君;而人民也必須尊重天子,故其《凡例》十八說:"封建之世,上有天子,下有諸侯大夫,等級較然,不可或紊。或謂今日治為民主,《春秋》尊尊之義不適合於今日者,此謬說也。"楊氏十分全面地祖述董氏《春秋學》,展現學者良知;段熙仲《春秋公羊學講疏》第三章說:"正文教之始,何以必大一統?《坊記》曰:'天無二日,土無二王,家無二主,尊無二上,示民有君臣之别也……'"②此確實亦屬《春秋公羊學》要旨之一,此點尤為專制君主所讚賞者也。但是,戰國至漢初,士人尚保有獨立之精神和自由之思想,令臣義無反顧,效忠於君,實在勉為其難。武帝大一統,實際上,就是將此獨立性和自由度收窄甚至取締,值此社會大變遷,淮南王恰處於思想紛爭的風口浪尖。

　　而身世、境遇決定個人之立場,危機之中的劉安,他一方面憂懼來自朝廷的步步緊逼,另一方面則又擔心牆倒衆人推,被自家群臣所抛棄,他亟需身邊群臣的忠誠及呵護,所以其君臣觀有别於武帝的不可一世,他主張君臣互敬互助,亦較接近董氏學說。

　　按《淮南子·人間訓》說:"智伯率韓、魏二國伐趙,圍晉陽,決晉水而灌之。城下緣木而處,縣釜而炊。襄子謂張孟談曰:'城中力已盡,糧食匱乏,大夫病,為之奈何?'張孟談曰:'亡不能存,危不能安,無為貴智。臣請試潛行,見韓、魏之君而約之。'乃見韓、魏之君,說之曰:'臣聞之,唇亡齒寒。今智伯率二君而伐趙,趙將亡矣。趙亡,則君為之次矣。及今而不圖之,禍將及二君。'二君曰:'智伯之為人也,粗中而少親。我謀而泄,事必敗。為之奈何?'張孟談曰:'言出君之口,入臣之耳,人孰知之者乎?且同情相成,同利相死,君其圖之!'二君乃與張孟談陰謀,與之期。張孟談乃報襄子。至其日之夜,趙氏殺其守堤之吏,決水灌智伯。智伯軍

---

① 楊樹達《春秋大義述》,上海古籍出版社2007年版,第1頁。
② 段熙仲《春秋公羊學講疏》,南京師範大學出版社2002年版,第38頁。

救水而亂,韓、魏翼而擊之,襄子將卒犯其前,大敗智伯軍,殺其身而三分其國。襄子乃賞有功者,而高赫為賞首。群臣請曰:'晉陽之存,張孟談之功也。而赫為賞首,何也?'襄子曰:'晉陽之圍也,寡人國家危,社稷殆,群臣無不有驕侮之心者,唯赫不失君臣之禮,吾是以先之。'由是觀之,義者,人之大本也。"①在《人間訓》內,這一段文字最詳盡地記敍了智伯伐趙,最後被三家聯手所殺始末,然而,其用意在於:危亂之際,作為臣,當"不失君臣之禮"。自老淮南王劉長,至淮南王劉安,漢高祖此一系子孫時常處於內外交困之中,所謂攘外必先安內,淮南王國之內,若君臣之禮盡失,內部已然不成體統,然則抵禦朝廷進逼則更無從談起,故劉安非常在乎此點,渴望臣下保持對自己的尊敬。固守君臣之禮,成為維繫淮南王藩國君主自信的基礎。

然而,淮南王作為失勢藩國君主,深悉要獲得臣下之忠心,絕對非理所當然那般簡單。於是,智伯與其忠臣豫讓的故事令淮南王津津樂道。漢初以來,譬如賈誼君臣觀,亦屬戰國之餘響,其《新書·諭誠》也敍述豫讓事跡,賈誼《新書·大政》説:"君必擇其臣,而臣必擇其所與。"②印證文帝時,臣堅持主體意識,絕不愚忠;而與淮南王劉安同時代的司馬遷也在《史記·刺客列傳》等中記述豫讓故事,豫讓代表士人之時代精神。《戰國策·趙策一》説:"晉畢陽之孫豫讓,始事范、中行氏而不説,去而就知伯,知伯寵之。及三晉分知氏,趙襄子最怨知伯,而將其頭以為飲器。豫讓遁逃山中曰:'嗟乎!士為知己者死,女為悦己者容。'吾其報知氏矣……"③此後,趙襄子亦為豫讓義舉所感動,答應豫讓劍擊自己的衣服,以象徵為智伯報仇,豫讓隨即伏劍自殺,此事跡可謂驚心動魄。

這個故事説明一個事實,豫讓報君,具有自我選擇的自由,智伯禮遇自己,豫讓於是知恩圖報,捨身忘死,否則,先與范、中行氏有君臣名分,由於未得到尊重,他亦盡可棄之不顧。此代表君臣互報的觀念,實與大一統迥然不同。時勢令淮南王認同這樣的君臣觀,其《淮南子·齊俗訓》説:"豫讓、要離非不知樂家室、安妻子以偷生也,然而樂推誠行,必以死主,故不留也。"人都有家庭內外之選擇,家室令人溫馨和留戀,可是豫讓放棄家庭,"必以死主",此種義薄雲天的行為,令為臣者肅然起敬,無比景仰。然而,作出如此抉擇,並非無緣無故,劉安即使生於深宮之中、長於婦人之手,亦明白其中原委。

《淮南子·主術訓》也復述豫讓故事,並總結曰:"夫臣主之相與也,非有父子之厚,骨肉之親也,而竭力殊死,不辭其軀者,何也?勢有使之然也。昔者豫讓,中行文子之臣,智伯伐中行氏,併吞其地,豫讓背其主而臣智伯。智伯與趙襄子戰於晉陽之下,身死為戮,國分為三。豫

---

① 《淮南子·氾論訓》説:"趙襄子圍於晉陽,罷圍而賞有功者五人,高赫為賞首。左右曰:'晉陽之難,赫無大功,今為賞首,何也?'襄子曰:'晉陽之圍,寡人社稷危,國家殆,群臣無不有驕侮之心,唯赫不失君臣之禮。'故賞一人,而天下為忠之臣者莫不忠於其君。此賞少而勸善者衆也。"重複敍述,足見劉安對此念念不忘。

② 賈誼撰,閻振益、鍾夏校注《新書校注》,北京中華書局 2000 年版。

③ 何建章《戰國策注釋》,北京中華書局 1992 年版。

讓欲報趙襄子，漆身為厲，吞炭變音，擿齒易貌。夫以一人之心而事兩主，或背而去，或欲身徇之，豈其趨舍厚薄之勢異哉？人之恩澤使之然也。"臣對於君，不需無條件地守節盡忠，而臣以身殉君，乃出於對君禮遇之報答。故而，劉安理解豫讓，認為君臣和父子分屬兩種性質不同的人倫關係，若要人臣鞠躬盡瘁死而後已，人主必須以恩澤善待臣下，否則，君臣關係也會解紐。以君之待己厚薄有別，豫讓作為"賢臣擇主而事"的依據，按《孟子·離婁下》亦曰："君之視臣如土芥，則臣視君如寇讎。"豫讓與《孟子》思想大致吻合。俟大一統建立，對於此種觀念，君王極其反感；但是，由於它尚包含自由民主的元素，在士人事主的選擇上，空間巨大，而且主體意識高昂。所以士人對之心存認同。觀漢代畫像石，頗有以"豫讓擊衣"為題的圖畫，此印證豫讓與智伯之間的情誼，喚起民間和精英階層的普遍敬仰。而《淮南子》提倡豫讓報主之精神，這樣報主而不報國的思想，極不利於大一統帝國建設，對此，朝廷亦會深惡痛絕。

按《淮南子·道應訓》說："魏文侯觴諸大夫於曲陽。飲酒酣，文侯喟焉歎曰：'吾獨無豫讓以為臣乎！'蹇重舉白而進之，曰：'請浮君！'君曰：'何也？'對曰：'臣聞之，有命之父母不知孝子，有道之君不知忠臣。夫豫讓之君，亦何如哉？'文侯受觴而飲釂不獻，曰：'無管仲、鮑叔以為臣，故有豫讓之功。'故老子曰：'國家昏亂，有忠臣。'"當國家湧現忠臣，並非兆示國家祥和與成功，相反，是由於國君無道，甚或朝廷缺乏輔弼重臣所致，而當君臣風雲際會之時，豫讓輩絕無成名機會，此種君臣相與之理想境界，深為淮南王所嚮往①。

三、餘　論

古代中國，保持一貫"其興也勃焉，其亡也忽焉"之慣性，而在歷史上留下深刻印記者，往往就是秦皇漢武唐宗宋祖這些狠角色。智伯一生，以強梁始，也以強梁終，所以在狠角色系列中，其影響力也可以與秦皇漢武們有一比，於是他也垂名不朽了。對於其人的述說，歷史上幾乎不曾斷流。《國語·晉語九》記述："智襄子為室美，士茁夕焉，智伯曰：'室美夫！'對曰：'美則美矣，抑臣亦有懼也。'智伯曰：'何懼？'對曰：'臣以秉筆事君。《志》有之曰："高山峻原，不生草木，松柏之地，其土不肥。"今土木勝，臣懼其不安人也。'室成三年而智氏亡。"②亦很能見

---

① 劉向《說苑》卷八《尊賢》說："魏文侯觴大夫於曲陽，酣飲，魏文侯喟焉歎曰：'吾獨無豫讓以為臣。'蹇重舉酒進曰：'臣請浮君。'文侯曰：'何以？'對曰：'臣聞之，有命之父母不知孝子；有道之君，不知忠臣。夫豫讓之君，亦何如哉？'文侯曰：'善！'受浮而飲之，嚼而不讓，曰：'無管仲、鮑叔以為臣，故有豫讓之功也。'"文字大致相近，劉安是站在諸侯王角度引述此故事，因此，體現其真誠地期待君臣和諧，避免動亂；而劉向則站在大一統朝廷立場復述此故事，卻流露出以此來杜絕士人盛談豫讓之意味。劉向撰、向宗魯校證《說苑校證》，北京中華書局 1991 年版。

② 徐元誥撰，王樹民、沈長雲點校《國語集解》，北京中華書局 2002 年版，第 454 頁。

其一往無前的狂妄勁兒。看來,我們的歷史偏愛那些狠角色,低調、厚道甚或秉承中庸精神者,歷史書寫這把篩子經常會將他們遺漏。如今,智伯其人如此受到《淮南子》厚愛,其人形神畢備地被凸顯出來了,後世讀者當引起足夠的重視。子部與史部、甚至四部一起打通,對研究我們的歷史和文化無疑是大有神益的。

當然,《淮南子》之前尚有《呂覽》,它已經十分充分地敍述了智伯事迹,然而,呂不韋與劉安所處語境相似而又有所不同,研究兩者之間的差異,也是有意義的,須另文論述。

[作者簡介] 汪春泓(1964—),男,浙江嘉興人。1991年南開大學中文系中國文學理論批評史專業碩士研究生畢業,1994年復旦大學中文系中國文學理論批評史專業博士研究生畢業。曾任北京大學中文系教授,現為香港嶺南大學中文系教授,主要從事先秦兩漢文學和文化研究。

《世説新語》與諸子學

劉康德

《漢書·藝文志·諸子略》在對先秦諸子思想加以學派劃分時説：（先秦諸子思想）"皆起於王道既微，諸侯力政。時君世主，好惡殊方。是以九家之術，蜂出並作，各引一端，崇其所善。"①又説："諸子十家，其可觀者，九家而已。"這裏的"九家"，又稱"九流"，如《後漢書·張衡傳》，上疏曰："劉向父子，領校秘書，閲定九流"，即儒家、道家、法家、陰陽家、名家、墨家、縱橫家、農家、雜家（如加"小説家"，即諸子十家），自此始有"諸子學"（"諸子百家學"）之稱謂及對"諸子"思想記載研究之學問。

《世説新語》作為一部記録漢末魏晉間名士風貌、思想、言行及社會風俗的著作，其中有着不少"諸子學"的內容，值得我們關注。以下讓我們從兩個方面來看《世説新語》與"諸子學"的關係。

一、"諸子學"在《世説新語》門類分别中的表現

（一）儒　　家

《論語·先進》説道："德行：顔淵、閔子騫、冉伯牛、仲弓；言語：宰我、子貢；政事：冉有、季路；文學：子游、子夏。"在這裏，孔子提出"德行、言語、政事、文學"四科。基於此，長期浸泡

---

① 關於諸子思想的發生，《莊子·天下》説："天下大亂，賢聖不明，道德不一，天下多得一察焉以自好。譬如耳目鼻口，皆有所明，不能相通。……内聖外王之道，闇而不明，鬱而不發，天下之人各為其所欲焉以自為方。悲夫，百家往而不反，必不合矣！後世之學者，不幸不見天地之純，古人之大體，道術將為天下裂。"類似的説法還表現在《孟子·滕文公下》中："世衰道微，邪説暴行有作。臣弑其君者有之，子弑其父者有之。孔子懼，作《春秋》……聖王不作，諸侯放恣，處士横議，楊朱、墨翟之言盈天下……楊墨之道不息，孔子之道不著……吾為此懼，閑先聖之道，距楊墨……正人心，息邪説，距詖行，放淫辭。"

在儒家孔孟思想中的《世說新語》作者南朝宋劉義慶①,就在全書開端,將孔門四科列為冠首:"德行第一、言語第二、政事第三、文學第四。"而其後"方正第五",也與儒家學説相聯繫。《漢書·董仲舒傳》:"故舉賢良方正之士,論誼考問。"在這裏,賢良方正(儒生之骨鯁正直之士)歷來是封建社會選士的標準,而劉義慶選入《世説新語·方正》中的人物,大致也是如此。

然而由於社會之變遷,時代之變化,無論上述孔門四科(德行、言語、政事、文學),還是"方正",其内涵均有變化,與先秦兩漢傳統儒家觀念不盡相同,似有新内容、新變化②。但不管怎樣,《世説新語》作者劉義慶(包括作注者南朝梁劉孝標),其身上的儒家孔孟學説的印記是明顯的、深厚的,以至於在《世説新語》及《世説新語》的門類分别羅列中頑强地表現出來,即"德行第一、言語第二、政事第三、文學第四、方正第五"。

正因為作者的學術體系有着深厚的儒家學説的印記,所以會無時無處不流露出來,其後"規箴第十"和"自新第十五"等篇章,其儒家學説的痕迹也是顯而易見的。

(二) 道　　家

魏晉六朝,又是一個老莊玄學盛行、清談玄風熾煽,崇尚言簡旨遠、追求形神超越的時代,所以作者劉義慶又不得不受其影響,老莊道家思想在其身上不免留有印記和痕迹。《宋書·宗室列傳》中就説劉義慶"性簡素,寡嗜欲",表現在《世説新語》的門類分别羅列上,就有以下"雅量第六、識鑒第七、賞譽第八、品藻第九"以及"棲逸第十八、任誕第二十三、簡傲第二十四、排調第二十五"等篇章,其中老莊道家思想的痕迹隨處可見。

(三) 雜　　家

需要説明的是,上述"言語、文學"等篇章,儘管是孔門四科的内容,但並不純粹,其中不乏有老莊道家的身影,就像"雅量、識鑒、賞譽、品藻"等篇章中也有孔孟儒家思想的足迹一樣。從中可以看出,作者劉義慶及注者劉孝標的思想成分是多元的。這也與史稱劉義慶"愛好文義"和劉孝標"好學"(《梁書》卷五十《劉峻傳》)相一致:其學習的内容、愛好的文義,一定既有孔孟儒家學説,也有老莊道家思想,更有其他諸家思想如"雜家"思想等。表現在《世説新語》中,各篇章就摻雜着孔孟老莊、相容並包着其他。

(四) 墨　　家

魏晉時期又是一個不怎麽講規則秩序(邏輯)的時代。大概也是受此時代特徵的激蕩和

---

① 史稱劉義慶"愛好文義,文辭雖不多,然足為宗室之表。受任歷藩,無浮淫之過"(《宋書》卷五十一《宗室列傳》)。
② 蔣凡等《全評新注〈世説新語〉》,人民文學出版社2009年版,第3頁。

影響,作者劉義慶在《世說新語》中用到的墨家(尤其邏輯方面)則鮮見①。倒是為了揭示魏晉人的"汰侈"(有"汰侈"篇章)而設了"儉嗇"篇章,但就是這"儉嗇"也與墨子的"節儉"不盡相同。

(五) 小 説 家

《世說新語》除上述這些篇章外,更有"捷悟、夙惠、豪爽、容止、企羨、傷逝、賢媛、術解、巧藝、寵禮、輕詆、假譎、黜免、忿狷、讒險、尤悔、紕漏、惑溺、仇隙"等篇章。而之所以能收集整理這些篇章,又與作者本身具有"雜記古事"、"掇拾舊聞"(參見魯迅《中國小說史略》),搜集"街談巷語、道聽塗說"的興趣有關。在此意義上說,作者劉義慶本身就是小說家。

"小説家"本不在"諸子九家"之內,但因為《世說新語》有着如此諸多的其他篇章,故不得不列出"小説家"。在這些篇章中,作者劉義慶記錄着諸多魏晉名士的趣聞軼事,文字簡約卻情趣盎然,猶如現代的短小説、灰"段子",是當時的"微博"。設想,如無這些記錄,這魏晉玄學的研究將該如何?

二、"諸子學"在《世說新語》中名士身上的表現

《世說新語》是通過記載魏晉名士的思想、言行而提及"諸子學"的,大致有老莊道家、孔孟儒家、公孫龍惠施名家及孫子兵家。而這其中又以老莊和孔孟為主要。

在這裏,我們以先次要後主要的原則來看看魏晉名士與"諸子學"的關係。

(一) 魏晉名士與兵家

《世說新語·識鑒》第四則:"晉武帝(司馬炎)講武於宣武場,帝欲偃武修文,親自臨幸,悉召群臣。山公(山濤)謂不宜爾(偃武),因與諸尚書言孫(孫子)、吳(起)用兵本意(山濤以為國者不可以忘戰)。遂究論,舉坐無不咨嗟,皆曰:'山少傅(山濤)乃天下名言。'後諸王驕汰(八王之亂),輕遘禍難,於是寇盜處處蟻合,郡國多以(偃武)無備,不能制服,遂漸熾盛,皆如(山)公言。"

這就是說,對於晉武帝的偃武政策,山濤並不認可,在山濤看來,欲國強盛,兵者軍隊不可缺失,即如注引《竹林七賢論》所說:"(山)濤為人常簡默,蓋以為國者不可以忘戰。"而這一觀點又正與《孫臏兵法·見威王》相一致:孫子見威王曰:"夫兵者,非士恒勢也,此先王之傅(輔)道也。戰勝,則所以存亡國而繼絕世也;戰不勝,則所以削地而危社稷也。是故兵者不可不察也。"

---

① 但魏晉人的"清談"倒是有墨家"名辯"的痕迹。

魏晉名士通"孫、吳用兵本意"的當然不止山濤一人,還有"聞雞起舞,擊楫中流"的祖逖和"淝水列陣,大破秦軍"的謝玄等,他們豈止通"孫、吳用兵本意",還深得用兵之道,可謂是對兵家思想的發揮和發展。

(二) 魏晉名士與名家

《世説新語·文學》第五十八則:"司馬太傅(司馬道子)問謝車騎(謝玄):'惠子其書五車,何以無一言入玄?'謝曰:'故當是其妙處不傳。'"在這裏,劉孝標注引《莊子·天下篇》説:"惠施多方,其書五車,其道舛駁,其言不中。謂卵有毛,雞三足,馬有卵,犬可(以)爲羊,火不熱,目不見,龜長於蛇,丁子有尾,白狗黑,連環可解。"並下結論:"能勝人之口,不能服人之心。蓋辯者之囿也。"

這是因爲,名家惠施諸多命題超出了特定時空之下的常理和常識,顯得晦澀難懂,而成"辯者之囿"①。這在名士謝玄看來是"妙處不傳",故"無一言入玄"②。

魏晉名士不僅關注惠施,也關注公孫龍子。《世説新語·文學》第二十四則:"謝安年少時,請阮光禄(阮裕)道《白馬論》。爲論以示謝(安),於時謝(安)不即解阮語,重相咨盡。阮(裕)乃歎曰:'非但能言(白馬論)人不可得,正索解(白馬論)人亦不可得。'"這同樣是因爲公孫龍子的諸多命題("白馬非馬"、"指非指"或惠施的"指不至")滑出人之思維之常軌,遊走物之有無之間隙,所以導致阮裕歎息:"非但能言人不可得,正索解人亦不可得。"③

然而,魏晉時期又是一個萬象更新、標新立異的時代,是一個思想翻新、新招迭出的社會。費解難懂的事理、命題,在當時還總會有人出招化解。《世説新語·文學》第十六則就説到樂廣"借物明理":"客問樂令(樂廣)'旨不至'者,樂(廣)亦不復剖析文句,直以麈尾柄確(觸)幾曰:'至不?'客曰:'至。'樂(廣)因又舉麈尾曰:'若至者,那得去?'於是客乃悟服。樂(廣)辭約而旨達,皆此類。"對此,楊勇《世説新語校箋》解釋説:"樂令以麈尾柄確幾,先至而後去,則其所謂至,非絶對之至也。换言之,有至必有去,有去必有至,而至與去,爲相對存在,非永遠現象。此皆玄學家名理之辯,亦當時清言之一斑。"

然而,就是這樣一種解釋,也未必"合旨"和"觸幾"④;"旨(指)不至"和"樂廣以麈尾柄確幾",一旦被其落實成這樣一種解釋,也必定會遮蔽些其他什麽。正如余嘉錫《世説新語箋疏》

---

① 對於這些名家命題,如能超越特定之時空,打破思維之局限,或許能解。筆者曾對"輪不碾地"、"今日適越而昔來"有過解釋,可參閲拙文:《"遊刃"與"鑿"辨析》(《復旦學報》2010年第6期)和《訴"樸"》(《清華大學學報》2010年第2期)。
② 指惠施沒有自己的著作來解釋這些命題。同樣,對這些名家命題,莊子在其書中也無具體、明顯的解釋。
③ 楊勇《世説新語校箋》此則注曰:"能言人,即能言白馬論之人;索解人,即求能瞭解白馬論之人。"並引江藍生《魏晉南北朝小説詞語彙釋》:"此言非但能談論白馬論的人不可得,就連能聽懂的人也不可得。"
④ 這裏的"幾",可理解成"有無之際的幾"。

所説:"夫理涉玄門,貴乎妙悟,稍參迹象,便落言詮。"與其這樣,倒不如像樂廣那樣"不復剖析文句",小心謹慎對待"樂廣以塵尾柄確幾"這一現象。

需要強調說明的是,樂廣深知"以理明理"不容易,故"不復剖析文句",卻深得中國傳統之真諦——"以物明理"。這樣"塵尾"就成了魏晉名士手中解釋玄理的工具。它(塵尾)與"扇"和"如意"一起構成魏晉風度不可或缺的物象,是魏晉時期一道獨特的風景線,值得我們關注。

如"扇",《世説新語·品藻》第十二則:"王大將軍(王敦)在西朝時,見周侯輒扇障面不得住。""以扇障面"的物象總反映着什麼心理和情理:或害羞、或恐懼、或躲閃⋯⋯這還需要作深入的探究①。又如"如意",《世説新語·排調》第二十三則:"庾征西(庾翼)大舉征胡,既成行,止鎮襄陽(北伐受阻)。殷豫章(殷羨)與書,送一折角如意以調之。"這是説殷羨以折角如意送庾翼以調侃嘲諷他北伐受阻,止鎮襄陽。然而,庾翼也回應得相當傳統:"得所致,雖是敗物(折角如意),猶欲理而用之。"此外,《世説新語·豪爽》第四則:"王處仲(王敦)每酒後輒詠:'老驥伏櫪,志在千里;烈士暮年,壯心不已。'以如意打唾壺,壺口盡缺。"這是"以如意打唾壺",使"壺口盡缺"以反映"烈士暮年,壯心不已"。

(三) 魏晉名士與縱橫家

《世説新語·讒險》第二則:"袁悦有口才,能短長説,亦有精理。始作謝玄參軍,頗被禮遇。後丁艱,服除還都。唯齎《戰國策》而已。語人曰:'少年時讀《論語》、《老子》,又看《莊》、《易》,此皆是病痛事,當何所益邪? 天下要物,正有《戰國策》。'"

在這裏,《戰國策》就是縱橫家的著作。按呂思勉先生説來:"縱橫家之書,今所傳者唯《戰國策》。此書多記縱橫家行事,而非事實⋯⋯《戰國策》一書,正論説士權變,並序其説者也。然此書止於備載行事,於縱橫家之學理,未曾道及。縱橫家之學理,轉散見於諸子書中。"②

説士辯者(縱橫家)要將事情説成"合縱連橫",就需要講究辯術,就要揣摩人心,看人顏面和眼色,針對不同的人説不同的話,要説得人喜悦,就能辦成事情,達到"合縱連橫"的目的。但是,要做到這點是不容易的,這被韓非子説成是"説難"。《韓非子·説難》説道:"所説出於為名高者也,而説之以厚利,則見下節而遇卑賤,必棄遠矣。所説出於厚利者也,而説之以名高,則見無心而遠事情,必不收矣。所説陰為厚利而顯為名高者也,而説之以名高,則陽收其身而實疏之;説之以厚利,則陰用其言顯棄其身矣。此不可不察也。"總之,説者就要揣摩人心,看山水(人)説話。如不是這樣,非但達不到"合縱連橫",還要壞事。《韓非子·難言》説:"言順比滑澤,洋洋纚纚然,則見以為華而不實;敦厚恭祗,鯁固慎完,則見以為拙而不倫;多言繁稱,連類比物,則見以為虛而無用;揔微説約,徑省而不飾,則見以為劌而不辯。"這種説話不看對象是會引起誤解或麻煩的。

---

① 劉孝標注引沈約《晉書》曰:"周顗,王敦素憚之,見輒面熱,雖復臘月,亦扇面不休,其憚如此。"
② 呂思勉《先秦學術概論》,中國大百科全書出版社1985年版,第129頁。

魏晉名士袁悦應是有此説辯本領的,《世説新語》就説他"能短長説,亦有精理",而且還"表彰"了袁悦因説辯水準高超而成功的兩件事。其一,《世説新語·讒險》第二則:袁悦"説司馬孝文王(司馬道子),大見親待,幾亂機軸";其二,《世説新語·賞譽》第一百五十三則:"王恭始與王建武(王忱)甚有情,後遇袁悦之間(挑撥離間),遂致疑隙。"但是,《世説新語·讒險》又記載袁悦不久就被誅殺("俄而見誅")。這大概與縱橫家本身的局限有關:自謀富貴或心術不正。《戰國策》就這樣記載蘇秦:蘇子説秦,不用而歸。妻不下機,嫂不為炊,父母不與言。(蘇秦)乃發憤讀書。期年,復説趙王,為縱約長。路過雒陽。父母聞之,清宫除道,郊迎三十里。妻側目而視,傾耳而聽。嫂蛇行匍匐,四拜自跪而謝。秦乃喟然曰:"貧窮則父母不子,富貴則親戚畏懼。人生世上,勢位富貴,蓋可以忽乎哉?"

(四) 魏晉名士與道家

　　魏晉六朝,老莊盛行、玄談熾煽。於是學老莊、讀老莊、注老莊、談老莊也就成為名士生活不可或缺的一部分,並且日益常態化。《世説新語》記載名士讀老莊談老莊的事例不勝枚舉,上述提到的袁悦就從小"讀《論語》、《莊子》,又看《莊》、《易》"(《世説新語·讒險》),《世説新語·文學》第十五則也説"庚子嵩(庚顗)讀《莊子》",第六十三則説得更絶對:"殷仲堪云:'三日不讀《道德經》,便覺舌本間强(僵硬)。'"

　　為了更好地讀老莊,就有人配之以講老莊,《世説新語·排調》第六十三則:"桓南郡(桓玄)與道曜講《老子》,王侍中(王楨之)為主簿在坐。"這種讀老莊與講老莊相互配合,互相促進,推動了老莊讀書運動的深入、老莊思想的普及。而這種讀老莊和講老莊又是為了談老莊。《世説新語·文學》第十三則:"諸葛宏年少不肯學問,始與王夷甫(王衍)談,便已超詣。王歎曰:'卿天才卓出,若復小加研尋,一無所愧。'宏後看《莊》、《老》,更與王語,便足相抗衡。"以至於文人集會碰頭,所談之事也離不開老莊。《世説新語·文學》第五十五則:"支道林、許(詢)、謝(安)盛德,共集王(濛)家,謝(安)顧謂諸人:'今日可謂彦會,時既不可留,此集固亦難常。當共言詠,以寫其懷。'許(詢)便問主人:'有《莊子》不?'正得《漁父》一篇。謝(安)看題,便各使四坐通。"

　　讀了老莊、講了老莊、談了老莊,又是為了更好地注老莊。《世説新語·文學》第七則:"何平叔(何晏)注《老子》,始成,詣王輔嗣(王弼)。見王注精奇,乃神伏曰:'若斯人,可與論天人之際矣。'因以所注為《道德二論》。"《世説新語·文學》第十則:"何晏注《老子》未畢,見王弼自説注《老子》旨。何意多所短,不復得作聲,但應諾諾,遂不復注,因作《道德論》。"注《老子》同時,名士們還注《莊子》。《世説新語·文學》第十七則:"初,注《莊子》者數十家,莫能究其旨要。向秀於舊注外為解義,妙析奇致,大暢玄風,唯《秋水》、《至樂》二篇未竟而(向)秀卒。(向)秀子幼,義遂零落,然猶有別本。郭象者,為人薄行,有俊才。見(向)秀義不傳於世,遂竊以為己注。乃自注《秋水》、《至樂》二篇,又易《馬蹄》一篇,其餘衆篇,或定點文句而已。後(向)秀義別本出,故今有向(秀)、郭(象)二《莊》,其義一也。"

注《老》釋《莊》的過程，也是魏晉注釋者摻雜個人情感觀念、融入時代特徵潮流的過程，以便能更好地以此武裝頭腦，涵蓋社會。果然，就有了魏晉名士的新認識新體悟。王弼就有不同凡響的認知，《世說新語·文學》第八則："王輔嗣弱冠詣裴徽，（裴）徽問曰：'夫無者，誠萬物之所資，聖人莫肯致言，而老子申之無已，何邪？'（王）弼曰：'聖人體無，無又不可以訓，故言必及有；老莊未免於有，恒訓其所不足。'"《世說新語·文學》第三十六則：支道林拔新領異，作數千語論《莊子·逍遥遊》，"才藻新奇，花爛映發"，使聽衆"遂披襟解帶，留連不能已"。而之所以能使聽衆"留連不能已"，是在於支道林對《逍遥遊》"卓然標新理於（郭象、向秀）二家之表，立異義於衆賢之外，皆是諸名賢尋味之所不得"（《世說新語·文學》第三十二則）。

支道林不僅對《莊子·逍遥遊》一篇有心得體會，《世說新語·文學》第五十五則還記載他對《莊子·漁父》也有新認識新體悟："得《漁父》一篇，謝（安）看題，便各使四坐通。支道林先通，作七百許語，敍致精麗，才藻奇拔，衆咸稱善。"（這裏已有佛玄融合的表現）此則記載還提到名士謝安同樣對老莊有新認識：謝安"後粗難，因自敍其意，作萬餘語，才峰秀逸……意氣擬托，蕭然自得，四坐莫不厭心"。區别只是支道林"作七百餘語"，而謝安卻要"作萬餘語"才將問題説清楚。

這一系列的讀、講、注老莊，使老莊思想真正融化到名士的血液裏，根植到名士的骨髓中，使魏晉名士成為老莊在魏晉的化身，即魏晉名士的日常語言和行為均有老莊風采（所謂"魏晉風度"）。如《世說新語·德行》第十八則記載："梁王（司馬肜）、趙王（司馬倫），國之近屬，貴重當時。裴令公（裴楷）歲請二國租錢數百萬，以恤中表之貧者。（有人）或譏之曰：'何以乞物行惠？'裴（楷）曰：'損有餘（以）補不足，天之道也。'"這是名士在不經意中、自然而然流露出《老子》七十七章的内容。《世說新語·品藻》第八十一則又記載："有人問袁侍中，曰：'殷仲堪何如韓康伯？'答曰：'理義所得，優劣乃復未辨；然門庭蕭寂，居然有名士風流，殷不及韓。'故殷作誄云：'荆門晝掩，閒庭晏然。'"這是説名士在追求老莊的生活境界：荆門晝掩、閒庭晏然、心氣清舒、境界高遠。

魏晉社會為何如此崇尚老莊？這大概與魏晉社會變動激劇、亂象叢生有關。在這種情形下，能積極應對變動、涵蓋亂象的只能是老莊學説。對此，王弼在《老子指略》中有過分析。王弼説："法者尚乎齊同，而刑以檢之；名者尚乎定真，而言以正之；儒者尚乎全愛，而譽以進之；墨者尚乎儉嗇，而矯以立之。"在王弼看來，諸如法、名、儒、墨諸子皆偏執一孔、有為一方；但"執之者則失其原"、"有由則有不盡"，這些偏執一孔、有為一方、不能相通的學説不能涵蓋亂象叢生、變動激劇的社會。所以王弼認為這些諸子（法、名、儒、墨）思想是不管用的，只能帶來"紛紜憒錯之論，殊趣辯析之爭"（《老子指略》）。而只有一種"不宫不商，不温不涼"的學説才能"足以府萬物、官天地"（《老子指略》）。因為它帶有極大的包容性和寬容度——只有"不温不涼"，才能應對"温"，也能應對"涼"；只有"不宫不商"，才能應對"宫"，也能應對"商"。反之偏執一孔（若宫）、有為一方（若温）直接導致的是："若温也則不能涼矣，（若）宫也則不能商矣。"（《老子指略》）與其這樣，不如"不宫不商，不温不涼"來得好。而這"不宫不商，不温不涼"

的觀念也就是老莊的思想。於是,老莊也就成爲魏晉名士的最愛,用它來武裝名士的頭腦,以應對社會的方方面面。

老莊思想成爲名士們的最愛,大概還包涵着老莊學説中的某些部分與名士們的社會體悟天然合一,尤如我們平時所説的,其思想不但入耳入腦還入心:"講在心坎上。"所以,會出現這樣的現象:山濤"不讀老莊,時聞其詠,往往與其旨合"(《世説新語·賞譽》第二十一則)。這當然也與名士們超强的領悟能力相關:"庾子嵩(庾顗)讀《莊子》,開卷一尺許便放去,曰:'了不異人意。'"(《世説新語·文學》第十五則)《世説新語·識鑒》第七則更説到:"石勒不知書,使人讀《漢書》。聞酈食其勸立國後,刻印將授之,大驚曰:'此法當失,云何得遂有天下?'至留侯(張良)諫,乃曰:'賴有此耳!'"

(五) 魏晉名士與儒家

魏晉儘管是一個崇尚老莊的時代,但魏晉社會所依賴的基本生存底色——儒家學説還是被頑强地表現出來:它(儒家)在《世説新語》中没有道家風光,卻還是有些片言隻語的流露。

如《世説新語·識鑒》第二十一則説:"謝公在東山畜妓,簡文曰:'安石必出。既與人同樂,亦不得不與人同憂。'"這是簡文(司馬昱)借孟子"與人同憂樂"的觀點來表達自己的看法:謝安必出(山)。《世説新語·排調》第三則又説到:"鍾毓爲黃門郎,有機警,在景王坐燕飲。時陳群子玄伯(陳泰)、武周子元夏(武陔)同在坐,共嘲(鍾)毓。景王(司馬師)曰:'皋繇何如人?'對曰:'古之懿士。'(鍾毓)顧謂玄伯、元夏曰:'君子周而不比,群而不黨。'"這是名士鍾毓在用孔子的"周而不比,群而不黨"來嘲諷陳泰和武陔①。《世説新語·棲逸》第十二則還説到:"戴安道既厲操東山,而其兄欲建式遏之功。謝太傅(謝安)曰:'卿兄弟志業,何其太殊?'戴(逵)曰:'下官不堪其憂,家弟不改其樂。'"這是戴逵用"不堪其憂,不改其樂"(《論語·雍也》)來表述自家兄弟間的志向差别。

諸如此類孔孟的"片言隻語",在《世説新語》中還有多例,如《賢媛》第三則中提到"生死有命,富貴在天",《簡傲》第十一則中提到"未知生,焉知死",等等。從引用的這些孔孟的"片言隻語"中可以看出,名士們所説絶對是脱口而出,所用絶對是貼切自然。也正因爲這樣,所以湯用彤先生曾説:這些名士"本出於禮教家庭,早讀儒書"②,魯迅先生也曾説:魏晉名士表面上崇尚道家,但實際上"倒是相信禮教,當作寶貝"(參見魯迅《魏晉風度及文章與藥及酒之關係》)。

這也充分説明,在《世説新語》中,儘管儒家没有道家風光,但不等於不重要。在魏晉時期

---

① 鍾毓之父鍾繇,司馬師用"皋繇"之"繇"是犯忌諱的。同樣鍾毓用"懿士"來回答,也是犯忌諱的,因爲司馬師之父是司馬懿。以及鍾毓用"周而不比,群而不黨"來指向玄伯、元夏,也是犯忌諱的,因爲元夏(武陔)的父親就是武周,玄伯(陳泰)的父親就是陳群。古代是不能當着某人的面而直接提其父的名字的。

② 湯用彤《湯用彤學術論文集》,中華書局1983年版,第301頁。

也確有人十分看重儒家孔子,王弼就曾這樣説:"聖人體無,無又不可以訓,故言必及有;老莊未免於有,恒訓其所不足。"(《世説新語·文學》第八則)這就是説,講"有"的也未必不講"無",講"無"的也未必不講"有";老莊反復講"無"、談"玄"("恒訓其所不足"),總説明有其缺陷。言下之意:别看現在老莊鬧騰得厲害("恒訓其所不足"),但從長遠來看,就社會規範穩定來説,還是孔孟儒家管用("言必及有")。因為儒家强調禮數、規則和有序。這在當時也真有人這麽説:"以忠恕為珍寶","張義讓為帷幕","行仁義為室宇","修道德為廣宅"(《世説新語·賞譽》第二十則)。

[作者簡介] 劉康德(1952—),男,上海人。現為復旦大學哲學學院教授、博士生導師,著有《老子十日談》、《老子直解》、《淮南子直解》、《魏晉風度與東方人格》等。

"雜"：劉勰學術思想考論（一）

——《文心》、《劉子》作者當同為一人

涂光社

《劉子》係劉勰而非劉晝所作的問題，林其錟、陳鳳金兩先生已在詳贍徵引原始資料的基礎上進行周延的考論，令人信服。

爭議的另一個焦點是劉勰的思想傾向問題。有的學者強調《文心雕龍》推尊孔子、"宗經"、"徵聖"，宣示宗尚儒家；而《劉子》"歸心道教"。兩書被《隋書·經籍志》分別歸入"總集"類和子部"雜家"：由此得出它們非出自一人之手的結論。本文圍繞"雜"這個古代（尤其是漢魏六朝）學術思潮發展的重要表徵，討論劉勰學術思想的構成，探究《文心雕龍》、《劉子》為其一人所作為何可能。

《隋書·經籍志》"雜家"類《時務論》下小注有云："《劉子》十卷、《何子》五卷，亡。"並總括道："雜者兼儒墨之道，通衆家之意，以見王者之化，無所不冠者也。古者司史歷記前言往行禍福存亡之道。然雜者，蓋出史官之職也。"而《文心雕龍》所歸入"總集"類的總括則未言及被收錄者宗尚何家，只是說將建安之後的詩賦"衆家之集……並解釋評論，總於此篇"而已。

尊崇孔子，標舉"宗經"的《文心雕龍》與屬於雜家的《劉子》學術思想上是否相背或者格格不入呢？解答這個問題須全面瞭解劉勰的學術思想以及兩書的通同處，特別是以《文心雕龍》學術思想構成之"雜"，以及《劉子》並非只"歸心道教"的論證來回答這方面的質疑。此外，還要弄清兩書存在某些差別的所以然，以及這些差別不成其為否定作者同為一人的理由。

上篇：《文心雕龍》學術思想之"雜"議

一、從《梁書·劉勰傳》和《滅惑論》説起

正史的記錄在諸多材料中占有重要地位。《劉勰傳》錄存了《文心雕龍·序志》全文，約占

整個傳文的六成，表明《文心雕龍》是最為《梁書》作者看重的著述，甚至可能被認為是劉勰最大的歷史貢獻。

然而傳中前有"勰早孤，篤志好學，家貧不婚娶，依沙門僧祐，與之居處，積十餘年，遂博能經論，因區別部類，録而存之。今定林寺經藏，勰所定也。"後有"然勰為文長於佛理，京師寺塔及名僧碑誌，必請勰制文。有敕與慧震沙門於定林寺撰經。證功畢，遂啟求出家，先燔鬢髮以自誓，敕許之。乃於寺變服，改名慧地。未期而卒。文集行於世"。顯然，劉勰與佛教有極深的淵源，佛學造詣高深，名重一時。

劉勰傳世的另一篇文章是為批駁崇道毀佛的《三破論》所寫的《滅惑論》，其中有段話值得注意：

> 道家立法，厥品有三：上標老子，次述神仙，下襲張陵。太上為宗，尋柱史嘉遁，實為大賢，著書論道，貴在無為；理歸靜一，化本虛柔。然而三世弗紀，慧業靡聞。斯乃導俗之良書，非出世之妙經也。若乃神仙小道，名為五通，福極生天，體盡飛騰；神通而未免有漏，壽遠而不能無終。功非餌藥，德沿業修，於是愚狡方士，偽托遂滋。張陵米賊，述記升天，葛玄野豎，著傳仙公；愚斯惑矣，智可罔歟？

劉勰贊老子"實為大賢"，稱其著述"乃導俗之良書，非出世之妙經"；等而下之的是信奉神仙的道教，以及用方術愚民作亂的五斗米道。古代論著中常見道家、道教不甚區別的情況，其實它們在學術研討中是不宜混同的。劉勰在批駁《三破論》的時候能做到區別對待，尤其難得。"乃導俗之良書，非出世之妙經"透露出劉勰確有入世並以黃老治國理念從政的意向。推崇老子這一點在《文心雕龍》中也有所見，如《諸子》有"伯陽識禮，而孔子訪問，爰序《道德》，以冠百氏……李實孔師"之語，《情采》亦稱《老子》為"五千精妙"。

《文心雕龍》中，劉勰自謂"齒在逾立"受孔子感召論文，又標舉"宗經"、"徵聖"，崇儒傾向明顯，從上述材料以及劉勰其他著述看，他的學術思考更多時候當沉潛於佛學老莊。何況《序志》篇明言《文心》的持論原則是"同之與異，不屑古今"，兼取衆說"唯務折衷"而已，納入書中者更遠非儒家思想所能涵蓋。

劉勰說老子《道德經》"乃導俗之良書，非出世之妙經"，已經透露出他對黃老治國理念的推崇。本傳可略窺其政治傾向的地方僅兩處，一是"出為太末令，政有清績"，一是"時七廟饗薦已用蔬果，而二郊農社猶有犧牲，勰乃表二郊宜與七廟同改，詔付尚書議，依勰所陳"。皆看不出與儒家思想的必然聯繫，卻大有可能與"清靜無為"的治理以及劉勰支持梁武帝因崇佛禁殺生靈以蔬代牲祭祀的變革有關(此舉曾遭重視宗廟祭祀禮儀的儒者強烈反對)。

概言之，即使從《梁書·劉勰傳》、《滅惑論》也可看出，劉勰的思想宗尚絕非單一，尤其在文學以外的領域，是採取一種根據不同的言說對象雜糅各家、兼取所長、"六經注我"(為適己用有時甚至改動和"誤讀"原典)的態度治學。

二、説"雜家",以及子書中"雜"的普遍性

思想材料接受的"雜",可以説是學術發展更新的一個重要表徵。

《漢書·藝文志》將《尉繚子》、《尸子》、《呂氏春秋》、《淮南子》等二十家四百三篇列為"雜家"。"雜家者流,蓋出於議官,兼儒墨、合名法,知國體之有此。"戰國末的《呂氏春秋》可謂這類"兼儒墨,合名法"之著的代表。是知至少從漢代起,學術領域就有了融合、兼取各家的"雜家"之稱。

其實"雜"又何止是"雜家"。無論後學打哪家旗號,不同時代引領各學派的著述絕不會毫無新義,與其所宗祖者的思考完全吻合。通過學術爭鳴,各派新鋭除闡發師承而外,借鑒其他學説的思想成果,擇衆所長吸納整合之也是順理成章的。以先秦儒學為例,《孟子》的思想並不與《論語》雷同;有集晚周之成意味的《荀子》更兼宗儒、法、道、名。《荀子·天論》中的"天"無意志,不是神而是自然;《非十二子》篇、《性惡》篇中有對孟子的駁正;《正名》篇提出"制名以指實"、"名定而實辨"的原則;《正論》篇的"天子者,勢位至尊,無敵於天下"和《正名》篇的"夫民易一以道而不可與其故,故明君臨之以勢,道之以道,申之以命,章之以論,禁之以刑"等語又明顯有法家"勢治"色彩。

此外,列"五經之首"的《周易》是古代卜筮之書,其用遠在孔子之前。儘管司馬遷説孔子整理過《易傳》,但其内容的時代特徵多指向戰國。雖屬傳《易》,卻明顯吸收了儒家以外(尤其是道家)的思想材料,使之成為儒學中最講究方法論的組成部分。如《老子》早有"道生一,一生二,二生三,三生萬物。萬物負陰而抱陽,沖氣以為和"與"道法自然"、"萬物並作,吾以觀復"之論,《易傳》也講陰陽和運動變化,有"一陰一陽之謂道"、"闔户謂之坤,辟户謂之乾。一闔一辟謂之變,往來不窮謂之通"(《繫辭上》)和"夫乾,陽物也;坤,陰物也。陰陽合德,而剛柔有體,以體天下之撰,以通神明之德"、"爻也者,效天下之動也者"、"《易》之為書也不可遠,其為道也屢遷,變動不居,周流六虚,上下無常,剛柔相易,不可為典要,惟變所適"(《繫辭下》)等。

秦代暴興暴亡,秦末戰亂造成民生凋敝,需要謀臣文士總結歷史教訓,建言休養生息的國策。漢初統治者採取休養生息政策,好黄老之術;法術刑名之學也頗受重視。由於國勢趨隆盛,士人胸襟開廓恢弘,有"究天人之際,通古今之變"的氣度。西漢前期,陸賈、賈誼的撰著大抵屬政論性質,他們的《新語》、《新書》以及景帝、武帝時代的《淮南子》和《春秋繁露》類同戰國子書。

《淮南子》主要承襲闡揚黄老和莊學,又吸收儒墨名法的思想材料以為用。以儒學被立為官學、武帝採納董仲舒"罷黜百家,獨尊儒術"的建議為標誌,儒家思想確立了在政治學術上的壟斷地位。

君主行政必然仰賴或寬（黄老的清静無為）或嚴（法家的峻急嚴苛）的治術。儘管武帝曾採納董仲舒的建議，但絶不意味着改變其施政對嚴刑峻法的倚仗。且不説以王道粉飾霸道的一面：儒的仁德教化偏柔，缺少法術剛性律條和具體措置的可操作性，不符合其君主强勢政治的需要。《漢書·元帝紀》記云："（元帝為太子時）柔仁好儒，見宣帝所用多文法吏，以刑名繩下……嘗侍燕從容言：'陛下持刑太深，宜用儒生。'宣帝作色曰：'漢家自有制度，本以霸王道雜之，奈何純任德教用周政乎？且俗儒不達時宜，好是古非今，使人眩於名實，不知所守，何足委任！'乃歎曰：'亂我家者太子也。'"漢宣帝的表白，道出自漢以後中國君主專制社會統治思想的一種共性。

漢代經學較先秦儒學有了很多不同，為適應大一統帝國（特别是强勢統治者）的政治需要而有所改造，其中雜用不少源自其他各家的思想材料。

古代學人幾乎無人没有儒家思想的底藴，但同時，即使非黄老學派中人，也難免老莊的浸染。陸賈倡儒，但《新語》中論"道"説："君子握道而治，依德而行……虚無寂寞，通動無量。"（《道基》）又説："夫道莫大於無為。"（《無為》）賈誼《新書》也主德治，對堯、舜禪讓和商湯革命讚賞不已；《大政》中强調以民為本；《階級》、《禮》、《禮容語下》、《胎教》宣揚"君君臣臣父父子子"之禮教的重要性，儒家色彩明顯。《道術》中則説："道者所以接物也，其本者謂之虚，其末者謂之術。虚者，言其精微也，平素而無設施也；術也者，所以制物也，動静之數也。凡此皆道也。"在回答何為"虚之接物"時他説："明主者，南面而正，清虚而静，令名自命，令物自定，如鑒之應，如衡之稱。有畔和之，有端隨之，物鞠其極，而以當施之。此虚之接物也。"宗尚清静無為的黄老思想。而《制不定》的"仁義恩厚，此人主之芒刃也；權勢法制，此人主之斤斧也"則儒、法兼具。

道家尚自然，所謂"道"，有萬物殊途同歸的必由之徑的意味，强調順適事物生化運作的客觀規律。大凡推崇道家者皆重視神形關係，司馬談《論六家要指》稱："道家使人精神專一，動合無形，澹足萬物。其為術也，因陰陽之大順，采儒墨之善，撮明法之要，與時遷移，應物變化，立俗施事，無所不宜。指約而易操，事少而功多。""凡人所生者神也，所托者形也……神者生之本也，形者生之具也。"

漢代今文經學以演繹聖人之"微言"為能事，加之臆測"天意"的圖讖風行，説古論今常流於妄誕。於是桓譚、王充、張衡等有"疾虚妄"、斥"虚偽"的激烈抨擊和深刻批判。今存漢代文獻中王充《論衡》是保有文論材料最豐富的一種，也是論及層面最廣、運用範疇概念最多者，其立《自然篇》就是一例，對後來理論批評有顯著的影響。

西漢《尚書》等儒典皆存有諸家之學，其後今文經學中出現穀梁、公羊之争，繼而又有長時間的"古文"與"今文"之争。一些儒者的緯書原為配經而著，卻因流於妄誕詭譎而成為經學中的一股逆流。今文經學家幾乎皆受先秦陰陽家學説的影響。董仲舒《春秋繁露》中陰陽五行説充斥，其所謂"天"，睿智而有意志，能以災異兆象懲戒和啟示世人。

馮友蘭先生指出："兩漢時代以儒家與陰陽家混合之思想為主體，魏晉時代以儒家與道家混合之思想為主體","而揚雄、王充結兩漢思想之局,開魏晉思想之路",又稱"揚雄《太玄》乃摹《易》之作,《易傳》中采有《老子》學説","其《太玄賦》云:'觀《大易》之損益兮,覽老氏之倚伏。省憂喜之共門兮,察吉凶之同域。'"《太玄》中揚雄釋"玄"云:"玄者,幽摛萬類而不見其形者也……仰而觀之在乎上,俯而窺之在乎下,企而望之在乎前,棄而忘之在乎後。欲違則不能,嘿則得其所者,玄也。"(《玄摛》)"夫玄也者,天道也,地道也,人道也。"(《太玄圖》)①又説王充有道家自然主義傾向。《論衡·自然篇》云:"天地合氣,萬物自生,猶夫婦合氣,子自生矣。萬物之生,含血氣之類,知饑知寒。見五穀可食,取而食之,見絲麻可衣,取而衣之。""天動不欲以生物而物自生;此則自然也;施氣不欲為物而物自為,此則無為也;謂天自然無為者何?氣也。恬淡無欲,無為無事者也。""賢之純者,黃、老是也。黃者,黃帝也;老者,老子也。黃、老之操,身中恬淡,其治無為,正身共已而陰陽自和;無心於為而物自化。無意於生而物自成。《易》曰:'黃帝、堯、舜垂衣裳而天下治。'垂衣裳者,垂拱無為也。"②

自春秋戰國諸子百家出現以來,論辯(尤其是長期争鳴)中的不同學派經過相互駁難,也會借鑒、吸收對方所長,促進自己的學術進步。"雜"是後學新鋭治學中的普遍現象,往往是一種學術精神開放,克服閉塞、偏執和門户之見,胸懷博大的表現。各家的承傳在不變中也有所變,以儒學為例:《孟子》、《荀子》均不限於對孔子言説的闡發,兩者也有很大的不同;漢代儒學已有别於先秦;宋、明理學在許多方面更與漢儒異趣,心性之説中甚至時見莊禪的影子。

三、魏晉玄學的影響

魏晉南北朝是春秋戰國之後學術的又一個繁榮期。其所以繁榮與玄學的興起和推動相關。

至少從西漢後期起,學者中開始有了尚"玄"之風,如揚雄著《太玄》,士人中取名為"玄"者不少。這是思維取向有别於先秦儒者的一個表徵。

《老子》:"玄而又玄,衆妙之門。"玄,幽遠奧妙之謂,玄學盛於魏晉,被稱為"玄遠之學"或"玄宗"、"玄虛"。至少南北朝時已有"三玄"之説。(如《顏氏家訓》即云:"《易》、《老》、《莊》,總謂三玄。")玄學是以老莊為骨架,兼取儒、名、法諸家思想材料的一種哲學思潮,它確實也成就於"雜"。

黄巾起義摧垮了大一統的東漢帝國,正統經學喪失學術思想方面的權威和壟斷地位。西晉傅玄曾説:"近者魏武好法術,而天下貴刑名;魏文慕通達,而天下賤守節。"(《晉書·傅玄傳》)建安時代,由於政治、軍事鬥争的需要和社會動亂中人們逃避現實的思想抬頭,刑名、黄

---

① 參見馮友蘭《中國哲學史》,第557頁。

② 同上,第589頁。

老之學又趨活躍。魏晉時期,以老莊思想為主幹、糅合儒、名、法諸家思想的玄學適應門閥政治的氣候而勃興,一時成為哲學的主流。黑暗的政治、長期動亂的社會生活,形成了宗教傳播的有利時機,加上統治者的提倡,道教和佛教在兩晉南北朝大為流行。玄、儒之間和玄學内部的論辯以及儒、佛、道的論争持續不斷。數百年間,出現了我國學術史上繼先秦諸子之後又一次廣泛争鳴的局面。换言之,魏晉南北朝的學術繁榮,明顯表現出它成就於"雜",是老莊和儒、佛相互辯難、又相互借鑒、相互吸收的結果。而劉勰生活的齊梁時代正值六朝學術成果彙集的階段。

　　老莊思想支撑的魏晉玄學時代特徵鮮明。劉勰的包容兼取表現出一代大哲的睿智和胸懷,最好例證就是他對玄學的借鑒和利用。《文心雕龍》中對影響文學創作的"玄風"(如《時序》中"自中朝貴玄,江左彌盛,因談餘氣,流成文體。是以世極迍邅,而辭意夷泰,詩必柱下之指歸,賦乃漆園之義疏"一段針對玄言詩賦)確實有嚴厲的批評。談到玄學論辯時也以為其中"滯有者全繫於形用,貴無者專守於寂寞""徒鋭偏解,莫詣正理"。然而,劉勰除對一些玄學名家、名著的成就予以充分贊許之外,其理論思維和論説方法更大大得益於玄學的啟發、推動,這是那個時代對學人普遍的惠贈,一個卓越的思想家和理論家怎會熟視無睹,又焉有拒斥之理?

　　筆者曾在《文心十論》中説:

　　　　魏晉玄學回避無法正視的社會現實,撇開已經不能自圓其説的名教,將討論的中心轉移到宇宙萬物存在的根據即本體論上的"有無(動静)"之辨上去。論辨所討論的"有無"、"體用"、"本末"、"形神"、"言意"、"一多"、"名實"、"才性"以及自然與名教等一系列問題,豐富和擴大了傳統哲學的概念和範疇。①

　　佛教進入東土時,已有相當高的思辨水準,然而它的傳播,必須逾越人們"夷夏之大防"的思想障礙。佛教大師和名僧們則力圖使佛學中國化,争取立足並求得發展。由於儒學在華夏文化中根柢深厚,於是有儒佛目的一致之説。慧遠《沙門不敬王者論·體極不兼應四》云:"常以道法之於名教,如來之於堯、孔,發致雖殊,潛相影響;出處誠異,終期相同。"又因為玄學在思辨上也達到中國前所未有的水準,在某些問題上也能與佛學相溝通,而且有以老莊釋儒經的成功先例,所以佛教中國化的主要途徑是它的玄學化:翻譯佛經用的是玄學語彙,解釋佛典也常以老莊的思想立場。釋道安首創佛教的"本無"派,宗旨與王弼的"貴無"説不無相通。其弟子慧遠也認為"内(佛)外(玄)之道,可合而明"。一些頗負盛名的佛教理論家道安、支道林、慧遠、僧肇等人釋經辨難,著述浩繁,他們的共同特點是有深厚的老莊哲學修養,對玄

---

① 涂光社《文心十論》,春風文藝出版社1986年版,第7頁。

學廣為借鑒吸收。①

魏晉南北朝的學術思想有兩個特點：一是玄學和儒、道、佛各家大抵都在比較自由的論爭中相互吸收，相互促進，表現出明顯的開放性；這是理論進步的基本特徵之一。二是從哲學發展史的角度看，魏晉南北朝是屬於玄學的世紀，考察這個時期的哲學思想和與哲學領域有密切關係的一切意識形態，都不能忽略玄學思辯精神的影響。②

中國哲學史上魏晉南北朝屬於玄學的時代。佛學中國化在這一時期取得重大成功（反過來也促進了本土學術思辯的發展），其逾越"夷夏之大防"所借重的利器正是玄學。

（一）玄學和哲學思辨精神的復歸

1. 玄學——玄遠之學

玄學討論的中心問題是"有無（動靜）"之辨，即宇宙萬物存在的根據，屬本體論的範疇。它遠離具體的事物和社會現實，高度抽象，難以捉摸。魏晉時，人們常徑直把玄學稱為"玄遠"之學，陸澄《與王儉書》云："於時政由王、庾，皆雋神清識，能言玄遠。"《世說新語·規箴》云："王夷甫雅尚玄遠。"

自正始前後起，士人大大發展了漢代的清議，從品題人物、校練名理，到探究有無、動靜、本末、體用，辨析才性、言意、形神等。除了玄學内部的論辯而外，還有玄學與正統儒學的抗争（比如既從生活態度上，也從論辯以自然來對抗名教），甚至參與和影響了稍後的儒、道、佛三家間的論争，形成了延續數百年的學術論辯争鳴的局面。

玄學家往往通過注釋闡揚先秦儒、道兩家經典來申述自己的觀點，提出自己的學説，乃至建立自己的理論體系。玄學代表人物中，正始時代前後有王弼（著《老子注》、《周易注》、《周易略例》、《老子指略》和《論語釋疑》）、何晏（著《周易私記》、《周易講説》）、夏侯玄（著《本無論》）、嵇康（著《養生論》、《答難養生論》、《聲無哀樂論》、《難自然好學論》、《明膽論》）、向秀（著《莊子注》），西晉時期有裴頠（著《崇有論》）、郭象（著《莊子注》）、歐陽建（著《言盡意論》），東晉時期還有張湛（著《列子注》）等。南北朝時期的玄學雖然在理論建樹上遠不如魏晉那麼多，但並未衰落。南朝的帝王、權貴和士人中不少人醉心玄學，儒者亦不乏兼擅玄理者。宋文帝立四館，玄學得與儒學、史學、文學並立，他還曾經以"咸"和"粲"為羊玄保的兩個兒子取名，勉勵他們效法曹魏時的玄學家荀粲和阮咸，繼承"林下正始餘風"。宋明帝亦好玄理，所置總明觀，仍設玄學部。《顔氏家訓·勉學》説："洎乎梁代，茲風（玄風）中復闡，《莊》、《老》、《周易》，謂之三玄。武皇簡文，躬自講論。"一時風氣可知。

---

① 涂光社《文心十論》，第9頁。
② 同上，第10頁。

2. 玄學的興盛與哲學思辨精神的復歸

從東漢末到隋統一這四百年左右,除了西晉短期統一的三十餘年而外,中國一直處於國家分裂、戰亂頻仍的災難之中。政治上篡代層出,門閥把持仕進,士族豪門窮奢極侈,社會腐敗達於極點。然而,玄學卻在這樣的歷史時期內勃興,其原因何在呢?

在百家爭鳴中成長起來的先秦哲學是富於思辨精神的。兩漢的正統經學卻被改造成為一種壓抑了理性的經驗哲學,從董仲舒的《春秋繁露》到東漢班固的《白虎通義》,統治集團定為一尊的正統經學構成了一個神學目的論和宿命論的體系。它是封閉的、僵化的,充滿神秘主義和迷信色彩。東漢的桓譚和王充等有識之士對統治者熱衷的讖緯之說進行過猛烈的抨擊,古文學派也以系統的訓詁方法力圖還先秦經典的本來面目,從經學內部批駁和抵制官辦經學的紕謬和荒誕,學術因而振興一時。不過總的說來,仍未挽回經學的頹勢。

如果說西漢統治者相對還比較清醒和自律,政治還比較清明的話,東漢中期以後,外戚、宦官的把持朝政、相互傾軋,皇帝的昏庸殘暴,使士人產生了愈來愈大的離心傾向。君不君,臣不臣的社會現實破壞了封建倫理的實踐基礎,統治集團的墮落和偽善使儒家的說教愈來愈沒有說服力。

建安時代,由於政治鬥爭和軍事鬥爭的需要以及人們逃避現實思想的抬頭,刑名、黃老之學又趨活躍。作為北方政治和軍事集團的首領,曹操公然明令舉拔"不仁不孝而有治國用兵之術"者,這是過去人們不敢說甚至不敢想的離經叛道言行,非其人其時不能有也。魏晉兩朝都是由權臣篡代建立起來的,忠於皇室者常常是被排擠、被殺戮的對象,篡代者為取得門閥世族的支持而實行"九品中正"的選官制度。這可以說是一個荒謬的時代:思想禁錮瓦解而倫常破壞、政治黑暗恐怖。於是,以老莊思想為主體,糅合儒、名、法諸家思想的玄學適應當時的政治氣候而興盛起來。

封建統治者在爭鬥和傾軋中的貪暴卑劣,使他們倡導名教的虛偽性暴露無遺。魏晉士人或全身遠害,或淫佚放縱,或逍遥自適,通過玄學回避他們無法面對的社會現實,撇開已經不能自圓其說的名教,將議論的中心轉移到本體論即天地萬物存在的根據上來,自然是順理成章的。玄學兼取諸家所長,探討事物現象的本質和依據,抽象程度很高,又有多元(即沒有至高無上的權威以及統領一切的觀點和思維模式)論辯的特點,它的興盛是在更高層次上對先秦哲學思辨精神的復歸。

占統治地位的壓抑理性的經驗哲學走上極端以後,在特定的歷史條件(如魏晉南北朝)下,會被一種開放的、多元的思辨哲學所取代。魏晉南北朝玄學的昌盛,既是社會政治使然,又合乎哲學歷史發展的趨勢。

(二)《文心雕龍》對玄學和老莊思想觀念的吸納

魏晉玄學雖然雜糅各家,畢竟以老莊思想為骨架,擺脫了經學的束縛,體現出高度理性思辨的特點。理性的解放導致對感情和人的價值的肯定,以及對個性價值的發現與追求。思辨精神的發揚也促進了思維能力的飛躍。有了這樣的基礎,各個意識形態領域的理論才有可能發生重大突破和全面飛躍,文學藝術論的長足進步就是一個證明。

嵇康在其《聲無哀樂論》中提出音樂本身有"自然之和"的觀點,反對儒家樂論中的天人感應説。他從心與物對立的角度來考察音樂與感情的關係,指出主觀感情並不是客觀事物的屬性,把聲音之美與主觀的哀樂之情區分開來,否認藝術的美與道德的善之間的必然聯繫。他還認為審美主體對於音樂的反應只是心理的(即躁、靜、專、散),而非感情的(即哀、樂)。持論雖然時有偏激,卻別開生面,很有啟發性。

書法和繪畫理論中也見得到玄學中言意之辨和神形、心物關係論的影響。譬如劉宋宗炳的《畫山水序》説:"夫理絶於中古之上者,可意求於千載之下;旨微於言象之外者,可心取於書策之內;況乎身所盤桓,目所綢繆,以形寫形,以色貌色也? ……夫以應目會心為理者,類之成巧,則目亦同應,心亦俱會。應會感神,神超理得,雖復虛求幽岩,何以加焉? 又神本無端,棲形感類,理入影迹,誠能妙寫,亦誠盡矣。"南齊王僧虔《筆意贊》認為:"書之妙道,神彩為上,形質次之,兼之者方可紹於古人。以斯言之,豈易多得。必使心忘於筆,手忘於書,心手達情,書不妄想。是謂求之不得,考之即彰,乃為筆意。"

在文學理論領域同樣如此,像陸機《文賦》中的"恒患意不稱物,文不逮意"、"若夫隨手之變,良難以辭逮"和"言拙而喻巧"、"是蓋輪扁所不得言,亦非華説之所能精"諸論,顯然都是在言意之辨的啟迪下生發的。其餘如"課虛無以責有,叩寂寞而求音"頗有"有"生於"無"、"以靜馭動"的意味,"立片言而居要,乃一篇之警策"與"彼榛楛之勿翦,亦蒙榮於集翠"之論又暗合"一"與"多"的對立統一。

那麼《文心雕龍》又怎樣呢?

蔡鍾翔先生認為:"劉勰雖不贊同玄學家的某些觀點,也沒有從事玄言和玄理的探討,但方法論上是得力於玄學的。在這個意義上説,沒有玄學就沒有體大思精的《文心雕龍》,是不為過分的。"①這種説法在《文心雕龍》中可以找到依據。《論説》篇有這樣的述評:

> 魏之初霸,術兼名、法。傅嘏、王粲,校練名理。迄自正始,務欲守文。何晏之徒,始盛玄論。於是聃、周當路,與尼父爭塗矣。詳觀蘭石之《才性》,仲宣之《去伐》,叔夜之辨《聲》,太初之《本玄》,輔嗣之"兩例",平叔之"二論",並師心獨見,鋒穎精密,蓋人倫之英也……次及宋岱、郭象,鋭思於幾神之區;夷甫、裴頠,交辨於有無之域;並獨步當時,流聲後代。然滯"有"者全繫於形用,貴"無"者專守於寂寥;徒鋭偏解,莫詣正理;動極神源,其般若之絶境乎! 逮江左群談,惟玄是務。雖有日新,而多抽前緒矣。

---

① 蔡鍾翔《王弼哲學與〈文心雕龍〉》,《文心雕龍學刊》第四輯,第215頁。

劉勰這段議論是對魏晉玄學的評價，雖則簡明，也很全面。他幾乎列舉了所有有代表性的玄學名家，"並師心獨見，鋒穎精密，蓋人倫之英"的評價不能説不高，"並獨步當時，流聲後代"也無疑是對其成就的一種肯定。至於在多元論辯的玄學領域内指出"滯有者全繫於形用"和"貴無者專守於寂寥"、"莫詣正理"，則只是對某些持論偏執者的批評，並非是對整個玄學的否定。他對東晉玄學特别是清談估價平平，甚至略有貶抑，也是因其"惟玄是務"卻建樹無多的緣故。誠然，劉勰以爲與"滯有者"和"貴無者"的持論相比，佛教的般若學是一種絶妙至高的境界，但似乎也還不是拿整個玄學和佛學進行對比。

《論説》篇論及經典注釋的時候，批評了漢代章句之學的龐雜煩瑣，然後説："若毛公之訓《詩》，安國之傳《書》，鄭君之釋《禮》，王弼之解《易》：要約明暢，可以爲式矣。"對於認識劉勰對玄學的態度來説，這段話並不是無關緊要的。劉勰一貫尊崇漢代經學古文學派的成就，此處只是標舉其《詩》學、《書》學和《禮》學，談到《易》學則舍漢儒而取王弼，可以説是相當難得的讚賞。而王弼卻是玄學中首屈一指的代表人物，他的《易》學對於玄學的理論建設貢獻尤大。足見劉勰對玄學，尤其是對王弼的成就是傾心推崇的。

論及玄學對文學的影響時，劉勰的態度就不同了：

及正始明道，詩雜仙心，何晏之徒，率多浮淺。唯嵇志清峻，阮旨遥深，故能標焉……江左篇制，溺乎玄風，嗤笑徇務之志，崇盛忘機之談；袁、孫已下，雖各有雕采，而辭趣一揆，莫與争雄，所以景純《仙》篇，挺拔而爲俊矣。（《明詩》）

正始餘風，篇體輕澹……簡文勃興，淵乎清峻；微言精理，函滿玄席；澹思濃采，時灑文囿……自中朝貴玄，江左稱盛，因談餘氣，流成文體。是以世極迍邅，而辭意夷泰；詩必柱下之旨歸，賦乃漆園之義疏。（《時序》）

在劉勰看來，玄風薰染下的文學創作流弊不小，"率多浮淺"、"溺乎玄風"、"辭趣一揆"等語的貶意甚明。對積極入世、關注君臣大義和軍國大計、倡導"達則奉時以騁績，窮則獨善以垂文"的劉勰來説，"嗤笑徇務之志，崇盛忘機之談"、"世極迍邅，而辭意夷泰；詩必柱下之旨歸，賦乃漆園之義疏"不僅思想無可取，而且違背藝術的規律，自然不能給予肯定。當然也有例外，玄學名家未必都寫玄言詩賦，正始以降亦時有佳作。《明詩》篇所謂"唯嵇志清峻，阮旨遥深"的"唯"字就表述了這種例外。除了嵇康、阮籍（以及《時序》篇連同提到的應璩、繆襲）以外，劉勰對郭璞獨樹一幟的《遊仙詩》也給予了讚賞。

總的説來，劉勰對魏晉玄學的理論建樹基本持肯定態度，也明確認識到玄風清談給予文學創作的影響是消極的。

《文心雕龍》中雖然只清楚地闡述過以儒家思想爲宗旨的基本立場，但並不妨礙劉勰建構理論時兼取各家，爲我所用。在魏晉南北朝時代撰結的文學理論巨著，不接受玄學深刻影響而能達"體大思精"的高度，那才是咄咄怪事。何況劉勰對前人的評價和取捨表明，他是一個清醒、開明、善於採擷衆長的理論家。

談到玄學對《文心雕龍》的影響,不外乎思想觀念和理論方法兩個方面。兩者儘管不能截然分開,畢竟有所區別。我們先看思想觀念方面。

儒家强調善美,道家追求真美,玄學以老莊思想爲核心,其美學傾向崇尚"自然"是不足爲奇的。夏侯玄説:"天地以自然運,聖人以自然爲用。自然者,道也。"(張湛《列子·仲尼注》引)王弼注《老子》二十五章"道法自然"説:

> 道不違自然,乃得其性,法自然也。法自然者,在方而法方,在圓而法圓,於自然無違也。

在玄學裏,"自然"常指宇宙本體、世界本源,總是包含着自在、本然的意義,即指萬物本來的樣子;與"自然"相對的"名教"則顯然是人爲的,人們爲規範社會關係而設立的等級名分與教化。玄學中有主張"名教"因於"自然"、反映"自然","聖人以自然爲用"的一派,即以"體用如一"、"本末不二"的觀點來相容和統一"自然"與"名教";王弼、夏侯玄等就是如此。另一派則以正始時代的阮籍、嵇康爲代表,强調兩者的矛盾對立不可調和,認爲人爲的"名教"只會摧殘人的天性,破壞人與人之間和諧的自然關係,因此他們提倡"越名教而任自然",甚至公然"非湯武而薄周孔"。

劉勰的傾向顯然在相容一方。《文心雕龍·原道》表述的就是"自然之道"與"炳耀仁孝"相容互補的指導思想。

"天地以自然運"和"自然者,道也"表明,"自然"體現着天地萬物的本質和不以人們主觀意志爲轉移的客觀規律。所謂"道不違自然","在方而法方,在圓而法圓"就是要求人爲的運作必須尊重事物發展演變的客觀規律,順應自然態勢。劉勰注重文學創作規律的探討和揭示,强調尊重規律、順隨寫作自然體勢的必要,均與此一脈相承,其《定勢》篇所論就是很好的例子:

> 夫情致異區,文變殊術,莫不因情立體,即體成勢也。勢者,乘利而爲制也。如機發矢直,澗曲湍回,自然之趣也。圓者規體,其勢也自轉;方者矩形,其勢也自安:文章體勢,如斯而已。是以模經爲式者,自入典雅之懿;效《騷》命篇者,必歸豔逸之華;綜意淺切者,類乏醖藉;斷辭辨約者,率乖繁縟;譬激水不漪,槁木無陰,自然之勢也。

劉勰以"勢"論文雖然對先秦兵法有所借鑒,但《孫子·勢》的有關部分只是説:"任勢者,其戰人也如轉木石。木石之性,安則静,危則動;方則止,圓則行。故善戰人之勢,如轉圓石於千仞之山者,勢也。"劉勰反復强調的"自然之勢"(按,在前的"自然之趣"的"趣"與"勢"同義)以及

"方者其勢自安,圓者其勢自轉"之論則明顯脫胎於玄學。《附會》篇有"扶陽而出條,順陰而藏迹"之語,也是順其自然"乘利而為制"的原則在"附會"之術中的運用。

《原道》篇標舉"自然之道",既説明了人作為"五行之秀,實天地之心"有"為德也大"之"文"是天經地義、自然而然的,又為全書規定了真實反映事物本質特徵、尊重藝術規律、順應主客體因素自然變化的理論指導原則。

《明詩》篇的"人稟七情,應物斯感,感物吟志,莫非自然"表明,文學創作的出現是一個自然過程,人們的情感思維與"物"(外部環境和事物)的交感共鳴,往往就是文學創作活動的前奏和條件。《體性》篇指出創作風格與作家個性是"沿隱以至顯,因内而符外"的關係,劉勰説:"表裏必符,豈非自然之恒資,才氣之大略哉?"是謂這種個性的外現、内外的統一是自然而然的。在藝術思維論中,劉勰要求順應思維和藝術創造的客觀規律:《神思》篇告誡作家"無務苦慮"、"不必勞情",力求使精神狀態達於"虛静";《養氣》篇則曰:"故宜從容率情,優柔適會";《隱秀》篇以為"勝篇"、"秀句""並思合而自逢,非研慮之所求也",只有"自然會妙"之文才能放出異彩。

即使是人為的修辭手段,劉勰也認為是"法自然"的結果。他在《聲律》篇説:"聲律所始,本於人聲也。"《麗辭》篇也説:"造化賦形,支體必雙,神理為用,事不孤立。夫心生文辭,運裁百慮,高下相須,自然成對。"提出了藝術手段師法"造化",接受"神理"啟示的卓越見解:音律所本是人的自然聲調,而"動植必兩"啟發人們運用對偶的修辭手段。

崇尚"自然"包含着對"真"的推崇。《徵聖》篇把"情信而辭巧"奉為文章寫作的"金科玉牒"。"宗經六義"中的"情深而不詭"、"事信而不誕"二義隱含着對"真"的要求。《情采》篇倡導"為情造文",擯斥"為文造情";指出:"真宰弗存,翩其反矣!""言與志反,文豈足徵?"所謂"鉛黛所以飾容,而盼倩生於淑姿,文采所以飾言,而辯麗本於情性",也説明天生麗質與情感個性的自然流露是藝術美的真髓所在。《物色》篇對"不加雕削,而曲寫毫芥"有所肯定,也是因其有忠實於客觀物態的一面。劉勰論中"自然"之美,是與"本乎情性"、"清麗"、"切至"相聯繫的,實質上就是"真"所體現的美。

玄學家説:"自然者,道也。"劉勰強調順乎自然也有尊重客觀規律的意義。尊重客觀規律總是和探索客觀規律聯繫在一起的,高水準的理性思辨利於事物本質和規律的揭示,因此《文心雕龍》在文學現象本質的認識和藝術規律的總結方面,取得了中國古代文學理論史上莫與能比的巨大成就。比如,《神思》篇提出的"思理為妙,神與物遊","意翻空而易奇,言徵實而難巧","機敏故造次而成功,慮疑故愈久而致績";《體性》篇的"情動而言形,理發而文見,蓋沿隱以至顯,因内而符外者也"以及才、氣、學、習四種因素對風格決定性的影響;《通變》篇的"名理有常,體必資於故實;通變無方,數必酌於新聲","文律運周,日新其業;變則其久,通則不乏";《定勢》篇的"情致異區,文變殊術,莫不因情立體,即體成勢";《情采》篇的"文附質"、"質待文";《總術》篇的"若夫善弈之文,則術有恒數,按部整伍,以待情會;因時順機,動不失正;數逢其極,機入其巧,則義味騰躍而生,辭氣叢雜而至";《時序》篇的"文變染乎世情,興廢繫乎時序";《物色》篇的"情以物遷,辭以情發";《知音》篇的"凡操千曲而後曉聲,觀千劍而後識器","綴文者情動而辭發,觀文者披文以入情"等。共涉及藝術思維創造的機制、言意的矛盾、風格與藝術個性的關係、繼承與變革、藝術形式形成的遞進層次、內容與形式的關係、時代政治和自然環境對創作的影響,以及經驗對於鑒賞的意義,審美主體與創作主體間的信息傳達、接受和心靈交往。這些規律性概括不僅表明劉勰登上了那個時代文學理論領域無人企及的高峰,而且對今人也有深刻啟迪,某些論斷和原則甚至仍能指導今天的創作和欣賞。

《魏志·鍾會傳》注記載,王弼曾指出"聖人""同於人者五情也",並在答荀融難《大衍義》的信中強調"自然(感情)之不可革"。這就否定了一些漢儒性、情分離、性仁(善)情貪(惡)的說法,承認人的自然情感的合理性。不少魏晉士人以"自然"對抗"名教",以"循性而動,各附所安"(嵇康《與山巨源絕交書》)為行為和生活的準則。玄學不是禁欲寡情的,其理論思維本身也是多元的、開放的。因此,尊重個性,尊重人的自然情感是時代哲學思潮使然。

《文心雕龍》中的"聖人"也是有情的。《原道》篇有"夫子繼聖……雕琢情性,組織辭令"之語,《徵聖》篇亦云:"夫子文章,可得而聞;則聖人之情,見乎文辭矣。"值得注意的是,"情"和"性"在《文心雕龍》的理論體系以及具體的理論組合中占有不可替代的重要地位。

劉勰在《序志》篇申明:《文心》的下半部全為"剖情析采"之論。由於"情"是文學內容的核心,也是文學活動的紐帶和推動力,所以在討論內容與形式關係的《情采》篇,他直接以"情"來代指文學內容。此外,《詮賦》篇的"情以物興"、"物以情觀",《神思》篇的"登山則情滿於山"、"神用象通,情變所孕",《體性》篇的"情動而言形",《通變》篇的"憑情以會通",《比興》篇的"起情故興體以立",《總術》篇的"按部整伍,以待情會";《物色》篇的"情以物遷,辭以情發"等,又不限於內容而指豐富、活躍的感情活動。

如果說陸機在《文賦》中所說的"詩緣情而綺靡"是"緣情"說的發端,它不過是針對詩歌這種體裁而言的;《文心》中的"情"則是針對整個文學活動所說,其理論意義自不可同日而語。足見直到劉勰,"緣情"說才得到了全面和有理論深度的闡揚。當然,這並不會降低陸機首倡"緣情"說的價值,而且陸機與劉勰有一個共同點:他們都不強調"情"的善惡,像《明詩》篇所謂"人稟七情,應物斯感"的創作醞釀中,"七情"並無高下之分。"情"的涵蓋寬泛,不像在儒者"言志"說中那樣總受政治教化的制約。

劉勰所說的"性"和"情"有時連用,有時互換入論,在這種場合,它們可以看作是相通或者近義的。比如"雕琢情性","並情性所鑠,陶染所凝","吐納英華,莫非情性"(《體性》);以及《情采》篇的"研味《孝》、《老》,則知文質附乎性情","文采所以飾言,而辯麗本於情性",其"三曰情文,五性是也"更是兩者相通的例子。當然仔細比較,兩者有時還是各有側重的。"性"與天生的氣質、稟性密不可分,即使是後天形成的,也是長期陶冶、習染之所成,可以說是相對穩定的主體因素(常指創作活動中作家的藝術個性)。而"情"則往往是即時即境產生、變化不定的,故有"文情之變深矣"(《隱秀》)、"洞曉情變"(《風骨》)和"情以物遷"之論。因此,代指作品內容的時候,只宜用"情";強調作家創作個性的時候則理所當然地多用"性"。《文心雕龍》的風格論和內容形式關係論分別採用"體性"和"情采"是很嚴謹的抉擇。

相當程度上,獨立於道德倫理的"情"和"性"得到肯定,文學藝術的風格論才能獲得充分的發展。關於劉勰所論的"性"與道德倫理的分離,我們在討論"才性"問題的時候再談。

綜上所述,《文心雕龍》中對"自然"和"真"美的追求,對文學現象的本質和規律的探索,對情感與個性價值的肯定,都是玄學和老莊思想觀念啟迪和浸潤的結果。

(三)《文心雕龍》對玄學範疇的移植

玄學中運用的理論範疇大都是古已有之的,但往往只是在玄學領域才得到廣泛運用和充分闡揚。也只有在玄學中才集中運用如此多的範疇進行理論組合,這正是它思辨性較强的原因所在。

在中國古代文學理論史上,《文心雕龍》首先運用一系列的範疇來組合理論,其中相當大的一部分範疇移用於玄學及與其相關的清談和人物品鑒中。如本末、才性、自然、名理、言、象、意以及風骨之類。某些玄學範疇雖然沒有直接入論,但它們的內涵及其對立統一的關係已體現在劉勰的表述之中了,如有與無、動與靜、常與變、一與多就是這樣。下面介紹《文心》中常見的幾對範疇:

1. 本與末

本者,基始也,本根也;可以引申為母體、本質、主幹,乃至有原始依據的正確軌範。末者,本所生發的枝葉也;可以引申為子嗣、表象、枝派。

王弼在《老子指略》中説:"《老子》一書,其幾乎可一言而蔽之,噫!崇本息末而已矣。"又説:"見素抱樸以絶聖智,寡私欲以棄巧利,皆崇本息末之謂也。"他在《老子注》五十二章云:"母,本也;子,末也。得本以知末,不舍本以逐末也。"三十八章注又指出:"守母以存其子,崇本以舉其末,則形名俱有,而邪不生。"王弼認為無為而治就是"以道治國,崇本息末",而"以正(政)治國"則是"立辟(法律)以攻末"(《老子注》五十七章)。

王弼提出了"本末不二"的思想,這與"崇本息末"和"崇本舉末"的主張並不矛盾。在他看來,本末作為一對範疇,體現着主次、源流、本質與表象、母體與子息等關係。能夠維繫這種正常關係,就是"本末不二"。自然狀態下,本是末的依據,末是本的表現和延伸,有內在的一致性,故言"不二"。"崇本"則"末"自然"舉",是"綱舉目張"式的統一。倘若由於人為的原因而出現本末倒置或者末勝其本的現象:本的主導地位被取代,末卻改變了從屬的、派生的、非本質的特點,那就有"息末"的必要。"崇本息末"的治國思想是針對人為而言的,其目的在於恢復"本末不二"的正常狀態。

在文學理論中,曹丕《典論·論文》云:"夫文本同而末異,蓋奏議宜雅,書論宜理,銘誄尚實,詩賦欲麗。"其"本"大約指文章的本質及寫作運作的規律,而"末"則指體裁及其相應的語言風格。

劉勰擴大了以"本末"論文的範圍,他推崇雅正和清麗之美,對漢魏六朝愈演愈烈的浮艷文風深惡痛絕。他在《序志》篇説，由於"去聖久遠，文體解散，辭人愛奇，言貴浮詭，飾羽尚畫，文繡鞶帨，離本彌甚，將遂訛濫"，於是他以矯正時風為己任，開始撰結《文心雕龍》。《通變》篇也强調因為人們"競今疏古"的緣故，整個文學史的發展趨勢是"從質及訛，彌近彌淡"的。《詮賦》篇總結辭賦寫的歷史教訓説：

> 原夫登高之旨，蓋睹物興情。情以物興，故義必明雅；物以情觀，故詞必巧麗。麗詞雅義，符采相勝，如組織之品朱紫，繪畫之著玄黄，文雖新而有質，色雖糅而有本，此立賦之大體也。然逐末之儔，蔑棄其本，雖讀千賦，愈惑體要；遂使繁華損枝，膏腴害骨，無貴風軌，莫益勸戒，此揚子所以追悔於雕蟲，貽誚於霧縠者也。

漢代辭賦寫作大都極盡鋪陳誇飾，思想内容則是"勸百諷一"，背離了《詩經》以來的文學傳統。"而後之作者，采濫忽真，遠棄風雅，近師辭賦；故體情之制日疏，逐文之篇愈盛。"（《情采》）因此，《宗經》篇指出："勵德建言，莫不師聖；而建言修辭，鮮克宗經。是以楚豔漢侈，流弊不還，正末歸本，不其懿歟？"此處所謂本，就是由儒家經典所體現的"情信辭巧"、有益政治教化的文章寫作模式，相對於形式而言則指堅實的内容（包括正大的思想、真摯充沛的感情）；所謂末，則是華麗的語言形式。劉勰認為"逐末棄本"是文學步入歧途的癥結所在。

重視考察事物現象的本末，有助於把握本質、提綱挈領、分清主次。

劉勰以為内容是本，形式是末。因此《情采》篇强調"述志為本"、"辯麗本於情性"。《熔裁》篇認為内容應有核心和主幹，故曰："立本有體。"又解釋篇名道："規範本體謂之熔。"《議對》篇討論"駁議"這種文體的寫作時提出："文以辨潔為能，不以繁縟為巧；事以明核為美，不以深隱為奇：此綱領之大要也。"隨即批評違背軌範的寫法：

> 若不達政體，而舞筆弄文，支離構辭，穿鑿會巧；空騁其華，固為事實所擯；設得其理，亦為遊辭所埋矣。昔秦女嫁晉，從文衣之媵，晉人貴媵而賤女；楚珠鬻鄭，為薰桂之櫝，鄭人買櫝而還珠。若文浮於理，末勝其本，則秦女楚珠，復在兹矣。

有時《文心》中的本與末又只表述主從關係。《章句》篇説："夫人之立言，因字而生句，積句而成章，積章而成篇。篇之彪炳，章無疵也；章之明靡，句無玷也；句之清英，字不妄也。振本而末從，知一而萬畢矣。"整體可以帶動局部，主導方面的成功具有決定性的作用。

2. 才與性

文學創作是作家提供的精神産品。文學理論重視作家的素質、個性和藝術才能是極其自然的。玄學有關才性的探討對於《文心雕龍》作家論和風格論的構建是很有説明的。

才性這一論題早已被提出。人們的討論主要圍繞兩個問題：其一，性指什麼？（形成對照的是：釋才為才能基本上沒有異議）；其二，才與性之間究竟是什麼關係？

《論語·陽貨》説:"子曰:'性相近也,習相遠也。'"是謂人的天性是相近的,在後天因素("習")的影響下,才有了相去甚遠的差別。這段話裏孔子並没有説明"性"究竟是善還是惡,後來告子主"性無善惡"説,孟子主"性善"説,荀子主"性惡"説,仍然是就人的天性而言。孔、告、孟、荀所謂"性"都是從總體上去看人類之所以爲人,看人類與禽獸的區别,而不是就具體的人各各不一的禀性而論的。可以説,先秦儒家的"性"論是人性的理論,而非性格的理論。他們認爲"人之初"的天性是人類所共同的,由於所受教育和社會環境的不同,人於是有了善與惡的不同。這種不同,不過是天性被保留與被改造的多少和程度的差别而已。

早期的理論家多從倫理道德的角度去看人性。在漢代大一統的社會裏,儒家思想擁有獨尊的地位,與道德相聯繫的性無疑比才更受重視。揚雄《法言·吾子》提出:"有之性也,善惡混。修其善則爲善人;修其惡則爲惡人。"王充《論衡·骨相篇》也説:"操行清濁,性也。"在"察舉"、"徵辟"的選士制度中,儘管"孝廉"較重品性,"秀才"較重才能,兩者略有區别,但總的説來才性相對協調的,更看重品行一些。

從漢魏之交開始,由於割據紛争的時代需要,性的内涵有所轉移,而才的地位則大大提高,才與性相分離的意識逐漸占據了主導地位。

曹操重才不重德,曾明令舉拔"不仁不孝而有治國用兵之術"的人。劉劭《人物志》把人分爲"聖人"、"兼材"、"偏材",又有十二流品之别,都是以才能劃分的。在何晏、王弼、嵇康、向秀、郭象等玄學家看來,性與善惡無涉。何晏《論語集解》注"夫子之言性與天道不可得而聞也"一句説:"性者,人之所受以生也。"嵇康的"循性而動"的性也指自然天性。

劉勰在《體性》篇論證影響創作風格的作家個性時,並未夾雜道德的評價:

> 典雅者,鎔式經誥,方軌儒門者也。遠奥者,馥采典文,經理玄宗者也。精約者,核字省句,剖析毫厘者也。顯附者,辭直義暢,切理厭心者也。繁縟者,博喻釀采,煒燁枝派者也。壯麗者,高論宏裁,卓爍異采者也。新奇者,擯古競今,危側趣詭者也。輕靡者,浮文弱植,縹緲附俗者也。

雖然其中不無抑揚,但也只是學術方向和審美情趣的差别,與善惡没有直接聯繫。隨後所舉"吐納英華,莫非情性"的例子更能説明這一點:

> 是以賈生俊發,故文潔而體清;長卿傲誕,故理侈而辭溢;子雲沉寂,故志隱而味深;子政簡易,故趣昭而事博;孟堅雅懿,故裁密而思靡;平子淹通,故慮周而藻密;仲宣躁鋭,故穎出而才果;公幹氣褊,故言壯而情駭;嗣宗俶儻,故響逸而調遠;叔夜俊俠,故興高而采烈;安仁輕敏,故鋒發而韻流;士衡矜重,故情繁而辭隱。

由於"各師成心"、"表裏必符",作家各各不一的氣質、性格導至文學風格的相應差别。《體性》

篇業已闡明：風格的核心和内在依據是作家的藝術個性。

《議對》篇評論晉代傅咸、應劭、陸機等人寫作"議"這種文體時説："亦各有美，風格存焉。"《書記》篇介紹司馬遷、東方朔、楊惲、揚雄書信的文學成就則云："志氣盤桓，各含殊采；並杼軸乎尺素，抑揚乎寸心。"《才略》篇稱讚："張衡通贍，蔡邕精雅，文史彬彬，隔世相望：是則竹柏異心而同貞，金玉質殊而皆寶也。""嵇康師心以遣論，阮籍使氣以命詩：殊聲而合響，異翮而同飛。"劉勰認識到個性外現的價值，讚賞風格的多樣化，因此在該篇"贊"中又説："才難然乎！性各異稟。一朝綜文，千年凝錦。"

劉勰對偏才也給予明確的肯定。如《明詩》篇説："兼善則子建、仲宣，偏美則太沖、公幹。"其"偏美"雖然不如"兼善"完備，仍有自己的獨到之處。《書記》篇裏的"至如陳遵占辭，百封各意；禰衡代書，親疏得宜：斯又尺牘之偏才也"亦為讚賞之詞。《才略》篇更不難找出"孔融氣盛於為筆，禰衡思鋭於為文，有偏美焉"、"曹攄清靡於長篇，季鷹辨切於短韻：各其善也"這樣的評論。有個性才有風格，有個性才是創造，有個性才成其為藝術。只有在玄學興盛、個性解放的時代，古代文學的風格理論中才可能有如此明確和全面的表述。

《文心》論中的才性，其内涵與玄學中的相近，但也有劉勰獨到之處。比如他認為才雖與後天的培養和習染有關，卻與先天稟賦有着先導性的更重要的聯繫。《體性》篇指出決定文學風格的四種因素是才、氣、學、習。其中才與氣兩者主要受先天因素影響，相互間的關係也比較密切，故云："才力居中，肇自血氣"，"才有天資，學慎始習"，於是要求"因性練才"。然而，劉勰在《神思》篇提倡"酌理以富才"，在《定勢》篇指出只有"舊練之才"方能"執正馭奇"，在《總術》篇亦云"才之能通，必資曉術"，可見才的後天培養也非常重要。

3. 一與多

先秦哲學已經接觸到一與多的問題。比如《老子》二十二章"聖人抱一為天下式"和《荀子·王制》"分均則不偏，勢齊則不一，衆齊則不使"，其倡導的處世和治世之道都包含着"以一馭衆（多）"的原則。

王弼在《周易略例·明彖》中説："夫少者，多之所貴也；寡者，衆之所宗也。""夫衆不能治衆，治衆者至寡者也；夫動不能制動，制天下之動者，貞夫一者也。故衆之所以得咸存者，主必致一也；動之所以得咸運者，原必無二也。"可以説把"以寡治衆"（即"以一制多"）之理闡發得很充分，為封建君主專制提供了理論依據。他在《老子》四十二章注中説"萬物萬形，其歸一也。何由致一？由無也。由無乃一，一可謂無。"表明統馭天地萬物的也只有"一"，這"一"就是"無"，就是本體。這些原則對於劉勰組合文學理論是很有幫助的。

《章句》篇的"振本而末從，知一而萬畢"強調以本帶末，也與"執一統萬"相聯繫，説明在劉勰的理論組合中一多與本末有相通之處。不過最典型的例子在《附會》篇和《總術》篇。《附會》篇論作品整體的協調性，劉勰説：

凡大體文章，類多枝派。整派者依源，理枝者循幹。是以附辭會意，務總綱領。

> 驅萬途於同歸，貞百慮於一致；使衆理雖繁，而無倒置之乖；群言雖多，而無棼絲之亂……是以馭牡異力，而六轡如琴；並駕齊驅，而一轂統輻。馭文之法，有似於此。去留隨心，修短在手，齊其步驟，總轡而已。

所謂"綱領"是"源"是"干"，也就是本和一。成功的作品都必須確立一個制約"衆理"和"群言"的核心和主體，由它來統領全局，而使雜多因素殊途同歸，組合成協調統一的整體。劉勰用馭車之術來比況寫作，認為"總轡"的技巧就像使不同調的琴弦和諧一樣，即使"馭牡異力"也能"齊其步驟"。《總術》篇的一段話可以與此相印證：

> 夫驥足雖駿，纆牽忌長。以萬分一累，且廢千里；況文體多術，共相彌綸，一物攜貳，莫不解體。所以列在一篇，備總情變；譬三十之輻，共成一轂，雖未足觀，亦鄙夫之見也。

在《定勢》篇談到作品表現方式的選擇與組合時也指出："淵乎文者，並總群勢：奇正雖反，必兼解以俱通；剛柔雖殊，必隨時而適用。若愛典而惡華，則兼通之理偏。""若雅鄭而共篇，則總一之勢離。"劉勰要求表現方式的風格要協調統一，主張"雖復契會相參，節文互雜，譬五色之錦，各以本采為地矣"，或者"以正馭奇"，在突出雅正、本色的風格基調的前提下"相互參雜"，因時制宜，糅合成理想的表現方式。

《神思》篇說："是以臨篇綴慮，必有二患：理鬱者苦貧，辭溺者傷亂。然則博見為饋貧之糧，貫一為拯亂之藥；博而能一，亦有助於心力矣。"是謂思路不暢和文辭繁亂是文章構思必然碰到的兩種毛病，劉勰開出的救治良方分別是"博見"（擴展知識見聞）和"貫一"（始終圍繞着中心寫作）。由博而約，說到底"博見"在創作中是為"貫一"服務的。"博而能一"是這個層面上一與多對立統一的理想境界。

《隱秀》篇說："凡文集勝篇，不盈十一；篇章秀句，裁可百二；並思合而自逢，非研慮之所求也。"因為"秀也者，篇中之獨拔者也"，"秀句"和一般句之間顯然是"寡"與"衆"的對立統一。仿佛與陸機《文賦》中的"立片言而居要，乃一篇之警策"和"石韞玉而山暉，水懷珠而川媚。彼榛楛之勿翦，亦蒙榮於集翠"一脈相承。不過劉勰認為這種"秀句"是思維中的偶然所得："言之秀矣，萬慮一交"，是"才情之嘉會"的產物。看來劉勰是從一與多的角度來理解思維創造（或者說靈感）機制的。

《總術》篇"贊"指出：

> 文場筆苑，有術有門。務先大體，鑒必窮源。乘一總萬，舉要治繁。思無定契，理有恒存。

劉勰提出了"乘一總萬,舉要治繁"的原則。此處"一"和"萬"指什麼而言呢?從上面的"務先大體,鑒必窮源"和後面的"理有恒存"看,這"一"就是"大體"、根源,就是恒常的"理";而"萬"則指文章(包括"文"和"筆"在內)寫作的各種方法、手段、技巧,以及紛繁的文思(故言"思無定契")。"乘一總萬,舉要治繁"是要求以本質的、主要的、合乎美的規律的東西,去統領、駕馭、制約、協調眾多的方法、手段和繁複的文思。

韓康伯《周易·繫辭注》引云:"王弼曰:演天地之數,所賴者五十也。其用四十有九,則其一不用也。不用而用以之通,非數而數以之成,斯《易》之太極也。四十有九,數之極也。夫無不可以無明,必因於有,故常於有物之極,而必明其所由之宗也。"王弼此處以一與多說明不用與用以及無與有的關係。《文心雕龍·序志》介紹全書體系時最後說:"彰乎大《易》之數;其為文用,四十九篇而已。"顯然在體系建構上又對王氏之論有所借鑒。

4. 言·象·意

"言意之辨"的討論近年已較深入,但於此仍有必要勾勒它從先秦到魏晉的發展軌迹。

《周易·繫辭上》云:"子曰:'書不盡言,言不盡意。'然則聖人之意其不可見乎?子曰:'聖人立象以盡意,設卦以盡情偽,繫辭焉以盡其言。'"《莊子》更多次涉及這個問題:

> 世之所貴者書也。書不過語,語有所貴也;語之所貴者意也。意有所隨,意之所隨者,不可以言傳也。而世因貴言傳書。(《天道》)

> 可以言論者,物之粗也;可以意致者,物之精也;言之所不能傳,意之所不能察致者,不期精粗焉。(《秋水》)

> 筌者所以在魚,得魚而忘筌;蹄所以在兔,得兔而忘蹄;言所以在意,得意而忘言。(《外物》)

一般都認為這是"言意之辨"的兩個源頭。《周易·繫辭》寫成的時代大致是戰國到西漢初,所引孔子的話有可能是假托於聖人的。與《莊子》所言究竟孰先孰後沒有確證。從理論層次上推斷,《莊》論也許稍後。其實,古人很早就對言意的矛盾有所覺察了,《論語·陽貨》記載:

> 子曰:"予欲無言。"子貢曰:"子如不言,則小子何述焉?"子曰:"天何言哉?四時行焉,百物生焉,天何言哉?"

孔子顯然意識到語言的局限或者"無言"的意義,至少認為自然萬物的存在和運作蘊含着豐富深刻的道理和無言的啟示,是難以用語言進行確切表述的。《老子》中的"道可道,非常道;名可名"(四十五章),"知者不言,言者不知"(五十六章)等名論中多少也涉及語言傳達難能為力的領域和場合。

《周易·繫辭》所論是針對解釋卦象的文字而言的,因此除了"書不盡言,言不盡意"("典籍不能著録所有言辭,言辭不能説意念所及的一切")而外,還提到了"立象以盡意"的問題。可是在《莊子》中,是在強調"道"的不可察致、不可傳達時談到言意的,所以未涉及象。莊子認爲,語言文字是人爲的符號,只是一種物質的粗迹,不能無礙無損地通達精妙的精神至境;而"意之所隨者"和"言之所不能論,意之所不能察致者"指的就是至高無上涵容一切又不可名狀的道。其《外物》篇指出的是:用語言進行交流,目的在於"意"的傳達。對表達者來説力求"達意",對接受者來説旨在"得意"。語言只是媒介,只是工具,是次要的;由於言意之間存在矛盾,因而在達到目的以後應該擺脱其束縛。

玄學糅合了這兩種角度立論的言意説,又有新的拓展。最有代表性的仍是王弼《周易略例》的一段話:

> 夫象者,出意者也。言者,明象者也。盡意莫若象,盡象莫若言。言生於象,故可尋言以觀象。象生於意,故可尋象以觀意。意以象盡,象以言著。故言者所以明象,得象而忘言。象者所以存意,得意而忘象。猶蹄者所以在兔,得兔而忘蹄;筌者所以在魚,得魚而忘筌。然則,言者象之蹄也,象者意之筌也。是故存言者,非得象者也。存象者,非得意者也。象生於意而存象焉,則所存者乃非其象也。言生於象而存言焉,則其所存者乃非其言也。然則忘象者乃得意者也,忘言者乃得象者也。得意在忘象,得象在忘言。故立象以盡意,而象可忘也。重畫(指爻重畫爲卦)以盡情,而畫可忘也。

因爲是闡釋《周易》,所以"象"納入其中,但思想方法和理論的淵源則出於《莊子》。其最明顯的發展就是在強調"忘象"和"忘言"的同時,承認"盡意莫若象,盡象莫若言"。也就是説,對於"出意"和"明象"而言,象和言是必要的,甚至是不可取代的;也充分地肯定了媒介和工具的作用。

劉勰接受了玄學言意之辨的理論成果,而且根據文學的特點和需要進行了改造和發揮。歸納起來,大致有以下四個方面:

其一,充分肯定"言"的作用。

文學是語言的藝術。從《文心》有關文、辭、言、藻、采的論述中可以知道,劉勰認爲狀物達意"莫若言",因此充分肯定文學語言表現和創造美的功能。比如"聖因文而明道","辭之所以能鼓天下之動者,乃道之文也"(《原道》);"聖人之情,見乎文辭矣","志足而言文,情信而辭巧,乃含章之玉牒,秉文之金科矣"(《徵聖》);"物沿耳目,而辭令管其樞機。樞機方通,則物無隱貌"(《神思》);"萬趣會文,不離辭情"(《熔裁》);"綴文者情動而辭發,觀文者披文以入情"(《知音》)等。他在"下篇"的理論專題中也很重視語言形式美的探討,所占比重最大,計有《聲律》、《章句》、《麗辭》、《比興》、《誇飾》、《事類》、《練字》、《隱秀》、《指瑕》等九篇;其餘各個專題也多與文辭藻采有密切聯繫。劉勰在這方面的見解和理論成就,此處不再贅述。

其二,劉勰提出了"意象"的概念。

六朝文論中已經逐漸涉及"象"的表現。陸機《文賦》就有"期窮形而盡象"之語,摯虞《文章流別論》也以"假象盡辭,敷陳其志"來説明賦這種文體的特點。然而,明顯受到玄學言意之辨影響的還是劉勰所提出的"意象"説。《神思》篇説:"然後使玄解之宰,尋聲律而定墨;獨照之匠,窺意象而運斤。"意與象在這裏合而為一了,而前面的"尋聲律而定墨"則無疑是論言(要求依美的規律結構作品的語言形式)的。因為文學作品不是《易傳》,它的文字不是卦象的説明,本身也要直接達"意",所以《周易·繫辭》中"象"這個達意的中間層次在文學創作和欣賞中就不是必經的了。劉勰保留了"象",但由於"象"與"意"對於"言"的關係已在同一層次,因此讓它與"意"結合成在一起,作為加工文學語言的藍圖。於是對後來文學理論有重大影響的概念"意象"誕生了。

劉勰保留"象"是物色描寫長足進步的時代使然。在《明詩》、《詮賦》、《比興》和《物色》等篇都談到過模山範水、寫物圖貌風靡文壇的現象。儘管在《文心雕龍》中"意象"只出現過這麽一次,劉勰也未能對它的内涵和特點作明確深入的闡述,然而發端的意義仍不宜低估。

其三,對創作中言意矛盾的新認識。

劉勰雖然充分肯定文學語言的重要性,但是也承認言不盡意的合理性:《神思》篇説:"至於思表纖旨,文外曲致,言所不追,筆故知止……伊摯不能言鼎,輪扁不能語斤,其微矣乎!"《序志》也直接提到"言不盡意,聖人所難",就是很好的例子。不過他在文學的言意論上還是有新見解的。《神思》篇指出:

> 方其搦翰,氣倍辭前;暨乎篇成,半折心始。何則?意翻空而易奇,言徵實而難巧。是以意授於思,言授於意;密則無際,疏則千里。

在文學創作中,"意"是文學内容的思維存在形式,"言"指作品的語言存在形式。由於外部語言也參與思維,兩者有同的一面。但是令理論家費解的是言意又有矛盾的一面,劉勰作出的解釋是"意翻空而易奇,言徵實而難巧",抓住藝術思維跳躍性强、富於變化的特點,指出語言"徵實"(作為媒介它必須有確切的義蘊,其組合應符合語法規範)使它很難跟上思維的運作、盡善盡美地傳達思維創造的微妙精巧之處。"意授於思,言授於意"更是對言意之辨的改造,在"意"之前增加了"思"這個新層次。"思"與"意"的差别可能是指一般的思想情志與能納入作品付諸表現的藝術意趣、構想的差别。於是這"意"就不再是與抽象的"道"相聯繫、只能以"象"進行模糊傳達的"意"了,完成了從哲學領域向文學領域的轉移。"思"→"意"→"言"的遞進過程更合乎文學創作思維活動的實際。

其四,是關於"隱秀"論的建樹。

言和意的矛盾對於創作並非只有不利的一面。劉勰曾説:"拙辭或孕於巧義。"(《神思》)有時樸拙的語言形式可能包孕着精巧的義蘊。《文心雕龍》第四十篇《隱秀》雖有殘缺,卻有很高的理論價值。劉勰説:

> 是以文之英蕤,有秀有隱。隱也者,文外之重旨也。秀也者,篇中之獨拔者也。隱以複意為工,秀以卓絶為巧;斯乃舊章之懿績,才情之嘉會也。夫隱之為體,義主文外,秘響傍通,伏采潛發,譬爻象之變互體,川瀆之韞珠玉也。故互體變爻,而化成四象;珠玉潛水,而瀾表方圓。

其中對"隱"的論述使傳統的溫婉含蓄的美學追求反映到言意的關係方面,為後來這方面的文學藝術理論發展奠下了基石。

"隱"是一種語言技巧,也是一種境界。它不單要有"以少總多"的概括力,更要求有言外之意:即提供給觀照者的不僅是語言本身的義蘊,還有由文章語義網絡間接提示、或者觸發誘導讀者產生聯想所獲得的旨趣和意象,故有"深文隱蔚,餘味曲包"的審美效果。"隱"可以說是一種不露形迹的高層次的含蓄,它與晦澀艱深是完全不同的,因此劉勰補充道:"晦塞為深,雖奧非隱。"

要求傳達出"文外之重旨"說明文學語言的語義網絡可能傳遞超出字面語義的東西,"言"與"意"未必吻合;"義主文外"更把文字本身義蘊的價值放在次要地位,把間接拓展的義蘊作為文學創造的主要追求。倘若說劉勰關於"隱"的論述為後世的意境說、神韻說開闢了道路是有理由的,更毋須說那些"言外之意"、"象外之象"和"味外之味"的追求者了。

"思""意""言"說是劉勰根據文學藝術傳達的特點對莊子"言""意"之辨和王弼"言""象""意"論的延伸和改造。"神""形"的主從、内外關係也常常由内在的"心"和外在的"形"(以及文、言、辭、容)替代,如《神思》篇:"'形在江海之上,心存魏闕之下。'神思之謂也。文之思也,其神遠矣。"

《文心》中"心"是主體的一方,是内在的,思維情感發動與蓄積之處。如《原道》的"心生而言立"、"有心之器,其無文歟";《才略》的"師心遣論";《比興》的"擬容取心";《麗辭》的"心生文辭"。以往的理論(如《淮南子》)中"神"、"心"、"形"也不過是多了一個層次:"神"無形而"形"外顯,"心"則介於有形無形之間,也常見以"心"代"神"者。

玄學有脱離"時事""機務"的特點,重在討論政治的《劉子》中雖有"道者,玄化為本"(《九流》)之言,總的來說,還是對玄學比較疏遠,不如研討文章寫作欣賞、需要多層面揭示抽象的文學藝術本質規律的《文心雕龍》。《劉子》中運用玄學範疇雖相對較少,但仍不難見到同樣的時代影響,尤其因為它有倚重黃老治國理念的一面。這方面在"下篇"再作介紹。

四、在玄學無涉之處也"雜"

《文心雕龍》之"雜"不只是在對玄學思辯理路和範疇組合的借助上。

"文之樞紐"五篇列前的是《原道》、《宗經》、《徵聖》之論,《序志》申述受孔子啟迪而論文章，強調文章"炳煥君臣"、"昭明軍國"的重要意義，《明詩》、《比興》、《時序》、《程器》等篇儒家思想影響也明顯可見。因此說劉勰論文章宗尚儒家有其理由。然而也必須承認，儒家思想以外的影響在《文心》中普遍存在，在許多層面的理論中甚至超過了儒學。

周振甫先生說：

> 劉勰是不是要求用儒家思想來寫作呢？是不是認爲只有聖人才能認識道呢？不是的。他在《諸子》裏說："至鬻熊知道，而文王諮詢"，"伯陽識禮，而仲尼訪問"。那末諸子也知道，而作爲聖人的文王、孔子，反而要向不是聖人的鬻熊、老子請教。既然諸子也知道，諸子就成爲"入道見志之書"。那末要學道，就不光要向儒家學，也可以向諸子學了。不僅這樣，就懂得道來說，接近儒家的"崇有"同道家的"貴無"，都有片面性。《論說》裏說："然滯有者全繫於形用，貴無者專守於寂寞，徒銳偏解，莫詣正理，動極神源，其般若之絕境乎？"崇有、貴無，都不如佛家的般若絕境，超出於儒家和道家。那麼從認識道說，佛家超過儒家。
>
> 不僅這樣，用儒家思想寫作，會影響寫作品質，寫不好文章的。《諸子》說："六國以前，去聖未遠，故能越世高談，自開户牖。兩漢以後，體勢浸弱，雖明乎坦途，而類多依采。"先秦時代的諸子，自開門户，所以多創獲；兩漢以後，儒家定於一尊，著作多依傍儒家，弄得體勢浸弱不如先秦了。再就文學創作說：《時序》講到後漢"歷政講聚，故漸靡儒風"，於是"文章之選，存而不論。"受儒家思想影響的作家，就寫不出好文章來了。爲什麽呢？《論說》裏主張"師心獨見，鋒穎精密"。劉勰認識到不論著述或創作，都要師心獨見，反對依傍，這是他的卓越的見解。這樣看來，他不主張用儒家思想來寫作，還認爲依傍儒家思想是寫不好作品的。
>
> ……
>
> 劉勰的所謂道，以儒家思想爲主，因爲他答爲"道沿聖以垂文，聖因文而明道"，正是"六經典文，本在濟俗爲治耳"；所以"唯文章之用實經典枝條，五禮資之以成，六典因之致用，君臣所以炳煥，軍國所以昭明"（《序志》）。因此他的論文明道，不同於豪門世族要用文來裝點他們腐朽的生活。《原道》推崇自然，指出有天地就有玄黃方圓，有龍鳳就有藻繪，這是兼采道家的自然觀。他論《諸子》，推"李實孔師"，"莊周述道以翱翔"，跟儒家排斥道家的不同，而推道家爲"入道"。他雖然認爲佛教在理論上高過儒家，還要推尊儒家，只是濟俗爲治，爲王朝服務而已。所以他有取於墨家的儉確，尹文的名實，申商的法術，這正符合封建王朝的需要。
>
> 劉勰的《宗經》，既不是要求用儒家思想來寫作，是不是要求用經書的語言來寫作呢？也不是。他講寫作，是講究辭藻、對偶、聲律的駢文，不是講經書的比較樸實的長短錯落的古文。那末他的宗經，正像《宗經》、《徵聖》裏講的，主要是講隱顯詳略的修辭方法，是講六義，內容的情深、事信、義直，風格的風清、體約，文辭的文麗，要

寫出有內容有文采的文章來。

《宗經》還有更深的含意,是有關創作的用意的。像《文賦》提出"詩緣情而綺靡",即要求抒情而有文采。但《明詩》裏指出"詩言志";"詩者持也,持人情性",要求有"順美匡惡"的美刺作用。這樣講詩,就超過了"詩緣情",是宗經也起到挽救文弊的作用。《文賦》提出"賦體物而瀏亮",強調體物。《詮賦》裏就提出"體物寫志","義必明雅","辭必巧麗"。在《情采》裏又提到"詩人篇什為情而造文,辭人賦頌為文而造情"。這樣的創作思想,突破了魏晉以來的文論,有了更高的要求,是從宗經裏來的。這是他在文學理論上的傑出成就,是文學理論上的革新。①

劉勰對經學與文學屬於不同意識形態類型有着清楚的認識,這在《文心雕龍》中也有所體現。"文之樞紐"中《宗經》解釋說:"文能宗經,體有六義:一則情深而不詭,二則風清而不雜,三則事信而不誕,四則義直而不回,五則體約而不蕪,六則文麗而不淫。"以為寫作文章能實現其真("情深"、"事信")、善("風清"、"義直")、美("體約"、"文麗")上的追求就算"宗經"。《正緯》篇以為緯書"羲、農、軒、皞之源,山瀆鍾律之要,白魚赤烏之符,黃金紫玉之瑞,事豐奇偉,辭富膏腴,無益經典而有助文章。"《辨騷》雖說屈《騷》楚辭於經典有"四同四異"是"《雅》《頌》之博徒,辭賦之英傑","取鎔經意,亦自鑄偉辭","贊"中對屈原極盡褒美:"不有屈平,豈見離騷。驚才風逸,壯志煙高。山川無極,情理實勞。金相玉式,豔溢錙毫。"

撰述《文心》欲宗尚孔子、儒典也順理成章。處於中國古代人文精神核心地位的儒家思想以和諧社會為理想,倚重倫常教化。劉勰認為"文章"能羽翼經典、發明聖訓,有"炳煥君臣"、"昭明軍國"的功用,要求士人"窮則獨善以垂文,達則奉時以騁績"。不過也要看到,儒者鼓吹入世與政,論"文章"重在化育人們的心性情志。不像黃老、刑名和雜家政論那樣,或強調清靜無為順適生存演化的自然而然,或突出強勢令事物運作不得不然的嚴峻性,揭示客觀規律,提供具體的策略、治術。文章理論的許多問題(尤其在涉及藝術規律的諸多方面)是在儒學未達至境或較少涉及的領域,欲修文學巨典則不能不"雜"!誠然,劉勰一本"為論文所用"的原則,常常對所徵引的材料進行改造。可貴之處正在於他胸懷博大、視野寬廣,能夠無論古今同異"唯務折衷",兼用所長。

劉勰論文章是"六經注我",其所承襲、所引申遠遠逾越儒學範圍;源出老莊者尤多。《原道》第一即標榜"自然之道",以為天地萬物皆有(廣義的)文采,"夫豈外飾,蓋自然耳";"論文敘筆"之首《明詩》亦稱:"感物吟志,莫非自然",指向本然和自然而然的事物的本質及其表現和演化的客觀規律。《文心雕龍》"剖情析采"的下半部分二十四個專題中只有《比興》、《時序》、《程器》儒家思想色彩濃厚,其餘各篇都雜糅衆說入論;對老莊材料(包括源出範疇、命題、典故)的引述大大超過儒典,如"形在江海之上,心存魏闕之下"、"疏瀹五臟,藻雪精神"、"輪扁

---

① 周振甫《文心雕龍注釋·前言》,人民文學出版社1981年版,第26~28頁。

語斤"以及"虛靜"、"遊"、"言意"(《神思》),"各師成心"、"得其環中"、"自然之恒資"以及"體性"(《體性》),"緪短衒渴"(《通變》)、"自然之趣"、"自然之勢"、"枉轡學步"(《定勢》)、"自然成對"(《麗辭》)、"自然會妙"(《隱秀》)、"慚鳬企鶴"、"尾閭之波"、"刃發如新,膝理無滯"、"水停以鑒,火靜而朗"(《養氣》),"山林皋壤實文思之奧府"(《物色》)等。

《諸子》、《論說》中可以瞭解劉勰對先秦以來各家學說的態度。上引周振甫先生的文字已有所及。以下筆者稍作補充。

《諸子》開篇稱:"諸子者,入道見志之書。太上立德,其次立言……君子之處世,疾名德之不彰。唯英才特達,則炳曜垂文,騰其姓氏,懸諸日月焉。"說戰國時期"孟軻膺儒以磬折,莊周述道以翱翔;墨翟執儉確之教,尹文課名實之符;野老治國於地利,騶子養政於天文;申、商刀鋸以制理,鬼谷脣吻以策勳;尸佼兼總於雜術,青史曲綴以街談",周詳地評述先秦諸子,多所肯定,也褒貶有差。其後還介紹了諸子理論表述上的特點:"研夫孟、荀所述,理懿而辭雅;管、晏屬篇,事核而言練;列禦寇之書,氣偉而采奇;鄒子之說,心奢而辭壯;墨翟、隨巢,意顯而語質;尸佼、尉繚,術通而文鈍;鶡冠綿綿,亟發深言;鬼谷眇眇,每環奧義;情辨以澤,文子擅其能;辭約而精,尹文得其要。慎到折密之巧,韓非著博喻之富,《呂氏》鑒遠而體周,《淮南》泛采而文麗。斯則得百氏之華采,而辭氣之大略也。"稱其"標心於萬古之上,送懷於千載之下,金石靡矣,聲其銷乎",盛推諸子的"道"與"志",卻不限於儒門。

《論說》評介的論著儘管不是言說文學,但與《文心雕龍》同屬於"論"。魏晉南北朝思想比漢代解放,先有曹魏對刑名法術的倚重,隨後深受老莊影響的玄學大盛,佛學在流播的同時逐步中國化,玄學內部以及儒、道、佛間的長期論辯和學人紛紛著書立說,令這一時期"論"的成就空前。劉勰有扼要的總結:"魏之初霸,術兼名法……迄至正始,始盛玄論。於是聃、周當路,與尼父爭途矣。"認為傅嘏、王粲、嵇康、夏侯玄、王弼、何晏等的論著"並師心獨見,鋒穎精密,蓋論之英也",說李康、陸機以及宋岱、郭象之"論""銳思於幾神之區,交辨於有無之域:並獨步當時,流聲後代"。儘管如此褒美,劉勰仍指出:"然滯有者,全繫於形用;貴無者,專守於寂寥。徒銳偏解,莫詣正理;動極神源,其般若之絕境乎?"不僅批評了一些玄學論題的偏頗和局限,而且流露出對佛學中智慧之至境——"般若"的推崇。劉勰以為"論"能夠"窮於有數,追於無形",從普泛的現象中抽象出本質和規律性意涵;又說"論如析薪,貴能破理","破"是解析剖判的意思;條分縷析地解剖是闡明義理重要手段。兩方面皆非儒學所長。從劉勰對各家學說所達至的境域、傾向和論證方式的得失的評騭上可以窺見其承襲、借鑒、取捨之一般。

子部的典籍普遍"雜"。《文心雕龍》被《隋志》歸入"總集"類,其實它並非詩賦文章及其釋評的結集。此前也從來沒有出現過體系如此宏大縝密的文論著述。從其言說方式和對各家兼取包容的理論承傳上看,它倒更像是一部子書。在《文心·諸子》"嗟呼!身與時舛,志共道申;標心千古之上,而送懷千載之下;金石靡矣,聲其銷乎"句上,明人曹學佺眉批云:"彥和以子自居。"鍾惺亦評曰:"數語假然以子自居。"《序志》篇曹學佺又批:"彥和雖是子類。"①

　　綜上所述,劉勰學術底藴深厚,著論有對衆説相容並包之"雜",所取唯適其論證所需,不同論題有不同宗尚和依傍,充分體現出開明的學術態度和時代精神,也是他能夠有重大建樹的原因所在。如果他在討論政治時會對黄老的治國理念有所側重,那也是順理成章的。

　　[**作者簡介**]涂光社(1942—　),男,湖北黄陂人。現爲中國文心雕龍學會副會長、中國古代文學理論學會常務理事、博士生導師。主要從事魏晋南北朝文學、《文心雕龙》、古代文學理论和中国古代美学研究,著作有《文心十論》、《勢與中國藝術》、《原創在氣》、《中國古代範疇發生論》、《莊子範疇心解》等 10 多部。

---

① 轉録自黄霖《文心雕龍彙評》,上海古籍出版社 2005 年版,第 63、65 頁。

《劉子》袁孝政注本考辨

林其錟

一、《劉子》袁孝政注本始現於南宋初年

《劉子》從今存文獻考察,最早被稱名徵引的當屬成書於隋代的虞世南《北堂書鈔》和釋道宣《廣弘明集》;最早被著錄的當屬初唐由李延壽等輯、魏徵刪定的《隋書經籍志》;今存最早的版本是抄寫於"六朝之末"或"隋時"的敦煌遺書伯三五六二號《劉子》殘卷。以上皆未涉及作者及注。

《隋書經籍志》在楊偉《時務論》條下記載:"《時務論》十二卷,楊偉撰。梁有《古世論》十七卷、《桓子》一卷、《秦子》三卷吳秦青撰、《劉子》十卷、《何子》五卷,亡。"《隋書經籍志序》明確說明了所錄書目的依據是:一、隋代遺書;二、隋代遺存書目;三、"遠覽馬《史》班《書》,近觀王、阮《志》、《錄》",亦即將隋代遺書同《隋大業正御書目》、梁阮孝緒《七錄》、南齊王儉《七志》乃至漢代書目、記載等進行核對後,刪重補缺,記注存佚。在書名、卷下還常附簡要注釋,指明作者、時代、爵銜,間或說明真偽及存亡殘缺等,如稱"梁有"、"宋有",並以夾注,依類附錄已佚書目,既反映有隋一代藏書,也記載六朝時代圖書變動。清錢大昕《隋書考異》云:"'梁'者,阮氏書也。"清章宗源《隋書經籍志考證》亦云:"《隋志》依《七錄》,凡注中稱'梁有今亡'者,皆阮氏舊有。"清姚振宗《隋書經籍志考證》也說:"是書(按:指《劉子》)見載《七錄》。"但《隋書·經籍志》也皆未涉及《劉子》作者姓氏。《劉子》作者著錄,今可見者最早當屬於《舊唐書·經籍志》轉錄之唐開元九年(721)十一月成書的《群書四部錄》(後又節略為《古今書錄》),該書明題:"《劉子》十卷,劉勰撰。"爾後迄至南宋初年,包括成書於唐憲宗元和二年(807)的釋慧琳《一切經音義》、敦煌遺書《隋身寶》等小類書,以及宋代歐陽修《新唐書》、鄭樵《通志》、高似孫《子略》等著錄皆無異議。

自隋唐迄於南宋初年,所有《劉子》版本和文獻著錄,均沒有注文和有注釋的記載。袁孝政《劉子注》始見成書於南宋高宗紹興二十一年(1151)終成於宋孝宗淳熙七年至十四年(1180—1187)的晁公武《郡齋讀書志》。此書"雜家"類有:"劉子三卷。右劉晝孔昭撰,唐袁政(原文如此)注,凡五十五篇,言修心治身之道,而辭頗俗薄。或以為劉勰,或以為劉孝標,未知

孰是。"繼晁氏之後,成書於南宋理宗端平三年(1236)的陳振孫《直齋書錄解題》"雜家"類也有著録:"《劉子》五卷。劉晝孔昭撰,播州録事參軍孝政為序,凡五十五篇。案:唐志十卷,劉勰撰。今序云:'晝傷已不遇,天下陵遲,播遷江表,故作此書。時人莫知,謂為劉勰、劉歆、劉孝標作。'孝政之言云爾,終不知晝為何代人。其書近出,傳記無稱,莫詳其始末,不知何以知其名晝而字孔昭也。"被《四庫全書提要總目》贊為"言必有徵,事必有據",由"曾知貴州"的南宋時人章如愚編撰的《群書考索》(全稱:《山堂先生群書考索》)卷十一《諸子百家門·百家類》中也有如下著録:"《劉子》,題劉晝撰。泛論治國修身之要,雜以九流之說。凡五十五篇。《唐志》云:'劉勰撰。'今袁孝政序云:'劉子劉晝字孔昭,傷已不遇,播遷江表,故作此書,時人莫知,謂劉歆、梁劉勰、劉孝剽作。"趙希弁《群齋讀書附志·諸子類》:"《劉子》五卷。右劉晝孔昭之書也,或云劉勰所撰,或謂劉孝標之作。袁孝政為《序》之際已不能明辨矣。"黃震(字東發)《黃氏日鈔》:"《劉子》之文類俳……播州録事袁孝政注而序之乃盛讚譽……然又謂劉子名晝字孔昭。而無傳記可憑,或者袁孝政之自為耶?"王應麟《玉海》第五十三《藝文類·諸子》下著録:"《劉子》。北齊劉晝孔昭撰,袁孝政為序並注,凡五十五篇。《清神》至《九流》。書三卷。泛論治國修身之要,雜以九流之說。《北史》:'晝著《金箱璧言》,撰《高才不遇傳》。'《唐志》:'雜家,十卷,劉勰。'晁氏《志》:'齊劉晝撰。或以為劉勰,或以為劉孝標,未知孰是。'"以上六家,晁氏録袁注未提其序,陳氏録袁序未提其注,章氏録袁序未提其注,王氏則序、注連録;晁氏明録袁孝政為"唐"人,而陳、王二氏則不提,章氏則明指為"今"(南宋)。趙、黃皆提及注和序,但不說其為"唐"人。今存最早的《劉子》刊本,是被清人孫星衍考定為"南宋版本"、題作"《劉子新論》"並有注文的十卷本。此卷第一、二卷已佚,是以明覆宋刻本配之。卷前署"梁通事舍人劉勰撰,播州録事參軍袁孝政注",亦不署袁孝政為"唐"人。成書於元至正五年(1345)的《宋史·藝文志》卷四《子部·雜家類》著録:"《劉子》三卷,題劉晝撰。奚克讓《劉子音釋》三卷,又《音義》三卷。"未録袁注。奚克讓《劉子音釋》和《音義》均失傳,但後之刊本或多或少有音注或音義連注的遺存。以宋刊本(後八卷)和日本寶曆本為例,宋刊本計有音注51字,其中同音字注17字,反切音注34字(全是反,而無切);日本寶曆本有音注79字,其中同音字注23字,反切音注56字(反54字,切2字)。有的是音義聯注,如《托附篇》"天之始旭"下注:"許玉反。日初出貌也。"《傷讒篇》"讒"字下注:"音忌。忌言也(宋本作"音忌。忌妄也")。"宋刊本和寶曆本所注字不盡相同。今本殘存之音義注,有學者認為可能是奚克讓《劉子音釋》和《音義》的遺跡。

關於袁孝政《劉子注》,清紀昀等《四庫全書總目提要》云:"自明以來刊本,不載孝政注,亦不載其序。"事實上,"不載其序"是真,說"不載孝政注"則不盡然。明正統《道藏》,程榮《漢魏叢書》、蔣以化刻本、孫礦評本、舊合字本等刊本皆有袁注,此外在鈔本中,如明鈔本、《四庫全書》本、清鈔本等也有袁注。在日本流傳的日本寶曆本同樣有袁注。不過,各本同稱袁注,而注文多寡、文字參差、相去甚遠。

關於袁注的品質,歷來非議甚多。清盧文弨《劉子跋》斥其"淺陋紕繆,於事之出左氏、《國語》者,尚多亂道";孫詒讓《札迻》指其"所用故實,注多不能得其根柢";余嘉錫《四庫提要辨證》列舉多條例證,言其"大抵穿鑿附會,誣妄之處舉之不勝其舉,殆是粗識之無,不通文義者之所為。"而楊明照《劉子理惑》的結論是:"孝政所注,極為謬悠。"儘管明後刊本已不載袁序,而且多數刊本也將袁注刪削殆盡,然而仍有許多人相信袁序所言,對袁孝政為"唐"人也深信不疑。

二、斷袁孝政為"唐"時人並無的據

《劉子》袁孝政注本的注者,晁公武錄為"唐袁政注",而陳振孫、章如愚、趙希弁、黃東發、王應麟等著錄皆不稱"唐"。而注者傳記無憑,來歷不明,已為公認。楊明照《劉子理惑》云:"孝政注之前,諸書徵引已衆(新、舊《唐書》俱無孝政注,他書亦無論及者,故其生卒不可考。然非初唐人則可臆測也。敦煌兩寫本均無注,尤為確證。)"其實,九種敦煌西域寫本、五種敦煌《劉子》著錄文獻皆無注,也未著錄有注。在五種敦煌著錄《劉子》的文獻中,伯二七二一卷明確記載:"天福十五年歲當已酉,朱明蕤賓之日,寞生拾四葉寫畢記。"伯三六四九卷背面亦有"於時顯四年丁巳歲正月廿五日立"和"丁巳年四月立契"等記載。經查,"天福十五年"即五代後漢隱帝乾祐三年(950)。"顯四年丁巳歲",查歷代帝王年號有"顯"字者,唯顯慶和顯德。"顯慶"為唐高宗李治年號,共五年,從丙辰(656)至庚申(660)。顯慶二年為丁巳,與"顯四年丁巳"不合。"顯德"為五代後周周世宗柴榮年號,共七年,從甲寅(954)至庚申(960)。顯德四年(957)為丁巳,與"顯四年丁巳歲"正合。據此,有著錄《劉子》的伯三六四九卷是鈔寫於五代後周顯德四年無疑。五種題為隨身寶、珠玉鈔、益世文、雜鈔有《劉子》著錄的小類書皆是晚唐、五代流行於民間的讀物。由此可見,迄至晚唐、五代,亦"俱無孝政注"。而且陳振孫《書錄解題》稱"今序云"、"此書近出";曾"知貴州",即在貴州做過官吏的南宋人章如愚也明確著錄"今袁孝政序"。既然如此,"非初唐人可以臆測",又豈可遽然定其為"唐"人?更何況,迄今為止,尚找不到任何史料證明袁孝政其人的來歷,甚至連多以攀附名人為鄉賢的地方志,例如清人鄭珍、莫友芝纂的《遵義府志》(按:遵義為古播州治所)卷二七"職官一"中,也只能作如下記述:"袁孝政,播州錄事參軍,任年未詳。《直齋書錄解題》云:'《劉子》三卷,唐(按:"唐"字衍,《直齋書錄解題》原無"唐"字)播州錄事參軍袁孝政注。'"而且其他職官上自刺史、下至參軍、縣丞,都根據歷史文獻或墓誌述其籍貫、官職、生平事迹,而關於袁孝政,雖引陳振孫《直齋書錄解題》,但仍直書"任年未詳",表明其在該地無迹可尋。由此更可見,沒有任何依據可以證明袁孝政確為唐時人。

三、《劉子》袁孝政注乃宋人偽托"唐"人之作

(一)如前所述,迄至南宋初年,全無《劉子袁注》的記錄。考察歷史文獻,從《唐書·經籍

志》、《新唐書·藝文志》、鄭樵《通志·藝文略》、《日本國見在書目》、敦煌遺書多種《雜鈔》，皆録《劉子》而未提袁注，甚至與宋代諸多目録書，如宋乾德六年《史館新定書目録》、宋慶曆《崇文書目》、《宋嘉佑搜訪闕目》、宋政和七年《秘書總目》、宋淳熙五年《中興館閣書目》、宋嘉定十三年《中興館閣續書目》、宋紹定四年《宋中興國史藝文志》等有淵源聯繫，成書於元至正三年（1343）的《宋史·藝文志》，也僅録奚克讓的《劉子音釋》和《音義》，卻不見有袁孝政注①，這是爲什麽？要知道：宋代上述書目的編成，多是在皇帝下詔用"懸金而示賞、式觀獻書之路，且開與進之門"，即用賞錢和封官辦法勤求亡書之後編成的。如果《劉子》真有唐人注本，這些書目不可能遺漏不録，與這些目録書有淵源關係的《宋史·藝文志》也不可能既録奚克讓兩種《劉子》注本而不提"唐"人袁孝政《劉子》注本。《宋史·藝文志》著録"《劉子》三卷，題劉晝撰"，加"題"字即已表示了對南宋以後出現題"劉晝撰"《劉子》版本作者署名的懷疑，這個問題筆者在《劉子作者考辨》中已作專門考證。此外，《新唐書·藝文志》著録："《劉子》十卷，劉勰。"未提袁注。《新唐書·藝文志》乃主編歐陽修親自撰寫。有人説："新唐書作者對志下了一番功夫，品質多在舊唐書之上……藝文志在《舊唐書·經籍志》之外，增收了很多圖書，僅唐人文集就由一百餘家增到六百多家。"②北宋去唐未遠，尤其離晚唐更近，如果袁孝政《劉子注》確是唐人甚至"非初唐人"之作，那麽《新唐書·藝文志》既然增加了那麽多的唐人著作，並且録及《劉子》，爲什麽不提袁注？這説明，南宋初年以前根本不存在所謂《劉子》"唐袁孝政注"，甚至南宋以後出現的"唐袁孝政注"，正史的編者，比如鄭樵《通志》、《宋史·藝文志》的編者，也不相信其可靠性，因而棄而不録。

（二）"此書近出"，當袁序、袁注在南宋出現之時，即爲目録學家質疑，前述六家著録即可證明。宋晁公武、陳振孫本是袁孝政注本及序的始録者，但晁氏云："未知孰是"；陳氏稱："今序"、"此書近出，傳記無稱，不知何以知其名晝而字孔昭也。"説明晁、陳二氏只是實録了在南宋"近出"的《劉子》版本，但對其作者、注者題署都持置疑態度。可是後人往往不顧晁、陳二氏本意，腰斬原文，僅取前面實録"近出"之書的題署，認爲"陳振孫《書録解題》、晁公武《讀書志》，俱據唐播州録事參軍袁孝政序，作北齊劉晝撰"，即使有疑問，也就"姑仍晁、陳氏二家之目，題晝之名"（《四庫全書提要總目·劉子》）。由於晁公武和陳振孫都是宋代著名的目録學家，他們的著作《郡齋讀書志》和《直齋書目解題》被後人視作權威，影響很大，因而他們的著録被腰斬曲解之後，疑以傳疑、由疑變是，對《劉子》的作者、注者的訛傳、誤導起了極大的作用。但也應該看到：大多數《劉子》版本只題"播州録事參軍袁孝政注"，而不冠"唐"字；有不少版本署《劉子》作者時，都加"梁"或"北齊"，可是在署注者時卻不冠朝代，如南宋刻本題"梁通事舍人劉勰撰；播州録事參軍袁孝政注"明刻孫礦評本題"北齊劉晝著；播州袁孝政注。"這種作者冠以朝代名而注者卻不冠的不對稱題署，恐怕亦非偶然或疏忽。清乾隆時人吳騫在世恩堂

---

① 參見林其錟、陳鳳金《劉子集校（附録作者考辨）》，上海古籍出版社1985年版，第346～347頁。
② 吳樹平《二十四史簡介》，中華書局1979年版，第38～39頁。

本《劉子》跋中就已指出:"《新論》(按:指《劉子》)昔人多疑其非劉晝所撰,其書至南宋始出。又《北齊書》及《北史》不言晝有《新論》……作注之袁孝政亦無表見,其注更多蕪陋,且不類唐人手筆,當更改之。"

(三) 袁注遺存異體字與隋、唐《劉子》古本不成比例。隋、唐、古本多異體俗字,到宋代由於印刷術進步,刊本漸多,文字趨於規範化,異體俗字自然大大減少。但是,"禮失求之於野",流傳域外的古本,雖然後世亦是刊本,而文字變遷相對緩慢,因而遺存異體俗字也會相對多些,注文與本文如果產生於同時,其異體俗字數量應成比例。為此,我們對六種《劉子》敦煌殘卷(其中一種為唐前寫本,五種為唐寫本),南宋刊本和日本寶曆本的異體俗字進行了統計,並對同樣有袁注的南宋刊本和日本寶曆本的正文和注文異體俗字的比例作了分析。

為簡明起見,我們將統計結果製成下表:

序 號	版 本	存 篇	異體俗字數量
(一)	伯三五六二卷(唐前寫本)	九整篇二殘篇	一三〇字
(二)	伯二五四六卷(唐寫本)	四整篇一殘篇	五一字
(三)	伯三七〇四卷(唐寫本)	六整篇	六三字
(四)	伯三六三六卷(唐寫本)	一篇	一二字
(五)	何穆忞舊存本(唐寫本)	五整篇二殘篇	六一字
(六)	劉幼雲舊存本(唐寫本)	八整篇	一三三字
(七)	南宋刊本	四十四篇	一九字
(八)	南宋刊本袁注	二四三條	一三字
(九)	日本寶曆八年刊本	五十五篇	九四字
(十)	日本寶曆本袁注	四二九條	一一字

從上表我們可以看到:隋、唐寫本異體俗字數量較多,南宋刊本則數量明顯減少;域外傳本日本寶曆本儘管刊刻時間(源於應永寫本,相當於明洪武年間,刻於寶曆八年,相當於清乾隆二十三年)遠比南宋刊本晚,但遺存異體俗字數量要比南宋刊本多。尤其值得重視的是:寶曆本袁注遺存異體俗字僅有 11 字,與正文遺存異體俗字 94 字之比為 11.7%;而南宋刊本袁注遺存異體俗字為 13 字,與正文遺存異體俗字 19 字之比達 68.4%,二者比例懸殊。值得注意的是,寶曆本袁注之遺存異體俗字 11 字卻與南宋刊本袁注之遺存異體俗字 13 字相接近。這個統計數字表明:寶曆本正文與注文不屬於同一年代,正文可能始源於《日本國見在書目》所著錄之唐代五卷本《劉子》之傳本,而注文則是在南宋以後傳本之移入,可見注非唐人之作。

（四）袁注體裁與唐人注書體裁不相同。劉勰《文心雕龍·時序》云："時運交移，質文代變，古今情理，如可言乎？"又云："質文沿時，崇替在選，終古雖遠，僾焉如面。"一代有一代的文風，一代的學術風氣也影響着注書的體裁和格式。因此，注書的體裁格式也就成了鑒定版本產生年代的重要依據。紀昀等四庫館臣，在鑒定宋佚而元泰定二年復現的唐太宗撰之《帝範》版本真偽時，就是根據"唐時已有二注，今本注無姓名，觀其體裁似唐人注經之式"而斷定其為唐時舊注本的。

唐、宋（尤其南宋）學術風氣不同，唐代漢學重新流行，宋時疑古之風大盛，注書體裁格式也相異。清皮錫瑞云："經學自唐以至宋初，已陵夷衰微矣。然篤守古義，無取新奇，各承師傳，不憑胸臆，猶漢、唐注疏之遺也。"①所以"義本詳實，名物度數，疏解亦明"②。謹嚴、實名徵引便是漢唐注書的特點。這便是顧炎武所説："其傳中用古人姓字、古書名目，必具出處，兼亦考證典故。"③具體地説，也就是取證前人，必明確注明"某曰"或"某某曰"。宋代學者講究義理，鋭意突破前人束縛，反對專在字句上作訓詁，主張研究"微言大義"，所以在注疏上廢棄隋、唐沿襲漢儒傳統的注書模式，於是箋注之學没落，離析經傳以己意釋經，甚至離開經文注經。宋代這種學術風氣，是在仁宗熙寧四年（1071）王安石立法頒行"罷詩賦及明經諸科，專以經義、論、策試士"④新考試辦法實行之後開始形成的。所以徐禧《上神宗策》即云："朝廷用經術變士，十已八九；然竊襲人之語，不求心通者相半。"蘇東坡《東坡志林》亦言："近世人輕以意改書，鄙淺之人，好惡多同，從之者衆，遂使古書日就訛舛，深可忿急。"宋代學風由考試制度的改革而遽變，他們"不信注疏，馴至疑經，疑經不已，遂至改經、刪經、移易經文以就己説"⑤。這種學術風氣影響所及，就連朱熹這樣的大家，也概莫能外。因而宋代注書體裁格式也就不再如漢、唐之嚴謹，而喜標新立異，竊取前人之語轉為己説，徵引也就常常不明指其人、其書，而是隱没古人名字、古人書名，甚至不惜穿鑿附會，杜撰故事以示新奇。為了驗證這種注書體裁格式的變化，我們選擇了唐人李善文選注中的《西都賦》、《東都賦》、已被《四庫全書總目提要》，編修紀昀等考定"其體裁似唐人注經之式"的唐太宗《帝範》唐人注和南宋朱熹《詩經集傳注》的《蕩之什》、《孟子章句集注》的《梁惠王章句上》、蔡沈《書經集傳·虞書注》以及袁孝政《劉子》注加以統計和比較：

---

① 皮錫瑞《經學歷史》，中華書局1959年版，第330頁。
② 同上，第203頁。
③ 顧炎武《日知録》卷十八。
④ 皮錫瑞《經學歷史》，第264頁。
⑤ 《宋史記事本末》卷三《學校科舉之制》。

年代	注者	書　　名	注文數	實名徵引數	徵引與注比例
唐	李善	（一）《文選注·兩都賦序、西都賦》	一〇四條	一〇三條	99.03%
		（二）《文選注·東都賦》	六六條	六五條	98.48%
	唐人	《帝範注》	四一二條	二八三條	67.22%
宋	朱熹	（一）《詩經集傳·蕩之什注》	九十一條	十七條（其中屬集傳者十條，實際七條）	18.68 實際7.6%
		（二）《孟子·梁惠王章句上》	五十三條	七條（其中屬集注者六條，實際一條）	13.2% 實際1.88%
	蔡沈	《書經集傳·虞書注》	八十五條	四十九條（其中屬集傳者十九條，實際三〇條）	57% 實際35.31%
?	袁孝政	《劉子注》（日本寶曆本）	四二九條	三條	0.699%

　　從上表統計數字表明：唐人注書沿襲漢儒章句之學，各承師傳、不憑胸臆、實名徵引的注書體裁格式，所以實名徵引的比例很高，像李善《文選注》竟達98%以上，而《帝範》唐人舊注（《舊唐書·敬宗本紀》稱"寶曆二年秘書省著作郎韋公肅注是書"。《新唐書·藝文志》載有賈行注。故唐時已有二注）也超過60%。宋人注書由於"竊襲前人之語轉為己意"隱没古人、古書已成風氣，所以實名徵引的比例大大降低。正如表中統計所示，像朱熹、蔡沈，如果扣除集傳、集注者的本名，其實名徵引多則不超40%，少者則2%都不到。從以上比較中，可以看到唐、宋注書體裁格式之顯著區別。根據這個區別，我們再來考察袁孝政《劉子注》，統計的結果表明：袁注實名徵引少得可憐，在429條注文中，實名徵引只有3條，僅占注文總數的0.699%。如果再聯繫其注"穿鑿附會、誣妄之處不勝其舉"的實際情況，只能是屬於蘇東坡所斥責的"近世人輕以意改書，鄙淺之人"所作，不可能出於唐人之手。

　　綜合以上，注者來歷不明；南宋以前未見著錄；始錄者明指"此書近出"；注文異體俗字與正文不成比例；袁注體裁明顯與唐人注書體裁不相屬。因此，我們有理由認為：袁孝政非唐人，袁孝政《劉子注》實為宋人偽托。

四、袁《序》"晝傷已不遇，天下陵遲，播遷江表，故作此書"斷語辨析

　　自從《劉子》袁孝政注本在南宋初出現，由此發生了《劉子》作者誰屬、《劉子》成書緣由、《劉子》究竟是一部什麼性質的書等問題爭議。千年聚訟，愈演愈烈，乃至被打入"偽書"之列，遂使一部在唐代上至唐太宗、武后，旁至佛門許多高僧，下至民間讀書人都給予青睞、關注，並

且遠播邊陲乃至日本,具有廣泛社會影響的書,被邊沿化了。雖然前人已經揭示袁《序》所言劉畫"天下陵遲,播遷江表"與《南齊書》、《北史》劉畫本傳所記事實不符,劉畫沒有"播遷江表"經歷,他身居北齊,從未有南下過江的記録;而且也無對當時北齊外族統治有不滿言論,而且還屢屢入齊京考官、求官,足見袁《序》其論不實。但仍有不少人相信"畫傷已不遇,故作此書"的説法,爲"《劉子》劉畫撰"辯解。在袁孝政之後的南宋劉克莊轉引所謂《朝野僉載》也認爲是"畫無位,博學有才竊取其名(按:指劉勰)"而作。近人余嘉錫《四庫提要辯證》更説得具體:"畫既恨北人以東家丘見待,又病時無真賞,以劉勰作《文心雕龍》深得文理,大爲沈約所重,故著此書,竊取其名。猶之鄒人爲賦,托以靈均,觀其舉世傳誦,聊以快意,良由憤時疾俗,遂而玩世不恭,猶是其好自矜大之習也。"①這就是説,劉子之作,乃作者"傷已不遇"、"憤時疾俗";《劉子》之書,是一部以泄私憤、圖快意爲目的,不惜隱匿已名冒充劉勰的"玩世不恭"的作品。但是,也存在與上面意見對立的看法:認爲《劉子》是一部"借古爲鑒","綜核衆理,發於獨慮,獵集群語,成於一己","豎經緯宇宙之義","言修身治國之道"②的書,或如王重民在《中國目録學史論叢》中所説的是"總結了古代諸子的學術思想,來用古説今"的書。這就是説,《劉子》是爲總結歷史經驗用以"修身治國"的一部嚴肅的書。所以厘清《劉子》成書緣由及其性質,對於正確解讀《劉子》思想内容、評估《劉子》歷史地位、乃至作者考辨都有重要意義。

　　從歷史著録的情況看,絶大多數的目録學家都把《劉子》歸於"雜家",只有個别例如《道藏》和鄭樵《通志》,將其歸之"道家"和"儒家"。應該説,將《劉子》歸之"雜家"是比較合乎實際的。

　　對於"雜家",古人囿於學派門户之見,特别是在儒家占社會主流意識形態的狀況下,"雜家"多被視爲"雜取九流百家之説,引類援事,隨篇爲證,皆會粹而成之,不能自有所發明,不足預諸子立言之列"(宋黄震《黄氏日鈔》卷五十五)。其實這種看法是不瞭解雜家歷史地位和作用而作出的片面判斷。20世紀40年代,馮友蘭與張可爲合撰之《原雜家》就有完全不同的看法。他們認爲,雜家"是應秦漢統一局面之需要,以戰國末期'道術統一'爲主要的理論根據,實際企圖綜合各家之一派思想,在秦漢時代成爲主潮";"他們以爲求真理的最好的辦法,是從各家的學説,取其所'長',舍其所'短',取其所'見',舍其所'蔽',折衷拼凑起來集衆'偏'以成全";"他們主張道術是'一',應該'一';其'一'之並不是否定各家只餘其一,而是折衷各家使成爲'一'。"雜家"獨特的地方,就在於'混合折衷'";"中國先秦哲學,一般是注重實際人生問題,有形而上者,只先有道家,後來才有《易傳》,《易傳》受道家的影響也很大";"又因道家所論問題,有許多是較各家所論爲根本的,故雜家有許多地方,都採取了道家的觀點";但是"雜家不是道家,也不宗任何一家"。"道術統一"思想源於《莊子·天下》,但道家主張"純一",而雜家則主張"舍短取長"、"熔天下方術於一爐";道家主張"無爲","認爲方術不能統一,又不想去

---

① 余嘉錫《四庫提要辯證》,中華書局1982年版,第84頁。
② 參見明王道昆《劉子序》、日本寶曆本平安感願《劉子序》,清嚴可均《鐵橋漫稿》。

統一它",而雜家則主張"有為",認為"欲天下之治者,必求方術之統一。統一方術之法,為'齊萬不同'。"他們認為:"凡企圖把不同或相反的學説折衷調和,而使之統一的,都是雜家的態度,都是雜家的精神。"①

《劉子》具有"明陰陽、通道德、兼儒墨、合名法、苞縱橫、納農植,觸類取興不拘一緒"的特點,所以多數著録將其歸入雜家是符合實際的。作為繼秦漢時期產生的《吕氏春秋》和《淮南鴻烈》之後在梁代產生的中古時期雜家代表作《劉子》,其產生的社會背景與《吕氏春秋》、《淮南鴻烈》產生的社會背景有驚人的相似。如果説,東周末經春秋、戰國社會分裂、學術思潮"析同為異"、"百家飆駭",到了戰國末、秦漢時期,社會又出現統一的需求,為適應這一社會發展趨勢的需求,學術思潮又"合異為同",出現"思想統一"運動,因而雜家應勢而生,出現了《吕氏春秋》、《淮南鴻烈》這樣的雜家代表作;那麼,東漢之後,經歷了魏晉南北朝社會分裂,學術思潮也同樣出現了"棄同即異",儒、道、佛競馳的局面,到了南北朝梁、陳和隋、唐時期,社會又有復歸統一的趨勢和要求,因而學術思潮又出現了從"析同為異"到"合異為同"的回歸,儒道佛相互吸收、融合,"雜家態度"和"雜家精神"又應運而起,其特點是通過玄學整合。在梁代尤為突出:"洎於梁代,兹風復闡,《莊》、《老》、《周易》,謂之三玄。武皇、簡文,躬自講論。"(《顔氏家訓·勉學》)"暨梁武之世,三教連衡,五乘並騖。"②所以梁代正是一個玄風復闡、三教連衡的時代,集中表現為儒道會通、佛學玄化。在本體論上,就是道體儒用,體用一如;在聖賢觀上,既孔、老同尊,又認為孔為聖,老為賢。梁武帝蕭衍"少時學周孔","中復觀道書","晚年開釋卷",他雅好玄學,親講《老子》,著《尚書大義》、《中庸講疏》、《孔子正言》、《老子講疏》、《周易講疏》,還尊《般若》,自注《大品》,躬常講説,可謂三教兼通。他撰《會三教詩》,會通三教於一源:"窮源無二聖,測善非三英。"揭櫫三教同源説,可謂是當時時代潮流的集中代表。就連對劉勰有深刻影響的佛教律師僧祐,也是大小乘兼學,集"心物二元論"、"性空緣起論"、"佛性論"於一身,因而被後人稱之為"佛學雜家"③。可見融合諸家思想,"雜"正是時代思潮的特徵。《劉子》就是在這樣時代主流思潮的背景下,應社會發展的大趨勢需求而產生的,是為社會統一、治國安邦服務的。因此,《劉子》決不是什麼個人懷才不遇,洩憤圖快,玩世不恭之作。正因為《劉子》一書反映了社會統一的趨勢和要求,所以才會盛行於隋、唐,並被唐太宗、武后等青睞而加以大量承襲、徵引,而且播及邊陲、域外。

從今日直接可見的歷史文獻來看,不僅敦煌藏經洞發現了八種《劉子》隋、唐寫本,而且新疆塔里木盆地(古于闐)麻札塔格(伊斯蘭貴族陵墓)遺址也發現唐寫《劉子》殘卷,成書於日本寬平年代(相當於我國唐昭宗之世)的《日本國見在書目》"雜家類"就有"《劉子》十、《劉子》五、《劉子》三"的記載,説明唐代傳入日本的《劉子》版本就有三種之多。由此可見《劉子》在唐代

---

① 馮友蘭《中國哲學史·附録·原雜家》,商務印書館1976年版,第457～476頁。
② 釋道寶《廣弘明集》卷十三《法琳對傅奕》、《廣佛僧表》。
③ 郭朋《漢魏兩晉南北朝佛教史》,齊魯書社1986年版,第778～779頁。

傳播之廣，影響之大。若真如袁《序》所言僅是個人"傷已不遇"、憤世疾俗甚至玩世不恭之作，而能產生這麽大的社會影響，那是不可想像的。因此，無論是外證（"播遷江表"不合劉畫生平經歷）還是内證（"傷已不遇""故作此書"不合《劉子》實際），都表明袁《序》乃"粗識之無，不通文義者"（余嘉錫語）"亂道"而已。但是一些主張"《劉子》劉畫撰"論者卻深信不疑，奉為圭臬，援引為主要依據，反指兩《唐書》等"《劉子》劉勰撰"之明確著録為"道聽途説"。至於後來又有人在晚於袁孝政注本的《後村大全集》詩話續集轉引所謂《朝野僉載》，説是劉畫"竊取"劉勰之名而撰《劉子》，以達到"猶之鄴人為賦，托以靈均，觀其舉世傳誦，聊以快意"（余嘉錫語）作為肯定袁《序》的佐證，那更加不可靠。因為傳世的《朝野僉載》根本没有劉克莊轉引的内容，也找不到别人轉引的旁證，而且"竊取"、"翻托"之説不但與劉畫本傳所載"矜大"孤傲性格不合，而且也不合情理。對此筆者已另有考辨文字，不再贅述。

綜上所考，可以得出如下結論：袁孝政非唐人；《劉子》袁孝政注本非唐人注，乃宋人偽托；袁孝政《序》以"畫傷已不遇，天下陵遲，播遷江表，故作此書"斷"《劉子》劉畫撰"，無論外證還是内證都站不住脚。因此，應該尊重歷史，按照新、舊兩《唐書》、《一切音經義》、敦煌小類書《隋身寶》、《珠玉抄》、《益世友》、《雜鈔》以及鄭樵《通志》等明確著録，還"《劉子》劉勰撰"的本來面目。

[作者簡介] 林其錟（1935— ），男，福建閩侯人。現為上海社會科學院研究員、上海五緣文化研究所所長、中國文心雕龍學會顧問。主要著作有《劉子集校》、《敦煌遺書劉子殘卷集録》、《敦煌遺書文心雕龍殘卷集校》、《元至正本文心雕龍匯校》、《唐宋元文心雕龍集校合編》、《增訂文心雕龍集校合編》、《劉子集校合編》、《五緣文化概論》、《中國古代大同思想研究》等。

朱熹《中庸章句》論
"尊德性而道問學"*

樂愛國

黃宗羲曾在《宋元學案·象山學案》中說:"先生(陸九淵)之學,以尊德性為宗,謂'先立乎其大,而後天之所以與我者,不為小者所奪。夫苟本體不明,而徒致功於外索,是無源之水也'。同時紫陽(朱熹)之學,則以道問學為主,謂'格物窮理,乃吾人入聖之階梯。夫苟信心自是,而惟從事於覃思,是師心之用也'。"① 於是,有人誤以為朱陸之異在於陸九淵"以尊德性為宗",朱熹"以道問學為主"。其實,在朱熹那裏,"尊德性"與"道問學"是相互聯繫、不可分離的。

《中庸》第二十七章曰:"君子尊德性而道問學,致廣大而盡精微,極高明而道中庸,溫故而知新,敦厚以崇禮。"朱熹注曰:

> 尊德性,所以存心而極乎道體之大也;道問學,所以致知而盡乎道體之細也。二者修德凝道之大端也。不以一毫私意自蔽,不以一毫私欲自累,涵泳乎其所已知,敦篤乎其所已能,此皆存心之屬也;析理則不使有毫釐之差,處事則不使有過不及之謬,理義則日知其所未知,節文則日謹其所未謹,此皆致知之屬也。蓋非存心無以致知,而存心者又不可以不致知。

應當說,在朱熹《中庸章句》中,"尊德性"與"道問學"並沒有明確的輕重、先後之分;所謂"尊德性而道問學",更多的是強調二者的不可分離。

---

* 本文係國家社科基金後期資助項目"朱熹《中庸》學研究"(12FZX005)階段性成果。
① 黃宗羲、全祖望《宋元學案》(第三冊)卷五十八《象山學案》,中華書局1986年版,第1885頁。

一、"尊德性"與"道問學"

孔子講"仁",同時還講"禮"。據《論語·顏淵》載顏淵問"仁",子曰:"克己復禮,為仁。一日克己復禮,天下歸仁焉。為仁由己,而由仁乎哉?"顏淵曰:"請問其目?"子曰:"非禮勿視,非禮勿聽,非禮勿言,非禮勿動。"孔子講"禮",因而要求"知禮",《論語·堯曰》載孔子曰:"不知命,無以為君子也。不知禮,無以立也。不知言,無以知人也。"所以,孔子講"知"。為了要"知",孔子又講"學",《論語·述而》載孔子曰:"志於道,據於德,依於仁,遊於藝。"這裏的"遊於藝",就是要學習禮、樂、射、御、書、數等六藝。所以,《論語·顏淵》載孔子曰:"博學於文,約之以禮,亦可以弗畔矣夫。"《論語·憲問》載孔子曰:"不怨天,天尤人;下學而上達。"可見,孔子既講"仁",又講"知",講"仁""知"統一;既講"德",又講"學",講"德""學"統一。

《中庸》第二十七章講"君子尊德性而道問學",鄭玄注曰:"德性,謂性至誠者。道,猶由也。問學,學誠者也。"孔穎達疏曰:"此經明賢人學而至誠也。'君子尊德性'者,謂君子賢人尊敬此聖人道德之性,自然至誠也。'而道問學'者,言賢人行道由於問學,謂勤學乃致至誠也。"①張載說:"尊德性,猶據於德,德性須尊之。道,行也;問,問得者;學,行得者;猶學問也。尊德性,須是將前言往行、所聞所知以參驗,恐行有錯。""今且只將尊德性而道問學為心,日自求於問學有所背否,於德性有所懈否。此義亦是博文約禮,下學上達。"②呂大臨說:"道之在我者,德性而已,不先貴乎此,則所謂問學者,不免乎口耳為人之事矣。道之全體者,廣大而已。"③游酢說:"懲忿窒欲,閑邪存誠,此尊德性也。非學以聚之、問以辨之,則擇善不明矣。故繼之以道問學。"④朱熹則以"存心"釋"尊德性",以"致知"釋"道問學",所謂"尊德性,所以存心而極乎道體之大也;道問學,所以致知而盡乎道體之細也"。

《中庸》第二十七章除了講"君子尊德性而道問學",還講"致廣大而盡精微,極高明而道中庸,溫故而知新,敦厚以崇禮"。朱熹把這五句結合起來,指出:

"尊德性"、"致廣大"、"極高明"、"溫故"、"敦厚",皆是說行處;"道問學"、"盡精微"、"道中庸"、"知新"、"崇禮",皆是說知處。⑤

"尊德性"、"致廣大"、"極高明"、"溫故"、"敦厚",只是"尊德性";"盡精微"、"道

---

① 鄭玄注、孔穎達等正義《禮記正義》卷五十三《中庸》,《十三經注疏》下,中華書局1980年版,第1633頁。
② 衛湜《禮記集說》卷一百三十四,文淵閣《四庫全書》本。
③ 呂大臨《禮記解·中庸》,《藍田呂氏遺著輯校》,中華書局1993年版,第304頁。
④ 游酢《游廌山集》卷一《中庸義》,文淵閣《四庫全書》本。
⑤ 黎靖德編《朱子語類》(四)卷六十四,中華書局1985年版,第1586頁。

中庸"、"知新"、"崇禮",只是"道問學"。①

> 德性也、廣大也、高明也、故也、厚也,道之大也。問學也、精微也、中庸也、新也、禮也,道之小也。尊之、道之、致之、盡之、極之、道之、溫之、知之、敦之、崇之,所以修是德而凝是道也。②

所以,朱熹《中庸章句》說:"此五句,大小相資,首尾相應,聖賢所示入德之方,莫詳於此,學者宜盡心焉。"

同時,朱熹還認為,在這五句中,"尊德性而道問學"一句是綱,而統領其餘四句。他說:

> "尊德性而道問學"一句是綱領。此五句,上截皆是大綱工夫,下截皆是細密工夫。"尊德性",故能"致廣大"、"極高明"、"溫故"、"敦厚"。"溫故"是溫習此,"敦厚"是篤實此。"道問學",故能"盡精微"、"道中庸"、"知新"、"崇禮"。③

> 自"尊德性"而下,雖是五句,卻是一句總四句;雖是十件,卻兩件統八件……"尊德性,道問學",這一句為主,都總得"致廣大,盡精微;極高明,道中庸;溫故,知新;敦厚,崇禮",四句。④

關於"尊德性"與"道問學"的關係,朱熹大體認為,二者不可偏頗。早在乾道三年(1167),朱熹在《答王龜齡》中就說:

> 古之君子"尊德性"矣,而必曰"道問學";"致廣大"矣,必曰"盡精微";"極高明"矣,必曰"道中庸";"溫故知新"矣,必曰"敦厚崇禮"。蓋不如是,則所學所守必有偏而不備之處。惟其如是,是故居上而不驕,為下而不倍,有道則足以興,無道則足以容,而無一偏之蔽也。熹之區區以此深有望於門下,蓋所謂德性、廣大、高明、知新者,必有所措,而所謂問學、精微、中庸、崇禮者,又非別為一事也。⑤

後來,朱熹還說:

---

① 黎靖德編《朱子語類》(四)卷六十四,中華書局1985年版,第1588頁。
② 朱熹《四書或問·中庸或問》,《朱子全書》第6冊,上海古籍出版社、安徽教育出版社2002年版,第601頁。
③ 黎靖德編《朱子語類》(四)卷六十四,第1590頁。
④ 黎靖德編《朱子語類》(七)卷一百一十八,第2861頁。
⑤ 朱熹《晦庵先生朱文公文集》卷三十七《答王龜齡》,《四部叢刊初編》本。參見陳來《朱子書信編年考證》,上海人民出版社1989年版,第40頁。

聖賢之學，事無大小，道無精粗，莫不窮究無餘。至如事之切身者，固未嘗不加意；而事之未為緊要，亦莫不致意焉。所以《中庸》曰："君子尊德性而道問學，致廣大而盡精微，極高明而道中庸，溫故而知新，敦厚以崇禮。"這五句十件事，無些子空闕處。①

"尊德性"至"敦厚"，此上一截，便是渾淪處；"道問學"至"崇禮"，此下一截，便是詳密處。道體之大處直是難守，細處又難窮究。若有上面一截，而無下面一截，只管道是我渾淪，更不務致知，如此則茫然無覺。若有下面一截，而無上面一截，只管要纖悉皆知，更不去行，如此則又空無所寄。②

子思做《中庸》，大段周密不易，他思量如是。"德性"五句，須是許多句方該得盡，然第一句為主。"致廣大、極高明、溫故、敦厚"，此上一截是"尊德性"事；如"道中庸、盡精微、知新、崇禮"，此下一截是"道問學"事。都要得纖悉具備，無細不盡，如何只理會一件？③

需要指出的是，朱熹講"尊德性"與"道問學"，往往與《論語·雍也》所載孔子曰"君子博學於文，約之以禮，亦可以弗畔矣夫"以及《論語·子罕》所載顏淵曰"夫子循循然善誘人，博我以文，約我以禮"相對應。朱熹説：

聖人之教學者，不過博文約禮兩事爾。博文，是"道問學"之事，於天下事物之理，皆欲知之；約禮，是"尊德性"之事，於吾心固有之理，無一息而不存。④

在這裏，朱熹把"博文"、"約禮"分別與"道問學"、"尊德性"結合起來。

關於"博文"與"約禮"的關係，朱熹強調二者不可分離，指出：

若博學而不約之以禮，安知不畔於道？徒知要約而不博學，則所謂約者，未知是與不是，亦或不能不畔於道也。

若博文而不約之以禮，便是無歸宿處。如讀《書》，讀《詩》，學《易》，學《春秋》，各自有一個頭緒。若只去許多條目上做工夫，自家身己都無歸著，便是離畔於道也。⑤

"博我以文，約我以禮"，聖門教人，只此兩事，須是互相發明。約禮底工夫深，則

---

① 黎靖德編《朱子語類》(四)卷六十四，第1589頁。
② 同上，第1590頁。
③ 黎靖德編《朱子語類》(七)卷一百一十八，第2851頁。
④ 黎靖德編《朱子語類》(二)卷二十四，第569頁。
⑤ 黎靖德編《朱子語類》(三)卷三十三，第832～833頁。

博文底工夫愈明,博文底工夫至,則約禮底工夫愈密。①

所以,朱熹還說:"'尊德性、道問學'一段,'博我以文,約我以禮',兩邊做工夫都不偏。"②

朱熹在講"尊德性"與"道問學"二者不可偏頗的同時,較為重視"尊德性",認為"尊德性"是一個"坯子","有這坯子,學問之功方有措處"③,並且指出:"不'尊德性',則懈怠弛慢矣,學問何從而進?"④而且,朱熹贊同張載的説法:"'尊德性而道問學,致廣大而盡精微,極高明而道中庸',皆逐句為一義。上言重,下語輕。"⑤指出:"張子所論逐句為義一條,甚為切於文義。"⑥朱熹還説:

> 為學纖毫絲忽,不可不察。若小者分明,大者越分明。如《中庸》説"發育萬物,峻極於天",大也;"禮儀三百,威儀三千",細也。"尊德性、致廣大、極高明、溫故、敦厚",此是大者五事;"道問學、盡精微、道中庸、知新、崇禮",此是小者五事。然不先立得大者,不能盡得小者。⑦
>
> "尊德性、致廣大、極高明、溫故、敦厚",是一頭項;"道問學、盡精微、道中庸、知新、崇禮",是一頭項。蓋能尊德性,便能道問學,所謂本得而末自順也。其餘四者皆然。本即所謂"禮儀三百",末即所謂"威儀三千"。"三百"即"大德敦化"也,"三千"即"小德川流"也。⑧

在這裏,朱熹講"不先立得大者,不能盡得小者",又講"能尊德性,便能道問學",明顯是較為強調"尊德性"。而且,朱熹還明確講"以尊德性為本"、"以尊德性為主"。他説:

> 大抵此學以尊德性、求放心為本,而講於聖賢親切之訓以開明之,此為要切之務。若通古今、考世變,則亦隨力所至,推廣增益,以為補助耳。不當以彼為重,而反輕凝定收斂之實、少聖賢親切之訓也。⑨

---

① 黎靖德編《朱子語類》(三)卷三十六,第963頁。
② 黎靖德編《朱子語類》(四)卷六十四,第1589頁。
③ 同上,第1588頁。
④ 同上,第1585頁。
⑤ 衛湜《禮記集説》卷一百三十四。
⑥ 朱熹《四書或問·中庸或問》,《朱子全書》第6冊,第600頁。
⑦ 黎靖德編《朱子語類》(四)卷六十四,第1588頁。
⑧ 同上,第1588~1589頁。
⑨ 朱熹《晦庵先生朱文公文集》卷四十七《答呂子約》(二十四)。

君子之學,既能尊德性以全其大,便須道問學以盡其小。其曰致廣大、極高明、溫故而敦厚,則皆"尊德性"之功也;其曰盡精微、道中庸、知新而崇禮,則皆"道問學"之事也。學者於此,固當以尊德性為主,然於道問學,亦不可不盡其力,要當使之有以交相滋益,互相發明,則自然該貫通達,而於道體之全無欠闕處矣。①

　　當然,朱熹講"以尊德性為本"、"以尊德性為主",同樣也十分重視"道問學",強調二者"交相滋益、互相發明"。他還說:"此本是兩事,細分則有十事。其實只兩事,兩事又只一事。只是個'尊德性',卻將個'尊德性'來'道問學',所以説'尊德性而道問學'也。"②由此可見,既講"以尊德性為本"、"以尊德性為主",又講"尊德性"與"道問學"二者"交相滋益、互相發明",這是朱熹在"尊德性"與"道問學"關係上的基本看法。

二、朱陸"鵝湖之會"

　　討論朱熹對於"尊德性"與"道問學"二者關係的看法,不能不回顧朱陸"鵝湖之會"。淳熙二年(1175),朱熹與吕祖謙共同編訂《近思録》。該書逐篇綱目為:(一) 道體;(二) 為學大要;(三) 格物窮理;(四) 存養;(五) 改過遷善,克己復禮;(六) 齊家之道;(七) 出處、進退、辭受之義;(八) 治國、平天下之道;(九) 制度;(十) 君子處事之方;(十一) 教學之道;(十二) 改過及人心疵病;(十三) 異端之學;(十四) 聖賢氣象③。其中第一卷"論性之本原、道之體統";第二卷"總論為學之要。蓋尊德性矣,必道問學";第三卷"論致知。知之至而後有以行之";第四卷"論存養。蓋窮格之雖至,而涵養之不足,則其知將日昏,而亦何以為力行之地哉";第五卷"論力行。蓋窮理既明,涵養既厚,及推於行己之間,尤當盡其克治之力也"④。由此可見,《近思録》實際上建立了以"道問學"為先的學術體系。

　　《近思録》編成之後,吕祖謙便邀陸九淵(1139—1193,字子静,號存齋,世稱象山先生)以及其兄陸九齡(1132—1180,字子壽,世稱復齋先生),至信州鵝湖寺(今位於江西鉛山)與朱熹會面。這就是所謂"鵝湖之會"。

　　在"鵝湖之會"前,朱熹對陸九淵的為學已有所聞。淳熙元年(1174),朱熹在《答吕子約》(十五)中説:"陸子静之賢,聞之蓋久。然似聞有脱略文字、直趨本根之意。不知其與《中庸》學、問、思、辨然後篤行之旨又如何耳。"在《答吕子約》(十七)中,朱熹説:"近聞陸子静言論風

---

① 朱熹《晦庵先生朱文公文集》卷七十四《玉山講義》。
② 黎靖德編《朱子語類》(四)卷六十四,第1589頁。
③ 黎靖德編《朱子語類》(七)卷一百五,第2629頁。
④ 朱熹、吕祖謙《近思録》卷一,文淵閣《四庫全書》本。

旨之一二,全是禪學,但變其名號耳。競相祖習,恐誤後生。恨不識之,不得深扣其說,因獻所疑也。"

淳熙二年,朱陸會於鵝湖。起初,陸氏兄弟賦詩攻訐朱熹,其中有:"易簡功夫終久大,支離事業竟浮沉"、"欲知自下升高處,真偽先須辨只今"。陸氏兄弟說朱熹的學問為"支離事業",為"偽"學問,令朱熹不悅,而臨時休會①。有關此後幾日所討論的內容,據陸九淵《年譜》載,隨陸九淵赴"鵝湖之會"的門人朱亨道(生卒年不詳,名泰卿)云:"鵝湖之會,論及教人。元晦之意,欲令人泛觀博覽,而後歸之約。二陸之意,欲先發明人之本心,而後使之博覽。朱以陸之教人為太簡,陸以朱之教人為支離,此頗不合。先生更欲與元晦辯,以為堯舜之前何書可讀?復齋止之。"②在朱亨道看來,朱熹當時的為學是先"博文"而後"約禮",而不同於陸九淵"先發明人之本心,而後使之博覽"。

"鵝湖之會"後,朱熹與陸九淵多有交流,雙方的對立有所緩解。淳熙七年(1180),朱熹在《答林擇之》(二十六)中說:"陸子壽兄弟近日議論,卻肯向講學上理會。其門人有相訪者,氣象皆好,但其間亦有舊病。此間學者,卻是與渠相反,初謂只如此講學漸涵,自能入德,不謂末流之弊只成說話,至於人倫日用最切近處,亦都不得毫毛氣力,此不可不深懲而痛警也。"同年,朱熹還在《與吳茂實》(一)中說:"近來自覺向時工夫止是講論文義,以為積集義理,久當自有得力處,卻於日用功夫全少點檢。諸朋友往往亦只如此做工夫,所以多不得力。今方深省而痛懲之,亦願與諸同志勉焉……陸子壽兄弟近日議論與前大不同,卻方要理會講學。其徒有曹立之、萬正淳者來相見,氣象皆盡好,卻是先於情性持守上用力,此意自好。但不合自主張太過,又要得省發覺悟,故流於怪異耳。若去其所短、集其所長,自不害為入德之門也。"

淳熙十年(1183),朱熹在《答項平父》(二)中說:

> 大抵子思以來,教人之法,惟以尊德性、道問學兩事為用力之要。今子靜所說,專是尊德性事,而熹平日所論,卻是問學上多了。所以為彼學者,多持守可觀,而看得義理全不子細,又別說一種杜撰道理,遮蓋不肯放下。而熹自覺雖於義理上不敢亂說,卻於緊要為己為人上多不得力,今當反身用力,去短集長,庶幾不墮一邊耳。

對此,陸九淵則指出:"朱元晦欲去兩短,合兩長,然吾以為不可。既不知尊德性,焉有所謂道問學。"③據陸九淵《語錄》載:"朱元晦曾作書與學者云:'陸子靜專以尊德性誨人,故遊其門者多踐履之士,然於道問學處欠了。某教人豈不是道問學處多了些子?故遊某之門者踐履多不

---

① 陸九淵《陸九淵集》卷三十四《語錄上》,第427~428頁。
② 陸九淵《陸九淵集》卷三十六《年譜》,第491頁。
③ 同上,第494頁。

及之。'觀此,則是元晦欲去兩短,合兩長。然吾以爲不可,既不知尊德性,焉有所謂道問學?"①至此,"鵝湖之會"的朱陸之爭,被詮釋爲關於"尊德性"與"道問學"的關係之爭。後來,朱熹還對門人説過:"某向來自説得尊德性一邊輕了,今覺見未是。"②

需要指出的是,朱熹承認自己在"道問學"上多了,而在"尊德性"上"多不得力",就是要"去短集長",以求達到"尊德性"與"道問學"二者的不相偏頗。而陸九淵對朱熹的回應,則是要强調以"尊德性"爲先。

淳熙十一年(1184),朱熹在《答吕子約》(二十四)中明確講:"大抵此學以尊德性、求放心爲本,而講於聖賢親切之訓以開明之,此爲要切之務。"淳熙十三年(1186),朱熹在《答項平父》(四)中説:"近世學者,務反求者便以博觀爲外馳,務博觀者又以内省爲隘狹,左右佩劍,各主一偏,而道術分裂,不可復合,此學者之大病也。"顯然,這一時期的朱熹開始强調"以尊德性爲本",明確反對將"尊德性"與"道問學"二者相割裂;而這期間所完成的《中庸章句》,在對"君子尊德性而道問學"的注釋中,講"尊德性,所以存心而極乎道體之大也;道問學,所以致知而盡乎道體之細也",又講"非存心無以致知,而存心者又不可以不致知",似乎也不存在二者有所偏頗的意味。

朱熹晚年更爲强調"尊德性"與"道問學"二者的不可偏頗。紹熙二年(1191),朱熹在《答項平父》(五)中説:"大抵人之一心,萬理具備,若能存得,便是聖賢,更有何事?然聖賢教人所以有許多門路節次,而未嘗教人只守此心者,蓋爲此心此理雖本完具,卻爲氣質之稟不能無偏。若不講明體察,極精極密,往往隨其所偏,墮於物欲之私而不自知。是以聖賢教人,雖以恭敬持守爲先,而於其中又必使之即事即物,考古驗今,體會推尋,内外參合。蓋必如此,然後見得此心之真,此理之正,而於世間萬事,一切言語無不洞然了其白黑。"在這裏,朱熹既認爲聖賢教人"以恭敬持守爲先",即以尊德性爲先,同時又認爲"尊德性"與"道問學"二者應當相互參合。據《朱子語類》載:

> 問:"聖人定之以中正仁義而主静。"曰:"此是聖人'修道之謂教'處。"因云:"今且須涵養。如今看道理未精進,便須於尊德性上用功;於德性上有不足處,便須於講學上用功。二者須相趲逼,庶得互相振策出來。若能德性常尊,便恁地廣大,便恁地光輝,於講學上須更精密,見處須更分曉。若能常講學,於本原上又須好。覺得年來朋友於講學上卻説較多,於尊德性上説較少,所以講學處不甚明瞭。"③

可見,朱熹不贊同"於講學上卻説較多,於尊德性上説較少"。

---

① 陸九淵《陸九淵集》卷三十四《語録上》,第 400 頁。
② 黎靖德編《朱子語類》(四)卷六十四,第 1588 頁。
③ 黎靖德編《朱子語類》(六)卷九十四,第 2371 頁。

紹熙五年(1194),朱熹至玉山,講學於縣庠,指出:"聖賢教人,始終本末,循循有序,精粗巨細,無有或遺。故才'尊德性',便有個'道問學'一段事。雖當各自加功,然亦不是判然兩事也……蓋道之為體,其大無外,其小無內,無一物之不在焉。"①並且還認為,學者"固當以尊德性為主,然於道問學,亦不可不盡其力,要當使之有以交相滋益,互相發明"②。

慶元五年(1199)十一月,陳淳再次拜見朱熹。朱熹對他說:

> 子思說"尊德性",又卻說"道問學";"致廣大",又卻說"盡精微";"極高明",又卻說"道中庸";"溫故",又卻說"知新";"敦厚",又卻說"崇禮",這五句是為學用功精粗,全體說盡了。如今所說,卻只偏在"尊德性"上去,揀那便宜多底占了,無"道問學"底許多工夫。恐只是占便宜自了之學,出門動步便有礙,做一事不得。今人之患,在於徒務末而不究其本。然只去理會那本,而不理會那末,亦不得。③

這可能是朱熹對於"尊德性而道問學"的最後定論。顯然,朱熹既不贊同"只偏在'尊德性'上",而無"道問學"工夫,"只去理會那本,而不理會那末",又批評"徒務末而不究其本",而是主張"尊德性"與"道問學"二者相互促進,相互發明。但需要指出的是,朱熹在這裏講"尊德性"是"本","道問學"是"末"。

關於朱陸之辯所涉及"尊德性"與"道問學"的關係問題,王陽明不同意所謂陸九淵"專以尊德性為主,未免墮於禪學之虛空"的說法,指出:"既曰'尊德性',則不可謂'墮於禪學之虛空';'墮於禪學之虛空',則不可謂之'尊德性'矣。""今觀《象山文集》所載,未嘗不教其徒讀書窮理。而自謂'理會文字頗與人異'者,則其意實欲體之於身。其丞所稱述以誨人者,曰'居處恭,執事敬,與人忠',曰'克己復禮',曰'萬物皆備於我,反身而誠,樂莫大焉',曰'學問之道無他,求其放心而已',曰'先立乎其大者,而小者不能奪'。是數言者,孔子、孟軻之言也,烏在其為空虛者乎?"同時,王陽明也不同意所謂朱熹"專以道問學為主,未免失於俗學之支離"的說法,指出:"既曰'道問學',則不可謂'失於俗學之支離';'失於俗學之支離',則不可謂'道問學'矣。""然晦庵之言,曰'居敬窮理',曰'非存心無以致知',曰'君子之心常存敬畏,雖不見聞,亦不敢忽,所以存天理之本然,而不使離於須臾之頃也'。是其為言雖未盡瑩,亦何嘗不以尊德性為事?而又烏在其為支離者乎?"對於《中庸》"君子尊德性而道問學",王陽明說:"夫君子之論學,要在得之於心。衆皆以為是,苟求之心而未會焉,未敢以為是也;衆皆以為非,苟求之心而有契焉,未敢以為非也。心也者,吾所得於天之理也,無間於天人,無分於古今。苟盡吾心以求焉,則不中不遠矣。學也者,求以盡吾心也。是故尊德性而道問學,尊者,尊此者也;

---

① 朱熹《晦庵先生朱文公文集》卷七十四《玉山講義》。
② 同上。
③ 黎靖德編《朱子語類》(七)卷一百一十七,第2823~2824頁。

道者,道此者也。不得於心而惟外信於人以為學,烏在其為學也已!"①

黃宗羲雖然講陸九淵"以尊德性為宗",朱熹"以道問學為主",但又說:"考二先生之生平自治,先生(陸九淵)之尊德性,何嘗不加功於學古篤行,紫陽之道問學,何嘗不致力於反身修德,特以示學者之入門各有先後,曰'此其所以異耳'。""二先生同植綱常,同扶名教,同宗孔、孟。即使意見終於不合,亦不過仁者見仁,知者見知,所謂'學焉而得其性之所近'。原無有背於聖人。"②

應當説,無論是朱熹還是陸九淵,他們在為學上都是既"尊德性"又"道問學"。朱熹早年建立了以"道問學"為先的學術體系,並且在"道問學"上多了,而在"尊德性"上"多不得力",後來則要求"去短集長",以求達到"尊德性"與"道問學"二者的不相偏頗,甚至還提出"以尊德性為本"、"以尊德性為主",認為聖賢教人"以恭敬持守為先",強調"尊德性"與"道問學"二者"交相滋益、互相發明"。所以,簡單地講朱熹以道問學為主,或認為朱熹主張以道問學為先,都是不準確的。

三、如何"尊德性而道問學"

根據朱熹《中庸章句》所言"尊德性,所以存心而極乎道體之大也;道問學,所以致知而盡乎道體之細也"可見,"尊德性",即"存心";"道問學",即"致知"。同時,"致廣大、極高明、溫故、敦厚",即"不以一毫私意自蔽,不以一毫私欲自累,涵泳乎其所已知,敦篤乎其所已能",皆存心之屬;"盡精微、道中庸、知新、崇禮",即"析理則不使有毫釐之差,處事則不使有過不及之謬,理義則日知其所未知,節文則日謹其所未謹",皆致知之屬。而且,"非存心無以致知,而存心者又不可以不致知"。

(一)"存 心"

《孟子·盡心上》引孟子曰:"盡其心者,知其性也;知其性,則知天矣。存其心,養其性,所以事天也。"對於"存其心,養其性",朱熹注曰:"存,謂操而不舍。養,謂順而不害。"他還説:

> 孟子説"存其心,養其性",只是要人常常操守此心,不令放逸,則自能去講學以明義理,而動静之間,皆有以順其性之當然也。③

---

① 王陽明《王陽明全集》(上册)卷二十一《答徐成之》,上海古籍出版社1992年版,第806~809頁。
② 黄宗羲、全祖望《宋元學案》(第三册)卷五十八《象山學案》,第1886~1887頁。
③ 朱熹《晦庵先生朱文公文集》卷六十二《答余國秀》(二)。

在朱熹看來,"存心"就是"操守此心"。他還説:"存得此心,便是要在這裏常常照管。若不照管,存養要做甚麼用";"存心不在紙上寫底,且體認自家心是何物"①。

孟子講"存心",同時又講"求其放心"。《孟子·告子上》引孟子曰:"仁,人心也;義,人路也。舍其路而弗由,放其心而不知求,哀哉!人有雞犬放,則知求之;有放心,而不知求。學問之道無他,求其放心而已矣。"認為人心會放而散失,應當"求其放心"。對此,朱熹不以為然,説:

> 這個心已放去了,如何會收得轉來!只是莫令此心逐物去,則此心便在這裏。不是如一件物事,放去了又收回來……"操則存,舍則亡",只是操,則此心便存。孟子曰:"人有雞犬放,則知求之;有放心而不知求。"可謂善喻。然雞犬猶有放失求而不得者。若心,則求着便在這裏。只是知求則心便在此,未有求而不可得者。②

> 孟子説:"學問之道無他,求其放心而已矣。"可煞是説得切。子細看來,卻反是説得寬了。孔子只云:"居處恭,執事敬,與人忠。""出門如見大賓,使民如承大祭。"若能如此,則此心自無去處,自不容不存,此孟子所以不及孔子。③

朱熹認為,孟子講"求放心",不夠嚴密;人之心不會放而散失,因而也無須"求";只要用心做事,"心自無去處",當然也就無須"求"。所以,朱熹較多地把孟子"求放心"詮釋為"存心",指出:"所謂求放心,只常存此心便是。"④

朱熹講"存心",往往與"盡心"進行對比。他説:

> "盡心、知性、知天",此是致知;"存心、養性、事天",此是力行。⑤

> 人之所以能盡其心者,以其知其性故也。蓋盡心與存心不同。存心即操存求放之事,是學者用力處;盡心則窮理之至,廓然貫通之謂。⑥

> 若盡心云者,則格物窮理,廓然貫通,而有以極夫心之所具之理也。存心云者,則敬以直内,義以方外,若前所謂精一、操存之道也。⑦

---

① 黎靖德編《朱子語類》(一)卷十二,第 203~204 頁。
② 黎靖德編《朱子語類》(四)卷六十四,第 1411~1412 頁。
③ 黎靖德編《朱子語類》(四)卷五十九,第 1410 頁。
④ 黎靖德編《朱子語類》(二)卷十六,第 316 頁。
⑤ 黎靖德編《朱子語類》(四)卷六十,第 1427 頁。
⑥ 朱熹《晦庵先生朱文公文集》卷六十一《答林德久》(六)。
⑦ 朱熹《晦庵先生朱文公文集》卷六十七《觀心説》。

在這裏,朱熹把"盡心"、"存心"與"格物致知"、"敬"聯繫起來。

朱熹非常强調"存心"在於"敬",他還説:

> 以敬爲主,則内外肅然,不忘不助而心自存。不知以敬爲主而欲存心,則不免將一個心把捉一個心,外面未有一事時,裏面已是三頭兩緒,不勝其擾擾矣。①

據《朱子語類》載:

> 再問存心。曰:"非是别將事物存心。孔子曰:'居處恭,執事敬,與人忠。'便是存心之法。如説話覺得不是,便莫説;做事覺得不是,便莫做;亦是存心之法。"②

在朱熹那裏,"尊德性"就是要"存心",因而即在於"敬"。他説:

> 明道説:"聖賢千言萬語,只是欲人將已放之心收拾入身來,自能尋向上去。"今且須就心上做得主定,方驗得聖賢之言有歸着,自然有契。如《中庸》所謂"尊德性","致廣大","極高明",蓋此心本自如此廣大,但爲物欲隔塞,故其廣大有虧;本自高明,但爲物欲係累,故於高明有蔽。若能常自省察警覺,則高明廣大者常自若,非有所增損之也。③

在朱熹看來,要"尊德性","致廣大","極高明",就必須"就心上做得主定",應當"常自省察警覺",這就是要"敬"。據《朱子語類》載:

> 文蔚以所與李守約答問書請教。曰:"大概亦是如此。只是'尊德性'功夫,卻不在紙上,在人自做。自'尊德性'至'敦厚',凡五件,皆是德性上工夫。自'道問學'至'崇禮',皆是問學上工夫。須是横截斷看。問學工夫,節目卻多;尊德性工夫甚簡約。且如伊川只説一個'主一之謂敬,無適之謂一'。只是如此,别更無事。"④
>
> 曰:"何者是德性?何者是問學?"曰:"不過是'居處恭,執事敬','言忠信,行篤敬'之類,都是德性。至於問學,卻煞闊,條項甚多。事事物物皆是問學,無窮

---

① 朱熹《晦庵先生朱文公文集》卷三十一《答張敬夫》(二十四)。
② 黎靖德編《朱子語類》(一)卷十二,第203頁。
③ 同上,第202頁。
④ 黎靖德編《朱子語類》(四)卷六十四,第1587~1588頁。

無盡。"①

可見,在朱熹看來,"尊德性"就是要"敬"。

(二)"致 知"

《大學》講"致知在格物",朱熹注曰:"致,推極也。知,猶識也。推極吾之知識,欲其所知無不盡也。格,至也。物,猶事也。窮至事物之理,欲其極處無不到也。"尤為重要的是,朱熹《大學章句》還補"格物致知"傳,曰:

> 所謂致知在格物者,言欲致吾之知,在即物而窮其理也。蓋人心之靈莫不有知,而天下之物莫不有理,惟於理有未窮,故其知有不盡也。是以《大學》始教,必使學者即凡天下之物,莫不因其已知之理而益窮之,以求至乎其極。至於用力之久,而一旦豁然貫通焉,則衆物之表裏精粗無不到,而吾心之全體大用無不明矣。此謂物格,此謂知之至也。

在朱熹那裏,"格物"之"物",即指"事物",為天下之事物,包括道德方面的事物、心理和思維活動,以及自然界事物。他説:

> 若其用力之方,則或考之事為之著,或察之念慮之微,或求之文字之中,或索之講論之際,使於身心性情之德、人倫日用之常,以至天地鬼神之變、鳥獸草木之宜,自其一物之中,莫不有以見其所當然而不容已,與其所以然而不可易者。②

朱熹特別強調格內在的身心性情與格外部的事物不可偏頗。他説:"務反求者,以博觀為外弛;務博觀者,以內省為狹隘,墮於一偏。此皆學者之大病也!"③還説:"內事外事,皆是自己合當理會底,但須是六七分去裏面理會,三四分去外面理會方可。若是工夫中半時,已自不可。況在外工夫多,在內工夫少耶! 此尤不可也。"④

朱熹講"格物致知",非常重視《中庸》所謂"博學之,審問之,慎思之,明辨之,篤行之",並注曰:

---

① 黎靖德編《朱子語類》(七)卷一百一十八,第 2860~2861 頁。
② 朱熹《四書或問·大學或問》,《朱子全書》第 6 册,第 527~528 頁。
③ 黎靖德編《朱子語類》(一)卷九,第 160 頁。
④ 黎靖德編《朱子语类》(二)卷十八,第 406 頁。

> 學、問、思、辨，所以擇善而為知，學而知也。篤行，所以固執而為仁，利而行也。程子曰："五者廢其一，非學也。"

朱熹還說：

> 大學之道，必以格物致知為先，而於天下之理、天下之書無不博學、審問、謹思、明辨，以求造其義理之極，然後因吾日用之間、常行之道，省察踐履，篤志力行。①
>
> 《中庸》所謂博學、審問、謹思、明辨者，皆致知之事，而必以篤行終之，此可見也。苟不從事於學、問、思、辨之間，但欲以"靜"為主而待理之自明，則亦沒世窮年而無所獲矣。②

朱熹特別強調"博學之，審問之，慎思之，明辨之，篤行之"的先後次序，並作了闡述，指出：

> 學之博，然後有以備事物之理，故能參伍之以得所疑而有問；問之審，然後有以盡師友之情，故能反復之以發其端而可思；思之謹，則精而不雜，故能有所自得而可以施其辨；辨之明，則斷而不差，故能無所疑惑而可以見於行。行之篤，則凡所學、問、思、辨而得之者，又皆必踐其實而不為空言矣。此五者之序也……蓋君子之於天下，必欲無一理之不通，無一事之不能。故不可以不學，而其學不可以不博，及其積累而貫通焉，然後有以深造乎約，而一以貫之。非其博學之初，已有造約之心，而姑從事於博以為之地也。至於學而不能無疑，則不可以不問，而其問也或粗略而不審，則其疑不能盡決，而與不問無以異矣，故其問之不可以不審。若曰成心亡而後可進，則是疑之說也，非疑而問、問而審之說也。學也、問也，得於外者也，若專恃此而不反之心，以驗其實，則察之不精，信之不篤，而守之不固矣。故必思索以精之，然後心與理熟，而彼此為一。然使其思也，或太多而不專，則亦泛濫而無益，或太深而不止，則又過苦而有傷，皆非思之善也。故其思也，又必貴於能謹，非獨為反之於身，知其為何事何物而已也。其餘則皆得之，而所論變化氣質者，尤有功也。③

當然，這裏所謂的次序只是就邏輯而言，在實際過程中，朱熹則強調"博學之，審問之，慎思之，明辨之，篤行之"五者無先後次序："夫是五者，無先後，有緩急。不可謂博學時未暇審問，審問時未暇慎思，慎思時未暇明辨，明辨時未暇篤行。五者從頭做將下去，只微有少差耳，初無先

---

① 朱熹《晦庵先生朱文公文集》卷六十《答曾無疑》（五）。
② 朱熹《晦庵先生朱文公文集》卷五十《答程正思》（四）。
③ 朱熹《四書或問·中庸或問》，《朱子全書》第6冊，第593～594頁。

後也。"①

在《中庸章句》所謂"致知之屬"中，朱熹非常重視"知新"，要求"日知其所未知"。他指出："溫故然後有以知新，而溫故又不可不知新。"②並且還有詩曰："舊學商量加邃密，新知培養轉深沉。"③對於《論語·為政》引孔子曰："溫故而知新，可以為師矣"，朱熹說：

> 徒能溫故，而不能索其義理之所以然者，則見聞雖富，誦說雖勤，而口耳文字之外，略無毫髮意見，譬若無源之水，其出有窮，亦將何以授業解惑，而待學者無已之求哉？④

> "溫故而知新"，味其語意，乃為溫故而不知新者設。不溫故固是間斷了。若果無所得，雖溫故亦不足以為人師，所以溫故又要知新。惟溫故而不知新，故不足以為人師也。這語意在知新上。⑤

朱熹強調"知新"，因而講"讀書有疑"。他說："讀書不能亡疑。"⑥"大疑則可大進。"⑦他還說：

> 學者不可只管守從前所見，須除了，方見新意。如去了濁水，然後清者出焉。
> 讀書無疑者，須教有疑；有疑者，卻要無疑，到這裏方是長進。⑧

朱熹認為，讀書之所以有疑，在於"熟讀精思"。他說：

> 學者讀書，須是於無味處當致思焉。至於群疑並興，寢食俱廢，乃能驟進。⑨
> 大抵觀書先須熟讀，使其言皆若出於吾之口；繼以精思，使其意皆若出於吾之心，然後可以有得爾。然熟讀精思既曉得後，又須疑不止如此，庶幾有進。若以為止如此矣，則終不復有進也。⑩

---

① 黎靖德編《朱子語類》(八)卷一百二十一，第2941頁。
② 朱熹《四書或問·中庸或問》，《朱子全書》第6冊，第601頁。
③ 朱熹《晦庵先生朱文公文集》卷四《鵝湖寺和陸子壽》。
④ 朱熹《四書或問·論語或問》，《朱子全書》第6冊，第648頁。
⑤ 黎靖德編《朱子語類》(二)卷二十四，第575頁。
⑥ 朱熹《晦庵先生朱文公文集》卷三十八《答范文叔》(二)。
⑦ 黎靖德編《朱子語類》(七)卷一百一十五，第2771頁。
⑧ 黎靖德編《朱子語類》(一)卷十一，第186頁。
⑨ 黎靖德編《朱子語類》(一)卷十，第163頁。
⑩ 同上，第168頁。

> 讀書須是子細，逐句逐字要見着落。若用工粗鹵，不務精思，只道無可疑處。非無可疑，理會未到，不知有疑爾。①
>
> 讀書只是且恁地虛心就上面熟讀，久之自有所得，亦自有疑處。蓋熟讀後，自有窒礙，不通處是自然有疑，方好較量。今若先去尋個疑，便不得。②

可見，在朱熹看來，"讀書有疑"是虛心熟讀的結果，而不是在還没有讀書之前先找個疑問。他還説：

> 今世上有一般議論，成就後生懶惰。如云不敢輕議前輩、不敢妄立論之類，皆中怠惰者之意。前輩固不敢妄議，然論其行事之是非，何害？固不可鑿空立論，然讀書有疑，有所見，自不容不立論。其不立論者，只是讀書不到疑處耳。③

朱熹認為，讀書不立論是由於"懶惰"；"不敢輕議前輩"、"不敢妄立論"是由於讀書不到疑處。朱熹強調讀書有疑，並且認為，讀書是一個從有疑到無疑的過程。他説：

> 書始讀，未知有疑，其次漸有疑，又其次節節有疑，過了此一番後，疑漸漸釋，以至融會貫通，都無可疑，方始是學。④

朱熹講讀書有疑，又講從有疑到無疑，目的在於立新論，見新意。朱熹非常讚賞張載所説"濯去舊見，以來新意"，並且指出："此説甚當。若不濯去舊見，何處得新意來。"⑤

(三) "存心"與"致知"交相發明

朱熹《中庸章句》強調"存心"與"致知"的相互聯繫，不可偏頗，所謂"非存心無以致知，而存心者又不可以不致知"。朱熹還説："所謂'存心'者，或讀書以求義理，或分别是非以求至當之歸。""遇無事則静坐，有書則讀書，以至接物處事，常教此心光唸唸地，便是存心。"⑥又説：

---

① 黎靖德編《朱子語類》(一)卷十，第169頁。
② 黎靖德編《朱子語類》(一)卷十一，第186頁。
③ 同上，第190頁。
④ 引自葉采《近思録集解》，《近思録》卷三，文淵閣《四庫全書》本。另，張洪、齊𤋮《朱子讀書法》引朱熹曰："讀書始讀，未知有疑，其次則漸漸有疑，中則節節是疑。過了這一番，疑漸漸釋，以至融貫會通，都無可疑，方始是學。"張洪、齊𤋮《朱子讀書法》卷一《熟讀精思》，文淵閣《四庫全書》本。
⑤ 黎靖德編《朱子語類》(一)卷十一，第186頁。
⑥ 黎靖德編《朱子語類》(七)卷一百一十五，第2775頁。

"人若先以簡易存心,不知'博學、審問、慎思、明辨、篤行',將來便入異端去。"①

朱熹強調二程所謂"涵養須是敬,進學則在致知",認為"此二言者,體用本末無不該備"②,"實學者立身進步之要,而二者之功蓋未嘗不交相發也"③,"如車兩輪,如鳥兩翼,未有廢其一而可行可飛者也"④。他還説:"主敬者,存心之要;而致知者,進學之功。二者交相發焉,則知日益明,守日益固,而舊習之非,自將日改月化於冥冥之中矣。"⑤"若不能以敬養在這裏,如何會去致得知。若不能致知,又如何成得這敬。"⑥朱熹還講"涵養"與"窮理"不可偏廢,指出:"涵養中自有窮理工夫,窮其所養之理;窮理中自有涵養工夫,養其所窮之理,兩項都不相離";"涵養、窮索,二者不可廢一,如車兩輪,如鳥兩翼";"學者工夫,唯在居敬、窮理二事。此二事互相發。能窮理,則居敬工夫日益進;能居敬,則窮理工夫日益密"⑦。所以,他認為:"當各致其力,不可恃此而責彼也。"⑧

同時,朱熹又推崇二程所謂"入道莫如敬,未有能致知而不在敬者",指出:"敬則心存,心存,則理具於此而得失可驗。"⑨他又説:

> 敬者,一心之主宰,而萬事之本根也。知其所以用力之方,則知小學之不能無賴於此以為始;知小學之賴此以始,則夫大學之不能無賴乎此以為終者,可以一以貫之而無疑矣。蓋此心既立,而由是格物致知以盡事物之理,則所謂尊德性而道問學;由是誠意正心以修其身,則所謂先立其大者而小者不能奪;由是齊家治國以及乎天下,則所謂修己以安百姓,篤恭而天下平。是皆未始一日而離乎敬也,然則敬之一字,豈非聖學始終之要也哉?⑩

所以,朱熹認為,"聖門之學別無要妙,徹頭徹尾只是個'敬'字而已"⑪;"'敬'之一字,萬善根

---

① 黎靖德編《朱子語類》(八)卷一百二十一,第2941頁。
② 朱熹《晦庵先生朱文公文集》卷三十五《答劉子澄》(二)。
③ 朱熹《晦庵先生朱文公文集》卷五十六《答陳師德》(一)本。
④ 朱熹《晦庵先生朱文公文集》卷六十三《答孫敬甫》(一)。
⑤ 朱熹《晦庵先生朱文公文集》卷三十八《答徐元敏》。
⑥ 黎靖德編《朱子語類》(三)卷四十五,第1162頁。
⑦ 黎靖德編《朱子語類》(一)卷九,第149~150頁。
⑧ 朱熹《晦庵先生朱文公文集》卷四十一《答程允夫》(八)。
⑨ 黎靖德編《朱子语类》(二)卷十八,第402頁。
⑩ 朱熹《四書或問·大學或問》,《朱子全書》第6册,第506~507頁。
⑪ 朱熹《晦庵先生朱文公文集》卷四十一《答程允夫》(六)。

本,涵養省察,格物致如,種種功夫,皆從此出,方有據依"①;"誠敬涵養為格物致知之本"②。

但是,朱熹又反對把持敬與致知割裂開來,他説:"今所謂持敬,不是將個'敬'字做個好物事樣塞放懷裏。只要胸中常有此意,而無其名耳。"③又説:

> 今人將敬來別做一事,所以有厭倦,為思慮引去。敬只是自家一個心常醒醒便是,不可將來別做一事。又豈可指擎跽曲拳,塊然在此而後為敬……今人將敬、致知來做兩事。持敬時只塊然獨坐,更不去思量;卻是今日持敬,明日去思量道理也! 豈可如此? 但一面自持敬,一面去思慮道理,二者本不相妨。④

朱熹還在討論涵養、致知、力行三者關係時説:

> 涵養、致知、力行三者,便是以涵養做頭,致知次之,力行次之。不涵養則無主宰。如做事須用人,才放下或困睡,這事便無人做主,都由別人,不由自家。既涵養,又須致知;既致知,又須力行。若致知而不力行,與不知同。亦須一時並了,非謂今日涵養,明日致知,後日力行也。要當皆以敬為本。敬卻不是將來做一個事。今人多先安一個'敬'字在這裏,如何做得? 敬只是提起這心,莫教放散;恁地,則心便自明。這裏便窮理、格物。⑤

可見,朱熹强調持敬,但不是單純地持敬,而是要把持敬貫穿於格物致知之中。所以,朱子認為,能持敬,還須格物,否則,就不能致知,因而也不能更好地持敬。據《朱子語類》載:

> 問:"程子云:'未有致知而不在敬者。'蓋敬則胸次虛明,然後能格物而判其是非。"曰:"雖是如此,然亦須格物,不使一毫私欲得以為之蔽,然後胸次方得虛明。只一個持敬,也易得做病。若只持敬,不時時提撕著,亦易以昏困。須是提撕,才見有私欲底意思來,便屏去。且謹守著,到得復來,又屏去。時時提撕,私意自當去也。"⑥
> 問:"持敬致知,互相發明否?"曰:"古人如此説,必須是如此。更問他發明與不發明要如何? 古人言語寫在册子上,不解錯了。只如此做工夫,便見得滋味。不做

---

① 朱熹《晦庵先生朱文公文集》卷五十《答潘恭叔》(八)。
② 黎靖德編《朱子语类》(二)卷十八,第407頁。
③ 黎靖德編《朱子語類》(一)卷十二,第212頁。
④ 黎靖德編《朱子語類》(七)卷一百一十五,第2771~2772頁。
⑤ 同上,第2777頁。
⑥ 黎靖德編《朱子語類》(二)卷十八,第402頁。

持敬,只說持敬作甚?不做致知,只說致知作甚?"①

所以,朱熹贊同門人萬人傑所說:"'君子尊德性而道問學,致廣大而盡精微,極高明而道中庸,溫故而知新,敦厚以崇禮',所以示學者之於此道不可徒志其大而遺其小、得其本而遺其末、馳意於高遠而不求夫致知力行之實也。"②

對於"敬"與"致知"何者為先的問題,朱熹說:

> 涵養、致知,亦何所始?但學者須自截從一處做去。程子:"為學莫先於致知。"是知在先。又曰:"未有致知而不在敬者。"則敬也在先。從此推去,只管恁地。③

顯然,在朱熹看來,既可以"致知"在先,也可以"敬"在先,根據具體情況而定。他還認為,涵養與致知"本不可先後,又不可無先後,須當以涵養為先。若不涵養而專於致知,則是徒然思索;若專於涵養而不致知,卻鶻突去了"④。據《朱子語類》載:

> 任道弟問:"《或問》,涵養又在致知之先?"曰:"涵養是合下在先。古人從小以敬涵養,父兄漸漸教之讀書,識義理。今若說待涵養了方去理會致知,也無期限。須是兩下用工,也著涵養,也著致知。伊川多說敬,敬則此心不放,事事皆從此做去。"⑤

至於朱熹《大學章句》補"格物致知"傳沒有論及"敬",朱熹說:"'敬'已就小學處做了。此處只據本章直說,不必雜在這裏,壓重了,不净潔。"⑥顯然,朱熹把"敬"擺在為學成人過程中在先的位置。他還說:"蓋吾聞之,'敬'之一字,聖學所以成始而成終者也。為小學者,不由乎此,固無以涵養本原,而謹夫灑掃、應對、進退之節,與夫六藝之教。為大學者,不由乎此,亦無以開發聰明、進德修業,而致夫明德、新民之功也。"⑦在朱熹看來,持敬涵養貫穿於為學成人的整個過程。

總之,無論從朱熹《中庸章句》對"尊德性而道問學"的解說來看,還是就朱陸"鵝湖之會"後朱熹思想的逐漸成熟而言,甚至從朱熹在如何"尊德性而道問學"問題上強調"存心"與"致

---

① 黎靖德編《朱子語類》(七)卷一百一十七,第2818~2819頁。
② 朱熹《晦庵先生朱文公文集》卷五十一《答萬正淳》(五)。
③ 黎靖德編《朱子語類》(一)卷十二,第212頁。
④ 黎靖德編《朱子語類》(七)卷一百一十五,第2771頁。
⑤ 黎靖德編《朱子语类》(二)卷十八,第403~404頁。
⑥ 黎靖德編《朱子語類》(二)卷十六,第326頁。
⑦ 朱熹《四書或問·大學或問》,《朱子全書》第6册,第506頁。

知"的不可分離和交相發明來看,朱熹實際上是主張"尊德性"與"道問學"二者"交相滋益、互相發明",因而並不存在孰輕孰重、孰先孰後的問題。

[**作者簡介**] 樂愛國(1955—　),男,浙江寧波人。1986年復旦大學哲學系碩士研究生畢業,現爲廈門大學哲學系教授、博士生導師。主要從事中國哲學、朱子學以及中國古代哲學與科技關係的研究,著作有《朱子格物致知論研究》、《宋代的儒學與科學》、《儒家文化與中國古代科技》、《王廷相評傳》、《道教生態學》、《管子的科技思想》等。

李贄的兵學思想體系

——以《孫子參同》為主要參照

李桂生　郭　偉

宋朝元豐年間，以《孫子》、《司馬法》、《六韜》、《吳子》、《尉繚子》、《黃石公三略》、《李衛公問對》七部兵書頒行，稱為《七書》或《武經七書》。李贄《孫子參同》既有《孫子》原文，又有李贄評論，還引錄《武經七書》中其他"六書"的有關文字作為佐證。梅國楨評曰："集兵家之大成，得《孫子》之神解。"(《孫子參同敘》)雖有溢美之意，卻也基本符合《孫子參同》的面貌。

一、《孫子參同》體例

從內容上看，兵書體例一般包括白文本、注解本、批注本、彙注本、御制本、欽定本等多種。李贄《孫子參同》無疑屬於《孫子》注解本，而且是明朝影響較大的《孫子兵法》三大注本之一，與劉寅《武經七書直解》、趙本學《孫子校解引類》齊名。然而，它的體例卻十分特別，完全沒有對孫子原文的考辨和字句注釋，與另外兩家注本截然不同，既非劉寅"字解與意解相結合，間以史實相參證"的通俗、詳明的直解，又不同於趙注在一般的字解句注之外，以《易》推演兵家奇正虛實之權，而只是把《孫子》原文、曹操原注、李贄點評和其他兵書的節錄參考四個部分編輯而成的一部書。曹操原注和李贄總評的巧妙組合賦予了該書以評注的特點。單從這個角度講，李贄的《孫子參同》無非是一部擴充版曹注《孫子》而已，很難體現其獨特的個人風格。然而，該書的主要特點在於標題中的"參同"二字，即李贄把《孫子》之外其他六部兵書的相關部分加以分類彙輯，從而印證他本人對《孫子》要旨的個性化理解。這種"參同"體乃是李贄的獨創，體現了其著述的一貫風格，即剪裁取捨、分類編輯與批點評論相結合的特色。

李贄的許多重要著作都是圍繞著述宗旨，對現成的文獻材料進行有選擇地剪裁取捨，然後按照一定的標準分門別類地加以編輯，同時附上自己的批點評論，最終刊刻成書，充分體現了他通過結構表現思想的獨特寫作思路。如李贄"一生精神所寄"的《藏書》六十八卷，即主要取材於歷代正史，很多都是原文照錄，但他通過對史料的取捨剪裁和人物的分類編排，體現了他不以孔子之是非為是非的進步思想和原情論勢的歷史觀。這種"撮其行事，分類定品"、"筆削諸史,斷以己意"的著作方式兼有輯書和評論的雙重特點,"似不成一家言,是自成一家,此其所長也"。這一特點很自然地在《孫子參同》中得到了體現。雖然也有讀者對這種奇特的著述方式頗不以為然,認為"寡所發明",然而李贄的好友梅國楨對這種"於兵法獨取《孫子》,於注《孫子》者獨取魏武帝,而以餘六經附於各篇之後,注所未盡,悉以其意明之"的"參同"體推崇備至,認為是"集兵家之大成,得《孫子》之神解"(《孫子參同敘》)。

梅國楨的這一評價涉及兩種關係:一是《孫子》與其他兵家著作的關係;二是《孫子》形與神的關係。從古至今,兵書注家蜂起,或通注《七書》,或單注《孫子》。通注者難以體現《孫子》武經之冠冕的地位,單注者往往又置其餘六書要義於不顧,都有不少缺陷。而《孫子參同》既以《孫子》十三篇為主線,又廣泛附錄《吳子》等其他六書的精彩論述,堪稱"集兵家之大成",同時又始終抓住《孫子》這一評注重點,最終形成眾星拱月式的圓滿結構。這也表明在李贄的心目中,《武經七書》中的其他六書乃《孫子》之注腳。在《孫子參同》中,"六書參考"的彙輯不僅掩蓋不住《孫子》的光彩,反而進一步印證了《孫子》"至聖至神,天下萬世無以復加"的兵經價值。由此觀之,"參同"體例功莫大焉。

作為指導戰爭實踐的古代兵法,《孫子》乃古今為將者必讀之書,然而得《孫子》之形者徒誦空文而不思其精妙,最終流於紙上談兵。在李贄心目中,魏武帝曹操既是一代雄主,又是深通兵法韜略的偉大兵家,其《孫子注解》於諸注家中最為精當。曹注未盡闡發之處,李贄加以補充發揮。這種特殊的古今合作評注方式在梅國楨看來,可謂"得孫子之神解"。

綜上,《孫子參同》這種獨特的參同體例和評注結構極大地豐富了《孫子》的兵學思想內涵,同時反映了李贄個性化的思考,融入了他對現實的深切關懷,具有明顯的批判色彩。

二、李贄的兵學思想體系

李贄的兵學思想體系由六大部分構成。在這六大部分中,"自衛論"、"義兵論"、"慎戰論"屬於戰爭本質論,體現了他對戰爭性質和作用的思考:"自衛論"從戰爭起源的角度,深刻分析了兵食關係,論證了"衛身"之兵的必要性,為"兵"正名,而"義兵論"則既是對儒家兵學思想的繼承和發展,亦是對"自衛"兵學觀的歷史演進。這兩項基本思想充分闡釋了戰爭的正義性。在此基礎上,李贄順理成章地提出了"慎戰論"。這一思想是關於戰爭的辯證認識論,是"自衛論"和"義兵論"在戰略層面的理論總結。前三項關於戰爭本質、戰爭作用乃至戰略決策的規律性認識落實到作戰過程中,從而催生了"心戰論"和"愚兵論"等具體的軍事指揮理論。李贄超越狹義的兵學範疇,闡述了"明哲保身以安社稷"的"保身論"。這一思想帶有鮮明的哲學色彩,並非純粹的兵學理論。然而,在傳統的君主專制社會中,它直接影響着將帥的選拔和戰爭的結局。古代兵書經常提到的"中御之患"以及"君權"與"將權"的矛盾,就是"保身論"產生的現實根據。將帥的"保身"之智,與"心戰論"所蘊含的對將帥心性的要求共同構成了獨特的將帥修養論。由此可見,李贄的兵學思想已經涵蓋了戰爭本質論、戰爭指揮論、將帥修養論等傳統兵學所涉及的三大主要範疇。不過,他並沒有在現代軍事學的理論框架下展開專精的、系統的論述,而是以其一貫的評注風格,隨心所欲,廣泛發揮,自由出入諸範疇。這種個性化的寫作形態無疑使其兵學思想體系具有"自成一家"的結構特徵。

(一) 兵食不二、家自為戰、人自為戰的自衛論

李贄在《兵食論》中追溯了民之初生的狀況:"穴居而野處,拾草木之實以為食。"不僅生存條件十分惡劣,而且經常面臨野獸啖食的威脅。動物或有爪牙以供搏噬,或有羽毛以資掩蔽,都有本能的覓食、防衛工具,可是與天、地並為三才的人類,既無爪牙,也無羽毛。針對這一問題,李贄指出:"有此生,則必有以養此生者,食也。有此身,則必有以衛此身者,兵也。食之急,故井田作;衛之急,故弓矢甲胄興。是甲胄弓矢,所以代爪牙毛羽之用,以疾驅虎豹犀象而遠之也。民之得安其居者,不以是歟?"(《兵食論》)李贄的這番話一針見血地點出了"兵"最重要的功能就是衛身,也指出了自衛戰爭的天然合理性,它和養生的"食"一樣,是人類得以繁衍生息的兩大法寶。李贄進一步指出"兵"不僅可以"衛此身",而且也能用來捍衛辛苦獲取的勞動果實:"苟為無兵,食固不可得而有也。"食物可以滿足人類生存發展的最低需要,是人類精神得以形成、保持和提升的最重要的物質基礎,無論是儒家的"食色,性也"、"飲食男女,人之大欲存焉",還是馬斯洛的人本主義需求論,都把它看作人類生活的第一需要,但是很少有人提到"兵"在人類生活中的地位和價值。為此,李贄鮮明地站在"自衛論"立場,為"兵"正名:"兵者死地也,其名惡,而非是則無以自衛,其實美也。美者難見,而惡則非其所欲聞。惟下之人不欲聞,以故上之人亦不肯以出之於口。"(《兵食論》)在他的心目中,"兵"與"食"有同等的價值和地位,可謂兵食不二。

李贄在《兵食論》中進一步提出了"家自為戰,人自為戰"的口號。他高度讚美黃帝設井田以養民、因祭田祖而成獵的舉措。在李贄的理解中,黃帝之所以能成就"國未嘗有養兵之費,家家收獲禽之功;上之人未嘗有治兵之名,而人人皆三驅之選"的練兵實效,正是因為他深諳兵食衛生乃民眾急務,只有把潛含練兵自衛之意的"田獵"與維持生存的農耕巧妙聯結,才能真正調動"家自為戰,人自為戰"的積極性。李贄在《史綱評要·唐肅宗皇帝》中特別稱道張巡,稱贊張巡"雖古大將不能過也",亦出此意。

(二) 修道保法、仁詭兼用的義兵論

李贄批判地繼承了儒家的兵學思想。儒家並不是籠統地反對一切戰爭,而是強調用兵旨在"禁殘止暴",其兵學思想集中體現為"義兵論"。李贄在《戰國論》中為齊桓公、管仲乃至春秋五霸正名:

夫五霸何以獨盛於春秋也?蓋是時周室既衰,天子不能操禮樂征伐之權以號令

諸侯,故諸侯有不令者,方伯、連帥率諸侯以討之,相與尊天子而協同盟,然後天下之勢復合於一。此如父母卧病不能事事,群小搆爭,莫可禁阻,中有賢子自爲家督,遂起而身父母之任焉。是以名爲兄弟,而其實則父母也。雖若侵父母之權,而實父母賴之以安,兄弟賴之以和,左右童仆諸人賴之以立,則有勢於厥家大矣。①

一般説來,相對開明的儒家學者在五霸中比較看重齊桓公,主要是因爲他在王道衰微之際,"九合諸侯"均能維持"不以兵車"的和平會盟局面,確實在政治上表現了以義立國、領袖群倫的王者氣象,不過始終還是難以媲美"王道之真"。然而,按照李贄"原情論勢"的歷史邏輯,非獨齊桓公,而且"五霸"所倡,俱爲"義兵",這就創造性地發展了儒家的"義兵"説。

儒家提倡的"義兵",一貫强調"師出有名",或者説,主張軍事依賴政治。這一觀點,李贄在《孫子參同》中有淋漓盡致的解説與發揮。《孫子》首篇《始計》,要求每一位政治家、軍事家在戰争之前反復分析戰争形勢,在籌算中預測勝利的可能性及大小,即所謂"廟算"。《始計》論"廟算"必講"五事七計":"經之以五事,校之以計,而索其情。一曰道,二曰天……道者,令民與上同意,可與之死,可與之生,而不畏危也。"孫子一開始就明確指出,"道"、"天"、"地"、"將"、"法"五事是決定戰争勝負的五大因素,其中"道"居首位,"主孰有道"是考察戰争勝負的第一要素。李贄充分肯定了《孫子》的這一思想:"一曰道,孫子已自注得明白矣……夫民而可與之同生死也,則手足捍頭目,子弟衛父兄,不啻過矣。"(《孫子參同》)還把"主孰有道"與儒家的"仁者"政治聯繫起來,認爲"道"即"孔子所謂'民信',孟子所謂'得民心'是也","此'始計'之本謀,用兵之第一義"。正是出於這一考慮,李贄才尖鋭地批駁曹操在《孫子》注解中片面將"道"簡單解釋爲"導之以政令"的説法,認爲此乃"失其本矣。緣魏武平生好以權詐籠絡一時之豪傑,而以道德仁義爲迂腐,故只以自家心事作注解,是豈至極之論,萬世共由之説哉? 且夫導之以政令,只解得'法令孰行'一句經耳。"(《孫子參同》)在《初譚集》卷二十五《奸臣》中,他還説:"譎莫譎於魏武……魏武狡詐百出,雖其所心腹之人,不吝假睡以要除之……故曹公之好殺也已極。"依李贄之見,曹操對"道"的片面解讀與其一貫好殺、尚權詐的性格有關。不過,他的片面只限於紙上談兵的學術層面,而作爲征戰無數的軍事指揮家,曹操最終能夠統一北方,絶非出於僥幸,亦非只依賴嚴明的政令和過人的謀略。針對這一點,李贄在評點《三國志演義》第三十一回時有所闡述:"孟德雖國賊,猶知民爲邦本,不害禾稼。因知興王定霸,即假仁仗義亦須以民爲念,方許幹得些事業。"

爲了更加清晰地闡釋"道"的内涵和得"道"的途徑,李贄進一步列舉了《武經七書》中除《孫子》之外的其他六書關於"道"的論述來加以"參同"。在《始計》篇"參考"部分,李贄開宗明義説:"爲道莫先於得賢,莫要於愛民,得賢則明,愛民則親,所謂未戰而廟算勝者,此矣。"又説:"唯德修,而後賢人至;唯賢人至,而後德亦修,道亦明,民亦親也。"李贄所講"明"、"親"之

---

① 李贄《焚書》卷三《戰國論》。

義,源於《大學》所云"大學之道,在明明德,在親民,在止於至善"。若要發揚高尚的道德,要親民,要達到完善的境界,則必須要"得賢"、"愛民"、"慎修",故李贄首先節錄《六韜‧文韜》、《三略》、《尉繚子》、《吳子》等書以述"得賢之道",強調"天下非一人之天下,乃天下之天下","仁之所在,天下歸之","德之所在,天下歸之","義之所在,天下歸之","道之所在,天下歸之"和"內修文德,外治武備"等主張。其次,節錄《六韜》、《三略》、《吳子》、《司馬法》等書內容以述"愛民之道",強調"為國之大務,愛民而已"的治國原則和"不違時,不歷民病"、"以仁為本"的"戰道"主張。又次,重點節錄《六韜》中的《武韜‧順啟》、《文韜‧明傳》、《文韜‧大禮》、《文韜‧守國》、《文韜‧守土》、《文韜‧六守》、《武韜‧發啟》、《武韜‧文啟》諸段文字,旁涉《三略》、《司馬法》中的相關文字,強調君主應"以天下之耳"、"目"、"心"求察人之"明",實行富民施仁之政,充分踐行大智若愚以守其心的韜晦內守之道。最後,李贄發表對"五事"的看法,他特別指出李衛公"乃可謂真知五事者",李靖論"道"時只有意味深長、高度濃縮的一句話:"夫道之說,至微至深,《易》所謂聰明睿智神武而不殺者是也。"(《孫子參同》)此說主仁,與曹注有別。李贄《藏書‧武臣傳》置"白起"於"名將"目紀傳,正是本此"不殺"之道,故白起雖有"大將才,以坑降故貶"。

綜上,李贄對孫子所言之"道"有獨特的悟解,他理解的"道"絕不僅限於朝廷旨在約束民衆行為、統一軍隊意志的政令、法規、條例,還應包含人君、將領"得賢"、"愛民"、"慎修"乃至推行德政,力倡"義戰",廣得民心的種種仁義舉措。曹操注"道",體現的只是軍事之"道",而李贄所闡釋的"道",則是儒家的政治之道在軍事領域的廣泛表現,屬於"修道保法"的先勝之計,充分體現了他對孫子兵學思想豐富內涵的深入挖掘和創造性發揮。不過,在李贄心目中,這一切都只說明了孫子的高明,他認為:"此孫武之所以為至聖至神,天下萬世無以復加焉者也。"(《孫子參同》)

儒家提倡"義兵"是為了"禁殘止暴",最終實現德治仁政的"王道"政治。一般情況下,他們是不主張以戰爭來解決紛爭的,而是相信孔子所說"民悅其愛者,弗可敵也"和孟子所說"國君好仁,天下無敵",以及荀子所說"桓文之節制,不可以敵湯武之仁義"。孔子又說:"臨難用詐,足以卻敵。"並不徒言仁義,而是主張在戰場上用謀詐。他對"晉文公譎而不正,齊桓公正而不譎"的評價主要着眼於政治層面,可後世腐儒則過於迷信"仁義"的力量,往往受制於道德至上的思維模式,以至於即使談兵,也反對在戰場上運用詭道詐術。一般來說,中國古代各種兵家著作大致包括兵權謀、兵形勢、兵陰陽、兵技巧等四類,其中"兵以詐立"、"上兵伐謀"的權謀理論代表了東方兵學的智慧,與重視武器和技術的西方兵學理論恰好形成並峙之勢。可在某些儒者看來,權謀與仁義禮信之間猶如水火,絕不相容。如《荀子‧議兵》主張"仁人之兵,不可詐也",批評"攻奪變詐之兵"是所謂的"盜兵"。自宋代以後,對權謀理論的大規模圍攻更是不絕如縷。宋初編《太平御覽》,引用《漢書》中"變詐之兵乃衰世之象"之語,將儒家的"仁義"之說置於兵書之首。《武經總要》也是"祖尚仁誼,次以鈐略",將兵家權謀學說擺在次要位置。宋人葉適《水心別集‧兵權》說"非詐不為兵,蓋自孫武始。甚矣,人心不仁也。"高似孫

《子略·孫子》説:"兵流於毒,始於孫武乎? 武雄於言兵,往往舍正而鑿奇,背義而依詐,凡其言反復,其變無常,智術相高,氣驅力奪。故《詩》、《書》所述,《韜》、《匱》所傳,至此皆索然無澤矣。"蘇軾也在《孫武論》中説如果孫子的"詭道"行於世,"則天下紛紛乎如鳥獸之相搏,嬰兒之相擊,強者傷,弱者廢,而天下之亂,何從而已乎?"在李贄所生活的明代,俗儒士大夫對不合儒家理想的權謀理論的攻訐更加猛烈。如黄獻臣説《孫子兵法》"舍正務奇,背義用詐,乃戰國相傾之説,止於強伯,不如王道"(《武經開宗·孫子解題》),平定寧王之亂的思想家王守仁也大肆攻擊兵家霸術,説孫武之謀術出現以後,"天下靡然而宗之,聖人之道,遂以蕪塞,相仿相效,日求所以富強之道、傾詐之謀、攻伐之計","既其久也,鬥争劫奪,不勝其禍,斯人淪於禽獸夷狄,而霸術亦有所不能行矣。"①明代理學家丘浚説:"先儒謂後世兵書之繁,不如《師卦》六爻之略,且所論者王者之師,比後世權謀之書奇正遠甚。為天下者,制師以立武,立武以衛國,衛國以安民,烏可舍此以他求哉?"(《大學衍義補·嚴武備》)趙本學一面認為"用兵而不以權謀,則兵敗國危",一方面又説《孫子》十三篇,不言仁義,而獨以用間之事歸之,則其不知仁義亦明矣。大抵霸之所謂仁義,特假借之號,詭譎之辭耳。"(《趙注孫子十三篇》)劉寅一方面著《武經直解》,宣揚兵家權謀,一方面自稱"狂斐逾僭,得罪聖門"。其《武經直解序》云:

  嗚呼! 兵豈易言哉? 觀形勢、審虚實、出正奇、定勝負,凡所以禁暴弭亂,安民守國,鎮邊疆、威四夷者,無越於此也。聖人於是重之,故仁、義、忠、信、智、勇、明、決,兵之本也。行伍、部曲、有節、有制,兵之用也。其潛謀、密運、料敵、取勝者,兵之機也。一徐一疾,一動一静,一予一奪,一文一武,兵之權也。不有大智,其何能謀? 不有深謀,其何能將? 不有良將,其何能兵? 不有鋭兵,其何能武? 不有武備,其何能國? 欲有智而多謀,善將而能兵,提兵而用武,備武而守國,舍是書何以哉? 兵者,詭道,是以孫吴之流,專為詐謀。《司馬法》以下數書,論仁義節制之兵者,間亦有之,在學者推廣默識,心融而意會耳。雖然,兵謀師律,儒者罕言;譎詭變詐,聖人不取。仁義節制,其猶大匠之規矩準繩乎? 大匠能誨人以規矩準繩,而不能使之巧。寅為此書,但直解經文,而授人以規矩準繩耳。出奇用巧,在臨時應變者自為之,非寅所敢預言也。狂斐逾僭,得罪聖門,誠不可免,然於國家戡定禍亂之道,學者修為戰守之方,亦或有所小補云。

劉寅既肯定了兵權謀詐在軍事中的運用價值,同時又念念不忘先儒教導,以為"仁義節制"是戰爭應遵守的底線,所謂"猶大匠之規矩準繩",並説明自己直解《武經》,乃在於"授人以規矩準繩"。雖然這種言辭可能是掩蓋他傳播兵法意圖的飾辭,但也由此可以看出,在理學風氣熾盛的明代,兵書的傳播遭遇了很大困境。

---

① 吴震《王陽明著作述評》,上海古籍出版社 2004 年版,第 177 頁。

在這樣的文化環境下，李贄卻大膽鼓吹權謀與仁義並重，真可謂"非聖無法"，然而這恰恰反映了他不為世俗輿論所左右的自由思想家的獨立精神，與他在《孫子參同敍》中反復申明的"仁義一原"之論、"文武手足"之説是一致的。正所謂"平居無事，則手持而足行；有所緩急，則手抵而足踢"，手足共衛其身，豈可強分文武？要之，兵家論武功，偏重對敵實行權謀詐術；儒者論文治，偏重推行仁義道德。二者皆根植於保家衛國、澤被蒼生的民本立場，只有實踐方式的差異，而無旨趣上的分別。孫子的"道"經過李贄的精彩發微，已不經意間展示了兵家的仁者面目，可是兵家作為權謀家的惡名卻使得他們長期受到腐儒的詬病，這顯然不公平。《孫子》論兵最重權謀詐術，所以受到的批評最多。然而李贄談兵卻最重《孫子》，此其不諱言權謀之一明證也。

李贄正面解讀權謀理論，主要表現在三個方面，其一是在戰略層面，重視貫徹"謀攻"、"伐謀"的理念，將其看作是實現仁者"全争"戰略目標的最完美的手段。如在《孫子參同·謀攻》中所引曹操注解之後，李卓吾評曰：

> 夫謀欲攻人之國，便欲謀全人之國，以致全軍，全旅，全卒，全伍，無一點不要全。蓋唯以全人之國為攻人之謀，又以伐人之謀為謀攻之上策，故軍旅卒伍無一而不得全也，始為以全争於天下矣。觀其不以百戰百勝為善，而以不戰屈人兵為善之善，則所謂善戰者服上刑，尤孫子之所不赦矣，是非效儒生之迂腐也。

在這裏，李贄明確指出，兵家的最高境界，是"不戰屈人兵"，是"全"人之國，乃至盡可能保全每一個敵人的性命。要求"全"，必然要"謀定而後戰"，甚至要用詭道詐術"伐人之謀"。"深謀蓄智"的兵家理念在李贄的《藏書·武臣總論》中甚至代替了"以勝敗論將"的傳統看法，而成為判斷"知大將之任"的首要標準。

兵家的"謀攻"或"伐謀"之論，在腐儒"一葉障目，不見泰山"的道德審視下，往往被視為邪惡之術，為人所不齒。然而，戰爭的進程所呈現的真實因果鏈卻是：體現為取勝手段的權謀最終推動了"全争"或"不戰"意圖的實現。"全争"或"不戰"藴含的兵家仁心也就很自然地在軍事實踐中得到了體現。

其二，在戰術層面，主張根據戰場變化，靈活機動地運用正兵與奇兵。夏、商、西周時代，在戰場上崇尚軍禮，講究誠信，在兩軍對壘之際，往往"不鼓不成列"，"陣而後戰"，先禮後兵，頗有紳士風度。這樣的軍隊，即所謂節制之師，或"正兵"。因為《司馬法》代表了這種以仁、義、禮、讓為本的治軍思想，故儒者於兵家諸著作中尤為稱道此書。《荀子·議兵》特別強調正兵之威，説："秦之鋭士，不可以當桓文之節制。"李贄深知正兵的重要性，故曰"凡所以待敵者，皆正也，皆本也，所謂以本待之也。"然而，春秋戰國，禮崩樂壞，在軍事領域，"出奇設伏，變詐之兵並作"，"兵以詐立"的用兵原則於是得以逐漸確立。凡用兵者，多以正兵為主，兼用奇兵以制勝。一向原情論勢的李贄並未株守宋襄公之流的迂腐之見，而是積極主張用奇，且精闢地指出:"凡可以誘敵者,皆奇也,是權勢也,是詭道也。"又説:"以利動之,以形示之,以亂與之,使敵人但見吾之為怯,而聞吾之為弱也,此奇也。"在"奇正"概念的釐定上,他認同李靖的解釋,認為所謂"奇正"並非如魏武帝注《孫子》所説"先出合戰為正,後出為奇",亦非所謂"己二而敵一,則一術為正,一術為奇"或"己五而敵一,則三術為正,二術為奇",而是對立統一的概念:"無正不成奇,無奇不成正,謂奇正之相為用可也。無有奇而不正者,亦無有正而不奇者,謂奇正之合為一又可也。奇正之變化,其勢又烏能定乎?"(《孫子參同》)奇正相生,疊相為用,猶如舉仁義而不廢權譎,分而為二,實則辯證統一。

其三,不拘泥迂儒對"間"的狹隘認識,特别重視"用間"以"伐謀"。《孫子·用間》特别重視用間,認為"三軍之事,莫親於間,賞莫厚於間,事莫密於間","明君賢將,能以上智為間者,必成大功。此兵之要,三軍所恃而動者也",高度評價了用間在戰爭進程中的決定作用。《孫子》還以"伊摯"、"吕牙"兩位古賢人為例,正是有他們親自在敵國潛伏為間,才最終輔佐商湯王、周武王成就王霸大業。對這一説法,後世儒生識隘未化,多有懷疑,如王應麟《困學紀聞》云:"伊、吕聖人之耦,此戰國辯士之誣聖賢。"(朱逢甲《間書》)李贄思想通脱活潑,對此頗不以為然,他明確肯定曾經為間的"伊、吕以大聖而為殷、周用",認為韓信不顧酈食其説齊,撤去守備,進而動兵"襲齊"是貪功求名之舉,"卒以誅夷,不亦宜歟?"李贄對伊、吕和韓信的褒貶評價完全是出於珍視民命的人本思想。這與孫子一再強調用間可以推動戰爭速勝乃至不戰而勝的思想是完全一致的。孫子批判那些不顧國計民生的將領一味地"爭一日之勝",是"不仁之至",而李贄的批注也説這些人"視民命如糞壤,以安危為兒戲"。用間雖然屬於權謀詭詐之術,為迂儒所不取,但在李贄和孫子眼中,卻成了明君賢將的制勝法寶。

此外,李贄高度認同孫子"非聖智不能用間,非仁義不能使間"的觀點,故在李靖論"用間"之要在於"盡大忠,不顧小義"時,他連批"妙人"、"妙人"。對"周公大義滅親"亦旁批道:"真聖主,亦妙,妙!"這些批語均説明李贄論間不拘成説,不諱權謀,一切以仁義為旨歸。

綜上,在李贄的理解中,真正的兵家之道,必然是仁詭兼用的辯證統一,仁為詭之本,詭為仁之用。從道術層面考察,兵家之道與儒家之道固然反映了各自的規律、範疇,"兵者詭道"與聖門仁學儘管各有分際,然而究其根本用心,豈有二哉!

(三) 忘戰必危、好戰必亡的慎戰論

李贄的"自衛論"和"義兵論"均強調了戰爭的正義性。這種軍事觀強調的是軍事對民生的保障及其對國家利益的維護。在《孫子參同·作戰》中,李贄説:"夫民以命為重,而司命者在將;國家以安危為重,而主安危者亦在將。將其可以易言乎?所謂民命者,非止三軍之命也。十萬之軍興,則七十萬家之民,不得事農畝,而七十萬家之命,皆其所司也。又不但此七十萬民之家也已。"把選拔將領提到如此高度,正説明戰爭對維護國家安全具有重大意義。《藏書·武臣總論》明確指出"戰非聖人之得已也",聖人只有在兵燹肆虐、民生凋敝的危難之際,才會不得已舉仁義之師,順勢而為。站在歷史發展的宏觀角度,李贄一方面肯定合乎歷史

潮流的戰爭,另一方面強調戰爭的目的不是"樹兵",而是息兵。為此,他高度頌揚客觀上結束六國紛爭混亂局面的"始皇帝,自是千古一帝"。當他讀到秦始皇的下論"天下共苦戰鬥不休,以有侯王。賴宗廟,天下初定,又復立國,是樹兵也,而求其停息,豈不難哉"及"分天下以為三十六郡,郡置守尉監"時,批注"是"字(李贄《藏書·史記列傳》),肯定從制度層面消除兵爭、保障民生的重大意義。前者,用秦兵滅六國,是時勢使然;後者,設郡縣息兵罷戰,亦是時勢使然。一切從國計民生出發,因時、勢、事三者制定軍事戰略,李贄這種融通、辯證的戰爭觀,表現在《戰國論》、《孫子參同》與他的一系列歷史評注之中,是對孫子等古代大兵家優秀軍事思想的繼承和發展。

在《戰國論》中,李贄充分肯定了春秋五霸率諸侯以討不臣者,以及"相與尊天子而協同盟"、"夾輔王室,以藩屏周"的用兵之舉,對那些"徒知羨三王之盛"的宋襄公之流嗤之以鼻,認為他們是"聞見塞胸,仁義盈耳",動輒以儒家道德繩墨戰爭,客觀上造成了居安而不思危的"忘戰"局面。對此,李贄明確指出"天下雖安,忘戰必危",質問"有國家者,可一日而忘戰乎?"

李贄理解的備戰不僅體現在戰略思想上不"忘戰",而且還有更深層的考慮,這就是他的兵農不二論。這一理論背後蘊含着義戰、備戰、不好戰等豐富的"慎戰"思想。李贄在《孫子參同》中,大篇幅引用《六韜》,主張把民眾的日常勞作、生息安養與戰士疆場用命有機結合起來。在《兵食論》中闡述了這一思想。他指出,黃帝設井田以養民、因祭田祖而成獵的舉措,正是備戰於農耕民生之中,兵民不二,劍犁合一,農具即是戰具,田壟溝壑即是城墻、堡壘。不過這是"三代之法",是原始時代的產物。對此,《史綱評鑒》卷三十一"宋哲宗皇帝"一節記載了蘇軾的一段不刊之論:"三代之法,兵農為一,至秦始分為二。及唐中葉,始變府兵為長征卒。自是,農出穀帛以養兵,兵出性命以衛農,天下便之,雖聖人復起,不能易也。"在這段文字後,李贄批注"是"。之後又稱其"析於利害",究其本意,他並非否定兵農合一,而是從兵農共同利益的角度重新解讀了"三代之法"。顯然,這裏包含着一個預設的前提,就是戰爭不是好戰者的遊戲,而是國家和民族已處於生死存亡關頭的正義之戰。只有在這種義戰環境下,兵、農的生命利益才可能實現高度的契合,貫徹黃帝治世、兵食不二的遺意。從這個角度講,發展民生經濟,保障軍民利益的同一性,統一民眾思想,均是廣義的備戰。從普遍聯繫的角度審視"好戰"者的"備戰",這種狹隘的唯軍事論,本身就不合辯證法,注定是要失敗的。故李贄贊同《司馬法》"夫天下雖大,好戰必亡"的觀點。

綜上,李贄的"慎戰"論是豐富、辯證的軍事思想系統,它建構於自衛論、義兵論基礎之上,包含着不忘戰、不好戰、重備戰等多重內涵,既吸收了儒家對不義之戰的批評,又摒棄了腐儒的道德至上主義;既提倡積極備戰,又反對純軍事論,主張融備戰於發展民生之中,在共同利益的前提下凝聚軍民向心力。他的"慎戰"思想超越了單一的道德、政治、軍事的範疇,融鑄百家,通達無礙,是符合歷史趨勢的戰略思想。

（四）奪心奪氣的心戰論

　　從軍事學術角度講，李贄編著的《孫子參同》無疑繼承和發展了中國古代的兵學理論。然而，理論的武器只有在現實的軍事實踐中才能發揮威力，而軍事實踐又不同於其他的社會實踐，必然受到諸多不可預知因素的制約，具有較大的機動性和隱蔽性，以至於古今名將在實際運用兵法的過程中往往超出了兵學理論的一般範疇，表現了强烈的個性化色彩，給人一種神秘莫測之感。歷史上的取勝戰例，究其細節和過程，其中奧妙實難言傳，正所謂"運用之妙，存乎一心"。這種不可言傳的兵家制勝秘訣被李贄生動地喻為"談禪"，所謂"談兵與談禪一也，不悟則終不得而用也"（《孫子參同》）。

　　從現有文獻資料看，從軍事層面考察兵禪關係未有早於李贄者，然而在歷史上從禪門悟道的角度探討兩者關係的却另有其人。黄檗禪師曾有"大唐國裏無禪師"之語，感嘆宗門良師難覓。明朝雲居戒禪師有鑒於此，曾仿《孫子兵法》，作《禪門鍛煉説》十三篇，指出禪宗宗師"虚實殺活，純用兵機"，如用兵神妙莫測。禪客張無諍則把禪師妙用、兵家奇計、詩人靈感三者並列，稱其妙入乎精微，其道相當。這兩人皆把禪門大德接引學人入道、令其開悟的權巧方便喻為用兵如神的境界，其實都着眼於"悟"與"活"。當然，禪門之"悟"與"活"不僅僅指上述禪師接引之道，而且與兵法更相似的，當屬禪宗修行者對待公案、話頭的態度。明代瞿汝稷曾選錄禪宗公案，輯成《指月録》一書。嚴澂為此作序，稱公案如兵符，兵符之用在調兵、用兵，而公案之用則在悟道。兵符不可妄用，公案則不能亂參，尤其不能掉進文字邏輯的陷阱。兩者之同仍在一個"悟"字。以兵喻禪的這兩則禪門掌故，只不過表現了禪師大德為啟發後學參禪悟道所施的方便妙用而已，究其本意，實無心於軍事。然而，他們的思考却從反面證明了李贄以禪喻兵在思維方法上的合理性。

　　李贄以禪喻兵，肯定用兵之要在於心悟，既明確揭示了用兵的最高境界，同時也暗示了以文傳意的兵法必然存在局限性，正如他所説"虚實之端，奇正之術，此兵家之勢，不可先傳者也。且非但不可先傳，即雖欲傳之而不可得矣"。然而兵法可廢歟？答案無疑是否定的。在李贄心中，兵法作為實戰經驗的總結乃至抽象歸納，反映的往往是軍事實踐的一般規律，即傳授常法，"教正不教奇"。"正者，節制之兵也。"兵法論節制之兵，必述選士、練士、教法、陣法、騎法、步法、軍器諸法。然而，既然萬變不離其宗，一般規律也是特殊戰例的抽象概括。那麽，兵法所述節制之法必然藴含着因勢制變的用兵心要，"雖正而奇自在，唯知兵者自悟之耳。"李贄節録的《唐李問對》引述太宗"兵法可以意授，不可以語傳"之語，亦此意也。用兵妙意既在兵法之外，又實在兵法之中。兵法的這種既不可先傳又無不盡傳，既離諸文字又不離文字的特徵與禪宗祖師一方面主張"不立文字，以心傳心"，另一方面又留下那麽多話頭、公案讓人參悟的奇特行止是完全一致的。

　　李贄以"禪"喻"兵"，甚至將兩者視同一事的特殊思維方式，避開了歷代軍事學者為兵法所作的帶有局限性的文字解説，為我們進一步探討兵禪關係開闢了一個廣闊的天地。他的這一思考足以使他在中國兵學思想史上占據一席之地。

李贄在《孫子參同》中指出"禪悟之法"乃用兵要旨,為將者只有以禪悟之法領悟"兵道",進而"隨敵盈縮,臨時變化",才能真正克敵制勝。李贄節錄《武經七書》中其餘六家言論,間接而櫽括地表達其重要的兵學思想,即高明的將領理應具有禪者的心性修養。這便是梅國楨所說的"兵猶禪"的另一層含義。

正如孫子所說"兵者,死生之地,存亡之道",戰爭不同於日常生活的穿衣喫飯,它意味着屠城滅國。所以將領要保持念念清明,又必須放下一切,所謂"受命之日忘其家,張軍宿野忘其親,援枹而鼓忘其身"是也。正如《孫子·九變》所說:"將有五危:必死可殺,必生可虜,忿速可侮,廉潔可辱,愛民可煩。"執着於生死是為將者的大忌,為將者必須勘破生死,生死一如,才能做出縝密的判斷以保證戰爭的勝利。當然,一個真正的兵家與禪者要舍棄一切外慮,生死問題只是犖犖大端的一個支末。"吾所以有大患者,為吾有身",與生俱來的各種感受、欲求及痛苦無不干擾着人的心境和人對"境"的認知判斷。禪者畢生要勘破這些東西,自不待言,就是為將者也理應做到觸境皆如,不為貪婪、急躁、怠惰等種種欲念、習氣所污染。

《孫子參同·始計》在論將道時,特意引用了《六韜》中太公的"五才、十過"之說,尤其是"十過"之誡,真是句句切中人的習氣。所謂"十過者,有勇而輕死者,有急而心速者,有貪而好利者,有仁而不忍人者,有智而心怯者,有信而喜信人者,有廉潔而不愛人者,有智而心緩者,有剛毅而自用者,有懦而喜任人者。"這"十過"誡條之中,如"仁而不忍人者",在日常生活中很難讓人聯想到將之大過,反倒讓人油然而生敬意,可對於一個將軍而言,這種心理上的掛礙,必然會影響到作戰的決心和判斷。除了這些習氣、性格的污染之外,將領在心理上往往容易受制於君主乃至氣候、地形等因素,從而影響戰略、戰術的完美實施。為此,《孫子參同·作戰》引用《尉繚子》的論述,要求"將者,上不制於天,下不制於地,中不制於人",進入《心經》所說的"心無掛礙"的大自在境界。李贄在《孫子參同·九變》的總評中,高度評價漢代名將周亞夫"受詔救梁,卒以不受詔而平七國之難"的這種"置身於死生之外"的精神境界。

自古以來,任何戰役的對抗都要歸結於敵我雙方將帥心氣的對抗。將領對兵法的領悟程度、將領是否能舍棄一切外慮、將領的意志是否堅強等因素,往往是戰爭、戰役、戰鬥勝負的關鍵。所謂"心戰為上,兵戰次之"正是出於這個原因。如何在"心戰"中取勝,如何以己心奪敵之心,很自然地成了擺在將領面前的重要課題。所謂"指揮若定"之"定"便是禪定,即靜慮,即放下。為將者只有以禪定之法修心,以禪悟之法用兵,以攻心之術奪心,才能真正保證戰爭的勝利。由此可見,李贄所悟兵禪一如之法真正詮釋了兵法的要訣。

在這裏要特別說明的是,李贄對兵法的禪法領悟,與他自身的參禪經歷是分不開的。作為他的至交好友,梅國楨曾明確指出李贄是"深於禪者也",在平常的朋友交往中,也往往表現出以心相契的狀態。梅公回憶說:"余兩人者,未相與譚,而心相信,此其故。即使余兩人者,言之亦不可得也。"(梅國楨《孫子參同敘》)李贄既然深於禪,那麼他把自己對禪的體悟,融於對兵法的解讀之中,自然就不難理解了。儘管李贄沒有實際用兵的經歷,但他對兵法的禪悟最終得到了平定寧夏叛亂的梅國楨的高度評價。在梅公眼中,"行間無與語者,思可共事無如禿翁",在他的筆下,李贄的兵禪合一之道得到了極為形象的表達:"兵猶禪也,極其用,海墨書而不盡;究其精,即一言不可得。"(梅國楨《孫子參同敍》)

(五) 可與樂成、不與慮始的愚兵論

古代兵家著作幾乎全部含有"愚兵"思想。李贄編著的《孫子參同》也不例外,《孫子》以及引録的六部兵書在論為將之道時,一般都會提到將領應該掌握"使貪使愚"之術。如《孫子參同·九地》說:"將軍之事,静以幽,正以治,能愚士卒之耳目,使之無知。易其事,革其謀,使人無識。易其居,迂其途,使人不得慮。帥與之期,若登高而去其梯。帥與之深入諸侯之地,而發其機,若驅群羊,驅而往,驅而來,莫知所之。"在孫子眼中,將軍的用兵計謀不能讓士卒得知,要使士卒"無知"、"無識"、"不得慮",就像群羊一樣被驅作戰。士卒們只需要服從命令,一往無前即可,如果他們的"耳目"過於靈敏,思慮過多,必然會妨礙軍隊形成統一的行動意志,從而影響戰鬥力的充分發揮。孫子的愚兵論正是建立在李贄所說的"人情之理"基礎之上。李贄從軍事心理學範疇出發,對愚兵論詳加解說:"若先使知之,又誰肯甘心而自投於死地乎?夫民至愚也,可與樂成,難與慮始也。是故,施無法之賞,懸無政之令,用之以事,不告以言,用之以利,不告以害。"(《孫子參同》)強調要利用士卒的畏懼之心、貪欲之心設重賞,下死令,用利益引誘他們,用任務牽制他們,不讓他們了解真實的戰略、戰術意圖,只需要讓他們最終分享勝利的喜悦就可以了。這樣做無疑提高了軍隊的戰鬥力,有效地保證了戰爭的勝利。

李贄雖然繼承了古代軍事著作中的"愚兵"之說,並在《孫子參同》中加以節録說明,然而究其本心,實有兵家所不能囊括者,其不失儒者本懷,充滿"可與樂成"的人文關懷,融合了仁者的教化本懷,閃爍着"聖愚一律"的平等色彩。李贄雖然從實戰角度認可了《孫子》等兵書的愚兵思想,但他也從人性角度肯定了趨利避害的自私本能是人類共同的心理基礎。李贄的可貴之處並未停留在對自私天性和人欲世俗價值觀的肯定。事實上,他的思想重心在承認每個人都平等擁有成聖作賢的良知良能。從其學問承傳來看,李贄思想中的儒學成分源於王學一脈,他深受王守仁所主張的"良知面前人人平等"學說的影響,而濃郁的佛法因素,則來自他晚年閱藏參禪的體悟,其中尤為契心者,當屬衆生皆有佛性的大乘平等法門。在儒、佛學說共同的影響下,李贄形成了"聖愚一律"的平等思想。按照他的思想演繹邏輯,將領與士卒之間因賢愚分別而帶來的身份懸殊並非不可逾越,這絲毫不妨礙他們在本性上的平等。士卒同樣擁有自己的智慧和道德良知,同樣有"向上一路"的成長期待,他們完全可以憑藉自己對軍事之道的領悟、堅固的信心及卓絶的努力,最終成長為在戰場上履"仁"體"道"的將領。

(六) 明哲保身以安社稷的處世論

李贄不僅重視研究戰爭的性質和目的及克敵制勝的規律乃至將領的修養要求,還特別強調將領"明哲保身"的重要性。平時我們每當談及"明哲保身",都會流露出鄙夷的神色,然而

該詞在明代學者王艮的著作裏則另有一番解釋。王艮是王守仁的弟子,對陽明先生"致良知"一說深信不疑,但始終沒有放棄自己獨創的思想體系。他是泰州人,故學者們多稱其學說為"淮南格物"。與乃師有異的是,他不說"心"是天地萬物的根本,也很少關注"心者身之主"的命題,只說"身",以為"安身"就是"立本"。為此,他提出了"明哲保身"論。當然,他不是教人做不負責任的自私懦夫。在他的學說裏,"身與天下國家,一物也。""保身"只是治平學問的起點,"吾身不能保,又何以保天下國家哉?"其終極目標卻是由保身及於愛人乃至治國平天下,"此仁也,萬物一體之道也。"從這一點講,他的學說仍然具有十分鮮明的王學色彩。

李贄是王艮之子東崖先生王襞的弟子,承傳了泰州學派的學問,所以對"明哲保身"論的內涵自然有其深刻的體悟。他把這種體悟融入到對將領學問淵源和處世技巧的探討之中,並從這種"保身"思想出發,對古今將相進行了切中肯綮的評論。他在《孫子參同·用間》的參考評語中,針對世俗所稱"黃老"學術進行比較說明,指出它們之間實際存在着重大差異。他認為,曾做過間諜的兩位聖人伊尹、姜尚各自在成就殷、周大業之後,仍然求功不止,不知保身,孜孜不倦致力於富國強兵,故而易於招致"貪位而固權勢"之譏。他們之所以能壽終正寢,完全出於商、周的開國君主始終有德有禮,注意保全他們的緣故。在李贄的理解中,伊、呂學問"實自軒轅而來",但時移世易,這派學問並不適合後世的將相。所以,他特別稱道"黃石公作《三略》以授子房,獨諄切於功成之戒云",認為"子房尊敬黃石,獨不受封而辟穀"為明智之舉。黃石公、張良承傳的是老子一派的學問,與黃帝一派"各自不同"。李贄進一步指出,"功成名遂身退,是則天道,不可不以為鑒而自免耳",就是希望古今將相擁有這種"將以有為"的"保身"智慧,並較為全面地揭示了"明哲保身以安社稷"的經世思想。

其一,必須深諳為官之道,淡化我執我慢的心態,識進退,知保身,能順應時勢,匡扶社稷。在《藏書》中,李贄多次發表長篇評論,對為人謙和、善於韜光養晦的將相,如留侯張良、婁師德、狄仁傑等人,稱許有加,而對牢騷滿腹、不知保身的悲劇名將如淮陰侯等人嘆息不已。他在《朱雋傳》的評語中說:"夫退讓者,盛德事也。"並指出"是乃古今天下建功立德、保國定家之第一着好棋子也。惜乎人人皆知而不能下也。古今天下唯一留侯知之,是以功成而遂,辟穀不事,使淮陰早知此義,族其可得而赤耶?"在李贄的理解中,"退讓"的途徑形形色色,不拘一法,既因時勢而有所不同,也與將相的個人氣質、學術淵源息息相關。故他在《藏書》"大臣傳"下特設"忍辱大臣"和"容人大臣"兩類。婁師德、狄仁傑等人善於忍辱,郭子儀等人善於容人。能忍辱,善容人,自然就很少與人結怨,易得人心,不招猜忌,最終得以"保身"。己身得保,社稷亦因之以安。

其二,必須善藏其用,明於審時,慎於出處。李贄在《焚書·復周南士》一文中,對"有大才而不能見用於世"的聖賢人物推崇備至,稱他們"世既不能用,而亦不求用,退而與無才者等,不使無才者疑,有才者忌"。在他眼中,老子"容貌若愚,深藏若虛",與"渭濱之叟"姜尚,均是"善藏其用"、"明哲保身"以安社稷的一流人物。姜尚遇文、武,展大才,此乃時勢遭際使然,"使不遇西伯獵於渭,縱遇西伯而西伯不尊以為師,敬養之以為老,有子若發不武,不能善承父志","雖百萬韜略,不用也"。他的成功,典型地體現了"保身"、"藏用"與"安社稷"的統一。老子深於"道"術,只因身處禮崩樂壞的春秋時代,故生前有大才而不求用,一心"保身"、"藏用",似無用於當世,然而所著《老子》,無形中惠澤千秋後世的學術、政治,則又可謂是"大用"於社稷。

其三,必須識大守拙,明生死之用,寧受無為之譏,毋求一時虛名,追求生命價值的最大化。在《藏書·范仲淹傳》的尾評中,李贄既由衷仰慕文正公的蓋世大才,又十分惋惜他的一生功業實在未盡其才。當其為將之時,猶知持重以守土安邊為要務,然而一旦身為參知政事,進入政治中樞,卻變得求功心切,"貪宋朝人物第一之名",亟於改革,黜汰官吏太急太過,以至於最後陷入朋黨之譏,辛苦主持的慶曆新政也隨之夭折。假使范公識大守拙,善於藏智,毋求一時虛名,不要急下猛藥,只要在朝一日,"則天下決無不可為之時"。與范公一起被李贄並稱的唐代大將張巡、段秀實,則因為不明生死之用,不了解自己活着比死更有價值,一味視死如歸,以致自損國之長城。為此,李贄曾嘆息說:"使張睢陽不愛死,則郭令公不得羨收京之勛;使段司農不亟死,則李太尉不得專克復之績。"張、段二公如同管仲當年面臨公子糾之死時的處境一般,然而生死取捨不同,管仲認為自己活着更有價值,所以他沒有像召忽那樣赴死求名,最終輔佐桓公成就了一代霸主。

李贄除了闡述將領要善於全功保身外,還主張君王要善於網羅英雄並保全其性命以存社稷的用人策略。為此,他在《孫子參同·用間》中特意引用《三略》中的《中略》以詮釋君主的統將之術、王霸之略。在他的理解中,真正有智慧、有仁德的君主既深諳"還師罷軍,存亡之階"之理,為防止將權過重、社會階層結構失衡以致天下紛亂,總能果斷地"奪其威,廢其權"於無形之中,同時又善於安定將領的身心以備國家不時之需,即"封之於朝,極人臣之位,以顯其功;中州善國,以富其家,美色珍玩,以說其心"。正是從這一思想出發,李贄意味深長地引用了李靖的評論:"韓、彭見誅、范增不用,其事同也。故謂劉、項皆非將將之君。"劉邦雖有"善將將"之美譽,但在李贄看來,仍是目光短淺的勢利之徒。劉邦只知屠臣殺將以求劉姓之安,卻不知禍起蕭牆、變生肘腋,將相與外戚之間的均勢被打破,劉姓天下因而幾近傾覆。劉邦的失策直接導致了呂後專權期間將才凋零、公卿噤口的局面。"明哲保身以安社稷"之道,即是"萬物一體之道",而絕非一姓一家之安危小道。若真能體道,則必知君臣不二,身國不二。授臣之權乃所以用其長,收臣之權乃所以全其身,全臣之身乃所以安社稷。收權有"術",然"術"中有"道"。若能以術顯道,則又體現了明君聖主敢於任社稷之重的大德。劉邦雖然僥幸趁得天下"苦秦"求變的時勢,以小恩小惠籠絡了一批將領,建立了劉姓的漢官威儀,然而他所謂的用人之術相去李贄的政治理想不啻天淵。劉邦屠臣與諸呂之亂的因果關係從反面說明:全功保身以安社稷的治國策略確實具有其現實的必要性和有效性。

綜上,李贄的兵學思想體系比較全面地涵蓋了戰爭本質論、軍事指揮論、將帥修養論三大範疇。其兵學思想固然大量吸收了儒家的"義兵"說、兵家的"愚兵"術和"心戰"觀,乃至融彙了王艮"明哲保身"的哲學思想。然而,其獨創性在於,不僅打破了傳統儒家鄙視"詭詐之兵"

的世俗偏見,而且以科學的態度考察戰爭的起源與本質,主張以"仁詭兼用"作為戰爭的整體指導原則,而且還能敏銳地認識到兵、禪之間的高度契合關係,主張將帥應該以禪悟之法用兵,用禪定之法修心,從而為兵學理論研究開辟了一個新領域。他並沒有機械地圍繞軍事談論軍事,而是把軍事與政治聯結起來,乃至於與儒家的道德教化、將帥的保身策略結合起來,進行全面、綜合的思考,彰顯他不拘泥世俗成見的自由思想家本色。

[**作者簡介**] 李桂生(1967—),男,江西寧都人。文學博士、歷史學博士後,現為黃岡師範學院文學院教授,主要從事中國兵學、中國文化史研究,著作有《諸子文化与先秦兵家》、《兵家管理哲學》,並發表學術論文30餘篇。

郭偉(1981—),男,湖北襄陽人。文學碩士,現為黃岡師範學院文學院講師,發表學術論文多篇。

論孫德謙的諸子學研究*

陳志平

孫德謙(1869—1935)，字受之，又字壽芝，號益菴，晚號隘堪居士，江蘇元和(今吳縣)人，民國時著名學者，著有《六朝麗指》、《古書讀法略例》等多種著作，對諸子學尤有研究，時人張爾田稱"諸子有學自先生始"①。本文即略述其諸子著作，梳理其諸子學思想，以就正於方家。

一、孫德謙的諸子學著述

據孫德謙《古書讀法略例》自序云："余性好讀書，於學則無不窺，弱年而後，始則致力於經，小學能略識聲音訓詁，於向、歆流略，又嘗收輯成編，久之研治諸子，以為顓門之業。"孫氏雖博學好論，其着力處乃在諸子學，此從其遺著亦可得到證明。孫氏死後，好友王蘧常檢其遺著，得二十八種，其中《諸子要略》(亦稱《輯略》)、《諸子通考》、《孫卿子通誼》、《呂氏春秋通誼》、《諸子發微》、《墨子通誼》、《列子通誼》、《賈誼新書通誼》等均與諸子學有關。王氏評述："先生於學，諸子最為專家，造述獨富，嘗謂諸子於古學為絕學，兩漢以還，鮮有涉其藩者，後儒且加掊擊，即有識者，亦識其文字而已。欲為之洗冤解惑，一發千年來之積蔀，其疏釋閎旨者為《通誼》，其剝剝古賢者為《通考》，其辨章同異者為《要略》。又取《晏子》而下，在一篇之中，挈其巨綱，闡其大誼者為《發微》。"然孫德謙死後不久，其遺稿即流入書肆，王欣夫《學禮齋日記》1936年10月28日記云："書肆見隘庵先生手稿一疊，議價不諧。嗚呼，古人沒未周年，遺稿已零落市上，可慨也。"②

---

* 本文為教育部人文社科規劃基金項目"魏晉南北朝諸子學研究"成果，項目編號12YJA751008。
① 見王蘧常《清故貞士元和孫隘堪先生行狀》所引，轉自《古書讀法略例》附錄，廣西師範大學出版社2006年版。
② 轉引自《古書讀法略例》吳格先生新序。

孫德謙生前所刊著作中,諸子學研究专著有《諸子通考》①;而其未刊稿本,現藏上海圖書館,與諸子有關之通論著作有《諸子觝異》、《諸子通考内外篇》和《諸子學講義》。下面對這幾本書略作介紹。

《諸子通考内外篇》,書稿藏於上海圖書館②。此書内篇兩卷,外篇四卷,共六卷。内篇兩卷主要抄撮《莊子·天下篇》、《韓非子·顯學》、《説郛·群輔録》和劉勰《文心雕龍·諸子》等篇目中關於諸子的評論,以及《漢志》、《隋志》中關於儒家、道家、法家、墨家、雜家的敍録。外篇四卷分别輯録《韓非子》、《鄧析子》、《尹文子》、《公孫龍子》、《關尹子》、《文子》、《莊子》等的歷代評論資料。然是書並未完成,而是孫氏平時研習諸子的一部手稿,可能為《諸子通考》的雛形或早期稿本。四卷本《諸子通考·凡例一》曰:"此書分内外篇,内篇為通論,先列《莊子·天下篇》諸説於前,《漢書·藝文志》及《國史·經籍志》,凡敍述一家者,則附載於後。外篇則為古今專論一書者,如《荀子》,自劉向《書録》,下訖近世,所有序跋論辨並載其中。此内外之分也。内篇視前印本增足成數家,《意林》、《子略》序及胡氏《筆叢》亦為增補,分為四卷。外篇則俟續出之。"③《諸子通考内外篇》之内篇兩卷,正與今所見四卷本《諸子通考》内篇體例相仿,而外篇四卷則與《凡例一》所述體例相似。

《諸子通考》,此書是孫德謙諸子學研究方面最重要的著作④。宣統二年(1910)江蘇存古堂曾排印三卷本,現上海圖書館存有四卷手稿⑤,是孫氏後來補充本。四卷本《凡例十三》:"此書前印本初出,見之者稱為奇書,學校中近聞有用為講義者,並互相通假,輾轉傳鈔,至有願代為付印者。余總以為未曾完備,不欲遽付梓人。今夏始增名、墨諸家,内篇乃成完帙。自纂輯以來,先集材料,並及外篇,其始是者已有數年。迨宣統二年庚戌方行命筆撰述,至今歲丁卯,為時久遠,已閲十七八年,始卒業内篇,成書真不易矣。然此書前後貫攝,義無雜揉,亦足自成一家言。世有好諸子學者,若視為門徑書,則未敢多讓焉。"此一則可見此書流傳之廣,二則可見孫氏對本書的自珍、自重。正因為如此,故自宣統二年排印以來,孫氏又重加擴充,寫成四卷本。據先生五十九歲自作《隘堪居士行年記》云:"余今年五十有九矣。素性簡淡,不慕榮

---

① 《古書讀法略例》中亦時時有關於諸子學的論述,其内容多可在《諸子通考》中見到。
② 上海圖書館版本描述:書名與卷數:諸子通考内外篇不分卷;作者:孫德謙;印藏:杭州葉氏藏書,益莽;版本:稿本;册數:6册;原書尺寸:21*13.9 cm;版框:x cm;頁數:558頁。
③ 《諸子通考》四卷本,《凡例十三》:"自纂輯以來,先集材料,並及外篇。"
④ 1921年8月,胡適讀了孫德謙的《諸子通考》,認為"孫君當時能主張諸子之學之當重視,其識力自可欽佩","此書確有許多獨立的見解","很有見地的議論",贊許"此書究竟可算是近年一部有見地的書,條理略遜江瑔的《讀子卮言》,而見解遠勝於張爾田的《史微》"。見曹伯言編《胡適日記全編》(3),安徽教育出版社2001年版,第429~430頁。"杭州張氏爾田孟劬,孫氏德謙益安,守實齋之成法,兼治史子,亦可以觀。"胡樸安《民國十二年國學之趨勢》,《民國日報·國學週刊》1923年國慶日增刊。
⑤ 上海圖書館版本描述:書名與卷數:諸子通考内篇三卷;作者:孫德謙;印藏:孫德謙;版本:稿本;册數:2册;原書尺寸:28*16 cm;版框:15.8*10.2 cm;版式:黑格白口四周單邊雙魚尾;版心:四益宧叢書。

利。自在弱年,始治經小學,有志乎不朽之業,由此書無不闕,每所獲,即斐然有作。今已成《六朝麗指》四五種,而《諸子通考》亦於今歲夏增補成編,其書則海內外多之。少竊虛名,或亦可傳世而行遠。"孫德謙59歲時是1927年,正是丁卯年。

比較三卷排印本和四卷手稿本,可以發現孫氏主要做了四項工作。一是增補《凡例》。四卷本書前增加了十三條《凡例》,對全書體例、自己的諸子思想作了詳細解釋,是研究孫氏諸子思想的最重要文獻。二是完善諸學派文獻。三卷本第一、二卷為通論諸家者,第三卷分論儒、道、法,相對九流十家,尚不足稱為完秩,故孫氏又補充了第四卷,增加名、墨、雜、兵四家,使範圍擴展至七家,足當"通考"之稱。四卷本《凡例一》説:"《漢志·諸子略》並列十家,而兵書、術數、方伎別為三略,至《隋書·經籍志》始盡歸子部,無復分析矣。其後史家因之。今此書詳於周秦諸子,漢以下則從略,惟所論者雖不拘十家,而其書則為《漢志》所舊有者乃及之。若書已亡佚者,則取蓋闕之義。故今於《諸子略》外,兼及兵家,若陰陽、小説諸家,皆置而不議,非有所去取也。共得七家,為儒、道、法、名、墨、雜、兵而已。"三是充實內容,即對已經刊行的前三卷的內容進行補充。如卷二補充了梁元帝《金樓子·立言篇》、戴叔倫《意林》序、胡應麟《少室山房筆叢·九流緒論引》等內容,使資料更加豐富。四是調整篇目。對三卷本的篇目順序進行調整,如將三卷本卷二中的《史記·老莊申韓列傳》、《史記·管晏列傳》兩篇調整至四卷本卷三。同時,三卷本往往在一篇後又附有兩三篇後世文章,以"附錄"二字以示區別,而四卷本則刪除"附錄"二字。《凡例三》説:"惟初印時,如《莊子·天下篇》後所載王應麟《漢志考證》、章學誠《校讎通義》,以其皆為附着之説,故有'附錄'二字以標明之。今將二字刪去,其文則明降一格,稍示區別。"

《諸子通考》全書可以分為兩大部分,一是總論,一是專論。總論以《莊子·天下篇》、《荀子·非十二子》、太史談《論六家要指》、《漢書·藝文志》、《抱朴子·百家篇》、《文心雕龍·諸子》、《金樓子·立言篇》、《新論·九流篇》、《隋書·經籍志》等為代表。專論,分儒、道、法、名、墨、雜、兵七家,每家附相關文獻。每篇文獻孫德謙以案語的形式進行解讀。全書體例:"取古人説,排次於前,而所下案語,則附列於下。其言之合者,為推闡之,如所言不合,則加辨詰焉。蓋欲折衷於是,求其貫通,不使自相矛盾,俾人無所適從。"(《凡例三》)這樣《諸子通考》就形成了一個由總(通論)到分(學派),由文獻到貫通的結構。全書既有原始文獻資料分類整理,又有孫氏獨得之秘的推闡辨詰,在民國時的諸子著作中,體例是比較特別的。惟後之王蘧常《諸子學派要詮》(1936)略仿其體例,而規模、識見不及之[①]。《諸子學派要詮》的序言正是孫德謙所寫,曰:"今年始見瑗仲此書,為大喜,大體與予《諸子通考》不謀而合。惟瑗仲多及訓詁名物,予則舉大義。"王氏著作1987年由上海書店、中華書局再版,而四卷本《諸子通考》卻一直沒有整理出版,很是讓人惋惜。

---

① 姚永樸《諸子考略》亦是總分結構,然僅僅為文獻收集排列,無隻言片語評述,類似於《諸子通考內外篇》外篇。

《諸子觝異》是孫氏的一部未刊書稿,稿本藏上海圖書館①。全書主要收集先秦諸子相互攻訐、辯難的文字。如首篇録《吕氏春秋·大樂》曰:"世之學者,有非樂者矣,安由出哉? 大樂,君臣、父子、長少之所歡欣而説也。歡欣生於平,平生於道。道也者,視之不見,聽之不聞,不可爲狀。有知不見之見、不聞之聞、無狀之狀者,則幾於知之矣。"後有批注云:"此雜家非墨之言。"因爲墨家有非樂之主張,故孫氏以爲"世之學者,有非樂者矣"當指墨家。第二篇録《吕覽·振亂》曰:"今之世,學者多非乎攻伐。"顯然是針對墨家非攻而言的。第三篇《吕覽·君守》曰:"出於户而知天下,不窺於牖而知天道。其出彌遠者,其知彌少。故博聞之人、強識之士闕矣,事耳目、深思慮之務敗矣,堅白之察、無厚之辯外矣。"孫氏批注曰:"攻名家。"

孫氏將先秦諸家針鋒相對的言論收集於一書,從中既可看出百家争鳴的激烈程度,更可看出百家争鳴雙方的分歧之處。是書提供了豐富的百家争鳴的内容,於諸子研究是有裨益的。惜爲手稿,既無前言,亦無後記,只是一些典籍文段的摘抄,偶爾施以簡略的評語,體系性並不強。且有的地方抄録匆匆而不完整,如對《非十二子》只抄了題目,下批注:"用時檢原書。"抄録《荀子·天論》"慎子有見於後……則群衆不化"一節,下批注:"中段皆指天言,用時檢原書自見。""薄葬"條抄録"宋子見侮不鬥"、"子宋子論情欲",下批注:"《荀子·正論》,三段,文長用時檢閲。"可見此書是孫氏研究諸子學時的資料搜集筆記。

《諸子學講義》,書稿藏於上海圖書館②。此書實際是《諸子通考》第一卷,第一九一頁(此爲原稿標示的頁碼,實際上是稿本的第 1 頁)上題頭"諸子通考"四字中"通考"被畫圈抹去,改作"學講義"三字。另,篇題下的"内篇"亦畫圈抹去。落款之"四益宧叢書"抹去,"元和孫德謙益菴父撰","父撰"二字亦抹去。

《諸子要略》,此書未見。四卷本《諸子通考》自序云:"余之從事於兹歷有年所,始也析其異同已耳,久之而撮其旨意,觀其會同,於是取《漢志》所載爲今所未亡者若《荀》、《吕》諸書,發明其一家之言而究其大義,復爲提挈綱要,别立篇目,作《要略》一書,以附彦和《文心》、知幾《史通》之後。"同時,《諸子通考》卷一《尸子·廣澤篇》後孫德謙案語云:"余撰《諸子要略》,别著《參史》一篇,蓋欲讀其書者,庶幾參觀而互得。"卷二《文心雕龍·諸子》後孫氏案語云:"余之撰《諸子要略》,終之以《正心篇》者。"文震孟《諸子彙函序》後孫氏案語云:"嘗欲撰《要略》一書,挈其綱矩,復匄古人異論而著《諸子通考》矣。"卷三《漢志·諸子略·法家》孫氏案語云:"余於所著《要略》後附立一表,以明淵源之所自。"則孫氏確有《諸子要略》一書,且其中有《參史》、《正心》等篇目。是書體例當略仿《文心雕龍》和《史通》,是對諸子學的理論研究。四卷稿

---

① 上海圖書館版本描述:稿本,杭州葉氏藏,合衆圖書館藏書印;原書尺寸:22.4＊12.5 cm;版框:15.7＊10 cm;版式:緑格白口四周單邊雙魚尾。
② 上海圖書館版本描述:書名與卷數:孫德謙遺稿;作者:孫德謙;題跋者:吴汝綸;印藏:孫德謙;版本:稿本;册數:8 册;原書尺寸:27.6＊16 cm;版框:x cm;附注:稿本大小不一,原稿目録《章氏遺書篇目》二册,實爲一册。其中,書號 763926－933♯3,書名《諸子學講義》,第 191～241 頁。

本《諸子通考》內保存有一份張爾田為孫氏《諸子要略》所寫的序言,云:

> 元和孫君益庵,望古遥集,潛研於茲十餘襈矣。其疏釋閎旨者有《諸子通義》也,其剽剥前賢者有《諸子通考》也。又取《晏子》而下,以一篇之中,提其鉅綱,闡其書大誼,著為《發微略》一編矣。子勝斐然,復成此作。於異同之間,則皦如也;是非之際,則廓如也。昭晰其沉冤,讚美於治道,百氏有知,其亦感遇真識耶!其意奇而確,辨悍而精,前無古人,後無來者,以視子元《史通》,尤為其艱,殆《論衡》之流並與。而其折衷至當,則仲任且不能同語也。誠不朽之盛業哉!昔楊子雲草《太玄》,桓譚稱其必傳。今是書根極理要,彌倫羣言,藏之名山,傳之其人,亦可謂日月不刊者也。振古奇作,自成一子矣。夫諸子自唐以來,其訾謷之者無論已,即有宏覽嗜古者,要不過嗜其文辭耳。宋高似孫作《子略》,非不彼善,於此也其能,若是之義,據通深耶?於乎斯非振古奇作,自成一子者哉?聞之《論衡》未出,蔡中郎獨得之,以為枕中祕笈矣。今有伯喈其人乎?吾知樂乎此者,必將珍為鴻琚也。序於余,三復卒業,不禁歡忻鼓舞。竊歎中壘而降,撮其指歸者,一人已耳。筆而書,願以附名於其後云。泉唐張爾田。

可惜的是,孫德謙的《諸子要略》至今尚未見人披露,尚不知是否還存於天壤之間①。另據上文張爾田《諸子要略》序,孫氏似尚有《諸子通義》,亦不得見。

筆者之所以不厭其煩地介紹孫德謙的諸子學著作,是因為明末清初以來雖然諸子學復興,但多為一子之研究,少有對諸子學學術體系作通盤考慮和研究者,孫氏諸種著作,有心互相支撐,以形成一種體系,因此在民國時的諸子學研究中顯得別有意義。

二、孫德謙的諸子學思想

(一) 試圖建立一個諸子學研究體系

通過以上對孫德謙諸子學著作的介紹,我們可以粗略瞭解孫氏諸子學研究的理路。其研究大體是以諸子學文獻收集為基礎,以諸子學理論闡發為目標,從而構建其自身的諸子學研究體系。從現存著作看,《諸子觝異》、《諸子通考內外篇》均是有關歷代諸子學的資料抄錄,可

---

① 張爾田在《史微·宗經》中曾說:"益葊考證諸子書尚有多種,皆未成,《要略》亦未卒業,成者《通考》三卷,乃近年作也。"1921年胡適在讀到《諸子通考》時也曾說:"《要略》我尚未見,《外篇》亦未見。"見曹伯言編《胡適日記全編》(3),第429頁。是三卷本《諸子通考》刊行時,《諸子要略》未完成。而孫德謙去世後,王蘧常檢其遺稿中,有稱《諸子要略》者。

以推知孫氏在文獻收集上是非常着力的。此種學問之道本是傳統學術方式之一,至近代仍不失為著述體例之一,如姚永樸《諸子考略》亦分總論和分論,總論收《漢書·藝文志》論諸子、《四庫全書提要·子部總序》兩篇文獻,分論則收《管子》、《晏子》等十八家諸子的有關評論、序跋文獻,但作者只是將文獻分類聚攏,其中之源流演變、利弊得失完全靠讀者自己揣摩①。後王蘧常《諸子學派要詮》雖得孫氏贊許,却依然是文獻抄錄體例,只是對文獻進行了注釋,故孫氏稱之為"多訓詁名物"。文獻收集是研究的基礎,但也只是第一步,而不是最終目的。孫德謙有關文獻資料的收集均是手稿,未曾出版,考其本意,似以此為著述的筆記草稿,不足以示人。

孫氏得意的諸子學著作有兩種,一是《諸子通考》,一是《諸子要略》。前者是有關諸子文獻的解讀和闡釋,後者是諸子學的理論闡發。《諸子通考》"剽剥古賢"②,每選諸子學之重要文獻而舉其大義,鉤玄提要,闡微發隱。讀此書,兩千來諸子學派基本文獻和諸子源流得失可了然於心。該書《凡例十三》云:

> 昔人於諸子,為序説者,説部如《考古質疑》,目錄家如《書錄解題》類,不過單就一書而言,為此書外篇之資。若俞樾《諸子平議》,似為統評,仍屬分論,類此頗多。且往往偏重校勘字句,而學術源流則未之及也。其注釋全書者近如王先謙之《荀子集解》等,與王闓運之《墨子注》,孫詒讓之《墨子閒詁》,均有其書。欲求提挈綱要,為之通論者,世不多見。明人之《諸子奇賞》、《諸子彙函》,乃意在選文,則無關宏旨矣也。

孫德謙簡單回顧了歷代研究諸子學的路徑,以為"單就一書"、"分論"者往往偏重校勘字句,不能分析學術源流;而"注釋全書者"亦不能"提挈綱要,為之通論";甚者只論諸子文章,而不講求義理。這些都不是諸子研究的目的,沒有達到孫氏心目中諸子學研究的理想境界。

《諸子要略》書已不存,據張爾田《諸子要略》序,此書仿劉知幾《史通》體例,辨章異同,當是有關諸子學的理論探究。張爾田曾撰《史微》,亦是仿《史通》、《文史通義》例,《史微·凡例》曰:

> 往與吾友孫君益葊同談道廣平,即苦阮氏、王氏所彙刻《經解》瑣屑餖飣,無當宏恉,嗣得章實齋先生《通義》,服膺之,始於周秦學術之流別稍有所窺見……爰悉取六

---

① 姚永樸《諸子考略》自序:"光緒癸卯永樸自山左歸會吾皖,創立高等學堂,武進劉葆良觀察、陽湖惲季申太守白於大吏,俾襄教事。既以御纂《七經綱領》授諸生,乃復匯諸子行事及昔賢序跋與夫評騭之言為《考略》十八篇,分為上下卷,亦欲諸生究其利病得失,稍擴其識,以為異日效用於國之始基云而。"
② 見王蘧常《清故貞士元和孫隘堪先生行狀》所引,轉自《古書讀法略例》附錄。

藝諸子之存於世者，理而董之，仿劉知幾《史通》例，分為內外篇，都十萬餘言。內篇為古人洗冤，為來學去惑，本經立義，比次之學居多；外篇發明天人之故，政教之原，越世高談，論斷之學居多。

《凡例》又云：

> 書中《宗經》等篇皆益葊所説而余推衍之也。

《宗經》後又云：

> 少與吾友孫君益葊談道廣平，同服膺章實齋先生書，析奇獻疑無虛日，其後余治六藝百家之學，益葊則潛擘丙部，曾著《諸子要略》以推究九流流別，其言博切精深，每自媿所業不如益葊之專且久也。《要略》論諸子原於六藝而不繆於孔子，實能發前人所未發。

據此可知，《諸子要略》在體例上應該是模仿劉知幾《史通》、章實齋《文史通義》而和張爾田《史微》差不多，均是有關理論討論的著述，只不過孫德謙討論的是純粹的諸子學理論。

孫德謙以《諸子通考》和《諸子要略》為基幹，試圖建立諸子文獻解讀到諸子理論闡發的諸子學研究體系①，是其深入研究諸子的自覺行為，也使其諸子學研究遠超同時代其他人。

（二）諸子原於六藝而不繆於孔子

班固《漢書・藝文志・諸子略》分諸子為十家，以儒為首，並提出："今異家者各推所長，窮知究慮，以明其指，雖有蔽短，合其要歸，亦六經之支與流裔。"後世學者對此多有疑惑，一則以為諸家各有弊短，何以能出於六經②；一則以為儒家何以不併入六藝略，而僅與諸子並列③。孫氏繼承《漢志》以來提法，以為：

---

① 《諸子通考・凡例六》："故讀諸子書，知其非自撰，惟以究其義理何如可也。此書於作者何人，故不加詳辨，祇期表彰其學術耳。"
② 如王應麟《漢書・藝文志考證》引致堂胡氏曰："曰法則慘刻，曰名則苛繞，曰墨則二本，曰縱橫則妾婦之道，是皆五經之衺也。其歸豈足要乎？儒家者流，因修六藝矣。列儒於九家，而曰：修六藝之術以觀九家之言，則修六藝無所名家，謂誰氏耶何？以言之多舛也。"
③ 如明楊慎曰："班固敘諸子九家，而以儒為首，若以矯司馬氏之失。然以儒與諸家並列，而又別於六經，何也？"

道家合於《易》之嗛嗛，《易》以道陰陽，子韋、鄒衍研深陰陽之理，蓋通於《易》者也。墨家為清廟之守，其尊天事鬼，出於祝宗，非禮官之支與乎？法家之明罰敕法，固以佐禮義之不及，然《春秋》以道名分，則申韓之尊君卑臣，崇上抑下，其得《春秋》之學可知矣。縱橫、小說，一則具專對之才，一則本采風之意，雖不無末流之弊，皆由《詩》教推而衍之者也。班《志》具在，必一切攘斥之以為離經叛道，是烏可哉？①

孫德謙詳細分析了諸子和六藝的關係，指出諸子雖有短處，但均出於經術，非為"五經所棄"，而是六藝之一緒。既然百家同為六藝之支裔，亦當同為孔子所不棄②。由此，孫氏堅決反對將諸子稱為"異端"："後儒屏諸子為異端，而以為離經叛道者，其說不足信矣。"③並提出："無諸子而聖人之經尊，有諸子而聖人之道大。"1928年，胡適讀到孫德謙《諸子通考》，以為孫氏雖有許多獨立的見解，但所謂諸子"其言則無悖於經教"的觀點是全書的"大累"：

但他說"其言則無悖於經教"，似仍未脫儒家的窠臼。他的書受此一個觀念的惡影響真不少！如說："無諸子而聖人之經尊，有諸子而聖人之道大"（《自序》），"無諸子而聖人之經固尊，有諸子而聖人之道益廣"（一，頁12），此皆有所蔽之言。他先存了這個觀念，故必欲說"老子合於《易》之嗛嗛"，陰陽家通於《易》，墨家為禮官之支與，申、韓得《春秋》之學，縱橫、小說皆本《詩》教！此等附會，大足為此書之累。④

但孫德謙並不這樣認為，他在四卷本《凡例九》為自己辯解道：

此書前印本，行世已將二十年，或有見之者，譏其尊經太過。余以為如此貶抑，不足與校也。昔向、歆之編《諸子略》，均取六經為定。其《別錄》、《七略》雖亡，遺說猶存者。如《晏子》云："其書六篇，皆忠諫其君，文章可觀，義理可法，皆合六經之義。"《管子》云："凡《管子》書，務富國安民，道約言要，可以曉合經義。"《列子》云："治身接物，務崇不競，合於六經。"《申子》云："申子之學，號曰刑名。刑名者，循名以責實，其尊君卑臣，崇上抑下，合於六經。"幾每一書，撮其指歸，以經為衡，《漢志》故曰"亦六經之支與流裔"。後之評諸子者，斥其離經畔道，余為力辨之，非僅訶其所好，實以中壘校秘，依經為斷，則余即意在尊經，無足為異也。

---

① 《諸子通考·序》。
② 具體論證可參張爾田《史微·宗經》，此節張氏自稱多為孫德謙觀點的發揮。
③ 《諸子通考·〈莊子·天下篇〉》後案語。
④ 見曹伯言編《胡適日記全編》(3)，第429頁。

孫德謙是民國時的學界老輩,思想上趨於保守,故其尊崇經籍,篤信正史。但仔細體會孫氏努力以諸子附會經學的苦心,所謂"無諸子而聖人之經固尊,有諸子而聖人之道益廣",此説顯然是為了提高諸子的地位。兩千年來諸子地位不高,甚至一度被稱為"異端"而遭到學人的摒棄。孫氏浸淫於傳統學術,歷觀兩千年來諸子的消息變化,對諸子地位不高深感憂慮,故作《諸子通考》,"為古人洗冤辯誣、來學析疑",其中對諸子學的深厚情感和為之奮起爭一席之地的苦心,恐怕不是胡適等從海外留學歸來的學者抑或今天視諸子為傳統文化主流的學界所能體會的。孫氏曾經一次次地"辯解"諸子不是"異端":

> 異端之説,出於孔子聖人之意,蓋謂道非一端,各有所受,不必黨同伐異,互相攻擊也,故曰"攻乎異端,斯害也已"。後人不明此義,以諸子專家之術,拒之儒者之外,概以異端斥之,抑何所見之小哉?夫"吾道一貫",聖人言之,是故老子則往而問禮矣,管子則許其"如仁矣"。儉以從衆,墨氏則受其業矣(自注:《淮南子》:"墨翟受孔子之業")。白而不緇,公孫則傳其學矣(自注:《史記》公孫龍為堅白異同之辨,《索隱》以龍為孔子弟子,《論語》"不曰堅乎,不曰白乎",當其説之所本)。此孔子之大,所以百家騰躍,終入環内者也。乃真氏以墨翟諸家盡目之曰異端①,豈以儒家之道,惟以尊經,而百家皆在所屏乎?不知無諸子,而聖人之經固尊,有諸子而聖人之道益大,又何必巧觚而深排哉?且墨子而下,以其時考之,有前乎莊子者矣,其言盛於此時,則亦非也,何則?《莊子·天下》一篇,蓋詳敍學術之源流耳,非謂異端並起,極一時之盛也。世之儒者,毋拘西山之説而黜諸子為異端,可矣。②

六經本是遠古留存下來的六部經典,在孔子之前即已存在,亦是先秦諸子重要的學習典籍和思想來源③。然自漢以來,學者多以六經為孔子編訂,混六經與孔子之學,甚至儒家之學為一。孫德謙以諸子為專家之學,聖人孔氏乃是"萬世帝王之師表",故獨立於諸家之外,而諸家得六藝之一端,不悖於聖人和經教,故不得稱之為"異端"。孫氏的思路是六經出於聖人孔子,諸子出於六經,故諸子不是異端。顯然,孫氏的認識存在時代的局限性,然其於諸子地位不高的年代如此"曲線"以提高諸子,用心可謂良苦!故胡適不得不稱之:"孫君當時能主張諸子之學之當重視,其識力自可欽佩。"④

(三) 諸子為專家之學

孫德謙諸子學研究的另一核心觀點是諸子為專家之學,其文中反復申述"諸子為專家之

---

① 真氏指真德秀(1178—1235),字景元,號西山。後世稱其西山先生。
② 《諸子通考·王應麟〈漢書·藝文志考證〉》後案語。
③ 參馮天瑜《中華元典精神》第三章、第四章,上海人民出版社1994年版。
④ 見曹伯言編《胡適日記全編》(3),第429頁。

學"、"諸子爲專家之業"、"諸子守其專家"、"自立專家之學"、"諸子專家之業"。所謂"專家",孫氏説:

> 往者三代盛時,學統於官,天下無私師,天下無私書,自周轍既東,王官失守,於是百家蜂作,各習所長。雖互相攻擊,立説或囿於一偏,實則持之有故,言之成理,皆以闡明其宗旨,歸於不相爲謀可矣。所謂專家者,此也!①

"專家"指諸子均是在學術方面有專門研究的人,故而其學雖"囿於一偏",但卻"持之有故,言之成理",均有益於世用者。專家之説是孫氏諸子學研究的基礎,"專"是諸子的特點,故而研究諸子,必以此爲出發點,其他諸種研究均當以此爲綱領。孫氏的"專家"之學包括以下綱目。

1. 明家數

孫氏提出:"夫諸子爲專家之學,故讀其書者,所貴首辨其家數,乃能得通其旨意;否則尊之則附於儒,卑之則曰是異端耳,是異端耳,尚足通其學乎?"②"諸子自有宋以來,不屏爲異端,即强附於儒,能辨其家數者,實所罕睹。余以諸子爲專家之學,最要者爲家數,蓋家數明而後宗旨乃可考……故治子學者,當取《漢志》載在何家者,奉爲依歸,而此書於家數,亦言之甚詳。彼屏爲異端,或强附於儒者,先不能識其家數,不足與語也。學者注意於家數也可矣。"③

孫氏所謂辨家數,包括三個方面的内容:一是辨識何謂諸子;二是辨識諸子學派間的區別;三是辨識學派内部的區別。至於什麽是諸子,歷來學者看法不盡一致。如劉勰説:"諸子者,入道見志之書。"《四庫全書總目提要》:"自六經以外立説者,皆子書也。"孫氏學問得力於劉向、劉歆父子目録之學,故其對於諸子的探究更多是從目録分類上來作區分,即哪些部類書籍應該歸屬子部。民國時,經學瓦解,對於《論語》《孟子》是否應該入子部,孫氏的回答是否定的。

> 《漢·藝文志》儒家:"宗師仲尼,以重其言。"吾嘗據此二句,以征儒家奉孔子爲宗師,而孔子非即儒家……凡儒、道、名、墨,皆是專家之學,孔子則無所不包,此所以爲生民未有之聖也。孔子師表萬世,爲中國教化之主,若只是儒家,亦小矣。嘗譬之,孔子,君道也;諸子百家,猶百官也。④

---

① 《諸子通考序》。
② 孫德謙《古書讀法略例》,第88頁。
③ 《諸子通考·凡例四》。
④ 孫德謙《古書讀法略例》,第113頁。

孫氏以為《論語》、《孟子》不當入子部，固然是出於對《漢志》的篤信，更是其尊經思想所致。孫氏是民國時期尊孔讀經的重要代表。1912年，梁鼎芬、沈曾植等創孔教會，發起征文，孫德謙作《孔教大一統論》以應，為時所稱。在經學上孫氏趨於保守，固步自封。然於後世頗有爭議的兵、醫諸書是否應該列入子部，孫氏的看法則顯得比較含糊，不像對待孔子這般堅決。一方面，他認為《漢志·諸子略》不列兵家、數術、方技有其合理性："隋唐而後，經史子集四部既定，編目者奉以為不祧之祖。所有兵、醫諸書，概入子部，而《漢志》兵家、數術、方技此三略者，本別列諸子之後，今則盡歸於子矣。然班氏依仿《七略》，當日向、歆父子分別部居，不相雜廁者，蓋必有其說。余始焉求之而不得，久之讀《隋志》而達其旨矣。《志》曰：'儒道小說，聖人之教也，而有所偏。兵及醫方，聖人之政也，所施各異。'"①聖人之學有政、教有分，故而兵家、數術、方技不應列入諸子。另一方面，在四卷本《諸子通考》中，孫氏卻取《漢志·兵書略》、《隋志·兵者》、《崇文總目·兵家原敘》、《國史·經籍志·兵家》四篇文獻，並分別下有案語，當是以之為諸子之一家②。而在《諸子通考內外篇》卷六中，又收有《素問》、《靈樞經》、《難經》等醫學著作的評語、序跋，似乎孫氏對此猶豫不決。

諸子學派間的區別，自諸子百家產生以來，諸子間互相辯難、攻訐，區別一目了然，所謂"墨子貴兼，孔子貴公，皇子貴衷，田子貴均，列子貴虛，料子貴別囿"（《尸子·廣澤》）是也，孫氏曾撰專書《諸子觗異》研究此問題。同時，學派內部亦有分裂，所謂"儒分為八"、"墨分為三"是也。孫氏在《諸子通考·〈史記·老莊申韓列傳〉》後案語曰："今夫諸子之學有異而同者，觀於老莊四子合之一傳可見矣。然以吾考之，不特百家異術，即一家之內亦有派別，何也？俱為一家，蓋又有同而異者在焉。"學派之間和學派內部異同，孫氏均有相關論述。稍有諸子學知識的人亦能明瞭，故在此不贅。

辨明家數，為的是更好地探究學派宗旨，故孫氏曰："夫讀古人書，須考其立言宗旨。""諸子本一家之學，而其立言，則各有一家之宗旨。"孫氏認為，諸子每家均有其獨特的思想，此是一個學派獨特思想標記，循此我們就可以輕易判斷其學派歸宿。如儒家："余於儒家又知其重學，《荀子》首篇名曰《勸學》，其後揚子《法言》則曰《學行》，王符《潛夫論》則曰《治學》，徐幹《中論》則曰《贊學》，可見凡為儒家，無不重學。"至於墨家的十大綱領，法家的法、術、勢，則早已為學人熟知了③。

2. 觀會通

所謂辨家數、探宗旨是為了辨析諸子之異，凸顯其"專"，實際上諸子之間亦有相通之處。所謂會通，就是指諸子之間在學術上有相通的地方。《漢書·藝文志·諸子略》就曾指出諸子百家"其言雖殊，辟猶水火相滅亦相生也。仁至於義，敬之與和，相反而皆相成也"。孫德謙對

---

① 孫德謙《古書讀法略例》，第21~22頁。
② 孫德謙《諸子通考·凡例二》亦云："故今於《諸子略》外，兼及兵家。"可知孫氏是有意以兵家入諸子。
③ 孫氏在《古書讀法略例》中有專篇"讀書宜辯家數例"、"讀書宜辯宗旨例"，可參看。

《漢志》是篤信的,故其指出諸子百家亦有相通之理:

> 諸子固各有其派別,"天下同歸而殊塗"是也。又有各崇所長以明其指,而其道則又無不合。或曰:敢請其説。曰:法家之商鞅以重農為務,其書有《墾草令》,劉向《別錄》云《神農》二十篇,商君所説則通於農家者也。韓非子者,亦法家也,而有《解老》、《喻老》二篇,《史記》列傳謂其"原道德之意",則通於道家者也。若尹文、慎到非一為名家,一為法家乎?觀於斯篇,尹文之"不累於俗,不飾於物,不苟於人,不忮於衆",則與小説家之宋鈃其道相同。慎到之"不顧於慮,不謀於知,於物無擇,與之俱往",則與兵家之彭蒙、道家之田駢,又可以相提而並論。由是言之,諸子雖各異其家,實有相通之理也。是故治諸子者,於異同分合之間,苟不能真知而灼見,讀其書必將扞格而不入矣。①

早在孫德謙之前,已經有許多學者指出諸子之間可以相通,如江瑔《讀子卮言》列有"論諸子百家之相通"章,指出:"百家九流之繁雜,而其學術本無不相通也。"梁啟超《論中國學術思想變遷之大勢》第三章《全盛時代》指出:"諸派之初起,皆各樹一幟,不相雜廁;及其末流,則互相辯論,互相薰染,往往與其初祖之學説相出入,而旁采他派之所長以修補之。"②可見,諸子思想中有互通的成分,早已為學者所熟知。但如何看待和處理這個問題,卻讓學者頗為頭疼,因為它往往涉及書籍的學派歸屬問題。如《晏子春秋》,《漢書·藝文志》列為儒家之首,而唐代柳宗元卻以為當屬墨家③,原因就是該書中有些記載頗同於墨家主張,二者可以會通。孫德謙堅決反對以《晏子春秋》入墨家:

> 余嘗謂儒家有晏子,方不與後儒空談經濟者可同年而語。且其書言禮者為多,正儒家之遊文六經也。即有"尚同"諸説,如柳宗元以為此書出《墨子》之後,未嘗無見。然諫上云:"莊公奮乎勇力,不顧於行義。勇力之士,無忌於國,貴戚不薦善,逼邇不引過,故晏子見公。公曰:'古者亦有徒以勇力立於世者乎?'晏子對曰:'嬰聞之,輕死以行禮謂之勇,誅暴不避強謂之力。故勇力之立也,以行其禮義也。'"則其開宗明義,用禮義黜勇力,直即孟子之對梁惠王,以仁義鬭利也,若是晏子猶非儒家乎哉?劉向《敍錄》云:"文章可觀,義理可法,皆合六經之義。"然則晏子之於儒家,惟

---

① 《諸子通考·〈莊子·天下篇〉》後案語。
② 梁啟超《論中國學術思想變遷之大勢》,上海世紀出版集團2006年版,第26頁。
③ 柳宗元《辯晏子春秋》云:"吾疑其墨子之徒有齊人者為之。墨好儉,晏子以儉名於世,故墨子之徒尊著其事,以增高為己術者。且其旨多尚同、兼愛、非樂、節用、非厚葬久喪者,是皆出《墨子》。又非孔子,好言鬼事,非儒、明鬼,又出《墨子》……後之錄諸子書者,宜列之墨家。非晏子為墨也,為是書者墨之道也。"

其合於六經，故列儒家可矣。至詆毀孔子語，《敍錄》又云"又有頗不合經術，似非晏子言，疑後世辯士所為者"，則劉向明言非出晏子矣。墨子非儒，晏子身為儒家，且為孔子所嚴事，其肯毀我孔子與？即有時涉及尚同、兼愛諸義，似近墨家，在晏子不過隨事進諫而已，豈如《墨子》本其宗旨，思以救世者哉？柳氏並見書中屢稱墨子聞其道，則謂齊之墨者所作，若更無可疑義者也。不知引仲尼者，亦時有之，安知必出墨學，取以增高為己術者耶？自《文獻通考》始從柳氏之說，次之墨家。而焦氏亦附著此篇，並非儒家為榮，入之墨家則為辱，然家數則由此亂矣。夫諸子為專家之學，所貴首辨者家數也。以晏子之為儒家，必易而著錄墨家，此家學之所以不明耳。①

孫氏理由有二，一是《晏子春秋》的宗旨是"用禮義黜勇力"，符合儒家講求禮儀的基本精神，其二是書中雖有與墨家會通者，"有時涉及尚同、兼愛諸義，似近墨家，在晏子不過隨事進諫而已，豈如《墨子》本其宗旨，思以救世者哉"，這不是全書的基本思想，而只是用例而已。由此可見，在諸子同異之辨中，孫德謙更注重諸子的"異"，這也是他反復提倡以諸子為專家之學的重要原因：

讀書當觀會通，諸子自有相通之理。《韓非子》書中有《解老》、《喻老》二篇，則以法家而通於道家矣。《商君書》有《農戰篇》，則又以法家而通於兵農矣。似可不必過為之分析。然《論衡》有言："志雖合，合中有離。"治諸子者，貴在離而二之，不得混合為一。蓋諸子專家之學，苟求其合，不知求其離，無以窺書之真。此書於諸子分合異同，最為注意。誠以諸子自成一家言，不難於合而難於離。何謂離，如讀《鄧析子》，不可以其有涉於法，遂合名於法家。讀《淮南子》，不可以其稍偏於道，遂合雜於道家。如此方名為名，雜為雜，乃可與言家學（自注：此與家數條可參看）。②

3. 戒附會

諸子學派之間可以會通，學者卻又要謹慎於會通，那麼學派之外呢，即諸子與其他學科關係如何？孫德謙認為要戒附會：

讀書最戒附會，一有附會，則失其真。治諸子者，其始附會於佛老，近世則附會於格致。甚至《墨子》有《天志篇》，則附會天主之教，有《尚同篇》，又附會於大同之義。夫諸子為專家學術，各有其真面目。乃以附會出之，即如《墨子》兼愛之旨，自末流不知別親疏，已成無父之弊，是直未明其真理所在耳。此書則務求其真，絕不稍加

---

① 《諸子通考·焦竑〈國史經籍志·墨家〉》後案語。
② 孫德謙《諸子通考·凡例十》。

附會。世之為子學者，認定其家數，為儒為道，為名為法，深究其宗旨，而毋雜以附會之見，則諸子之真，乃有所得也。①

所謂"其始附會於佛老"，如張湛《列子序》稱："然所明，往往與佛經相參，大歸同於老莊。"《四庫全書總目·墨子》："佛氏之教，其清净取諸老，其慈悲則取諸墨。"1918年，胡適出版《中國哲學史大綱》，在前言中胡適稱："到章太炎方才於校勘訓詁的諸子學之外，别出一種有條理系統的諸子學。……正因太炎精於佛學，先有佛家之因明學、心理學、純粹哲學，為比較印證之資，故能融會貫通。於墨翟、莊周、惠施、荀卿的學說裏面，尋出一個條理系統。"②孫德謙所謂"治諸子者附會於佛老"，似乎也有點為章太炎而發的意味③。

格致，是清末對物理、化學等自然科學的統稱。鄭觀應《盛世危言·教養》："故西人廣求格致，以為教養之方。"章炳麟《論承用"維新"二字之荒謬》："其最可嗤鄙者，則有'格致'二字。格致者何？日本所謂物理學也。"魯迅《〈呐喊〉自序》："在這學堂裏，我才知道世上還有所謂格致、算學、地理、歷史、繪圖和體操。"其實就是西學。西方學說進入中國後，一部分學人惶恐無據，轉而以中國傳統學術名詞、術語甚至思想附會。在此境遇下，"孔子成了最時髦的共產主義者，又成了新大陸挽近的行為派的心理學家"，或"以愛因斯坦的'相對論'解釋《老子》"。當時羅根澤亦正在研究諸子學，並擬有宏大的研究計劃，面對諸子學的過度依傍西學，欲撰寫《由西洋哲學鐵蹄下救出中國哲學》一文，以揭穿這種中國哲學家披上西洋外衣的中貨西裝的把戲④。

在表面無限風光的諸子研究興盛背後，是不得不套用、依傍西學而邯鄲學步，是學術日益為西學所劫持，是中國學術話語權的漸漸喪失，最終卻造成傳統斷裂。孫氏以為研究諸子學當"戒附會"，可謂一語切中時弊。

三、孫德謙諸子學研究的意義

諸子之學，本是中華文化多元時代最具創造性和生命力的學說。然經秦始皇"焚書坑儒"，"天下敢有藏詩、書、百家語者，悉詣守、尉雜燒之"，漢武帝時又"罷黜百家，獨尊儒術"，諸子之學衰微。兩千年來，雖幾經沉浮，始終無法和經學抗衡。明末傅山倡導"經子不分"，提出"有子而後有作經者也"（《雜記三》），並且積極評注《老》、《莊》、《墨》、《荀》、《淮南》等，開近代

---

① 《諸子通考·凡例十二》。
② 姜義華主編《胡適學術文集·中國哲學史》上册《中國哲學史大綱導言》，中華書局1991年版，第27頁。
③ 《諸子通考》三卷本無《凡例》，四卷本有，故孫氏寫《凡例》時，胡適《中國哲學史大綱》早已出版。
④ 見《古史辨》第七册前序。

諸子研究之先聲。清代文禍屢起，文人埋頭學術以求保身，遂札堆故紙，提倡樸學，集中對周秦漢魏典籍加以考訂輯校，補苴修葺。學人面對經、史、子、集，一視同仁，均以之為研究的材料，無形中將諸子置於與經學同等的地位，大大促進了子學的復興。然清儒所長也僅僅在名物訓詁，考據之事常常以章句為能事，而不能通一書之要旨、一人之學說。如果以文獻整理為終極目的，就此停步不前，無疑失掉了諸子"明道見志"的本真。民國時劉咸炘說：

> 治諸子之工有三步：第一步曰考校。考真偽，釐偏卷，正文字，通句讀，此資校讎學、文字學。第二步曰專究。各別研求，明宗旨，貫本末。第三步曰通論。綜合比較，立中觀，考源流。明以前人因鄙棄諸子，不肯作一二兩步，而遂作第三步，故多粗疏概斷割裂牽混之習。近百年人乃作第一步而局於守文，於二三步又太疏。最近數年中始多作第二步者，然誤於尚異，於第三步則未足。①

可見以文獻整理為學術終點之風至民國時尚未熄滅。孫德謙本治經學，受過嚴格的樸學訓練，年輕時，"喜高郵父子之學，兼及聲音訓詁，讀許君書，得其所謂小學者、達神旨者而好之"；後來，以為"經學不能通知大誼，高郵徒屑屑於章句故訓"，轉而"去經而治子"：

> 凡先秦諸子之書，罔不輒察肌理，疏紗茜比，必蘄於至嗛爾無蔽。於清儒獨契章實齋言，習於流略，遂於《漢志》發悟創通。章氏嚴於體例，而先生則勾索質驗，貫殊析同，直欲駕而上之矣。又歎世之講板本者，得宋、元以矜奇閟，而於書之義理則非所知，以為劉氏向、歆之所長只此，環環辯訂於字句之間，未能條其篇目，撮其指歸，於是又治向、歆父子之學。蓋生平得力在周、秦名家之術，於一切學問異同，咸思礉實以求其真，其後雖屢進而益深，皆植基於此矣。②

孫氏正是在劉咸炘所謂時人不肯作第二步、第三步的時代，探究諸子文本義理而作《諸子要略》，辨析諸子學派異同而作《諸子通考》。孫氏學問以小學為基礎，卻能擺脫清儒局限，更作"第二步"、"第三步"，其眼光和魄力自非同時代人可以比擬！

當然，清末以來，擺脫清儒窠臼，以為傳統諸子學多感悟式議論、離散式研究而欲另闢蹊徑研究諸子學，試圖建立起一有體系的諸子學者，不乏其人。按照胡適的說法，"到章太炎方才於校勘訓詁的諸子學之外，別出一種有條理系統的諸子學"，其後胡適、馮友蘭等均欲為諸子學建立系統。章氏以佛學系統比附諸子學，建立系統，尚在中國學術體系內，因為佛學自漢

---

① 《劉咸炘學術論集・子學編上・子疏先講》，廣西師範大學出版社 2007 年版，第 5 頁。
② 《古書讀法略例自序》："余性好讀書，於學則無所不窺，弱年而後，始則致力於經，小學能略識聲音訓詁，於向、歆流略，又嘗搜輯成編，久之研治諸子，以為顓門之業。"

代傳入中國,早已中國化,成為中國傳統文化一部分。而胡適、馮友蘭卻從西方學術中尋求系統,以此來比附中國傳統諸子學。蔡元培為胡適《中國哲學史大綱》作序曾説:"我們要變成系統,古人的著作没有可依傍的,不能不依傍西洋人的哲學史。"其後,馮友蘭《中國哲學史》説:"哲學本一西洋名詞,今欲將中國哲學史,其主要工作之一,即就中國歷史上各種學問中,將其可以西洋所謂哲學名之者,選出而敍述之。"將兩種不同文化背景下的學術體系強拉在一起,必然有削足適履之嫌。如果將孫德謙的諸子學研究放在民國時諸子學體系建立過度依傍西學的困境來看,更是别有一番意義。

孫德謙的諸子學研究首先來源於其深厚的朴學素養,其次來源於他理論上的自覺。孫氏以章句之學不能通大義,轉而進行諸子義理的研究。值得注意的是,孫氏的諸子學體系,是建立在對傳統學術繼承與發展的基礎上。他從劉向、劉歆整理文獻,"條其篇目,撮其指歸",而悟得讀書學問之大義;又深究名家之學,以之為方法,辨析諸子學派異同;更仿唐人劉知幾《史通》、清儒章學誠《文史通義》創諸子研究體例。孫氏當民國考據之風和西學之風日熾之時,以文獻考據為基礎,不傍西學,從傳統學術中獨立理出一套諸子學體系,其意義就不僅僅在於諸子學研究了。可惜的是,今天由於主流學術史描述和教育體制普遍西化等原因,學界更傾向章太炎、胡適、梁啟超、馮友蘭一線的諸子學研究,而對民國間老輩學者的諸子學研究關注極少①。章太炎的諸子學研究來自佛學附會,胡適、梁啟超、馮友蘭來自西學體系,而孫德謙的諸子學研究卻源自中國傳統學術,以文獻學為基礎,從文本和歷代史《志》、目録序録之間引申和差異來探尋諸子的源流衍變,面貌迥異諸人而獨得傳統學術之緒。

同時,孫德謙的諸子學研究也不僅僅是為了學術討論,其在《諸子通考·〈史記·孟荀列傳〉》後曰:"余之表章諸子也,蓋以百家學術皆以救時為主,世之亂也,則當取而用之耳。"晚清以來,國事飄摇,學人痛心,孫氏以為"六經為治世學術,諸子為亂世學術,使時至衰亂,不取諸子救時之略,先為之扶濟傾危,鏗鏗焉以經説行之,非但不見信從,甚將為人訕笑矣。"②甚至認為:"吾謂今之為使臣者,果具專對之才,以與列國締歡而隱消其禍亂,則儀、秦之口舌立功,洵持急扶傾之道也,而又可鄙夷之乎?"③諸子學本就是先哲們為社會創痛開出的藥方,歷來就和時代緊密聯繫在一起。國事多艱,孫德謙在當時提倡諸子學,含有救國救時之意,絶非老學究發思古之幽情而已。

張舜徽曾給有志國學的學生開列一部《初學求書簡目》,在"百家言"部分諸子原著後面還列了四部近人的諸子研究著作,即江瑔《讀子卮言》、孫德謙《諸子通考》、姚永樸《諸子考略》、羅焌《諸子學述》,並提示了諸子讀法:"初學涉覽及之,可於諸子源流得失、學説宗旨,憭然於心,而後有以辨其高下真偽。再取今人所編哲學史、思想史之類觀之,庶乎於百家之言,有以

---

① 參桑兵《民國學界的老輩》,《歷史研究》2005 年第 6 期。
② 《諸子通考·〈漢書·藝文志〉》後案語。
③ 《諸子通考·〈史記·孟荀列傳〉》後案語。

窺其旨要也。"由諸子文本到民國老輩學人的諸子學著作,進而時人所編哲學史、思想史,張先生所列三步為研究諸子學的三個進階。今天,學界日益意識到胡適、梁啟超、馮友蘭的諸子學研究對西學體系過度依傍的弊端,而民國老輩學人的諸子學研究的經驗教訓似乎能夠給我們一些新的啟發,這也是我們重提孫德謙諸子學研究的原因。

【補充說明】

此稿完成後,得見張京華《孫德謙及其諸子學》,刊《湖南農業大學學報》(社會科學版) 2012年第5期,文中提到孫氏諸子學著作還有《諸子概論講義》。此書國內幾大圖書館如國家圖書館、上海圖書館均未見收藏,惟互聯網上孔夫子舊書店曾售出兩本。書封面題元和孫德謙著,落款為"商務印書館函授學校國學科"。據張氏介紹,該書為一本薄薄的小冊子,分《諸子須辨明家數》、《諸子各有其宗旨》、《諸子之流派》、《諸子之寓言》、《諸子本書及末流之失》等七章。

[作者簡介] 陳志平(1976—),男,湖北黄岡人。文學博士、博士後,現為湖北黄岡師範學院文學院副教授,主要從事魏晉南北朝諸子學研究,著作有《劉子研究》,並已發表相關論文二十餘篇。

"新子學"構想

方 勇

[提要] 子學產生於文明勃興的"軸心時代",是以老子、孔子等為代表的諸子百家汲取王官之學精華,結合時代新因素創造出來的新學術。自誕生以來,子學便如同鮮活的生命體,在與社會現實的不斷交互中自我發展。當下,它正再一次與社會現實強力交融,呈現出全新的生命形態"新子學"。"新子學"是子學自身發展的必然產物,也是我們在把握其發展規律與時機後,對其做的進一步開掘。它將堅實地繫根於傳統文化的沃土,建立起屬於自己的概念與學術體系,以更加獨立的姿態坦然面對西學。同時,它也將成為促進"國學"進一步發展的主導力量,並為加快傳統思想資源的創造性轉化,實現民族文化的新變革、新發展,為中國之崛起貢獻出應有的力量。

2012年4月,在上海召開的由華東師範大學先秦諸子研究中心舉辦的"先秦諸子暨《子藏》學術研討會"上,我們提出了"全面復興諸子學"的口號。然而諸子學如何全面復興,及其在中華民族文化偉大復興中應承擔什麼樣的責任,仍值得探究。在此,我想以"新子學"來概括對這些問題的思考。"新子學"概念的提出,根植於我們正在運作的《子藏》項目,是其轉向子學義理研究領域合乎邏輯的自然延伸,更是建立在我們深觀中西文化發展演變消息之後,對子學研究未來發展方向的慎重選擇和前瞻性思考。

子學的產生發展與"新子學"

商周以來的傳統知識系統,實可分為兩大部分:一為王官之學,它是以周公為代表的西周文化精英,承上古知識系統並加以創造發明的禮樂祭祀文化,經後人加工整理所形成的譜系較為完備的"六經"系統;一為諸子之學,它是以老子、孔子等為代表的諸子百家汲取王官之學的思想精華,並結合新的時代因素獨立創造出來的子學系統。"六經"系統包含了中華學術最古老、最核心的政治智慧,因而在歷朝歷代均受到重視,西漢以降一直被尊為中華文化的主流思想而傳承至今。子學系統則代表了中華文化最具創造力的部分,是個體智慧創造性地吸收王官之學的思想精華後,對宇宙、社會、人生的深邃思考和睿智回答,是在哲學、美學、政治、經濟、軍事、教育、技術等諸多領域多維度、多層次的深入展開。比起經學系統,子學系統在傳統觀念中的地位雖有不如,但其重要性卻絲毫不見遜色。它們共同構成中華文化的兩翼,為東方文明的薪火相傳奠定了深厚的思想基礎。

諸子之學的興起,緣自先秦時期日益加深的社會危機。春秋禮樂秩序的全面崩潰,導致了王官文化體制的解體,其劇烈程度與重要性絶不亞於殷周鼎革之際的社會文化變革。而王官文化體制的解體,又引起了文化重心的迅速下移,士階層由此分化為文士與武士兩類。文士中之佼佼者,為尋找社會病因,療救世人創痛,紛紛興辦私學、著書立説,從而出現了儒、墨、道、法、名、陰陽等諸多思想流派"百家争鳴"的空前盛況。"百家",説明當時人才之興盛、思想之活躍;"争鳴",意味着學術批評的自由、學術思想的獨立。馮友蘭即認為:"在中國哲學史各時期中,哲學家派别之衆,其所討論問題之多,範圍之廣,及其研究興趣之濃厚,氣象之蓬勃,皆以子學時代為第一。"(《中國哲學史》)

子學的活力,不僅在於它對王官之學的創造性繼承,更在於其"入道見志"(《文心雕龍·諸子》)的思想載體與其理念自身所具有的生生不息的開放性特徵。早在春秋戰國之際,在汲取王官之學思想精華的基礎上,就誕生了第一代子學原典《老子》、《論語》、《墨子》。而到了戰國中後期,在不斷修編、詮釋、發揮和吸收經學文本與子學原典的基礎上,產生了更多學術文本,由此形成了第二代子學原典,如《孟子》、《莊子》、《荀子》、《韓非子》、《吕氏春秋》、黄帝書等等。降至漢代,以陸賈、賈誼、劉安、楊雄等人著作為代表的第三代子學原典也相繼產生。魏晉以後,在詮釋、發揮和吸收經學文本與子學文本並自我解構的基礎上,依從文化學術本身的開放性、變革性本質,諸子學不斷汲取外來學説,又陸續產生了以何晏、王弼、周敦頤、二程、朱熹、陸九淵、王守仁等人學説為代表的諸代子學(或準子學)著作。晚明時期,隨着個性解放浪潮的逐漸掀起,子學又得到了一次新發展。明清之際,傅山積極倡導"經子不分",並用心研究《老子》、《管子》、《墨子》、《公孫龍子》、《鬼谷子》、《商君書》等子書,成了近代子學的先聲。至清代考據之學興起,學者們更是主張經子平等、經子互證,諸如盧文弨、畢沅、王謨、王念孫、孫星衍、嚴可均、洪頤煊、阮元、顧廣圻、魏源、馬國翰、俞樾、戴望、孫詒讓、曹耀湘、王先謙、郭慶藩等人,皆為子學研究作出了貢獻,子學遂足與經學分庭抗禮。同時,"西學"的引入也為子學添加了諸多新的理論與方法。而在"五四"之後,子學又在新的社會條件下迸發出強勁的活力,為自身增添了諸多新内容。

從歷史中走來的子學,其靈活多樣的方式、鮮活的思想内容,總與豐富多彩的現實世界保持着交互相通的關係。以子學的思維方式為例,墨子不滿儒家而另創墨家,莊子無所不窺而恢宏道家,孟子創性善、荀子主性惡,諸子皆不依傍、不苟且,重獨得之秘,立原創之見,倡導精神上的獨立與自由。百家争鳴,相互觝異,而多以天下安危為己任,不迷信,不權威,多元而有序地自覺發展。思想内容方面,儒家以"仁"為本,積極入世,在現實世界中尋求理想,"朝聞道,夕死可矣";墨家尚賢,倡導兼愛節儉,刻苦自礪;道家於紛繁世界之外"清虛自守"、"澡雪精神"。這些都是諸子學中歷久彌新的遺珍。過去,它曾不斷催生人們的新思維,鼓舞激勵着歷代仁人志士;而今,在我國改革開放逐步推進、國家實力持續提升、全球化意識不斷增強而國人對子學進一步發展的意願越來越強烈的大背景之下,子學正再一次與當下社會現實強力交融,律動出全新的生命形態——"新子學"!

"新子學"是子學自身發展的必然產物,也是我們在把握其發展的必然規律與時機後,對它所做的進一步開掘。在此階段,我們重新反思並明確子學的本質及其歷史面貌。所謂子學之"子"並非傳統目錄學"經、史、子、集"之"子",而應是思想史"諸子百家"之"子"。具體內容上,則應嚴格區分諸子與方技,前者側重思想,後者重在技巧,故天文算法、術數、藝術、譜錄均不在子學之列。由此出發,我們結合歷史經驗與當下新理念,加強諸子學資料的收集整理,將散落在序跋、目錄、筆記、史籍、文集等不同地方的資料,辨別整合、聚沙成塔;同時,深入開展諸子文本的整理工作,包括對原有諸子校勘、注釋、輯佚、輯評等的進一步梳理;最終,則以這些豐富的歷史材料為基礎,綴合成完整的諸子學演進鏈條,清理出清晰的諸子學發展脈絡。依據子學發展完整性,再進一步驗證晚清民國以來將《論語》、《孟子》等著作"離經還子"的觀點,復先秦百家爭鳴、諸子平等之本來面貌,並重新連接秦漢以後子學的新發展。

當子學的歷史發展得以完整呈現後,其固有概念則自然而然地衝破以往陳見的束縛,重新確立起兼具歷史客觀性與現時創新性的概念。這本身也符合我國主要學術概念源於自身學術傳統的訴求。子學根植於中國文化土壤,其學術理念、思維方式等皆與民族文化精神、語文生態密切相關。對相關學術概念、範疇和體系的建構,本應從中國學術自身的發展實踐中總結、概括、提煉而來。"新子學"即是此理念的實踐。如在思維方式上,諸子百家重智慧,講徹悟,不拘泥於具象,不執着於分析。表述形式上,或對話,或隨筆,或注疏,不拘一格,各唱風流。這些都是存在於特定歷史階段的思維方式和話語風格,本不與西方乃至中國當前的思維話語相類。而在子學內部,"老聃貴柔,孔子貴仁,墨翟貴廉,關尹貴清,子列子貴虛,陳駢貴齊,陽生貴己,孫臏貴勢,王廖貴先,兒良貴後"(《呂氏春秋·不二》),本各具特點。且老子所謂"法自然"、莊子所謂"法天"、孟子所謂"事天"、荀子所謂"參於天地",多從人生行為修養而言,並不重在探知宇宙,不可簡單引西哲所謂宇宙論、本體論強加比附。"新子學"自覺認知此點,從客觀歷史出發,在辨證之下對其進行繼承發展,以促進其更好地完成現代化轉型,實現合乎歷史發展規律的新進化。

要而言之,子學其自產生以來,憑藉其開放性、生命力與進化勢頭,形成了不斷詮釋舊子學原典、吸收經學文本精華和創造新子學原典的傳統,並在歷史進程中,始終保持着學術與社會現實的良性互動,進而促成其自身的不斷發展。而"新子學"正是子學自身發展的歷史性產物,同時,也是我們結合當前社會現實,對子學研究所作出的主動發展。

"新子學"將紮根傳統文化沃土，以獨立的姿態坦然面對西學

自晚清國門大開，西方文明對我國的影響漸漸由器物層面轉到學術層面上。子學研究在西學的影響下實際已走上了兩條不同的發展路徑，也取得了不同的成果。

一方面，受西方"賽先生"的影響，"五四"時期的學者提出以"科學方法整理國故"的口號，提倡把西方科學主義精神與中國傳統考據之學結合起來，用科學的方法重新梳理中國傳統文獻材料，使之在新的時代條件下呈現出新的意義，子學文獻的整理與研究也因此獲得了新的生命，不但研究方法更為精密科學，涉及範圍也更趨廣泛。據統計，1911年至1949年間，有關諸子學的考證、校釋、注譯、彙編、引得等著作已超過二百種，諸子學的發展出現了一個小高潮。近幾十年來，子學著作整理也表現出強勁的發展勢頭。中華書局一直致力於《新編諸子集成》叢書的編輯出版，近幾年又陸續出版《新編諸子集成續編》；四川人民出版社也相繼推出《諸子集成補編》、《諸子集成新編》、《諸子集成續編》等叢書，收集歷代子部著作600餘種。臺灣嚴靈峰曾先後編纂《無求備齋諸子集成》系列，相繼影印海内外所藏諸子著作千餘種。2010年起，華東師範大學先秦諸子研究中心編纂並陸續推出《子藏》系列，預計以十載之功，整理影印歷代子學著作5 000餘部，打造出一座取之不盡、用之不竭的子學研究資料寶庫。現首批成果《子藏·道家部·莊子卷》已面世，《鶡子卷》、《關尹子卷》、《文子卷》、《鶡冠子卷》、《子華子卷》、《列子卷》等也正在出版中。《子藏》工程的啟動，標誌着諸子資料的收集和文本的整理迎來了一個前所未有的高峰，也意味着以文獻整理為主要工作的傳統子學將走向終結，子學轉型已是勢在必行。

另一方面，西方的人文主義精神刺激了諸子學由"考據"到"義理"的轉變，子學文本從考據的材料變成了研究對象，思想研究逐步深入。西方的人文主義傳統是在其自身文化土壤中生長出來的，有着與中國文化傳統截然不同的氣質和體系。要想將這樣兩種存在巨大差異的文化融合在一起，其難度可想而知。梁啟超、章太炎等是最早嘗試運用西方近代學術方法以闡發諸子義理的一批學者，他們試圖依靠精湛的國學功底建立起一定的研究體系，但因其依傍西學體系而立，以致在後來的發展中，學者多以西學為普世規範和價值，按照西方思維、邏輯和知識體系來闡釋諸子。如胡適《中國哲學史大綱》曾風行一時，卻"不能不依傍西洋人的哲學史"。馮友蘭《中國哲學史》也説："哲學本一西洋名詞，今欲講中國哲學史，其主要工作之一，即就中國歷史上各種學問中，將其可以西洋所謂哲學名之者，選出而敍述之。"在此境遇下，"孔子成了最時髦的共產主義者，又成了新大陸挽近的行為派的心理學家"，或"以愛因斯坦的'相對論'解釋《老子》"。至於以格致論公輸之巧技、平等比墨子之兼愛，或以孔學效耶教，《淮南》列電力者，更是不一而足。結果是使子學漸漸失去理論自覺，淪為西學理念或依其

理念構建的思想史、哲學史的"附庸":既缺乏明確的概念、範疇,又未能建立起自身的理論體系,也没有發展成一門獨立的學科,唯其文本化爲思想史、哲學史的教學與寫作素材。因而當時羅根澤就想撰寫《由西洋哲學鐵蹄下救出中國哲學》一文,以揭穿這種中國哲學家披上西洋外衣的把戲(見《古史辨》第七册羅根澤前序)。

新中國建立初期,我國經濟學體系、學術話語體系等,大都照搬蘇聯模式,對子學的發展造成了一定的負面影響。十年動亂結束後,我國實施了改革開放政策,打開國門後,人們有機會看到一個既陌生又新鮮的世界,因而便以極大的熱情去借鑒、吸收西方的先進技術和學術理念,但在此過程中也經常會迷失分寸,甚至完全脱離國情,盲目崇拜、套用西方的價值觀念,照搬照抄西方的學術理論及評價體系。影響所及,諸子學研究也在很大程度上失去了理論自覺,並導致了闡釋指向的扭曲。譬如某些研究道家哲學、美學思想的專著,其所闡發的似乎並不是老莊本身的思想。《莊子》一書,文學價值極高,明清兩代學者已有大量相關優秀研究成果問世,甚是值得借鑒,但時下研究《莊子》文學藝術者,往往對這些成果不聞不顧,僅持西方文藝理論予以闡釋,遠離了中國固有的文化語境。如果研究者能將前賢的大量優秀研究成果充分利用起來,與所引進的西方文藝理論化爲一體,則《莊子》的藝術底藴必將得到更爲深刻的揭示,而相關研究著作的學術價值也會得到相應的提高。

站在"新子學"的立場上來看,迷失在西學叢林裏難以自拔的自由主義既不可取,一味沉溺於"以中國解釋中國"的保守思維同樣不足爲訓。王國維曾經説過:"中西二學,盛則俱盛,衰則俱衰。風氣既開,互相推助。"(《國學叢刊序》)這種對中西方學術的開明態度,至今仍有十分重要的借鑒意義。唯有擺脱二元對立、非此即彼的固定思維模式,才更爲接近文化多元發展的立場。當今世界已非西方文化中心論的時代,文化多元化是人們的必然選擇。中國學術既不必屈從於西學,亦不必視之爲洪水猛獸,而應根植於中國歷史文化的豐厚沃土,坦然面對西學的紛繁景象。子學研究尤其需要本着這一精神,在深入開掘自身内涵的過程中,不忘取西學之所長,補自身之不足,將西學作爲可以攻錯的他山之石。也就是説,我們需要擺脱二元對立思考的局限,以傳統子學的智慧與胸襟,坦然面對西方,正確處理好子學與西方文化學術的主次關係,才能真正構建起富有生命力的"新子學"體系。

"新子學"將承載"國學"真脈,促進傳統思想資源的創造性轉化

中華傳統思想和學術,可以簡單概括爲"國學"。"國學熱"於今再度鼎沸,但關於"國學"的界定,自晚清以來,迄今衆説紛紜。高旭、鄧實認爲,"國學"應以經、史、子、集之術爲主體;章太炎等繼之,申論以義理、考據、詞章爲"國學"法度;季羡林則囊括四海之所有,倡言"大國學"。同時,前有熊十力、梁漱溟,中有唐君毅、徐復觀,後有成中英、杜維明等,徑指儒家之學

是其骨幹,倡言上承三王湯文武、周孔孟,下逮宋明程朱陸王,以持道統,發揚心性之學,以內聖外王融通民主科學等新文明,即以儒學為主導,促進"國學"發展;又有許之衡、馬一浮及饒宗頤等認為,國學以儒學為主流,"六經"則是其髓,直言以經學為主導,復興"國學"。以上各說,具體言辭雖有差異,但觀其要旨,皆源於漢儒之見,下繼清儒之說,無不以"六經"為百術之源,統攝萬端,故以經學為髓,儒學為骨,經、史、子、集為肌膚,外翼所謂全體文化學術,此類架構,可稱之為"舊國學"。

然滌除玄覽,深察古今"國學",其內容構成與主導力量實呈不斷變化之趨勢。上世紀三十年代,上海世界書局編輯《諸子集成》,其《刊行旨趣》云:"夫所謂國學之本源者,何也?'六經'尚矣!本局已印行漢人之注疏,並宋人之章句集注矣!其出世稍次於經,而價值與影響,有足與經相抗衡者,則周秦諸子是已。原諸子之立說著書,蓋皆欲以一己之思想學說以廣播於天下者也。二千年來,我國之民族思想,社會文化,學者著述,幾無不受諸子之影響,故諸子者,實我先民思想之結晶,亦即國學本源之所在。"誠哉斯言!

應當說,古代的"國學"確為經學主導下的"國學"。先秦時期,統治者上承前朝之制,中梳宗祖之德,下徵公侯之風,欲明天道,正人倫,致至治之成法,而作"六經"。作為官學經典,"六經"集中體現了經學的方方面面。其中較為突出的特點是,統治者以經學為核心,建立起相對封閉的治國思想體系,在此體系之內,往往不允許異端的存在,常以法聖王為名,因循舊典故章,而"上有所好,下必甚焉",故封建時期的歷代學者皆以注經為能事,處處依傍古人。同時,舊國學以經學典籍為"道"之集中呈現,視此後各種學術流派與內容為其基礎上更具體、更多樣的派生物,雖然在歷史進程中,它也以此為原理,相繼吸納《論語》、《孟子》等子學著作為經學經典,以期實現自身的變革與發展,但整個經學的學術思維根本上深受權威主義影響,不免具有封閉和固化的特徵,這就使經學在一定程度上具有了形式僵化、思想創新不足、理念發展相對乏力的病症。尤其是在面對"西學"而實現傳統學術創造性轉化的課題時,常常表現出無力感。顯然,這些對"國學"自身發展的促進作用十分有限。

隨著近代學術的日益發展,子學實際上已逐漸成為"國學"的主導,這也彌補了經學作為單獨力量存在時的種種不足。恰如馮友蘭曾指出的,"'經學'和'子學',兩面對比,'經學'的特點是僵化、停滯,'子學'的特點是標新立異,生動活潑"(《三松堂自序》)。且《莊子·天下》早在兩千年前指出:"道術將為天下裂。"這已經明確闡述了子學在其整個發展歷程中,始終與社會現實保持的交互關係,並以此促成各自的不斷突破。清末以來,子學更是參與到社會變革的激流中,化身為傳統文化轉型的主力軍。尤其是它通過"五西"以來與"西學"之間起承轉合的變化發展,早已經使自身成為"國學"發展的主導力量。如今,"新子學"對其進行全面繼承與發展,亦將應勢成為"國學"的新主體。而"新子學"主導下的"國學"也將繼續憑藉子學開放、包容、發展的特點,實現其自身的跨越式發展,我們也將重新樹立民族文化自信心,更加坦然地面對"西學"。面對"西學",我們必將以更為開放的心態,使中國傳統思想文化與西方科學理念得到完美結合,並轉生為當今社會的精神智慧之源,最終發展出民族性與世界性兼備的新國學。

在當今社會,我們倡導子學復興、諸子會通,主張"新子學",努力使之成為"國學"新的中堅力量,非為發思古之幽情,更不是要回到思想僵化、權威嚴厲的"經學時代",而是要繼承充滿原創性、多元性的"子學精神",以發展的眼光梳理過去與現在,從而更好地勾連起未來。產生於"軸心時代"的諸子之學從來都是當下之學,自彙聚諸子思想的諸子文本誕生伊始,諸子學就意味着對當時社會現實的積極參與。而後人對諸子文本的不斷創作、詮釋、解構與重建,亦是為了積極應對每一具體歷史階段之現實。子學如同鮮活的生命體,不斷發展、演變,生成了一代又一代的新子學。我們倡導"新子學",正是對諸子思想的重新解讀和揚棄,也是借重我們自身的智慧與認識對傳統思想的重新尋找和再創造。

在國勢昌盛、經濟繁榮的今天,全面復興子學的時機已經成熟,"新子學"正以飽滿的姿態蓄勢待發。百年來,子學走過了種種曲折道路,國人面對西學的心態日趨理性和成熟,"新子學"即是在此情況下對我國文化走向的重新思考。中華文化的未來,必將是在繼承傳統的基礎上不斷的創新發展。諸子學作為中華傳統思想文化的主體,必然是未來思想文化的重要組成部分,是促進中國重新崛起為世界中堅的有生力量之一。中國學派構建之際,"新子學"正應運而生!

(原載於 2012 年 10 月 22 日《光明日報》"國學"版,《新華文摘》2013 年 1 期轉載)

[作者簡介] 方勇(1956—),男,浙江浦江人。北京大學文學博士後,現為華東師範大學中文系教授、博士生導師、華東師範大學先秦諸子研究中心主任,《諸子學刊》主編,《子藏》總編纂。主要從事先秦漢魏六朝諸子學和宋元文學研究,著作有《方鳳集輯校》《南宋遺民詩人群體研究》《卮言錄》《莊子詮評》(合著)、《莊子閱讀》《莊子講讀》《莊子纂要》《南華雪心編(點校)》《莊子學史》《莊學史略》等。

"新子學"斷想

——從意義和特質談起

刁生虎　王喜英

近日拜讀華東師範大學先秦諸子研究中心主任方勇教授新近發表的《"新子學"構想》(刊載《光明日報》2012年10月22日國學版)一文,深感耳目一新,受益匪淺。現就文中諸多創見談一些不成熟的片段性感想,權作續貂之思。

首先,"新子學"的意義何在?

依筆者陋見,方教授提出的"新子學"具有重大的理論意義和實踐價值。主要表現在如下兩個方面:

一是"新子學"是中國歷史文化發展的必然產物。近年來,國學熱不斷升溫。所謂"國學",正如方教授所言:"源於漢儒之見,下繼清儒之説,無不以'六經'為百術之源,統攝萬端,故以經學為髓,儒學為骨,經、史、子、集為肌膚,外翼所謂全體文化學術,此類架構,可稱之為'舊國學'。"儒學在先秦時期本是子學的一部分,但隨着大一統時代的到來,儒學由子學變成了經學。自從漢武帝"廢黜百家,獨尊儒術"以來,經學始終是"舊國學"的主流思想,並成為大一統的學術文化專制,歷經數千年而不變。子學則始終以輔助經學發展的形式出現,成為傳統文化轉型的橋梁。然而,儘管子學在傳統文化中的地位不如經學,但其影響卻是不容忽視的。德國著名哲學家亞斯貝爾斯在其《歷史的起源與目標》中指出,公元前500年左右屬於人類文明的軸心期。在這數世紀內,中國、印度和西方這三個互不知曉的地區同時出現了衆多偉大的精神導師——古希臘有蘇格拉底、柏拉圖、亞里士多德,以色列有猶太教的先知們,古印度有釋迦牟尼,中國有孔子、老子、墨子、莊子、列子和諸子百家。他們提出的思想原則塑造了不同的文化傳統,也一直影響着人類的生活。"直至今日,人類一直靠軸心期所產生、思考和創造的一切而生存。每一次新的飛躍都回顧這一時期,並被他重燃火焰……軸心期潛力的蘇醒和對軸心期潛力的回憶,或曰復興,總是提供了精神動力。對這一開端的回歸是中國、印度和西方不斷發生的事情。"我們説,中國子學發展的歷史就與亞斯貝爾斯所提出的軸心期理論恰相契合,其對後世的影響也是廣泛而又持久的,尤其是隨着近代學術文化的不斷演變發展,以及多元化世界的到來,子學在"國學"中逐漸由次要地位變為中堅力量,大有替代經學的中心地位之勢。故方教授"新子學"的提出可以説是歷史發展的必然產物,同時也是新時代文化的必然選擇。

二是"新子學"為中國文化的未來發展提供了一種新的走向。主要表現在：一是"新子學"將成為促進"國學"進一步發展的主導力量,同時也是加快傳統思想資源的創造性轉化,實現民族文化的新變革、新發展的主導力量(《"新子學"構想》)。相對於經學的僵化、停滯(馮友蘭語)而言,從歷史磨難中走出來的子學更具有生命力、創造力以及開放性特徵,因而能夠更好地引領中國文化的未來發展,同時也能在中西方文化的對話中取得主動權;二是作為一面新的文化旗幟,"新子學"不僅能夠掀起復興民族傳統文化的浪潮,而且更能在繼承傳統文化的基礎上,以自身的創造性、開放性來構建屬於自己的概念與學術發展體系,為未來的"國學"發展開闢一條光明之路;三是在多元時代的今天,人類面臨着種種困擾和選擇,而文化作為人類的一種精神寄托,更應該擔負起引領人類走出困境的責任。而正如方教授所言："子學系統是對宇宙、社會、人生的深邃思考和睿智回答,是在哲學、美學、政治、經濟、軍事、教育、技術等諸多領域多維度、多層次的深入展開",我們應在"新子學"的引領下,重建中國學術話語,解決新時代面臨的諸多困境,以適應全球化、多元化發展的時代要求。

其次,"新子學"之"新"在於何處?

方教授提出的"新子學"是相對於傳統子學而言的,自然其最關鍵的一點就是其中的"新"字。依筆者淺見,"新子學"之"新"主要體現在如下三個方面：

一是所處時代新。春秋戰國屬於中國思想史上的軸心期,其典型標誌是《老子》、《論語》、《墨子》、《孟子》、《莊子》、《荀子》、《韓非子》、《吕氏春秋》等大量子學元典的普遍性誕生,並對中國後世思想和文化產生了持續性的影響。以後無論是漢代的陸賈、賈誼、劉安、揚雄,還是魏晉的何晏、王弼,以及宋代以後的周敦頤、二程、朱熹、陸九淵、王陽明,乃至明清時期的傅山、王夫之等人的學術,無不屬於先秦子學的闡發或延展。縱觀子學發展的歷史可知,子學興起的高峰多是發生在動盪不安的時代,比如春秋戰國正是由奴隸社會向封建社會轉變的時期,漢末頻繁的戰亂,以及明清時期封建社會的逐漸解體和衰敗等。儘管歷史證明,處在動盪年代的子學能夠更加肆無忌憚地展示其獨特的魅力,但是處在和平年代的今天,文化不再完全依附於政治,而是開始獨立自由的發展,子學同樣充滿活力地獲得了高速發展。與此同時,我們還處在一個多元化的時代,不僅本國文化多元發展,國際交流也日益頻繁和多元化,所以在當今全球化、多元化的全新社會背景下,文化的未來發展需要注入更加充滿生命力、創造性、開放性的血液,這就決定了"新子學"的提出是順應時代潮流的。

二是研究對象新。傳統子學是與經學、史學、集學相提並論的,而方教授所提出的"新子學"認為："所謂子學之'子'並非傳統目錄學'經、史、子、集'之'子',而應是思想史'諸子百家'之'子'。"從其對"新子學"的界定來看,主要有如下創見：一是分類更加明確化,"子"專指"諸子百家"之"子",同時還將傳統子學中的天文演算法類、術數類、藝術類、譜錄類排除在外;二是研究對象更加廣泛,諸如《論語》、《孟子》等,本屬子學,後在朱熹的提倡下歸屬於經部,現在在"新子學"的界定下又重新納入子學的研究範圍。不僅如此,方教授還主張將散落在序跋、目録、筆記、史籍、文集等文獻中有關諸子百家的資料進行辨別整理,以便構成完整系統的子學系統。

三是研究方法新。傳統子學研究多存在兩種極端現象:一種是在研究過程中採用"以中釋中"的方法,過於固步自封;一種是過於依賴西方的思維、邏輯和方法,以至於本末倒置、水土不服。而方教授認為應該避免這種二元對立思維,主張植根於中國包羅萬象的歷史文化土壤中,通過汲取西方文化的精華,揚長避短,以便考鏡源流,辨章學術,對中國優秀傳統文化作出新的理解和闡釋。具體而言,就是採用文獻整理和義理探究相結合的方法,前者主要是在整理文獻資料的基礎上對原有諸子校勘、注釋、輯佚、輯評等作進一步的梳理、歸納和總結,以構建出完整的子學體系;後者主要是在注重探究前輩們大量優秀研究成果的基礎上,結合西方文化的學術發展,以深刻揭示子學的思想內容和本質目的。無疑,這是當下子學界應該着重努力的方向。

[作者簡介]刁生虎(1975—),河南鎮平人。文學博士,現為中國傳媒大學文學院副教授,主要從事先秦兩漢文學、易學與儒道文化、古代文論與美學研究,著作有《莊子文學新探》、《莊子的生存哲學》等。

王喜英(1988—),女,河南通許人。現為中國傳媒大學文學院碩士生,主要從事先秦兩漢文學研究,已發表論文若干篇。

"新子學"芻議

——以中國文化為本位

張洪興

2012年10月22日,方勇先生在《光明日報》發表《"新子學"構想》長文,重點闡述了三個方面的問題:一是子學的產生發展與"新子學";二是"新子學"將紮根傳統文化沃土,以獨立的姿態坦然面對西學;三是"新子學"將承載"國學"真脈,促進傳統思想資源的創造性轉化。方勇先生多年來一直致力於子學的整理與研究工作,取得了豐碩的成果,其《莊子學史》與《子藏·莊子卷》的出版,可以說是近年來子學研究與整理的重大成果;而今方先生提出"新子學"的概念並勾勒出其基本框架,可以說是中國諸子學研究乃至中國學術研究的大事。筆者不揣淺陋,也想說幾句自己關於"新子學"的想法,以求教於方家。

一、子學的基本精神

這裏需要先從文化的特點說起。我們知道,人類最初跟動物本沒有區別,坦身露體,茹毛飲血,當人們開始使用工具、開始保存並使用火種、開始形成語言、開始固定族群間的關係並努力附麗人生的時候,文化就產生了。文化最本質與最核心的特徵是賦予人生以意義——其實,人生的意義都是人本身賦予的,不是嗎？這裏首先要強調的是,每個族群的文化的發生都是不一樣的。以歐美為主體的西方文化是在古希臘、古羅馬、古希伯來文化基礎上發展起來的,商業文明是其核心內容,它重視個體價值與物質利益,賦予人生以自由、民主、平等、博愛等意義(只是針對族群內部)。而中國文化則根植於東亞依山傍海的相對封閉的自然環境之中,根植於農耕文明和宗法制社會的沃土之中,它重整體與道德修養,賦予人生以仁義、忠信、真誠等意義。從這個角度來講,中國的文化與西方文化、伊斯蘭宗教文化並沒有不同,都是各族群先祖在漫長的歷史進程中,從衣、食、住、行等各個方面來附麗人生,從人生為何活着、人生怎樣活着、人生為何死亡、人生怎樣死亡等方面來思考人生的結果,也本沒有高下、優劣的區別。

回過頭來再說子學。子學的產生是中國文化發展、定型的結果。我們知道,西周末年出現了"禮崩樂壞"的局面,周天子式微,宗法制觀念受到了挑戰,是維護發展宗法制度,還是批判、否定宗法制度? 當時新興的士階層開展了所謂的百家爭鳴,章學誠在《文史通義·原道》中説:"人人自以為道德矣……皆自以為至極,而思以其道易天下者也。"大致反映了當時的情況。儒家以恢復周禮為己任,在仁、義的原則指引下,強調君君、臣臣、父父、子子,形成了儒家所謂的仁義道德;墨家主張"兼愛"、"非攻",要求"節葬"、"節用"、"尚同"、"尚賢",站在小生產者的立場挑戰宗法制觀念;道家則標舉道德的大旗,尚無貴虛,借此批判儒家學説,否定宗法制觀念……動盪的時代、活躍的思想、百家的爭鳴,成就了一個個中華民族文化巨人。方勇先生將子學的發展分為幾個階段,實為精當之言,兹不贅言。

子學的基本精神是什麽呢? 從以上論述我們可以知道,子學的基本精神即在於它的實踐理性,這也是中國文化的基本特點之一。在天人合一觀念的支配下,中國人的思維重整體的直覺,以整體的方式思考現實與人生。一方面,它的基本理論學説都是對現實的反思,另一方面,它又指導着人們的生活,賦予人生以意義。中國的文化是詩的,中國人的人生是藝術的。

二、"新子學"的主旨

前面説過,農耕文明是中國文化的基礎之一,受自給自足的個體農耕經濟的影響,中國人既能容己亦能容人,所以包容性是中國文化的主要品格,這一點從中國文化對外來宗教的態度上可見一斑。佛教在漢時傳入中國,伊斯蘭教在唐代傳入中國,基督教在明代傳入中國①,中國文化以開放的胸襟包容了它們。尤其是佛教,因其與道家學説相契合,漸漸融入中國文化,成為一部分中國人的人生信仰。在諸子"百家爭鳴"的時代,儒、墨、名、道、法等諸家"爭鳴"本身即是文化包容性的一種體現。

在子學的發展過程中,雖然出現了秦始皇"焚書坑儒"、以吏為師的情況,雖然出現了漢武帝"罷黜百家、獨尊儒術"、儒學成為官方之顯學的局面,但其他諸家的學説並没有湮没無聞,尤其是道家滋生暗長,與儒家相輔相成,成為中國文化的主幹。其實,儒家、道家就如太極圖中的陰陽魚,儒家承繼《周易》乾道的功能與特徵,道家承繼《周易》坤道的功能與特徵,二者是同源互補的,維持着一種動態的平衡。這就是中國文化的基本格局。此格局具有超強的穩定性,而正是這種穩定性使中國文化具有了超強的生命力。從歷史上看,魏晉時"五胡亂華"、元時蒙古族入主中原、清時滿族一統河山,這些都没有阻斷中國文化的進程,反而彰顯了中國文化的生命力——中華民族命運多舛,雖經歷數千年而没有亡族亡種,這本身不就是一個奇迹嗎?

---

① 基督教的分支曾在唐代、元代傳入中國,但並没有流傳開。直到明代晚期,基督教(新教)傳入後,才在中國大範圍地傳播開。

晚清以來,西方列強及日本的長槍大炮轟開了中國的大門,中國陷入了一百餘年的災難之中。一些有識之士希望改革圖強,先是洋務運動,以"中學為體、西學為用"為號召,希望能夠實業救國,但所獲了了;接着是"戊戌變法",希望從體制制度上挽救中國的頹勢,也以失敗結束;再就是文化的變革,從白話文運動開始,中國古代文化被批判得體無完膚,甚至連中國人世代使用的漢字都成了劣等民族、未開化之民的標誌,但中國的文化仍然在流傳——只要中國人還在這個地球上生存,只要中國人還稱之為中國人,中國的文化就不會消失。

我們簡略回顧子學的發展史,回顧中國文化的發展史,就是要考慮以下的問題:中國古代文化何以具有如此強大的生命力?中國文化優秀的基因在哪裏?在當前物欲橫流、道德淪喪的背景下,中國文化凸顯出怎樣的價值?子學在中國古代文化體系中承擔着怎樣的角色?如何踐行子學的基本精神?如何在破與立中對子學予以取捨?子學對現代文明的意義在哪裏?在當前生態危機的背景下子學的價值如何體現?如何建立行之有效的中國子學話語體系以擺脫西方的話語霸權……"新子學"概念一提出,一系列的問題會接踵而來。尋找子學與中國現代化進程的契合點、發揮子學在修養人心、發展社會、實現國家民族富強進程中的作用,正是"新子學"的主旨。

三、旗幟鮮明地弘揚"新子學"

筆者曾與一學者談論孟子,令筆者沒有想到的是,該學者開口即說"孟子比不上蘇格拉底",其依據則是"孟子的批判精神沒有蘇格拉底深刻"。一百餘年來,很多中國學者迷失在西方的學術話語裏,有的以西方文化為圭臬,以西方所謂的標準來批判中國的文化,延續幾千年的中國文化、孕育無數代中國人的中國文化幾成萬惡之源;有的在西方的價值體系中尋找中國文化存在的價值,以中國文化暗合西方學術而竊喜;有的所謂學貫中西,試圖匯通中西文化,但仍以西方的價值觀為普世價值,試圖改造中國的學術,凡此種種,不一而足。中國文化就不能有自己的文化個性嗎?中國學術就不能有自己的學術品性嗎?孟子與蘇格拉底相比究竟差在哪裏?一個農耕文明與宗法制社會孕育出的思想家與一個商業文明孕育出的哲學家,比較優劣的依據是什麼?就是西方所謂的那些普世價值嗎?在著名的"濠梁之辯"中,莊子最後對惠子說"請循其本",我們現在的學術也應該來循中國文化之本、循中國學術之本,堅持中國文化、中國學術本位。其實,所謂文化一般來說不外乎器物、制度、行為、理念等幾個層面,而不管是老莊、孔孟思想,還是其他諸子學說,都屬於文化中理念層面的內容,而這些內容則是中華民族的靈魂。

對於西學的態度,正如方勇先生所說,我們應該"以獨立的姿態坦然面對"。我們應該瞭解西學、學習西學、借鑒西學,但它們決不是金科玉律。西學具有深厚的學術淵源、嚴密的邏輯推理、完善的學科體系,這是毋庸置疑的;西學在人類文明史上具有熠熠生輝的人生理念,這也是没有問題的。但橘生淮南則為橘，橘生淮北則為枳，若强行"拿來"，主張全盤西化，在中國是没有出路的。舉個最簡單的例子，筆者老家在農村，那裏的農民依然使用陰曆、依然根據二十四節氣安排農時。記得中央電視臺新聞聯播欄目在節目開頭有一段時間只播報陽曆的日期，取消了陰曆日期的播報（後來又予以恢復），陰曆就真的不合時宜、不能與世界接軌嗎？一些學者亦然，借用西方的一些時髦的理論來開展自己的學術研究，結果也只是使橘為枳罷了。近些年來，中國學術研究出現了許多可喜的變化，一些學者逐漸從浮躁的心態中走了出來，開始向中國學術傳統回歸，這是一個良好的開端。筆者覺得，作為中國人，應該首先實實在在地做好"中國人"。在筆者想來，即便是在無數年以後，這個世界上的人也不可能都成為"美國人"。自然生態講究多樣性，人類文化生態亦然。

中國共產黨十七屆六中全會《關於深化文化體制改革推動社會主義文化大發展大繁榮若干重大問題的决定》指出"文化在綜合國力競争中的地位和作用更加凸顯，維護國家文化安全任務更加艱巨，增强國家文化軟實力、中華文化國際影響力要求更加緊迫"，要求增强國家文化軟實力，全面認識祖國傳統文化，加强對優秀傳統文化思想價值的挖掘和闡發，維護民族文化基本元素。"新子學"的構想即是在這樣的大背景下提出來的，從子學的源頭入手，立足當下社會，深入挖掘子學（中國文化理念層面）中合理的、有價值的成分，建構適合中國人的新文化體系，實在是中國學人長期的戰略性的任務。基於這樣的考量，我們必須要旗幟鮮明地弘揚"新子學"。

總之，學術的發展總是由破而立，中國學術經歷了一百餘年的痛苦的"破"的過程，現在該到了"立"的階段了。在方勇先生倡導"新子學"之際，筆者在感到歡欣鼓舞的同時，也吶喊幾聲，雖人微言輕，亦略盡匹夫之責。

[作者簡介] 張洪興（1970— ），男，山東沂源人。文學博士、博士後，現為東北師範大學文學院副教授。主要從事先秦文學及《莊子》研究，著作有《莊子"三言"研究》等。

關於"新子學"的幾點思考

徐國源

2012年4月,在上海召開的由華東師範大學先秦諸子研究中心舉辦的"先秦諸子暨《子藏》學術研討會"上,方勇教授等提出了"全面復興諸子學"的口號。方勇教授認為,以老子、孔子等為代表的諸子百家自誕生以來,便如同鮮活的生命體,在與社會現實的不斷交互中自我發展,當下它正再一次與社會現實強力交融,呈現出全新的生命形態"新子學"。

方勇教授提出的"新子學"構想,我以為不僅僅是古代文化學者的專業課題,也是在當今全球化、新媒體時代,一個為整個文化學界提出的共同主題,非常有現實意義。當代"新子學"研究和傳播,應該注意四個問題:

一是要"回歸原典"。目下,大凡對傳統文化包括"國學"討論者,除了傳統人文學者,還有許多是從事現當代文學和文藝學等研究的學者,他們"六經注我"式的解讀,或者說感悟式的解釋,不能說沒有意義,但脫離了"原典"的發揮和過度闡釋也有危險,那就容易成為一道"心靈雞湯",而造成對"經典"的誤讀。于丹在北大的遭遇提示我們,如今許多對傳統文化懷有敬仰之心的人,已經對當下文化生產者提出棒喝,我們應該警醒。

二是要"重估價值"。我每年讀兩遍《論語》,感覺常讀常新,覺得孔子是一個非常偉大的人,他很可愛,很有人情味,他的論說也都有一定的語境性,並非像五四啟蒙運動時期一些激進的學者對孔子的批評那樣,是"僵化"、"保守"的代表,甚至把中國文化之病都歸到孔子名下。其實,我們應該認識到,孔子既是儒家文化的創立者,還是他之前文化的傳承者,比如孔子強調的"禮",在周代就是一種主流價值觀,而且對於這個"禮"也要辯證地看,既看到它對後來封建"禮教"的影響,也要看到它對維繫社會和諧秩序的正面意義。我以為,儒家的仁愛思想,道家的生存智慧,對於匡正後現代以來的社會問題,都有積極意義,有待我們進一步闡發和弘揚。

三是要展開"創造轉化"。歷史都具有當代性,"新子學"之"新",其實也包括了當代學者重新認識和發掘先秦子學的"潛"意識、"正能量"。所謂"創造",就是要充分闡發子學原典中潛藏的當代價值,使優秀文化發揚光大;所謂"轉化",我以為必須借助"古今對話"、"中外對話"等途徑,使"經典"生發出現代意義,為目下社會文明、公共文明建設所用。

四是要實現"當代傳播"。"新子學"不僅是學術層面的整理和研究,同樣也要展開有效的文化傳承和跨文化傳播;"子學"中豐富的思想義理既是可解讀意會的,而它故事化、生活化、形象化的言説方式,其實也是可通俗生動地傳播的。如此看來,"新子學"的大衆化傳播,包括講壇、影視、動漫和各種新媒體傳播媒介,都能爲新子學傳承所用,而且是很有當下意義的。

(原載於《姑蘇晚報》2012年12月23日)

[作者簡介] 徐國源(1965—),男,江蘇宜興人。文學博士,現爲蘇州大學文學院教授、博導,主要從事民間文藝、民俗學、新聞理論、媒介文化研究,著作有《草根傳播與鄉村記憶》、《當代傳媒生態學》(合著)、《中國朦朧詩派研究》、《豐子愷傳》、《深度報導:理念與操作》、《當代新聞採訪與寫作》等,發表學術論文80餘篇。

"新子學"的核心在於新

徐志嘯

《光明日報》"國學"版最近整版刊登了方勇教授的《"新子學"構想》一文,文章寫得不錯,很有內涵分量,有獨到之處。

對這篇文章,結合王錘陵教授剛才的講話,我想談談我的幾點想法。

首先,由我所瞭解的,方勇教授帶領一群弟子,這些年似乎在設法構建一個體系,即由莊子學邁向諸子學,再由諸子學邁向"新子學",從而努力建立起一個具有時代特色的子學學術體系。現在發表的文章,顯然是這種設想體系的一個具體實施,並經過了與《光明日報》編輯的溝通,從而提出了"新子學"的口號。我個人認為,"新子學"這個設想非常有意思,至少在當今的學術界,是個大膽的突破,它將在歷代子學研究的基礎上,邁向新的歷史臺階。

談到"新子學",馬上會使人聯想到"新儒學"。"新儒學"的"新"是什麼含義?它同"新子學"的"新"有何區別?二者之間是否有內在聯繫?進一步説,儒學和子學在大範疇內應該都屬於國學,那麼有沒有"新國學"的提法?如果有,這個"新國學"應該是什麼樣的?不管是儒學、子學或國學,我們加上一個"新"字,其根本的涵義究竟是什麼?似乎很值得探討。

所謂子學,應該就是對諸子的研究。我們今天二十一世紀的子學,恐怕與兩漢、魏晉乃至明清時代的子學有所不同。這個不同,應該是指一種新的含義或概念。但這種不同與歷史的子學又不應該完全對立,而是在歷史的子學基礎上作新的闡釋,賦予新的理解,或者説,我們今天時代的子學應該在歷史的子學基礎上,作推進和開掘,至於如何推進和開掘,這個問題很值得探討思考。

除此之外,西方學術應該也有子學,即西方漢學家對中國子學也有研究,西方學者對於子學的研究,當然與我們中國學者有對立的地方,但是否也有可以吸取或借鑒的地方?由此,我們所説的"新子學",這個"新"字是否應該也有這樣一種含義,即在與西方作對照比較或對話的時候,把西方有利於我們對子學繼承和發揚的地方吸收過來,賦予其新的含義。這也是我們今天需要考慮的。西方固然有排斥東方的地方,但目前情況又有所變化,新儒學某種程度上即是西方對於東方學術的一種看重。王錘陵教授即將問世的專著《二十世紀中西文論史》,談到了許多東西交融的內容,中國受西方的影響,借鑒了西方的東西,改造了自己的傳統,這是西學東漸,但其實還有東學西漸,西方許多大家,包括歌德、伏爾泰、托爾斯泰,他們對中國的學問也非常有興趣,他們的學問中有不少借鑒和學習東方中國的東西。

總之,我認為,"新子學"這個設想非常好,也是可行的,問題在於怎麼在"新"字上做文章,真正打出"新子學"的旗號,開創21世紀子學研究的新天地。

[**作者簡介**] 徐志嘯(1948—),男,浙江鎮海人。北京大學文學博士,現為復旦大學中文系教授,比較文學、古代文學兩個專業博士生導師,兼任中國屈原學會副會長、中國詩經學會常務理事等。出版著作《楚辭綜論》、《日本楚辭研究論綱》、《古典與比較》等10多部,發表學術論文150多篇。曾應邀赴美國哈佛、耶魯、普林斯頓、哥倫比亞大學、日本東京大學等講學或作國際學術交流。

"新子學"的學術針對性、時代意義思考

李似珍

作為華東師大的教師、參與方勇教授《子藏》項目的團隊成員之一，我為方勇教授的學術成績而感到高興。他能夠從做《子藏》到考慮新子學的構想，學術上是一個飛躍。他所做的雖然是古典經籍的整理，但出發點則在於中國現代，現在又進入了對思想、文化傳承的思考，體現了知識分子的時代感與社會責任擔當，所以很能引起學術界的共鳴。

"新子學"的意義是多方面的，其中有一個就是對近代以來新文化探討傳統的繼承。剛才王鍾陵先生説到，現代中國人有一個與近代聯繫的問題，這裏是否體現了"接着講"的問題。關於這個問題，我們哲學系的開創者、我的導師馮契先生曾對我們講過。他告訴我們所謂"接着講"，是馮友蘭先生講的"思想史無非是兩種講法，一種是照着講，一種是接着講"。照着講當然没有生命力，接着講則意味着要繼承傳統，有針對性地做好歷史與現實的結合之事。對於現代中國學術文化來説，有很重要的事情，就是要接着中國近代講。這是因為中國近代是一個特殊的歷史時期，面對中國在現實經濟、軍事等方面的落後，自然就對與之相關的中國主流意識形態儒學思想體系提出疑問。"五四"時，又提出了新文化運動的口號。但是由於當時我國的民族矛盾迫切，文化方面的問題提出來很多，卻來不及分辨、獲得深化，而是匆匆地涉略而過。建國以後，我們採取的是重新開創新學術體系的方式，而對過去近代時人提到的問題採取了不再承繼的態度。所以馮契先生認為八十年代之後我們有許多的問題要重新面對，重新去思考，這樣就出現了"接着講"的問題。當然在新時代條件下，這樣做並不是要求跟着前人的路數講，而是要回答曾在中國進入近代之後面臨的如何做好傳統文化與現代社會思想之間的銜接之事。從這個角度去理解，方勇老師提出"新子學"，便是在我們現時期做的這樣一件"接着講"的事情。

講"新子學"從某種意義上可以説是針對類似於"新儒學"、"新經學"的社會思潮而言的。這方面的思考與對立應當説也是從近代中國就開始了的。早在晚清時期，康有為等人已經對傳統經學有了新的理解和新的關注，之後，當時學術界對中國文化的發展有了很多新的關注，

涉及面很廣,除了經學,還有西學、科學、宗教學(包括佛學、基督教、道教等等),提出了相關的學說、思想,"子學"也在這樣的社會條件下被提出來過。當時子學的復興從一定意義上可說是對經學傳統的一種否定,也就是要求對當時提倡的"新儒學"的傾向作出修正。從這個角度講,我們現在子學的提出也是有這樣一種針對性。二十世紀九十年代以後,我們重新開始考慮文化問題,最開始關注的就是經學和儒學,我們現在做的好多就是儒學或經學的路數,這種儒學的提倡,涉及各個方面,除了思想上的重現,還有一些諸如制度、儀式、行為操守規定等方面的內容,但是到一定程度,做得很過的話,也會做不下去。近幾年電視臺轉播過全球的祭奠孔子的儀式,但效果並不好。形式方面不能夠真正代表它的思想內核的東西,儒學在近代就被發現存在問題,現在也沒有真正得到解決。我看到最近報紙上還有刊登文章,説用什麽來教我們的學生,是説現在我們還是不知道用什麽思想文化去教我們的學生,這也就是方勇教授提出建立"新子學"的原因。就像在近代,梁啓超、章太炎等學者提出子學就要求在思想界有新的提倡,即在當時社會進行百家爭鳴,這與方教授文章裏所講的原創性和多元化是一致的。聯繫過去的歷史,我們或許可以對他的"新子學"宣導,有更多的理解。

具體落實"新子學",會遇到許多的問題,我想到的第一個問題是在多元的諸子中是否要有主體的導向。由於諸子衆多,各自的思想差別很大,不像儒學體系主旨明確,有師承關係,有構建成的系統框架,特別到了宋明時期,儒學的學脈系統是較為清晰的。王鍾陵先生指出,"新子學"的提倡當以老莊為核心價值觀念,那就遇到了其他各家地位如何擺的問題。我想這裏還是有一個梳理主線、框出分類脈絡等的問題存在的。方教授文章裏給出了幾條線索,它們分別為:學術理念、思維方式、表述形式、思想內容。是否應當有個更為集中的系統框架?還是注重多元,宣導多樣性的結合?希望能有進一步的考慮。

第二個問題是子學與儒學、經學的關係。方教授在文章中引了馮友蘭先生的話,馮先生講到了經學和子學兩種不同的風格,一個比較滯重,一個比較活潑,有靈性,這裏面帶出來的問題是怎麽判斷兩者關係以及兩者之間是不是有一種相輔相成,這是針對於近代時人的相關思考而來的。我想在現代社會條件下的"新子學"提倡,可能也會遇到這個問題。由於現在講的子學中,包括了某些儒學中的人物,如何為他們的思想觀點劃界就成為我們早晚要面對的問題,需要我們作出進一步的分辨。

第三是方教授在文章中提出了有關天文、數學等自然科學部分,不進入子學範圍。我認為從論著收集範圍的劃界角度講是應該這樣做的,但從思考範圍的涉及而言則不必限定得過於狹窄。其實西方人的學術裏面,哲學、宗教和科學是分不開的幾塊,他們講宇宙觀和本體論,認為是與人分不開的方面。這種思想觀點值得我們重視。其實在中國歷史上,人們也曾有過這方面的關注,如戴震是清代重要的經學家、思想家,也是《四庫全書》子部算學類編撰的負責人,他經過瞭解,確定了中國傳統數學中的十本代表作(其中有《九章算術》、《周髀算經》等)。在此基礎上,他自己還寫了一本相關的算學書,因為他覺得通過閱讀這些著作,學到了有關的思維方法,所以據此而悟出了其中的道理。這裏就有子學原創的學術基礎方面的貢獻。同樣的啟示也可以追溯到天文學、醫學等方面。西方人講廣義的文化,包括了自然科學等內容,我們現在想深入地探討子學,可能還是要拓寬視野、打開思路。

[作者簡介] 李似珍(1952—),女,上海人。現為華東師範大學哲學系教授,著有《中國古代身心觀述評》、《中國學術思想編年·宋元卷》、《靜心之教與養生之道》等書,並發表學術論文近百篇。

重返中國傳統文化最佳生態現場

——對"新子學"的一點理解

李有亮

在中國經濟快速發展，國民生活品質極大提升的同時，也日益暴露出國家文化整體發展滯後、脱節的問題。其中最令人擔憂的，是人們對民族傳統文化的淡忘，是人們當下精神生活的"根性"缺失。許多學人出於對民族文化傳承的深刻責任感和為今人尋求本土文化之源的現代理想，不斷探索打通古今文化血脈的可能路徑。值此，華東師範大學先秦諸子研究中心的方勇先生，以豐厚的專業探究考據為基，創造性地提出了"新子學"概念。這不僅是古代史學、文獻學意義上的重要發見，更在於為中國整個現代文化學研究領域打開了一個深觀歷史和前瞻未來的有效通道。

下面我想從兩個層面，談談對"新子學"的一點粗淺理解。

第一個層面，從民族文化"正源"的意義上，談談"新子學"的價值。

在這個意義上，我首先對"新子學"的提出者和研究者們表示我由衷的敬意。因為方勇先生在《"新子學"構想》一文中明確闡釋道："所謂'子學'之'子'並非傳統目錄學'經、史、子、集'之'子'，而應是思想史'諸子百家'之'子'。"正因為是"諸子百家"之"子"，我覺得"新子學"找到了中國文化復興的正源，同時也切中了中國文化當下的要害。

按我理解，所謂"新子學"，就是引領我們重返中國傳統文化最佳生態現場，複製民族文化基因圖譜，結合當下新媒體文化語境，再造新的中國現代文化生態環境。

每一個民族都有其完整而獨特的文化基因圖譜，中國這個有着五千年文明史的文化古國更是如此。民族文化基因圖譜是蓄涵在民族文化精神原典之中的。民族文化精神原典何在？它不應是某一家經典學説，而一定應當是一種生動、活潑、生機盎然的文化生態，正是這樣一種文化生態孕育出了中國傳統文化的精神原典。如此，回到諸子百家思想大碰撞、學術大争鳴的時代，回到那個"不依傍、不苟且，重獨得之秘，立原創之見，倡導精神上的獨立與自由"的文化生態之中，這是最為明智的選擇，而非重複古往今來一代又一代學人對於王官之學的頂禮膜拜，對於"六經"的虔誠注疏，對於儒學的一家獨尊。

一種良好文化生態的形成，取決於多元文化結構形態之間的内部張力。這種張力，就是一種思想價值取向上的對峙狀態或緊張關係。這種對峙與緊張恰是文化生態充滿生機與活力的動力源。可以説,缺乏內部張力的文化生態,要麽是一種以一元壓制多元的專制霸權文化,要麽是一種含混曖昧的世俗功利文化,或者是這二者的混存狀態。

由是聯想到,我們今天講和諧,多理解爲和諧就是一團和氣。其實,古人講"和",主要關注的是它的道德教養意義,而非學術求真意義。而我們今天往往是過於把學術研究倫理化,許多温吞、曖昧的文學批評文字即是如此。而即便是從倫理意義上理解"和",今人也是有偏差的。孔子説:"君子和而不同,小人同而不和。"(《論語·子路》)而我們常常是把"和"與"同"相混淆了。有子也説過:"知和而和,不以禮節之,亦不可行也。"(《論語·學而》)而我們今天爲了講"和",連基本的禮儀、規矩也都丟棄了。和諧是需要在正視矛盾、直面張力的前提下,從機制體制上進行改革創新才可能實現的,而非一味回避衝突、抹平差異、壓制矛盾、消除張力。參照西方文化發展,可以看到每一次大的啟蒙運動(即文化生態的失衡與重構過程),都充滿着源自不同思想理念和價值立場的張力。比如,古希臘時代的思想啟蒙,就是一場從宗教神話轉向科學認知的文化運動,古希臘科學家(如畢達哥拉斯等)與古希臘神話(如荷馬、赫西等)之間構成這場啟蒙的最大張力。而在啟蒙思想内部同樣也充滿張力,在希臘科學思想的發展中,"作爲理性神學的形而上學也從這種科學中產生出來"[1],這就是基督教。在文藝復興時期、十八世紀啟蒙運動以及上個世紀五十年代開始的所謂"第三次啟蒙"運動中,從啟蒙外部到啟蒙内部均充滿着這種不同的甚至對立的學術思想的張力,而它正是促成一種良好文化生態構建的重要動力所在。

進一步講,多元文化之間的張力,是由於各種不同的文化思想的價值取向具有分化性、裂變性。這種思想上的分裂局面對於百家爭鳴的良性文化生態的形成是至關重要的,因爲在它的內部產生推動力的,是一個既處於不斷變化之中、又有着自動守衡機制的複合式張力結構。在這一張力結構中,有不同思想派别、不同主張之間的對立性或差異性,也有不同思想自身内部的矛盾性、悖離性,這就形成了文化思想的多元共存和交互影響的生態格局,對於一個時代、一種社會文明的創建提供了鮮活的精神質素。

第二個層面,從傳統文化的現代轉化意義上,談談對今天構建多元文化生態的一些擔憂。

任何重返傳統的努力無一不是指向"此時此刻"的迫切需要的。回到中國傳統文化最佳生態現場,一方面是爲了給今天多元化的精神需求提供更加豐富、開放的思想文化資源,使不同的價值取向在一個相對合理的限度内都能與傳統有序對接;另一方面,也是爲了破解今人一切以"西"爲尊、盲目沉迷於大衆消費文化的精神魔咒,建設一種在東西文化主體互動式的平等對話關係前提下,以及本土文化多元共生、各取所求基礎上的現代文化生態。

正是因於這樣的理解,才促生出下面的一些擔憂。主要有兩個方面:

一是源自長期以來(近代伊始)形成的急功近利的思維方式和實踐態度。

這種情形已經深入滲透到中國各個階層、各個方面、各種人群中,其中主要體現在兩類人

---

[1] 伽達默爾《讚美理論——伽達默爾選集》,上海三聯書店1988年版,第88頁。

身上：一是國家政府官員；二是知識分子群體。這兩類人對於傳統文化、對於"諸子之學"的傳承起着至關重要的作用。因為創建一種有生機和活力的多元文化生態，不同於創建一種獨立的文化思想，只需有獨特的文化個性即可，多元文化生態建設是需要相應的國家制度和社會機制做基礎的。但是，上述兩類肩負民族文化傳承重要使命的群體，今天已然面臨着各自不同的現實境遇和精神困境。前者，在國家文化發展中並沒有能真正體現出對民族傳統文化的必要尊重和維護，而是一味被經濟市場的利益原則所牽制，奉行"文化搭台，經濟唱戲"的功利法則，導致了"民族傳統文化傳承與現代化的進程背道而馳，文化產業的發展更是缺乏民族歷史厚重感"①。後者，在當下的新啟蒙時代需求面前同樣顯得精神搖擺，思想雜蕪，面目模糊，面對經濟社會轉型、文化生態重建的重大歷史使命，顯出諸多的無力感、挫敗感，尤其難以付諸現實可行的具體實踐，致使現代國人的思想漂流狀態、無意識交互影響情形可能還要持續較長一段時期。

另外，我們還面臨一個歷史性難題：以往所看到的充滿生機與活力的文化時代，基本上都是處於世事動盪、國家分裂的年代。而一旦國體統一，進入和平時代，文化的多元化發展也就隨之趨於大一統。這一點在中國歷史上體現的尤為明顯。所以，如何能夠在人心企穩的和平盛世創建多元文化生態，才是對當下的最大挑戰。

這裏有一個簡要的中西對比：秦王朝與古羅馬，從中或許能窺見一斑。

從時間上看，二者差不多都是在西元前二三百年實現國家統一的。但是，統一之後的情形卻大不相同：

秦王朝在橫掃六國、實現大一統之後，為何僅十五年就告滅亡？史學界對此有着諸多詮釋。以我淺陋之見，下列兩點應是主要原因：一是"焚書坑儒"，毀滅了傳統文化生態。正如賈誼《過秦論》中所言："廢先王之道，燔百家之言，以愚黔首。"二是"倚法治國"，單純倚重法治手段，嚴刑峻法，苛責重治。"廢王道，立私權，禁文書而酷刑法，先詐力而後仁義，以暴虐為天下始。"由此嚴重毀滅了先秦時期創立的極富生機的多元文化生態。

相較之下，古羅馬消滅古希臘各個王國之後，不僅沒有廢棄古希臘文化，而是積極汲取和借鑒古希臘文明中厚重的哲學文化思想（有道是古羅馬在軍事上征服了古希臘，而古希臘在文化上征服了古羅馬。這一特點與二戰前後法國與德國的關係也很相似）。儘管羅馬人是出了名的實用主義者，但他們還是借鑒希臘人的智慧，並用在希臘人並不擅長的國家政體改革、法律及經濟建設方面，從而造就了近1500年的帝國神話。

歸結起來，國家統一是好事，但過度依賴法律，施行專制統治，毀滅文化多元共生機制，必致文化生態嚴重惡化，國家思想毫無張力，陷入極度僵化。如此，上乏約束，中無儒助，下失民心，就會完全失掉社會穩定的根基。

二是源自改革開放（尤其市場經濟）以來日漸凸顯的功利主義價值標準和俗世風氣。

---

① 章超《新媒體時代的區域民族文化傳承》，《新聞世界》2012年第1期，第146頁。

主要表現爲"三化":

消費化,即一切以消費爲目的,包括文化藝術作品也全部被轉化爲精神消費產品,以致於消費成爲這個時代人們的一種普遍"崇拜"。正像法國哲學家波德里亞所説的那樣:"如果説消費社會再也不生產神話了,那是因爲它便是它自身的神話。"①對消費神話的盲目崇拜,無疑會對傳統文化的傳承、現代多元文化生態的建構造成很大阻礙。

同質化,即所有的消費對象,包括文化藝術產品,具有明顯的雷同、克隆、翻版、抄襲等傾向。近來被網路寫手熱捧的"小説生成器"、"詩歌聯想法"等網路軟體,公然把文學創作當成了可以"機械化"生產、"流水線"作業的文字拼湊或格式翻版,無不反映出當今文化原創性的嚴重匱乏以及功利主義肆虐、惡俗風氣盛行的文化現實。

娛樂化,即無限提升肉身的、感性體驗的地位,持續抑制觀念、意義、信仰、理性思考的重要性。受網路寫作及現代新媒體傳播方式影響,這種開心至上、娛樂至死的現象遍佈生活各個角落,尤其青少年一代中的不少人沉湎於中,甚至成爲一種無意識的生活習慣。如有學者所論:"人們從生活方式到思維模式多被大衆傳媒所營造的'時尚'、'另類'等各種欲望敍事所壟斷","'我思故我在'變成了'我買故我在'甚至'我欲故我在'。"②

上述這兩個方面長久積聚,已形成了巨大的慣性力量,並不斷消解着人們的理性辨析能力,這無疑是今天創建新的優質文化生態的兩大障礙。我們只有正視目前面臨的嚴峻挑戰,才能克服以往在繼承和弘揚優秀傳統文化過程中過於急切的心態和過於狹隘具體的目標規定,從而以一種堅毅而理性的態度,沉着而踏實的作風,深入發掘和重新設計"新子學"所啟迪出的這一片全新的、宏闊的文化思想空間。

[作者簡介] 李有亮(1963—),男,山西交口縣人。文學碩士,現爲上海政法學院教授、副院長、中國新文學研究會理事,主要從事中國現當代文學、中國法制文學研究,著作有《尋找文學精神之維》、《給男人命名——20世紀女性文學中男權批判意識的流變》等,已發表學術論文70餘篇。

---

① [法]波德里亞《消費社會》,南京大學出版社2000年版,第227~228頁。
② 張光芒《從"啟蒙辯證法"到"欲望辯證法"》,《江海學刊》2005年第2期,第9~10頁。

站在子學發展的時代制高點上

鍾明奇

學術研究當以有胸襟者為最上，有胸襟則自能脫心志於俗諦之桎梏，自成高格，自有境界。方勇先生在其《南宋遺民詩人群體研究》一書的《增訂版自序》中説："做學問且須有大格局。"方先生做學問自出手眼，胸襟宏闊，故其研究由莊子而及諸子，由諸子而及整理、編撰皇皇巨著《子藏》。然方先生並不滿足於此，兹復由對有關諸子研究浩瀚的文獻資料的整理，走向對諸子甚為深入的義理的闡發，以宏大的氣魄與開拓者的勇氣，在整體上構架"新子學"，這無疑是他研究諸子學的又一大手筆。

發表在 2012 年 10 月 22 日《光明日報》"國學"版上的《"新子學"構想》一文，是方先生有關"新子學"建構的核心綱領。在這篇文章中，方先生高屋建瓴地提出了他有關"新子學"的基本設想。全文共分三部分。第一部分為"子學的產生發展與'新子學'"；第二部分為"'新子學'將紮根傳統文化的沃土，以獨立的姿態坦然面對西學"；第三部分為"'新子學'將承載'國學'真脈，促進傳統思想資源的創造性轉換"。在筆者看來，《"新子學"構想》第一部分講的是有關子學發展的舊與新的問題，第二部分講的是有關子學發展的中與西的問題，第三部分則指出子學經過歷史的發展，其實已經成為"國學"的主體，也即傳統文化轉型為新文化的主力軍。

在第一部分中，方先生以發展的眼光，勾勒了子學發展的歷史進程，進而指出："當子學的歷史發展得以完整呈現後，其固有概念則自然而然地衝破以往陳見的束縛，重新確立起兼具歷史客觀性與現時創新性的概念。"學術研究總是強調繼承與發展，往往有一個返本開新的問題，是故研究《紅樓夢》，有"新紅學"之説；研究儒學，有新儒學之説；研究仁學，有新仁學之説，如此等等。這幾乎可以説是學術研究的一般規律。方先生提出"新子學"的可貴之處在於：不是一般地強調學術發展的"苟日新，日日新，又日新"，而是有着極其強烈的現實關懷。方先生在文章中説："從歷史中走來的子學，其靈活多樣的方式、鮮活的思想內容，總與豐富多彩的現實世界保持着交互相通的關係"，"過去，它（按，指諸子學）曾不斷催生人們的新思維，鼓舞激勵着歷代仁人志士；而今，在我國改革開放逐步推進、國家實力持續提升、全球化意識不斷增強而國人對子學進一步發展的意願越來越強烈的大背景之下，子學正再一次與當下社會現實強力交融,律動出全新的生命形態——'新子學'!"是可知方先生之構建"新子學",決不僅僅是就學術而論學術,做死的學問,而是想從子學極為悠久的歷史傳統中,尋找為當下現實服務的寶貴的鮮活的思想資源。這實體現了一位傑出的學者從事學術研究所具有的令人欽佩的時代使命感。

方先生對有關子學發展的中與西的問題也作了很好的闡述。時代不同了,中國當下幾乎所有的學術研究,都會面臨一個中與西的問題,即中國學術與西方學術之間關係的問題。子學的發展自然不能例外。子學誠然是中國固有的學術,但不可否認的是,它如同中國其他富有思想的學術那樣,同樣具有普世的價值。在一個世界開放的時代,研究具有普世價值的學術,如果僅僅局限在中國傳統的學術視野裏,我們自然不能更好地闡發它的價值。惟有用世界學術的眼光與胸襟,我們才能避免卑處一隅而鮮觀衢路的境地。不過,所謂用世界學術的眼光,並不是僅僅以西釋中,惟西方馬首是瞻,而是如方先生所說,在深入開掘諸子學自身內涵的過程中,不忘取西學之所長,以補自身之不足,即將西學作為可以攻錯的他山之石,由是坦然面對西學。"中國學術既不必屈從於西學,亦不必視之為洪水猛獸,而應根植於中國歷史文化的豐厚沃土,坦然面對西學的紛繁景象。"方先生如此擲地有聲地闡述中西學術研究之間的關係,不僅僅是"新子學"研究所應取的態度,其實也是當下一切學術研究所應取的科學的態度。

從宏觀的角度看,子學誠然也是"國學"的一部分。建構"新子學",毫無疑問必須恰切地處理好"新子學"與"國學"之間的關係。《"新子學"構想》一文第三部分,方先生深察古今,俯瞰百代,深刻地指出隨着近代學術的日益發展,尤其是通過"五西"以來子學與"西學"之間起承轉合的變化發展,子學早已經使自身成為"國學"發展的主導力量,即"國學"的主體。惟是之故,在新的時代,"新子學"一定能承載"國學"真脈,促進傳統思想資源的創造性轉換。概乎言之,方先生始終站在子學發展的時代制高點上,思考子學發展的新方向,這在相當程度上,也是在思考中國文化的未來走向。

"我們必將以更為開放的心態,使中國傳統思想文化與西方科學理念得到完美結合,並轉生為當今社會的精神智慧之源,最終發展出民族性與世界性兼備的新國學。"我們堅信,方先生對"新子學"的這一構想,經過不懈的努力,一定會成為現實。

[作者簡介] 鍾明奇(1965—),男,浙江嘉善人。文學博士,曾任華東師範大學出版社編審,現為杭州師範大學中國古代文學與文獻研究中心教授。主要從事明清文學研究,已出版學術著作《明清文學散論》,發表學術論文40多篇。

時代召喚"新子學"

孫以昭

十數年來,方勇教授的學術研究,從莊子文本的搜集、梳理到莊學史的探討,再由莊子研究拓展到諸子研究,脈絡清晰、步履穩健,既踏實勤奮、埋頭苦幹,又目光敏銳、勇於創新。近年來,方勇教授主持編纂《子藏》大型學術工程。2012年4月在上海召開的由華東師範大學先秦諸子研究中心舉辦的"先秦諸子暨《子藏》學術研討會"上,他還提出了"全面復興諸子學"的口號。接着不久,2012年10月22日,又在《光明日報》"國學"版上發表《"新子學"構想》一文,闡發當前子學研究應由全面系統搜集資料轉向廣泛深入地探究其義理的構想。對方勇教授所倡導的"新子學"這一宏大抱負,我深表贊同,並深感振奮。

在我國傳統文化中,子學是最具創造性、鮮活力,而又對自然、社會與人生最具深邃思辨和睿智應對的部分。子學興起與發達的時代也都是具有多元文化並起共存,互相吸納交融而又彼此對立、不斷衝突,充斥着危機感的時代。春秋戰國、漢末、明清之際、晚清,莫不如此。當前也是如此,不但中國,整個世界都處在一個多元化而充斥着競爭和危機的時代。我們現在有作為主流的意識形態,有傳統文化,又有西方思想,也存在着風險和危機。所異於往昔、不可同日而語的是,經濟日漸繁榮,科學技術突飛猛進,思想觀念不斷更新,與世界各國的交流空前密切,信息傳遞快速之至。這樣的時代,召喚着"新子學"的產生,"新子學"正適時而出,應運而生! 如果我們能夠全面搜集資料,深入開掘、系統研究諸子百家中的思想精髓,並對有關方面加以繼承發展創新,形成體系,以供社會各方抉擇、借鑒,它將無愧當今,啟迪後世,有着深遠非凡的意義。但總體而言,"新子學"比《子藏》更加複雜、更為艱巨。對此,我有幾點脞說芻議:

一、要明確界定"新子學"的研究對象與範圍。方勇教授認為"新子學"之"子",乃是思想史上"諸子百家"之"子",這說得很對;但是說"具體內容則嚴格區分諸子與方技,前者側重思想,後者重在技巧。故天文演算法、曆數、藝術、譜錄不在子學之列",則有待商榷。不但方技中有不少思想資料,就連天文、曆數中也有思想史的資料,對這些應予以甄別、處理。

二、開展研究固然不能離開傳統的訓詁與義理兩個層面,使之盡量貼近文本原意,同時也要面對西學,加以比照吸納,還要進行多學科的綜合性大文化研究。子學博大精深,其思想及問題涉及諸多學科,尤其在莊學研究和墨學研究上更是如此。《墨子》中有力學、光學、几何學和機械製造學,《莊子》中不但有大量的養生學,還有生物學、物理學和地理學,這些都需要我們吸納相關學科的專家、學者參加,進行通力合作,才能真正弄清一些問題。

三、既然稱為"新子學",就不但要全面深入地搜集、梳理前人之作,闡發其思想精義,也應該撰寫出新的"子學"著作,主要用現代的語文體寫,也可以用文言文寫。

四、條件成熟,可以正式成立或將現有機構轉化成"新子學"研究中心、"新子學學會",以全面深入開展此項學術思想工程。

這裏,我想用以下十二句話來結束這篇短文並表達我對"新子學"的贊同和期盼之情:重視傳統,面對西方;資料先行,思想闡揚。梳理繼承,不斷創新;利國利民,百家爭鳴;全球視角,臻於大成;而今而後,無愧先人。

(原載於《安徽報》2012 年 12 月 14 日)

[作者簡介] 孫以昭(1938—　),男,安徽壽縣人。現為安徽大學中文系教授,主要從事跨學科大文化研究,發表論文 80 餘篇,主要著作有《三合齋論叢》、《莊子散論》(合著)等。

《"新子學"構想》體現時代精神

陸永品

方勇教授《"新子學"構想》論文,2012年10月22日在《光明日報》發表後,立即引起學術文化界的廣泛關注。該文論述了三個問題,我想就其中的"'新子學'將承載'國學'真脈,促進傳統文化思想資源的創造性轉化",談點感想和看法。

該文説"新子學"將承載國學真脈,而成為國學的新載體。即是説,"新子學"不同於以往學界議論的舊國學。舊國學以儒家"六藝"(或稱"六經")為載體,範圍狹窄,觀念陳舊僵化,不符合時代發展潮流。有的學者仍然堅持馬一浮(1883—1967)當年的"舊國學"觀。馬一浮説:"六藝者,即《詩》、《書》、《禮》、《樂》、《易》、《春秋》也。此是孔子之教,吾國二千餘年來普遍承認一切學術之原皆出於此,其餘都是六藝之支流。故六藝可以該攝諸學,諸學不能該攝六藝。今楷定國學者,即六藝之學,用此代表一切固有學術,廣大精微,無所不備。"(《泰和宜山會語·楷定國學名義》)馬一浮對國學的楷定,只是一家之言,早已成為過眼煙雲。西漢大儒董仲舒"罷黜百家,獨尊儒術"的主張,漢武帝也只是實行一時。司馬遷父子的《論六家要指》,對儒、道、墨、法、名、陰陽諸家之得失給予恰當的評論,並不認為儒家能一家獨尊。儒家主張恢復舊禮制、厚葬和輕視女性等思想,違背歷史潮流,是行不通的;故孔子周遊列國,到處碰壁。著名歷史學家和考古學家李學勤先生近日説:"我在前不久舉辦的'《文史》創辦50年出刊百輯紀念座談會'上提到,現在大家很喜歡講國學,並掀起一陣陣'國學熱'。但我認為,目前在國學研究方面有時還有很多缺點,最明顯的是浮躁、空疏、功利,這三條與傳統文化的根本點,即沉潛的、切實的、非功利的、超越的剛好相反。所以,國學這麼發展下去肯定會出現問題。"① 李學勤先生的告誡,應當引起學術文化界同行的重視。當今,在世界各國成立了幾百所孔子學院,這是我國與外國學術文化交流的政治需要,是學習漢語、宣傳中國的一個窗口。孔子學院並非只宣傳儒家學説,這是人所共知的道理。

"新子學"繼承和發揚諸子百家優秀傳統文化,體現了當今的時代精神。諸子百家有其豐

---

① 《以"二重證據法"推動歷史學和考古學的發展——訪歷史學家、古文字學家李學勤》,《中國社會科學報》2012年10月31日。

富的優秀傳統文化內涵,諸如儒家以仁為核心的理念、"民為貴"的民本思想;墨家"兼愛"、"非攻"、"彊本節用"的主張;法家"不別親疏、不殊貴賤,一斷於法"的法治思想;道家勸人向善、謙虛退讓、少私寡欲、超脱曠達、與時俱化,尤其莊子關於"齊物論"、與天為一的哲學建樹及其"法天貴真"、"復歸於樸",只可意會而不可言傳的美學思想等,對後代學術文化的發展皆產生深遠的影響。魯迅評價莊子説:"汪洋辟闔,儀態萬方,晚周諸子之作莫能先也。"(《漢文學史綱要》)郭沫若亦評價莊子説:"莊子在中國文化史上的確是一個特異的存在,他不僅是一位出類的思想家,而且是一位拔萃的文學家……秦漢以來的一部中國文學史差不多大半是在他的影響之下發展。"(《莊子與魯迅》)

應當看到,儒、道、墨、法在春秋戰國時代已經成為四大"顯學",是中華民族文化的四大堅強支柱,是取之不竭、用之不盡的文化源泉。所以説,讓"新子學"成為"新國學"的主體,是明智之舉,應當成為發展中華民族文化的重要戰略思想。

方勇教授在文章中説,"新子學"將成為"國學"的新主體,即是説"新國學"的涵蓋面更加廣泛,內容更加豐富,應當包括我國古代詩詞曲賦小説等優秀傳統文化。由此説明,"新子學"具有更加開放、豐富、包容的文化特點。

《"新子學"構想》是突破陳腐觀念的創新理論,自然會有其不足之處,應當逐漸予以完善。這裏只説兩點,以供參考。其一,先秦法家"不別親疏,不殊貴賤,一斷於法"的法治思想,對於當今制訂依法治國的國策,有其積極的借鑒作用。《"新子學"構想》也應當強調法家的重要歷史地位。其二,《"新子學"構想》説,道家在四項內容方面,"於紛繁世界之外,'清虛自守'、'澡雪精神'",如此概括,似乎稍嫌不足。應當改為:道家清虛自守、少私寡欲、勸善立德、謙遜退讓、澡雪精神、圖難於易、圖大於細、與時俱化以及法天貴真、復歸於樸等,頗受世人青睞。

事物總是在發生變化的,一成不變的事物是不存在的。國學的內涵也應當隨着歷史的延伸而增加新的內涵。舊國學是如此,新國學也應如此。這是歷史發展的必然規律。

"新子學"成為新國學的主體,在國勢昌盛、經濟繁榮的今天,不僅能繼承我國的優秀傳統文化,汲取外來文化精華,推動中華民族文化空前的大繁榮大發展,還會促進中華民族文化更加富有活力和創造性。

一花獨放不是春,百花齊放春滿園。我們將會迎來百花齊放、百家爭鳴的萬紫千紅的春天。

(原載於《中國社會科學報》2012年10月26日)

[作者簡介] 陸永品(1936—　),男,安徽宿縣人。現為中國社會科學院文學研究所研究員,主要從事先秦兩漢和唐宋文學研究,著作有《老莊研究》、《莊子通釋》、《莊子詮評》(合著)、《司馬遷研究》等。

借力諸子　開拓中國學術新途徑

何美忠

　　當今中國的思想文化領域可以說是西學泛濫，儒學掙扎，"中國化"的聲音一直流於空談，學界可說是一片亂象。雖説亂，但亂中也有亮點：學界有識之士普遍認為，在國家實力迅速上升之際，重建中國學術體系，提升中國學術在世界學術界的地位，已是刻不容緩之事。在此當口，《子藏》編纂出版，諸子學再興，尤其是方勇教授獨樹一幟地提出"新子學"構想，實在是正當其時，其當下意義不可低估。

　　那麼，諸子學的再興，"新子學"的構想，能否給中國學術界，特別是國學研究帶來新氣象？諸子學的再興，"新子學"的構想，對扼制西方思想文化的氾濫能否發揮一定的作用？諸子學的再興，"新子學"的構想，能否為中國特色的學術體系的建立貢獻力量？值得期待。

　　諸子學與儒學一樣雖然都是舊學問，但漢以後儒學獨尊，成為官家主流意識形態，諸子學則被長期邊緣化，這是它與儒學的最大不同之處。也正因為諸子學不入官家法眼，反而使它在某種程度上更多地保留了華夏思想文化成熟期的原初狀態。提倡"新子學"，再興諸子學。追尋諸子，就是追尋華夏原初精神，就是追尋中國學術之根。一個民族的思想文化學術都是生發於這個民族的遠古根脈。先秦諸子的可敬可貴之處，即在於他們能以其非凡的思辨力和深邃精妙的文字，將遠古以來我們民族所創造和積蓄的思想文化財富，以自己的理解和自己的方式，總結記述在他們的著作中，儒、道、法、墨、名、陰陽等各家都為此做出了自己的獨特貢獻。易思維、道觀念、仁思想、法意識、兼愛、逍遙、陰陽、名辯、輕重、兵法，等等，都是先秦諸子為我們留下的珍貴財富。他們為今天創造建構全新的具有中國特色的社會主義思想文化體系，提供了取之不盡、用之不竭的思想源泉。追尋諸子，無疑可以讓我們更清楚地認識自己的學術根脈，提高我們的文化自信心，幫助我們擺脫因長期受西學浸淫而造成的學術上的困窘之境，激勵我們去開闢中國自己的學術道路。

　　同時，體現在諸子身上的那種活躍的思維，獨異的精神，廣闊的視野，神馳八極的精神世界以及以標新立異為傲的首創意識等，這些華夏精神中固有的思維活力因數，也正是眼下中國學人最缺少的質素；而要重振中國學術，最需要的恰恰就是這些質素。長期以來，由於"獨尊儒術"，唯"儒"是從，國人的思想被嵌制在官家主流意識形態之中，讀經、注經、釋經成了文人的唯一作業,舍此没有真學問,非儒之諸子不是被排斥,就是用來注經、證經,充當儒之"羽翼"。儒家斥墨家為"禽獸",批名家為詭辨,畏天命,畏大人,畏聖人之言,獨異者被視為異端,後儒甚至對持異端思想者施以嚴酷迫害,如李贄的遭遇即为一证。由此,造成了中國文人思維固化、創造力嚴重退化。中國有着數千年不間斷歷史,卻缺乏影響世界的"軟實力",原因或許正在於此。從這一點來説,再興諸子學,追尋諸子,就是要繼承和發揚先秦諸子的首創精神,使華夏學人本有的創造性思維重新回歸,打通被堵塞了的思維之途,喚醒被麻痹了的思維神經,讓國人從"述而不作,信而好古"的僵化模式中解脱,激發出被抑制已久的創造活力,讓思維世界重新焕發出奪目的光彩,超越諸子,走向現代,創建與中國的世界地位相匹配的中國學術、中國思想、中國哲學。

　　此外,先秦諸子那種獨立不羈的學者精神也具有無窮的榜樣力量,我們應該借力諸子,來克服或隱或顯地存在於我們身上的文化屈從意識。這種文化屈從意識,存在且長期得不到克服,對中國學術事業的健康發展十分不利,是眼下中國學術界最令人不安的問題。依附權貴的屈從,泥古不化的屈從,崇洋媚外的屈從,都需要克服,而眼下最需要克服的是崇洋媚外的屈從,因為在中國,所謂精英分子中,崇洋媚外者甚多。這些學術精英逢洋必捧,逢中必貶,對西學崇拜得五體投地,而對中國學問則無論古今,皆棄如蔽帚,不屑一顧。言必稱希臘,師必從西方,每介紹一位西方學者,莫不以大師相稱;每引進一部西方著作,莫不以精品冠之;凡西方思想皆"先進",凡西方學問皆"現代",唯西方馬首是瞻,觀之令人心寒。當然,中國學者不應該拒斥西學,也没有必要拒斥西學,近代以來的情況證明,中國學者具有海納百川的胸懷,從不拒絕借鑒和吸收外來文化,這是由中國學問的先天包容性決定的。有容乃大,正是這種包容性才使中國思想文化如此豐富多彩並延續數千年之久。但是文化包容性是母體文化對外來文化的吸納與融匯,對學者來説,是在文化自信基礎上,自覺地對外來文化進行有選擇的採納和吸收,而不是照搬,更不是屈從。文化包容與文化屈從二者有着本質的區別,文化包容精神應該提倡,而文化屈從意識則應該克服。我們應該趁諸子學再興的機會,借力諸子,從我們的頭腦中驅逐這種文化屈從意識,讓中國學術事業健康發展。

　　有一點應該特別指出的是,提倡"新子學",尋求諸子學的再興,也不應該與目前出現的儒學熱形成對壘局面,而應該是彼此相容交匯,在爭鳴中推動中國學術的新發展。實際上,儒學就在諸子中,更是諸子中之姣姣者,只是由於長期處於"獨尊"地位,不免養成了傲視非儒諸子的壞脾氣,這種唯我獨尊的思想不過是歷史的殘存,雖然還不時地出現在今儒身上,但它不應該成為中國古今學術大融匯、大發展的阻力。在今天這樣一個開放的時代,任何自我封閉的做法都是不可取的,這不僅不利於自身的發展,更不利於中國思想文化和學術事業的發展。無論是諸子學研究還是儒學研究,都應該是開放式的,絕對不能畫地為牢,自我封閉。期望中國學壇能夠出現百家爭鳴、相互切磋,共襄學術大業的新局面。

　　追尋諸子,重建中國學術的想法不是始於今天,早在二十世紀初在新文化運動的推動下諸子學就曾一度十分興旺,胡適就曾説過:"非儒學派的恢復是絕對需要的。因為在這些學派中可望找到移植西方哲學和科學最佳成果的合適土壤。"(《先秦名學史》,學林出版社1983年再版)今天西學對中國文化思想學術乃至人民生活的影響,較之胡適所處的時代,可以說有過之而無不及,且無論是舊儒學還是新儒學,都已無力抗衡西學,當此之際,諸子學再興,其重要性是不言而喻的。胡適確有先見之明,但他欲借諸子以移植西學的主張,我本人並不贊同。我以為不同文化可以取長補短,彼此吸收,相互交融,卻不可移植,實際上也從來沒有任何一個國家或民族移植別國文化為自己文化。日本文化受中國文化影響最大,但我們不能說日本移植了中國文化,只能說它學習借鑒中國文化,從而創造了自己的文化,即便現在日本文化中仍然可以見到中國唐文化的遺存,但那也是日本化了的唐文化,而並非原汁原味的中國唐文化。日本文化自有其獨特個性,其與中國文化的區別是顯而易見的。胡適的移植說,是他缺乏文化自信的一種表現,移植的結果也不甚理想,不中不西,不倫不類。哲學家金岳霖就曾批評《中國哲學史大綱》說,胡適的這部著作給人一種"奇怪的印象",不像是中國人寫的,倒像是"一個研究中國思想的美國人"寫的。

當然,我這樣說也不是要否定胡適的《中國哲學史大綱》。應該說,胡適的這部著作在中國學術現代化的發展進程中,無疑具有里程碑的意義,這是必須肯定的。在肯定這一點的同時,我們也應該看到胡適諸子學研究工作中的不足。他的《中國哲學史大綱》暴露出來的問題說明,中國學者在向西方學習的時候,主體意識不可缺位,要以中為主,以西為輔,不能顛倒主次。中學與西學之間可以進行比較研究,可以融匯貫通,但不能比附,不能移植,不能簡單地以西方思維方式閱讀諸子。中國學術話語權之所以喪失,主要是因為中國學人主體意識的缺位以及文化屈從意識的作祟。今天再興諸子學,應該吸取前輩的經驗教訓,在重新找回中國學術話語權、重建中國學術體系的偉大工程中,有意識地借鑒先秦諸子所創設的學術理念和概念術語,創造出新的具有現代特性的中國學術話語,用中國學術話語表述中國學問,重塑中國學術在世界學術界的地位。

諸子學研究無疑是一種學術事業,但我以為,在當今華夏民族大復興的時代,任何學術都是和民族、國家的命運相繫的,我們要創建以世界為舞臺的全新的中國學術事業,就不能讓自己躲在"象牙塔"內,拘泥於所謂"純學術";而應該學習先哲那種以天下為己任的擔當精神,將學術研究與民族的復興緊密地結合起來。其實諸子學研究根本就無法回避政治,除了子學本身先天帶有一定的政治色彩之外,要想使子學研究服務社會,服務現實,就必然地與社會與政治發生關係。更何況構建中國學術新體系,重建中國學術話語權,讓中國學術走向世界,這本身就是一個與政治相關涉的繁重任務,任何有抱負的學者都會清醒地認識到這一點。當然,我這樣說並非是主張把子學研究與政治捆綁,我只是認為我們的學術研究不應該是象牙塔裏的事業,而應該為中華復興事業作出自己的貢獻。

中國可追溯的歷史長達五千年,其中近三千年有文字記載,並延續至今,不曾間斷。這一世界歷史上僅有的現象,充分證明華夏原初精神無疑是一種充滿開拓意識的創造性精神,不然我們就不可能在歷經磨難之後還能屹立於世界民族之林,並繼續創造着新的奇迹。因此,可以毫不含糊地説,創造性思維乃是中華民族固有的思想文化因數。這些極其珍貴的思想文化因數就保存在先秦諸子的著作中。提倡諸子學,就是開啓這座寶庫,開掘這些被摒棄已久的寶貴財富,讓它為創建具有現代意義的中國學術大廈作出贡献!

[**作者簡介**]何美忠(1937—),男,天津市人。現為河北保定學院中文系副教授,主要從事現當代文化批評,曾發表文章 10 餘篇。

"新子學"對現代文化的意義

郝 雨

10月22日,《光明日報》以近乎整版篇幅發表了著名莊子研究者方勇教授的文章《"新子學"構想》,立刻引起國內外文化學界的廣泛關注。可以預見,"新子學"作為一面新的文化旗幟,必將在整個文化學界更大規模地激越起復興民族傳統文化的時代潮流。而且,這樣一個看似只屬於古代文學、古代哲學以及古代思想史領域的課題,並不僅僅是一個古代文化的研究範疇。它也為現代文化研究者提供了新的學術方向。

概括而言,子學產生於文明勃興的"軸心時代",是以老子、孔子等為代表的諸子百家汲取王官之學精華,結合時代新因素創造出來的新學術。自誕生以來,子學便在與社會現實的不斷交互中繁榮發展。時值當下,它正再一次與社會現實強力交融,呈現出全新的生命形態。"新子學"是子學自身發展的必然產物,它堅實地紮根於傳統文化的沃土,建立一套更加完善的概念與學術體系,並以更加獨立的姿態坦然面對西學。同時,它也將成為促進"國學"進一步發展的主導力量,加快傳統思想資源的創造性轉化,實現民族文化的新變革、新發展。

子學在現代學術格局和學科分類中,雖然只是屬於古代文學與古代文化的一個研究領域,但是,"新子學"的提出,卻並不僅僅是古代文化以及傳統文化研究者的本學科專業課題,它實際上為整個文化學界提出了一個共同的主題,即我們今天的文化傳承的真正源頭與主體性的問題。中華民族文化的偉大復興,是僅僅復興儒學,還是要找到民族文化的百家之源?尤其是對於現代文化研究者來說,當今中國的現代文化進程,其根本的歷史淵源和文化依據到底在哪裏?

今日的文化研究,不能總是把古代與現代完全割裂。"新子學"一定要建立起通暢的古今文化對話,從而以更加開闊的歷史文化眼光,尋求文化研究的新的邏輯起點和思維脈絡。

"新子學"的提出肯定會引起整個文化界對中國文化方向性、主體性問題的新一輪再思考。而對於現代文化研究以及文化發展來說,我認為起碼會有四個方面的意義:

第一,所謂"新子學",就是要把我們對傳統文化的研究由原來的以儒學為中國文化單一核心,轉變回歸到諸子百家。先秦諸子百家的時代是中國傳統文化最繁榮、最強盛的歷史階段之一。在百家共鳴的時代,中國文化的真正源頭產生了。但在漢以後,統治階級開始獨尊儒術，百家爭鳴的局面隨之被扼殺。今天，我們應該意識到中國文化真正的源頭在百家，而並不僅僅是儒家。

　　第二，這樣一種文化研究的思路，同時也給"五四"新文化運動找到了一個合理的邏輯前提和解釋。大家知道，"五四"新文化運動是一場思想解放運動。當時最鮮明的旗幟就是打倒孔家店，就是要反對以儒家為核心的傳統文化、封建文化，就是要反傳統。但是，現在有些學者認為，現代以來中國傳統文化的斷裂是由兩次歷史事件造成的，一次是"五四"新文化運動，一次是"文革"。所以，有人從上世紀八九十年代就開始倡導新儒學，認為把儒學接續起來才能繼承中國的傳統文化。但是，如果説當年打倒孔家店是錯誤的，那就必將涉及對於"五四"新文化運動的歷史評價問題。新文化運動是我們中國的文藝復興，促進了中國文化的現代化。但是新儒學這一派強調：一切現代的信任危機、道德滑坡、人文精神的式微都是由於我們把傳統文化丢掉了，所以我們必須復興傳統文化，而復興民族文化，按照他們的常規思路就是復興以儒家文化為核心的傳統文化。這就無形之中陷入了一種傳統與現代到底孰是孰非的悖論。而現在把"新子學"的概念提出來之後，這個問題就不存在了。因為我們要復興和繼承傳統文化，應該繼承的是百家時代的一種繁榮的、全面的中國傳統文化。而為什麼"五四"時代要打倒孔家店、要反儒家？一旦把一個民族的文化由百家局限到一家，由一家統治思想領域幾千年，那肯定會造成民族文化的萎縮。文化是需要活力的，活力是需要競争和多元的。所以"五四"新文化運動站在這樣一個角度來看，就没有問題了。那時的所謂反儒家，反的是由於傳統的專制體制而造成的獨尊一家的文化局面，所以以反儒家為主要目標的"五四"新文化運動，就是把以儒家為核心的傳統思想推翻，根本改變思想專制的大一統文化局面，從而進入以人為本的文化現代化。這就有了合理的解釋了。獨尊儒家是我們民族文化衰敗的原因之一，而新文化運動中斷了儒家為核心的專制性的文化，就是文化歷史的大勢所趨。因此，我們今天的復興不能獨尊儒家，不能視其為唯一。我們現在要在"新子學"的旗號下尋找到中國文化的真正源頭，我們要重啓百家争鳴的文化局面。

　　第三，在全球化時代，通訊科技與新媒體高速發展，世界已經成為"地球村"，文化也只能是多元的。我國漢代能够罷黜百家是因為傳播技術落後，生産方式也非常低下，人的交往和對媒介的依賴不是很强，而且當時文化的普及率不高，思想也不是很活躍，獨尊儒家相對容易。但是現在，在網路傳播發展充分的條件下，人們已經擁有了相對自由的表達和交流空間。在這樣的媒介新環境中，未來文化的發展一定是多元的。當年我們文化的繁榮正是由於百家争鳴的局面。所以，"新子學"並不只是要更深入地研究諸子百家的文本含義，並不僅僅是回到故紙堆裏去挖掘老祖宗的學術觀點，而是强調它對當下的意義。"新子學"給我們提供了現代文化環境中我們民族文化繁榮振興的一個重要參照，我們應該建立起如同當年百家争鳴的一個新時代。

　　第四，"新子學"的提出，並不只是仍然把子學作為一個學科來進行專業研究，並不只是要在學術理解和闡釋上讓它繼續深化，更不是把它作為局限在其傳統考據本身的一種學問。我們要從子學中尋找到真正使我們民族具有強大發展潛力的根本,最需要找到的就是蘊含在諸子百家之中的中國智慧。

(原載於《文匯報》2012年12月17日)

[作者簡介] 郝雨(1957—　),男,河北昌黎縣人。現為上海大學影視學院教授、博導、上海大學新聞理論研究中心主任,主要從事現代文化與媒介批評研究,著作有《中國現代文化的發生與傳播》、《告別世紀》、《媒介批評與理論原創》等,並在海內外學術期刊發表論文數百篇。

"新子學"筆談

10月22日,《光明日報》"國學"版刊登了華東師範大學先秦諸子研究中心方勇教授的《"新子學"構想》一文。文中系統論述了諸子學的產生、發展及其富於創造性、開放性、充滿生命力的特徵,並對子學與西學的關係、子學在國學中的地位等問題提出了不同於以往的看法,引起了學術界的廣泛關注。本報特邀約有關專家學者參與筆談,以期引起對"新子學"的進一步思考與討論。——責任編輯:朱自奮

時代需要"新子學"

卿希泰(四川大學宗教研究所所長)

我讀了方勇教授的《"新子學"構想》一文,對他所倡導的"新子學"觀念表示十分贊同。

方勇教授認為:"子學系統,代表了中華文化最具創造力的部分",是對"宇宙、社會、人生的深邃思考和睿智回答,是在哲學、美學、政治、經濟、軍事、教育、技術等諸多領域、多維度、多層次的深入展開。"對於子學的這個界定,我表示同意。

子學興起的第一個高峰是在春秋戰國時代,當時社會正從奴隸制向封建制轉變。在這樣一個大轉變也是大動盪的時代裏,一些思想家面對社會上出現的種種問題,努力探討救世濟人的良策。由於各家觀點不盡相同,從而出現了諸多思想派別的互相辯論,當是時,百家爭鳴,盛況空前。諸子學說正是先秦時代精神的精華,其不僅對促進當時哲學思想的發展具有重要作用,而且對整個傳統哲學思想的發展也有很大的影響。

明清之際,隨着封建社會內部資本主義因素的萌芽和商品經濟的發展以及市民運動的日益興起,封建社會進入了緩慢解體、逐步衰落的階段,即所謂"天崩地解"的時代。正如毛澤東同志所說:"中國封建社會內的商品經濟的發展,已經孕育着資本主義的萌芽,如果沒有外國資本主義的影響,中國也將慢慢地發展到資本主義社會。"在這樣一個社會大變動的時代裏,充滿着各種各樣的社會矛盾與人生問題。因而,代表時代精神的思想家,也提出了各自不同的觀點和學說,以期解決當時所面臨的諸多社會矛盾。這些在新的歷史條件下迸發出來的啟

蒙思想家的學説，是否也可以稱之爲近代的子學？對此，不知方教授意見如何？

改革開放以來，隨着我國社會經濟的飛躍發展和國際地位的不斷提高，國際交往也日益頻繁，所面臨的各個方面的諸多社會矛盾也日益突出，因而迫切需要大批的思想家來發揮其智慧，系統探討如何解決當前所面臨的各種社會矛盾的理論和策略。這就充分地表明了：時代需要"新子學"！因此，方教授所提出的"新子學"構想，具有十分重大的理論意義和現實意義，我很支持。

對《"新子學"構想》的建議
譚家健（中國社科院文學所研究員）

方勇教授最近提出"新子學"的構想。這是比《子藏》更艱巨複雜的學術工程，需要國學界廣泛參與，研討探索，裨補缺漏，使之更加周到完善，具備可行性。依此，謹呈三點芻議：

第一，明確"新子學"之對象和範圍。

"新子學"乃相對於傳統子學而言。方勇教授認爲："新子學""並非傳統目録學經史子集之子學，而是思想史上諸子百家之子。具體内容則嚴格區分諸子與方技，前者側重思想，後者重在技巧。故天文算法、術數、藝術、譜録不在子學之列。"我希望進一步明確，"新子學"是否包括釋家、道家和小説家？佛有佛藏，道有道藏，自成體系，似乎不必納入新子學，但又是思想史資料；小説家類乃古小説，不屬於思想史；方技中也有思想史資料，這些應當如何處理？

第二，新子學究竟如何面對西學。

中學與西學之争，已經持續一百多年。方勇教授强調，要選擇多元文化，擺脱二元對立思考的局限，既反對"迷失在西學叢林裏難以自拔的自由主義"，也不取"一味沉溺於以中國解釋中國的保守思維"。這些意見我贊成。然而在新子學中，如何將其具體實現？

推進思想史文學史研究中的中西結合，多元互補，應該首先解決價值觀和方法論問題。古代文學、哲學皆以有助教化爲基本價值，哲學史中以陰陽、名實、知行、有無、本末、理氣、道器、心性等爲基本範疇，這些如何向現代轉化？"新子學"如何處理這些根本的理論性問題？

第三，正確界定新子學在國學中的地位。

《構想》指出："新子學，將應勢成爲國學新主體。"這個問題涉及對國學的總體界定，目前意見紛紜。在傳統目録學中，"新子學"之書是子部中的一部分。它是否能夠真正成爲國學新主體？它與經學、史學、文學存在什麽關係？這些還應當廣泛聽取各界朋友的不同意見。

建立中國學術的核心價值

王鍾陵(蘇州大學文學院教授)

中國已然成為世界第二大經濟體,並正在繼續壯大之中,這是中華民族復興的基礎。然而,沒有以學術為核心的整個文化的發展,民族復興的偉大任務就不可能真正完成。經濟強大,文化昌盛,是民族復興缺一不可的兩翼,並且,昌盛的文化對於經濟的持續發展也是不可或缺的。因此,必須建立中國學術的核心價值。

如何建立中國學術的核心價值?

第一,應該返回到民族文化的根源——先秦典籍之中。文化原型在現代條件下的啟動——啟動的過程,同時也就是意義因革衍生的過程——才能使我們返回到民族文化生命的最深的泉源。"新子學"的概念,在我看來,就是對於先秦諸子學説研究在新形勢下的革新。對於一個民族獨特的文化意義的深根固本,及其在新的條件下的開掘、發展,是一個民族高揚其生存價值的集中體現。

第二,不是"接着講",而是"對着講"。中國思想文化的發展應該是在全球化中發揮自己的優長。那種僅僅接着在漫長的專制制度下形成的傳統話語所説的話,很可能產生繼續為舊事物、舊現象服務的效果;並且,傳統文化也必須在與西方話語的對話中,在解決現實困境的作用中,來鑒别其價值。因此,我們需要"對着説",針對西方的話題,對照中西兩種話語,在對話中求深入、求新意。

第三,子學研究的革新,需要建立一種新的詮釋學。子學研究向來有訓詁與義理的兩個層面,這兩個層面的研究首先都需要努力貼近文本的原意。自我的解釋應該與文本的原意有密切的關聯,當然也可以拓展開來。重要的是,不能在不懂得文本原意的情況下,隨心所欲地加以解釋。

第四,要敬畏經典。經典是民族文化之根,經典形成了民族文化意義空間的構築,因此經典是不容褻瀆的。後現代削平深度的傾向在中國也日益彌漫,經典也成為不良媒體與德里達所説的"媒體知識分子"消費的對象。只顧自己賺錢,而無視、褻瀆以致破壞民族文化之根,乃是一種文化犯罪的行為。解構主義哲學家德里達晚年時説過,今天,亟需"對媒體權力製造的普遍話語發起戰争","反抗並不意味着應該避開媒體。在可能的情況下,應該發展並幫助媒體多樣化,讓媒體負起這同樣的責任。"

從全球文化脈絡的角度看"新子學"的意義

鄧國光(澳門大學教授、澳門中國哲學會會長)

宏觀當下整體的文明,皆處於生成發展的互動狀態,活躍異常。而中國文化源遠流長,經歷過種種挑戰與危機,文化機能的新陳代謝,亦極爲強韌。文化精英以其高度智慧與洞見能力,先知先覺,超越眼底種種變幻與成見,一本良知理性,引導文化,走出歧路。

中國文化的集體智慧,保存在傳統學術之中,包括經學、史學、子學與集學。從立義的角度言,四部都是一心。從分類而言,四部是體。從學術功能而言,因體見用。四部全體大用,皆不能偏廢。二十世紀的中國為了自強,必須走自新之路。"周雖舊邦,其命維新"。新時代有相應的挑戰與機遇,維新的責任,自然落在先知先覺的知識分子身上。在集部,有新文學;在經部,有新經學;在史部,有新史學。但作為時代理性思維象徵的"子學",獨落後於斯。

可幸的是,方勇教授提出"新子學",如此整個四部學術能共同在相同方向上各顯輝煌。"新子學"過濾蕪雜的偽飾,醇化子學的本質,重建中國學術話語,啟動思想,發憤人心,重振靈魂,積極解決新時代的深層次困擾,而期向未來生活世界的整體幸福。就世界文明格局的重新調整而言,這是非常重要的一步。中西之間的學術世界,因中國學術"義理"的重新釋放,形成了整體道義自覺的正能量,自然可以進一步和諧通融,讓全球同心同德,合力解決當下危機,為萬世開太平,意義異常重大。

方教授的熱誠宣言,自然流出此心此願,此力此業,拜讀後深為佩服。正大抱負,其不凡處一洗平庸固陋。時代有人,文化復興乃是必然。感觸之餘,謹綴片言,以申敬重的衷情。

"新子學"的現代文化意義

郝 雨(上海大學影視學院教授)

"新子學"的提出,顯然不僅僅是古代文化研究者的本學科專業課題,而是在當今的全球化、新媒體時代,為整個文化學界提出的一個共同主題,並明確了當今文化傳承的真正源頭與主體性。它回答了:中華民族文化的偉大復興,是僅僅復興儒學,還是要找到民族文化的百家之源?對於現代文化研究者來說,當年的新文化運動否定獨尊千年的儒學,到底有沒有錯?而當今中國的現代文化進程,其根本的歷史淵源和文化依據又到底在哪裏?

作為一面新的文化旗幟,"新子學"必將在整個文化學界更大規模地激起復興民族傳統文化的時代潮流。它不僅是古代思想文化的研究範疇,也為現代文化研究者提供了全新的學術基點和方向、旗幟。我們的文化研究,不能總是把古代與現代完全割裂,壁壘森嚴,互不交通。"新子學"的話題一定要把古代與現代打通,建立起通暢的古今對話,從而以更加開闊的歷史眼光,尋求文化研究新的邏輯起點和思維脈絡。

"新子學"的提出,勢必引起整個文化界對文化問題的新一輪重新思考:第一,把我們對傳統文化的研究由原來的以儒學為中國文化單一核心,轉變回歸到諸子百家,也就是把中國文化的源頭回溯到諸子百家時期。這樣定位,對復興傳統文化是更準確的。第二,這樣的文化研究思路同時也給"五四"新文化運動找到了一個合理的邏輯的起點和解釋。有些學者認為,現代以來中國傳統文化的斷裂是由於"五四"新文化運動把儒家否定推翻了。"新子學"告訴我們,儒家不應該是我們中華民族文化的唯一,而恰恰因為人為地將其獨尊才導致了後世中國民族文化的衰敗。我們現在就要在"新子學"的旗號下,尋找到中國文化的真正源頭。第三,全球化時代,文化只能是多元的。"新子學"的提出,就是要重建百家爭鳴的局面。

多元時代的文化傳承與選擇

陳引馳(復旦大學中文系教授)

這些年來,方勇教授的學術研究有一清晰的發展脈絡,從莊子文本到莊學史,再由莊子研究進而拓展至諸子,近年來編纂《子藏》,現在又提出"新子學"的概念。相信"新子學"不僅僅是一項學術探討,應當還有其更宏大的設想或方向。

我們知道,子學發達的時代都具有多元思想、多元文化並起、交融或者衝突、對立的特點,先秦、漢末、晚明、晚清皆如是。現在所處的也正是多元的時代,有主流的意識形態、傳統思想、西方思想,所以提出"新子學"思想是十分切題的,與我們的時代有很強的相關性。

多元的時代同時也是危機的時代,子學也是危機時代的產物。先秦子學興盛、百家爭鳴,卻也是天下大亂的時代。子學發達的漢末、明末、清末也都是危機時代。現在這個時代,不僅僅是中國,從整個世界的角度而言,都存在着許多問題,同樣也是危機時代。從這個意義上講,"新子學"是要提供一種思想資源來應對這樣的危機時代,因而是十分必要的。

子學的意義本身就是多元的,諸子百家各張其說,互相爭鳴,必然存在着衝突與對立,其中有哪些可以供我們借鑒?學者、思想者是要把傳統傳承下來,把其中的精義發揮出來,把其中豐富的可能性展現出來,然後讓同時代人或者後人來重新審視、重新選擇,提供一個選擇的可能。如果我們能夠將子學的豐富與多元、衝突與互補,都展現給後人,讓後人可以做選擇,這就盡到了我們的責任,是一個非常有意義的工作。

"諸子禪": 全新的中國禪宗

吴　平（華東師範大學圖書館古籍部主任、教授）

任繼愈先生曾經指出，春秋戰國時期的諸子百家争鳴是中華文化發展的第一次高潮，隋唐時期禪宗的形成與發展則體現了中華文化發展的第二次高潮。我認爲，在這兩次文化發展高潮之間應當有着必然的聯繫。禪宗的形成與發展，是强大的、血氣方剛的儒道文化面對印度佛學的挑戰而作出的必然選擇，也可以説是子學融合佛學的成功之作。

孔孟思想直接影響到禪宗的形成與發展。如孟子主張人性先天至善，人之不善是因爲後天没有發其善端、盡其性；又認爲人人都有成善的天性，都可達到至善，即"人皆可以爲堯舜"。而慧能之所以認爲人人皆可成佛，顯然是受到了孟子思想的影響。

禪宗受老莊思想的影響也很深。如慧能要求徒衆在現實世界中"來去自由"，在日常生活中"自在解脱"，這明顯是受到了莊子"無待"、"逍遥"思想的影響。同莊子相比，慧能更突出了主體"心"的地位，慧能所説的"自由"，也就是"心"的"自由"。在慧能看來，進入自由境界也就意味着成佛，而一旦悟道成佛，就可獲得極大的自由。

禪宗就是這樣在儒道文化的母胎中完成了中印文化的交融，孕育出全新的中國禪宗，我們可以稱之爲"諸子禪"。這種中國特色的禪宗，既避免了儒家所缺乏的理性思辨之短，又彌補了道家缺乏具體生活内容之不足，同時也抛棄了佛學中繁瑣的學風，其充滿活力的創新精神正體現了"新子學"的特色。

（原載於《文匯讀書周報》2012年11月2日）

"'新子學'學術研討會"綜述

崔志博

2012年10月22日,華東師範大學先秦諸子研究中心主任方勇教授在《光明日報》"國學"版發表《"新子學"構想》一文,文中對"子學的產生發展與'新子學'"、"'新子學'將紮根傳統文化沃土,以獨立的姿態坦然面對西學"、"'新子學'將承載'國學'真脈,促進傳統思想資源的創造性轉化"三個問題予以論析,引起了學術界的廣泛關注。"新子學"概念的提出,是方勇教授繼《子藏》編纂工程之後,在弘揚中國傳統文化、推動子學全面復興方面的又一新舉措。為進一步論證"新子學"的科學性與可行性,共商當前形勢下"新子學"的發展大計,10月27日,華東師範大學組織召開了"新子學"學術研討會。來自復旦大學、蘇州大學、上海大學、杭州師範大學、華東師範大學、香港浸會大學等高校及科研機構的三十多位專家學者圍繞"新子學"文化價值及其現實意義、"新子學"與西學及傳統學術之間的關係、"新子學"未來的發展方向等問題展開深入研討。與會代表發言踴躍、討論熱烈,達成了不少共識,提出了很多寶貴的建設性意見和建議。現將本次會議的研討情況,擇要述之。

一、"新子學"的文化價值與現實意義

近年來,關於文化問題的研究與討論一直是學界的熱點。黨的十七屆六中全會通過了《中共中央關於深化文化體制改革、推動社會主義文化大發展大繁榮若干重大問題的決定》,這一決定的出臺掀起了社會主義文化建設的新高潮,文化熱、國學熱成為當前反響強烈、備受矚目的文化現象。"新子學"構想即是在全球化日漸深入、國家改革開放持續推進、國力不斷提升及文化、民族復興呼聲日益高漲的背景之下提出的。這一新生的文化概念,建立在反思中國傳統學術的基礎之上,破舊立新,具有創建性和前瞻性。在本次研討會中,與會代表對"新子學"的可行性與必要性作了深入的研討,對"新子學"的文化價值與現實意義予以了肯定。

紮根於中國傳統文化沃土之中的子學,其深邃的理論內涵與豐富的人文觀念是中華民族

文化精神的集中體現。隨着我國改革開放的日益深入，經濟、文化等各個領域迅速發展，民族復興、文化復興已成必然趨勢。從目前良好的發展形勢來看，"新子學"興起與發展的經濟基礎與文化環境已基本具備。與會代表也一致肯定了"新子學"的可行性及其文化價值。蘇州大學王鍾陵教授從"建立中國學術核心價值"的理論出發，對"新子學"的文化價值與可行性作了分析。王教授認爲，中西文化在目前世界文化體系中地位懸殊，近五百年來一直是西方占據文化的主要話語權。中國文化復興的當務之急是要建立屬於自己的學術核心價值，而建立中國學術核心價值首要的一步是要回歸中華民族文化的根源，從文化的源頭尋找核心價值。先秦諸子典籍是中國文化的源頭，是中華民族高揚自身生存價值的集中體現，同時也是中華民族獨特文化意義的代表，其應爲承載中國學術核心價值的主要載體。"新子學"是對先秦諸子學説研究在新形勢下的革新，是對民族文化因革衍生過程的梳理和總結，其文化價值不言而喻。上海大學郝雨教授同樣對"新子學"的文化價值予以了高度的評價與肯定，他認爲中國文化真正的源頭是諸子百家，"新子學"是當代文化發展的方向性旗幟，爲中國未來文化的發展指明了正確的方向。"新子學"必將在繼承與復興中華文化方面發揮重要作用。復旦大學陳引馳教授認爲傳統子學實際上是一個多元時代的産物，所有子學發達的時代都具有多元思想、多元文化並起、交融或者衝突、對立的特點，而當今時代正是一個多元的時代，主流意識形態、傳統思想、西方思想相互並存交融，"新子學"同樣與時代有很強的相關性，它的提出是符合當前中國社會文化現實的。復旦大學徐志嘯教授、華東師範大學李似珍教授均認爲方勇教授從《子藏》工程到"新子學"構想既是思想跨越、也是理論跨越，"新子學"概念頗具新意，具有突破意義。

　　"新子學"的必要性和現實意義是學者們討論的另一個焦點問題。中國有着五千年的燦爛文明，然而自近代以來，由於社會、歷史等方面的諸多原因，文化的傳承遭到了破壞，中華文明的發展脈絡幾近中斷。改革開放以來，隨着民族復興、文化復興呼聲的日益高漲，繼承和發展傳統文化成爲時代要求。"新子學"既是子學本身發展的必然産物，也是時代的需要，它的提出，不僅是學術概念的創新，更是當代中華文明承傳發展新體系的創造。與會學者對"新子學"的必要性及現實意義予以了多角度的論析。王鍾陵教授從經濟與文化關係的角度，説明了發展"新子學"的必要性。他認爲近五百年來，一直是西方主導世界，他們不僅在經濟上領先於東方，西方文化的勁旅與它所産生的文化名門也大大多於東方。近代中國對世界經濟、文化的貢獻相對較少，在世界格局中處於較低位置。在世界經濟貿易日漸發展的局勢下，中國若想在西方主導的經濟世界中占據更重要的地位，需要有昌盛的文化來保證國內經濟的進一步發展。而文化昌盛局面的實現則需對文、史、哲等基礎文化領域進行更加深入的改革，即建立中國學術的核心價值，而諸子百家學説是建立核心價值的基礎。當前發展諸子之學對於文化復興、經濟振興有着重大的現實意義。陳引馳教授認爲多元時代往往也是危機時代，子學既是多元時代的産物，也是危機時代的産物。先秦時代天下大亂，危機四伏，而正是在這樣的混亂局勢之下，子學卻繁榮興盛，出現了百家爭鳴的繁榮局面。從目前形勢來看，無論是中國還是世界,均存在諸多問題,當今時代既是多元時代,也是危機時代。"新子學"可以從某種程度上提供一種思想資源來應對這樣的危機時代。與陳引馳教授類似,復旦大學劉康德教授亦認為改革開放到目前,中國的發展遇到了很多瓶頸,"新子學"能夠提供思想資源以應對目前的困境。郝雨和李似珍教授均從新文化運動的角度對"新子學"傳承文化的必要性予以了申説。郝雨教授認為封建社會中專制性的獨尊一家的思想使文化缺乏了更新能力,這使得中國在十九世紀中後期呈現出萎縮、衰敗的落後狀態,新文化運動反對獨尊儒家文化具有一定的積極意義。二十一世紀全球化,新媒體時代到來,中國不能用一家思想對抗世界文化,時代需要新的百家争鳴來維護民族文化的根基。李似珍教授則認為新文化運動之後,傳統繼承中斷的問題被提出來,但由於時代的局限性,這些問題並未得到解決。"新子學"的現實意義在於對歷史的繼承。黄岡師範學院陳志平副教授肯定了"新子學"作用於社會的現實價值。他認為諸子學是在一個多元時代產生的多元文化,它最大的意義是當下之學,每個時代都有不同的子學產生,以解釋當下的問題。"新子學"與傳統子學類似,與時代的聯繫非常緊密,其對於解決當代問題有一定的幫助。

綜合以上與會代表對"新子學"文化價值與現實意義的討論來看:"新子學"的提出,從學術角度來看具有破舊立新的創新意義;從社會角度來講,具有為解決社會問題提供資源的實際作用;從文化角度來説,具有傳承中華文明的現實價值。"新子學"在當今時代的可行性和必要性是與會代表一致認可的共識。

二、文化差異背景下的"新子學"方法論

近代中國閉關鎖國的大門被西方的堅船利炮打開之後,西方文化如潮水般湧入中國大地。西方的科學精神與人文思想對中國的傳統文化形成了巨大的衝擊,中華文化一脈幾近割裂。改革開放以來,國人一方面以較高的熱情學習西方文化,並借助西學構建了中國現代學術體系;另一方面則高聲呼吁傳統文化的復興,"新儒學"、"新子學"等傳承傳統文化的新學術應運而生。新時期的中國學術身處中學與西學、現代與傳統的多重文化差異背景之下,如何應對這種文化差異是目前中國學術面臨的重大考驗。方勇教授在《"新子學"構想》一文中提出當今世界已非西方文化中心論時代,文化多元化是必然選擇,因此要擺脱二元對立的傳統觀念,既不能迷失在西學之中,也不能囿於"以中國解釋中國"的固有思想,要正確處理好子學與西方文化學術的主次關係,以傳統子學的智慧與胸襟,坦然面對西方。與會學者對於方勇教授的這一觀點予以了熱烈回應,如何應對中西文化之間的差異,如何處理傳統與現代的關係及如何在文化差異背景下建立"新子學"的方法論成為討論的焦點話題。

關於中西文化之間的關係,與會代表主要從兩個角度予以了論析:一是着重説明了中西文化之間的差異性。香港浸會大學陳致教授認為西學和中學之間存在明顯不同,它們各自關

注問題的視野及方法上均存在很大差異。西學的問題一般是從本體論、宇宙論中產生，與中國天人合一的傳統觀念有很大的差異。中學關心歷史事實的是非對錯和善惡，傾向於一種價值判斷，而西學基本不作這方面的判斷，他們致力於建立一種因果鏈式、概念化的過程，目的論色彩並不濃厚。王鍾陵教授認為中國無論是哲學、文論還是其他方面，其話語系統與西方的話語系統是兩套系統，存在明顯的差異。李似珍教授認為，西方思想中，哲學、宗教和科學是分不開的，而中國對科學比較忽略。劉康德教授、杭州師範大學鍾明奇教授也對中西文化進行了比較，闡明了其差異之所在。二是闡述了中西文化之間的相互衝突與借鑒，説明了當前形勢下中西文化之間的相互依存。王鍾陵教授認為，在過去的五百年中，西學創造出了巨大的文化財富，西方的現代化遠遠走在中國前面，因此要正視這一現實、這一歷史存在，要不斷借鑒西學的成功經驗來發展中國。然而西方文化固有的缺陷也很深，兩次世界大戰均由西方發起説明了西方文化存在的深重危機，西方文化對東方哲學也多有求索。中西文化要正視差異，通過互相對話來實現互相借鑒。徐志嘯教授認為，中西雙方雖有相互排斥與衝突，但中西雙方又互相學習借鑒，西學東漸與東學西漸同時存在。劉康德教授則認為馬克思主義與儒家學説的融合説明了中西文化可以做到相互結合。

　　關於傳統與現代的關係，與會學者主要從儒學、經學等傳統學術與"新子學"之間關係的角度予以了論説，達成了當今學術要繼往開來的共識。李似珍教授認為從晚清開始，康有為等人對傳統的經學已經有一個新的理解和新的關注，經學與儒學因為其保守性難以獲得較大的突破，很多傳統觀念已與當今社會現實不甚契合，而子學的復興其實是對經學傳統的一種否定，相對來説是一種修正，當今思想界應提倡新的百家爭鳴。陳引馳教授認為傳統實際上是被後來人不斷思考和延續的，傳統不僅僅是過去到現在，也是後來往前的。對於傳統文化的意義，要留待歷史去評價，當代學者應做好傳承工作。郝雨、王鍾陵教授均認為對於傳統經典，應有敬畏之心，不能因為新傳媒的出現及經濟利益的驅使就褻瀆經典。玄華博士從傳統子學、經學、儒學相互關係的角度闡釋了"新子學"與傳統學術的關係。他認為經學是以經學精神和體制為核心的學術綜合體，產生甚早。三代"王官之學"是經學專制自我顯現的內容之一。肇興於春秋之際的子學，則是一種前所未有的新學術。自子學誕生以後，國學即以子學和經學為主要構成，且國學的進化也圍繞子學對經學的不斷消解和經學對子學的不斷異化展開，而儒學則是兩股力量互相角力的前沿陣地。總體而言，子學日益壯大，經學日益消亡，從傳統子學中脫胎而來的"新子學"將是國學發展的方向和主導力量。

　　與會學者在中西文化、傳統與現代差異性達成多項共識的基礎上，提出了應對文化差異、建立"新子學"方法論的途徑。王鍾陵教授認為中學要與西學"對着説"，即要針對西方的話題，對照中西兩種話語，在對話中求生路、求新意。在經歷了西方的強大以後，中國完全回到過去，復原傳統文化已不可能，因此要通過與西方的對話來重塑中國學術的核心價值，以此來獲得世界的認可，並占據應有的地位。在"新子學"的方法論方面，王鍾陵教授認為子學研究的革新需要建立一種新的詮釋學，西方的闡釋學存在一定的缺陷，其對文本的原意有所忽略。

子學研究向來有訓詁和義理這兩個層面,這兩個層面的研究都需要首先貼近文本的原意,要保持對經典的敬畏之心,唯有如此才能進一步探究元典因革衍生的意義。徐志嘯教授認為,西方思想也有子學,西方的子學研究儘管與中學存有對立之端,但仍有可吸收或借鑒之處。"新子學"在與西學對照對話的同時,要把西方有利於子學繼承和發揚的地方吸收過來,以賦予子學全新的含義。劉康德教授認為"新子學"是為新時代提供新思想資源的子學,要站在新時代背景之下對傳統子學予以新的詮釋,以實現對傳統思想資源的損益,棄舊增新。徐志嘯教授認為二十一世紀的子學與兩漢、魏晉、明清時代的子學在含義或者概念上存在很大不同,但這種不同不是完全的對立,"新子學"是在傳統子學的基礎上作新的闡釋,賦予新的理解,即從當今時代的視角之下詮釋歷史上的子學。

與會代表通過對文化差異背景下"新子學"方法論的積極探討,取得了三個主要成果:第一,在當前世界文化深入交融的形勢下,無論是西學還是中學,各自均難以保持其純粹性,獨尊一家已不能適應時代的發展要求。在全球化日漸深入的現實條件下,尋求中西文化的交融互補是大勢所趨。"新子學"應積極借鑒吸收西學的長處,通過與西學的碰撞、對話,在世界舞臺上彰顯中國文化。第二,傳統文化脈系要繼承,更要創新。中國傳統經典是先人智慧的結晶,在新形勢下,"新子學"不僅要承擔傳承經典的任務,更要扛起繼往開來的大旗。這就要求"新子學"要對傳統子學、儒學、經學等傳統學術批判地繼承,除舊立新,從而打造全新的、適應社會發展的新學術體系。第三,在多元文化衝擊之下,"新子學"要保持中華文化的根基,要通過西為中用、古為今用,建立具有中國特色的學術、價值體系,以真正實現文化、民族的復興。

三、"新子學"未來的發展方向

"新子學"概念的提出,植根於華東師範大學所啟動的《子藏》項目,更是方勇教授在多年從事子學研究後的經驗總結和理論提煉。方勇教授提出"新子學"將承載國學真脈,取代儒學、經學在國學中的主導地位。這一帶有前瞻意義的學術新觀念是前無古人的創新之見,是對傳統學術觀念的極大突破。"新子學"作為有可能取代"舊國學"而成為國學主導的全新學術,其學科屬性、學術體系及未來的發展方向,都是與會學者們討論的重點。與會學者在肯定"新子學"學術地位的基礎上,各抒己見,為"新子學"的建設提出了寶貴的意見和建議,對於"新子學"將來的發展前景做了展望和預測。

作為一個全新的學術構想,"新子學"的學科屬性及其學術體系是本次會議討論的重點。郝雨教授認為,現代學術研究的結構劃分已經細化,古代、現代的學術界限有嚴格的區分。"新子學"的内容涵蓋古今,若為"新子學"劃定學科分類,則需要打破傳統學科體系的束縛,視其為兼及古今的一個學科,不僅要承認其古代學說的本質屬性,還要認可其當代價值。李似珍教授從儒學與子學差異性的角度來說明子學學科的多元性及其學科建設的必要性。李似珍認為儒學有師承關係，較為自覺，發展線索較為清晰，因此其體系框架較為明確。而子學是一個多元化系統，內容較為複雜，發展線索衆多。"新子學"概念提出後，還應進一步梳理出"新子學"的發展主線，勾勒出其大致框架。另外，"新子學"與經學兩者之間的關係還有待進一步的討論梳理。陳志平副教授認為傳統子學本是四部分類法中的重要學問，但其學科類屬卻一直比較尷尬，或文學、或哲學，難以定性。"新子學"概念的提出帶有為諸子學張本的意識，其學科類屬或以此為契機，作進一步的深入探討。徐志嘯教授則對"新子學"之"新"的内涵提出了疑問，"新子學"、"新儒學"、"新國學"的"新"究竟是何含義，值得進一步的深究。陳致教授認為，目前我國經濟形勢良好，教育資源充足，"新子學"應借機建立自己的學術規範。

關於"新子學"未來的發展方向，與會學者也提出了很多建設性意見。陳引馳教授從學術研究和意義層面兩個角度來説明"新子學"未來的發展方向。他認為"新子學"既要研究子學、子書的内容以及本身的意思，又要注重其歷史意義和現實價值。只有這樣，"新子學"才能為學術和現實問題的解決提供資源，才有存在的價值。關於將來"新子學"在發展過程中其内部或與其他學術有可能產生的衝突，陳引馳教授認為諸子學説本身具備多元性，各家學説對學術衝突的取捨，即體現了子學的豐富性與多元性。"新子學"應該把學術的互補、衝突客觀展現給後人，留待後人評判選擇。李似珍教授認為，"新子學"最初的發展仍將以傳統諸子之學的内容為主。伴隨着"新子學"的日漸深入，天文、數學、醫學等内容也應該涵蓋於"新子學"之内，這些被傳統子學忽略的部分還是有很高的存在價值，應該劃入"新子學"並推動其發展。陳志平副教授認為，當前子學的發展存在過度依傍西學的問題，新時期的子學研究，既要擺脱西學的束縛，又要從前人的學説中擺脱窠臼，從而在中西文化交融中建立起中國學術獨立的價值體系。"新子學"的提出，較之實際解決問題的意義來説，其號召意義要更為重大。陳致教授認為"新經學"中用出土文獻資料重新解讀經學的治學方法也可以運用到"新子學"上，王鍾陵教授認為"新子學"需要建立全新的詮釋學，鍾明奇教授認為"新子學"的具體理論框架有待進一步明確。方勇教授表示《"新子學"構想》是帶有方向性的宏觀框架，這是推動"新子學"發展的第一步。"新子學"的具體問題有待更加具體深入的討論，要用學術刊物和學術會議為"新子學"的研討與發展開闢陣地，力爭推動子學的全面復興。張永祥博士認為新子學是完全開放的學術體系，"新子學"要在創造性繼承傳統子學的基礎上，構建出適應當前社會要求的新學術體系。

從與會代表關於"新子學"發展方向的討論來看，他們對"新子學"的發展前景比較看好，研討中明確了以下幾點：一、"新子學"目前是一個宏觀的方向性概念，其内涵、學科分類、學術體系框架等還有待補充完善。二、"新子學"未來可能面臨與儒學、經學之間的交融與衝突，幾者之間的關係有待進一步釐清。三、"新子學"的發展要創新思路、更新方法、增添新内容，建立全新的學術體系。

要而言之，本次"新子學"學術研討會是針對"新子學"構想的第一次大討論。與會代表就"新子學"在當前形勢下的可行性與必要性、融合中外古今文化發展"新子學"、建立"新子學"

的學科框架體系等方面達成了多項共識。與會代表見仁見智,為"新子學"的發展提出了寶貴的意見和建議,使"新子學"的內涵、研究方法、發展方向等問題進一步明確起來。本次"新子學"學術討論會,深化了對"新子學"的認識,有力推動了"新子學"的發展進程,為新形勢下文化的承傳與繁榮及子學的全面復興打下了堅實的基礎。

[**作者簡介**] 崔志博(1981—   ),男,河北平山人。河北大學文學博士、華東師範大學博士後,現為邯鄲學院講師、河北省雁翼研究會理事,主要從事先秦兩漢文學、先秦諸子、《詩經》學史、騷體文學研究,已發表學術論文 10 餘篇。

傳承百家薪火　衍續子學慧命：
《子藏》與莊學研究

——在"東亞莊子國際學術研討會"上的主題演講

方山子

"東亞莊學國際研討會"能夠在臺灣屏東教育大學如期(2012年5月)舉行，這與東道主的辛勤工作是分不開的，在這裏，請允許我向大會組委會及簡光明教授致以誠摯的謝意。作為一名癡迷於莊學的研究者，能夠與海內外學界同仁一道為振興莊學做點事情，這既是子學之福，也是方某之幸。古人云："國於天下，有與立焉。"國家的繁榮，民族的昌盛，需要的不僅是宇宙飛船、航空母艦和隱形戰機，也不僅是發達的市場經濟和強大的工業體系，還需要有與之相匹配的深厚的思想文化基礎。老子講"治大國若烹小鮮"，正是強調思想文化之於治理天下的重要性。我們很難想像，一個只有發達肌肉的領袖能帶領一個族群走向何方。值得慶幸的是，中華民族從來都不是這樣的形象，我們的思維方式、價值取向和文化發展模式，內在地決定了我們是一個崇尚文治而不馳武備的民族，一個愛好和平而不懼強權的民族，一個專注於自身文明進步而不忘與鄰為善的民族。中華文明能夠五千年綿延不絕、一脈傳承，思想文化起到了至關重要的作用。

一、歷史的經驗與啟示

我們從不認為僅靠思想文化就能夠興邦富國。事實上，正如胡適先生所言，以儒家文化為主導的東方文明發展模式之所以沒能發展出現代工業文明，百年落後捱打的歷史主因，並不是因為我們缺乏理性的頭腦與科學的方法，而是我們把自己的聰明才智全部用在故紙堆上，忘記了我們生活在一個真實的物質世界裏，是"故紙的材料限死了科學的方法"。西方文明用堅船利炮教會了我們什麼叫"過猶不及"，我們又用了上百年的時間才逐漸學會如何運用自己的聰明才智建設現代工業文明，然後才有國家今天這樣繁榮興旺的發展局面。遺憾的是，事物的發展似乎總是難以兼顧，當舉國上下一心一意搞建設的同時，卻又漸漸疏離了寶貴的文化傳統和豐富的思想資源；當我們暗自欣喜自己日見發達的肌肉時，卻有意無意間忽略了發達的頭腦具有同樣重要的意義。歷史的發展和國內外的經驗一再表明，文運之於國運，是相輔相長、休戚與共的關係。思想文化的繁榮離不開國運的昌盛，而國家的真正強盛同樣離不開思想文化的繁榮。縱觀華夏數千年文明史，显者如汉、唐、宋、清，每一代盛世王朝無不是在開國六七十年左右經濟取得較大發展后，思振斯文以潤色鴻業，然後才有文化發展高潮的來臨。歷史總是以其全部的豐富與深刻給我們帶來無限啟示。

當我們把求索的目光從歷史轉向世界，就不得不承認，西方文明近代以來取得長足進步的不僅僅是現代科技，他們在思想文化領域取得的進展同樣值得我們肅然起敬。如果説黑格爾式的西方文明中心論觀點帶有顯而易見的傲慢與偏見色彩，雅斯貝斯關於"軸心時代"的歷史觀就顯得客觀了許多。這種理論有兩點值得關注：第一，雅斯貝斯認為，西元前500年左右（上下各三百年的時間跨度），中國、印度、希臘三大文明幾乎同時進入各自文明發展的高峰時期，産生了一批決定各自文明發展方向的學術經典。第二，自此以往，王朝興替，文運輪回，每一次文化的大規模復興都是對軸心時期原創性思想文化的深情回眸。在雅斯貝斯的描述中，中國的軸心時代是以老子和孔子為開端的。在我們看來，用軸心理論描述子學系統尚可，而用來描述我們的經學系統則顯然不太適合，因為雅斯貝斯對我們的文化起源和學術系統顯然有誤解的成分存在。實際上我們最古老的知識系統分為兩大部分：一部分是以周公為代表的西周文化精英，承上古知識系統並加以創造發明的、由孔子加工整理並傳播開來的經學系統；一部分是以老子為代表的東周知識分子，汲取傳統經學思想精華並結合新的時代因素獨立創造出來的子學系統。經學系統代表了中華學術最古老、最核心的政治智慧，因而受到歷代統治階級的追捧，一直作為中華文化的主流思想傳承至今；子學系統則代表了中華學術最具創造力的部分在哲學、美學、政治、經濟、軍事、技術等諸多領域多維度、多層次的深入展開。比起經學系統，子學系統地位雖有不如，但重要性卻絲毫不見遜色。他們共同構成中華文化傳統知識系統的兩翼，為東方文明的薪火相傳奠定了深厚的思想基礎。我們不敢想像，假如缺少了子學系統的内在張力，東方文明在人類文明發展史上還能走多遠。

二、子學的興起與危機

子學的興起源於當時深刻的社會危機，這早已是人所共知的事實。由這場危機引發的"多米諾效應"表現為：春秋時代禮樂秩序的全面崩潰引發了西周"王官"文化體制的解體，而"王官"文化體制的解體導致文化的迅速下移，士階層因此迅速分化為文士和武士，文士中的佼佼者為尋找社會的病因、療救世人的創痛，紛紛興辦私學、著書立説，這才出現了儒、墨、道、法、名、陰陽等諸多思想流派"百家爭鳴"的空前盛況。"百家"，説明當時人才之興盛、思想之活躍；"爭鳴"，意味着學術批評的自由、學術思想的獨立。然而，文明的胎動往往是一個痛苦的過程。種種迹象顯示,這種伴隨社會大轉型而來的思想大解放給思想家們帶來的生命體驗並不愉快。因為當時的思想家們不僅沒有看好這種思想發展局面,反而認為這是學術思想的一種嚴重倒退,莊子"道術將為天下裂"的觀點就是很好的例證。我們今天很難再感同身受地體驗當時思想家們的痛苦,但站在一個更超脱的立場、從一個更長的歷史時期來看,我們也許更能看清問題的實質。東西方學者在這一點上觀點頗為一致。西方哲學家認為痛苦的社會現實有助於當時的思想家們實現"哲學的突破",馮友蘭也認為:"在中國哲學史各時期中,哲學家派別之衆,其所討論問題之多,範圍之廣,及其研究興趣之濃厚,氣象之蓬勃,皆以子學時代為第一。"

然自秦之後,子學發展之路一直危機四伏、偃蹇難行。秦代焚書坑儒,"天下敢有藏《詩》、《書》、百家語者,悉詣守、尉雜燒之"。所謂"百家語",即諸子之學。漢武帝建元元年(公元前140年)以申不害、商鞅、韓非、蘇秦、張儀之言亂國政,皆廢而不用。後又遵從董仲舒之議,"罷黜百家、獨尊儒術",致使儒家獨大,諸家不顯。漢成帝時,東平思王劉宇曾上書求諸子書,遭到拒絕,理由是"諸子書或反經術,非聖人;或明鬼神,信物怪"。東漢班固的《漢書·藝文志》以六經權衡百家,以為諸子"亦六經之支與流裔","若能修六藝之術,而觀此九家之言,舍短取長,則可以通萬方之略矣"。班氏雖置經學於諸子之上,但不否認諸子價值,然後世讀書人多以經學為獨尊,廢諸子之書不觀,甚者如南宋吕公著上書請禁諸子,以為"主司不得出題老莊書,舉子不得以申、韓、佛書為學"(《宋史·吕公著傳》)。然亦有博學宏識之士,以子書創作為己任,發其宏論。揚雄《法言》、王充《論衡》、王符《潛夫》、荀悦《申鑒》、葛洪《抱朴》、佚名《劉子》、蕭繹《金樓》、顏介《家訓》、王通《中説》,皆踵武"百家",流譽後世,子學傳統遂如縷之不絶矣。

子學研究亦歧路屢出。自子書誕生以來,子學之研究就從未停止過。先秦時期有《莊子·天下》、《荀子·解蔽》及《非十二子》、《尸子·廣澤》、《吕氏春秋·不二》等提綱挈領的論述。西漢時期,司馬談在《論六家要指》中首次提出先秦諸子有陰陽、儒、墨、名、法、道德六個主要學術派別。其後,劉向父子校讎天下圖書,"每一書已,向輒條其篇目,撮其指意,録而奏之。"(《漢書·藝文志》)向卒,其子歆總為《七略》,其中《諸子略》在司馬談六家的基礎上增加縱横、農、雜、小説四家,"九流十家"的説法自此形成。此後歷代官私書目均立有子部,然或分類蕪雜,或收録不全,諸子之概念和範圍模糊不清。如《四庫全書》推步、算書、數學、占候、相宅相墓、占卜、命書相書、陰陽五行、雜技術、書畫、琴譜、篆刻、雜技、器物、食譜、雜學、雜考、雜説、雜品、雜纂、雜編、雜事、異聞、瑣語,均入諸子,門類冗雜,採擇失統。且雖稱"全書",所收《管子》、《晏子》、《老子》、《莊子》、《墨子》、《商君》、《荀子》、《韓子》、《吕覽》、《淮南》白文本及其研治之著作,僅有數十部,諸多重要子書著述、版本遺漏未收。

諸子之學,凋零若此,然亦間有有識之士攘臂其間。唐韓愈有"孔墨相用"之論,柳宗元有《讀鶡冠子》之篇;宋高似孫有《子略》之書;明宋濂有《諸子辯》之談,此數子皆子學棘途之踽踽者。自明中葉以後,王陽明、朱得之、羅汝芳、焦竑、楊起元諸人,更以佛、道推盛心學,子學亦隨之漸張。明末傅山倡導"經子不分",曰"有子而後有作經者也"(《雜記三》),且身體力行,評注《老》、《莊》、《墨》、《荀》、《淮南》等,開近代諸子研究之先聲。清代文禍屢起,士人不得不埋頭故紙堆,不問世事,以求自保。清儒整理群書,以先秦諸子之書為大宗。梁啟超以為:"蓋自漢武罷黜百家以後,直至清之中葉,諸子學可謂全廢。若荀若墨,以為得罪孟子之故,幾莫敢齒及。及考證學興,引據惟古是尚,學者始思及六經以外,尚有如許可珍之籍。"(《清代學術概論》)"自清初提倡讀書好古之風,學者始以誦習經史相淬厲。其結果惹起許多古書之復活,內中最重要者為秦漢以前子書之研究。"(《近三百年學術史》)清人以校注、輯佚、辨偽之"朴學",使沉寂兩千年之子學重新復活,引起學界研究諸子學的極大興味。

民國時西學漸進,以西方思維、邏輯和知識體系來闡釋諸子者漸多,諸子研究頗為興盛,但也呈現出光怪陸離之勢。或倡"西學源於諸子"之論,以張揚國粹:鄒伯奇以泰西科技、宗教、文字濫觴於《墨子》,薛福成以西洋電學、化學權輿於《莊子·外物》,張自牧以西人算學、重學、數學、聲學、熱學、光學、電學、化學、醫學、天文學、氣象學、地理學、機械學、測量學、植物學自出《墨子》、《關尹》、《淮南》、《亢倉》、《論衡》。諸如此類,皆有激於當時經濟技術落後於西方,思以思想文化爭勝,雖持論偏狹,然拳拳之心,誠可謂良苦矣。或以西學簡單緣附、權衡諸子,"由是孔子成了最時髦的共產主義者,又成了新大陸挽近的行為派的心理學家",甚或"以愛因斯坦的'相對論'解釋《老子》"(見《古史辨》第四冊羅根澤自序)。奇談怪論,擾亂視聽,以至當時羅根澤想寫一篇《由西洋哲學鐵蹄下救出中國哲學》的論文,以揭穿這種為中國哲學家披上西洋外衣的拙劣把戲。由是可見,民國時期對諸子學的研究仍處在艱難的摸索階段。

三、《子藏》的啟動與使命

改革開放以來,我們在古籍文獻整理工作方面取得了長足的進展。影響較大者如上海古籍出版社聯合各方力量編纂出版的《續修四庫全書》;北京大學、四川大學也集中大量人力、物力開始編纂《儒藏》,目前已經取得了階段性成果。遺憾的是,先秦漢魏六朝子書,作為我國傳統學術、傳統哲學的源頭活水,曾為培育國民核心價值觀和民族情感作出過不可磨滅的貢獻,但對於先秦以來子書及其研究著作的系統整理力度,卻仍嫌單薄。因此,保護子學經典古籍、全面整理子學文獻就成為擺在我們面前的一個重大而緊迫的任務。

2010年3月27—28日,在相關各方的共同努力下,華東師範大學舉行"《子藏》工程論證會"。會議由原中華書局總編傅璇琮先生擔任主席,卿希泰、陳鼓應、許抗生、王水照、陸永品、張雙棣、蕭漢明、鄭傑文、趙逵夫、張湧泉、廖名春等專家學者出席了會議。會議通過反復論證,形成了書面《〈子藏〉論證決議書》,所有出席會議的專家都在決議書上簽了名,表示堅決支援《子藏》工程的啟動。李學勤先生因故未能出席,特地向會議寄來了書面《論證意見》,認為"如能彙集成為《子藏》,實在是功莫大焉"。同年4月10日,華東師範大學在上海舉行了"《子藏》工程新聞發佈會"，隨後國內許多新聞媒體都報導了《子藏》工程的消息。它向世人宣佈，我國一項重大的學術文化工程——《子藏》編纂工程已在上海這座國際化大都市正式啟動！

逢盛世，修典藏。既然是修典，我們的態度就一定要慎重，方法一定要科學，眼光一定要長遠。《子藏》是一項浩大的基礎性文化工程，運作這樣大型的文化工程，既不能憑匹夫之勇，也非一朝一夕之功，需要有專家團隊的周密論證和全國各文化單位的通力協作。根據《子藏》的前期運作經驗，首先，我們是給《子藏》確立名分。經過長期認真考慮，並採納多數海內外專家的意見，確定《子藏》之"子"不是"經史子集"之"子"，而是"諸子百家"之"子"。其次，作為超大型圖書纂集工程，我們還需要明確圖書收錄的原則、範圍和體例。《子藏》收書的原則，一是全，二是精。所謂全，就是要全面發揮其資料性作用，把所有相關書籍全部收錄進去。所謂精，就是要盡可能選擇最好的版本，通過版本自身體現其學術價值。《子藏》收錄的時間，以六朝末年為下限；而研究子學的著作，其下限原則上截止到1949年。《子藏》收錄的體例和範圍，則分為《老子卷》、《莊子卷》、《管子卷》等五十多個系列，每一個系列都包括該諸子白文本及其歷代注釋和研究專著三個部分，這樣算下來，整部《子藏》共收錄約五千餘種著述，幾堪比肩《四庫全書》的規模。最後，我們為《子藏》工程設定時間表，分步驟有計劃地開展工作。第一，以我個人多年的前期準備和眾多專家學者的集體智慧為基礎，我們把五十多個系列分為若干部分，分批分次予以整理出版，不斷總結工作經驗，完善工作方法。第二，以我主編的《諸子學刊》為陣地，聯絡海內外諸子學學者，凝聚力量，積極準備為每種著述撰寫提要，考述著者生平事迹，揭示著作內容，探究版本流變情況，力爭把《子藏》的學術價值體現在精心選擇的版本和認真打磨的提要上。第三，以華東師範大學先秦諸子研究中心為依托，大力培養後備人才。早在幾年前，我們就開始有意識地把門下的博士後、博士生、碩士生由莊學研究逐漸轉移到了其他各個諸子研究上來，將我所創造的莊學文獻資料的搜集、整理方法和莊學研究模式推而廣之，全面展開諸子學術文獻資料的搜集、整理與諸子思想文化的深入研究，努力把《子藏》打造成一座宏大的傳世經典文庫，為諸子之學的全面復興打下堅實的基礎。第四，以《子藏》的編纂為契機，在各方面條件基本成熟的情況下，廣泛團結海內外諸子學研究領域的專家學者，成立中國諸子學會、中國莊子學會，群策群力，共興子學。今年4月6—8日，我們先秦諸子研究中心主辦的"先秦諸子暨《子藏》學術研討會"在上海召開，與會專家會上商討並一致同意成立中國諸子學會、中國莊子學會，誠如陸永品先生所言，兩個學會的成立，"填補了諸子學及莊子學沒有學會機構的重大空缺，重樹了百家爭鳴、思想自由的學術精神，并進一步突出了諸子在中國古代文化的重要地位"。這也正是我在大會上提出"全面復興諸子學"的目的和意義所在。

當然，我們從不否認，《子藏》的編纂是在借鑒前人和當今學界所有成果基礎上進行的。如在《莊子》方面，陸德明的《莊子音義》以其集漢魏六朝諸家為《莊子》所作音義之大成，兼載《莊子》眾本之異文，開啟了歷史上搜輯整理有關《莊子》文獻資料之先河。其後，陳景元《南華真經章句音義》、褚伯秀《南華真經義海纂微》、王應麟《莊子逸篇》（《困學紀聞》）、焦竑《莊子翼》、陳治安《南華真經本義》附錄、孫馮翼《司馬彪莊子注》、茆泮林《司馬彪莊子注》、劉鳳苞《南華雪心編》、郭慶藩《莊子集釋》等，復續有所推進。二十世紀五六十年代，臺灣嚴靈峰先生更是憑藉一己之力，廣泛搜集《老子》、《莊子》、《列子》、《墨子》、《荀子》、《韓非子》六個系列的子學著作，編成並出版了《無求備齋諸子集成》，使大量平時難得一見的古代子學著作昭然廣布，其仁心仁術，嘉惠學林者可謂夥矣！可惜當時兩岸學術文化交流不暢，大陸方面的大量子學著作無法利用；同時又受當時技術條件的限制，影印品質也不是太高。今天看來，嚴先生所做的工作，雖然標誌了子學著作搜集整理史上的一個發展高峰，但仍留下了不少遺憾。面對這些不足與缺憾，我們今天已經有條件加以彌補并將這項工作深入開展下去，不僅是對子學的搜集整理，更是對子學的發揚光大。

四、《莊子卷》的緣起與成績

《子藏·道家部·莊子卷》文獻資料的搜集整理，起始於2003年4月，至2006年4月編纂完畢，並按合同要求把全部稿子交給了學苑出版社（數年後因故中止出版合同）。但這僅僅屬於編纂者個人的學術行為，在嚴重缺乏經費的情況下，無法講究版本的遴選，更不可能得到海內外圖書館所藏稿本、抄本、孤本等莊子文獻資料，連編纂者本人也深感無以盡遂人意。到了2010年，《子藏》編纂工作升格為華東師範大學校級超大型科研項目，旨在打造出一座巨大的諸子學傳世經典文庫。在這種背景下，對包括"莊子卷"在內的整個編纂任務提出進一步的嚴格標準和要求，已是勢在必行。2010年3月28日《子藏》專家論證會上，我們確立起"全"且"精"的編纂原則。隨後，原有"莊子卷"的稿子基本被撤換，代之以精善之本，並力求覓得第一手資料。在尋找手稿、抄本、孤本、稀有之本等方面，編纂者更是鐵鞋踏破，苦心經營，共搜輯到中國歷代莊子學著作302部，較之嚴靈峰《莊子集成》初編、續編和《老列莊三子集成補編》中莊子部分（截止於1949年）的總數超出130部，基本做到竭澤而漁，庶幾可免莊學專家和《莊子》愛好者遺珠之憾。

《子藏·道家部·莊子卷》尤為重視對版本的遴選。如明正統《道藏》收有白文本《南華真經》五卷、陳景元《南華真經章句音義》十四卷、王雱《南華真經新傳》二十卷、賈善翔《南華真經直音》一卷、李士表《莊列十論》一卷、褚伯秀《南華真經義海纂微》一百六卷、羅勉道《南華真經循本》三十卷、吳澄《莊子內篇訂正》二卷等，嚴靈峰《莊子集成》及其他大型叢書凡收入這批著作，皆用民國間上海涵芬樓借北京白雲觀所藏明正統《道藏》加以影印之本作為底本，而涵芬樓影印時已將各書中眾多扉畫盡皆刪去，版式也多有改動，已非原書舊貌。因此，《子藏·道家部·莊子卷》則直接以北京白雲觀原藏梵夾本明正統《道藏》作為底本，以便世人能夠直接看到這批著作的更真實原貌。中國國家圖書館藏有明朱得之撰、傅山手批《莊子通義》十卷，某大型古籍叢書為了統一版式，將眉批文字盡行割去，而《子藏·道家部·莊子卷》則據原書按原大予以影印，使讀者得以看到傅山批點中最具學術價值的文字。

對於珍稀之本，一經發現，《子藏・道家部・莊子卷》必設法羅致之。如明邵弁撰《南華真經標解》六卷、張居正撰《少師張先生批評莊子義》十卷、張位撰《南華真經題評》十卷、李栻輯《南華真經義纂》十卷、顧起元撰《遯居士批莊子內篇》一卷、盧復輯《南華經晉注》十卷、金兆清撰《莊子權》八卷、陳榮選輯《南華經要删注釋評林》十卷、吳伯敬撰《南華經臺縣》三卷、傅山撰《傅青主先生法書南華經》、文德翼撰《讀莊小言》一卷、曹宗璠撰《南華沘筆》二卷、陶崇道撰《拜環堂莊子印》八卷、清胡文蔚撰《南華真經合注吹影》三十三卷、顧如華撰《讀莊一咉》、程從大撰《詠莊集》一卷、王泰徵輯釋《檀山南華經質》、吳承漸輯注《莊子旁注》五卷、沈堡撰《唱莊》一卷、何如濰撰《莊子未定稿》四卷、何夢瑶撰《莊子故》、席樹聲輯《莊子審音》、曾和瑞撰《莊子集辨》，民國王傳變撰《莊子發微》、朱青長撰《莊子解》、李大防撰《莊子王本集注》、孫至誠撰《逍遙遊釋》、陶西木撰《莊子洛誦》、石永壁撰《莊子正》一卷等等，皆為珍稀之本，為嚴靈峰《莊子集成》等所未收，而《子藏・道家部・莊子卷》一一收錄之，實能使心儀莊子者近覩真容。特別需要說明的是，北宋呂惠卿所著《莊子義》十卷在歷史上具有很重要的學術地位，但現在一般人所能見到的唯有宋末褚伯秀《南華真經義海纂微》所引錄的文字，和民國時陳任中據褚著引錄及黑水城出土的呂著殘頁整理而成的《宋呂觀文進莊子義》十卷，無緣一覩深藏於中國國家圖書館的金大定十二年(1172)刊本《壬辰重改證呂太尉經進莊子全解》十卷之真容，而《子藏・道家部・莊子卷》將其收錄出版，使明文彭、吳元恭朱筆題款等一同公佈於世，無疑會使得莊學研究者大開眼界。

在搜輯存世抄本方面，《子藏・道家部・莊子卷》也收獲頗豐。如中國國家圖書館藏明抄宋王雱《南華真經新傳》二十卷，各篇皆有朱、墨圈點，甚可珍貴；又藏清陶浚宣《南華經講義》二十八卷、1953年抄近人劉武《章太炎莊子解詁駁義》二卷，皆有較高學術價值，同樣十分珍貴。北京大學圖書館藏手抄明莊元臣《南華雅言》一卷(《莊忠甫雜著》)，亦為稀世珍品，卻惜深鎖館閣。山西省圖書館藏劉起庚於清光緒三年手抄清劉鳳苞《南華贅解》，此後《莊子》文章學研究集大成之作——光緒二十三年所刊劉鳳苞《南華雪心編》八卷，實由此抄本發展而來，二者之間的文字差別雖然很大，但可明顯見出其演進之迹，對於人們全面深入研究劉氏的莊子學助益匪淺。北京大學圖書館藏古學院抄清末民初王樹枏《莊子大同說》，中國國家圖書館藏陶廬精抄王樹枏《莊子大同說》，又藏手抄佚名《莊子大同學》，前二者文字有出入，佚名所撰係改寫前二者而成，但三者皆已引進自由平等的新思想，為莊子研究注入了新血液，具有一定的學術價值。《子藏・道家部・莊子卷》輯得以上諸書，自可為莊子文獻庫增色不少。

《子藏・道家部・莊子卷》在手稿搜輯方面，成績更為顯著。如中國國家科學圖書館所藏清張士保手稿《南華指月》六卷、《南華外雜篇辨偽》四卷，上海圖書館所藏清楊祖桂手稿《莊子節選》、戴煦手稿《莊子內篇順文》、楊沂孫手稿《莊子正讀內篇》，浙江圖書館所藏清朱敦毅手稿《莊子南華經心印》，河北大學圖書館所藏清劉鍾英手稿《莊子辨訛》等，皆一一輯入《子藏・道家部・莊子卷》，為讀者提供了甚為珍貴的莊學文獻資料。又有上海圖書館所藏清郭慶藩手稿《讀莊子劄記》八卷,足可與郭氏名著《莊子集釋》有關文字互為參詳,學術價值甚高。更有中國國家圖書館所藏聞一多手稿《莊子章句》、《莊子校補》、《莊子校拾》、《莊子義疏》,實為莊子學文獻資料之瑰寶。這批手稿的收錄,也使《子藏·道家部·莊子卷》的價值因之而倍增。

現已發現的一批留有名人手校、手批、跋語、題識等的莊學善本、孤本書,《子藏·道家部·莊子卷》也已一一予以輯錄。如中國國家圖書館藏清錢陸燦批點並作跋語的明刊本《莊子南華真經》十卷、清沈巚校勘並作跋語的明嘉靖世德堂刊《六子書》本《南華真經》十卷、民國傅增湘校跋並錄清羅振玉題識的明刊本《南華真經》十卷、民國勞健題款的宋刊本《分章標題南華真經》十卷等,非但皆為善本,甚或屬於孤本,而且名家的手校、手批、跋語、題識等從未對外公佈,可謂一字千金,《子藏·道家部·莊子卷》予以輯錄,無疑能使讀者一飽眼福。

《子藏·道家部·莊子卷》還彌補了以往所編叢書的一些缺失。如明張位著有《南華經標略》,嚴靈峰《莊子集成》初編所收僅有雜篇,而《子藏·道家部·莊子卷》則輯得上海圖書館所藏明萬曆十八年刊足本《南華經標略》六卷。又嚴氏《莊子集成》初編收近人張栩《莊子釋義》,僅至內篇《齊物論》"萬物一馬"而止,並於《周秦漢魏諸子知見書目》二"張栩《莊子釋義》"條下云:"在《古學彙刊》第二、四、五、六、七各期內。"而《子藏·道家部·莊子卷》從復旦大學圖書館所藏《古學叢刊》第一至九期(民國二十八至二十九年)輯得張栩《莊子釋義》,排印至《養生主》"道大窾"止,從而彌補了嚴氏《莊子集成》初編的缺失,糾正了其所誤題的刊名。

五、結束語

春去秋來,書香鬢華。從我個人的《莊子詮評》、《莊子學史》以及今年三月新出版的八卷本《莊學纂要》,到《子藏·道家部·莊子卷》的成功推出,我對莊學那種癡迷中夾雜着一絲絲使命感般的不安情緒終於可以暫時平靜下來,但另一種不安的情緒卻在我心頭潛滋暗長。我知道,這不是結束,而是新的開始。陳鼓應先生在 2011 年 12 月 5 日《光明日報》國學版撰文指出:"《子藏·道家部·莊子卷》的出版,是繼嚴靈峰先生《莊子集成》之後又一次對莊學文獻的大整理,其規模、品質都是空前的,在莊子學研究史上具有里程碑式的意義。"傅璇琮先生今年 4 月 7 日在上海"先秦諸子暨《子藏》學術研討會"开幕式發言中也指出:"這次《子藏》的大規模整理,一定能從學術上總結古籍整理方式必須達到的標準和要求,能推動古籍整理的規範化,必將有助於古籍整理工作的理論建設,並進一步明確古文獻學科的發展方向,完善古文獻學科的建設。"我想,如果把兩位先生的讚譽看做是對我們未來工作的要求和對子學前景的展望也許更為合適,因為《莊子卷》的完成僅僅是莊學文獻整理工作的結束;而相對於整個《子藏》工程與諸子學復興的大計而言,《莊子卷》的完成不過是引發熱帶風暴的那隻蝴蝶的翅膀。

"積土成山,風雨興焉;積水成淵,蛟龍生焉。"一部《子藏》,不但將彙集起中國兩千餘年的子學文獻,更將承載起我們復興子學的偉大夢想。惟其如此,整理好《子藏》,守護好子學,傳承百家薪火,衍續子學慧命,更是我輩學人義不容辭的神聖使命!《語》曰:"任重而道遠!"《易》曰:"天行健,君子以自強不息!"誠哉斯言!

(作者單位:華東師範大學先秦諸子研究中心)

高屋建瓴　獨具匠心

——《中國道教思想史》評介

孫瑞雪

2009年由人民出版社出版的《中國道教思想史》(四卷)是一部大型的道教思想通史,由四川大學著名道教學者卿希泰先生擔任主編,詹石窗教授擔任副主編,是國家社科基金"九五"至"十一五"規劃重點項目、教育部人文社科重點研究基地重大項目,從1996年起,歷時12年完成,獲得四川省第十四次哲學社會科學優秀科研成果一等獎,入選"國家社科基金成果文庫"。

這部篇幅浩大的煌煌巨著,融合了中國幾十年來道教研究的成果,極富學術價值,道教學術界對本書的評價甚高。鑒定專家認為,該書的出版"填補了道教思想通史研究的學術空白,是我國道教學術研究的又一個重要里程碑"。中南大學呂錫琛教授認為本書是"系統而全面論述道教思想發展的通史性著作……具有填補學術空白的重大價值"。華東師範大學劉仲宇教授高度評價了《道教思想史》在文獻運用方面的貢獻,指出"《中國道教思想史》的可貴在於,撰著者不僅敢於迎難而上,而且能夠在充分占有史料的基礎上,以審慎的求實態度,對引述的各種文獻史料進行考證與辨析","引證的文獻史料是不拘一格","在海內外學者比較關注的一些疑難課題上,《中國道教思想史》在論及時更是從多層面、多角度進行文獻追溯和考察"。臺灣輔仁大學鄭志明教授認為,"作為一部具有開拓性意義的學術論著,《中國道教思想史》的豐富內容和邏輯論證體系反映了該書謀篇佈局的獨到運思藝術,作者以高屋建瓴的手法,對綿延1 800多年的道教思想進行系統闡述,獨具匠心地考察了道教在不同時期的思想主張,展示了波瀾壯闊、多彩多姿的漫長歷史畫卷。"

全書包括導論和六編,共三十八章,其內容上起上古先秦,下至民國現代,洋洋二百三十餘萬字。導論部分介紹了"中國道教思想史"命題的由來,研究的對象、發展的脈絡、基本特點,以及道教思想史研究的理論價值和現實意義,並對研究的基本方法做了提綱挈領的說明。第一編,分四章介紹了道教的思想淵源:上古宗教思想觀念與易學、陰陽家思想;道家、神仙家思想;儒家、墨家思想與讖緯神學;醫學養生理論與術數思想等。從第二編開始至第五編,採用道經、道派、道教精英人物相結合的方式,一方面從宏觀上把握道教思想發展的內在脈絡,另一方面通過探討道教思想發展過程中與儒、釋兩家的互動,以及道教科技、倫理、文學等方面的論述,展現了道教思想對社會生活各個方面產生的輻射作用。第二編,分六章介紹了魏晉南北朝的道教思想的形成與逐步展開:漢代道教思想體系的初步形成;魏晉神仙道教思想的逐步體系化;東晉南北朝道教經典傳承與思想開創;漢魏兩晉南北朝道教的科技思想;漢魏至南北朝道教與儒、釋的思想關係;漢魏至南北朝道教關愛生命的勸善思想與文學。第三編,分十章介紹了隋唐至北宋的道教思想。這一階段是道教興盛時期,道教理論不斷充實,作者對"重玄學"、"服氣論"、"心性形神修煉理論"、"三玄學"、"陰符學"、"參同學"、"金丹理論"等思想的內涵及流變進行了梳理,同時總結了這一時期道教科技、齋醮科儀的發展,並對儒釋道三教關係進行了深入的討論。第四編,分十一章介紹了南宋金元至明代中葉的道教思想。這一時期,道教宗派盛行,因此此編側重考察了神霄派、太一道、清微派、天心派、東華派、金丹派南宗、淨明道、真大道、全真道等南宋以來各個新道派的思想建樹及各道派間内丹心性理論的交涉,同時,關注了道教齋醮科儀的救度思想。第五編,分四章介紹了明代末葉以來的道教思想。明代中葉在道教發展史上是一個"分水嶺",之後道教在上層社會逐漸走向衰落,思想文化方面較多是因襲前代成果,理論創新較少,作者在這一章主要介紹了:真龍門派的内丹性命學和三教合一思想;東、西、中派的内丹派的理論及其特色;明末至民國道教勸善書的思想變遷;民國以來的道教思想及其研究成果。雖然理論建樹不多,但這一時期的道教思想對研究現代道教有重要的意義,尤其是結合當代理論實踐,對道教與社會主義社會相適應的理論問題進行了闡發。第六編,分兩章討論了道教思想的歷史影響與現代價值。從橫向論述了道教在中國社會生活中的影響,包括道教對民間結社宗教、少數民族宗教的影響,以及明清小説等領域展示道教思想的社會影響;並從哲學、倫理思想、醫學、養生、文學、藝術等道教與其他學科的交叉研究角度,審視了道教研究的現代價值。

《中國道教思想史》是在《中國道教史》的基礎上完成的又一部道教學術力作,與《中國道教史》互為表裏,編者在其編寫體例中指出:"本書與《中國道教史》四卷是屬於姊妹篇,是在完成該書的基礎上來編寫的,各有側重,在編寫體例上應與該書相一致,在內容安排上應互相照應,儘量避免不必要的重複。"

首先,《中國道教思想史》的研究方法論與《中國道教史》一脈相承,道教思想史是一門與許多學科交叉的邊緣學科,研究內容龐雜,文獻浩如煙海,必須對其資料的價值做出甄別,對道教人物、道教經典的貢獻給以公正的分析,因此本書的編者認為道教思想史研究最重要、最基本的方法是馬克思主義的唯物辯證的方法,即一切從實際出發,實事求是,具體問題具體分析作為道教思想史研究方法論的總原則。編者指出,在研究歷史上的某一個具體的道派或某一部道教著作、某個具體的人物的時候,不能停留於表面現象,必須對它們進行深入全面的分析,對其合理和糟粕部分給予客觀科學的評價。

同時針對特殊的研究對象,結合思想史研究的特點,採用多元的研究方法,如經典解釋法、符號學方法、文化哲學的方法等作為必要的補充。編者指出,由於道教思想的表達並非只是存在於那些講述教理教義的經典著作之中,還有大量非教理教義的著作也寄托着道教的思想追求,如齋醮科儀、神仙圖像、宮觀建築、樓臺館舍都蘊涵着道教的精神理念,因此根據特殊的研究對象,也適當地考慮符號學方法的應用。文化哲學以人為本的精神和動態研究的思路與立體追蹤的方法,對於更好地發掘道教思想的深層次內涵,揭示歷史上道教中人思想觀念的發生機制、形態模式、輻射與轉化的多樣存在狀態大有裨益。

第二,《中國道教思想史》秉承了《中國道教史》擅於文獻運用的優勢,繼續強調以文獻為主的研究思路,凸顯了四川大學道教研究領域的一大特色。如劉仲宇先生指出的,《中國道教思想史》尤其重視從文獻方面考察道教思想的發展脈絡。除了傳統的《道藏》、《藏外道書》、《道藏精華》、《道藏輯要》、《道藏要輯選刊》,二十五史等基本文獻,又涉獵《敦煌道藏》、《莊林續道藏》,以及《四庫全書》、《古今圖書集成》、《四部叢刊》、《四部備要》等相關道家道教文獻,各種文人筆記小說、佛教藏經等,選用的道教文獻可謂不拘一格,基礎相當扎實。

為了在卷帙浩繁的文獻資料中厘清道教思想的發展脈絡,編者提出以經典、道派、人物為主的研究線索。具體而言,編者認為道教經典是道教思想研究的直接對象,範圍主要涉及教理教義、方術、科儀等方面;道派是經典傳承的載體,對道教宗派的研究主要側重於從宗派自己的教派經典,發掘其獨特的宗派主張;道教人物研究的主體是道派創建與發展過程中提出具有建設性思想的人物。這樣的研究思路在全書得到落實,最終為讀者提供了清晰、明朗的視野。

我們知道,對精英與文本的解釋是思想史研究的重要環節,其代表了那個時代道教理論發展的最高水準。以隋唐時期"重玄學"的研究為例,作者首先對"重玄學"的概念進行了界定,並介紹了"重玄學"興起的社會背景,主要通過概要性地介紹成玄英、李榮、王玄覽、孟安排等人物及其著述,呈現給讀者"重玄學"理論在這一時期達到的最高水準。但以精英文本為主的思想史研究方法在一定程度上具有局限性,編者也注意到,有些道教精英由於特殊的原因,可能提出了比較超前的思想,一時無法為一般信眾接受,那麼道教思想史研究的應該是具有最高理論水準的思想,還是具有普遍時代特徵的思想呢? 另外,以精英文本研究為主的思想史如何呈現不同時代道教思想的歷史延續性,以及如何描繪某個歷史時段道教思想全景圖等方面也有一定的局限性,也是今後道教思想史研究值得深入思考的問題。

第三,本書吸納了近年來道教與其他學科的交叉研究成果,對道教與倫理學、哲學、科技、文學、美學、語言學、考古學、養生、音樂、藝術等學科的交叉研究成果做了相關介紹,有助於幫助讀者重新認識到道教思想在中國思想史上作出的貢獻,為後來學者研究中國思想史提供了一個新的視野。中國哲學研究,歷來只重視儒家思想,偶爾提及佛教思想,道教思想少有問津,或只提及先秦老莊和魏晉玄學的道家思想,本書對道教哲學的研究或許能為今後中國哲學史的編撰者提供道教方面的參考資料。

第四,《中國道教思想史》特別列出"道教思想的歷史影響與現代價值"一章,可謂獨具創意,既是對全書的精神作了理論性的升華,也起到證史鑒今、古為今用的效用。正如本書編者所指出,研究道教思想史的意義主要有三個方面:一是有助於深入認識道教文化的歷史價值與社會作用，瞭解我國傳統文化的構成因素及其相互關係；二是有助於發掘傳統思想資源，建立新的人格完善理論，爲我國當代社會主義文化建設服務；三是有助於整合傳統生態智慧，提高維護環境的自覺性，服務於人類整體生存。因此研究道教思想，不僅要考察道教思想的縱向脈絡，而且應該從橫向探索道教思想在中國社會中的作用，本書將道教與民間宗教結社、道教與少數民族宗教等的關係專門提出。尤其是道教與少數民族宗教的關係研究，對於建構統一的多民族文化具有重要的現實意義。目前道教與少數民族宗教的研究成果不多，本書在這個方面的論述也只是淺嘗輒止，有待今後學者進一步做出研究。

綜上所述，《中國道教思想史》（四卷）可以說總體上是一部高水準的道教思想學術通史，自 2009 年出版以來，已經得到了衆多學術界前輩的關注和好評，介紹本書的書評也相當多，筆者僅以此文略談對本書的一些粗陋見解，同時指出校對上的個別錯誤。如第一卷，第 182 頁，"救吉區之源"應作"救吉凶之源"；第 420 頁注脚 3，"天名，天地之始"，應作"無名，天地之始"；第 443 頁，引文"今依盟真玉匱女青太陰宮水官科品，齋黃紋一百二十尺"，應作"今依盟真玉匱女青太陰宮水官科品齋，黃紋一百二十尺"等。

（作者單位：四川大學宗教研究所）

從老子到魏晉玄佛道

——評許抗生教授《老子與道家》

王威威

新近許抗生教授的《老子與道家》一書由宗教文化出版社出版(2012年版,100萬字)。此書上下兩卷,彙集許先生自1982年至1996年出版的《帛書老子注譯與研究》(1982年版,以下簡稱《注譯》)、《老子與道家》(1991年版,以下簡稱《道家》,以與2012年版《老子與道家》相區別)、《老子評傳》(1996年版,以下簡稱《評傳》)、《三國兩晉玄佛道思想簡論》(1991年版,以下簡稱《簡論》)、《魏晉南北朝哲學與宗教思想研究指南》(1991年版,以下簡稱《指南》)五部著作。《老子與道家》的書名取自五部著作中的一部,卻也體現出全書所關注的中心問題。五部著作雖原本各自獨立,但其中關注的問題有一貫性,即老子與道家的發展,而關於相同問題的研究又有逐步深入和變化的過程。同時,各書相互聯繫又可以構成一個整體,厘清了從老子至戰國道家、兩漢道家及魏晉玄學、佛教和道教的思想發展脈絡。現以若干問題為線索,從整體上總結和評論《老子與道家》(2012年版)一書的觀點及研究方法。

一、《老子》研究

(一)《老子》的成書年代問題

《老子》一書的作者和成書年代,一直是學術界爭論不休的問題。許先生對這一問題的看法也在逐漸變化。在《注譯》一書中,他主張,春秋末年道家思想開始萌芽,孔子問禮的老子可稱作道家的創始人,但並沒有著《老子》,《老子》的作者是戰國中期的老子。而在《道家》一書中,許先生主張,《老子》不全是春秋末年老子的著作,而是經過了戰國前期乃至中期時人的增加和修改,反映了從春秋末年至戰國中期之前老子一派道家的思想。在《評傳》中,許先生提出,《老子》為春秋末年的老子所作,反映了老子的思想,同時又為戰國中前期人所增補,因而帶有戰國中前期作品的痕迹。此次出版,許先生在《注譯》後附"《帛書老子注譯》訂正篇",指出將《老子》視為戰國中期作品缺乏充分根據,從竹簡《老子》來看,竹簡甲、乙本的文字確實較早,很可能是春秋末年的老子的思想。我們可以看到,許先生的觀點在由"《老子》晚出"向

"《老子》早出"變化。先秦古書的創作和編輯多非出於一人、成於一時,而在久遠的流傳過程中可能出現錯漏、顛倒、更改、增益、注解混入正文等現象。《老子》帛書本、竹簡本、北大簡與通行本之間的差異均顯示出古籍流傳中會出現的複雜現象。我們確實不應簡單武斷地根據文本中的某些文字來直接判定文本創作的年代,因為這些文字可能是在文本流傳過程中、在新的思想背景下發生的更改。但是也應重視文本流傳中所發生的變化,並進一步探討文本變化發生的時間、背景和原因。

(二) 老 子 思 想

在《注譯》、《道家》、《評傳》三書中,許先生對老子思想均有闡述。整體來看,他將老子思想概括為道論、德論、主靜論、無為論、柔弱論、相反相成論、滌除玄鑒論、素樸謙下論等方面。學術界均承認老子將"道"作為宇宙的本原,但對於"道"是什麼的回答則有很多分歧。有學者認為"道"是原始的混沌未分的物質存在;有學者認為"道"是絕對的觀念存在;也有學者認為"道"是規律和法則。這一問題又涉及"道"與"有"、"無"及"理"的關係。許先生認為,各學者的看法各執一偏,老子之"道"本就包含多重意涵,而這多重意涵的矛盾是老子宇宙生成論體系本身的矛盾造成的。老子認為"道"產生萬物,萬物最終又回歸於"道"。"道"應是超越於萬有之先的東西,是不同於"有"的"無"。但是,這一觀點必須面對絕對的"無"如何能產生"有"的問題。為了解決這一問題,老子又把"道"說成包含了物、象、精的混沌未分的最初物質。同時,許先生指出,老子之道的多重內涵在中國哲學史上有重大的影響。後世以"無"為本或以"理"為本的唯心主義哲學家將"道"解為"無"或"理",而將"道"解為"物"、"氣",或認為"道"、"理"只是"氣"之"道"、"理"的哲學家一般是唯物主義哲學家。筆者在《〈莊子〉的道論與老子思想傳播》一文中指出老子對"道"的許多表述都存在多種解釋的可能性,在先秦的思想界,老子的道論在傳播的過程中已經出現了理解上的分歧,當時的學者也同我們一樣試圖解決這些分歧和矛盾[①]。這一研究思路即是受到了許先生觀點的啟發。關於"德",許先生認為老子之"德"有道之德性、聖人之德性和天地萬物之德性三種含義,前兩種稱為"玄德",後一種稱為"德"。天地萬物各有其德性,而道是萬物德性的共同來源。道的德性是無為而順自然,聖人的德性體現道的德性,即實行無為而治。"無為"也是老子思想研究中爭議頗多的問題。其中的關鍵在於無為的含義、無為與有為的關係以及對無為思想的評價。許先生在闡述老子無為之治的思想內容的同時,澄清無為而治並非要統治者什麼事也不做。他認為,老子的無為而治,是針對儒、墨、法諸家所提出的"有為"政治發出的,老子看到了智慧和文明對人類社會的危害;其次,老子的無為之治要求統治者採取謙虛的態度,處於謙下的地位,堅持無爭的原則;第三,老子的無為包含有為的內容,有為指"少為"或"小為",有為是無為的重要補充。許先生

[①] 王威威《〈莊子〉的道論與老子思想傳播》,《韓非思想研究:以黃老為本》,南京大學出版社 2012 年版,第 212 頁。

在2008年發表的《〈淮南子〉论"无为而治"》中又補充說:"老子所主張的'无为而治',主要是指順應自然,'輔万物之自然而不敢为',反對的是主观妄为。"①這些觀點均提示我們要在具體的語境和思想背景中還原老子"無為"的真正含義。

(三) 道家在先秦兩漢的發展

　　道家思想在老子之後經歷了衍變和發展。許先生在《道家》中將戰國時期的道家分為楊朱學派、列子學派、莊子學派和黃老學派。楊朱學派繼承和發展了老子攝生、養生的思想,重視形體生命,提出了"為我"、"全生"和"重生"的主張。關於《列子》一書的真偽,許先生認為《列子》保存了戰國道家的一些著作,但也經過後人的增改。列子思想的重要特徵是"貴虛",這一思想上承老子,下啟莊子。列子的宇宙演化說將老子的宇宙生成論具體化、條理化,並明確了"氣"在宇宙演化中的作用。列子哲學的目的在於追求至人"大同於物"、"遊乎萬物之所終始"的境界,這一思想是莊子"逍遙"和"齊物"思想的前奏。關於《莊子》一書,許先生認為該書是戰國中期至後期的道家論文集,包含老子後學和楊朱後學的作品,但主要是莊子及其後學即莊子學派的作品。他提出以《天下》篇關於莊子思想特徵的概括即"逍遙"和"齊物"來判明《莊子》書中作品的派別歸屬。莊子學派重視精神的自由,不同於老子偏重政治,也不同於楊朱偏重形體生命。莊子哲學的最高目的是精神逍遙,道論為逍遙論提供了哲學本體論的依據,得道則逍遙,"坐忘"和"心齋"是實現逍遙的途徑。對於現實的世界,莊子認為萬物的存在、事物的大小、人的價值觀念和是非觀念皆是相對的,這就是"齊物論"。在這一世界觀的基礎上,莊子提出了"處中"的處世之道。許先生將莊子思想的主線鮮明地勾勒出來,但他將"齊物論"置於處世問題中進行討論,而沒有分析"齊物"與得道及精神逍遙的關係,不能不說是一點遺憾。陳鼓應先生講:"治身與治國是道家兩個重要的組成部分。《老子》主要談治國,兼談治身。"②戰國道家中的楊朱學派、列子學派和莊子學派雖然有偏重形體和偏重精神的區別,但皆重視個人生命,即治身的方面,而黃老學派則重視治國的方面。許先生認為,黃老學派繼承和發揮了老子的道論,其治國思想又帶有綜合各家思想的傾向。戰國時期,黃老學派影響很大。法家的申不害、韓非的思想均以黃老為本。黃老思想還影響了儒家和《易傳》。

　　《道家》一書亦探討了道家在兩漢的發展。許先生認為,黃老學在漢初進入全盛時期。漢初黃老學的代表作《淮南子》發揮了老子的宇宙生成說,並賦予"無為"以新的意義,即因循自然之理而不用主觀妄為。而且,《淮南子》提出進化的歷史觀,與老莊道家不同,是對先秦法家商鞅和韓非思想的吸收。由於將韓非作為法家人物的學派歸屬的偏見,致使學界一直忽視韓非在道家思想發展中的作用。許先生排除學派的偏見,不僅闡明了先秦黃老學對法家的影

---

① 許抗生《〈淮南子〉论"无为而治"》,《安徽大學學報》(哲學社會科學版)2008年第6期,第1頁。
② 陳鼓應《關於先秦黃老學的研究》,載於丁原明《黃老學論綱》,山東大學出版社1997年版,第2頁。

響,也看到了以韓非為代表的法家對黃老學進一步發展的作用。這對於法家和道家思想的研究均有重要意義,值得更深入和細緻地探討。

(四) 老子思想的影響

　　自二十世紀中國哲學學科建立以來,學術界一般認為中國哲學的主幹是儒學。1986 年,周玉燕、吳德勤發表《試論道家思想在中國文化中的主幹地位》,提出道家思想是中國傳統文化的主幹①。1990 年,陳鼓應先生發表《論道家在中國哲學史上的主幹地位》,認為道家哲學是中國哲學的主幹②。其後,中國哲學的主幹是什麼成為學術界的熱點問題。許先生指出,老子哲學的影響不限於道家學派,他的哲學有時為一些官方儒學的反對派所繼承和發揮,有時為官方儒學所吸收,甚至曾經取代儒學成為一個時代的主流思潮,他的哲學還影響了中國道教和佛教兩大宗教思想。因此,許先生認為,在中國封建社會中,儒家在政治、倫理和教育領域占統治地位、起主導作用,老子的道家學說在宇宙生成論、宇宙本體論,在中國文化的哲學基礎上起主導作用。他在《注譯》、《道家》、《評傳》三書中均具體分析了老子在中國文化思想史上的作用。先秦時期,孔子提出的無為政治理想和聖人無名的思想,來源於老子;孔子的"不爭"和愚民思想也可能受到老子的啟迪;孫子的辯證思想受到老子的影響;而韓非則通過改造老子思想來建立自己的哲學體系。漢代的《淮南子》、嚴遵、王充都受到老子生成論影響。老子的道家思想在兩漢的影響並不是一般所認為的越來越減弱,而是向着深、廣兩個方面發展。到了魏晉玄學時期,老子哲學的地位就更為突出。而宋明儒學中的程朱理學實際也受到道家思想影響。被朱熹推崇為道學開創者的周敦頤的哲學繼承和發揮了老子"無中生有"的宇宙生成說;他提出的"主靜"說也與老子的"虛靜"有密切關係。二程對老子和道教的主靜守一說也十分重視,並將之用於儒家的道德修養上。朱熹將宇宙本原叫做"無形"的"理",老莊將本原說成"道"、"無",而"道"與"無"本有"理"之義。在這一點上,朱熹與老莊的思想實質並無大的區別。此外,佛教傳入中國,是由道家接引的,佛教的發展亦與道家思想密切相關。老子哲學又是道教宇宙論、本體論的思想來源,也是道教修煉術——內外丹法的哲學基礎。道教思想發展的過程亦始終與老子哲學密不可分。許先生的論證邏輯清晰,材料翔實,足以支持他對老子及道家思想在中國哲學和思想文化中的地位和作用的定位。同時,他的研究成果也為之後關於道家與中國哲學及中國文化關係的研究打下了基礎③。

---

① 周玉燕、吳德勤《試論道家思想在中國文化中的主幹地位》,《哲學研究》1986 年第 9 期。
② 陳鼓應《論道家在中國哲學史上的主幹地位》,《哲學研究》1990 年第 1 期。
③ 關於道家與中國哲學及中國文化關係的研究日益增多,其中最具代表性的是孫以楷先生主編的六卷本《道家與中國哲學》(人民出版社 2004 年版)。該書詳細考察了道家哲學對儒、墨、名、法、陰陽、佛教的影響。

二、魏晉玄學研究

(一) 魏晉玄學的特徵及產生

許先生在《道家》一書中亦將魏晉玄學稱為魏晉時期的老莊學,或魏晉時期的道家或老莊玄學,體現出他將魏晉玄學視為道家的新的發展階段的立場。關於魏晉玄學的特徵,許先生在《簡論》一書中作出了如下的概括:以"三玄"為主要研究對象;以"有無"問題為中心課題;以宇宙的本體之學為其哲學的基本特徵;以討論名教與自然的關係為哲學的根本目的。但是,許先生在 2000 年發表《關於玄學哲學基本特徵的再研討》,文中提出,除了何晏和王弼主張"以無為本"的宇宙本體論外,嵇康和阮籍並不討論有無和本體問題,向秀和郭象更是反本體論的。因此,用宇宙本體論來概括玄學哲學的基本特徵似有缺陷。玄學哲學的普遍共性應是討論宇宙萬物的自然本性論問題①。這一觀點在學術界引起了很大的反響,對深入理解玄學特徵有重要的意義,也提示我們這一問題仍需繼續研究。在討論魏晉玄學的產生問題時,很多魏晉玄學的研究者更關注其與漢代哲學的差異,因而會從"時代的變遷、儒學的衰落、學風的轉變"②等方面討論這樣的差異產生的原因。而許先生的研究則更重視思想的聯繫。他在這三方面之外,提出"正始玄學是兩漢以來道家思想(黃老學)演變發展的歷史產物"③。他用較多的篇幅描繪了從漢初的黃老學到西漢末年的嚴遵、揚雄、桓譚、東漢的王充、仲長統的思想發展線索,並得出了西漢時期的黃老思想已經為王弼玄學思想的產生提供了大量的思想資料的結論。同時,他認為,兩漢尤其是東漢時期,老子學已經演變為時代的風尚。這一觀點對魏晉玄學的研究有重要價值,同時為漢代思想研究提供了新的角度。

(二) 魏晉玄學的分期

關於魏晉玄學的分期,許先生在《道家》一書中提出三階段的觀點,即魏正始年間何晏王弼的老學,魏末以阮籍、嵇康為代表的老莊學,及西晉時期郭象的莊子學。將魏晉玄學劃分為三個階段的依據是東晉袁宏的《名士傳》,書中將魏晉名士分為"正始名士"、"竹林名士"和"中朝名士"。因其為東晉初人,故而未將張湛列入。可見,將魏晉玄學的發展劃分為三個階段並不完整。許先生在《簡論》一書中則提出四階段的觀點,即正始玄學、竹林玄學、元康年間的郭象玄學及東晉玄學,東晉玄學以張湛的《列子注》和佛教玄學為代表。對於魏晉玄學的分期問

---

① 許抗生《關於玄學哲學基本特徵的再研討》,《中國哲學史》2000 年第 1 期。
② 湯一介《郭象與魏晉玄學》(第三版),北京大學出版社 2009 年版,第 205 頁。
③ 許抗生《老子與道家》,宗教文化出版社 2012 年版,第 529 頁。

題,湯用彤先生持四階段説,即正始、元康、永嘉和東晉時期,東晉時期亦可稱爲"佛學時期"①。湯一介先生在其《郭象與魏晉玄學》初版時將玄學劃分爲四個階段,第四階段是以張湛爲代表的東晉玄學。但在其後的修訂版中提出這四階段並不完整,應將僧肇看成玄學發展的第五階段②。可見,關於魏晉玄學的分期,前三階段已基本有共識。東晉以後,問題則變得複雜,其中的關鍵就在於玄學與佛學的關係。許先生將佛教玄學作爲玄學發展的最後階段,同時又強調佛教玄學雖代表玄學發展的最後階段,實際已屬佛學的範疇。因此,玄學與佛學的關係成爲許先生着力解決的問題,他在《簡論》中專辟一編探討這一問題。

(三) 魏晉玄學人物與思想研究

許先生的《簡論》一書按照玄學、佛學、道教而分爲三編。第一編除總論外分爲四章:第一章研究玄學發展的第一階段夏侯玄、何晏、王弼的玄學貴無派的哲學思想;第二章研究玄學發展第二階段阮籍、嵇康的哲學思想;第三章研究楊泉、歐陽建、裴頠等人對玄學貴無派的批評;第四章研究玄學發展的第三階段向秀、郭象的玄學崇有派的哲學思想及第四階段東晉張湛的玄學思想。他認爲,王弼在本體論上主張"以無爲本,以有爲末";在運動觀上主張"以靜爲本,以動爲末";在認識論上主張"得意忘象"和"得意忘言";在人性論上主張"以性統情";在玄學哲學與封建政治倫理關係上,主張"名教出於自然"。他評價何晏、王弼的貴無派玄學突破了教條的官方哲學傳統,起到了思想解放的作用,並提出了本末、體用、動静、言意等有價值的哲學範疇,提高了哲學的理論思維水平。而阮籍、嵇康的哲學思想基本是樸素的氣一元論,並没有討論有無本末的哲學問題。但是,二者上承何晏、王弼老子學崇尚自然無爲思想,下啟向、郭莊子學的任性逍遥學説。在名教與自然的關係問題上,突出了"越名教而任自然"的思想。許先生概括郭象的玄學體系的骨架是:"以反對無中生有爲始點,而提出自生無待説;進而由自生無待説推至獨化相因説,並由獨化説導至足性逍遥説爲中間環節,最後由足性逍遥説得出宏内遊外,即名教與自然合一説,爲其哲學的最後歸宿。"③他認爲,向秀和郭象在宇宙觀上創立了以"自生"、"獨化"爲主的崇有派哲學體系,與何晏、王弼的貴無派相對立,將玄學的發展推向一個新的階段,也預設了東晉玄學調和兩派的思想發展趨向。

三、佛教玄學與道教研究

佛教思想的發展與玄學的關係非常複雜,這一問題也成爲備受學術界關注的問題。許先

---

① 湯用彤《魏晉思想的發展》,《湯用彤學術論文集》,中華書局 1983 年版,第 304 頁。
② 湯一介《郭象與魏晉玄學》(第三版),第 102~103 頁。
③ 許抗生《老子與道家》,第 643 頁。

生認為,將兩晉佛教稱為佛教玄學化時期基本上符合歷史實際。佛教與玄學的相通之處體現在以下幾個方面:(1)當時佛教所討論的問題,基本上也是玄學所討論的本末有無的問題。(2)佛教哲學對本體論問題的回答,也援用或發揮了玄學的回答。(3)佛教哲學的認識方法也採用了玄學的"得意忘言"的方法。(4)當時佛教名僧的風度儀表舉止等,亦具有名士的風度。佛教哲學與玄學的合流是西晉時期佛教興盛的重要原因,但是,佛教的玄學化並不是簡單地用玄學解釋佛理論,更不能將二者等同,而應該看到佛教哲學不同於玄學的特點。同時,佛玄結合也呈現出階段性,許先生將其分為三個階段:般若學玄學化時期、三論學與玄學結合時期及涅槃學與玄學結合時期。在第一階段即西晉至東晉中期的般若玄學化時期,不論是道安的本無宗還是支遁的即色宗,其哲學思想均屬於玄學。這說明此時的佛教還沒有形成自己獨立的哲學體系,只能依附於玄學而發展。此時的佛玄結合偏重於玄學。而在鳩摩羅什入關、三論學與玄學結合時期,則突出了佛教哲學的固有特點,玄學的性質有所減弱。而道生的涅槃學興起後,佛教逐步擺脫了玄學的影響,直至隋唐時期各種佛教宗派的創立,佛教哲學朝著獨立發展的道路前進。許先生的研究,一方面澄清了佛教與玄學之間的複雜關係,亦揭示出玄學和佛教哲學各自發展的邏輯線索。

　　許先生在《注譯》、《道家》、《評傳》三書中探討了老子及道家對道教的產生和發展的影響。在《簡論》一書中則專辟一章闡述"三國兩晉道教思想"。他認為,在三國時期,道教僅在民間流行,並沒有得到大的發展,但自魏正始起,老莊玄學備受推崇,嵇康、阮籍將莊子的逍遙思想與神仙學相結合,使神仙學在士大夫中得到傳播。晉代的道教,繼承了兩漢三國以來的神仙思想,又改造了早期道教,使道教由平民道教上升為貴族道教。葛洪是提倡貴族道教的代表人物。他將儒家思想與道教神仙學說相結合,認為道為本,儒為末,道為源,儒為流,道教和儒家相輔相成,不可偏用,將道教納入維護封建名教的軌道。葛洪在道教思想史上的貢獻還在於他為神仙學提供了哲學的根據。他深受玄學貴無派的影響,認為世界的最後根源是"道"或"玄",它既是"有"亦是"無",但是,他最後仍承認"有"因"無"而生,"無"比"有"更根本。他又將"玄"稱為"一",認為"玄"或"一"是最高的神秘的絕對物,只要能得到它、保持住它就可以永恒地存在,成為長生不死的仙人。如何成仙是道教的中心問題之一。葛洪認為補氣養血可以延年益壽,但成仙的最好辦法在於金丹術。此外,許先生提出,兩晉時期道教開始興盛,佛教思想發展,在漢代被看作思想一致的兩個宗教開始出現了紛爭,自此也開啟了南北朝時期的佛道之爭。這一觀點對佛道關係的研究有重要意義。

　　許先生說要在《簡論》一書中"探討三國兩晉時期思想發展的基本線索,解釋玄、佛、道三者思想的聯繫,從而從整體上把握這一時期整個思想發展的脈絡。"[①]如果從《老子與道家》全書來看,許先生的研究厘清了從老子至戰國道家、兩漢道家及魏晉玄學、佛教和道教的思想發展的脈絡。當然,許先生在《注譯》、《道家》、《評傳》三書中亦有討論老子及道家思想對隋唐以

---

① 許抗生《老子與道家》,第883頁。

後的儒家、佛教和道教的影響,但《老子與道家》的研究重心仍在先秦至魏晉。

許先生的研究不僅提出和解決了諸多重要的學術問題,為之後的研究提供參考和依據,也在中國哲學的研究方法上給予我們很多的啟發。"中國哲學"作為一門現代學科是二十世紀參照西方學科體系中的哲學科而建立的。中國哲學研究經過幾代人的努力,研究方法逐漸多元化,取得了豐富的研究成果。但各種研究方法也有各自的弊端,尤其是借用傳統西方哲學的學科分類、概念術語來研究中國哲學的方法是否適當的問題得到了學術界的廣泛關注。我們能否既吸收西方哲學的積極成果,又能從中國傳統哲學中提煉出一套中國哲學特有的概念和問題,以形成現代中國哲學的話語,這是一個方法論上的困境。許先生的《老子》研究從對帛書《老子》的注譯開始,他説這一時期的目的是學懂《老子》。從事中國哲學研究,對於古代文本意義的精準理解非常重要,這是哲學思想闡釋的基礎,而不能因追求新奇的想法、流行的觀念而對文本原意不求甚解甚至肆意歪曲。許先生的研究重視對概念内涵的辨析,如對"道"所包含的"無"、"有"、"理"多重内涵的辨析,對"德"所包含的道之德、聖人之德、萬物之德的辨析,這對於澄清思想有重要的意義。許先生的研究重視中國哲學自身的問題。如概括《老子》思想為道論、德論、主靜論、無為論、柔弱論、相反相成論、滌除玄鑒論、素樸謙下論等方面;概括莊子思想為逍遥、道論、坐忘與心齋、齊物與處中;概括王弼玄學的問題為本末有無關係問題、動靜關係問題、言意關係問題、性情關係問題、自然與名教關係問題等。同時,許先生的研究重視思想發展的内在邏輯。如他在《老子》研究中討論了老子思想的影響,澄清了從《老子》到先秦道家、漢代黄老學、魏晉玄學、佛學和道教之間思想發展的一脈相承的關係。他對魏晉玄學的研究,尤其重視處於不同階段的玄學思想之間的承上啟下的關係。這些研究方法是我們從事中國哲學研究應該堅持的。當然,許先生的研究也受到以教條的馬克思主義解釋中國哲學的研究方法的影響。如論證老子的哲學主要是客觀唯心主義和形而上學,莊子哲學的特點是客觀唯心論與相對主義,何晏和王弼的哲學是客觀唯心主義等。但是,我們可以看到,在出版於1982年的《注譯》中,這一研究方法的色彩較濃,在出版於1991的《簡論》中,這一研究方法仍有體現,而在出版於1996年的《評傳》中,這一研究方法已經基本被放棄。這一變化也體現出二十世紀末期中國哲學研究方法所發生的變化。而今,如何處理中國哲學研究和西方哲學包括馬克思主義哲學的關係問題仍需要繼續思考和實踐,但前輩們的探索已為我們提供了寶貴的財富。

總而言之,許抗生教授的《老子與道家》雖是舊作的彙集,卻仍有其重要的學術價值,可以給予我們多方面的啟發,值得我們認真去研讀。

(作者單位:華北電力大學思想政治理論課教學部)

尋本溯源　撮要擷精

——評方勇教授《莊子纂要》

傅璇琮

  2012年4月5日，我應邀到上海參加華東師範大學先秦諸子研究中心主辦的"先秦諸子暨《子藏》學術研討會"，看到了方勇教授所撰《莊子纂要》八冊（共400萬字），洋洋大觀，讓我又喫了一驚。近幾年來，方勇教授的專著《莊子學史》、主編的《子藏·道家部·莊子卷》先後面世，對莊學的研究起到了積極的推動作用，而《莊子纂要》的出版，也必將嘉惠學林。

  我們知道，自先秦以來，歷朝歷代注《莊子》者近千家，研究著述可以説是汗牛充棟。但是，有一個問題是，《莊子》這部書有一種特殊的魅力，"好文者資其辭，求道者意其妙，泊俗者遺其累，奸邪者濟其欲"（葉適《水心文集》），每一位學習者、研究者對《莊子》都有不同的解讀。從司馬遷《史記》開始，一般認爲，《莊子》這部書是闡釋道的，是道家的經典；但到宋代王安石、蘇軾以後，在莊學闡釋史上就出現了以儒解莊的傾向，甚至在明清之際達到了一種高潮；當然，在莊學闡釋史上還有以佛解莊者，有以文解莊者。我這裏説這些的目的，就是想説明《莊子》這部書很難懂，裏面的每一個概念都有不同的認識，比如《齊物論》中"以明"這個詞，究竟指的是什麽，現在學者還在爭論。所以，對《莊子》中的每一篇文章、每一段話、每一個句子、每一個概念，以前的學者都有一些甚至很多的觀點。這些研究成果不只保存在歷代的莊學著述中，也散見於其他各種典籍甚至詩文當中，亟需有人來梳理、整理、評價。這是我們當前研究《莊子》的基礎。爲什麽這麽説呢？現在有些人搞的研究，有一種不好的現象，常常憑空臆斷，根據自己的"成心"發揮，這個問題方勇教授在《莊子纂要·序》中也指了出來，説"時下治莊，或魚兔未獲而筌蹄已棄，尤多華辭臆説，高談而不根"。這裏的"根"，指的就是前人的研究成果。所以，我們要尋"根"，要有一個立論的基礎。

  方勇教授集八年之功，在浩如煙海的典籍中，搜輯、整理莊子學有關的著述，纂成《莊子纂要》。全書八冊，前六冊爲主體部分，後兩冊附録《莊子詩文序跋彙輯》。《莊子纂要》前六冊所收《莊子》三十三篇原文，以清光緒中遵義黎庶昌輯《古逸叢書》所收覆宋本唐成玄英《南華真經注疏》爲底本。從體例來看，《莊子》諸篇前有"解題"，後有"總論"，末附"論文輯目"。這三部分可以説是相互聯繫，相互發明，而又渾然一體。各篇原文分爲若干節，各節原文後依次爲"箋注"、"點評"、"分解"、"校勘"；篇末所附"論文輯目"則彙輯了二十世紀到本世紀前10年間研究者針對本篇所作的相關論文。據統計,該書主要徵引書目達到152種,可謂是廣而博。如果方勇教授沒有前期《莊子學史》以及《子藏·道家部·莊子卷》的積累,這是很難做到的事情。對於這部書在文獻方面的功用,我想用"尋本溯源,撮要擷精"八個字來概括其特點。下面,我分別簡單地説明一下。

"尋本溯源"。我們前面説過,在二千餘年的莊學史上,有很多的研究成果。不管是一種學説,還是一個概念,都有它産生的源頭。這個源頭在哪裏? 它的發展演變又如何? 這需要做一番扎實的考證工作。《莊子纂要》由於編纂體例的原因,沒有刻意在這方面用力,但從其徵引的文獻資料情況看,方勇教授已做了很多這方面的工作。比如,莊子《逍遥遊》這一標題的闡釋,方勇在《莊子纂要·逍遥遊第一》解題中,從魏晉至民國,列舉了50餘家不同的説法,包括向秀、郭象、司馬彪、支遁、顧桐柏、穆夜、陸德明……劉鴻典、王闓運、王先謙、王樹枏、陶浚宣、朱青長、李大防、秦毓鎏、黄元炳等,讓我們對逍遥義的産生、演變有了一個較爲細緻的把握。在徵引諸家觀點後,方勇教授並沒有就此止筆,而是以"愚按"的形式,説出了自己見解。《逍遥遊》篇解題下"愚按"説:"首篇以'逍遥遊'三字名篇,陸德明認爲是取其'閑放不拘,怡適自得'(《經典釋文》)之義。這一解説是正確的。按'逍遥'一詞,早在《詩經·鄭風·清人》中就已經出現,與'翱翔'同義。而《楚辭》中尤爲多見……莊子深受南方文化影響,故文中亦常用此詞。……總括上述,可知'逍遥'二字與'相羊'、'容與'、'仿佯'、'彷徨'等詞,或同義並舉,或互文見義,乃是閒適自得之貌。所以,莊子所謂'逍遥遊'者,即是《讓王》篇所説'逍遥於天地之間,而心意自得'之意。"當然,這裏的解釋,有的學者也未必同意即是"逍遥遊"的本義,但至少表現出了方勇教授探尋"逍遥遊"本義的努力。在《莊子纂要》諸篇中,方勇教授在這一方面的"努力"一直貫穿着,而這正凸顯出《莊子纂要》的學術價值。

"撮要擷精"。從方勇教授編纂的《子藏·道家部·莊子卷》知道,從先秦到民國,各種莊子學著作超過300部,如何從這駁雜的資料中把恰切而精當的内容摘録出來,即入乎其内,又出乎其外,這是很見學術功力的。我仍以《莊子纂要·逍遥遊第一》解題中所徵引諸家解釋爲例。《逍遥遊》是《莊子》首篇,涉及莊子學説的重大問題,歷來注莊者都予以高度重視,如何從數百家注釋中去粗取精、把莊學發展的脈落呈現出來呢? 我們現在來看《莊子纂要》,方勇教授一方面注重選取名家、大家的經典闡釋,如郭象、陸德明、林希逸等;另一方面,也注重選取一些新穎的、獨到的見解,如王樹枏、李大防、秦毓鎏等,把莊學史上的諸種觀點都呈現在我們面前。從莊子文本來看,三十三篇在流傳過程中産生了一些訛誤,有衆多的版本。《莊子纂要》以黎庶昌輯《古逸叢書》本爲底本,在"箋注"中又依據《經典釋文》所出六朝本,敦煌殘卷、日本高山寺古鈔本、明正統《道藏》各本等進行了校勘,並且還參照《藝文類聚》、《太平御覽》等類書和歷代學者注釋古籍時所引《莊子》原文進行補校。另外,凡底本中屬衍文而當刪者,或因缺文而當補入者,《莊子纂要》除在"箋注"中用文字説明外,一律在正文中將衍文和缺文加上"〔 〕",以示醒目。底本中有訛誤,但不屬於衍文或缺文者,則僅在"箋注"中寫上校勘説明文字。上述做法,無疑使我們能夠全面掌握《莊子》文本的情況,對諸種版本情況也能夠有一個基本的瞭解。

  我上面只是從文獻的角度談了一下《莊子纂要》。當然,方勇教授在《莊子纂要》中,還有自己的一些真知灼見,如《天道》篇中,桓公與輪扁對話,其中有"得之於心而應之於手",世人每以"得心應手"解之,而《莊子纂要》則認為"以心應手,説明自己心智尚且不能預知雙手的實踐活動,更何況想用語言把這一系列實踐活動的奧妙之理傳授給人家呢? 可見,這與後來的成語'得心應手',表現為以心應手、以心役手的境界是完全不同的",這種解釋較為獨到,似更合乎莊文的原意。對文學《莊子》的闡釋,《莊子纂要》也往往有所新見,我這裏就不一一詳談了。總之,方勇教授《莊子纂要》與其《莊子學史》、《子藏‧道家部‧莊子卷》可以説是鼎足而三,都是莊學史上的鴻篇巨制,對莊學的研究必將進一步產生推動作用。

(作者單位:清華大學古典文獻研究中心)

搜奇選妙喜空前
"九殘"、"五卷"彙一編
——評林其錟先生《劉子集校合編》

明 志

  2012年9月,林其錟先生《劉子集校合編》由華東師範大學出版社出版;而在2011年8月,該社已經出版了先生的《增訂文心雕龍集校合編》。兩書作為《歷代文史要籍注釋選刊》叢書的"姐妹書"出版①,其中《增訂文心雕龍集校合編》90萬字,《劉子集校合編》130萬字,共計220萬字,整理研究前後花費了整整三十年的時間,現在終於出版。林先生用小詩《題兩〈合編〉》表達了喜悅心情:

> 劉子文心三十年,搜奇選妙喜空前。
> 三孤九殘五卷本,往聖絕學彙一編。

  "三孤",指《文心雕龍》三大孤本,即英藏敦煌殘卷唐寫本S.5478、元至正本以及宋本《太平御覽》引《文心雕龍》輯佚本;"九殘",指敦煌西域九種《劉子》殘卷;"五卷本",指現藏於日本的寶曆八年(清乾隆二十三年)刊《劉子》五卷本。先生將兩書諸種版本彙為一編,悉心校勘整理,為學界提供了一種可靠、可信、可讀的版本,實為學界幸事! 限於學力,筆者在此僅對《劉子集校合編》略加評述。

  《劉子集校合編》乃校編者費三十年之功積漸而成的力作,不僅囊括了《劉子》今存所有善本,包括敦煌西域殘卷、宋刻、明清鈔本、刻本等四十多種,而且對版本真偽、作者誰屬都作了深入考證。國務院古籍整理出版規劃小組評價本書"搜羅廣博,考校詳審,所取得的成果大大超過前人"。可見,本書具有重要的學術價值和文獻價值。

---

① 林其錟先生研究認為《劉子》和《文心雕龍》均為六朝梁劉勰所著,故有此稱。

1985年,林其錟先生《劉子集校》出版①;1988年,《敦煌遺書劉子殘卷集録》出版②。《劉子集校合編》正是在前期扎實豐富的研究成果基礎上,不斷收集新資料,同時對《劉子》作者等有關問題進行深入思考而形成的集大成式整理著作。

一、《劉子》文本整理的新成就

《劉子》是梁代一部優秀子書,全書雖只有兩萬九千四百多字,卻涉及政治、農業、軍事、教育、美學等諸多領域,是一部包含了豐富内容的著作,也是少數幾部完整的從南北朝時期流傳下來的子書之一。

這樣一部重要的子書,在當代有過多種整理、注釋本③,而其中林其錟、陳鳳金先生是研究用力最勤,取得成果最豐碩的學者。他們不僅著有《論〈劉子〉作者問題》、《劉子作者考辨》等論文,力主《劉子》爲"劉勰撰"。同時,他們早已出版了《劉子集校》和《敦煌遺書劉子殘卷集録》兩書;現在,他們又出版了《劉子集校合編》,將《劉子》的文本整理和作者研究推進到一個新的高度。

(一)九種敦煌殘卷彙爲一編

1985年,林其錟、陳鳳金先生集録敦煌遺書中的《劉子》資料六種和前人校勘成果④,彙爲《敦煌遺書劉子殘卷集録》一書。但其中何穆忞舊藏本、劉幼雲舊藏本原件下落不明,只影印了羅振玉、傅增湘的過録本。隨着時間的推移,經林其錟先生多方搜尋,在海内外友人幫助下,終獲得何穆忞舊藏本、劉幼雲舊藏本的原件影印盤片;同時,又新發現三種《劉子》殘卷。現再次將九種殘卷彙爲一編,原版影印,並加以釋讀校勘,既保證了文獻的真實性,又提供了研究者的個人研究意見。而且還影印了五種敦煌遺書中有關《劉子》及其作者的著録資料,爲學人研究提供了方便。

敦煌殘卷的影印出版,解決了《劉子》研究中不少懸而未決的問題。如關於《劉子》的流傳問題。法藏敦煌殘卷 Pel. chin. 3562 是今存《劉子》殘卷之年代最早者,抄於隋以前。在南北

---

① 林其錟、陳鳳金《劉子集校》,上海古籍出版社 1985 年版。
② 林其錟、陳鳳金《敦煌遺書劉子殘卷集録》,上海書店 1988 年版。
③ 如楊明照《劉子校注》,題劉晝撰,巴蜀書社 1988 年版;林其錟、陳鳳金《劉子集校》,題劉勰撰,上海古籍出版社 1985 年版;臺灣王叔岷《劉子集證》,刊於 1961 年臺灣中研院歷史語言研究所專刊之四十四,北京中華書局 2007 年重版;傅亞庶《劉子校釋》,中華書局 1998 年版;江建俊《新編劉子新論》,臺灣古籍出版有限公司 2001 年版;楊明照、陳應鸞《增訂劉子校注》,巴蜀書社 2008 年版。
④ 特别是發現了由傅增湘過録但未被《敦煌遺書總目》所收録的劉幼雲舊藏本唐卷子。

隔絶、戰事頻繁、交通不便的情況下,在不到五十年的時間内,該書即從内地傳至西域。其傳播速度之快、傳播範圍之廣,實在讓人喫驚,也讓人對其傳播路徑和方式産生疑惑。而該卷文中,有一些抄寫者抑或閲讀者留下的文字似乎可以給我們一些提示。其中《愛民第十二》題下的一行小字最值得注意,其曰:"至心歸衣,十方道寶。""歸衣"即"皈依"。很明顯,抄寫者抑或閲讀者是佛教信仰者,此卷子很可能就是由一位僧侣攜帶至西域。在《法術第十四》題目下中,我們還可以辨出"恭忝秘本"四字。"恭忝"即"恭添",意爲虔誠的佛教信徒將此卷子作爲珍貴的供奉物獻於佛寺,亦説明《劉子》和佛教有着某種聯繫,這也爲我們瞭解該卷的流傳方式和《劉子》在當時的學術地位提供了遐想空間。現在敦煌發現的《劉子》殘卷有八種之多,可以想見,現實中當更多;而西域距内地遥遠,亦足見此書在當時社會的流行程度。這次披露的還有一種和田殘卷,即 M. T. 0625①,存文七行,爲《劉子·禍福第四十八》殘文②。此卷於新疆塔里木麻札塔格遺址發現。"麻札"係阿拉伯文 Mazār 的音譯,意爲"聖地"、"聖徒墓",主要指伊斯蘭教顯貴的陵墓。此殘片證明該書曾經流傳遠至新疆一帶,甚至爲伊斯蘭教徒誦習。從《劉子》來研究南北朝至唐書籍的流行方式,無疑是一件非常有意義的事情,而敦煌西域殘卷爲此提供了豐富的資料。

(二) 五卷本的整理出版

《劉子集校合編》另一特色是日本藏寶曆八年刊五卷本《劉子》的影印和整理。五卷本《劉子》最早見録於日本寬平年代(889—897)的日人藤原佐世《日本國見在書目》,宋代陳振孫《直齋書録解題》、明清的書目中也有關於五卷本《劉子》的記載。但世人一直没有見到五卷本《劉子》實物。近些年,才逐漸有書目披露東北和臺灣藏有五卷本,然據版本著録,此五卷本均悉日本刻本流入。此次影印整理的五卷本,乃是林先生歷經種種曲折艱辛,賴海外友人相助,方從日本引入。五卷本《劉子》失而復得,中國學界終於可以一睹真容,實爲學苑美事。

該書題爲《新雕劉子》,五卷,日本寶曆八年(1758)皇都書肆西邨平八、山甲三郎兵衛刻本。正文五十五篇,目録篇次與我國現藏《劉子》相同。書分五卷,每卷十一篇。卷前有序言兩篇,卷後有跋一篇。平安咸願序和南滕璋"書後"都指出此書曾用"應永寫本"校勘,應永爲日本室町時代的年號(1394—1428),相當於中國的明代初期,則應永寫本時間尚在《道藏》本

---

① "麻札塔格,意即聖墓山,位於塔里木沙漠腹地和田西岸一紅色小山上,是唐撥换城(今阿克蘇市)南去于闐(今和田)通道上的神山峰所在地,有古代軍事城堡、烽墩和寺院遺址。"1908 年 4 月和 1913 年 11 月,斯坦因兩次在新疆塔里木沙漠麻札塔格附近探查,獲漢、藏文書甚多,其中就有《劉子》,該殘片編號爲 M. T. 0625。參陳國燦《斯坦因所獲吐魯番文書研究》,武漢大學出版社 1995 年版,第 487 頁。
② 參榮新江《關於唐宋時期中原文化對於闐影響的幾個問題》,《國學研究》第一卷,北京大學出版社 1993 年版,第 416 頁。陳國燦《斯坦因所獲吐魯番文書研究》,武漢大學出版社 1995 年版,第 526~527 頁。

前,其版本價值很高①。同時,播磨清絢序云:"《劉子》劉勰所作,取熔淮南,自鑄其奇,即辭勝掩理,推諸其時,無怪耳。"亦為《劉子》為劉勰著增添了有力證據。

(三) 校 勘 精 審

《劉子集校合編》除原版影印九種殘卷和日本藏《新雕劉子》外,還對殘卷進行了釋讀,對《新雕劉子》進行了校勘。相較 80 年代出版的《劉子集校》和《敦煌遺書劉子殘卷集錄》,此次《劉子集校合編》在釋讀、校勘上更加精審。既新增了新的校勘版本,如敦煌西域三殘卷,以及將四庫全書本更加精細地分為文淵閣本和文津閣本;又吸收了今人的校勘成果,如在校勘敦煌西域殘卷時,注意對許建平《敦煌文獻叢考》中研究成果的利用,糾正了《敦煌遺書劉子殘卷集錄》中的誤讀、誤判、誤校,同時對今人的誤判也有糾正。

二、《劉子》作者問題研究的新突破

《劉子集校合編》的另一重要學術價值就是對《劉子》作者問題的重新考辨。作者問題是《劉子》研究中最重要的問題,一千多年來一直困擾學界,以至該書一度被認為是偽書,嚴重影響了該書的學術定位。

林其錟、陳鳳金先生是迄今論證"《劉子》作者為劉勰"最詳盡、主張最堅決的兩位,他們在 80 年代初學界普遍相信《劉子》為劉晝撰的情況下,提出系列證據,認為《劉子》作者是劉勰,雖然沒有為學界一致認同,卻打破了當時"一統"的局面,使學界不得不重視這種觀點,並引起了爭鳴。

現在,林其錟先生在《劉子集校合編·前言》中除對書名、篇名、卷帙、版本、研究概況等系統梳理之外,還花了很大篇幅集中考辨該書作者,對作者研究中的十餘個爭議點逐一考察,提出自己的看法。根據新的證據,林其錟先生更堅定地認為《劉子》作者為劉勰,而非劉晝。

譬如對《劉子》和佛教的關係問題,四庫館臣曾認為"此書末篇乃歸心道教,與勰志趣迥殊"。80 年代,林其錟、陳鳳金主要從社會思潮來考察這個問題②,而沒有對《劉子》和佛教的關係進一步進行論述。此次在前言中,林其錟先生通過仔細考察,認為《劉子》"從思想到某些資料的采擷,也同佛教經典有關"。《劉子》不僅融合道儒,而且也會通佛家,這正是南朝"三教連衡,五乘並騖"(《廣弘明集》法琳《對傅奕廢佛僧表》)時代精神的反映。又如"東郊"、"西郊"問題。《劉子·貴農》載:"天子親耕於東郊,后妃躬桑於北郊。"筆者曾認為根據此制度還可以進一步考證該書的成書時間,並認為《劉子》"產生的時間在公元 220 年(曹丕稱帝)至 288 年

---

① 《劉子》今存最早刻本為南宋刻本,藏上海圖書館,但殘缺不全。
② 詳參林其錟、陳鳳金"論《劉子》作者問題",《文獻》1984 年第 2 期。

間,作者為魏晉間人"①。林其錟先生則認為《梁書》、《南史》中的《梁武帝本紀》曾載梁武帝在普通二年,因遭雪災而下詔"徒籍田於東郊"。又,南宋張敦頤《六朝事迹編類》有"隸縣北七里者闍寺前沙市中,六朝皇后親蠶之所也"的記載,《景定建康志》記載亦同②。《劉子·貴農》"天子親耕於東郊,后妃躬耕於北郊",正是梁武帝普通二年下詔改籍田於東郊的寫實,也為《劉子》屬劉勰晚年(即普通二年之後)所撰多提供了一條佐證。此亦可見林其錟先生對《劉子》研究過程中產生和發現的新問題的深入思索和積極回應,從而使其《劉子》研究處於不斷的前進之中。

筆者最感興趣的還是林其錟先生在前言中提出的所謂唐人的觀點袁孝政注序完全是後人偽托,袁孝政根本不是唐人。研究者提出五點新的證據:(一)注者傳記無憑,來歷不明;(二)迄至南宋初年,全無《袁注》記錄;(三)南宋初袁注出現之時即為目錄學家質疑;(四)袁注異體字與隋寫本不成比例;(五)袁注注書體裁和唐人注書體裁不相屬。

袁孝政序言在《劉子》研究史上的影響是重大的,所有關於《劉子》"劉晝撰"的說法均以它為起點。現林其錟先生將袁孝政注序斷為南宋人偽托唐人而作,無異釜底抽薪,徹底擊潰了支持"劉晝撰"說的證據。

此觀點雖然發前人所未發③,論據卻非常堅實,論證十分細緻。研究者不僅仔細比對了歷代有關《劉子》的書目、史志著錄,並且善於從細微處發現問題。如陳振孫《直齋書錄解題》"雜家"類著錄《劉子》五卷,稱"今序云",又稱"其書近出,傳記無稱",研究者注意到"今"和"近"的時間指向不應該是唐,而是陳振孫生活的南宋,聯繫到同是南宋人的章如愚編撰的《群書考索》中著錄《劉子》,亦稱"今袁孝政序云",不得不讓人懷疑袁孝政的時代,亦不得不讓人佩服研究者研讀文獻的細緻認真,善於從蛛絲馬迹中發現問題,將斷裂的證據綴合成連貫的證據鏈。

這種對文獻的處理能力更離不開研究者艱苦繁重的工作。研究者不但是一位文史學家,還是一位經濟學家,喜歡用扎實的數據說話。為了證明"袁注遺存異體字與隋、唐《劉子》古本不成比例",研究者統計了法藏 Pel. chin. 3562 等十種文獻中的異體字,共處理異體字 587 個。為了證明"袁注體裁與唐人注書體裁不相同",研究者逐一統計了日本寶曆本《劉子》袁孝政注,共計 429 條,如果加上取樣對比的唐人和宋人注釋樣本,研究者一共處理了 1 240 條資料,其中《帝範》注和《劉子》注均是窮盡式取樣。正因為建立在扎實嚴謹的論據基礎上,才使得"袁孝政注"為南宋人依托唐人的觀點,十分令人信服。

---

① 《劉子研究》,吉林人民出版社 2008 年版。
② 《劉子研究》,第 76 頁。
③ 唯清乾隆時人吳騫在世恩堂本《劉子》跋指出:"《新論》(按:即《劉子》)昔人多疑其非劉晝所撰,其書至南宋始出,又《北齊書》及《北史》並不言晝有《新論》……作注之袁孝政亦無表見,其注更多蕪陋,且不類唐人手筆,當更改之。"

校勘古籍,有句學界熟知的經典語録:"校書如拂塵,旋拂旋生。"《顔氏家訓·勉學》也説:"校定書籍,亦何容易,自揚雄、劉向,方稱此職耳。觀天下書未遍,不得妄下雌黄。"然遍觀天下書,談何容易?林先生這部書稿也有個别地方留有遺憾:譬如對類書引用《劉子》文字利用不够,對於以他書來旁校少了一些。如宋《雲笈七籖》、元《諸子瓊林》、明《説郛》、《永樂大典》中均有《劉子》引文,《劉子集校合編》對這些材料的利用略有欠缺。

《劉子集校合编》,130餘萬字,花費研究者前後近三十年的時間,在作者七十八歲時,終於出版和讀者見面了,實是一件可喜可祝賀之事!先生壯心不已,鍥而不捨的鑽研精神,更是後輩學習的榜樣!

(作者單位:黄岡師範學院文學院)

編 後 語

經過半年多的認真組稿、精心編輯,《諸子學刊》第八輯終於面世。與前幾輯不同的是,本輯起特開闢"'新子學'論壇"欄目,擬長期與海內外學人共同探討"新子學"理論,以期有助於國學健康發展,引導民族文化的傳承方向。

2012 年 4 月,華東師範大學先秦諸子研究中心舉辦"先秦諸子暨《子藏》學術研討會",提出了"全面復興諸子學"的口號。然而諸子學如何全面復興,及其在中華民族文化偉大復興中應承擔什麽樣的責任,仍值得探究。先秦諸子研究中心以"新子學"來概括對這些問題的思考。"新子學"概念的提出,根植於先秦諸子研究中心正在運作的《子藏》項目,是其轉向子學義理研究領域合乎邏輯的自然延伸,更是建立在其深觀中西文化發展演變消息之後,對子學研究乃至民族文化傳承未來發展方向的慎重選擇和前瞻性思考。經中心負責人方勇教授與諸多學人討論,"新子學"理念逐漸明確,《"新子學"構想》也隨之醖釀成熟。

《"新子學"構想》一文曾五易其稿,其中還吸收了《光明日報》"國學"版編輯的不少寶貴意見。此文刊登於 2012 年 10 月 22 日《光明日報》"國學"版,文中重點闡述了三方面的問題:一是"子學的產生發展與'新子學'",二是"'新子學'將紮根傳統文化沃土,以獨立的姿態坦然面對西學",三是"'新子學'將承載'國學'真脈,促進傳統思想資源的創造性轉化"。《"新子學"構想》尤其意在打破千百年來儒學一統天下的局面,倡導一種"諸子百家"式的爭鳴學風,乃至開創文化多元化的新格局,使民族文化傳承得以健康穩步發展。《新華文摘》2013 年第 1 期轉載《"新子學"構想》,今收入《諸子學刊》第八輯,以為"'新子學'論壇"欄目開闢之基始。

《"新子學"構想》發表之後,不少學者稟承黨中央"文化強國"宗旨,積極參與到"新子學"討論中來。2012 年 10 月 26 日《中國社會科學報》發表陸永品先生《〈"新子學"構想〉體現時代精神》,11 月 2 日《文匯讀書周報》發表卿希泰、譚家健、王鍾陵、鄧國光等先生《"新子學"筆談》,12 月 13 日《社會科學報》發表刁生虎先生《"新子學"研究需做到四個統一》,12 月 14 日《安徽日報》發表孫以昭先生《時代召唤"新子學"》,12 月 17 日《文匯報》發表郝雨先生《"新子學"對現代文化的意義》,12 月 23 日《姑蘇晚報》發表徐國源先生《關於"新子學"的幾點思考》,都對方勇教授所倡導的"新子學"理念闡述了獨特看法,《"新子學"論壇》欄目均將予以轉載,以饗讀者。

2012年10月27日,華東師範大學先秦諸子研究中心組織召開"'新子學'學術研討會",來自復旦大學、華東師範大學、上海大學、蘇州大學、杭州師範大學、香港浸會大學等高校及科研機構的三十多位專家學者圍繞"新子學"文化價值及其現實意義、"新子學"與西學及傳統學術之間的關係、"新子學"未來的發展方向等問題展開深入研討。今請部分與會學者將其發言整理成文,並撰出《"'新子學'學術研討會"綜述》,一同收入本刊。12月1日,上海大學新聞理論研究中心、《黄河文學》雜誌社在上海聯合主辦"新媒體時代民族文化傳承——現代文化學者視野中的'新子學'"研討會,來自全國各地的三十多位現代文化學者參與研討,今將部分發言整理稿收入本輯,其餘發言稿擬收入《諸子學刊》第九輯中。對於"新子學"的興起和這兩次研討活動,2012年11月2日《文匯讀書周報》、11月15日《上海科技報》、11月16日《文匯讀書周報》、11月17日《文學報》、11月19日《光明日報》、11月29日《社會科學報》等,相繼進行報導或評述,使"新子學"理念漸為社會各界人士所知曉。

　　在本刊全體編委會成員的共同努力下,《諸子學刊》已成功出版八輯,為推進諸子學、推動《子藏》工程等作出了貢獻,也必將為"新子學"的發展積極凝聚各方智慧與資源。先秦諸子研究中心助理研究員葉蓓卿從第二輯開始參與《諸子學刊》編輯工作,自第四輯起繁重的編校任務皆由她一人獨自承擔,兢兢業業,數年如一日,使本刊的編校品質得到有效的保證,編委會在此向她表示敬意。

《諸子學刊》編委會

圖書在版編目(CIP)數據

諸子學刊.第8輯/方勇主編;《諸子學刊》編委會編.—上海:上海古籍出版社,2013.4
ISBN 978-7-5325-6791-1

Ⅰ.①諸… Ⅱ.①方…②諸… Ⅲ.①先秦哲學—研究—叢刊 Ⅳ.①B220.5-55

中國版本圖書館CIP數據核字(2013)第065351號

諸子學刊(第八輯)
《諸子學刊》編委會 編
方 勇 主編
華東師範大學先秦諸子研究中心 主辦
上海世紀出版股份有限公司 出版
上海古籍出版社
(上海瑞金二路272號 郵政編碼200020)
(1)網址:www.guji.com.cn
(2)E-mail:gujil@guji.com.cn
(3)易文網網址:www.ewen.cc
上海世紀出版股份有限公司發行中心發行經銷
南京展望文化發展有限公司 啓東人民印刷廠印刷
開本787×1092 1/16 印張28.75 插頁2 字數580,000
2013年4月第1版 2013年4月第1次印刷
印數:1—1,300
ISBN 978-7-5325-6791-1
B·811 定價:98.00元
如發生質量問題,讀者可向工廠調換